板木《はんぎ》は語る

永井一彰 *NAGAI Kazuaki*

笠間書院

板木は語る

目次

第三部●「芭蕉」という利権　109

第四部●入木《いれき》 241

第五部●版権移動・海賊版・分割所有……345

第一部●板木の意義

京都と古典文学 ―出版を中心に―

1　出版都市京都

一九九四年、京都の一七の社寺が世界遺産に登録された。具体的には、清水寺・醍醐寺・教王護国寺（東寺）・宇治上神社・平等院・西本願寺・西芳寺（苔寺）・天龍寺・仁和寺・龍安寺・鹿苑寺（金閣寺）・慈照寺（銀閣寺）・二条城・賀茂別雷神社（上賀茂神社）・賀茂御祖神社（下鴨神社）・高山寺・延暦寺の一七箇所である。これらはいずれも、古くから文化・芸術・信仰の拠点となってきた場所であり、世界遺産への登録もけだし当然のことであったと言える。では、それ以外の所はその値うちがないのかと言えば、けっしてそうではなかろう。この一七箇所はむしろ京都を象徴する文化財なのだと位置付けるべきであって、その世界遺産登録は京都の町全域が世界遺産に相当するのだという認識を私たちに求めているのである。登録された一七箇所の建造物はその規模や文化的水準からして、誰が見てもそれとわかるものである。それらはおそらく、間違いなく後世に受け継がれていくに違いない。が、京都の町そのものが無数の文化財を収める大きな容れ物なのだという視点に立つ時、登録された世界遺産の傍らで誰の目にも留らずに数々の重要な文化財が、この一世紀ほどの間に急速かつ大量に失われていったという事実にも、我々は気付かねばならない。その最たるものは、近世の出版に使用された板木《はんぎ》であろう。

板木と言えば、まっさきに思い浮かぶのはやはり世界遺産に登録されている韓国伽耶山海印寺の八万大蔵経である。ここには一三世紀に彫られたという大蔵経の板木八〇〇〇〇枚余が保存されている。また、世界遺産には登録されていないものの、宇治黄檗山万福寺のいわゆる鉄眼大蔵経の板木は一六八一年（天和元）以来のもので、その数は四八〇〇〇枚余に及ぶ。ともに、厖大な量の板木が今に伝わるのは、それが経典であったこと、そして寺院という聖域に保管されてきたことに拠るところが大きい。京都の寺院にも経典の板木を伝えるところは少なくないと聞く。が、これらはいわば別格である。この一世紀ほどの間に、京都の町から大量に失われた板木の多くは商業出版のそれであった。七九四年の平安建都以来一〇〇〇余年、京都は日本の文化・芸術の中心拠点であったのだが、うち二六〇年間は近世に属し、それは出版文化が花開いた時期でもある。京都はまた、出版都市でもあった。近世末期、京都の町が抱え込んでいた商業出版の板木は厖大なものであったと推測される。その正確な数は今となってはわからないが、手がかりが全くないわけではない。現在も寺町五条上ルで古書店を営む藤井文政堂は文化文政期の創業になり、京都では後発の書肆であるが、同店に伝わる『万延元年庚申卯月改正／文政堂蔵板目録』によれば、一八六〇年（万延元年）の段階で文政堂が所有していた板木は約二七〇〇枚である。一方、『京都書林仲間記録』（ゆまに書房、一九八〇年）第六巻に紹介される一八六八年（明治元年）の書林仲間『名前帳』に記載される書肆は、文政堂も含めて一六三店に及ぶ。その一六〇余店の中で文政堂がどの程度の規模の店であったのかもよくわからない。が、仮に文政堂と同規模の出版書肆が三〇軒あったとすると板木総数は八一〇〇〇枚、五〇軒とすると一三五〇〇〇枚というとてつもない数が出てくる。試算の基礎を換えて、一六〇余店にそれぞれ五〇〇枚ほどの板木があったとすると、八〇〇〇〇枚。少し多めに見て各一〇〇〇枚としてみると、実に一六〇〇〇〇枚となる。もとより正確な数字は求めようもないが、控え目に見積もっても、八万大蔵経を凌駕するほどの商業出版の板木を近世末期の京都の町は抱えこんでいたということになろう。

板木による整版印刷は、明治・大正に入っても活版印刷と並んで行われていた。が、活版印刷が主流となるにつれ、整版印刷は次第に脇に追いやられていく。それは板木そのものが商業的な価値を失っていく過程でもあった。大正末から昭和にかけて、京都の町では商業出版の板木は無用の長物と化しつつあったと考えられる。ではそれらの板木は、その後どのような運命をたどったのであろうか。その一例を、藤井文政堂に見てみることにしよう。

2　藤井文政堂の板木

一九九七年（平成九）の冬、私は古書店大書堂の倉庫で約一一〇〇枚の板木と出会うことになった。大略分類してみると、内典《ないてん》（仏教書）の板木が約六〇〇枚、外典《げてん》（仏教書以外のもの）の板木が約五〇〇枚ある。相談の結果、内典のそれは大谷大学へ、外典は奈良大学へ一括納入されることになった。聞けば、この大量の板木は市内の木工店にあったものとのこと。何故、木工店にこれほど大量の板木があったかと言うと、それは板木の彫刻面を削って新しい板に仕立て直し、木工の材料として再利用していたからである。日本では板木の材に山桜を多く使う。墨のこびりついた板木そのものの再利用価値は少ないが、彫刻面を削れば少し薄くなるものの美しい桜の板が生まれる。木工材として更に好都合なのは、板木として仕立てられてから長い年月が経っているため、それ以上に板が反る心配がないということもあったらしい。ところが、近年はそういう板を使った木工の注文も減ってきて、店の方では大量の板木を持て余すようになってきた。折も折、木工店主がたまたま大書堂から書棚の注文を受け、出かけてみると店頭に数枚の板木が並べてある。こんなものならうちにいくらでもあるということになり、大書堂がまとめて引き取ったというのがその経緯であったらしい。これまた仄聞によれば、木工店は市の処分場に持ち込み、焼却も考えていたとのことである。約一一〇〇枚の板木は実にあやういところで救われたのであった。

その後の調査により、木工店が持っていた大量の板木は第二次大戦後に文政堂から流出したものであることが判明し、私は文政堂を訪ねることになった。その結果、木工店へ渡った千数百枚の板木は第三者によって勝手に転売されたもので、その行方については現当主も全く御存じなかったこと、また文政堂には現在も五〇〇枚余の板木とともに近世から明治にかけての板木売買文書が百数十通残っていることなどがわかってきた。一方で、ひょんなことから、昭和三〇年代に木工店から数百枚の板木を引き取ったという南区の印章店西島光正堂の存在が浮かび上がってくる。御当主の西島三雄氏の談によれば、昭和三、四〇年代の印章業界では先の木工店と同様、板木の彫刻面を削って新しい板に仕立て、更に小さく截断して印鑑の台木として再利用することがあったらしい。氏は板木入手後かなりの枚数を同業者に譲られ、また御自身も印鑑の台木として再利用されたのであるが、やがてその文化財としての価値に気付かれ保存を思い立たれた。現在、氏の手許には二〇〇枚近い板木が残っている。

先述したように、文政堂の蔵板目録によれば、一八六〇年（万延元年）の段階で文政堂が保有していた板木は約二七〇〇枚であった。売買文書を参照すると、文政堂は明治に入っても板木を積極的に買い増ししていった形跡が顕著で、明治末には三〇〇〇枚をゆうに超えたと推測される。そのうち、奈良大学へ入った五〇〇枚、大谷大学の六〇〇枚、文政堂現蔵の五〇〇枚、西島氏の二〇〇枚、併せて約一八〇〇枚がとにもかくにも残ったということになる。それらを現在に伝えたものは一体何だったのだろうか。先祖伝来の板木を文政堂が保存しておいたのは、ある意味では当然のことかもしれない。しかし、板木は近世出版現場のありさまを物語る貴重な文化財であるという現当主の見識なくしては、それもありえないことであった。木工店の御主人が廃棄処分を考えながらも踏み切れなかったのは、おそらく「捨ててはいけない」という思いであったに違いない。西島氏が板木を保存すべき文化財として明確に認識しておられたのは、先述した通りである。また、大量の板木を捌ける目処もないまま、散逸・消失を危惧して一括して引き取った大書堂は、以前から板木を扱ってきただけあってその学術的意義を十分に理解していた。この一八〇〇枚の板木に関わってきた人たちに共通するのは、いわば先人の営みに対する畏敬の念である。そのような畏敬の念こそが、一七の社寺・城を世界遺産たらしめたものであったと言えよう。

3 失われた板木

ところで、文政堂旧蔵の三〇〇〇枚の板木のうち、残りの一二〇〇枚はどのようにして失われてしまったのだろうか。それは、近世末期に京都の町が抱え込んでいた数万の板木の運命とも重なってくる。そもそも文化財としての板木の不幸は、かさ高《だか》であること、そして長年にわたって印刷に使用されたために墨が表面に付着し、触ると汚れるという二点に尽きる。それは、他の出版関係の資料、すなわち書籍や文書などに較べると、圧倒的に不利な性質であった。つまり、部屋の片隅や机の引き出しの中に放りこんでおける代物ではないのである。大正末から昭和にかけて商業的価値を失いつつあった板木は、その不幸な性質により加速度的に消失を早めたと言えよう。

私が、文政堂・大書堂及びその他の古書店主から聞いたところによると、板木が失われていったケースは次の四通りがある。一つは、研究者・収集家による海外への持ち出しである。浮世絵の板木などはその最たるもので、ある調査によればその数は四〇〇〇〇枚とも六〇〇〇〇枚とも言う。もっとも、このケースは海外の美術館・博物館などで大切に保管されることが多く、厳密には消失というには当たらない。むしろ、現状では最も幸福な落ち着き先を得たケースとすべきであろう。木工店にあった板木も、進駐軍の兵士が挿絵の入ったものを好んで持ち出したという話もある。二つめは、先述の木工店・印章店のように再利用されたというケースである。板そのものは残るのだが、彫刻面を削りとってしまうのだから、当然の如く板木としての学術的価値は失われてしまう。三つめは、近世から続く古書店の倉庫などにそのまま保存されているケースである。この場合は手入れをしないまま放置されていることが多いので、白蟻などの虫が入る。たまに気付いた主人が傷んだ板木を廃棄するというパターンで、文政堂でもそのようにして捨てたり燃やしたりしたものがあったとのこと。そして、四つめのケースが焼失である。これには火災によるものと、焚木として燃やされたケースがある。木造建築が大半を占めていた時代の日本では、火事は日常茶飯事であった。板木は、棚に平積みにして保管をしておくのが普通であった。しかも、虫や湿気に侵されぬよう風通しの良い場所を選んだと言う。そんなところへ火が入れば、おそらくひとたまりもなかったであろう。文書や書籍のように急いで運び出すこともできない。ここでもかさ高であることが禍いをしている。文政堂も明治以降何回かの火災に遭い、かなりの数の板木を失ったと言う。一方で、一般家庭でも飯を炊く時などにも焚木としてけっこう重宝したらしい。墨が付着し、しかも乾燥した桜材であるから、さぞ火持ちもよかったであろう。某古書店主によれば、店の板木を引っぱり出してしょっちゅうかまどにくべたとのこと。しかもその場合は、あまり印刷しなくなった古い板木から使ったそうである。また、市内の銭湯は焚木に困ると、板木をリヤカーに山のように積んで運んだという見聞も伝わる。置き場を失い、軒下に平積みされた板木を焚火の中に放りこむという情景も容易に想像されよう。商業的な価値を持たなくなった板木が市中にあふれかえっていた時期、それを焚木として使うというのは極めて自然ななりゆきであったに違いない。かように見てくると、商業的価値をなくした板木というものがいかに失われやすかったかがよくわかる。そして、いくつかの偶然と、関わりを持った人達の見識があったとはいえ、文政堂旧蔵の板木三〇〇〇枚のうち一八〇〇枚が残ったのは、極めて稀なケースであったことも理解されるであろう。

4　板木の学術的意義

では、板木の学術的価値はどこにあるのであろうか。それは一言で言えば、板木には近世出版現場の情報が非常に生々しい形で残っているということに尽きる。つまり、板木には出版書肆や職人が何を考え、その板木が彼らによってどのような扱いを受けたかが形として明確に残っているのである。先にも触れたように、近世は出版の時代であった。それは、近世文学の研究は出版という問題を抜きにしては成り立たないということでもある。その共通認識は学界にも早くからあり、特にここ二〇数年来、出版関係の研究が益々盛んになってきている。が、その研究の多くは出版された書物とか関連の文書を中心としたものであった。出版された書物、つまり版本《はんぽん》の書誌的研究をつきつめてゆけば、やがて板木にゆきあたる。扉のむこう側から話し声や物音が聞こえる。それから想像すると、扉のむこう側、すなわち近世の出版現場ではこんなことが行われていたはずだ——版本・文書による出版研究はそこで行きどまらずをえない。板木の研究は、その扉を開き、想像するしかなかった近世出版現場の書肆や職人のありさまを眼前に浮かび上がらせてくれるのである。その一例を『おくのほそ道』に見てみることにしよう。

図1は、一九九八年（平成一〇年）に大書堂から奈良大学に納められた約五〇〇枚の板木の中から発見された寛政版『おくのほそ道』の板木を拓本にとったものである。上段が板木の表面、下段が裏面で、素龍跋・去来奥書・蝶夢由来書・刊記を四丁張《ばり》として、一枚の板木に仕立ててある。図2は、文政堂の万延元年の蔵板目録であるが、その右から四行目に「奥の細道　四枚」と見え、この時点で『おくのほそ道』の板木が四枚あったことが判明する。今回発見されたのは、言うまでもなくそのうちの一枚である。あとの三枚は失われて残らない。目を版本に転じてみよう。図3が寛政版『おくのほそ道』の冒頭部で、図4が本文の末尾である。冒頭の「月日は百代の……」から末尾の「蛤

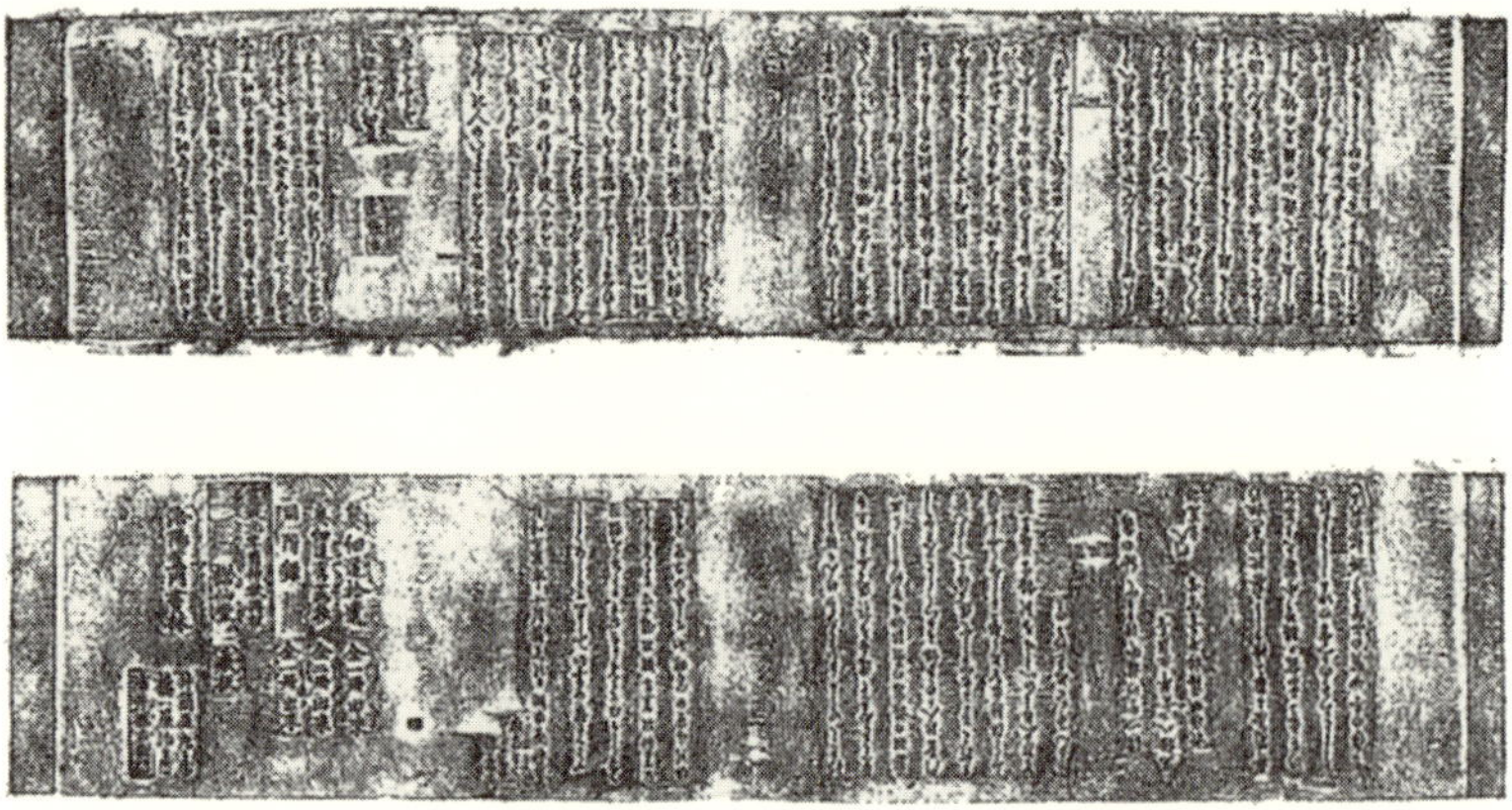

図１　寛政版『おくのほそ道』板木拓本

のふたみにわかれ行秋ぞ」の句までが五三丁、そのあとに板木該当部分の跋文・刊記四丁が続く。なお、本文末五三丁は図４の如く蛤の句一章を収めるのみで、裏は余白となっている。今回発見された板木が跋文・刊記の四丁張であったことからすると、本文の板木も四丁張だったと考えるのが自然であろう。ここから、寛政版『おくのほそ道』の印刷に使われた板木の枚数が割り出せる。本文冒頭から四丁張で順に板木を仕立てたとすると、五二丁まででちょうど一三枚となる。跋文・刊記は四丁で一枚に収める。すると五三丁の蛤の句が浮いてしまうが、これは題簽《だいせん》とセットにして同じ板に収めたと見るべきであろう。と言うのは、他の一〇〇〇枚を超える板木を調べてみると、本文末尾が中途半端になった場合は題簽と同じ板に収めるという仕立て方が、寛文以来あたりまえに行われていたことが実証できるからである。かくして、寛政版『おくのほそ道』は全部で一五枚の板木によって印刷されていたことが判明する。これは、版本だけをいくら調べても得られない情報である。そしてこの情報が版本調査に新しい視点を与えてくれることになる。図５のように、寛政版『おくのほそ道』の中には、本来は本文末尾に位置するはずの蛤の句を表紙の見返しに入れてある版本が存在する。この版本では、当然のことながら五三丁の蛤の句はない。かような奇妙な版本の存在は、既に二〇年前に雲英末雄氏がその著『元禄版おくのほそ道』（勉

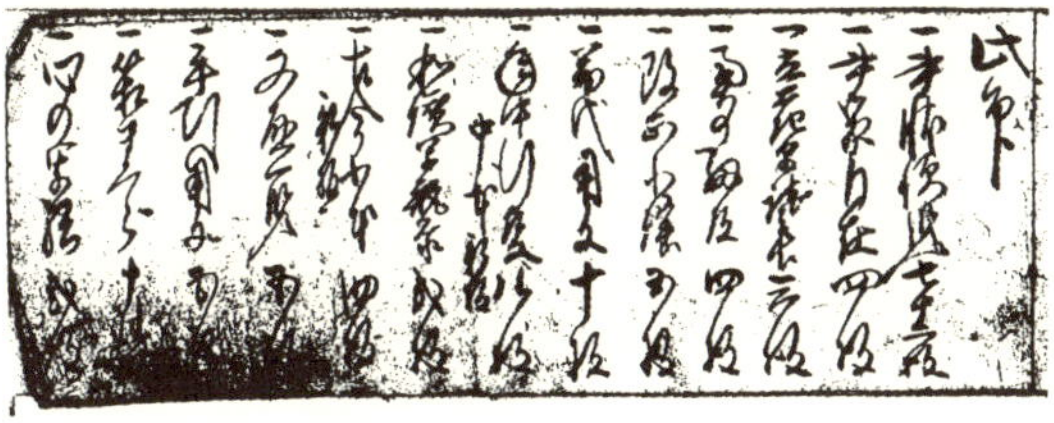

図２　文政堂蔵板目録

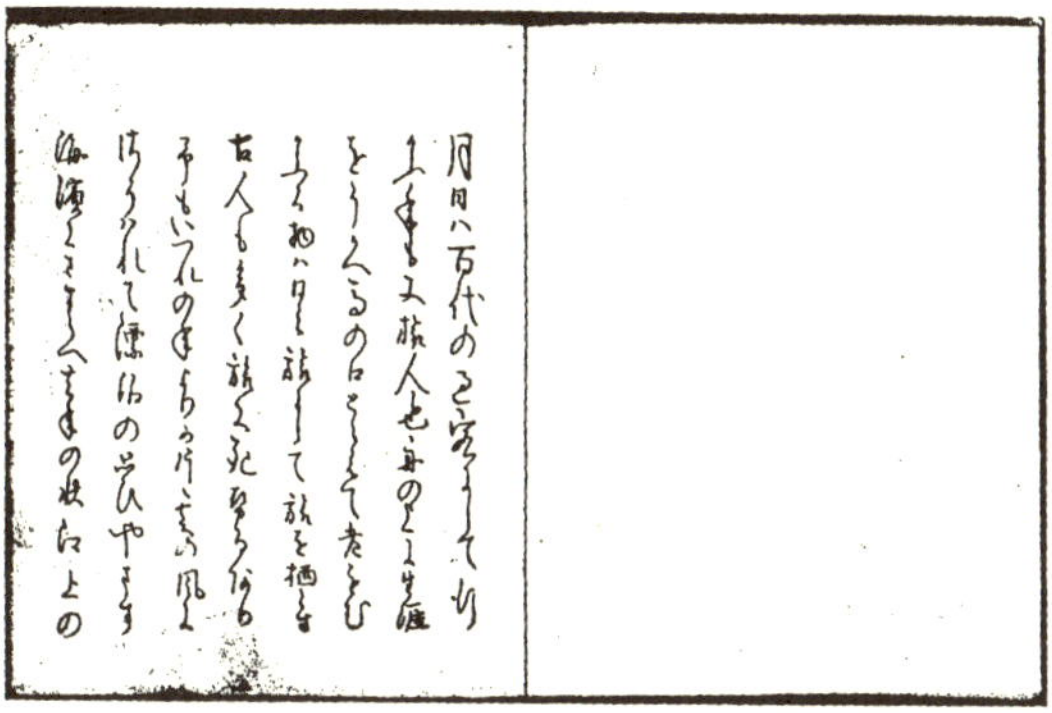

図３　寛政版『おくのほそ道』冒頭部

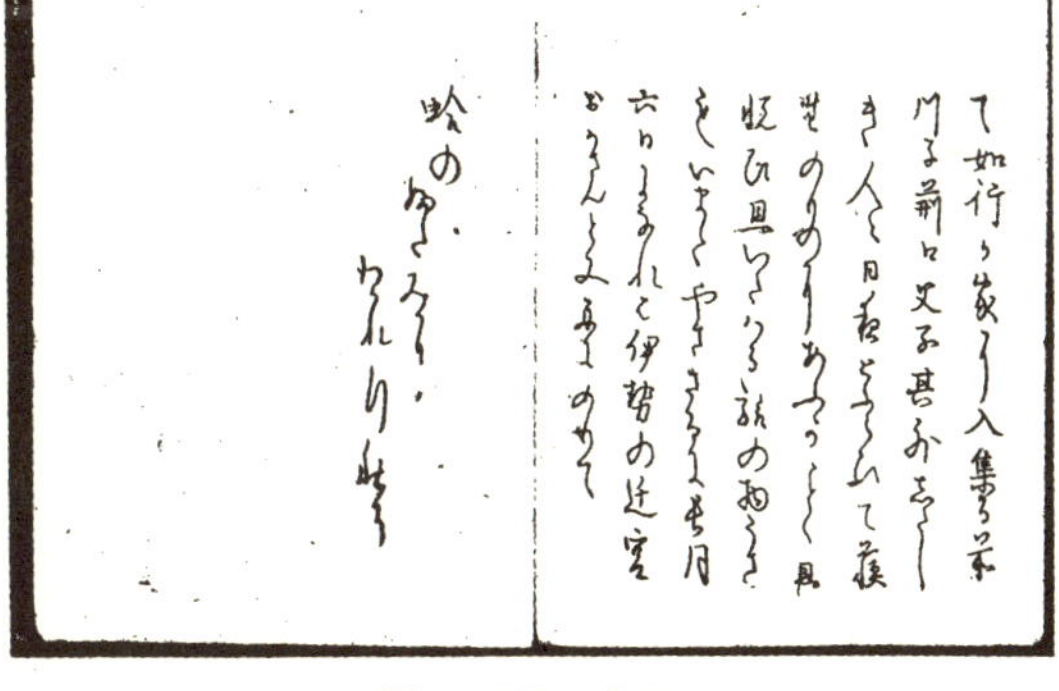

図４　同　末尾

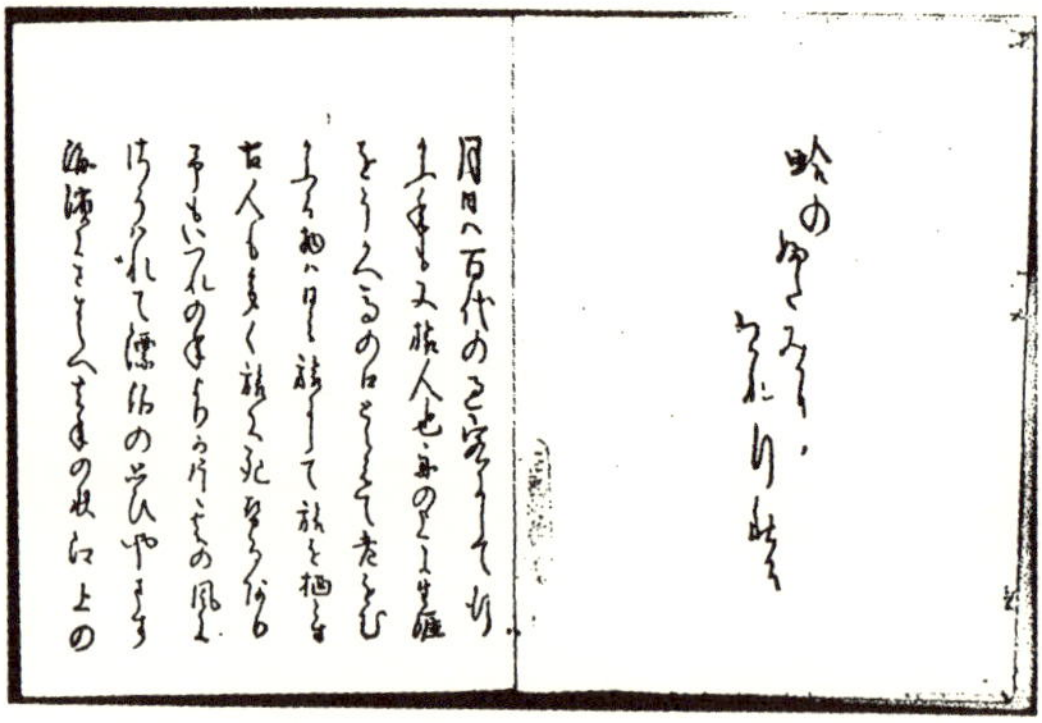

図５　寛政版『おくのほそ道』別本冒頭部

誠社、一九八〇年）で報告しておられたのだが、何故そのような本が生まれたかは謎とされてきた。しかしその謎も、たった一枚ではあるが板木が出現し、全体の板木の仕立て方がわかってしまえば実にあっさりと氷解する。先に見たように、本文末尾の五三丁に入れるべき蛤の句は題簽と同じ板に収めてあったと考えられる。仮にその板木の順に印刷をして製本していったとすると、表紙に題簽を貼り、見返しに蛤の句を入れ、以下「月日は百代の……」の本文を並べるという順序でこの本が出来上がる。板木が出てきてみれば単純な割算で解決できる問題なのだが、版本だけを見ていてはこの謎は永遠に解けなかったかもしれない。

ここに取り上げたのは、板木が私たちに伝えてくれる近世出版現場の情報のごく一例に過ぎない。仮に一枚の板木から二つの情報を拾うことができるとすれば、一八〇〇枚の板木からは三六〇〇の情報が集まる。三つとすれば五四〇〇である。それらの情報を版本から得られる情報とつきあわせることによって、近世出版現場のありさまがかなり立体的に浮かび上がってくるはずである。

いま、京都の町に、近世の商業出版に使用された板木はどのくらい残っているのであろうか。木工店・西島氏のようなケースで残されているのはおそらく稀であろう。聞くところによれば、近世以来続く二、三軒の本屋が保管しているのみであるらしい。その具体的な枚数はわからないが、文政堂現蔵・旧蔵分の一八〇〇枚も併せ、一〇〇〇〇を切るのではないだろうか。そのような想像をしてみる時、失ったものの大きさに愕然とせざるをえない。かつて、京都の町は無数の文化財を収める巨大な容れ物であった。この一世紀ほどの間に、その容れ物から多くの文化財が失われていったのだが、それでもやはり文化財の宝庫であることに変わりはない。京都の町全域が世界遺産に相当するのだという認識を私たちが持つこと、そのことが板木をこれ以上失わないための第一歩なのだと思う。

平成十年十月二十五日　稿

第二部●

『おくのほそ道』の板木

1　『おくのほそ道』板木の旅路

「歌枕俳枕講座」で話をせよという仰せがありました折りにですね、この講座には年輩の方が多いのでということでしたが、ただ今拝見しますとそれほどでもない方と、少し頭が白くなっていらっしゃるかなあというあたりでして、そんな皆さんにご満足いただけるような話ができるかどうかわかりませんが、できるだけゆっくりとお話をしたいと思っております。

お手元の資料は、あれもこれも欲ばったもので、つい多くなってしまったのですが新聞記事からご覧ください。それは、京都新聞の昨年（平成十年）の九月十五日朝刊の記事でございます。いろんな新聞・テレビ等が取り上げてくれたのですが、京都新聞は地元ということもあって、たいへん熱が入りまして詳しい記事を書いてくれています。こういう文芸関係の記事で、最近のものの中では私は最高のものだろうと思います。たいへんよくできておりますす。それは今日のお話とも重なりますので、後ほどお帰りになられてからゆっくりとご覧いただくようにお願いいたします。

それから次の記事でありますが、やはり昨年の十二月八日の山口新聞の記事であります。私のインタビュー記事を載せてくれておりますが、どうして山口新聞かと申しますと、共同通信社という会社がございまして、そこが東京で

「奥の細道」版木、初めて発見

巻末（寛政版）8ページ分

奈良大購入　京の古書店から

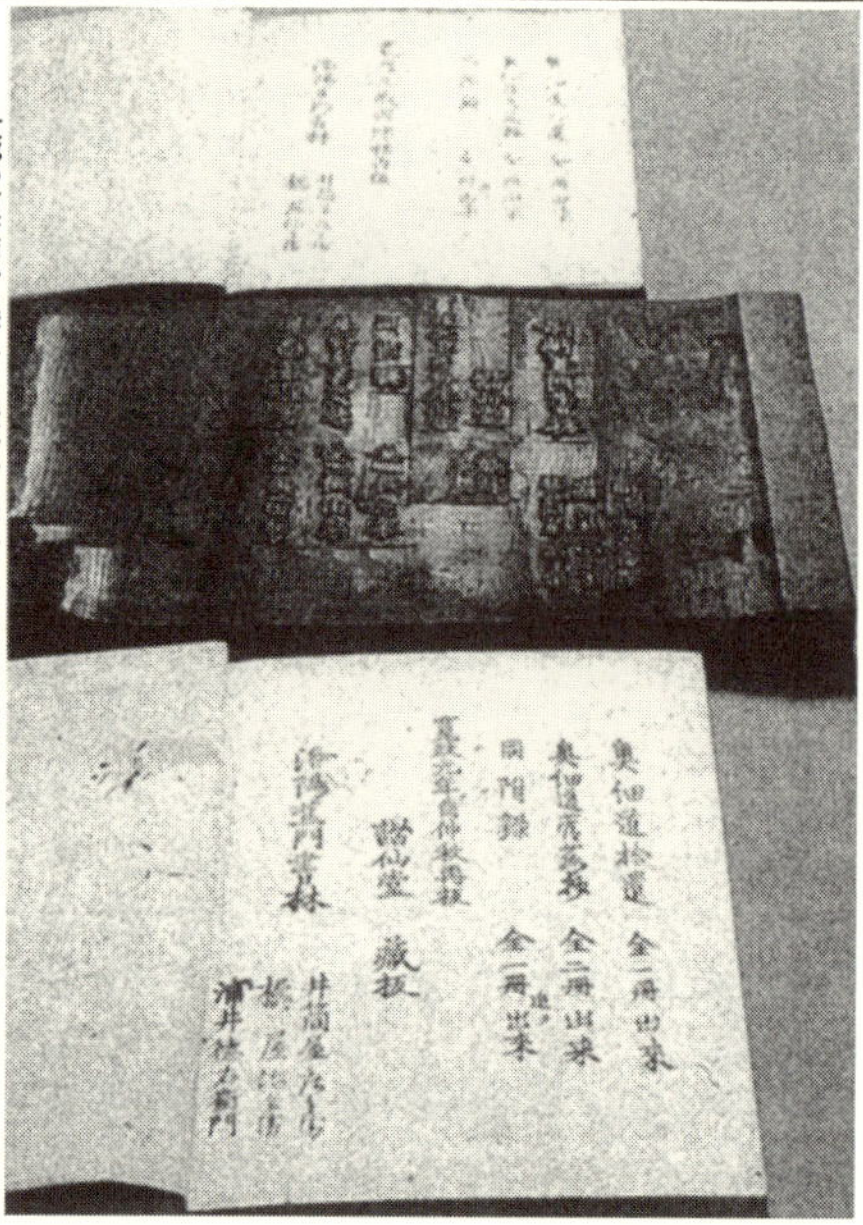

京都の古書店から購入した資料から発見された芭蕉の代表作「奥の細道」の版木（中央）と版本（奈良市山陵町の奈良大）

江戸時代の俳人、松尾芭蕉（一六四四―九四）の代表的な紀行文「奥の細道」の版木一枚が、奈良大（奈良市）が京都市内の古書店から購入した版木から見つかり、同大文学部の永井一彰教授らが十四日に発表した。寛政元（一七八九）年に彫った「寛政版」のうちの一枚で、巻末の八㌻分に相当する。芭蕉の全著作を通じて版木が確認されたのは今回が初めて。当時のベストセラーの出版、流通の形態を伝える貴重な発見といえる。（31面に関連記事）

版木は、木版印刷のために字を反転させて浮かし彫りした板をいう。「奥の細道」の印刷本は元禄十五（一七〇二）年に京都の本屋・井筒屋庄兵衛が出した「元禄版」以降、多数が刊行されている。元になる版木は「元禄版」と「寛政版」の二種類とみられている。

見つかった「寛政版」の版木は、縦二三・九㌢、横六六・六㌢、厚さ一・九㌢のサクラ材。「奥の細道」の本文の後に続く「素龍跋（ばつ・後書き）」「去来由来書」「蝶（ちょう）夢由来書」「刊記」が両面に彫られていた。

「刊記」には通常、版権を持つ本屋の名前が記される。版木の一部は削られ、文化四（一八〇七）年に版権を取得した「諧（かい）仙堂」の名を彫った板がはめ込まれていた。「入木」と呼ばれる技法で、確認されるのは珍しい。

版木一枚に和本四丁（洋書の八㌻に相当）分が彫られていることから、五十八丁ある「奥の細道」は計十五枚の版木が使われていたことが明らかになった。

関連資料を調査中、永井教授は版木をかつて所有していた京都市下京区の古書店「山城屋文政堂」が万延元（一八六〇）年に刊行した「蔵板目録」に「奥の細道四枚」とあるのを発見しており、江戸時代末期には十五枚の版木を数店が分割して所有していた実態も明らかになった。

版木は奈良大文学部が今年四月に研究資料として京都市中京区の古書店「大書堂」から購入した約五百枚の中に含まれていた。ほかに、「芭蕉翁発句集」の版木四枚も見つかった。

出版の具体的資料

「奥の細道」の版本について詳しい雲英（きら）末雄・早稲田大文学部教授（近世文学）の話　芭蕉の版木が見つかったのはこれが初めて。しかも、それが「奥の細道」の版木とは興味深い。江戸時代の印刷や出版の様相や印刷本の流布の形態が具体的に分かり、大変貴重だ。「奥の細道」が十五枚の版木で刷られたことが確認できたのも大きな成果だ。版権の移り変わりや版木の分割所有など、当時のベストセラー作品が、どのように伝えられ、読まれてきたのかが、出版と読者の両方の側から分かる具体的な資料といえる。

京都新聞提供　平成 10 年（1998）9 月 15 日付記事

「奥の細道」の版木

奇跡の一枚…京の町で生き延びた数奇な歩み

「奇跡の一枚です」。幻ともいえる松尾芭蕉「奥の細道」の版木を発見した永井一彰奈良大教授は、その意義の大きさを示すように重く、静かにつぶやいた。近世文学の版木の多くが闇(やみ)に埋もれたまま消えて行くなかで、名作「奥の細道」は百数十年ぶりに素顔を現した。焼失や海外流出といった仲間の運命を横目に、京都の町で生き延びてきた版木の数奇な歩みをたどってみる。

(社会部　国分浩幸)

百数十年ぶり素顔

版木が京都市中京区の古書店「大書堂」に持ち込まれたのは昨年春のことだった。市内の木工店主が店に伝わる約千枚の版木を「役に立たず、じゃまになるだけ」と売りに出した。

ふたつの接点

木工店は版木を小箱など木工品の原料としており、約五十年間に多数の版木を削って再利用したり、火にくべたりしてきたという。版木はもともと下京区の古書店「山城屋文政堂」のもので、昭和二十三年ごろ手に入れものだった。

この二軒の京都の古書店と接点があったのが永井教授だった。今年の春、永井教授は大書堂の版木の調査に当たる一方、山城屋文政堂に伝わる目録や文書を借りて江戸時代の売買実態を調べていた。当時は違う二つの研究のはずだった。

ところが、大書堂の版木から「奥の細道」を発見した直後、山城屋文政堂の目録の一冊に目がとまった。「奥の細道四枚」と記載がある。「えっ」。あまりの偶然に永井教授は思わず声を上げた、という。

目録は万延元(一八六〇)年のものだった。「奥の細道」の版権者「諧仙堂」の主人が亡くなったのが、その二年前の安政五年。つまり、見つかった版木は安政五年から万延元年の間に山城屋文政堂に移り、その後昭和二十三年に木工店、平成九年に大書堂、今年四月に奈良大と所有の経路が一挙に解明された。

〝仲間〟は海外流出やたきぎの憂き目に…

流転▶ 古書店(山城屋文政堂) → 木工店 → 古書店(大書堂)

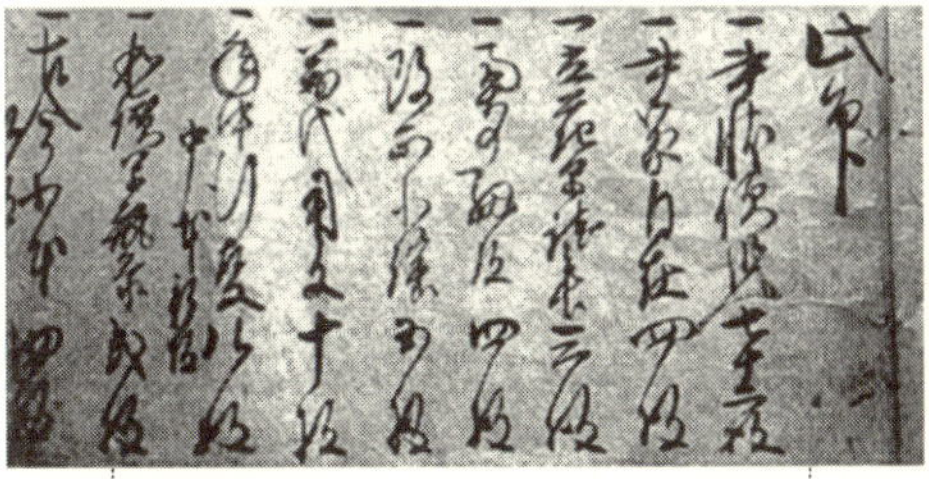

「奥の細道四枚」という記載(右から5行目)があり、版木の流れを確定する資料となった山城屋文政堂の目録

良質材が逆に

山城屋文政堂店主の藤井佐兵衛さん(五七)は「目録が見つかるまで、うちに奥の細道があったことは知らなかった」と話す。「文芸作品の版木が残っていることだけでも珍しいのに、版木の流れまで確かめられるなんて」。永井教授は喜びより、驚きを感じている。

それほど、近世本の版木の保存状況はきびしい。戦災で多くが焼失し、さらに戦中戦後の物資不足の時期には、たきぎとして燃やされた。良質のサクラ材ということが逆に災いとなり、木工品に転用されてきたりもした。

一方、欧米では装飾品として人気を呼び、絵入りの版木を中心に膨大な数が海外に流出したといわれている。米国ボストン美術館に保存されている葛飾北斎の浮世絵版木約五百点もそうした品々の一端だ。

今、国内に残る近世文学の版木は天理大附属図書館の近松門左衛門「女殺油地獄」と与謝蕪村「新花摘」など数例に限られる。

大書堂店主の中村俊一さん(五七)は、版木発見の知らせを聞いた時、「遅きに失した」と思った、という。「もっと早く研究する人が出てくれれば、貴重な版木もなくならずにすんだ」

戦災も逃れ

「奥の細道」の版木を所有していた木工店も、約千点の版木のうち半分は室内に、残り半分はシートをかけて屋外に積んでいた。ほとんど雨ざらしの状態だった。版木の価値に気づかなければ、廃材として朽ちる運命にあった。

永井教授は「ようやく近世文学研究者の間で、出版に対する関心が高まってきた。版木や本屋の側面からの探究が始まっている。これ以上、散逸しないうちに版木の目録を作ることが必要。保存、整理が声高に叫ばれている」と話す。

江戸時代の出版活動は京都、江戸、大阪が中心だった。だが、今も版木が残っているのは、大きな戦災のなかった京都だけという。今回の発見をきっかけに、京都の市中に埋もれている幾多の版木に新たな光が当たるのだろうか。

保存、整理が急務

「奥の細道」版木を発見した奈良大教授

文学論より〝現物主義〟

永井　一彰さん

京都の古書店から買ったほこりまみれの版木約五百枚を、一枚ずつはけできれいにして約一カ月。その一枚が「奥の細道」の版木と分かり「奇跡に近い」と驚いた。しかし、すぐに疑問もわいた。見つかったのは巻末部分だけ。「なぜ一枚しかないのか」「ほかはどこへ行ったのか」。追うべきテーマが増えた。

芭蕉の著作物の版木は初めてで、江戸時代の出版事情を知る貴重な資料。「偶然です」と謙そんするが、十年ほど前にも芭蕉自筆の俳句を見つけている。

研究者一般の関心が芭蕉の句作の文学論、精神論に傾きがちな中で、図書館に通って原資料に当たり、古本屋で版木などを集める〝現物主義〟を貫く。

中学の時、母親の俳句を読んだ。大きな荷を背負ってさすらう旅役者の姿を歌った句に「五七五で人間の世界をうたうことができるんだ」と心を揺さぶられた。「山の分校の先生になりたい」と、いったんは教育学部に進んだが、その句の感動が忘れられず、国文学に。

国文学の面白さは「人間が何を考えてきたか分かること」。俳聖芭蕉や蕪村を研究してきた。

「芭蕉は家も家族も捨て、精神の世界に入っていった。ストイックさが魅力だが、学生にはそれが敬遠される」と残念そう。「ユーモアあふれる作品も多い」と、講義ではその楽しさを説く。

これからは庶民の俳句に注目したいという。「日々の生活感がストレートに出ている」

奈良大に造る博物館の構想策定にもかかわっている。「木をめぐる文化史が分かる博物館にして、今回の版木も並べたい」と意欲的だ。

趣味は畑いじりと東洋ランの栽培だが、忙しくてあまり手入れできていないのが気掛かり。妻と娘二人の四人暮らし。岐阜県出身。四十九歳。

山口新聞提供　平成 10 年（1998）12 月 8 日付朝刊記事（共同通信配信）

ニュースを集約して、それを地方新聞に流すわけですね。同じ記事が実は同じ頃に、全国地方各紙に載っているんですが、山口新聞が一番写真が大きかったものですからご紹介したわけです。たまたま、昨年女子プロゴルフで賞金女王になりました服部道子さんと並ぶことになりまして、いろいろと名誉な事だと思っているんですが、ちょっと読み比べてみますと、服部道子さんの方は女子プロゴルフで初めて賞金女王になったと。年収いくらなのかよく知りませんけれども、多分私より少し多いんじゃないかなあと。「自信・膨らみ・風格備わる」と、いかにも自信たっぷりのご様子ですね。それに比べますと私は何となくしょぼくれてまして『おくのほそ道』の板木《はんぎ》を手にして、どこかこう自信なさそうな顔をしています。それから、着ている物にもご注目をしていただきたいのですが、服部さんはダックスのシャツを着ております。これはメーカー品でございまして、私の方はメーカーが見えないのですが、これは奈良の近鉄百貨店のバーゲンで三千円で買いましたポロシャツなんです。そんなんでどこをどう見ても負けておりますけれども、記事の量は私の方がちょっと多いかなあと。ちょっと勝ったかなあと、一人で喜んでおります。それはまあおなぐさみにご覧ください。では、本題に入らせていただきます。

資料①にあげましたのは、これは今、後ろに陳列しています『おくのほそ道』の板木を、拓本にとりまして、それをコピーし、かつ縮小したものです。小さくなっておりまして、読みにくいと思いますが、元の大きさは、長さが六十六・六センチ、幅が十三・九センチ、厚さが一・九センチあります。

今日こうして『おくのほそ道』の板木を伊賀上野へ運んでまいったのでありますけれども、これは考えて見ますと不思議なことでして、『おくのほそ道』という今や国民的な文学になっております作品を、芭蕉さんはもともと出版をする気は全くなかったのです。まして、板木が今日こんな形で伊賀上野へ、いうなれば里帰りをしてくるなどということは、夢想だにしていなかったわけであります。私は、芭蕉がこの『おくのほそ道』という文学作品にかけた思

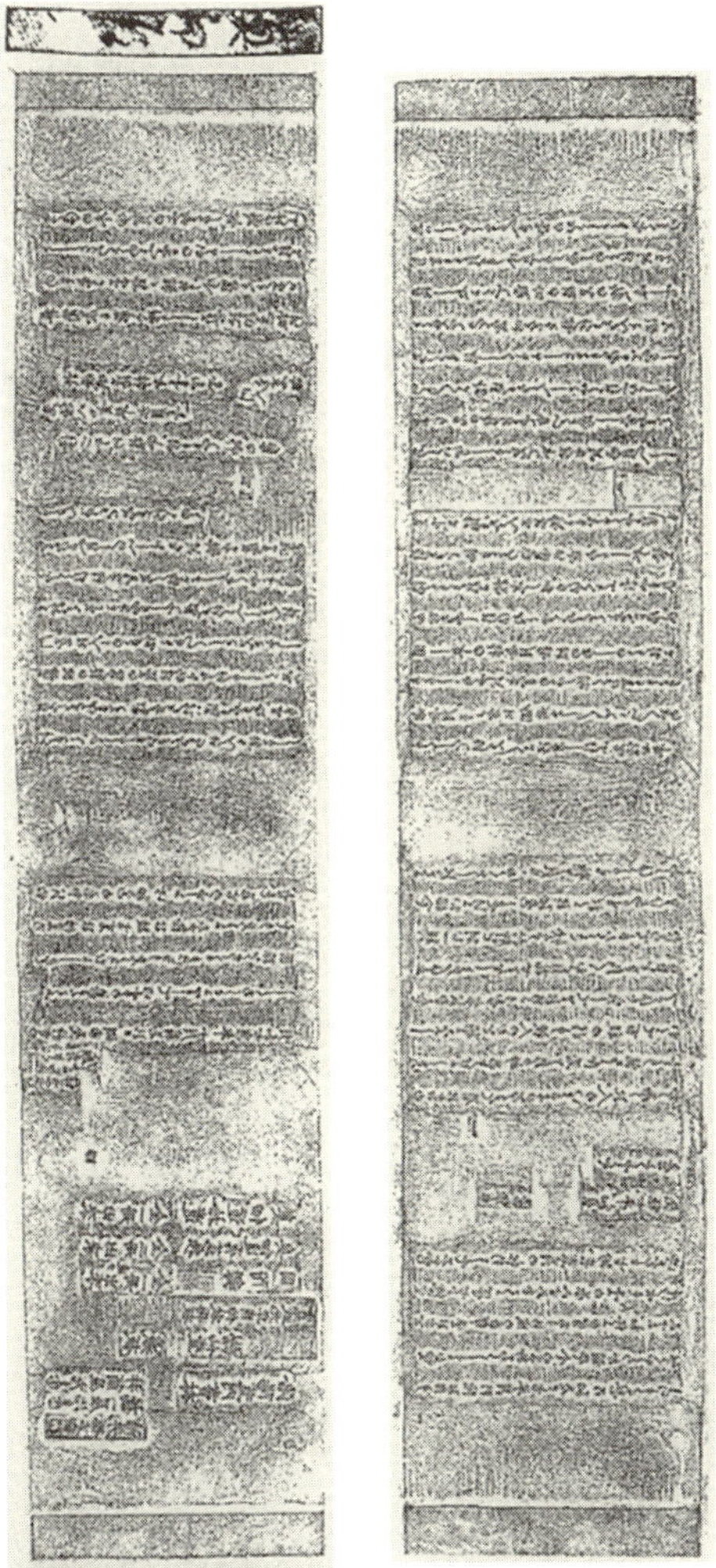

【資料①】寛政版『おくのほそ道』板木拓本（奈良大学蔵）

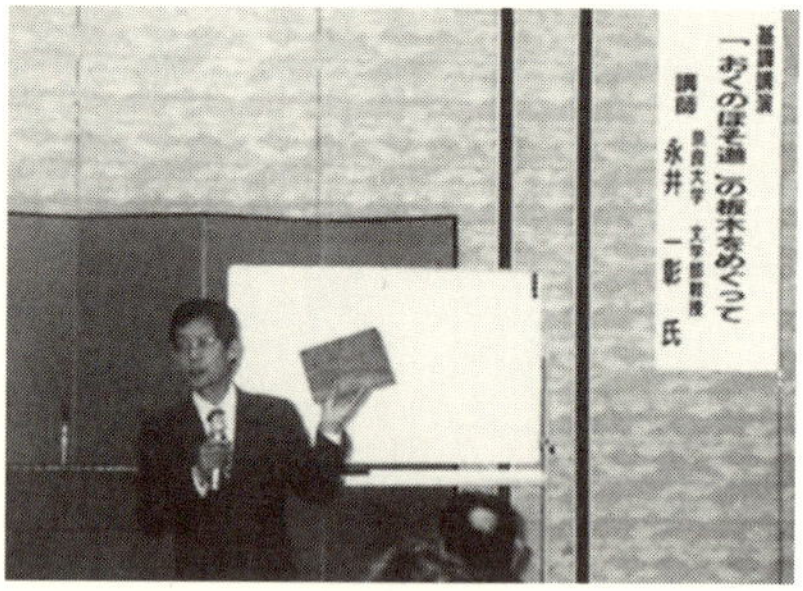

講演風景

いといいますか、執念みたいなものが、多分今日こうしてここへ帰ってきたのだろうというふうに思っております。

それが、板木なのでありますが、板木といいますものは一体どういうものかということを少しお話をしておく方がいいのかもしれません。

江戸時代は、ほとんどの書物はこの板木を使って印刷をされています。それはどのように作るのかということなんですが、多くの場合は桜の板を使うのですが、こちらに板を用意しますね。当時の本屋さんの間では、まだ何も彫ってない状態の板を白板と呼んでいたらしいのですが、板を用意します。そして、こちらに原稿を書きます。薄い和紙に筆でもって原稿を書いていくわけです。これを版下《はんした》というふうに言います。この版下を裏返しにしまして板に貼ります。そして、字の部分だけを残して彫っていきます。つまり、横から見ますと字の部分はこういうふうに出っ張って見えるわけです。彫り上がったら、墨を塗って、その上へ白い紙をかぶせて、バレンという道具で上からこすります。小学校の時に版画をなさった方もおありだと思うんですが、要するに版画と全く同じ理屈なのですね。

そういうふうにして、板木を作りまして印刷をします。後ろの『おくのほそ道』は、また後でゆっくりご覧いただきますけれども、ここに何枚かの板木の見本を持って来ましたので、ただ今からお回ししたいと思います。

ここに三枚用意して来たのですが、これはちょっと小さめの板木ですね。内容はまだよく検討しておりませんけれども、洒落本《しゃれぼん》か草双紙《くさぞうし》かその辺だろうと思います。こんなスタイルになるわけですね。この場合、板の裏側は使っておりません。むしろ、こういうケースの方が珍しくって、板木のほとんどは裏表を使います。裏もこのような状態で彫って使います。この板木は比較的きれいなのですが、何故きれいかといいますと、ふつうは残っている状態というのは、墨がのって真っ黒になっています。板木はどうやら印刷するごとにいちいち洗うのではなく、墨がついたまま保管をしておくわけですね。これは、洗っておりますから比較的きれいなのです。ただ洗ってはあるのですが、どうしても墨が手につきますので、くれぐれもその手でシャツなどを触らないように、私もそれでなんべんか泣いておりますので、触らないようにしてください。お回ししますからどうぞ手にとってご覧ください。

次に、これはお経の般若心経ですね。これは真っ黒に墨が残っておりまして、触るとこういうふうになります。三つめの、これは仏教書の板木です。これは水洗いがしてあります。この場合は裏をきちんと使っております。これが普通のスタイルです。材質はいろいろありますが、ほとんどは桜を使います。これも少し墨がつきますからお気をつけください。それをご覧になりながら、お話を進めてまいります。

このようにして、板木というものをこしらえるわけですね。今、裏表を使うんですよとお話を申し上げましたが、その『おくのほそ道』の場合も、それは裏表を使っております。どっちが裏か表かというのは、どうとも言えるんですが、仮に上の段のほうを表だとしますと、下の方が裏になるわけですが、この『おくのほそ道』の板木の場合は、四丁《ちょう》分を一枚の板におさめております。その丁という言い方もご説明しないとわからないんですが、今の洋装本はですね、ページが入っておりますね。洋装本の場合は、ここが百二十七ページで、ここが百二十八ページと一枚の紙の裏表に印刷をするわけですが、和本の場合は、こういうふうに印刷した紙の真ん中のところを折りまして、ばらけている方を糸で綴じます。こういうふうに袋状態になりますね。この一枚を丁といいます。ですから四丁分といいますと、今の洋装本でいいますと、八ページ分がその板の表裏に彫られているというこういう計算になります。そういう板木の仕立て方、一枚の板木に何丁彫られているかということで、板木の呼び方として、四丁分が張ってある。四丁張りといいます。四丁張りの板であるといいます。

もう一つおもしろいのは、資料①の端っこを見ていただきたいのですが、それはどういうものかといいますと、板木がこうございますね。こっちの切り口の所になるわけです。こういう所に、左端に「奥細道」というふうに墨で書き入れてあります。これがなかなか読みにくい。墨で書いてありまして、どうしても職人さんが汚れた手で触るわけですから、この辺が真っ黒になって読めないんですね。読みにくいんですが、幸い奈良大学には文化財学科という学科がありまして、そこに西山先生という保存科学の専門家がいらっしゃいます。赤外線のカメラがありまして、赤外線を当てて、赤外線カメラで撮影をしますと、不思議や不思議そういうふうにはっきりと、汚れは一切写らずに墨だけが浮かび上がってきます。それを写真に撮ったものです。左に「奥細道」とあって、右側が少し不鮮明なのですが、どうやら同じように「奥細道」。一番下の字がどうも「跋《ばつ》」という字であろうと思います。右側の書き付けの意味するところは、この板は「奥細道」の「跋文」の部分の板なんだよと、そういうことのようです。

跋文というのは、本の一番最後に添える文章ですね。その部分の板だという書き付けのようです。何故そんなところに書いてあるのかということですが、昔の本屋さんは、板木を棚に平積みにして置いておきます。ここに書いておけば、取り出す時すぐわかるわけですよね。そういうための書き付けです。

その四丁張りの板一枚が出てきたわけですけれども、それは版本のどの部分かと申しますと、板木の切り口のところに「奥細道跋」とありましたように、『おくのほそ道』の跋文の部分です。これは、あとで登場願います愛知教育大学教授の岡本勝先生のご本をお借りしてきたんですけれども、『おくのほそ道』はご存じのように、

月日は百代の過客にして……

という有名な書き出しから始まりまして、そして一番最後、旅の終わりは、

蛤のふたみにわかれ行《ゆく》秋ぞ

という句で終わりますね。これで本文が終わります。その後に跋文、そして何という本屋が、何年に出版したかという刊記《かんき》が入っています。この跋文と刊記四丁分がその板に相当するわけですね。

昨年の秋に記者会見をいたしました時に、マスコミ関係の方から随分尋ねられたんですが、本文はないのかと。本文のところはなんでないんやと。

夏草や兵《つはもの》どもが夢の跡

のところはないんかと随分無理なことをいわれたんですが、それはありません。残念ながら本文はありませんという話をしたんですが、この本を印刷するために作られた板木、その中の最後の一枚だけが出て来たというふうにお考えいただければよろしいかと思います。

それで当然のことですが、この板木がどういうふうに伝わってきたのか、今なぜ奈良大学に一枚だけあるのか、ということ。つまり、どういう伝来経路で奈良大学に落ち着いたのか、ということが当然の疑問として出てくるのですが、それはほぼ完璧にたどることができます。その伝来経路をたどって行く過程で、この『おくのほそ道』という出版をめぐるさまざまな問題も浮かび上がってきます。

芭蕉は旅の俳人としてたいへん有名で、しかも『おくのほそ道』という紀行文は、その芭蕉の生涯を象徴するかのようなドラマティックな内容を備えておりますが、その芭蕉自身の旅とはまた違って、この板木がたどってきた旅路というものも、なかなかドラマティックなものがあります。前置きが長くなりましたが、ではこれから板木がたどってきた旅路をたどってみたいと思います。まず、年表風に箇条書きにしてみます。

『おくのほそ道』板木の旅路

1694　元禄七年四月　素龍によって『おくのほそ道』清書、了。資料②参照。
　　　五月　芭蕉　清書本を携え江戸を発つ。
　　　七月　帰郷。

1695 元禄八年

・九月八日　上野を発つに際し、清書本を兄に托す。

九月末　浪花で病臥。

十月　去来に清書本を譲ることを約束。十二日、没。

遺言により、素龍清書本は芭蕉の兄より去来に譲られる。去来は替りに写本を作り、芭蕉の兄に贈呈。その写本に添えた由来書の奥に「元禄八乙亥年九月十二日」とある。

1702 元禄十五年

京都井筒屋庄兵衛、『おくのほそ道』を出版。

＊但し、文考・岡本勝先生に元禄十二年刊とする説あり。

去来所持の素龍清書本を模写し、書型・大きさ・表紙の模様・題簽・綴糸に至るまで、原本のスタイルを踏襲。何故か素龍の跋文を省き、無署名（井筒屋本人か）の跋を添える。資料③参照

＊この元禄初版本をはじめ、『おくのほそ道』の諸版本については、早稲田大学教授雲英末雄先生の研究『元禄版おくのほそ道』（昭和55年勉誠社刊）が最も詳しい。

〈板木の仕立て方〉

『ほそ道』は本文53丁、無署名跋1丁で合計54丁。四丁張として本文冒頭から板木を起こして行くと、54割る4で、13、5枚、つまり14枚仕立てとなり、14枚目の裏面が余る。その裏面が題簽相当部分。

1770 明和七年

あらたに、素龍跋・去来奥書・蝶夢由来書を増補して出版。合計三丁半。四丁張の板木を1枚使用し、半丁分が余る。ちなみに、本文の板木は元禄版のものをそのまま使用している。

1778　安永七年ごろ

井筒屋の単独版であったが、橘屋との相版となる。板木、そのまま。余っていた半丁分に、新しく刊記を入れたか。資料④参照。

1788　天明八年

一月三十日、京都大火。江戸時代京都における最大規模の火事。井筒屋も罹災。『おくのほそ道』をはじめ、井筒屋の板木焼失したか。

1789　寛政元年

八月、『おくのほそ道』、井筒屋・橘屋から再刻再版。資料⑤参照。

板木が新しくなっていることは、既に雲英先生が指摘。但し、摩滅や損傷による彫り直しではなく、大火による焼失と見るべき。

この再刻本では、元禄以来の無署名跋を削除。

〈寛政版の板木の仕立て方〉

1～52丁　四丁張13枚

53丁と題簽で1枚（裏面余り）

素龍跋・去来奥書・蝶夢由来書・刊記　4丁　←　今回発見分1枚

（以上）合計15枚

1807　文化四年ごろ

井筒屋旧蔵の主要俳書の版権が、諧仙堂（浦井徳右衛門）に移る。『おくのほそ道』の版権も諧仙堂に移り、井筒屋・橘屋・浦井の三書肆相版のスタイルに変更。板木は寛政再刻版のものをそのまま使用し、刊記に一部入木。資料⑥⑦参照。

1847　弘化四年
この年の夏、浦井等五軒相版の横本『俳諧七部集』巻末の「諧仙堂蔵板目録」に、「おくのほそ道」が出る。
資料⑧参照。

1858　安政五年
浦井徳右衛門、没。

1860　万延元年
『万延元年庚申卯月改正／文政堂蔵板目録』に「奥の細道　四枚」とある。資料⑨参照。文政堂には嘉永七年1854の目録もあるが、そちらには見えない。浦井の没と相前後して、『ほそ道』の板木15枚のうち4枚を文政堂が買い取ったと考えられる。四軒ほどでの分割所有。刊記部あり。文政堂が重きを占める。資料⑩参照。

1879　明治十二年ごろまでは、出版した形跡あり。

1948　昭和二十三年ごろ
藤井文政堂から板木流出 ⟶ 木工店へ。再利用・焼失・散佚 ⟶ N氏・M氏へ

1997　平成九年
木工店から大書堂が買い取る。⟶ 奈良大学（外典、約五百枚）・大谷大学（内典、約六百枚）

年表の後ろからご覧ください。平成九年（一九九七）のことですが、京都の寺町に大書堂《だいしょどう》という古本屋がございます。大書堂は浮世絵などを中心に扱っている本屋さんで、いろんな板木も扱っておられます。私も以前から大書堂さんで浮世絵の板木などをぱらぱらと大学の方へ入れておりまして、そのご縁で知り合いだったんですけれども、たくさん板木を買い取ったという話を聞いたわけです。それはどこから買い取ったかといいますと、京都市内の木工店、このお店の方には一度もお目にかかっておりませんけれども、木工店から大量に買ったと。木工店はこの板木を何で

持ってたのかと言いますと、いろんな細工物をなさるんだそうですね。小さな箱を作るとか、火鉢を作るとか、そういう細工をなさるお店だそうです。工務店というほどでもないというお話をうかがっておりますけれども、何故それを持ってたのかといいますと、板木を削りまして、板木の裏表を削っちゃうんです。そうすると少し薄くなりますが、非常に素晴らしい桜の板ができるのですね。それを細工に利用なさるということで持っていらっしゃったわけです。ところが、最近はそんな手間暇をかけなくても、適当な用材というものはいくらでも安く買えるわけですから、だんだん邪魔になってきたということのようです。たまたまその木工店さんが大書堂へ本棚を作りにいらっしゃったんです。店先に板木が並べてある。こんなものやったらうちに山ほどある。実は邪魔になって困っているという話になったんだそうです。これが実は不思議なご縁と申しましょうか、木工店さんはもう二、三か月遅ければ、京都の南区の処分場へ持ちこんで全部焼いてしまおうと思っておられたそうなんです。大書堂はそういうことなら、全部うちで引き取りましょうということで、何枚あったかといいますと、全部で千百枚。千百枚の板木というのはものすごい量でして、ちょっとした小さいお部屋でしたらもう一杯になってしまうぐらいですが。

その千百枚は、内容で分けてみますと、年表に奈良大学外典《げてん》、大谷大学内典《ないてん》と書いていますけれど、内典といいますのは仏教用語で経典類ですね。お経とか、お経の注釈とか、そういうものを指していいます。外典というのは、それ以外のものを一括していうんです。あまり大量にあるもんですから、大谷大学で内典だけ引き取ってもらって、奈良大学で外典だけという話にしたわけです。といいますのは、板木を研究する場合は、それに対応する版本がなければ意味がないのですね。『おくのほそ道』の場合も、実際に板木と版本を比べて見ていろいろわかってくるわけです。残念ながら奈良大学には仏教関係の和本はあまりございません。そこで、大谷大学でそれを調べていただくということで六百枚、奈良大学へ五百枚。その五百枚の中に一枚だけ『おくのほそ道』が入っていたという、こういうことなんです。新聞発表の後で大谷大学の方で、うちにも実は入っているんじゃないかということで、大騒ぎになったということですが、そういうことはございません。一応私が全部見ておりますので入っておりません。

それでは木工店がどこからそんな大量の板木を手に入れたのかといいますと、これをいろいろお話を聞いていきますと、昭和二十三年（一九四八）頃とうかがっていますけれども、今日お越しいただいています藤井さんのお宅、藤井文政堂《ぶんせいどう》さん。山城屋佐兵衛さんともいうのですが、から流出したものらしい。これは、藤井さんの名誉のために申し上げておきますが、藤井さんが売り払われたわけではありません。ある方が勝手に売ってしまわれた。藤井さんが気がつかれた時には、すでになかったと。どこへ売られたかわからなくって、今回の『おくのほそ道』板木報道で、初めて藤井さんも気がつかれたということのようです。木工店へ、藤井さんのところから不本意な形で流出をしております。どのぐらいの枚数が流れたかというのは、はっきりとわかりませんが、現在残っているものだけで千百枚ほどあるわけですから、もしかしたら二千枚近くは出てるんじゃないかなあと思っております。年表の西暦を見ていただきますと、一九四八年から一九九七年まで約五十年間ですね。五十年間この木工店にあったわけです。その間に先ほどお話ししましたように削られてしまった。ただの板になってしまったというのが、かなりあるはずです。

それから焼かれてしまった。これも後から藤井さんの方でいろんなお話をしていただけると思うんですが、終戦直後の京都の町中というのは、薪に不自由をしたようでして、木工店のおばあちゃんが、おばあちゃんがいらしたかどうかは確認してないんですがね、おばあちゃんがめしを炊くのに板木を引っ張り出してきて焚いてしまわはったと、いうことも考えられるわけです。実際に奈良大学に入りました板木の中には、一度火の中へほうり込んで、もう一回引っ張りあげたという燃え跡の残っているものもあります。多分焚火かなんかに使ったんでしょうね。

それから散逸をしてます。これは、新聞報道の後で、実は私その木工店から板木を買って持っていますという人が出て来て、仮にそこへNさんとかMさんとかしておいたんですが、お二人合わせて二百枚ほど持っていらっしゃいました。今、それはお借りして大学の方で調査を進めておりまして、また何かおもしろいものが出てくるかもしれないのですが、そんな形で散逸をしている。そういうことまでわかってまいりました。

今、年表の後ろの方からたどっているのですが、今度は前の方からたどってみることにします。芭蕉の最晩年からお話を進めたいと思うんですが、一六九四年、元禄七年の四月、素龍という人によって『おくのほそ道』の清書が完了します。これは、芭蕉さんが素龍さんにお願いをして清書してもらったわけですね。素龍清書本《せいしょぼん》というふうな言い方をしております。

資料②、それが素龍清書本と呼んでいる本の図版です。現在、西村さんという方が持っていらっしゃるので、西村本とも呼ぶのですが、右上が表紙ですね。岡本先生風にいえば板目表紙。板目をデザインしたような模様の表紙。実はこの板目表紙というものが、『おくのほそ道』がいつ出版されたかということを考える時に、非常に大きな問題になってくるのですけれども、表紙がございますね。真ん中に題名を書いた紙が貼り付けてあります。これのことを題簽《だいせん》というふうに呼んでいるのですが、その題簽の『おくのほそ道』という字は、芭蕉の自筆であると認められております。左のコマは、例の「月日は百代の過客にして　云々」という有名な書き出しのところですね。一番最後に清書した素龍の跋文《ばつぶん》があって、その左端に

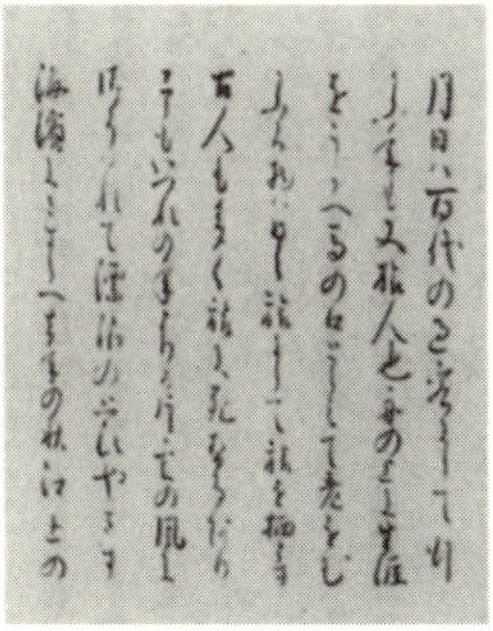

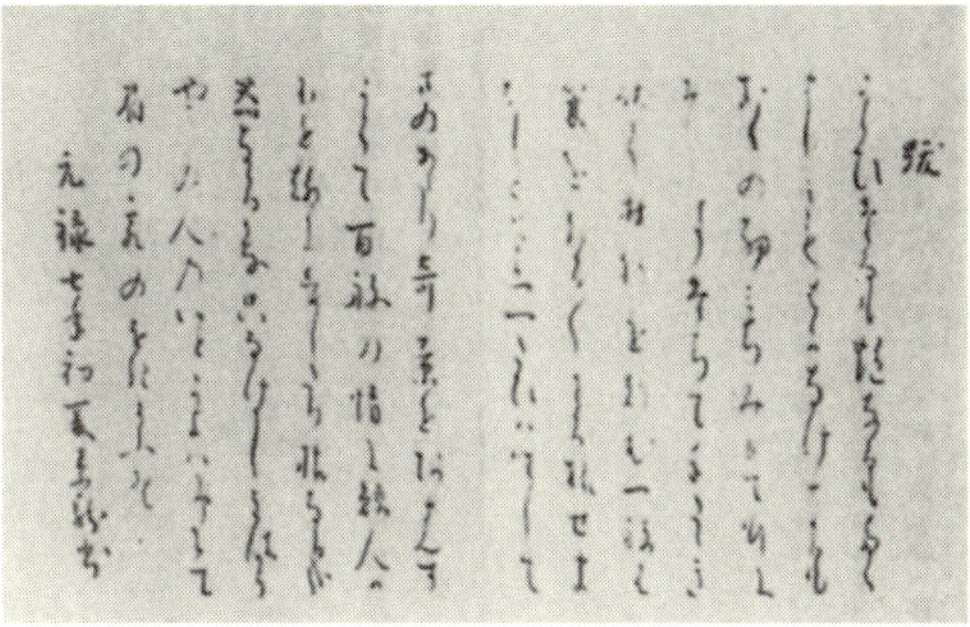

【資料②】　素龍清書『おくのほそ道』（複製本）

元禄七年初夏　素龍書

と添えてあります。これによって、素龍の手により清書が完了したのが、元禄七年の初夏、四月のことだというのがわかります。

年表へお戻りください。同じ年の五月、芭蕉は清書本を携えて江戸を発ちます。これが芭蕉の最後の旅になるのですが、七月には伊賀上野へ帰郷しまして、九月八日、伊賀上野を発つに際して、この清書本をお兄さんに託しております。芭蕉はこの年どうも調子が悪かったみたいで、おそらくもうこれで自分は伊賀上野へ帰ってこないかもしれないと思っていたみたいですね。だから、それは形見のつもりでお兄さんに渡したのかも知れません。芭蕉は『おくのほそ道』を出版するつもりは全くなかったということがこの辺りからいえるわけです。九月の末に大坂で体調を崩して病臥いたします。十月に入りまして、門人たちが芭蕉先生がどうも具合が悪いらしいということで、お見舞いにやってきます。その時に門人の去来に、この清書本を譲るということを約束します。これは文書としては残っていないみたいですが、口頭で「お前が以前からこの本を欲しい、欲しいと言ってたから、やる」ということを約束します。ただ、おもしろいのはその時芭蕉は「万が一私が回復したら、奇跡的に治ったら返してくれ」というんですね。去年大学院の学生とこれ読んでまして、「先生、芭蕉というのは、せこいですね」というんです。「いやそうではない。こだわり、執着というものはそういうもんなんや」と、「芭蕉がこの作品に、どれだけこだわったかということをそれは示すものだ」と。「決してせこいわけではない」と。「くれぐれも伊賀上野でそういうことを言うなよ」という話をしたのですが、そういう約束をして、十月十二日に亡くなります。

元禄八年（一六九五）、遺言により素龍清書本は芭蕉の兄より去来に譲られます。お兄さんは去来にやっちゃうと、自分の手元に何もなくなっちゃうわけですね。そこで、去来はかわりに写本をつくって、芭蕉の兄に贈呈をする。その写本に添えた由来書の奥に、

元禄八亥乙《きのとい》亥年九月十二日

という書き入れがありますから、この段階では清書本は去来のものになっていたことがわかります。少し時間がたちます。

元禄十五年（一七〇二）、京都の井筒屋庄兵衛《いづつやしょうべえ》という、これは古くから続いている俳書専門の本屋さんで、この頃はほとんど芭蕉関係の本を一手に扱っているという感じがあるんですけれども、『おくのほそ道』を出版します。これはすごく大きな出来事で、今『おくのほそ道』という作品が国民的な文学になっているのは、この時の出版がなければおそらくこれほどまでには広がらなかったはずなんです。非常に大きな出来事です。

但し、これについては異論がありまして、というのは芭蕉の門人に支考《しこう》という人がおりまして、芭蕉さんが生きている頃からあんまり信用がなかったみたいですね。現代の研究者の間にも、どうもこいつの言うことは嘘っぽいというような雰囲気があって、あんまり信用がないんです。その支考が芭蕉先生が亡くなって六年後だというふうなことを言っているんですね。それと、支考と並べてたいへん恐縮だったんですけれども、今日お越しいただいている岡本勝先生の方から、元禄十二年（一六九九）ではないか、という説が出されております。もちろん岡本先生のご信用というのは、当然支考などとは比べものにならないわけでして、岡本先生はこの井筒屋が使った表紙に着目していらっしゃるわけですね。

あとでもう一回ふれますけれども、井筒屋がこれをどういうスタイルで出したかと申しますと、去来が所持していた素龍の清書本を模写して、書型・大きさ・表紙の模様・題簽・綴糸《とじいと》にいたるまで、原本のスタイルをそっくりそのまま踏襲しております。先ほど、岡本先生とお話をしていて、あっそうかと思ったんですが、岡本先生の言い方をお借りしますと、井筒屋は複製本を作ろうとしたんだということになろうかと思います。そのことは、資料の②と③を比べていただくと、だいたいの見当がつくかと思います。ちょっとコピーの関係で黒くなっていますが、題簽もそっ

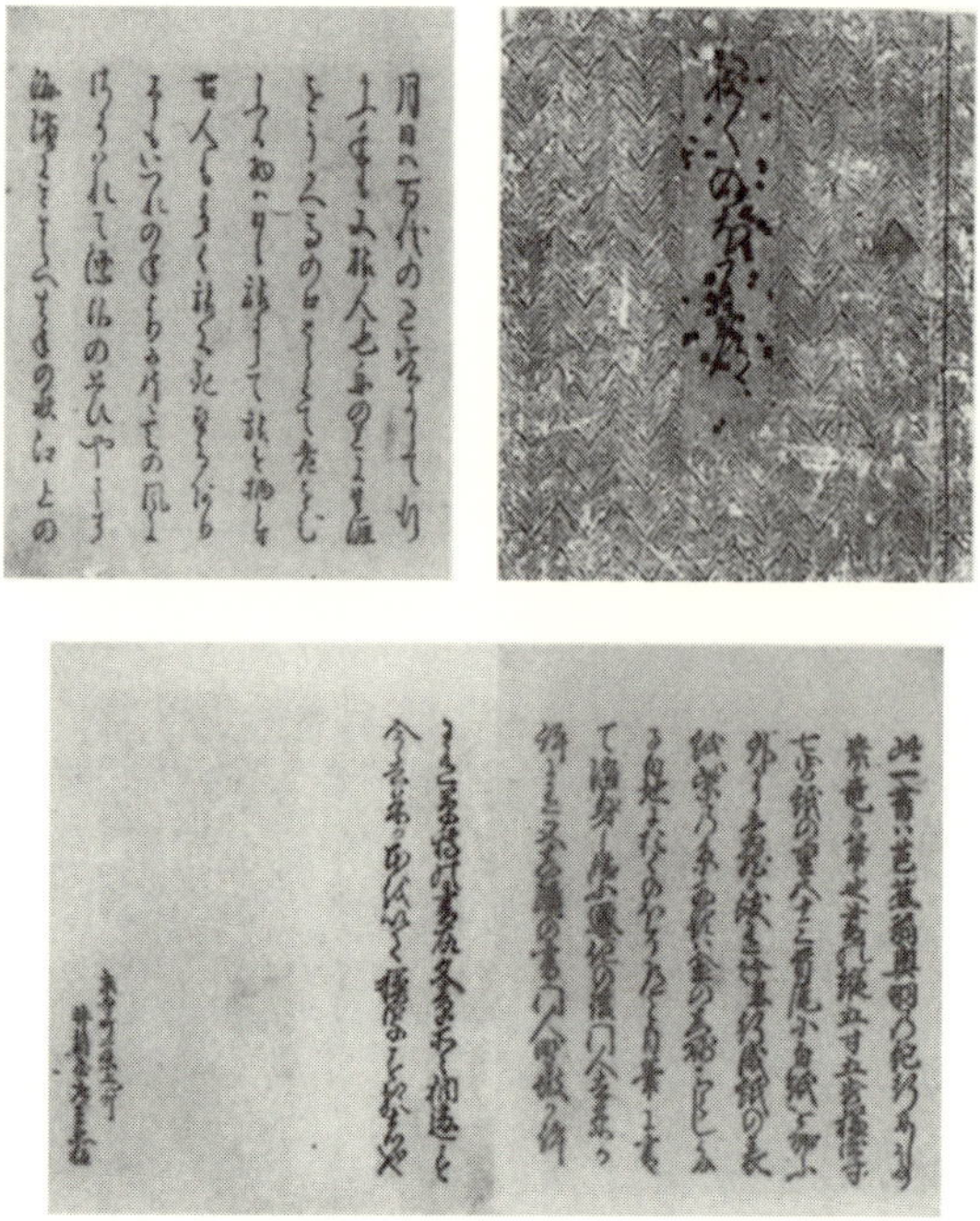

【資料③】　元禄初版本『おくのほそ道』（雲英末雄氏蔵）

くりそのまま真似をして、表紙の模様をご覧いただくとおわかりのようにたいへんよく似ております。素龍清書本の表紙をそのまま真似て、版本に仕立ててるわけです。

　岡本先生の説は、元禄十五年以前に同じ表紙を使った本が出ているというのですね。それが岡本先生の説の根拠なんです。これは大変説得力があるわけですね。つまり、素龍清書本というのが先にあるわけです。そこにこういう板目表紙の表紙が使ってある。だから、井筒屋はそれを出版するときに、その素龍の表紙を真似ているわけなんです。ということは、それは『おくのほそ道』用にわざわざ作られた表紙のはずなんですね。だから、元禄十五年以前に同じ表紙の本があるということは、『おくのほそ道』の出版はもっとさかのぼるはずだというご意見なんです。岡本先生は元禄十二年だといわれているんですが、元禄十二年という年は七回忌を一年繰り上げたという年でありまして、これも一つの岡本説の補強になろうかと思うんですが、元禄十五年というのはそういう意味でいえば何回忌にもならないわけで、ちょっと不自然なところもあります。ただ、井筒屋の出版目録の中に『おくのほそ道』は元禄十五年に出したということが書いてありますので、その辺がどうなのかというあたりは、また今後検討を待たないといけないところだろうと思いますが、それはまあ今回の板木の問題から少しそれるかもしれません。

年表へ戻っていただきまして、そういうふうに原本のスタイル、素龍清書本のスタイルを全くそのまま踏襲して井筒屋が出版をします。ただ、その場合ひとつ疑問として出てくるのは、何故か素龍の跋文を省いてしまって、無署名のこれは井筒屋本人と考えていいと思うんですが、かわりの跋文を添えているんですね。あっちこっちしますが、もう一度資料②と③をみていただきますと、資料②下段が素龍の跋文、資料③下段が元禄初版本の該当個所なんですが、ここに素龍の跋文がありません。それを省いて違う文章が入ってきて、それは何を書いているかといいますと、この本は芭蕉先生の紀行文だよと。元の本はこんなスタイルだよと。素龍の跋文もあるけど、今は略します。というふうなことが書いてあります。そういうふうにそこだけが変わるんです。これも私はよくわからなかったんです。なんでかなあと思ったんですが、これも先ほど岡本先生に話をうかがって少しなぞが解けたような気がします。その点はまた後のお話し合いの方で申し上げたいと思うんですが、跋文のところがちょっと違うんですけれども、そういうふうに素龍清書本を元にして井筒屋が出版をいたしました。

年表の続きへまいります。その辺りの研究についてはですね、早稲田大学の雲英《きら》末雄先生が『元禄版おくのほそ道』という本を出していらっしゃいまして、たいへんくわしい調査結果が報告してあります。消費税込みで千五百四十五円というですね、むちゃくちゃ安い本なんですけれども、私のそのあたりの文章も雲英先生の本によっているところが大部分です。

中ほどの、〈板木の仕立て方〉というところをご覧ください。これは、今回板木が出てきたということによって、新しくわかるんじゃないかと思われることですね。つまり、『おくのほそ道』は四丁張りの板木を使っている、ということがわかってきたことです。そうしますと、この元禄版の場合はだいたい次のような板木の作り方をしているはずなんですね。『おくのほそ道』の本文は全部で五十三丁あります。それから、さっきご覧いただいた無署名の跋文が一丁で、合計五十四丁ですね。四丁張りと考えると、本文の冒頭から板木を作っていきますと、割り算をすればいいわけで、五十四割る四で十三、五枚。つまり十四枚必要です。ただし十四枚目の半面、半面というのは裏表使うんだと申し上げましたね。十四枚目は裏表じゃなくて表側だけで済むわけなんですよね。裏は白板だったはずです。その白板のところに多分ですね、題簽が入るわけでしょ。題名を書いた部分が要るわけですから、十四枚目の裏側には題簽の彫りがあったはずなんですね。別にたいした問題ではないように思われるんですが、『おくのほそ道』の版本を考えていく場合、これは非常に重要なことなんです。

明和七年、西暦一七七〇年ですけれども、この頃新たに素龍の跋文・去来の奥書・蝶夢《ちょうむ》の由来書を増補して出版します。この辺もくわしくお話をするとややこしくなってきりがないんですけれども、どういうことかといいますと、元禄初版本で素龍の跋文が省かれましたね。そのことについて、不審を抱く向きがあったようです。なんで素龍の跋文が出してないんやという、何となく中途半端な感じというものがあったようですね。そこで出てまいりました蝶夢という人、これは芭蕉の資料を収集した、いうなれば今の芭蕉研究の基礎を作った人といってもいいんですけれども、この人は熱心な人であちこちで芭蕉の資料を発掘している。伊賀上野へもやってきたみたいですね。そしたら、先ほど触れましたが、元禄八年（一六九五）の段階で、去来がお兄さんに贈ったというその写本を見つけた。その写本には素龍の跋文も入っているし、去来の由来書も入っているわけです。伊賀へ行ったらこんなもんが出て来たというふうなことを自分自身も由来書に書いて、その部分だけ増補するわけです。これは丁数にしますと、合計三丁半になって、三丁半ということは、四丁張りの板木を一枚使っている。しかも三丁半ですから、四分の一余るわけですね。こういう板の裏表でしょ。三丁半ということですから、この辺になるんですかね。この辺の部分は余っていたはずなんです。ちなみに本文の板木は元禄初版本のものをそのまま使っています。何故それがわかるかというと、これは残っている本をいろいろ比べていくとだいたい見当がついてくるわけです。

例えば岡本先生が『おくのほそ道』の版本を持ってらっしゃる。私も一冊持っています。その二つの本を比べてみますと、「し」という字、この「し」という字は、細長いもんですから板木が欠けやすいんですね。ここが欠けている。岡本先生の本も、私の本もここのところが欠けている。ということは、同じ板木ではないかということが考えられる。もちろん一カ所だけでは何ともいえないで、これを隅から隅まで調べてみると、だいたいおんなじ板木なんやなあということがわかるわけですね。板木がなくても本を調べればだいたいわかるわけです。板木は明和七年になっても変わってはいません。

一七七八年、安永七年頃にそれまでは井筒屋の単独版であったものに、橘屋《たちはなや》という名前が入ってきます。これも、前に天理図書館にいらした木村三四吾《みよご》という先生が言っていらっしゃるわけなんですが、井筒屋は老舗によくありがちなことなんですが、時代について行ってない、昔からの商売をそのままやっていると。橘屋は時代の先をよんで、地方にまで手を広げていっているというので、この辺でですね勢力関係が変わってくるんです。

井筒屋はちょっと落ち目になってくる。橘屋がのし上がってくる。橘屋には多分半分ぐらいの版権というか、出版権を渡したんじゃないかなあと思うんです。共同出版になるんですね。板木はそのまま使っています。ここんとこが空いてたわけです。ここんところに多分新しく刊記を入れたんだろうと思われます。その刊記が資料④になります。

年表へ戻っていただきまして、天明八年、一七八八年のことですが、一月三十日京都に大火事が起こります。これは江戸時代の京都における最大規模の火事といわれるもので、市街地の七割を焼き尽くしたといわれる火事なんです。どうも井筒屋もこの時に罹災したらしい。『おくのほそ道』をはじめ井筒屋の板木もほとんど燃えてしまったと考えられます。これは井筒屋には最悪のタイミングといってもよかろうと思います。というのは、店がちょっと傾きかけている。落ち目。橘屋に組んでもらってなんとかもっているという状態。もう一つは、翌年が寛政元年（一七八九）になるのですが、寛政五年（一七九三）は松尾芭蕉の百回忌なのですね。もうこの天明八年のころにはあっちこっちで繰り上げの法要が始まっている。百回忌を繰り上げて法要をするということをやっているのです。実際に京都

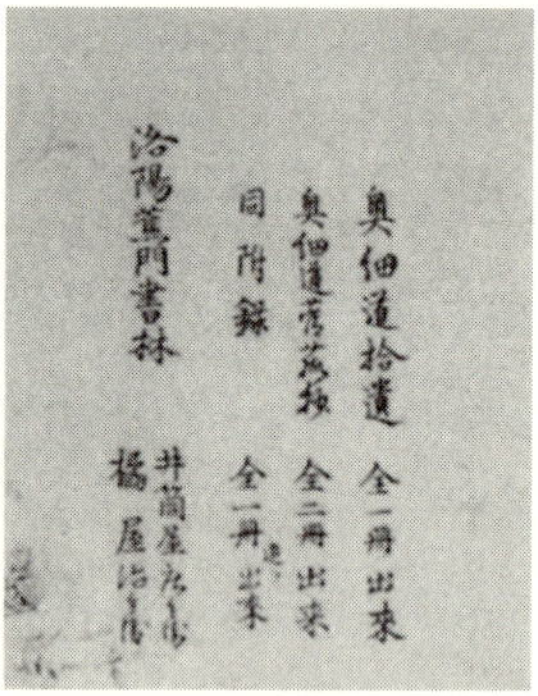
奥細道拾遺　全一冊　出来
奥細道菅菰抄　全二冊　出来
同　附録　全一冊　追出来
洛陽蕉門書林　井筒屋庄兵衛
橘屋治兵衛

【資料④】　明和版『おくのほそ道』刊記

の町中でも名古屋の暁台《きょうたい》という俳人がやってきまして、百回忌の繰り上げをやっているわけです。あっちこっちでそういうふうにして、芭蕉の百回忌の法要が始まっている。それは、本屋にとっては、芭蕉関係の本を出している井筒屋にとっては、かせぎ時なんですね。

昨年の暮、京都の南座で仁左衛門《にざえもん》の襲名披露というのがありましたが、襲名披露は一生に一回だけですよね。毎年襲名披露をやっているわけがないんで、百回忌も同じことなんですね。一回しかないわけです。その次はいつになるかというと、百五十回忌まで待たんとあかんわけなんです。だから、芭蕉関係の書物、特に『おくのほそ道』などは井筒屋にとってはですね、ばんばん刷って、ばんばん売れる時期なんです。それが、最悪のタイミングで火事になってしまい、おそらく家も板木も何もかも失ったと考えられます。しかし、井筒屋はまたそこからもう一度立ち上がってきます。

翌年の寛政元年八月、『おくのほそ道』が井筒屋・橘屋から再刻再版されます。この段階で板木が新しくなっていることは、既に雲英先生が指摘していらっしゃいます。ただ、雲英先生が摩滅や損傷によって彫りなおしたんではないか。つまり、使用に耐えなくなって彫り直したんではないかと言っていらっしゃるんですが、ほかの例を見てみますと板木を百年、二百年使うという例は別に珍しくないんですね。だから、これは火事で焼けたとみるべきだろうと思います。先般も雲英先生と何回かお話する機会がありまして、やっぱり火事の方がええかも知れんなあと言っていらっしゃいました。この再刻本では元禄以来引っ張ってきた無署名の跋文が削除されます。

次へまいります。今回出てきました一枚の板木というのは、寛政に再刻再版された、寛政元年に新しく彫り直された板木の中の一枚なんです。寛政版の板木の仕立て方を考えてみますと、本文が五十三丁あります。それから題簽の板木も必要ですね。今度出てきたのは、素龍跋文・去来奥書・蝶夢由来書・刊記を収めた四丁張りの一枚が出てきたわけです。それは動かないわけで、他の部分をどういうふうに作ったかということを考えてみると、本文が五十三丁あります。それを頭から起こしていくと、一から五十二。ちょうどこれが四丁張りで割れるんです。きれいにね。五十二割る四で、十三枚という計算になります。五十三丁が余ってしまう。浮いてしまう。そうすると、多分それは題簽とセットにして一枚作ったはずなんですね。そういうふうに、出てきてみれば実に単純なことですが、出てこないとわからない。四丁張りであるというのは、『おくのほそ道』の板木のスタイルを考える時、非常に大きな出来事なんです。そのように多分作った。私は九十九パーセントぐらいは間違いないと思っております。

ところが、そういうふうに井筒屋は天明の大火のあと、何とかして立ち直ろうとするんですが、文化四年（一八〇七）頃、この井筒屋旧蔵の主要俳書の版権が諧仙堂《かいせんどう》浦井徳右衛門という人にほとんど移ってしまいます。この名前にご記憶がある方が多かろうと思いますが、浦井徳右衛門というのは、例の芭蕉の自筆本ではないかといわれている「中尾本」を一時持っていた人物ですね。浦井さんは『おくのほそ道』の伝自筆本と、『おくのほそ道』の版権を同時に持っていたという非常に珍しい人なんです。『おくのほそ道』の版権も諧仙堂に移って、井筒屋・橘屋・浦井の三書肆相版《しょしあいばん》のスタイルに変更になります。板木は寛政再刻版のものをそのまま使用して、刊記に一部入木《いれき》をしております。

ちょっと先ほどの元禄初版本のところへ話をもどしたいんですが、元禄十五年に仮にそれが、元禄版が作られたとしますね。天明八年年に焼けてしまいました。その間、どのぐらいあるかといいますと八十六年ですか。約九十年間元禄版の板木が使われているという計算になります。九十年の間同じ板木でずっと刷られてきたということになります。

九十という数字を頭においていただきまして、続きのところですが、版権が浦井に移って行くあたりが、次に資料に示してあります。

資料⑤が、寛政の二書肆版、二軒版ですね。井筒屋と橘屋。左から二行目あたりのところに、

寛政元歳酉《がんさいとり》仲秋再板

として、これが寛政元年に新しく彫り直された最初のスタイルになるわけです。この版権を浦井が買い取りますね。そしたらどういうふうにするかといいますと、板木はそのまま使うわけですね。そして資料⑥のように、

寛政元年酉仲秋再板
諧仙堂　蔵板

というふうに、そこの二行だけ板木を修正するわけです。入木とか埋木《うめき》とかいう言い方をするのですが。さらに、資料⑤のところの、

井筒屋庄兵衛

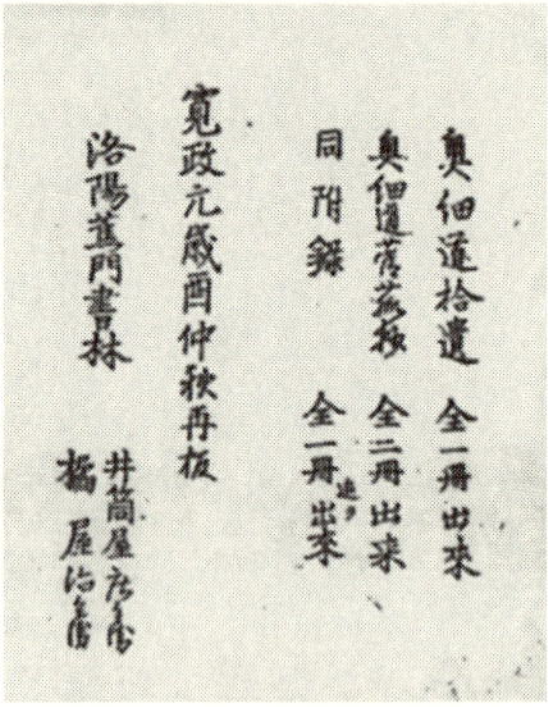
奥細道拾遺　全一冊出来
奥細道菅菰抄　全二冊出来
同附録　全一冊追ッ出来
寛政元歳酉仲秋再板
洛陽蕉門書林　井筒屋庄兵衛
橘屋治兵衛

【資料⑤】　寛政二軒版刊記

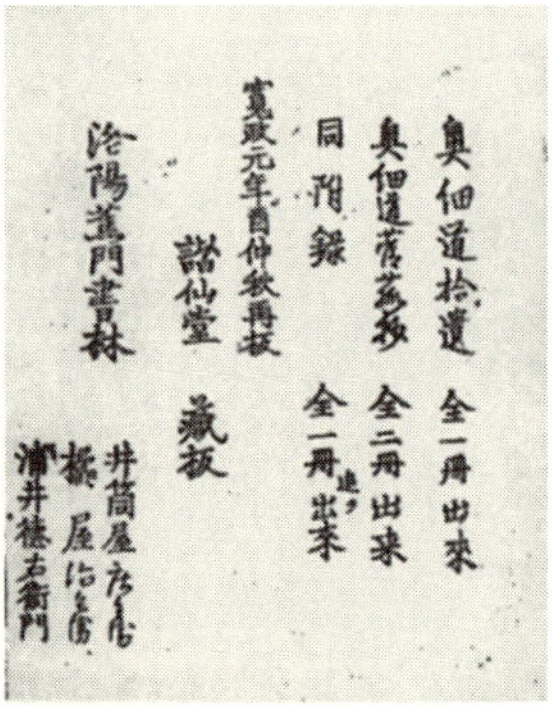
奥細道拾遺　全一冊出来
奥細道菅菰抄　全二冊出来
同附録　全一冊追ッ出来
寛政元年酉仲秋再板
諧仙堂　蔵板
洛陽蕉門書林　井筒屋庄兵衛
橘屋治兵衛
浦井徳右衛門

【資料⑥】　寛政三軒版刊記

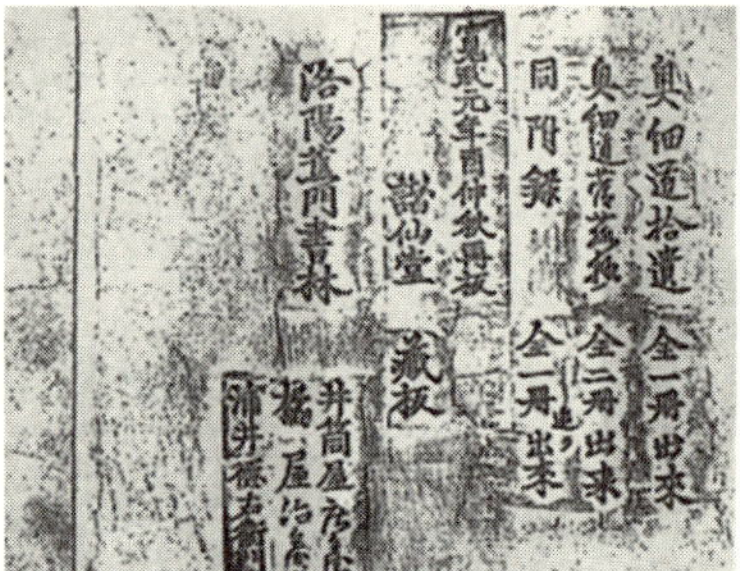
奥細道拾遺　全一冊出来
奥細道菅菰抄　全二冊出来
同附録　全一冊追ッ出来
寛政元年酉仲秋再板
諧仙堂　蔵板
洛陽蕉門書林　井筒屋庄兵衛
橘屋治兵衛
浦井徳右衛門

【資料⑦】　板木拓本

橋屋治兵衛

とあって、その左のところが少し空いてますね。そこへ、資料⑥のように、

浦井徳右衛門

というふうにやはり入木をするんですね。

雲英先生は、⑤と⑥の二軒版と三軒版を比べて同じ板木であると、ここだけ入木で直したというふうに、板木を見ずにおっしゃっておられたわけです。ところが、実際に板木が出てきてみると、資料⑦でおわかりのように、まさしくその通りこの部分はきっちりと入木がしてあるわけなんですね。雲英先生の推測通りの板木であったということがわかります。そういうふうにして入木をして、版権が浦井へ移ったよ、諧仙堂へ移ったよ、というふうにしているわけですね。

年表へもどってください。今の話、版権が諧仙堂へ移ったのが文化四年（一八〇七）か五年（一八〇八）ぐらいのことです。じゃあその後『おくのほそ道』の版権がどういうふうになっていったのかというと、一つの手掛かりとして、弘化《こうか》四年（一八四七）に浦井等五軒の相版で横本の『俳諧七部集』というのが出ています。そこの諧仙堂の目録の中に、やはり『奥の細道』と見えます。

資料⑧が横本の『俳諧七部集』の刊記の部分なんですが、右の方に、

平安　諧仙堂蔵

弘化四年丁未夏発

という年号が見えますね。左に目を転じていただきますと、

俳諧書籍目録　諧仙堂蔵板

として、六行目の辺りに『奥の細道』というふうに入っています。だからこれは、弘化四年（一八四七）の段階で、

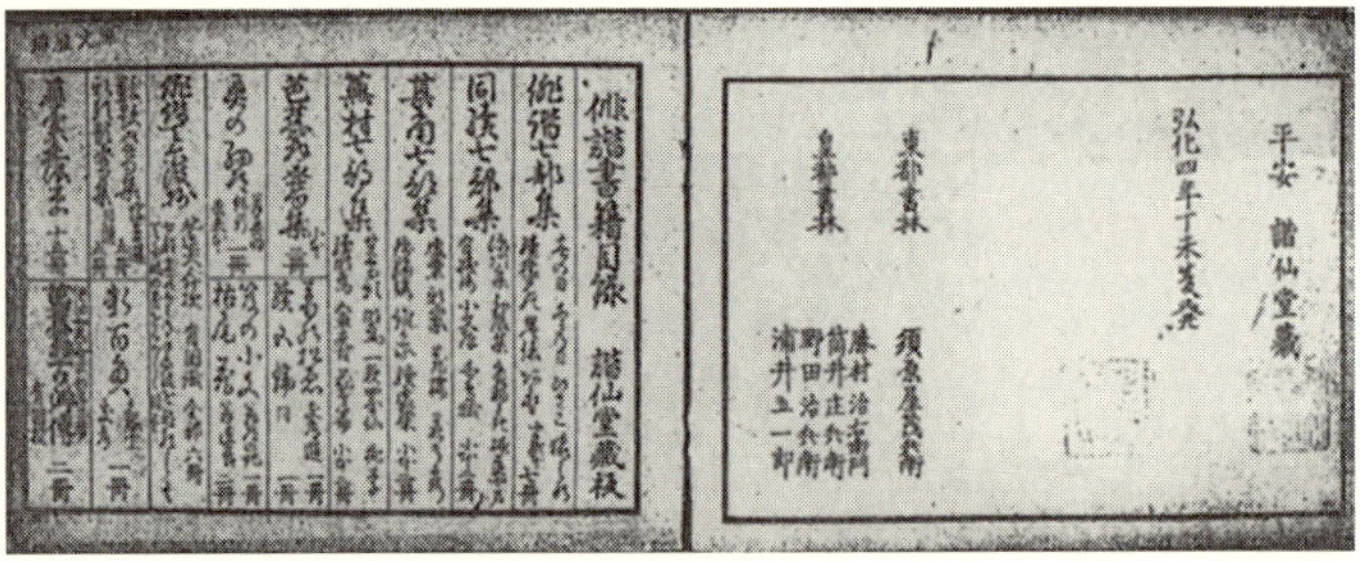

【資料⑧】『俳諧七部集』（天理大学附属天理図書館蔵本）

まだ諧仙堂浦井徳右衛門が『奥の細道』の版権を握ってたということを示しています。

その資料をご覧いただきながら、年表を見ていただきたいのですが、浦井徳右衛門は安政五年に亡くなります。一八五八年です。そこまでたどってきたことが、先ほど申し上げました左からの探索ルートと重なってくるんですね。一連の板木が藤井さんのところから出たということを聞きまして、私は藤井さんをお尋ねして、何か文書のようなものが残っていないでしょうかということで見せていただいたのが、年表の一八六〇年、万延《まんえん》元年のところにありました「文政堂蔵板目録」という、つまり、文政堂藤井さんのお店に、万延元年の段階で何の板木が何枚あったかという帳面なのです。

これは資料⑨のように、細長い帳面なのですが、五行目に、

奥の細道　四枚

というふうに出てきます。これはこの段階で藤井さんのお店に『おくのほそ道』の板木が四枚あったということを意味します。年表をご覧ください。文政堂さんのところには、嘉永七年の目録も残っています。そこの年号に注意してほしいんですが、嘉永七年は一八五四年ですね。これには、『おくのほそ道』が出てきません。一八五四年の目録にはない。浦井徳右衛門が亡くなったのは、一八五八年。一八六〇年の目録に出てくると、そういうふうに並べてみますと、浦井徳右衛門が亡くなった段階で、彼が持っていた版権、つまり板木が売りに出された。その一部分を藤井さんのところが

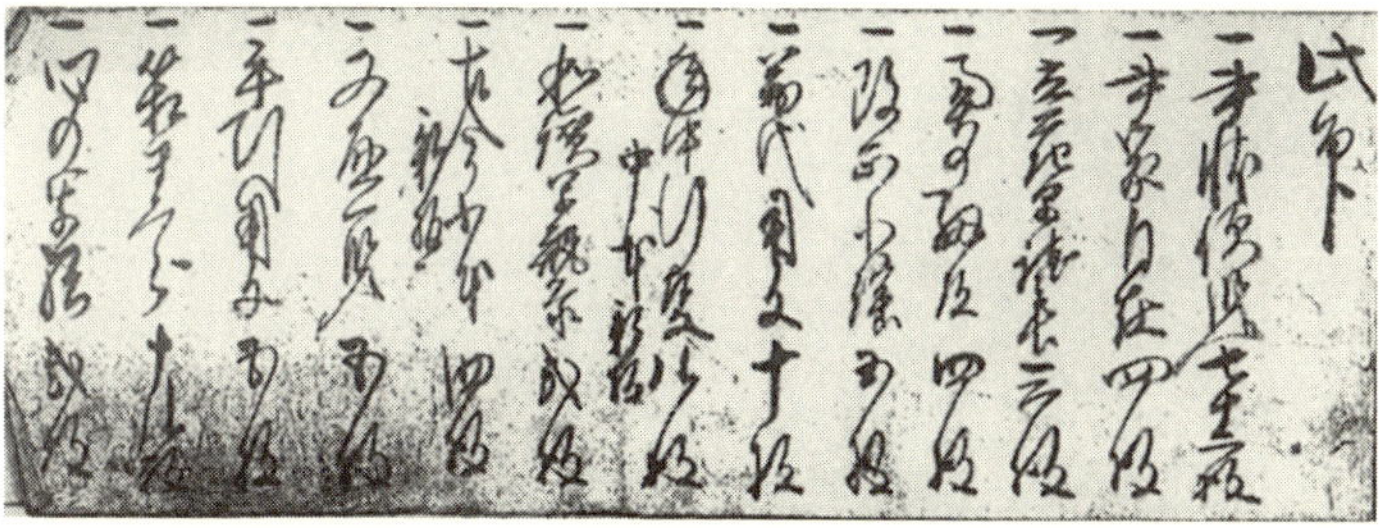

【資料⑨】「文政堂蔵板目録」（藤井佐兵衛氏蔵）

買い取られたというふうに考えるのが自然なんだろうと思います。そこにも書いておきましたが、浦井の没と相前後して『おくのほそ道』の板木十五枚のうち四枚を文政堂が買い取ったと考えられます。何で四枚だけなんやと、全部買うたらええやないかと私も思います。

が、この頃ですね、京都の本屋さんというのはやたらと板木を分けて持つんですね。それはですね、資料⑨の「蔵板目録」の『奥の細道』の前後を見ていただいてもわかると思うんですが、『奥の細道』の右側には『立花《りっか》早稽古』という本が出てきます。これはどうも生け花の本みたいですね。「三枚」とあるでしょ。三枚では一冊の本が多分できない。これも分けているわけです。左側を見てみますと「『改正小謡』五枚」。これもどうも分割所有みたいなんですね。ただ、二行目にでてくる『書状便覧』というのがありますが「七十二枚」とあります。これは全部揃っているらしい。そこの数字を見ていただいたらわかりますように「三枚」「四枚」「五枚」というふうにですね、そういうふうにして、一冊の本の板木を四軒とか五軒ぐらいで分けて持つんです。そういうことがいつ頃から始まったかということも、まだ実はあまり研究が進んでないと私は思ってるんですけれども、天明の大火が大きかったんではないかという気がちょっとしてます。個人規模の火事というのは、昔はしょっちゅうあったわけで、一つの店が板木を全部持っておくと、その店が燃えちゃった時に何も残らないことになります。分けておけば一軒燃えても、あとかなり残っていると。そういうリスクを分散するという考え方が一つあったんじゃないかなあという気がしてます。

が、これはもっとよく調べないとわかりません。

この『おくのほそ道』の場合も、年表の続きのところですが、板木十五枚のうちの四枚を文政堂が買い取ったと考えられます。多分これは四軒ぐらいで分割所有をしたものだと思います。ただ、藤井さんのところに刊記の部分が残ったということは、留板《とめいた》というふうな言いかたをしてるんですが、他の板木とはちょっと扱いが違うんです。刊記の入ってる部分の板木というのは別格扱いになるんですね。分割所有をした場合、そこの中で一番中心的な立場になる本屋さんが留板を持つわけですね。留板を持っていたということは、山城屋文政堂さんのお店が四軒の中では中心的な役割をしていたと。つまりこの板がなければ本が出せないわけです。

先ほど、記者会見の時にマスコミの方から、本文はないのかという質問が殺到したと申し上げましたが、実は本文よりも留板の方が値打ちがあるわけですね。だから、藤井さんのお店が中心的な役割を持っていたということがわかります。

その後、いつ頃までこの板木で印刷されたのかということは、実はあまりよくわかりません。というのはですね、今までのこういう出版とか、本の研究というのは、一番早い本はどれかという方へ向いているわけですね。ところが今回板木が出てきてわかったんですけれども、板木を調べてると一番後の本はどれか、という事が問題になってくるわけですね。学界そのものがそういう方向へ動いてないんで、まだわからないんですが、藤井さんからご提供いただいたいくつかの資料を拝見しますと、少なくとも明治十二年頃までは確かにあの板木で『おくのほそ道』を印刷していたということが断言できそうです。仮に明治十二年としますと一八七九年、寛政元年が一七八九年ですから、やはり寛政板の板木も百年近く使われているということがわかってきます。今でも印刷することができます。非常に保存状態が良くて今でも印刷することができます。そこで、こっちからの調査と、こっちからの調査とがつながるわけですね。藤井さんのところでつながってくるわけです。

あと藤井さんのお店にあった四枚のうち三枚がどこへいっちゃったのか。これはわかりません。もしかしたらご飯を炊くときに焚物になってしまったかもしれません。唯一の望みは、板木をそのまま使って火鉢を作るということをしたようですね。あるいは、煙草盆を作る。もしかしたらどこかに『おくのほそ道』の火鉢というものが残っていないとはいえないいんですが、おそらく燃やされたかと思われます。

じゃあ、分割所有をしたとすれば残りの十一枚はどうなったかということですが、それもわかりません。一つの可能性としては、資料⑩、これは伊丹の柿衞《かきもり》文庫にある版本なんですけれども、その左側、ここに刊記があるわけですね。ここはほんまは何も入らないはずなんです。しかし、ここのところに

平野屋茂兵衛《もへえ》

という名前の入った本があるわけなんですね。出版権を浦井が持っている時には、そんな別の本屋の名前が入ってくることはあり得ないのですね。ということは、浦井が亡くなったあと版権がばらける。その内の一軒に平野屋茂兵衛さんがいたんではないか、ということが考えられるわけです。ただ、不思議なことに山城屋さんの名前、藤井さんの名前がこういうかたちで出てくることがないんですね。その辺りが全く、今まで関心すら持たれていなかった辺りなので、まだ私の調査もほとんど進んでおりません。藤井さんとこにあったということは、これは動かないわけです。それから、可能性としては、平野屋茂兵衛ですね。それからもう一ついろんな資料から考えてみますと、橋屋嘉助という人物がちらちらと見えるんです。それに、もう一軒ぐらい誰かからんでいると考えられます。が、いずれにしましても正確なところはわかりません。ですか

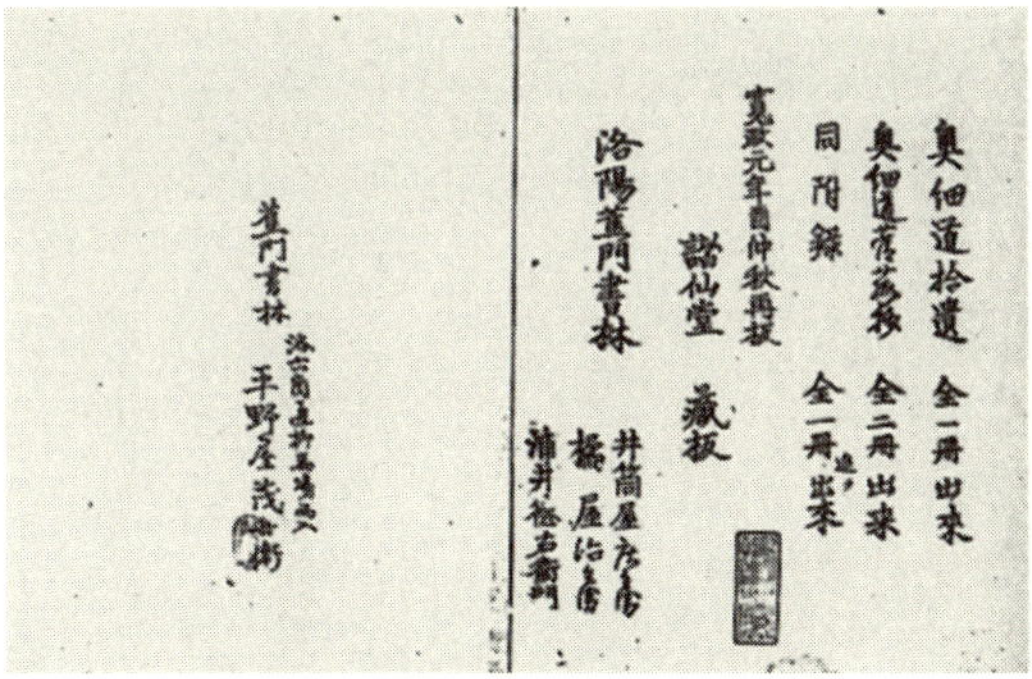

【資料⑩】　寛政版『おくのほそ道』
（公益財団法人柿衞文庫所蔵本）

ら、残りの板木の行方も今のところは追跡のしようがないのです。たぶん、板木はもう残っていないと考えた方がよいのかも知れませんね。

以上、最終的に奈良大学へ落ち着くことになった寛政版『おくのほそ道』の板木の旅路をたどって参りました。ご満足いただけただかどうかわかりませんが、これで私の話を終わらせていただきます。

平成十一年三月十四日

2 『おくのほそ道』蛤本《はまぐりぼん》の謎

1 蛤本の由来

芭蕉の『おくのほそ道』が素龍清書本を模してはじめて出版されたのは、版元である井筒屋の目録によれば元禄十五年のこと。その後、跋文の増補・刊記の訂正など一部に手は加えられたものの、天明八年の京都大火で焼失するまでの約九十年間、元禄初版時の板木によって出版が重ねられた。そして、大火の翌年寛政元年に再刻され、文化五年頃諧仙堂の蔵板に帰したことに伴う刊記部の修正を経て、少なくとも明治十二年頃までのやはり約九十年間にわたり出版されることになった。このあたりの流れについては、雲英末雄氏の諸版本調査（勉誠社刊『元禄版おくのほそ道』）によりほぼ尽くされている。が、同書解説において氏が「後考をまちたい」として残された問題がある。それは、本文末尾に置くべき「蛤のふたみにわかれ行秋ぞ」の句を前表紙の見返しに入れた寛政版の一本がある、ということであった。雲英氏が寛政版Dとして分類されたこの姿の本を、いま仮に蛤本と呼ぶことにする。奈良大学には寛政版『おくのほそ道』を二本有するが、うち一本がこの蛤本である。図①が蛤本の見返しと1丁表である。言うまでもな

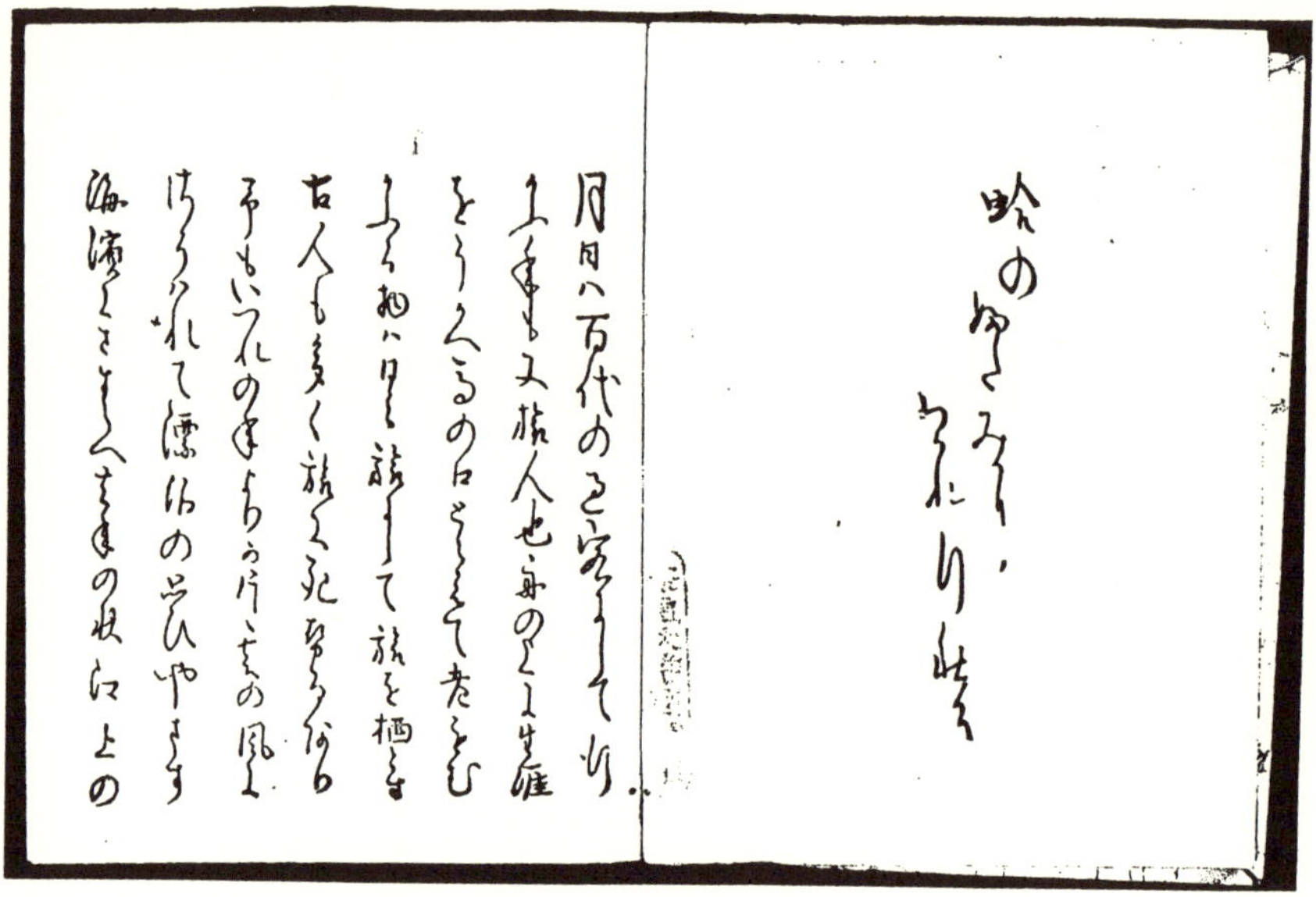

蛤のふたみにわかれ行秋そ

月日ハ百代の過客にして行
かふ年も又旅人也舟の上に生涯
をうかへ馬の口とらへて老をむ
かふる物ハ日々旅にして旅を栖と
す古人も多く旅に死せるあり
予もいつれの年よりか片雲の風に
さそはれて漂泊の思ひやます
海濱にさすらへて去年の秋江上の

図①　寛政版『おくのほそ道』蛤本　1オ・見返し

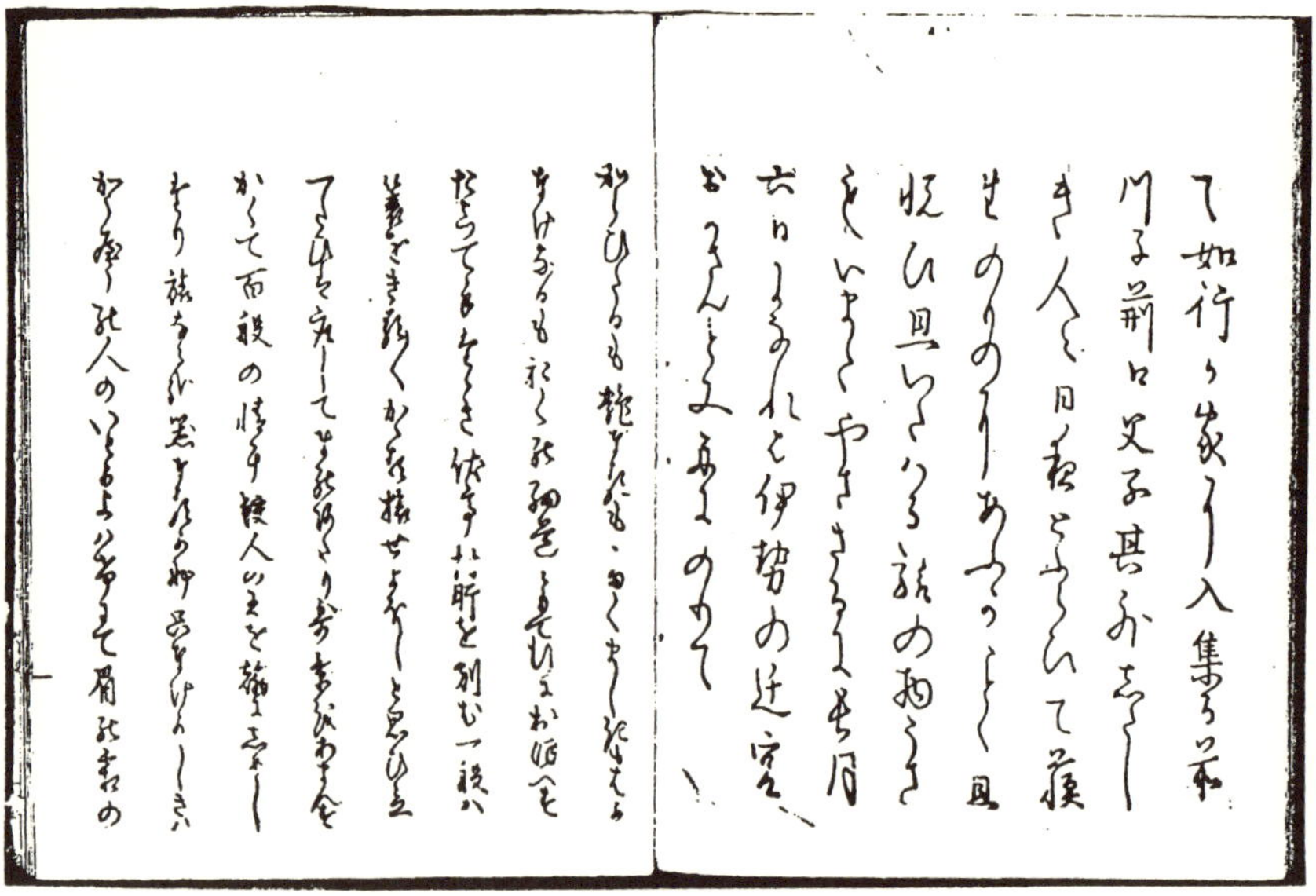

図②　同上　跋1オ・52ウ

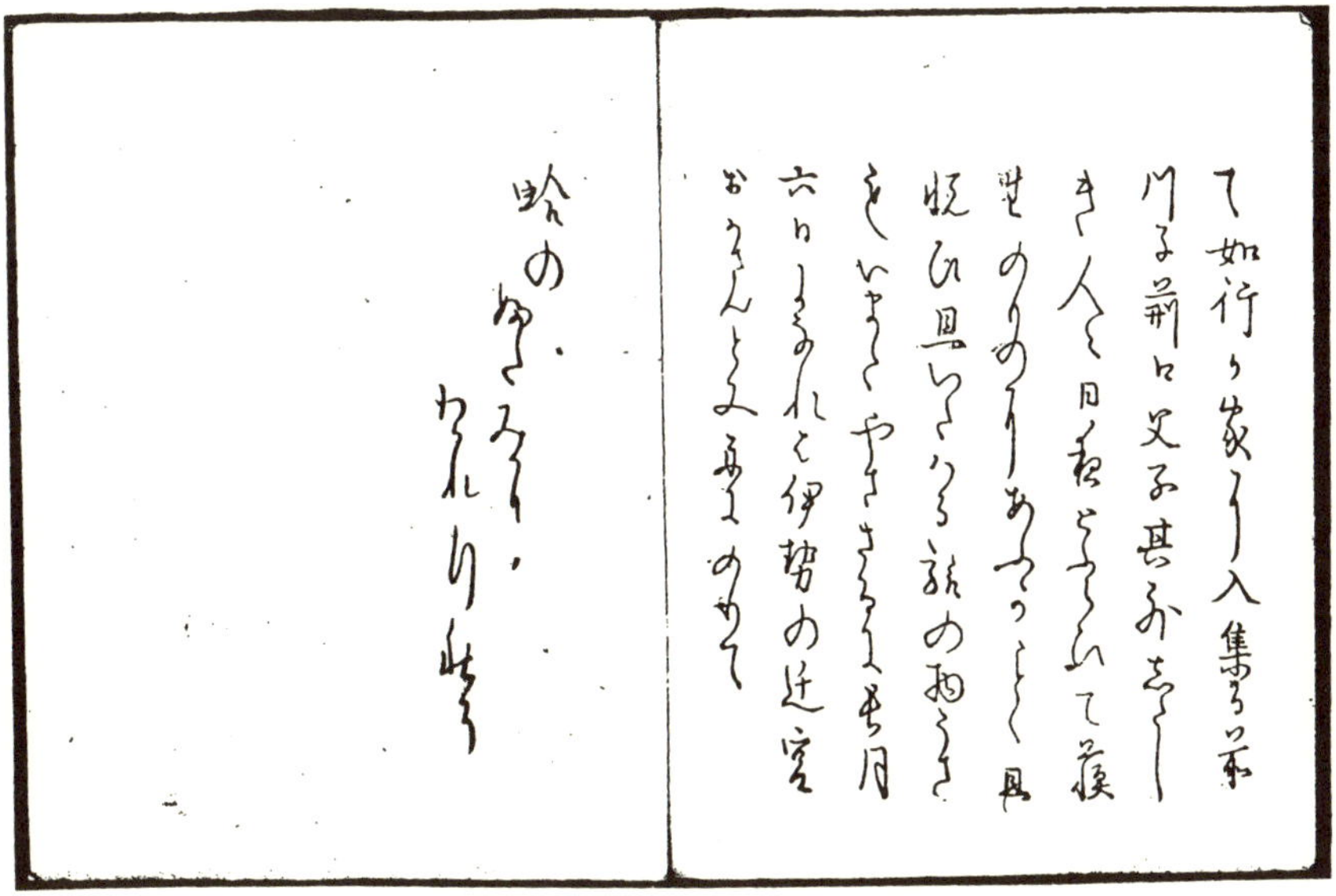
て如行が家に入集る前川子荊口父子其外したしき人々日夜とぶらひて蘇生のものにあふがごとく且悦び且いたはる旅の物うさもいまだやまざるに長月六日になれば伊勢の遷宮おがまんと又舟にのりて

蛤の
ふたみにわかれ
行秋ぞ

図③　寛政版『おくのほそ道』 53オ・52ウ

くこの蛤の句は、図③の奈良大別本のように、52丁の本文末尾に続き53丁目に置かれるべきもの。それが蛤本では見返しに入ってしまっている。これでは旅が始まらないうちに旅が終ってしまうことになり、作品としては成り立たない。当然のことながら蛤本には53丁はなく、図②のように本文末尾から素龍の跋文へ直接つながっている。何故このような版本が生まれたのであろうか。その答は『おくのほそ道』の板木の仕立て方にあると考えられる。

平成十年の秋、奈良大学が購入した約五百枚の板木の中から寛政版『おくのほそ道』の板木が一枚出現した。章末の図版1に拓本で挙げたのがそれで、素龍跋・去来奥書・蝶夢由来書・刊記を板の表裏に収めた四丁張の一枚である。残念ながら本文の方は残らないが、この板本の出現により寛政版『おくのほそ道』は四丁張として仕立てられていたことが判明した。たった一枚ではあるが、その出現の意義は極めて大きい。寛政版『おくのほそ道』は、本文が53丁、素龍跋以下刊記までが4丁という構成。四丁張で冒頭から板木を起こして行くと、本文52丁までがちょうど十三枚に収まる。一方、素龍跋以下刊記までが一枚の板木に収められているという事実は動かない。つまり、53丁目に入れる蛤の句だけが浮いてしまうことになるのである。しかも、注意すべきはこの53丁目の裏は余白で、製本上は一丁の扱いになるものの、印面としては蛤の句一行だけだということである。では、これをどこへ収めるのか。考えられるのは題簽と組み合わせて板木に仕立てることであろう。寛政版『おくのほそ道』の板木は、題簽と蛤の句で一枚（この板の裏面は白板のまま）・本文十三枚・跋文以下刊記一枚の合計十五枚で一組となっていたと推測される。

題簽と蛤の句を同じ板木に収めていたという推測を裏付けることがらは、版本からもいくつか拾うことが出来る。雲英氏の調査によれば、版本『おくのほそ道』の本文は元禄版・寛政版ともにノドに丁付が入っており、元禄版にはすべて丁付があるのに寛政版は53丁目にだけそれが認められないとのことである。ごく単純に考えれば、寛政版の53丁目は板木では一丁としては仕立てられていなかったということになろう。また、寛政版『おくのほそ道』の蛤の句は、図①③でもわかるように、本文よりも刻線が太いということにも注目すべきである。それはむしろ題簽の文字に見合う太さである。これは、元禄版の該当部分は刻線の太さが釣合いがとれているのと好対照な現象である。以上総合すると、次のような推測が成り立つ。板木を仕立てる際、浮いてしまった蛤の句は題簽と同じ板に並べて彫られることになった。が、たった一行だけの蛤の句を一丁仕立てにする必要はないと職人は考え、結果丁付は省略される。特に指示を受けなかった彫師は、題簽と並べてあったためにそれに見合う太さで彫り上げてしまったのではないだろうか。そうして板木が出来上り、印刷・製本の過程で本屋が厳密にチェックをしなかった場合、題簽と並べて彫られた蛤の句が内題と勘違いされ、見返しに貼り付けられるのは容易に想像出来ることである。仮に丁付改めをしても、本来丁付が入っていないし最終丁でもあるため、見落とされる可能性は高い。

かように、蛤本が生まれた理由は板木の仕立て方にあったと考えられる。が、ここまでのところは妥当な推測という域を出ない。そこで次に、寛政版『おくのほそ道』の板木と共に私がこの三年程の間に整理・調査をすることになった約千二百枚の板木の中から同様な仕立て方をした例を取り上げ、推測される『おくのほそ道』の板木の仕立て方が極めて一般的な方法であったことを実証してみることにしたい。ことは、ひとり『おくのほそ道』に留らず、近世一般の板木の仕立て方という大きな問題に及ぶことになろう。なお、約千二百枚の内訳は藤井文政堂現蔵のものが約五百枚、奈良大学蔵のものが同じく約五百枚、京都市内の印章店西島光正堂蔵の約二百枚で、奈良大学及び西島氏蔵の板木は文政堂旧蔵のものである。これらの板木の流出状況・伝来経路・学術的価値については、「『おくのほそ道』板木の一件」（京都古書研究会発行『京古本屋往来』82号）、「『芭蕉翁発句集』の入木」（本書第四部2）、「京都と古典文学」（本書第一部）、「『おくのほそ道』板木の旅路」（本書第二部1）に詳述した。併せて御参照いただきたい。

2　板木の仕立て方

さて、此たび私が調査し得た約千二百枚の板木は、年代的には寛文八年のものから大正三年のものまで約二百五十年間に及ぶ。またジャンルも、仏書・漢籍・易占書・医書・教訓書・花道書・茶道書・書道・往来物・古典注釈書・俳書・雑俳書・和歌集・洒落本・読本・咄本・狂詩等々多岐にわたる。その年代・ジャンルを問わず、これらの板木を通じて先ず言えることは、板木は原則的に本文冒頭から起こして行くということである。そして、題簽をどうするかという点に焦点を絞ってみると、ほぼ次の二つに大別することが可能である。

○本文末が半端になって板木に余裕がある場合は、そのあいた所へ題簽・袋を収める。

○本文が文末まで半端にならずすっきりと収まり、板木に余裕がない場合は、題簽・袋の板は別に仕立てる。以下、実例を見てみることにしよう。

(1) 本文末と題簽

まず前者の例であるが、これは次のⅠ・Ⅱの型に分けることが出来る。それぞれの型ごとに分けて通し番号を付し、年代順に列記してみよう。一行目に書名・冊数・刊年を記し、刊年についてはその根拠を〈 〉内に入れた。板木・版本により確認出来ていないものは、とりあえず『国書総目録』による。二行目は該当の板木の整理番号と、その板木の表（オ）裏（ウ）にどの部分が彫られているかを表示した。整理番号のFは藤井文政堂の、Nは西島氏の、Naは奈良大学蔵の板木であることを意味する。⟹図版と表示したものは章末に一括して図版が掲載してある。なお、入木また刊記部の書肆名削除等々、板木の細部状況についてはこの稿では省略する。

Ⅰ　本文末と題簽を組み合わせる型

1　悉曇愚鈔　上下二冊本　寛文八年〈板木・版本〉
F49　オ―下48・49丁　ウ―下50丁・題簽　ウ⇓図版2

2　梵文四十九院種子十三仏種子真言　寛文九年〈板木・版本〉＊板木揃
F247　オ―40丁・題簽　ウ―白板　オ⇓図版3

3　種子集　本末二冊本　寛文十年〈版本〉
F44　オ―目録1・2丁　ウ―題簽　オ・ウ⇓図版4

4　増補悉曇初心鈔　寛文十一年〈板木・版本〉＊板木揃

5
F50 オ―目録・31丁 ウ―刊記・別本「心経」9丁10丁　オ・ウ⇓図版5
改正印図 二冊本 延宝七年〈板木・版本〉＊板木揃
F38 オ―胎37・38丁 ウ―39丁・題簽

6
手印図 貞享五年〈板木〉＊板木揃
F75 オ―16・17（終丁、刊記あり） ウ―題簽　オ・ウ⇓図版6

7
三教指帰素本 上下合冊本 貞享五年〈板木・版本〉＊板木揃
F40 オ―下33・34丁（終丁、刊記あり） ウ―題簽

8
句双紙 上下二冊本 元禄六年〈板木・版本〉
F20 オ―上76・下77丁 ウ―下78・79丁（終丁、刊記あり）・題簽

9
当流茶之湯流伝集 六冊本 元禄七年〈板木・版本〉
N15 オ―6ノ跋本・跋末（終丁、刊記あり） ウ―題簽（一～六）

10
支那撰述悉曇字記捷覧 上下二冊本 元禄十二年刊寛政九年補刻〈板木・版本〉
F52 オ―下25・26丁 ウ―下27丁（刊記あり）・題簽　ウ⇓図版7

11
心経 元禄十四年〈板木〉＊板木揃
F51 オ―9丁（終丁、刊記あり）・題簽 ウ―白板　オ⇓図版8

12
看命一掌金和解 宝永二年〈国書〉
F3 オ―終丁（刊記あり） ウ―題簽・袋　オ・ウ⇓図版9

13
冠註講苑倶舎論頌疏 二十九巻十四冊本 宝永五年〈板木・版本〉
N18 オ―巻29の13丁（終丁、刊記あり）・明治24年補刻刊記 ウ―題簽

14 新版法則集　正徳四年刊天保五年補刻〈板木〉
N35　オ―本文末・刊記　ウ―題簽

15 異訳心経並梵本　宝暦十二年〈板木〉
F13　オ―後序　ウ―題簽

16 盆供施餓鬼問弁　明和六年〈板木・版本〉
F45　オ―序1・2丁　ウ―跋・題簽・袋　ウ⇓図版10

17 曼荼羅捜玄疏綱要　上下二冊本　明和九年〈板木〉
N24　オ―下45・46丁　ウ―下47丁（終丁）・刊記・題簽

18 家相大全　上中下三冊本　享和二年刻成文久二年再刻〈板木〉
F39　オ―跋1・2丁　ウ―刊記・題簽・袋

19 河東方言箱まくら　上中下三冊本　文政五年〈板木・版本〉
Na48　オ―下30・31丁　ウ―下32丁（終丁、刊記あり）・題簽　ウ⇓図版11

20 玉あられ　天保十三年〈板木・版本〉
Na105　オ―61・62丁（終丁、刊記あり）　ウ―題簽・袋　オ・ウ⇓図版12

21 冠導真言名目　明治二十二年〈板木〉
F11　オ―跋文　ウ―題簽

22 新板真言諸陀羅尼　大正三年〈板木〉
F36　オ―袋・本文冒頭　ウ―本文末・刊記・題簽

23 腫瘍図　上下二冊本　刊年不明

Na213　オ―下33丁（終丁）　ウ―題簽

24　金剛般若波羅密多経　刊年不明

N22　オ―本文末・奥書・題簽　ウ―白板

25　本校大般若法則　刊年不明

F35　オ―本文　ウ―本文末・刊記・題簽

Ⅱ　上・中巻の本文末尾と題簽・袋を組み合わせる型

1　霊魂引導諷誦記　上下二冊本　貞享元年〈板木〉＊板木揃

F48　オ―上24・25丁　ウ―上26丁（上終丁）・題簽　ウ⇒図版13

2　易占秘訣　乾坤二冊本　寛政十年〈国書〉

F8　オ―上20丁（上終丁）　ウ―袋・題簽

3　左国易一家言　上中下三冊本　文政元年〈国書〉

F56　オ―中37・38丁　ウ―中39丁（中終丁）・袋

4　推命書　上中下三冊本　天保二年〈国書〉

F17　オ―上23丁（上終丁）　ウ―袋・題簽

では、右に列記したもののうち、年代の古いもの及び典型と思われるものを取り上げて、板木の仕立て方を詳しく見て行くことにする。Ⅰは、本文末尾または末尾近くを題簽と組み合わせる型、つまり寛政版『おくのほそ道』と同じ型である。なお以下の表、左端の数字は板木の分類番号、右側がその板木の収録丁数である。残存しない板木は〈欠〉として示した。

Ⅰ1　悉曇愚鈔

F181	上1〜4丁
189	5〜8
〈欠〉	9〜12
172	13〜16
185	17〜20
185次	21〜24
187	25〜28
182	29〜32
184	33〜36
177	37終
	下21〜23
F174	下1〜4丁
179	5〜8
183	9〜12
175	13〜16
186	17〜20
173	24〜27
178	28〜31
171	32〜35
176	36〜39
188	40〜43
180	44〜47
49	48・49
	50・題簽
〈欠〉	跋・刊記

現存する板木と大谷大学蔵本（内余大1164）を照合してみると、二十三枚あったはずの板木のうち二枚が欠けている。板木の仕立て方は右の表の通り。谷大本によれば、この書は上巻37丁、下巻50丁に跋文刊記1丁という構成。上巻冒頭から板木を起こし、半端になる上37丁と下21丁〜23丁を同一の板に収め、下巻末尾の3丁と題簽を組み合わせてある。章末の拓本図版2がF49の板の裏である。上・下題簽に別本『悉曇連声集』の題簽も並べてある。跋文刊記の一丁を収めた板は残らないが、これは別途仕立てたと思われる。なお、F177の板で、上37終が一丁半端になるので他の丁との組合せになるのは理解出来るが、それが何故下21〜23丁であるのかという疑問が残る。

Ｉ２　梵文 四十九院種子 十三仏種子真言

F246	1〜4丁
249	5〜8
242	9〜12
244	13〜16
250	17〜20
252	21〜24
245	25〜28
251	29〜32
248	33〜36
243	37・38・39・41
247	40・題簽

大谷大学蔵本（内余大1835）と照合してみると、板木は全て揃っている。板木の仕立て方は上の通り。谷大本によれば、『梵文』の本文は41丁で、41丁裏に刊記が入る。冒頭から四丁張で板木を仕立てれば、当然1丁の余りが出る。それを題簽と組み合わせたのである。ただし、F247の板は最終丁の41丁ではなく40丁と題簽、それに別本『悉曇字記』の題簽と組合せ、裏面を白板のまま残す。図版3参照。何故41丁と組み合わせなかったかという疑問が残る。

Ｉ３　種子集

F143	本1〜4丁
145	5〜8
132	9〜12
142	13〜16
141	17〜20
131	21〜24
136	25〜28
〈欠〉	29〜32
137	33〜36
144	37〜40
139	41〜44
138	45〜48
135	49〜52
〈欠〉	53〜56
140	57〜60
130	末1〜4丁
〈欠〉	5〜8
〈欠〉	9〜12
〈欠〉	13〜16
〈欠〉	17〜20
133	21〜24
〈欠〉	25〜28
134	29〜32
〈欠〉	33〜36
44	目録1・2／題簽

大谷大学蔵本（内余大1833）と照合してみると、25枚あったはずのうち、17枚が残る。図版4に示したF44の板には題簽と目録1丁2丁を収め、本文末と題簽を組み合わせているとは言えない。この板だけ見ていると、題簽から板木を起こしているようにも見受けられる。が、谷大本によれば『種子集』は本巻が目録2丁と本文60丁、末巻が36丁である。つまり、本末両巻とも本文は四丁張としてすっきり収まる。それを前提に板木を起こし、結果的に浮いてくる

目録2丁と題簽を組み合わせたと見るべきで、題簽から板木を起こしたのではない。考え方としては前述のものと同じである。なお、題簽部に別本『異訳心経』『般若心経』の題簽を並べる。

I4　悉曇初心鈔

F194次	1～4丁
195次	5～8
192	9～12
194又次	13～16
190	17～20
193	21～24
194	25～27・33
195	28～30・32
50	31・目録 / 題簽・別本2丁

これも大谷大学蔵本（内余大1165）と照合してみると、板木は揃っている。F194・F195・F50で、本文末尾近くの31丁32丁33丁を意図的にばらした感じがある。先の『悉曇愚鈔』『梵文』、それにここでは取り上げないがI5『印図』の板木にも同じ現象が認められる。その意図は不明ながら、冒頭部から四丁張で板木を起こして余りの1丁を題簽と組み合わせるという考え方であることは動かない。なお、F50の板には別本『心経』の9丁10丁が組み合わせてある。図版5参照。

I6　手印図

F65	目録、1～3丁
66	4～7
67	8～11
82	12～15
75	16・17終・題簽

奈良大学蔵本と照合してみると、板木は揃っている。本文末尾と題簽を組み合わせるI型の典型である。図版6参照。

I12　看命一掌金和解

この板木は図版9に示した該当の一枚のみで、本文の板木は残らない。が、奈良大学蔵本によれば、本文の丁付は一～六十九、七十之八十、八十一～九十之百、百一～百十二とあり、全部で92丁。この板木の大きさからすると二丁張であったと考えられ、本文92丁は板木46枚にすっきりと収まる。これもまた、本文冒頭から二丁張で板木を起こし、半端になった本文末・刊記を題簽・袋と組み合わせた典型である。

I 16　盆供施餓鬼問弁

〈欠〉	1～16丁（板木4枚）
F55	17～20
〈欠〉	21～32（板木3枚）
46	33～35・刊記
45	序1・2
	題簽・袋・跋

大谷大学蔵本（内余大2228）及び奈良大学蔵本と照合してみると、全部で十枚あったはずの板木のうち三枚が残る。谷大本・奈良大本とも、丁付は序一・序二・一～三十五・跋文（丁付なし）とあり異同はない。版本と現存する板木から考えて、全体の板木は上のように仕立ててあったと思われる。やはり、本文冒頭から板木を起こし、半端になる序・跋を題簽・袋と組み合わせたのである。図版10参照。

I 19　箱まくら

〈欠〉	序1～4丁
Na40	上1～4
Na41	5～8
Na42	9～12
Na43	13～16
〈欠〉	17～19
〈欠〉	中1～4
Na44	5～8
〈欠〉	9～12
Na45	13～16
Na45次	17～20
〈欠〉	下1～4
Na42	5～8
〈欠〉	9～12
Na46	13～16
〈欠〉	17～20
Na47	21の26～29
Na48	30～32・題簽

版本そのものと照合は出来ていないが、『洒落本大成』27巻の解題・翻刻によれば、この書の丁付は上巻が序一～四、本文が上一～十九、中巻が中一～二十、下巻が一～二十・二十一ノ二十六・二十七～丗二とある。残っている11枚の板木とつき合わせてみると、もとは全部で18枚あったことになる。序1から四丁張で板木を起こして、半端になる上巻末は三丁張のままにし

てておき、下巻末の30～32丁と題簽を組み合わせてある。図版11参照。

Ⅰ20　玉あられ

Na106	序1・口2～4丁
N 53	口5～8
〈欠〉	1～48（板木12枚）
Na107	49～52
〈欠〉	53～60（板木2枚）
Na105	61・62・題簽・袋

『玉あられ』は寛政四年版の大本が良く知られているが、この板木は天保十三年版の中本のそれである。奈良大学蔵本によれば、丁付は序一・口（くち）二～口八・一～六十二了とある。残っている板木4枚とつき合わせてみると、もとは18枚という計算になる。これもまた冒頭から仕立て、末尾61丁62丁を題簽・袋と組合せ、四丁張ですっきりと収まる。図版12参照。

以上、Ⅰ型について典型的なものだけを取り上げて見て来た。その他のものについては表と図版により大略を理解されたい。

次にⅡは二冊本・三冊本に見られる型で、上巻または中巻の本文末の半端になったところに題簽または袋を入れる例である。

Ⅱ1　霊魂引導諷誦記

F229	上目録・1～3
232	4～7
231	8～11
220	12～15
230	16～19
226	20～23
48	24～26・題簽
F223	下目次1・2、下1・2
228	3～6
221	7～10
224	11～14
227	15～18
222	19～22
225	23～26
233	27～30

版本と未照合であるが、上の表の下巻末F233の板に収める30丁の裏に刊記が入っていることから考えて、板木は揃っていると思われる。表から明らかなように下巻は目次を含め全部で32丁、四丁張ですっきりと収まり題簽の入る余地はない。そこで、上巻末尾の三丁張となる板（F48）に題簽を入れたのである。なお、上・下題簽の右にある『霊魂問答并引導諷踊全』は、合冊用の題簽かも知れない。図版13参照。なお、他の三例『易占秘訣』（二丁張）『左国易一家言』（四丁張）『推命書』（二丁張）はそれぞれ該当の板木一枚しか残っておらず、また版本とも未照合であるが、『霊魂引導諷誦記』と同様の事情が想像される。

(2)　別途仕立ての解簽

それでは、題簽板を本文の板木と切り離し別途に仕立てた例を見てみることにしよう。こちらは次のⅢ・Ⅳ・Ⅴ・Ⅵの四つに分類することが可能である。

Ⅲは、題簽板を別途に仕立てていることがほぼ断言出来る例である。この例については全てを解説するので、一覧表は省略する。

Ⅲ1　悉曇字母釈　寛文九年〈板木・版本〉

Ⅲ2　悉曇字記　寛文九年〈板木・版本〉

悉曇字母釈

F201	1～4丁
203	5～8
204	9～12
202	13・14

悉曇字母表

〈欠〉	1～4丁
F200	5～7
	題簽（三種）

悉曇字記

F197	1・6～8丁
〈欠〉	2～5
196次	9～12
198	13～16
197次	17～20
199	21～24
196	25～28

この二点は『悉曇字母表』とともに澄禅の著書で、シリーズ物として企画し板木を仕立てた形跡がある。残っている板木を表にしてみよう。『字母釈』は板木が全て残り、F202の14丁裏に寛文九年五月の刊記が入る。この板木の裏は白板のまま。『字母表』は1～4丁の板木が欠けている。F200の板の表に5丁6丁を入れ、裏には図版14に示したように7丁と題簽三種「悉曇字母表并釈義」「悉曇字母釈」「悉曇字記」を収める。なお、この『字母表』7丁裏には澄禅の奥書はあるが刊記はない。また、現存の板木では5～7丁とも板芯上部にあった「字母表」の文字を削ってしまっている。『字記』は2～5丁の一枚が欠。F196の28丁裏に寛文九年仲秋の刊記が入る。ちなみに、F197の板は1・6～8丁という組み合わせで、先にⅠの項で見た『悉曇愚鈔』『梵文』『悉曇初心鈔』『印図』と同様、丁を意図的にばらす現象がここにも認められる。大谷大学蔵本（内余大7948）によれば『悉曇字記』は本文28丁で完備。四丁張りで仕立てれば題簽の入る余地は当然なくなる。そこで、シリーズ物の一つ『字母釈』F202の板のあいた所に別途題簽を仕立てたのである。では、『字母釈』はF202の板の裏があいているのに何故そこへ題簽を入れなかったのであろうか。奈良大学に『字母表』と『字母釈』を合冊し、「悉曇字母表并釈義」の題簽を貼った一本がある。これによれば、『字母表』は『字母釈』との合冊を前提に仕立てられたものであることがわかる。『字母表』に刊記がなく、題簽が用意されていないのは『字母表』が単独版で仕立てられることがないからである。またF200の題簽板に「悉曇字母

釈」とあるのは『字母釈』単独版用の、「悉曇字母表并釈義」とあるのは合冊用の題簽なのである。もちろん、この題簽三種をF202の裏に入れることも出来たはずであるが、それをせずにF200の裏に入れたのは、おそらく『字母表』の板木が迷子になるのを恐れたためであろうと思われる。少し話がまわりくどくなってしまったが、いずれにせよ『悉曇字母釈』『悉曇字記』は題簽板を別途仕立てていることが確認出来る最も早い例である。

Ⅲ3　数珠功徳経鈔　寛文十二年〈板木〉

F234	序・1～3
240	4～7
239	8～11
236	12～15
241	16～19
235	20～23
237	24～27
238	28・29

版本と未照合であるが、大谷大学蔵の後刷異板本（内余大2436）を参照するに、題簽板を除き板木は揃っている。F238の板は28丁29丁を収め、29丁裏に寛文十二年十月の刊記が入り、板の裏は白板である。従って、題簽板は別途仕立てられたはずである。

Ⅲ4　梵語千字文　安永二年〈板木〉

F253	1～4丁
261	5～8
259	9～12
267	13～16
257	17～20
266	21～24
262	25～28
265	29～32
263	33～36
268	37～40
264	41～44
255	45～48
254	49～52
256	53～56
260	57・58
	別本2丁

版本と未照合だが、題簽板を除き、板木は揃っていると思われる。F260は板木の表に57丁58丁を収め、58丁裏に安永二年十月の刊記を入れる。また、板木の裏には別本『梵語千字文訳注』の2丁3丁を収め、どこにも題簽を入れる余地はない。題簽板は別途仕立てられたはずである。

Ⅲ5　芭蕉翁発句集　寛政元年〈板木・版本〉

〈欠〉	上1～20丁（板木5枚）
Na505	21～24
〈欠〉	25～36（板木3枚）
506	37～39
〈欠〉	下1～20（板木5枚）
507	21～24
〈欠〉	25～36（板木3枚）
508	37～39・目録・刊記

これは、安永五年初版の板木が天明の大火で焼失したため、『おくのほそ道』と同じく寛政元年に再刻された板木である。奈良大学蔵本と照合してみると、題簽板を含め21枚あったはずの板木のうち、4枚が残る。この書は上下巻とも39丁であるから、両巻末にそれぞれ3丁の半端が出る。該当の板木がどちらも残っているが、上巻末尾Na506は三丁張として一丁分は白板のまま。Na508は下巻末尾で、この板の裏には39丁に並べ目録・刊記が入れてあるが、この目録・刊記は39丁裏にあったもとの刊記を削除したことに伴い増補されたもので、もともとはこの一丁分は白板であったことは本書第四部2に詳述した。つまり、『芭蕉翁発句集』の場合、上・下巻末に各一丁分の余裕はあったが、そこに題簽を入れず別途仕立てられたということになる。

Ⅲ6　夢合早占大成　寛政七年〈板木〉

F33	序1～6丁
102	序7～12
100	序13～16・1・2
〈欠〉	3～8（板木1枚）
103	9～14
〈欠〉	15～32（板木3枚）
106	33～38
〈欠〉	39～44（板木6枚）
104	45～50
〈欠〉	51～62（板木2枚）
101	63～68
〈欠〉	69～92（板木4枚）
105	93・94上・94下・95～97
34	98～102・刊記

版本と未照合。題簽板を除き、20枚あったはずの板木のうち9枚が残る。冒頭から六丁張として、全119丁及び刊記を20枚の板木に収める。これも題簽の入る余地はなく、別仕立てであったと思われる。なおこの書、入木の状況から見ると『占夢早考』の改題本である。

Ⅲ7　按腹図解　文政十年〈板木〉

F161	1～4丁
162	5～8
164	9～12
165	13～16
163	17～20
160	21～24
166	25～28
〈欠〉	29・30
19	題簽・袋

奈良大学蔵本と照合すると、題簽板を含め、9枚あった板木のうち1枚が欠ける。失われた1枚には、本文末尾の29丁30丁、それに刊記が収めてあったと思われる。この例は図版15に示したように題簽・袋を表裏に収めた板木が残っているので、別途に仕立てたことが明白。

Ⅲ8　立花早稽古　弘化五年〈板木・版本〉

F32	序・目次・1・2丁
〈欠〉	3～6
111	7～10
112	11～14
110	15～18
113	19～21・27
115	22～25
31	26・28～30

奈良大学蔵本（二本あり）と照合。題簽板を除き、全8枚の板木のうち7枚が残る。全32丁。四丁張で収まり、題簽板は別仕立てとなったはず。なお、26丁27丁を意図的にばらした形跡がある。また、奈良大本は二本とも何故か目次の丁を欠く。

以上、『悉曇字記』『梵語千字文』『夢合早占大成』『按腹図解』『立花早稽古』のように、本文冒頭から巻末まで四丁張また六丁張としてすっきりと収まる場合は、題簽板は自ずと別仕立てとなる。が、板木に余裕がある場合でも別仕立てとすることもあったが、『悉曇字母釈』『数珠功徳経鈔』『芭蕉翁発句集』の例によって知られる。

Ⅳは本文冒頭と末尾を組み合わせる例である。これには次の四例がある。

Ⅳ　本文冒頭と本文末尾を組み合わせる型

1　諸尊種子真言集　寛文十一年〈板木〉＊板木揃

F41　オ―25丁・目録1　ウ―26終丁（刊記あり）・目録2　オ・ウ⇓図版16

2　古文孝経　天明元年〈板木〉　板木一枚のみ

Na331　オ—目録1・跋2　ウ—目録2・跋1

3　書名不詳往来物　板木不揃

Na431　オ—序文・本文冒頭　ウ—本文末・刊記

4　闢邪大義　慶応二年〈板木〉　板木一枚のみ

Na503　オ—序文末尾　ウ—跋文末尾

Ⅳ
1　諸尊種子真言集

F151	1～4丁
149	5～8
148	9～12
150	13～16
146	17～20
147	21～24
41	25・目録1
	26・目録2

版本とは未照合ながら、題簽板を除き板木は揃っていると思われる。本文1丁から四丁張とし、F41に目録1丁2丁と本文末の25丁それに跋文26丁を収め、26丁裏に刊記が入る。図版16参照。本文末尾と冒頭の目録を組み合わせるやり方である。この場合も題簽板は別途仕立てられたはずである。なお、『古文孝経』『闢邪大義』は各々該当の一枚しか板木が残っていない。また、書名不詳の往来物は17枚のうち11枚の板木が残るが、三点とも版本と未照合である。が、『諸尊種子真言集』と同じく、題簽板は別途仕立てであったと見てよかろう。

Ⅴは刊記と題簽・袋を組み合わせた例である。

Ⅴ　刊記と題簽・袋を組み合わせる型

1　絵本武勇大功記　上中下三冊本　寛政二年〈板木〉

Na111　オ—刊記・題簽　ウ—白板

2　神相全編正義　上中下三冊本　文化四年〈板木・版木〉

F47　オ—目録18丁・刊記　ウ—袋・題簽

3　文政新刻古易病断　上中下三冊本　文政六年〈板木〉
F15　オ―袋・刊記　ウ―題簽　オ・ウ⇒図版17
4　西行法師一代記　六冊本　文政五年〈国書〉
F4　オ―袋・刊記　ウ―題簽（一～六）
5　女訓三の道　文政九年〈板木・版本〉
Na494　オ―刊記　ウ―袋・題簽　オ・ウ⇒図版18
6　古訓古事記　上中下三冊本　明治十一年〈板木〉
F6　オ―袋・刊記　ウ―題簽　オ・ウ⇒図版19
7　新選早字引大全　明治十二年〈板木〉
Na499　オ―袋・内題　ウ―刊記・題簽
8　習字手本　明治十三年〈板木〉
Na500　オ―本文　ウ―刊記・題簽
9　密宗安心教示章　明治十七年〈板木〉
F14　オ―刊記　ウ―袋
10　三世の光　五冊本　明治十八年刊同二十一年求版〈板木〉
F2　オ―袋・刊記　ウ―題簽（一～五）

V4　女訓三の道
板木は刊記・題簽・袋を収めたこの一枚しか残っていない。図版18参照。奈良大学蔵本及び『往来物大系』90巻収録本によれば、本文の丁付は一～四十八とある。現存板木の寸法からすると本文の板木も二丁張であったと思われるが、48丁は二丁張24枚にすっきりと収まる。刊記・題簽・袋は自ずと別の板に仕立てられることになる。

Ⅴ6　古訓古事記

図版19に示した刊記・袋・題簽を収めた1枚と、下巻の1丁2丁を表裏に収めた二丁張の板木の計2枚が残る。奈良大学蔵本によれば、この書は上巻が70丁、中巻が80丁、下巻が56丁で合計206丁。これもまた二丁張103枚に本文を収め、刊記・袋・題簽の板を別仕立てとしたのである。なお、8『密宗安心教示章』を除きⅤ型の現存板木は全て二丁張の大きさである。また、9『三世之光』は該当の板以外に二丁張とした板木が数枚残っている。二丁張で板木を仕立てて丁数が2で割り切れる場合は、自ずとⅤ型に定ることになるのであろう。

Ⅵは本文末または刊記と袋を組み合わせる例である。

Ⅵ　本文末または刊記と袋を組み合わせる型

1　大光普照集　寛延二年〈板木〉

F43　オ―袋・後序5丁　ウ―97丁・98丁（大尾）　オ⇒図版20

2　契沖真跡古今和歌集　文化九年〈板木〉

Na131　オ―袋・仮名序末尾・刊記　ウ―白板

3　伊呂波歌絵鈔　天保七年補刻〈板木〉

F42　オ―下9丁・10丁（終丁）　ウ―袋・跋文

Ⅵ 3 伊呂波歌絵鈔

F91	上1〜4丁	
98	5〜8	
94	9〜12	
96	中1〜4	
99	5〜8	
90	9〜12	
93	下1〜4	
97	5〜8	
42	9・10	
	跋・袋	

『往来物大系』36巻収録本と照合してみると、題簽板を除き板木は揃っている。板木の仕立て方は上の通り。これにも題簽の入る余地はなく、別途仕立てられていたはずである。『大光普照集』『古今和歌集』も同様であったと思われる。

〈欠〉	上1・2丁（序）
	3・4（本文）
F118	5〜8
117	9〜12
116	13〜16
〈欠〉	17〜19
119	下1〜4
120次	5〜8
120	9〜12
〈欠〉	13〜16
〈欠〉	17・題簽・袋

さて、ここで極めて特殊な例を一つ見ておくことにしよう。それは図版21にあげたF18『霊魂得脱物語』の板木である。この板は表に題簽と袋を、裏に巻上の1丁を収める二丁張で、一見題簽から板木を起こしたかに見受けられる姿をしている。が、注意すべきはこの書が元文五年刊『女人愛執恠異録』の改題本だということであろう。そのことは既に『国書総目録』に指摘があったが、その後土屋順子氏の詳細な版本調査によって改題の手口が明らかにされている。詳しくは氏の稿「『女人愛執恠異録』と改題本『霊魂得脱物語』」（大妻女子大学大学院文学研究科論集創刊号）に譲るが、『得脱物語』の本文冒頭の1〜3丁は改題に際し新たに増補されたもので、序文と本文4丁以下は入木を施してもとの『恠異録』の板木をそのまま使っているのである。両者の版本と現存の板木を手がかりに、もとの『恠異録』の板木の仕立て方を考えてみると右のようになる。冒頭から四丁張で板木を起こし、上巻末尾は三丁張のままで残す。刊記の入る下巻末尾17丁は、おそらく題簽と組み合わせてあったと思われる。改題に際して取られた手口は、序文の次に新たに本文1〜3丁を増補するという方法であった。なお、その際もとの『恠異録』の本文3丁目の印面は使用されないことになる。従

って、新たに増補した板木は題簽・袋・本文1丁、及び本文2丁3丁の二丁張2枚である。ちなみに2・3丁を収めた板は残っていない。かように、このF18の板木は極めて特殊なケースとして扱うべきであって、もとの『恠異録』の板木の仕立て方はやはりI型であったことは疑うべくもない。

以上のように具体的な実例を通して見ると、板木を仕立てる際には

○本文冒頭から起こして行くという大原則があったこと

○本文末尾が半端になった場合は、題簽・袋と組み合わせるという仕立て方が多く採られたこと

○本文が板木にすっきりと収まる場合は、題簽は自ずと別の板に仕立てられること。また、板に余裕があっても題簽板を別仕立てとする場合もあったこと

が確認出来たと思う。寛政版『おくのほそ道』の板木の仕立て方はI型の典型で、それは寛文以来の方法を踏襲したに過ぎなかったのである。『おくのほそ道』蛤本は、板木の仕立て方に由来するいわば乱丁本であったと言える。

ところで、私は先に「近世一般の板木の仕立て方」という言い方をした。私が調査したのは藤井文政堂現蔵・旧蔵の板木の域を一歩も出ていない。それを「近世一般」というところまで拡げてしまって良いかという疑問は当然出て来ると思う。が、それは文政堂という書肆のあり方にも関わってくる問題である。六代目御当主の談によれば、創業者である初代は文化九年卒。文政堂と名乗ったのは安政六年卒の二代目である由。京都の書肆としてはもちろん後発に属する。そのためでもあろうが文政堂にはオリジナル出版が極めて少ない。文政堂が商売の柱としたのは、他の書肆から板木を買いそれを刷って売るという方法であった。そのことは文政堂に残る百通余の板木売買文書からも窺えるが、何よりも創業以前の板木を数多く所有していることから一目瞭然であろう。『おくのほそ道』もいわばその一つであった。そのような商策の結果、文政堂には寛文九年から大正三年までの約二百五十年間にわたる多彩なジャン

ルの板木が集まることになったのである。そこには寛文から大正にかけての京都出版界の板木が象徴的に集約されていると言っても良い。のみならず、中には『当流茶湯流伝集』のようにもともとは江戸仕立てと思われる板木、また大坂仕立ての雑俳書の板木なども混じる。従って、「近世一般」という言い方をしても、おそらく大きく踏み外すことはないであろう。

3　板木由来の乱丁本

それでは、板木の仕立て方に由来する蛤本のような乱丁本は極めて稀なケースなのであろうか。気をつけて見ていると、同様な例はいくつも出て来る。

まず、『俳諧続七部集』を取り上げてみよう。この書は小本二冊、管見によれば刊記に

享和三年癸亥九月吉旦
浪花書肆　奈良屋長兵衛
　井筒屋庄兵衛
皇都書肆
　橘　屋治兵衛

とある本が初版と目される。天理図書館綿屋文庫蔵の二本、わ194 16（仮にA本とする）・わ194 18（仮にD本とする）がそれである。両書の編成は次の通り。

A本　上　闌更序・千鳥掛・深川・卯辰集
　　下　韻塞・有磯海・刀奈美山・芭蕉庵小文庫
D本　上　闌更序・深川・卯辰集・韻塞・刀奈美山

下　有磯海・小文庫・千鳥掛

この編成の相違はいまはさておき、刊記に注目してみたい。A本は先の刊記が下巻の後表紙見返しに収められていて、特に問題はない。ところがD本では、上巻『韻塞』の巻末にA本と同じ刊記を印刷した一丁が入るという異様な姿を見せている。図④の右が『韻塞』の終丁裏、左が刊記を印刷した丁の表で、この裏は余白である。もちろん下巻末尾にはこの刊記はなく、『千鳥掛』の終丁が後表紙見返しに貼りつけられている。この異様な現象も、板木の仕立て方に由来するように思われる。小本『俳諧七部集』もそうであったが、この『続七部集』も他の作品が同じ丁にまたがることはない。それぞれの丁付と丁数をD本の収録順に従って次にあげてみよう。

序文	序	1丁
深川	一～十二	12丁
卯辰集	一～廿七・廿八九～卅七	36丁
韻塞	一～五十九	59丁
刀奈美山	一～十五	15丁
有磯海	一～三十	30丁
小文庫	一～四十三	43丁
千鳥掛	一～四十七	47丁

寛政元年再刻の『芭蕉翁発句集』も小本で、板木は四丁張で仕立てられていた。この『続七部集』も四丁張と考えてよかろう。『深川』『卯辰集』はそれぞれ四丁張ですっきりと収まり、問題はない。考えなければならないのは、4で割り切れない他の作品を板木を仕立てる際にどのように組み合わせたかということである。そこで作品の収録順序に注目してみよう。管見によれば『続七部集』は初刷・後刷とも同一の板木による刷りと認められ、収録順は次の三

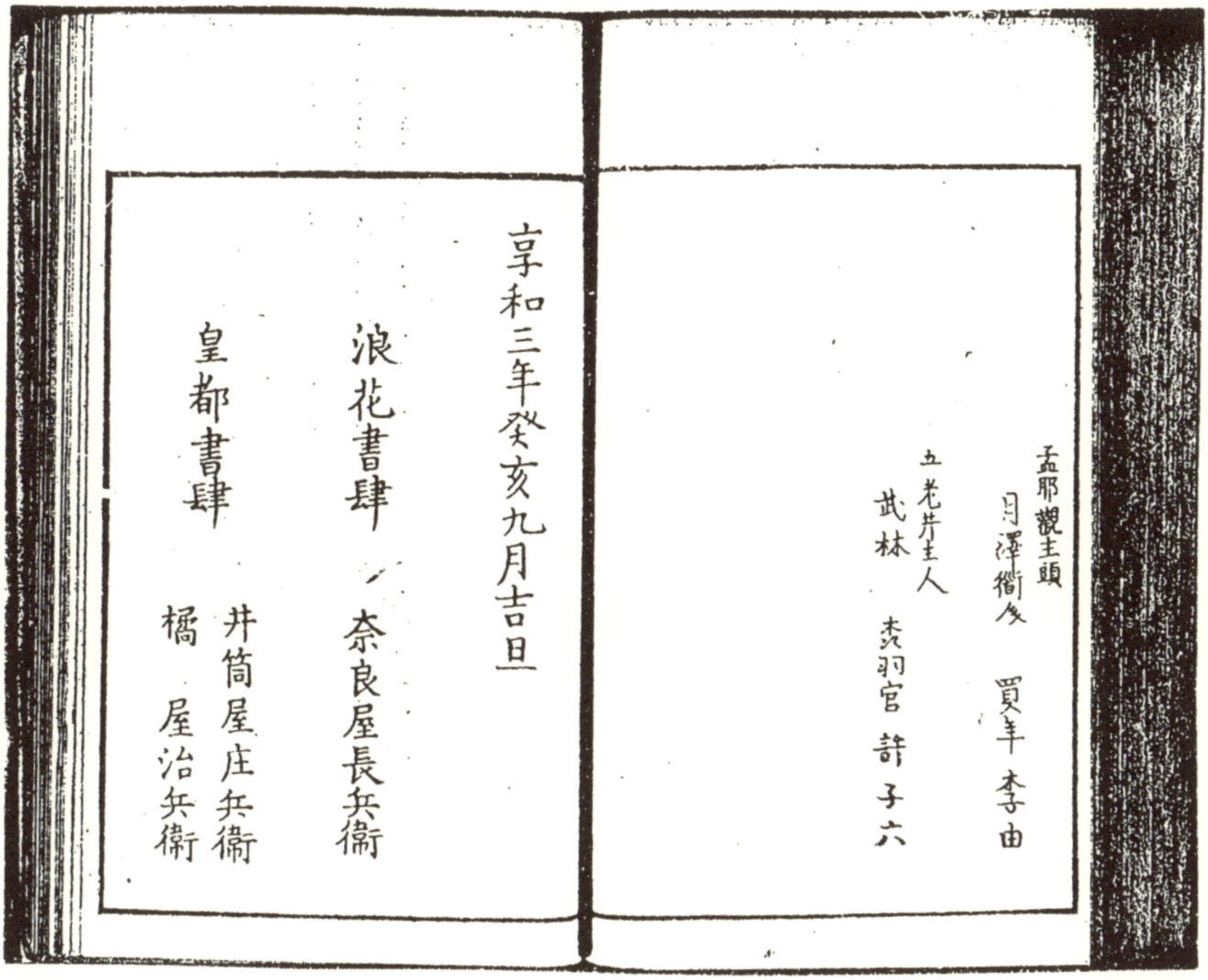

図④　『俳諧続七部集』（天理大学附属天理図書館綿屋文庫本 194・18）

つの型に分類することが出来る。一つは天理A本型で、他に天理F本（わ194 88）がある。二つめは天理D本型で、他に天理B本（わ194 83、下のみ）・同C本（わ194 17）・同E本（わ194 20、下のみ）・竹冷本（竹冷705）・潁原文庫本（Hj58）・架蔵A本・架蔵C本（下のみ）がある。

なおこのうち、架蔵A本は『韻塞』を上巻末に置き『刀奈美山』を下巻冒頭に回す点が他本とやや異なる。三つ目は架蔵B本型で、こちらは上巻が深川・卯辰集・刀奈美山・芭蕉庵小文庫、下巻が有磯海・韻塞・千鳥掛という順になっている。そもそも『続七部集』収録の七書の成立順は、卯辰集（元禄四年）深川（同六年）有磯海・刀奈美山（同八年）芭蕉庵小文庫（同九年）韻塞（同十年）千鳥掛（正徳六年）であるが、その通りに並べてあるのは一本もない。

しかし、成立順に対するこだわりが全くなかったわけではないのは、『千鳥掛』を下巻末尾に置く本が圧倒的に多いことからそれと知られる。編集子が考えたのは、板木を仕立てる際に如何に無駄なく組み合わせるかということと、成立順をある程度踏まえつつ全体の丁数を上下二冊にバランスよく割り振ることの二点であったに違いない。そこで注目すべきは、例の少ない天理A本型の配列である。成立順についてのさほど強いこだわりはなかったにせよ、『千鳥掛』を上巻冒頭に置く姿は、やはり不自然と言わざるを得ない。では、何故そうなってしまったのか。これもやはりもともとの板木の仕立て方に関わってくるように思われる。先に見たように『千鳥掛』は47丁であった。これと序文1丁を組み合わせて板木が仕立ててあったのではないか。そう考えると序文の次に『千鳥掛』が入る天理A型の存在が理解出来る。また、『刀奈美山』『有磯海』『小文庫』の三点は天理A本型・天理D本型・架蔵B本型と収録の順序は動くものの、ひとまとまりとして扱われていることに違いはない。この三点の丁数は合計88丁である。板木の仕立てが三点組み合わせてあったと考えるとこれもまた納得が行く。『韻塞』は59丁で四丁張で板木を仕立てれば、一丁分の余裕が生まれる。刊記はここに収められたと見るべきであろう。その板木のまま印刷・製本すれば天理D本が生まれることになる。

以上は推測の域を出るものではない。が、右のように考えなければ、とんでもない所に刊記が入る天理D本の存在は説明出来ないと思う。

次に『太祇句選』を取り挙げてみる。この書には初版と後刷の二種が存在することは早くから知られていた（天理ギャラリー第二十九回展図録『連歌と俳諧』）。それをふまえて藤田真一氏は「『太祇句選』考」（『連歌俳諧研究』82号）において、初版・後刷の諸版本を調査され、この書をめぐる様々な問題を洗い出しておられる。その一つに、蕪村跋文の位置の問題があった。『太祇句選』初版本の構成は、嘯山序文3丁（丁付なし）・呑獅序文と太祇肖像1丁（丁付なし）・句集本文（付丁一〜四十）・蕪村跋文2丁（丁付なし）となっている。初版本の位置関係はこれで正しい。ところが、後刷本では蕪村の跋文が呑獅序太祇像の丁の次、本文の前に入ってしまっている。その理由について藤田氏は「わからない」としておられるのだが、私はこれも板木の仕立て方に関わるのではないかと思う。板木が四丁張であったと仮定してみよう。句集本文は40丁で10枚にすっきりと収まる。嘯山序3丁と呑獅序太祇像の1丁でやはり四丁張1枚。蕪村の跋文2丁は題簽と組み合わせて同じ板木に仕立てたのではないだろうか。もしそうであったとすると、『おくのほそ道』蛤本と同様の勘違いにより、跋文が句集本文の前に入れられることは十分に考えられる。この書の場合、序跋に丁付がないだけにその誤りは起こりやすい。

この『太祇句選』と同様な例は他にもある。その一つは、章末図版20に上げた『大光普照集』である。図版の板木は、表に袋と後序の5丁目を、裏に本文末尾の97丁98丁を収める。大谷大学蔵本（内宗大572）は上中下三冊本で、文政十年の後刷り。上巻に序1丁2丁・後序1～5丁、本文初葉～29丁を、中巻に30～66丁、下巻に67～98丁を収める。後序は跋文なのであるから、谷大本のこの位置はおかしい。ちなみに、架蔵の上下二冊の零本は寛延二年の初版に近い本であるが、こちらでは後序を下巻巻末に入れてある。『太祇句選』と同じく、後刷り本で跋文が前へ動いた例である。もっともこの書の場合は「後序」を序文の後に続くものと誤ったとも考えられる。残っている板木がこの一枚なので手掛かりに乏しく推測の域を出ないが、袋板と隣合わせに後序の5丁目が彫られていたことが後刷本の乱丁の原因になったという可能性も一応は考えておく必要があろう。

右の二つとは逆に、後刷本で跋文が正しい位置に戻った例もある。それは『磨光韻鏡』である。勉誠社文庫90に収録の延享元年原刻本によれば、上巻は序一～四、跋一～三、本文上一～四十七、下巻は下一～二十九という構成。この原刻本には金屋版と山本版の二種があるが、どちらも跋文を序文のすぐ後に入れる。ところが天明七年再刻本になると、跋文を原刻本と同じ位置に置く柏原屋版と下巻末尾に正しく入れる河内屋版が出て来る。そして、安政四年三刻本に至ってすべて下巻末に置くようになるのである。板木が残っていないので、これまた何とも言いようがないのだが、跋文が3丁という半端な数なのが気になる。四丁張と仮定し、跋文の1～3丁を上巻の本文第1丁と組み合わせて板木を仕立てていたと考えると、原刻本の姿が理解出来るような気がする。

4　小蛤本『おくのほそ道』

最後になったが、蛤本と同じスタイルを持つ小本『おくの細道』について触れておきたい。これをいま仮に小蛤本と呼ぶことにする。この本の存在についても既に雲英氏が『元禄版おくのほそ道』で指摘しておられる。また近年、国文学研究資料館一九九九年特別展の図録『「奥の細道」の軌跡』でも取り上げられ、解説を添えて図版が紹介された。が、成立についてはいずれも不詳とされる。蛤本のついでにこの小蛤本の謎も解いておくことにしよう。図⑤が小蛤本の表紙（天理大学附属図書館蔵本わ237 3による）、図⑥が見返しと第一丁目の表（雲英末雄氏蔵本による）、図⑦が巻末と刊記（同上）である。見返しに「天保校正／芭蕉翁道の記　半化坊選／おくの細道／明月菴蔵」として、冒頭に「おくのほそ道」と内題を入れ、蛤の句に続けて本文が始まる。巻末には素龍の跋文と去来の奥書を添え、刊記は後表紙見返しに「天保十四癸卯年　夏六月吉日／明月莽蔵」とある。なお、蛤本と同様、本文末尾に蛤の句はない（後出図⑨下段）。丁付はノドに、下八十九～下百廿三と入れてある。先ず注意すべきは、この小蛤本は蝶夢の由来書は省いているものの、そのスタイルが蛤本に全く同じだということであろう。小蛤本は版本の蛤本を写したのではないかという予想が立てられる。そこで両書の本文を対校してみると、小蛤本が明らかに蛤本に拠っていると見られる所が数箇所出てくる。それが良くわかるのは、松島の条と素龍の跋文である。図版によってそれを示そう。図⑧の上段が蛤本（奈良大本による）、下段が小蛤本（雲英本による）の松島の条である。上段一行目「いれられず」、三行目「松がからしま」は、それぞれ「いねられず」「松がうらしま」とあるべきところ。寛政版の板木の誤刻であるが、小蛤本はそれをそのまま踏襲している。また、図⑨の跋文上段二行目の「細道ミもて」の「ミ」の一画が一行目から六行目にかけて横に走る板木の傷によって欠けてしまい、「ニ」と読めるのであるが、小蛤本にそれを「細道にもて」とやはり踏襲する。なお、この傷は章末図版1の板木拓本によっても確認出来るが、蛤本を含め『おくのほそ道』寛政版の後期の印本になって表れるものである。以上、典型的な三箇所を取り上げただけであるが、これによって小蛤本が版本蛤本を写しただけのものであることは明白であろう。他の部分もそのように見て、特に破綻は生じてこない。

もう一つ片付けておかなければいけないのは、小蛤本の丁付が下八十九から始まるという問題である。これについては、前引「『奥の細道』の軌跡」の解説で、「別に上冊が存在したかと推測される」と言われる通りで、小蛤本には上冊があった。それは、小本『俳諧七部集』に数多く存在する重板（海賊版）の一つで、そのフィルムが国文学研究資料館にある（マ4―94―10・C1）。焼付写真によれば、該当書は小本二冊で共に題簽を欠く。図⑩が上巻の見返しと序文、図⑪が下巻巻末と刊記で、この刊記は小蛤本と同じものである。丁付はノドにあるので写真からは判読が殆ど不可能だが、一部わずかにのぞくことが出来る。また、この重板七部集は天保十一年秋草菴蔵版の『掌中校正俳諧七部集』を模

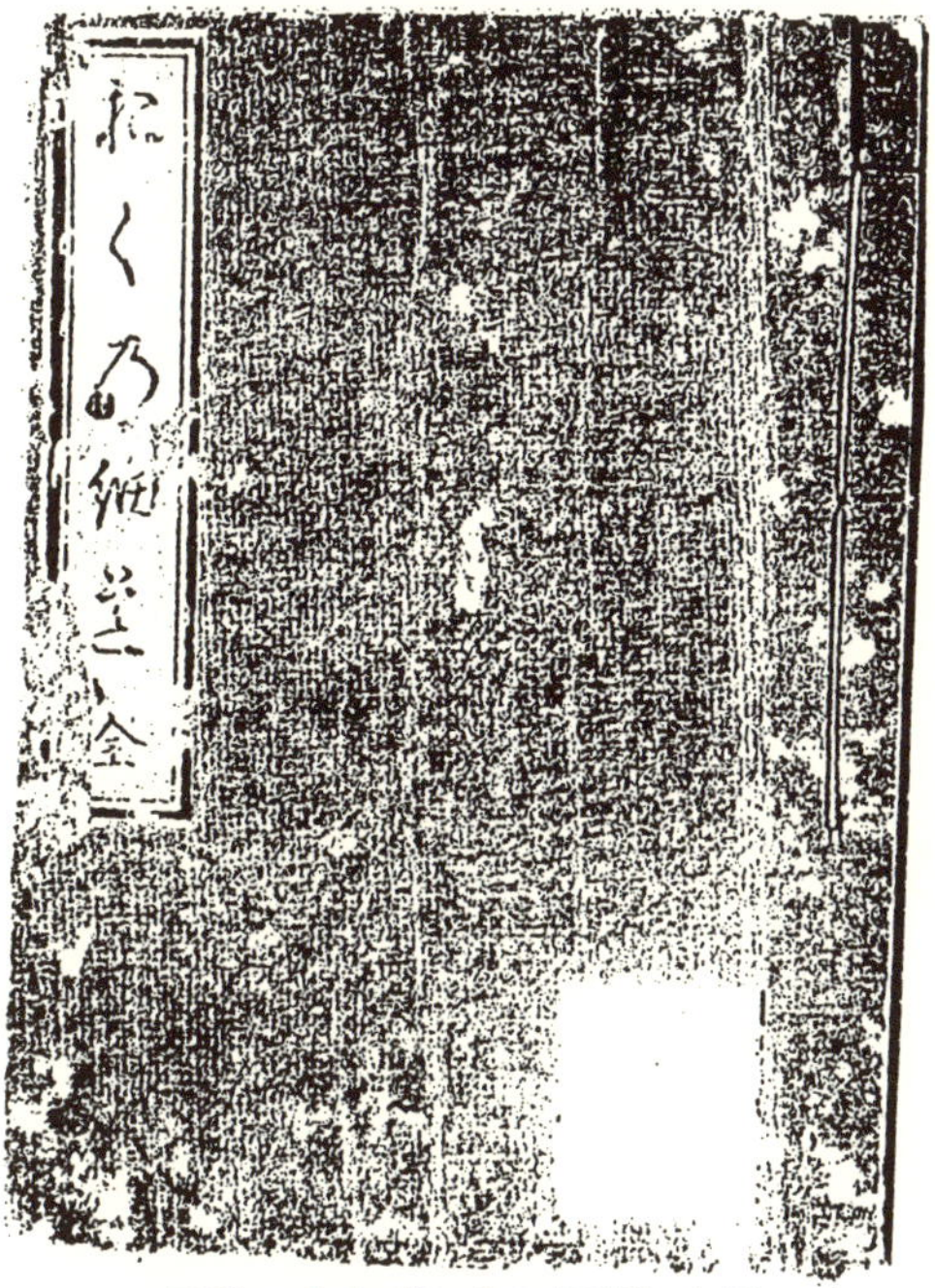

図⑤　小本『おくの細道』表紙
（天理大学附属天理図書館綿屋文庫蔵本）

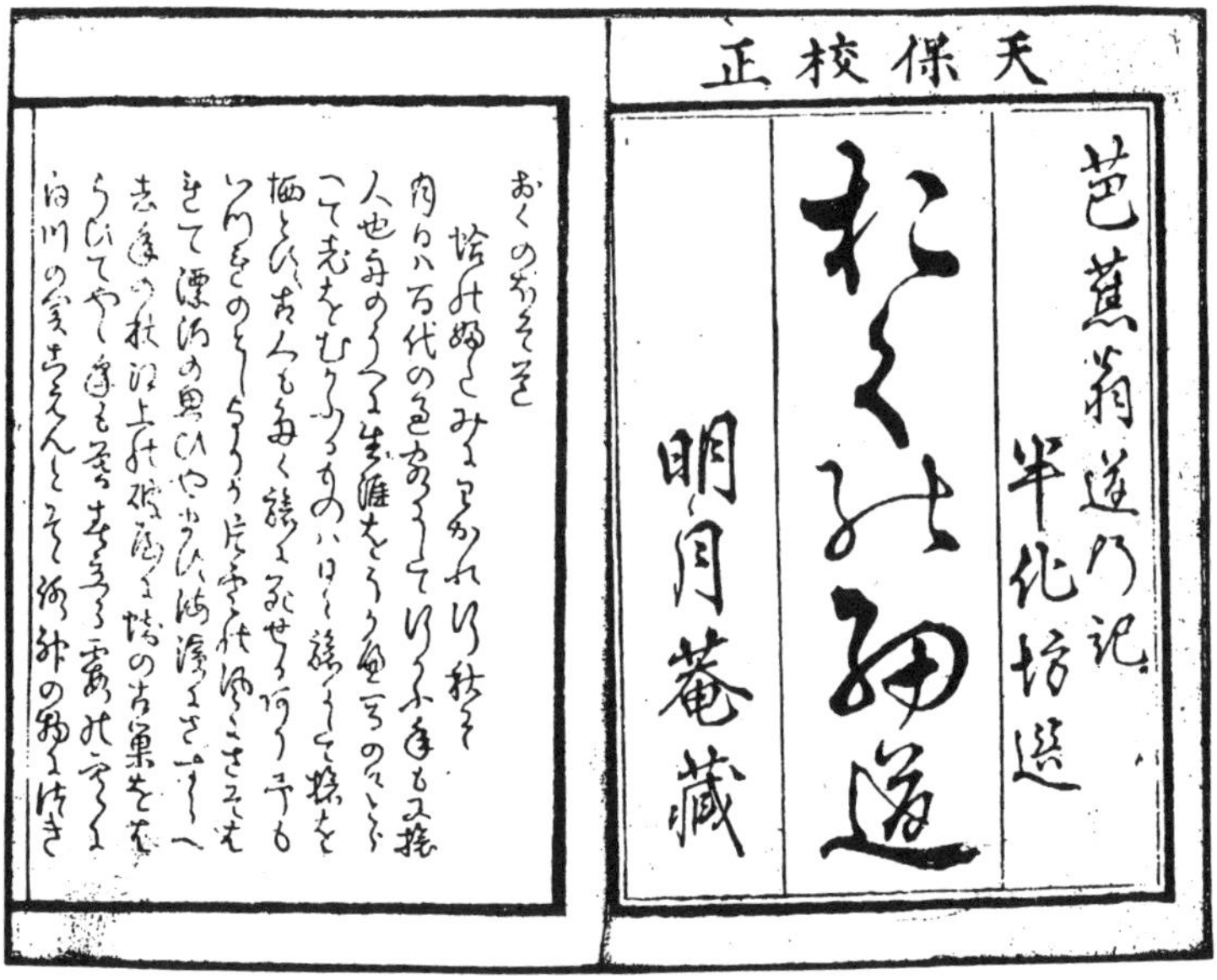

図⑥　小本『おくの細道』　１オ・見返し

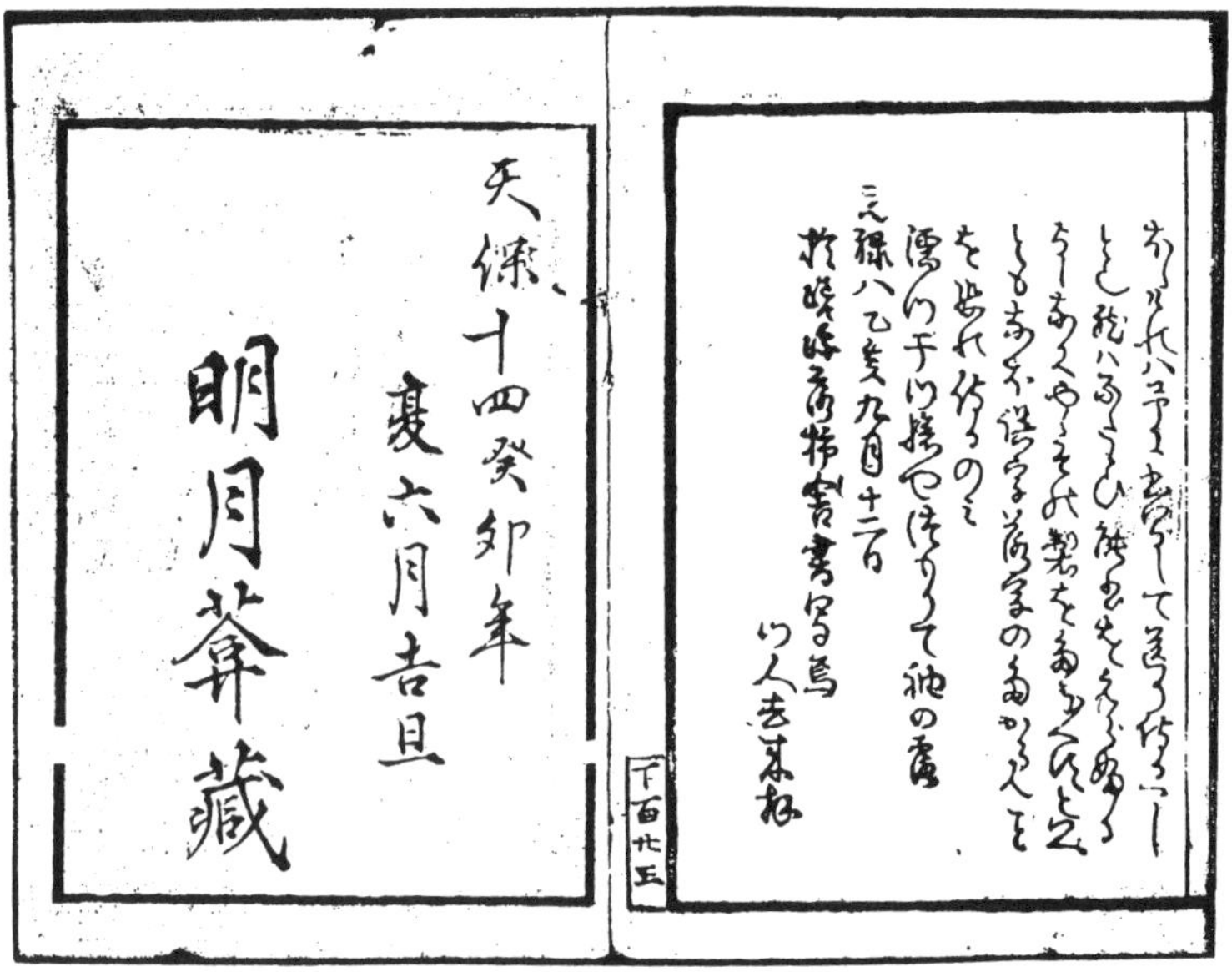

図⑦　小本『おくの細道』　刊記・終丁ウ

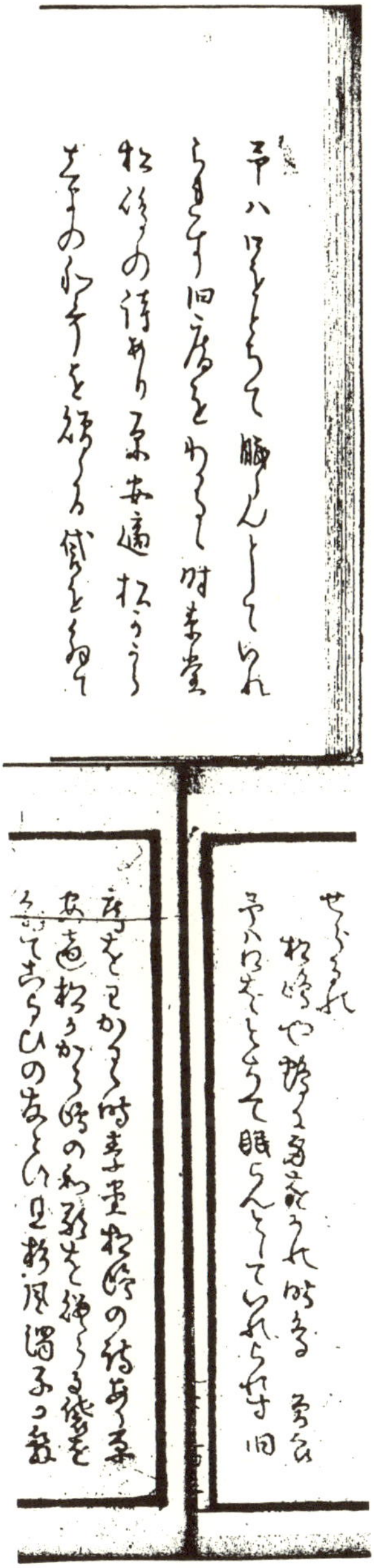

図⑧

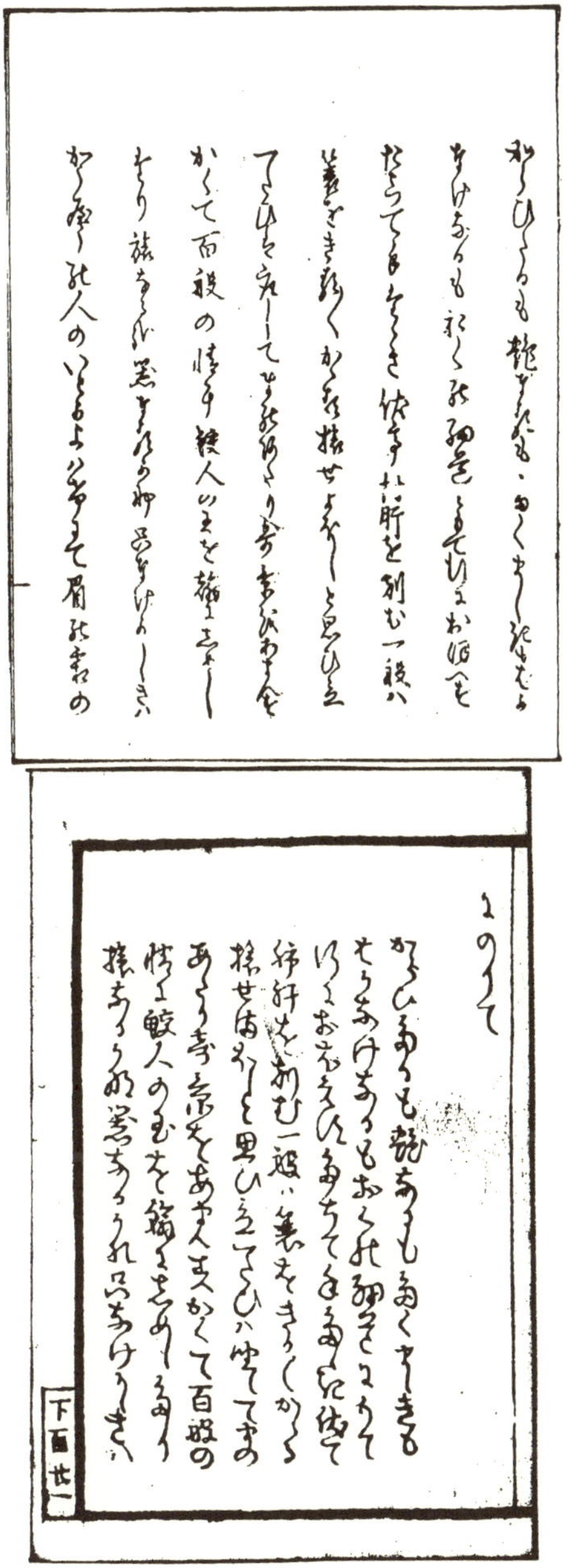

図⑨

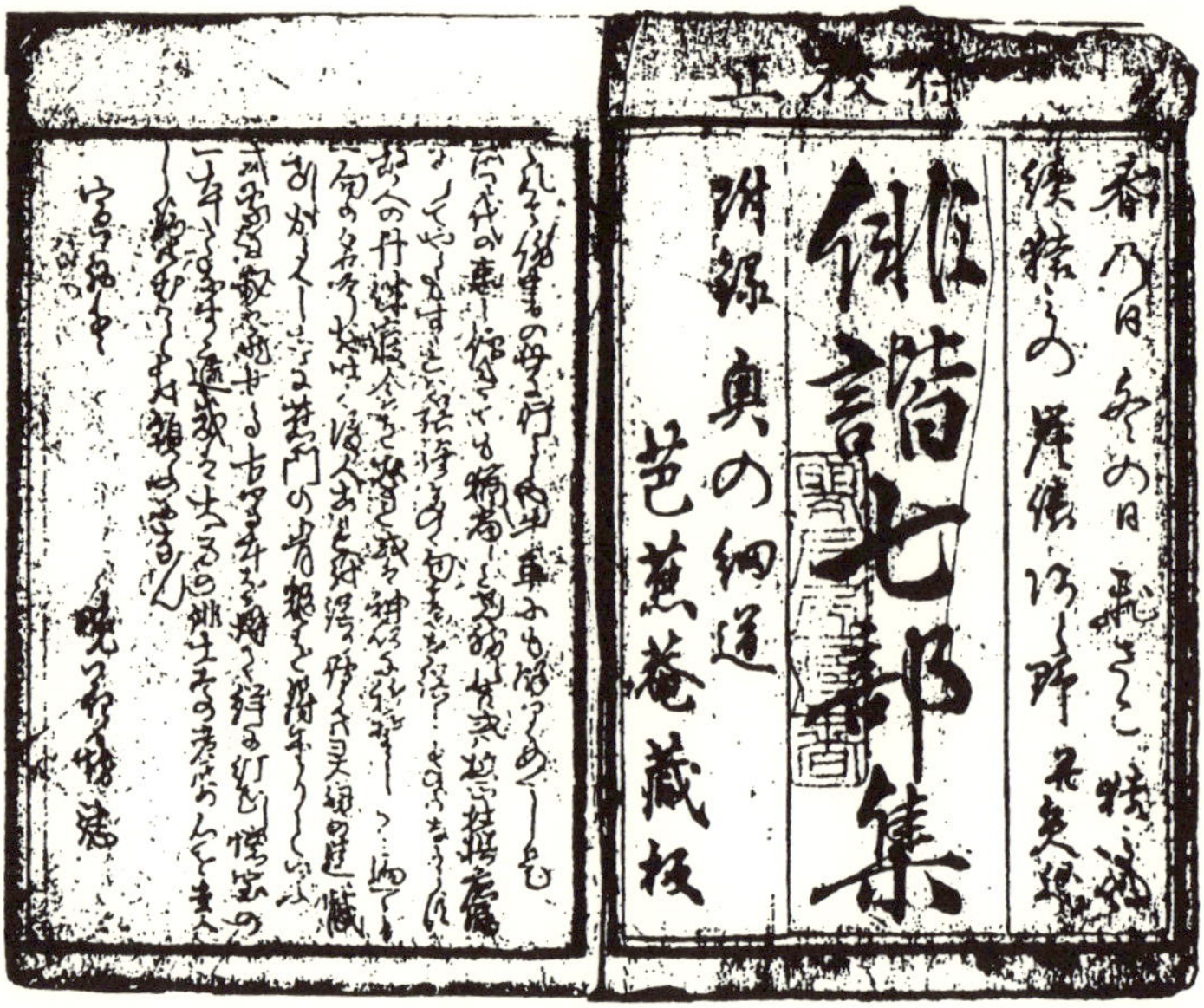

図⑩　※初出論文より引用

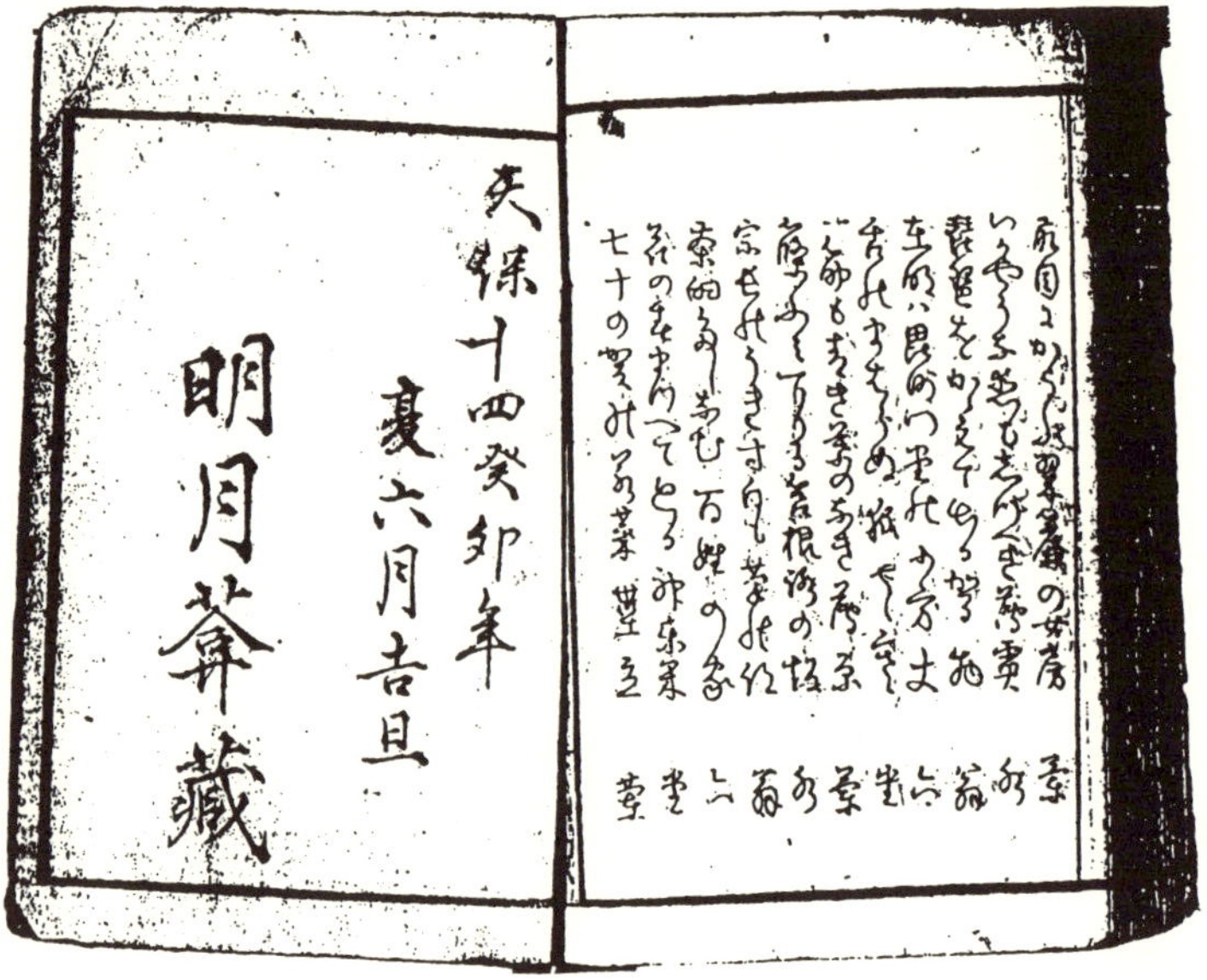

図⑪　※初出論文より引用

したものであるが、その丁付なども参考に考えてみると、上巻が上ノ序・上ノ一〜上百三、下巻が下一〜下五十五・下又五十五〜下八十八とあるやに見受けられる。本の寸法・刊記・板下筆蹟の一致、及び丁付の続き方から考えて、この重板七部集と小蛤本が三冊一組のものであったことはほぼ違いない。小蛤本はこの重板七部集の見返しに言う「附録」なのであった。なお、この小蛤本の存在を拠り所にすれば、蛤本は天保十四年六月以前に市中に出回っていたことになろう。

5　『おくのほそ道』の題簽

『おくのほそ道』の板木と版本については、他にも考えなければならない問題が残っている。それは題簽についてである。いま鮮明なものが用意出来ていないので図版は省略するが、管見によれば『おくのほそ道』の題簽には元禄版で三種類、寛政版では四種類が認められる。元禄版・寛政版とも本文の方はそれぞれ同じ板木が九十年近く使われているのに、何故題簽だけが度々変わるのであろうか。その答の一つはこの稿で紹介した板木の中に既に出ていると思う。図版8の元禄十四年刊の『心経』には、枠のあるものとないものと二枚の題簽が用意されている。図版9の『看命一掌金和解』には五枚の題簽が並べて彫ってある。同様に複数枚の題簽を並べる例として、図版12の『玉あられ』、図版15の『按腹図解』、図版18の『女訓三の道』がある。また、図版17の『古易病断』は上・下の題簽を三組（うち一組は、上・下の文字を後に削除）、図版19の『古訓古事記』は上・中・下の題簽を二組並べる。更に、図版を示す余裕はないが、他にも同じ題簽を二〜五枚並べて板木を仕立てた例が20例ほどある。板木を仕立てる手間はかかるが、一枚ずつ刷るよりも何枚かを一度に刷って裁断した方が話は早い。おそらく売れ筋の本の題簽はそのようにして仕立てられたのであろう。版本を調べていると、本文の板木は同じはずなのに題簽が少し違うという例に度々出くわすのは、題簽の板がこのように仕立てられていることに一つの理由がある。『おくのほそ道』は元禄初版以降明治期に及ぶロングセラーとなった、いわば売れ筋の商品である。元禄版・寛政版とも何種類かの題簽が存在するのは、板木に何枚かが並べて彫ってあったからだということが一つ考えられる。もう一つの可能性としては彫り直しであろう。たとえば、図版7には『悉曇字記捷覧』上下と『悉曇字母表便覧』の題簽を並べて彫るが、その部分は図版からもわかるように後の入木で、その右側に題簽の削除痕が残る。その痕跡からこれは『字母表便覧』のもとの題簽であるらしく、理由は不明ながらこの場合は明らかな彫り直しである。『おくのほそ道』の場合、どちらであったのか、あるいは二つの要素が重なりあっているのか、今のところ判断がつかない。いずれにせよ、他の板木などを見ていると、題簽の問題はどうも一筋縄では片付かないような気がする。この謎についてはまた稿を改めることにしよう。

＊この稿は、平成十一年日本近世文学会秋季大会（十一月十四日、於相愛大学）における口頭発表に手を加えたものである。貴重な御蔵書の図版掲載を御許しいただいた雲英末雄氏に御礼を申し上げる。

平成十二年九月一日　稿

註　『易占秘訣』（P65・P71参照）につき、脱稿後版本と照合することを得た。奈良大学蔵の乾坤二冊本（寛政十年刊）によれば、乾巻の丁付は序一〜四・凡例五〜八・目録九・上一〜二十で、全29丁。坤巻は下一〜丗二丁で、丗二丁裏に刊記を入れる。二丁張で板木を仕立てると、乾巻末尾二十丁が半端になるので、これを袋・題簽と組み合わせたことが判明する。

図版1　おくのほそ道（寛政版）　板木寸法　丈66.6×幅13.9×厚さ1.9cm

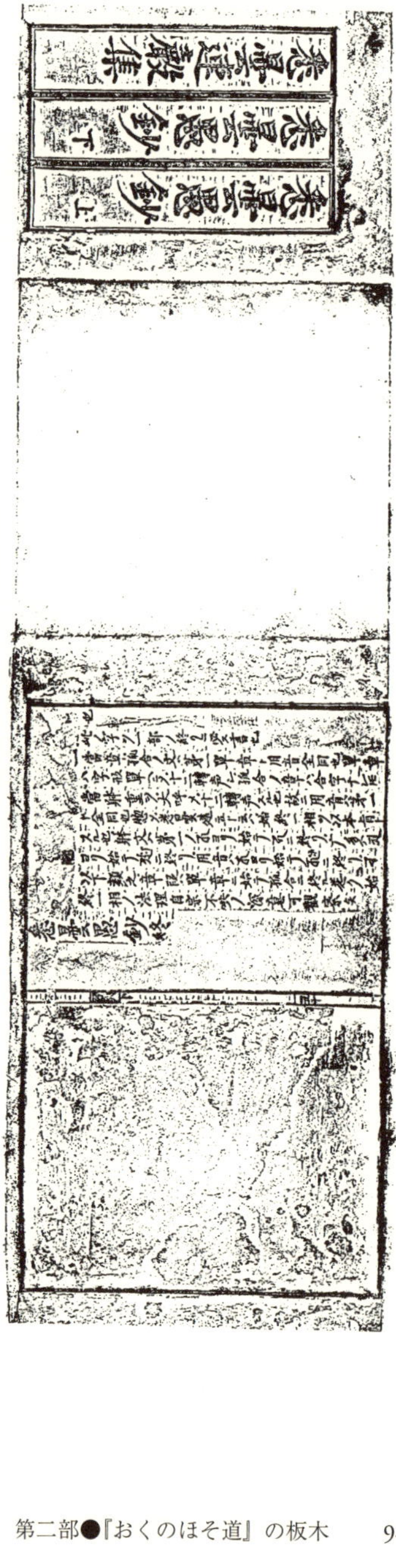

図版 2　悉曇愚鈔　F49 ウ　88.0 × 23.0 × 1.7

図版 3　梵文 十三仏種子真言 四十九院種子　F247 オ　81.5 × 23.4 × 1.6

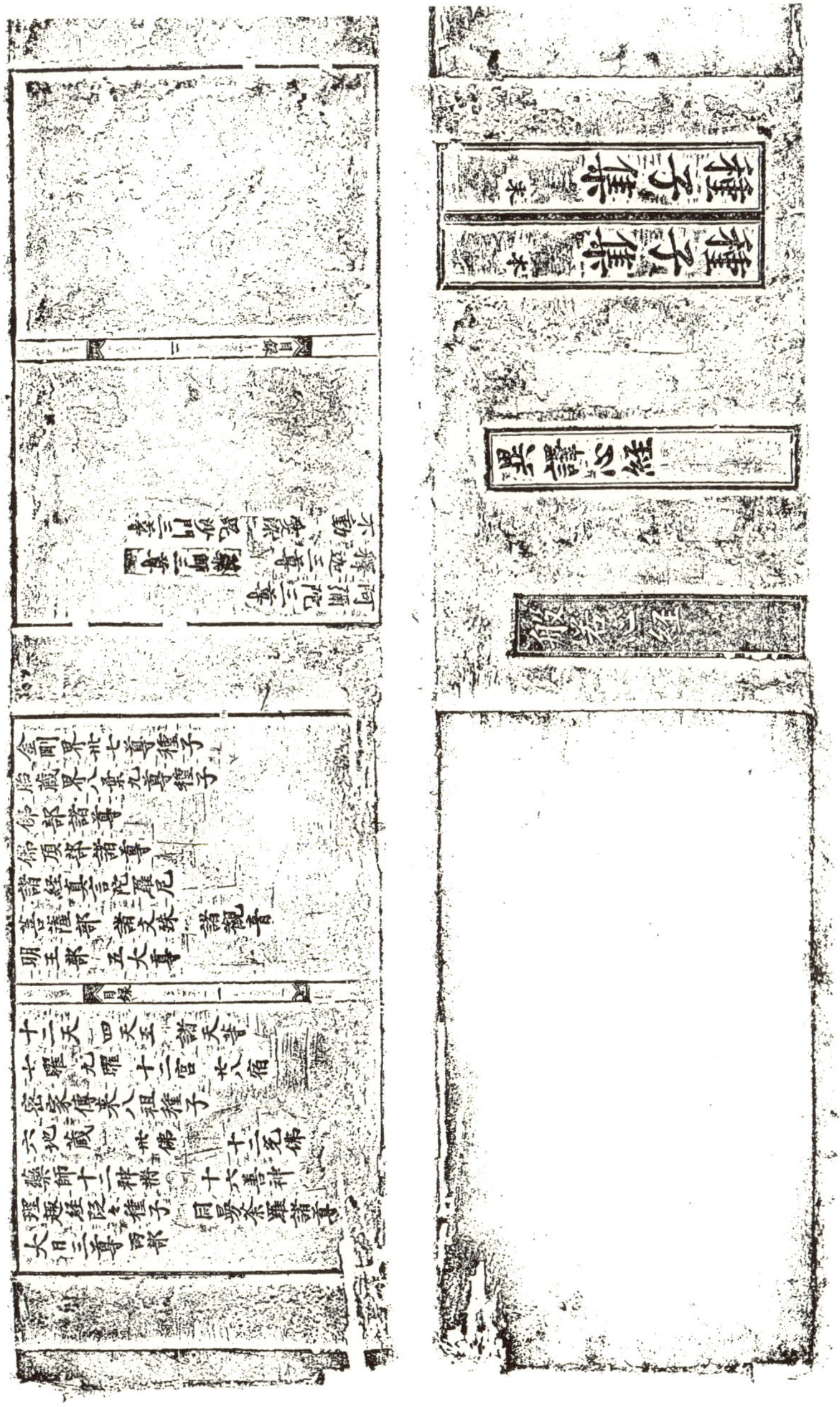

図版4　種子集　F44　オ・ウ　80.5×21.7×1.7

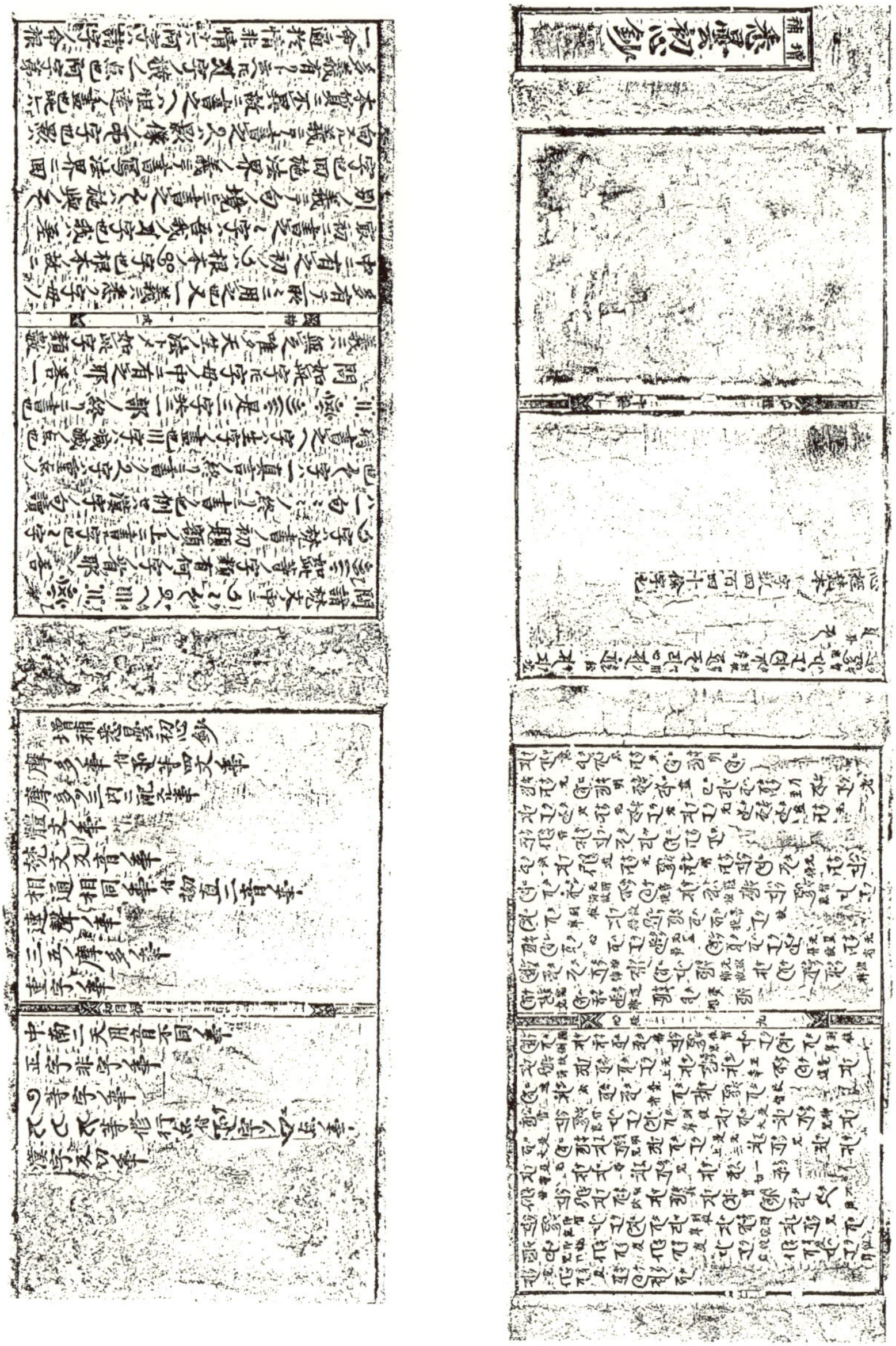

図版5　悉曇初心鈔　F50　オ・ウ　88.0×25.3×1.8

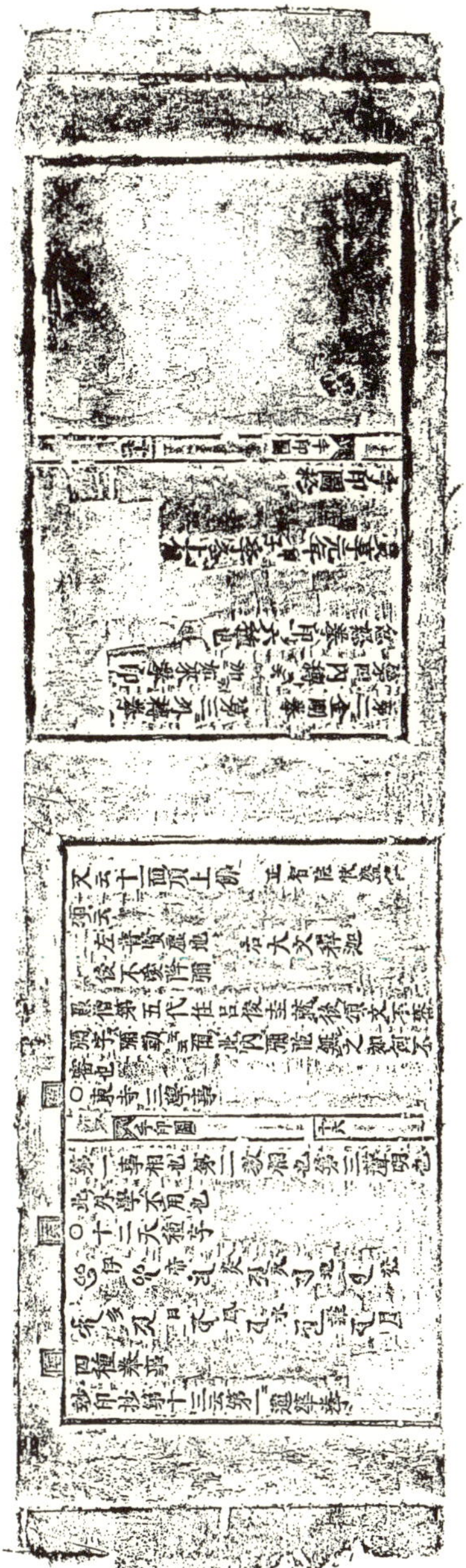

図版6　手印図　F75　オ・ウ　66.7 × 19.0 × 1.8

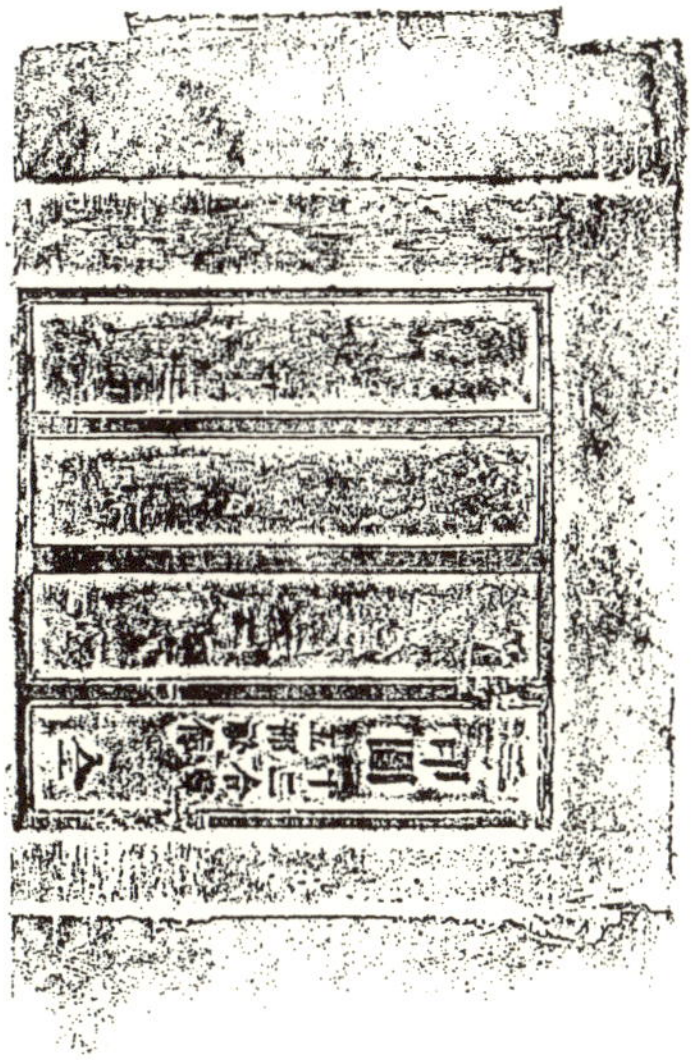

図版7　悉曇字記捷覧　F52　ウ　90.5 × 25.2 × 1.8

図版8　心経　F51　オ　90.0 × 25.2 × 1.8

図版9　看命一掌金和解　F3　43.0 × 15.6 × 1.9

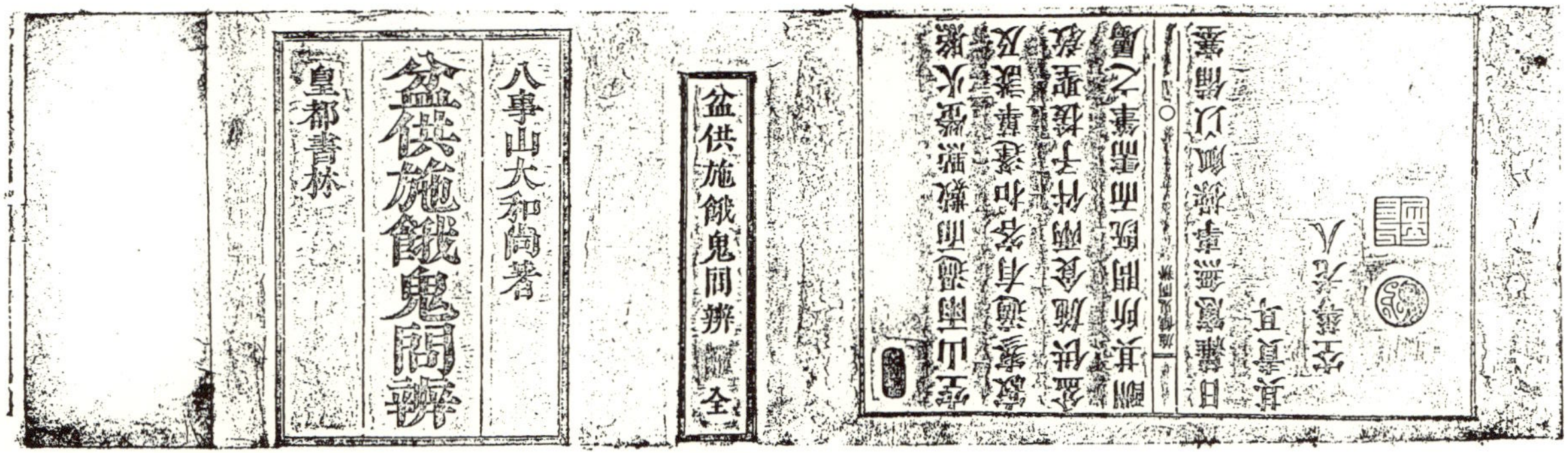

図版 10　盆供施餓鬼問弁　F45　ウ　79.4 × 22.4 × 1.9

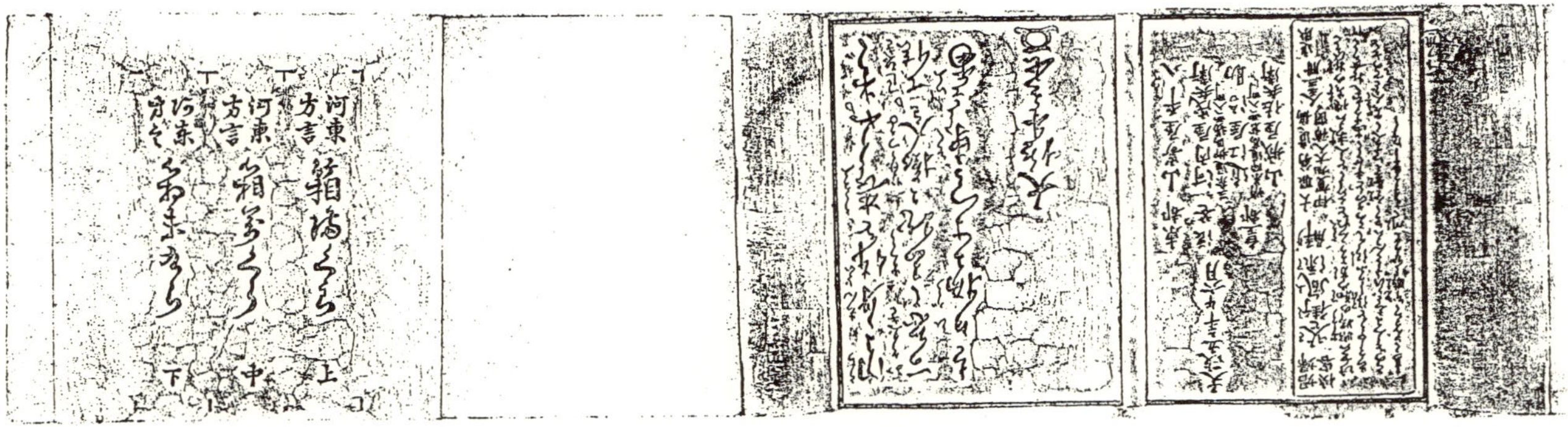

図版 11　箱まくら　Na48　ウ　59.2 × 16.0 × 1.8

図版 12　玉あられ　Na105　オ・ウ　50.7 × 16.0 × 1.6

図版 13　霊魂引導諷誦記　F48　ウ　86.5 × 23.3 × 2.0

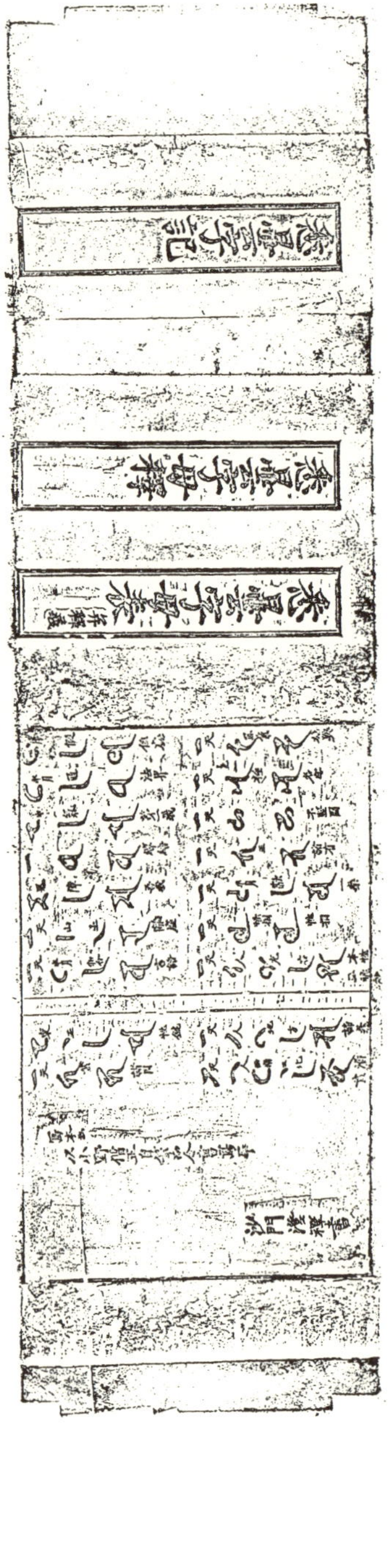

図版 14　悉曇字母釈・悉曇字記　F200　ウ　75.7 × 20.5 × 1.6

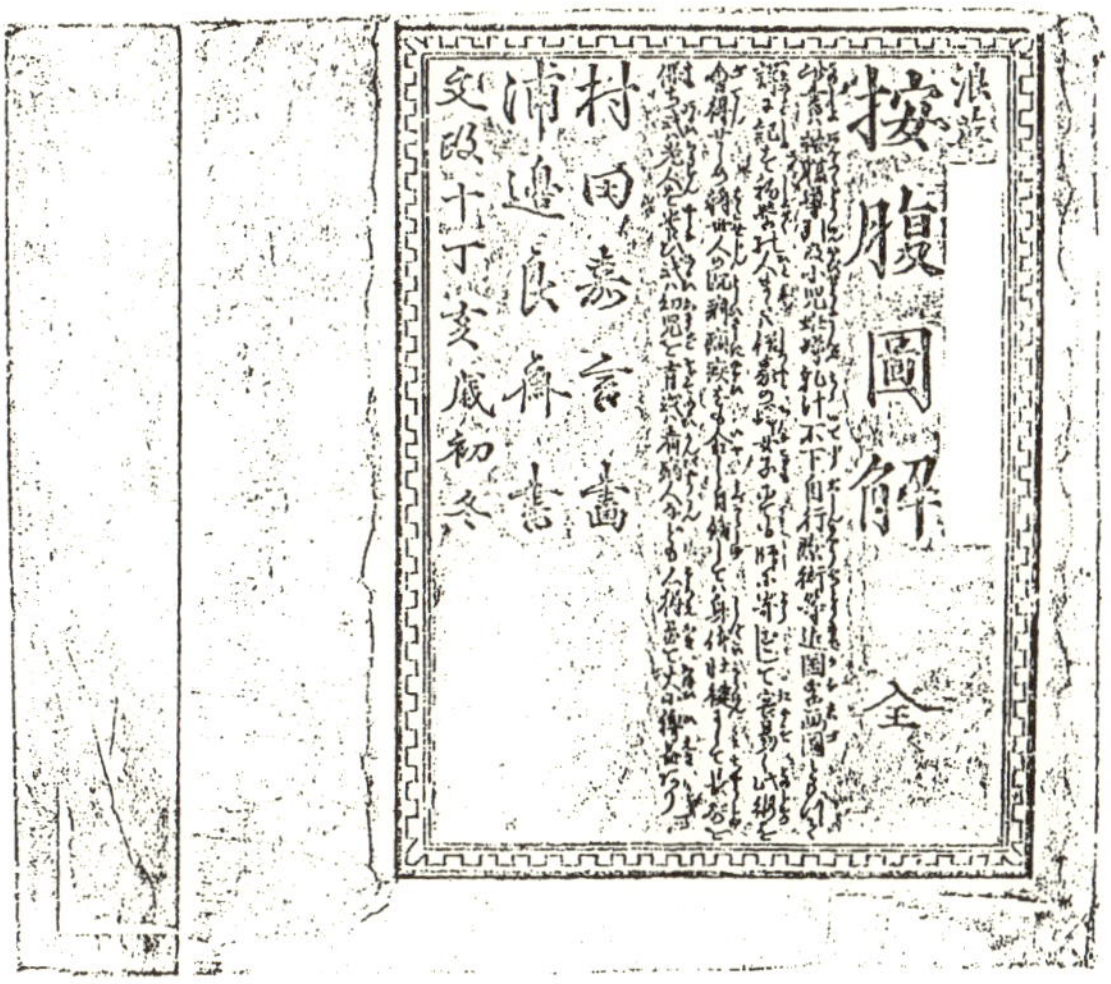

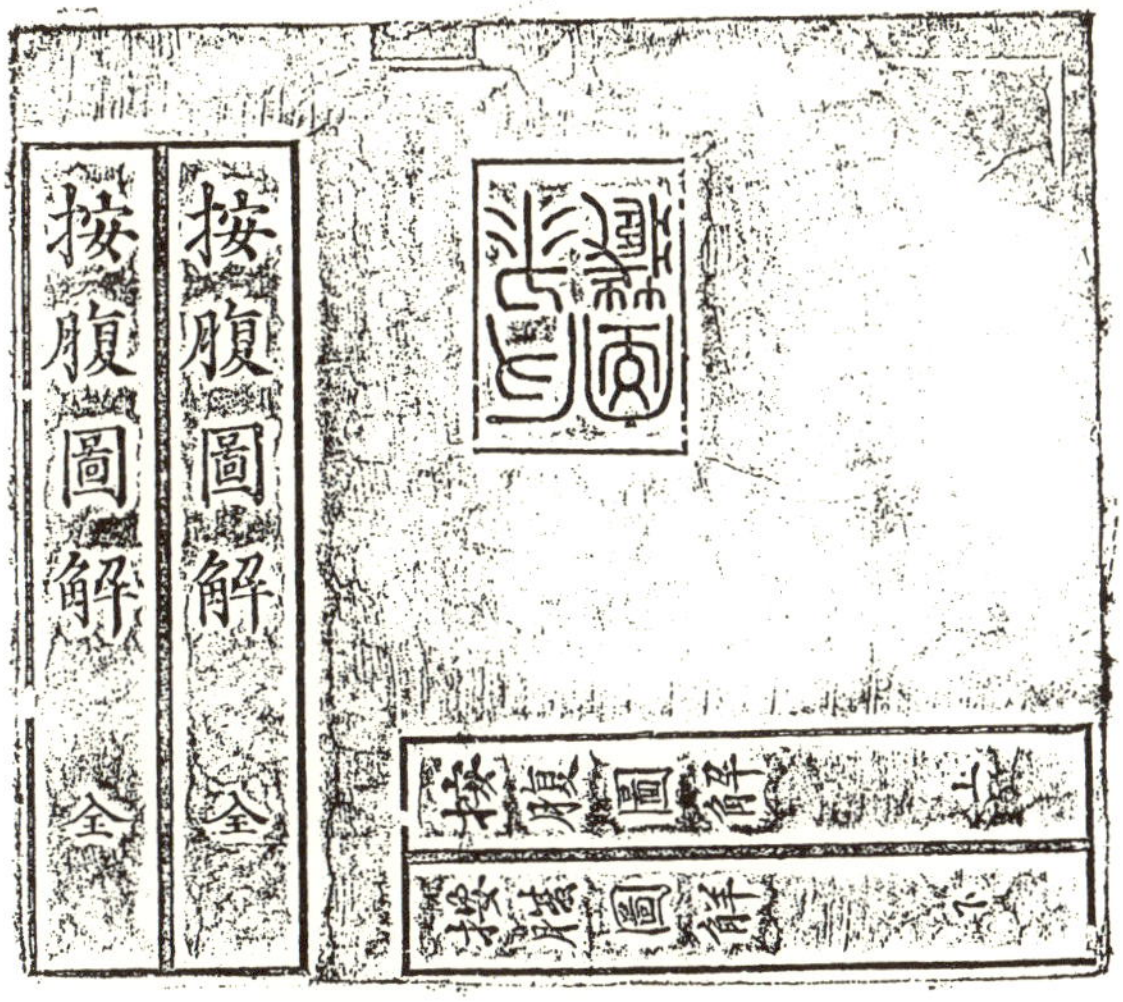

図版 15　按腹図解　F19　オ・ウ　24.5 × 21.2 × 1.5

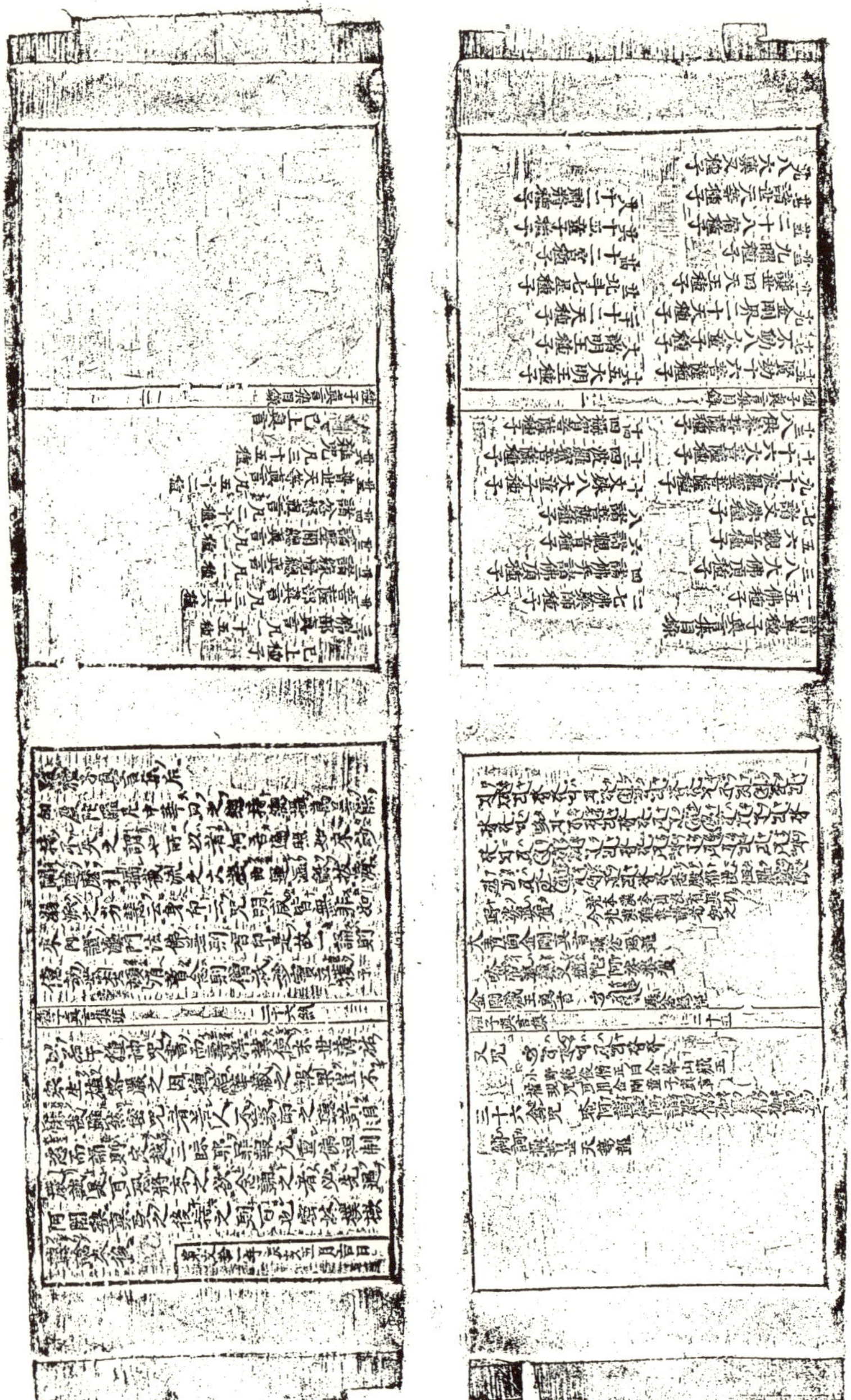

図版16　諸尊種子真言集　F41　オ・ウ　74.2×21.2×1.9

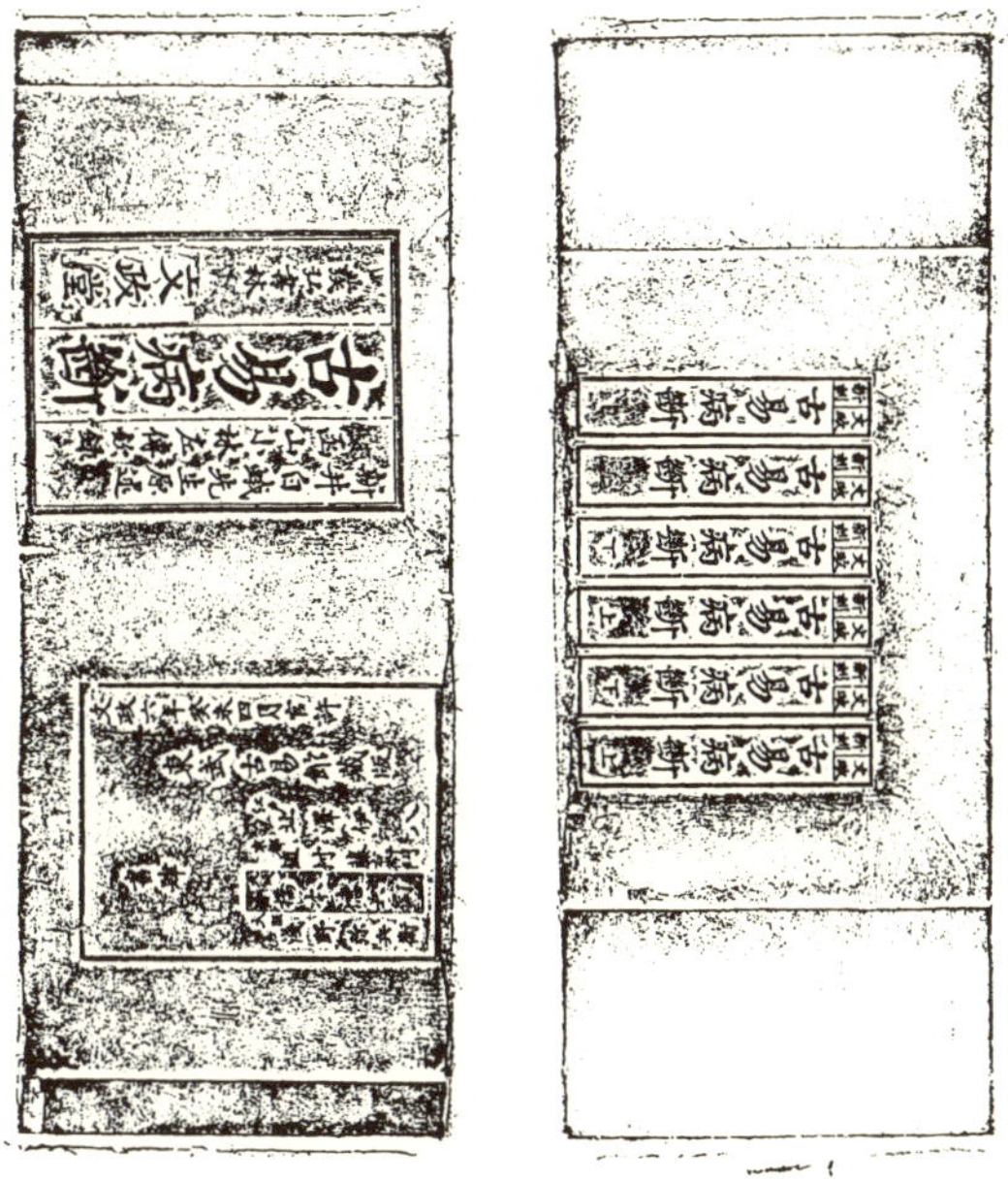

図版17　古易病断　F15　オ・ウ　36.6×14.7×1.9

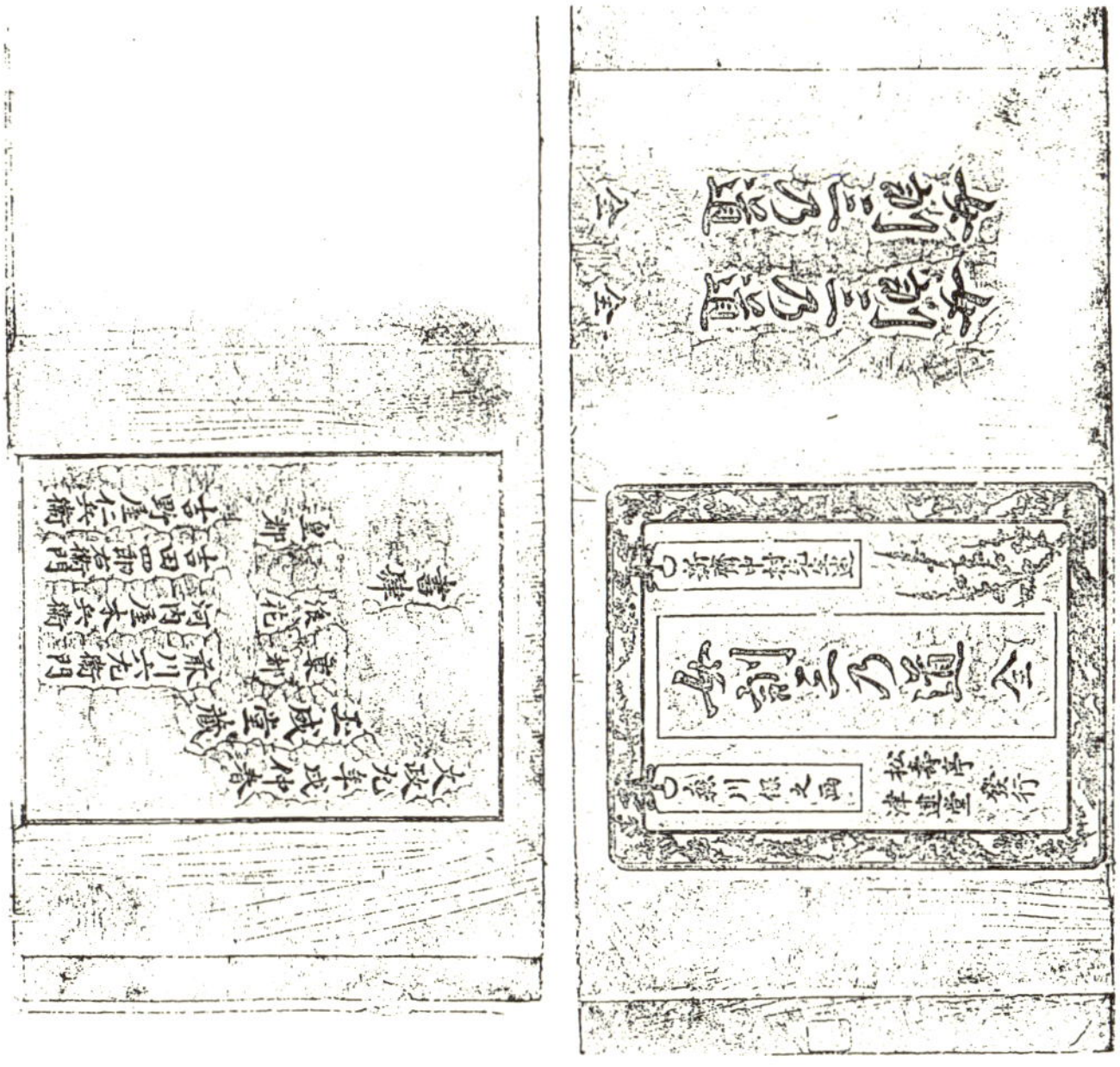

図版18　女訓三の道　Na494　オ・ウ　45.0×22.3×1.7

図版19　古訓古事記　F6　オ・ウ　47.0 × 22.5 × 1.8

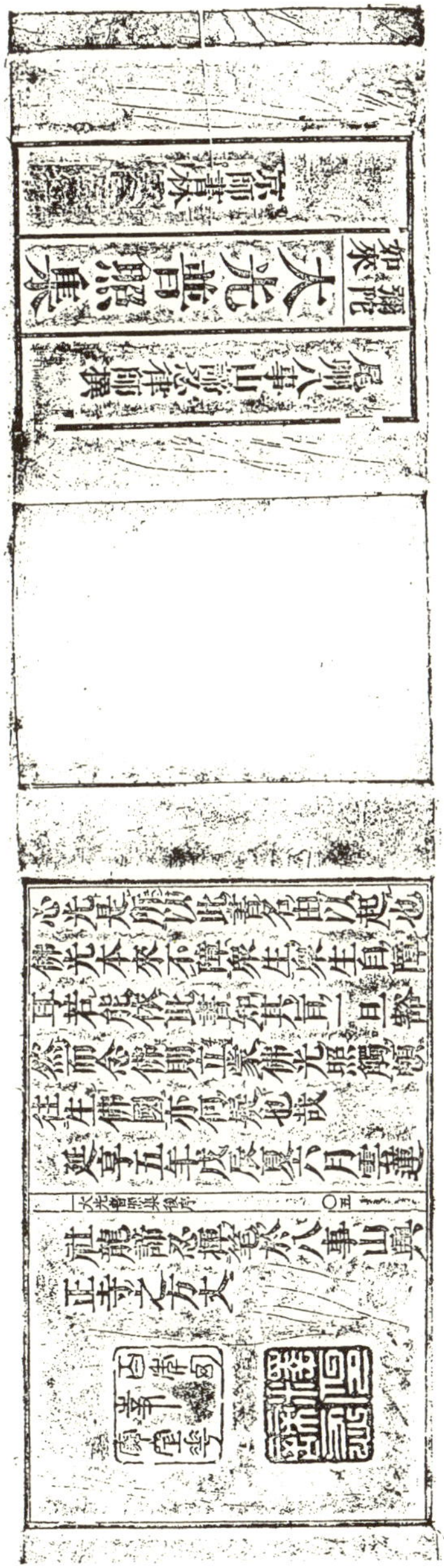

図版20　大光普照集　F43　オ　82.0 × 21.2 × 2.0

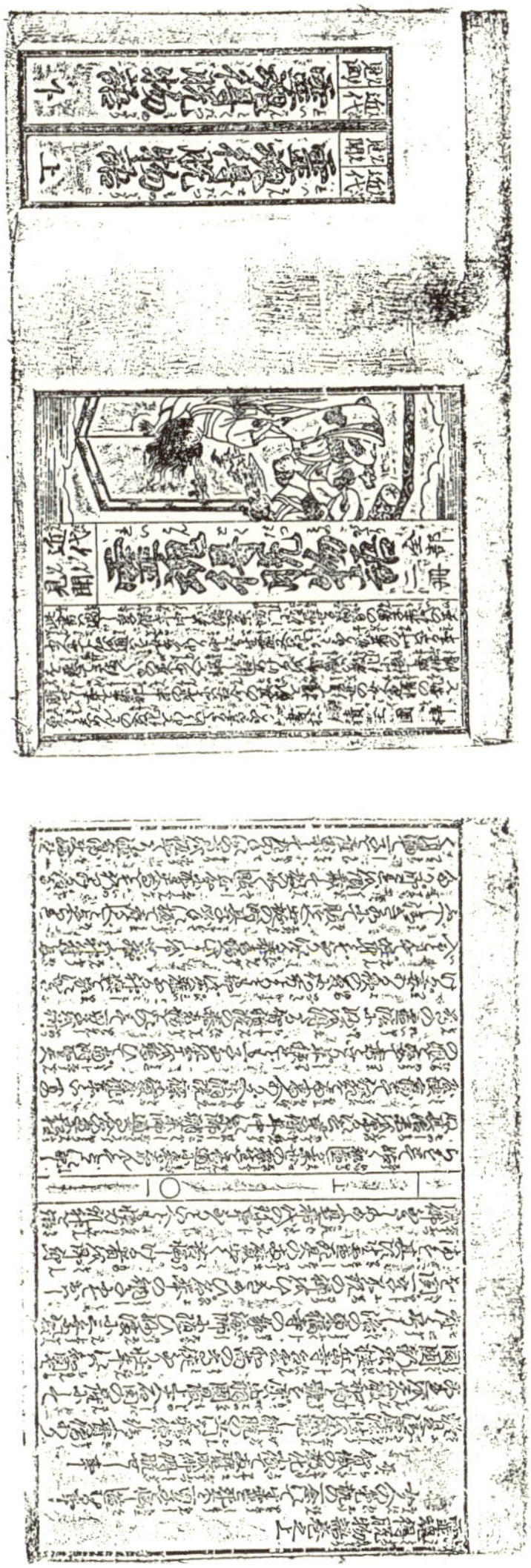

図版21　霊魂得脱物語　F18　オ・ウ　30.0 × 21.0 × 1.9

第三部●「芭蕉」という利権

1　小本『俳諧七部集』

はじめに

安永三年に江戸京の五軒相板で出版された『俳諧七部集』は、それまで単行本として別々に販売されて来た半紙本の七部の書、すなわち『冬の日』『春の日』『あらの』『ひさご』『猿蓑』『炭俵』『続猿蓑』を、小本二冊にまとめたもの。七部の書の各初版本からは遠い位置にあり、七部集の正確な本文を求める立場からは「底本としての資料には一向に役に立たぬ書」（昭和二十五年刊日本古典全書『俳諧七部集』解説）とされて来た。しかし、その「役に立たぬ書」が半紙本の七部集や他の芭蕉関係の書などとは比較にならぬほど大量に出版されたらしいことは、版本の収集を手がけた研究者には共通する印象としてあり、そこから「廉価で軽便な同書は大ヒットし、芭蕉復興の環境作りに決定的な役割を果たした」（平成七年刊『俳文学大辞典』）という別の見方も生まれて来る。が、それ以上に評価されることはない。要するに、小本『俳諧七部集』についての俳諧研究史上の評価は概して高いとは言えず、無視は出来ないが取るに足りない資料、というのが大方の見解であったと言ってよかろう。

表1

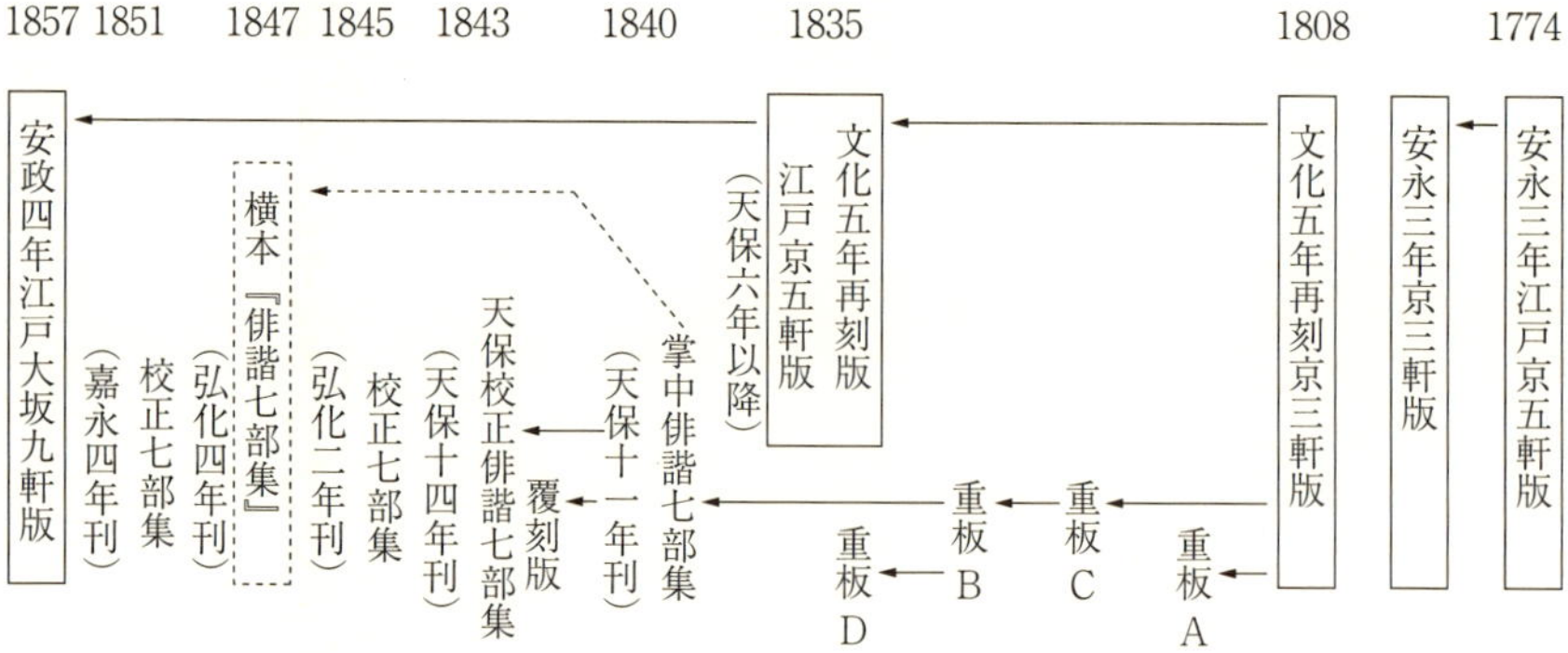

ところで、筆者はここ数年の間に、『おくのほそ道』『芭蕉翁発句集』『奥細道菅菰抄』『冬の日注解』などの芭蕉関係の書物の板木の発見に立ち会うことになった。それらの板木の伝来経路つまり板権の移動を調べていると、浮かび上がって来るのが芭蕉関係の書物は近世の本屋にとって魅力的な商品であったという事実である。そもそも、恒久的な需要を見こめる往来物などの実用書や仏書などとは違って、はやりすたりの激しい文学作品の板木は、その作品が売れなくなるとたちまちに削られ別の本の板木として再利用されたと考えられる。同人誌的な性格を持つ俳書の場合、その傾向は一層顕著であったろうことも想像に難くない。そういった出版事情の中にあって『おくのほそ道』などの板木が現在に残って来たのは、それが本屋に確実に利益をもたらしてくれる商品だったからである。近世の本屋にとって「芭蕉」は商品なのであって、芭蕉関係の書物の板権を握ることは大きな利権を手に入れることと同義であったと言ってもよかろう。その観点から見直す時、「役に立たぬ書」と一蹴されがちだった小本七部集にはまた別の資料的価値が与えられねばならない。

上段の表1は、管見に入った小本七部集と、それに関連する掌中本・横本七部集を正板と重板（海賊板）に分け、その流れを整理したものである。

囲みに入れたものが正板で、それ以外は重板である。安永三年に江戸京五軒版として出発した正板は、文化五年に京三軒版として再刻されたあと、天保六年頃に江戸京五軒版となり、安政四年の江戸大坂九軒版に至る。つまり、正板は八十年以上にわたって出版されたのであるが、その様相は必ずしも単純ではない。というのは、安永版そのものがもともと重板問題を孕んでいたからであり、そのことが後の板権移動にも複雑に絡んで来ることになるからである。一方、重板の流れはどうか。安永三年江戸京五軒版の出版期間は文化五年までの三十四年間に及ぶ。この間は寛政五年の芭蕉百回忌をはさみ、芭蕉賛仰熱がかつてない高まりを見せた時期なのだが、不思議なことに安永版の重板らしきものは見当らない。ところが、文化五年に京三軒版として再刻されると、まるで箍がはずれたように江戸表を中心に重板が続出するのである。それは、文化再刻の正板を刊記部を含めてそっくりそのまま模して小本二冊とした重板A・C・Bに始まり、刊記部を省いた小本二冊の重板D、掌中本二冊に仕立て直して目先を変えた天保十一年刊の『掌中俳諧七部集』とその覆刻版、同じく掌中本で『おくのほそ道』を付録に添えて三冊とする天保十四年刊『天保校正俳諧七部集』、三ツ切横本一冊の弘化二年刊『校正七部集』、横本二冊の嘉永四年刊『校正七部集』と続き、実に九種類にもなる。芭蕉関係の書物でこれだけ多くの重板を持つものは、他にはない。というより、近世に成立した文学作品で五十年程の間にこれだけの重板が作られたものは他に例を見ない。この事実は、「芭蕉」という利権が近世の本屋にとっていかに大きなものであったかを示して余りある。正板・重板を含めて、安永三年以来八十年以上にわたって出版され続けた小本七部集は、「芭蕉」という利権を象徴する出版物として見直す必要があろう。

この稿は、いわば小本七部集を通じて「芭蕉」という利権の大きさを浮き彫りにしてみようという試みである。原稿が大部になることが予想されるので、今回は正板に限ってまとめ、重板については次稿にまわすことにしたい。なお、表1のうち破線で囲った弘化四年刊の横本『俳諧七部集』は、板権を持っている本屋が出したということから言えば正板なのであるが、実はこの本は重板である『掌中俳諧七部集』を被彫りにして作られたという奇妙なもの。頻出する重板に対抗するための苦肉の策より出たと思われるが、この本については重板との関わりで次稿に取り上げることにしたい。

1　安永三年江戸京五軒版

概略

最初に安永版の概略を示そう。図版1が表紙で、薄浅葱色系の布目地表紙の左肩に単辺白地題簽を貼るのが一般的な装丁。図版2は、上巻冒頭部の水母散人こと塙保己一の序文。丁付はノドに「序壹、序弐」とあり、壹丁表と弐丁の裏は余白。図版4の右側は、下巻末に添えられた大鵬館主人こと大田南畝の跋文裏。この丁には丁付がない。左側が後表紙見返し貼付の刊記で、

安永三年甲午冬十一月吉旦

東都書肆　山　崎　金兵衛
　　　　　冨　田　新兵衛
　　　　　西村市郎右衛門
皇都書舗　野　田　治兵衛
　　　　　井　筒　庄兵衛

とあり、江戸京五軒相板の形をとる。本文の丁付は各集別にノドに次のように入れる。参考までに下段に丁数を記す。

冬の日　フ一　〜　フ九　　9

春の日	ハ一	～ハヲ	9
あらの	ア一	～ア四十二ヲ	42
同員外	イ壹	～員十七ヲ	17
ひさご	ヒ一	～ヒ十ヲ	10
猿　蓑	サ一	～サ三十六	36
炭　俵	ス一	～ス三十三	33
続猿蓑	ソ一	～⧖四十ヲ	40

図版3は『春の日』の冒頭部であるが、この図からも分かるように各集とも見開きで始まるように仕立てられ、第一丁の表はすべて余白とする。つまり、各集につき半丁、全体で三丁半の無駄が生まれるわけで、百部刷ったとするとその無駄は三百五十丁に及ぶ。そういう目で見ると、一丁で収まる序文にわざわざ二丁をさいていることも無駄と言えば無駄である。七部集の収録順は次に示すように、本によって異なる。管見に入った安永版を表2として一覧表にしてみよう。なお、表で雲英本としたのは雲英末雄氏蔵本、芭蕉本は伊賀上野芭蕉文庫蔵本、竹冷本は東大竹冷文庫蔵本、綿屋本は天理大学附属天理図書館綿屋文庫蔵本、加藤本は加藤定彦氏蔵本のことで、竹冷本・綿屋本は分類番号で示し、他は筆者が便宜上付した番号による。

このうち、綿屋本162 98・雲英本②は寄せ本。芭蕉本②・雲英本③は薄様摺り。また、＊印を付した芭蕉本②・雲英本①・加藤本①・家蔵本⑤の巻末には、図版5に示したように、載文堂こと西村市郎右衛門の蔵板目録一丁が添えられている。西村の出版活動の下限は「天明五年頃」（平成十一年刊『日本古典籍書誌学辞典』）とされるから、この目録を添える四本は比較的早印に属すると考えて良い。収録順で分類してみると、

Ⅰ　フハアイヒ　サスソ

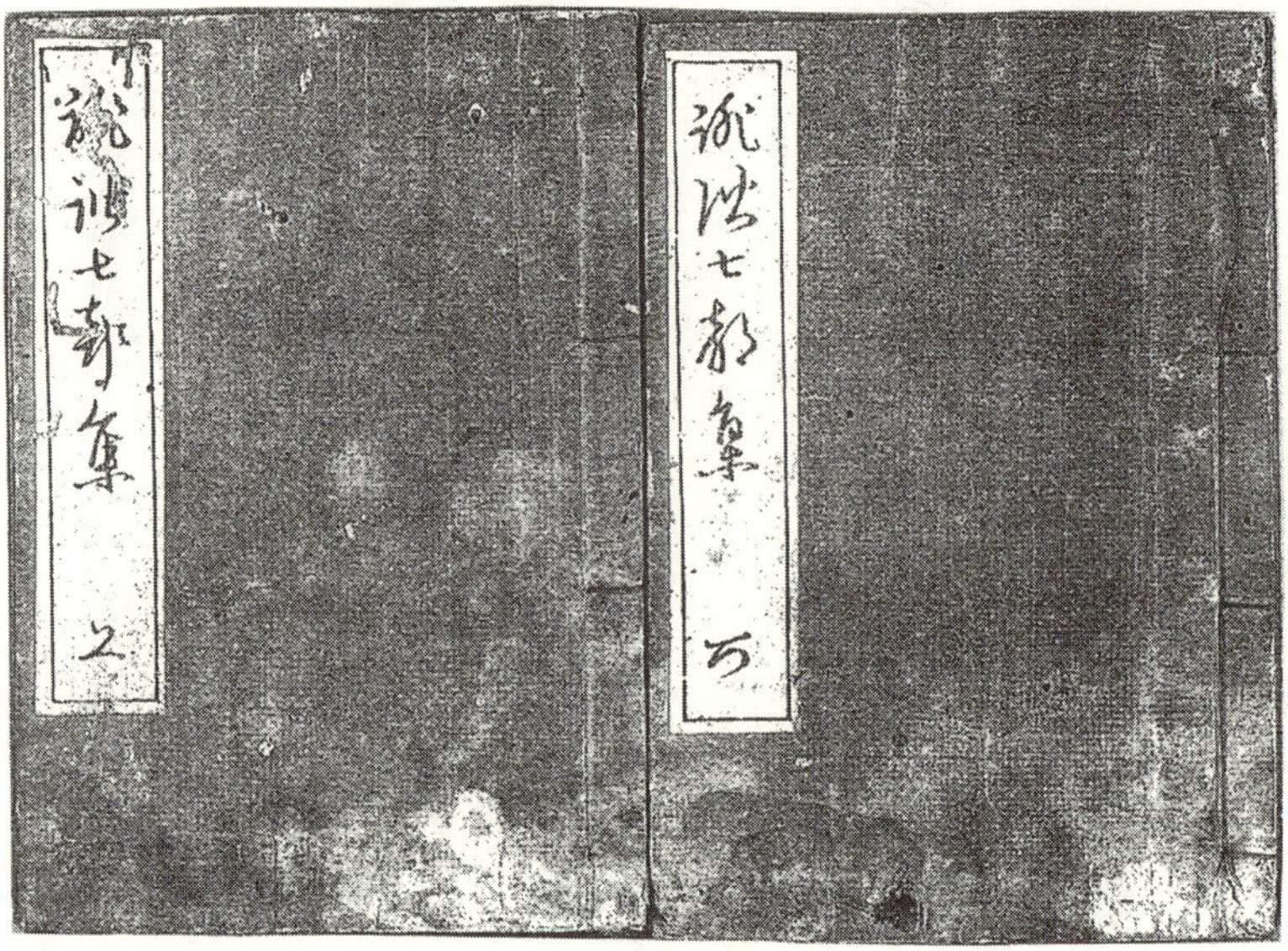

図版１　安永版表紙（家蔵本②）

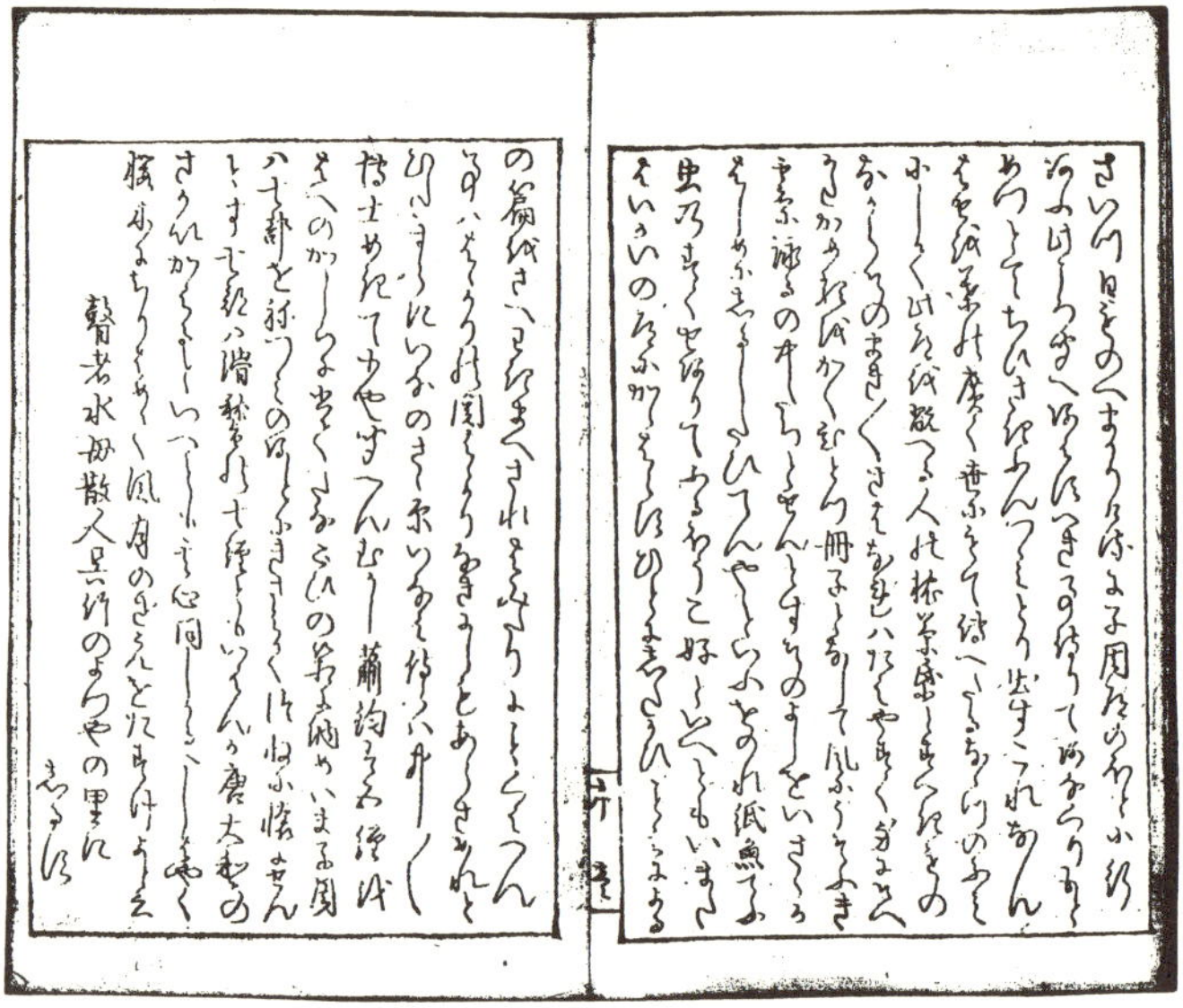

図版２　序文（家蔵本①）

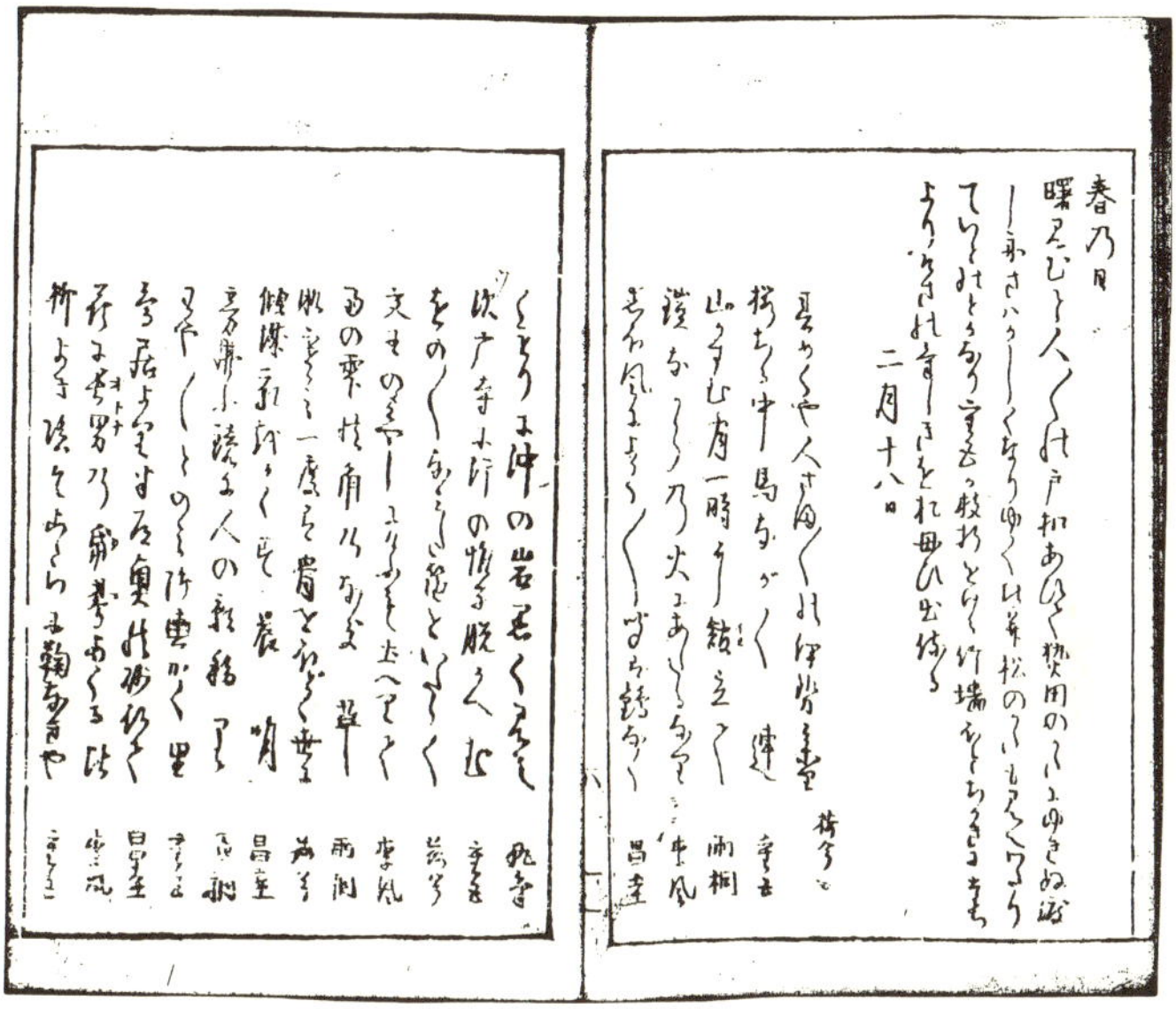

図版３　春の日　２丁表・１丁裏（家蔵本①）

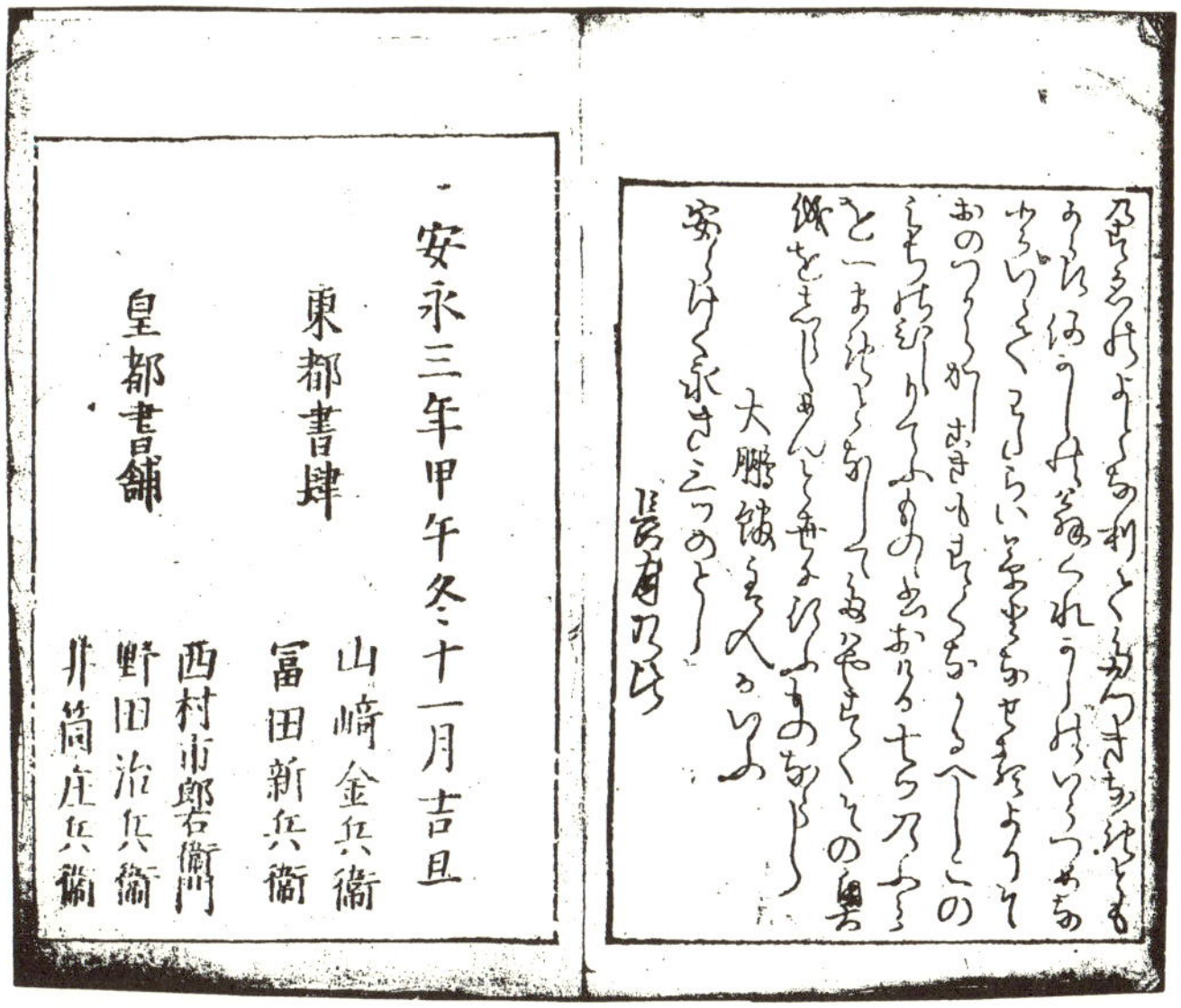

安永三年甲午冬十一月吉旦
東都書肆　山崎金兵衛
富田新兵衛
皇都書舗　西村市郎右衛門
野田治兵衛
井筒庄兵衛

図版４　刊記・跋文裏（家蔵本①）

表2

	上巻	下巻
雲英本⑫	フハアイヒ	欠
＊芭蕉本②	フハアイヒ	サスソ
芭蕉本①	フハアイヒ	サスソ
竹冷本688	フハアイヒ	サスソ
綿屋本162・84	欠	サスソ
＊雲英本①	フハアイヒ	サソス
＊加藤本①	フハアイヒ	サソス
＊家蔵本⑤	欠	サソス
家蔵本⑥	欠	サソス
綿屋本162・98	フハアイヒ	サソス
綿屋本162・100	ハフヒサソ	スアイ
加藤本④	ハフヒサソ	スアイ
家蔵本①	ハフヒサソ	スアイ
雲英本③	ハフヒサソ	スアイ
雲英本②	ハフヒサソ	スアイ
家蔵本④	ハフヒサソ	欠
家蔵本③	ハフヒサソ	欠
雲英本⑤	ハフヒサソ	欠
加藤本②	ハフヒサソ	欠
雲英本④	ハフヒアイ	欠
加藤本③	ハフヒアイ	欠

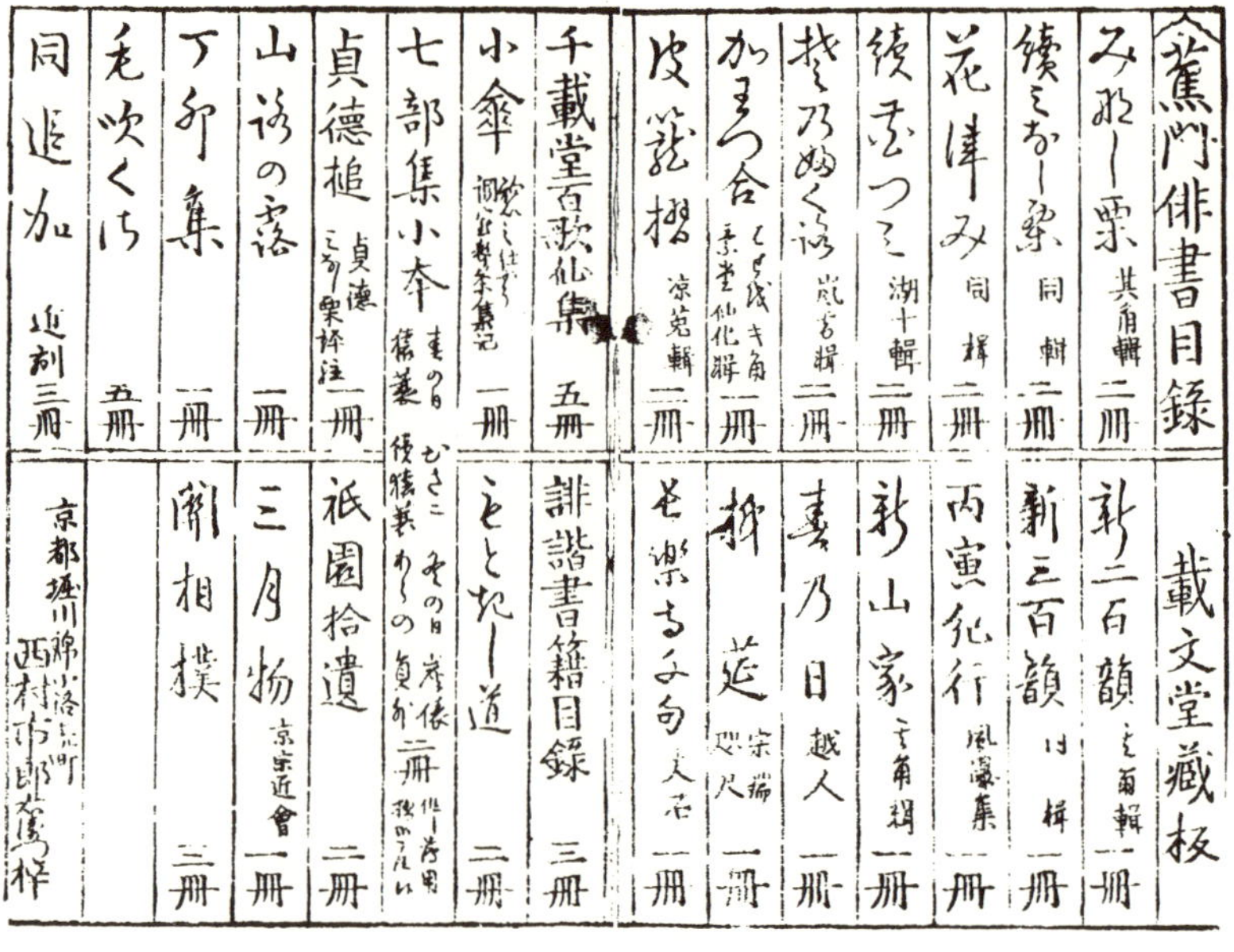

図版5　載文堂蔵板目録

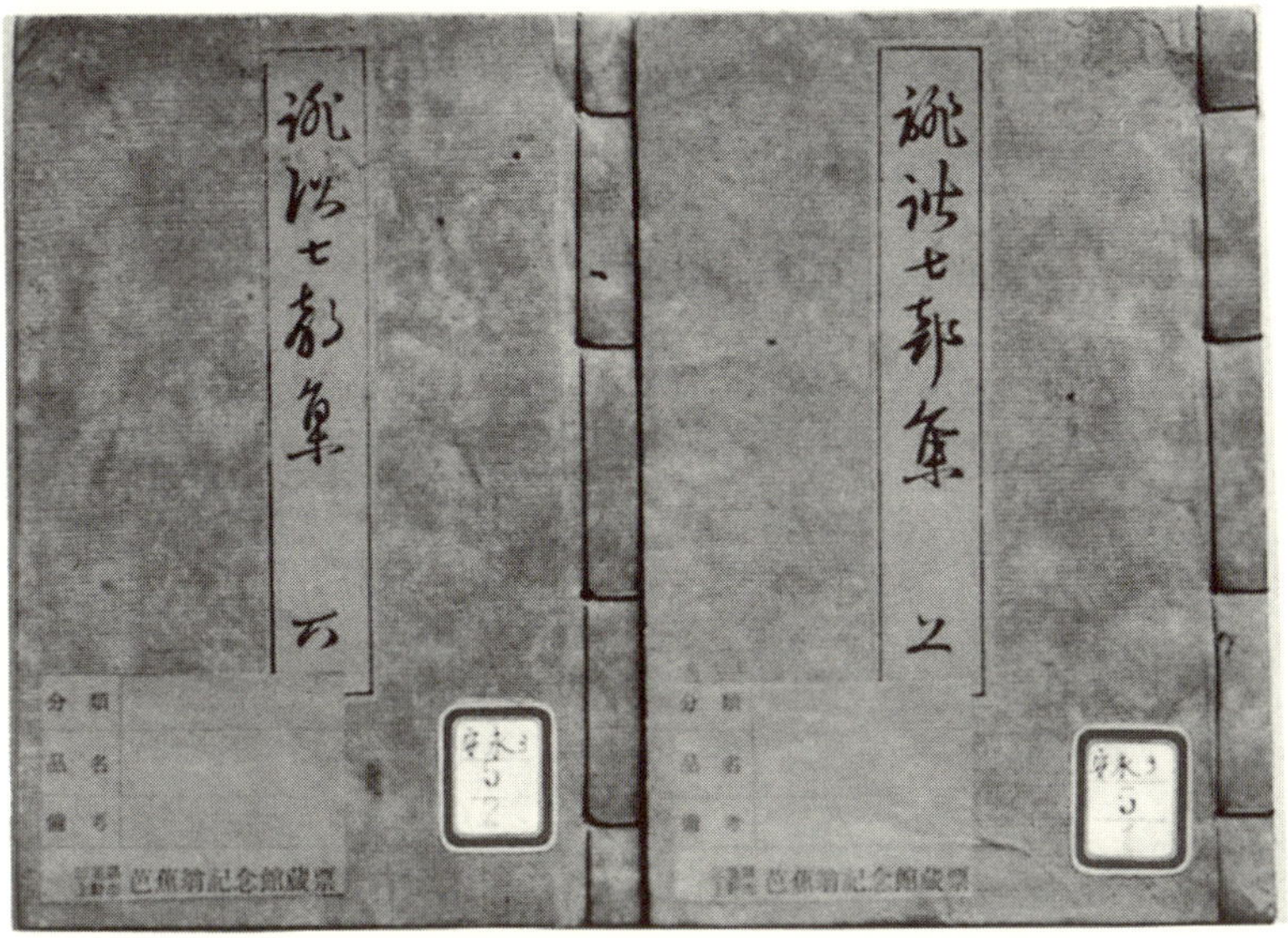

図版6　芭蕉文庫本①　表紙（財団法人芭蕉翁顕彰会蔵本）

Ⅱ　フハアイヒ　サソス
Ⅲ　ハフヒサソ　スアイ
Ⅳ　ハフヒアイ　×

の四種に分けられるが、板面の様子・入木などから考えて、七部集のもともとの成立順に並べるⅠ型のものが早くに出て、Ⅱ型がそれに続き、Ⅲ・Ⅳ型は後刷と認めてよさそうである。このうち、Ⅰ型の本について少し詳しく触れておこう。初版と目されるのは雲英本⑫であるが、残念なことに上巻のみの零本で、虫損甚しく題簽も失われている。芭蕉本②は、改装合綴された一冊本で題簽も元のものではない。従って、元の収録順はわからないが、前後の本から同じであったと判断される。芭蕉本②の上巻相当部分「フハアイヒ」は、雲英本⑫と同板。ただし、芭蕉本②には二十数箇所の入木修正がある。これに次ぐのが芭蕉本①であるが、この本は他と違い薄灰色布目地表紙の中央上部に薄黄色地単辺題簽を貼るという特異な装丁を持つ。参考までに図版6としてあげておく。この芭蕉本①を芭蕉本②と較べてみると、『冬の日』の三〜九丁、『春の日』の八・九丁、それに跋文の板木が彫り替えられている。また、新たに五十数箇所の入木修正も認められる。竹冷本688は芭蕉本①と同板で、このあと板木に手が加えられることはなく後刷本に及んでいる。ごく早い時期に行なわれた板木の彫り替えの理由はよくわからない。二次にわたる入木は「而己」を「而已」とするなど、概ね誤字や誤写を修正する意図に出るものである。

成立

さて、この安永版小本については今まで京の井筒屋が主板元となって出版されたと考えられて来た。新日本古典文学大系『芭蕉七部集』の解説「七部集の書誌」で、加藤定彦氏が「井筒屋が版元となって普及版『俳諧七部集』を刊行する際には云々」とされるのは、その代表的なもの。安永三年の段階で単行半紙本七部集のうち『春の日』の板権は西村が、他の六部の板権は井筒屋が握っていたという事実を踏まえれば、そのように考えてしまうのは当然であろう。全部揃えれば十二冊にもなる半紙本に対して、小本を「普及版」とするのも井筒屋主板元と考えるところから来ている。そして、安永版小本の刊記に板権所有者である二軒の名前が明記され、さらに小本七部集の刊記の年月にほぼ一年遅れて、江戸本屋仲間の『割印帳』の安永四年九月廿七日の条に、

安永三年十一月
俳諧七部集　全弐冊　板元　京　井筒屋庄兵衛
同弐百一丁　売出　山崎　金兵衛

とあるところからすれば、井筒屋主板元説は疑う余地はないかに見える。井筒屋・西村と並んで、井筒屋とは極めて縁の深い野田治兵衛こと橘屋の名前が出ることにも何ら不審はない。また、江戸の山崎金兵衛は『割印帳』によれば宝暦七年から文化四年にかけて活躍をした本屋で、その五十年間に板元・売出しを併せ357点の書物の出版に関わった人物である。上方版の売り出しを引き受けることが多く、いま宝暦七年から安永三年十一月の間に限って拾い出して

みると、大坂もの20点、京都もの36点の売出しを委託された実績を持つ。橘屋・井筒屋との縁もあり、そもそも山崎の出版活動の始まりは宝暦七年の橘屋刊『俳諧向双議』（正しくは「誹諧衆議」。『割印帳』の誤写）の売出しであった。以降、橘屋・井筒屋相板『誹諧何鏡』（明和六年序）の、橘屋刊『類題発句集』（明和七年序）の、そして井筒屋刊『芭蕉翁発句（集）』（安永三年七月刊）の売出しを任されている。この経歴からすれば、安永版小本七部集の販売委託先として名前が出て来ても、やはり不思議ではない。小本七部集成立の鍵を握るのは残りの一人、富田新兵衛である。この人物については長澤和彦氏の最新の論考「書肆富田屋新兵衛」（近世文芸研究と評論61号）があり、それを手がかりに必要なことがらだけを整理してみよう。本名、貴親。字、子周。狂名、文屋安雄。享和三年六月三十一日没、享年不明。江戸市ヶ谷左内坂下で本屋を営み、屋号は富田屋・曾尚堂の他、次にあげるようにさまざまの偽名を用いる。『割印帳』などにもその名は見えず、本屋仲間にも加わっていないが、小本七部集以外に次の書物を出している。

出版年	書名	著者	内容	書肆名
安永 三	たから合の記	左内	狂文	
四	甲駅新話	南畝	洒落本	新甲館
五	評判茶臼芸	南畝	評判記	湯銭八文字屋
五・六	世説新語茶	南畝	洒落本	
六	梅花新駅	菅江	洒落本	新甲堂
六・七	名とり酒	未詳	洒落本	川口阿畂房
八	粋町甲閨	南畝	洒落本	

なお上記以外にも、安永末頃の刊と見られる洒落本『駅舎三友』（記南子著）『道中粋語録』（南畝著）は、それぞれ「板元が富田屋新甲堂である可能性の大である」（洒落本大成九巻解題）「本書の初板の板元が新甲堂でないとは断言できず」（同十巻解題）とされるものがある。また、『名とり酒』の巻末広告に見える『新驛名伎大全』『時酒配盃』『婦多満家和』は出版が確認されていないが、富田の企画であることは間違いない。要約すれば、富田新兵衛は安永期の南畝の周辺に居て、公け筋には出しにくい性格を持つ洒落本などの出版を手がけていた人物ということになる。

話を小本七部集に戻そう。その序文に保己一が記すところによれば、この安永版小本は「子周」すなわち富田新兵衛が、「此道を翫べる人の枕草紙とすべき」「ばせを葉の広く世にもて伝へたるなゝつのふみ」を「ひとつ冊子となして、風にうそぶき雲に詠る中だちとせん」という意図のもとに編集したものであると言う。そして、跋文筆者の大鵬館こと南畝が後に『七部大鏡』（文政六年刊）に寄せた序文で、自ら「いにし安永のはじめ、市谷の書肆曾尚堂来りて、誹諧七部集を一書に書くれよと乞ふままに、冬の日の短句、春の日の長句を炭俵の口とくとく、ひさごのつるの長々と書おくりぬ」と語るごとく、富田の依頼を受けて七部集を小本二冊に清書したのは南畝であったことが知られる。念のために安永版小本の板下を検分してみると、序・本文・跋ともすべて同筆で、南畝の筆蹟と見て間違いなさそうである。安永版小本は富田の依頼を受けて南畝が清書したものであった。では、それは誰の指示によるものか。今まで通り井筒屋主板元説に沿えば、井筒屋がわざわざ江戸の、しかも本屋仲間にも加入していない富田に依頼してということになるが、それは余りにも不自然である。そもそも井筒屋と西村で独占出来たはずの七部集の利権を、そのような煩瑣かつ不自然な手続きを踏んで、縁もゆかりもない江戸の本屋に分かち与える理由がない。そう考えてくると結論は一つ、安永版小本は井筒屋・西村ら板権所有者の意志とは全く関わりなく、江戸で富田が勝手にこしらえたものであったということになろう。それを思わせる記事が京都本屋仲間の記録に残されている。次に、『上組済帳標目』から小本七部集の重板についての記録を、それに関連するものも含めて年代順に抜き出してみよう。なお、翻字に際しては旧漢字・異体字は通行の字体に改め、適宜句読点を補ってある。

安永三年五月より九月迄

一　誹諧春の日、江戸表ニ而重板出来。西村市郎右衛門より売留メ口上書出ル。付、売留メ廻状出し候事。

安永三年甲午九月より未正月迄

一　誹諧春の日之義ニ付、江戸行事中より書状到来。幷、吉文字や次郎兵衛より口上書。右ニ付、当地より返答書。

幷、西市より返答書。

一　誹諧七部之書、江戸表武家方ニおゐて小本ニいたし板行有之候ニ付、相対之上板木幷摺置有之本共、不残京都板

元へ被下候一件。

安永四年乙未正月より五月迄

一　誹諧春の日之義ニ付、江戸表より書状到来。幷、返事。

安永四年未五月より九月迄

一　誹諧春の日、江戸京両板共、無滞売買通用之事。

文化六年巳五月より九月迄

一　西国誹諧七部集、板行出入一件。幷、右ニ付大坂塩屋忠兵衛不埒取計之始末、大坂行事之記録、書写留候事。

文政六年未九月より同七年申正月迄

一　誹諧七部集小本、於江戸重板出来。右ニ付、板元より口上書。幷、江摂両地書状往返之事。

文政八年酉正月より五月迄

一　誹諧七部集小本、先達而江戸表ニ而重板出来候処、今度事済、重板之板木引取一件。同江戸行事江返書。

従天保三年辰正月至同五月

一　菱屋徳右衛門より、誹諧七部集小本、先年江戸ニ而重板出、此節尤流布致候ニ付、売留之頼出候口上書。

天保十亥年自九月至子正月

一　十三日　江戸より、甲州表誹諧七部集小本重板義付、書状到来。

一　十九日　江戸へ七部集重板雑費料共、返事下ス。

天保十一子歳自正月至五月

一　江戸表ヘ七部集重板義ニ付、書状下ス。

一　四月五日　江戸より七部集重板登り、書状到来。

天保十一子年自五月九月至

一　六月〇日　江戸ヘ七部集一件、札状遣ス。

最初に取りあげた表1と対応するかの如く、文化六年以降天保十一年にかけて小本七部集重板の件が頻出する。それはしばらく措き、注目すべきは安永三年甲午九月より未正月迄の条に見える次の記録である。

誹諧七部之書、江戸表武家方におゐて小本にいたし板行これ有り候に付き、相対之上、板木並びに摺置きこれ有る本共、残らず京都板元へ下され候一件。

先ず、この一件が記録された時期が、安永版小本の刊記「安永三年甲午冬十一月」とほぼ重なることに注意する必要がある。今まで通り安永版が井筒屋を中心に京で仕立てられたと考えると、同時進行的に江戸で重板が用意されていたことになってしまうが、それもやはり否定されねばならない。ここに見える「誹諧七部之書」「小本にいたし」という言いまわしは、後の文政六年・八年・天保三年・十年の「誹諧七部集小本」という熟した表現とは明らかに異なる。「小本にいたし」という言い方は、「小本」という形式が京の板元の意表をつくものであったこと、つまりこの時期に京の板元には小本が用意されていなかったことを意味する。この安永三年の条に記録される「小本」こそが安永版そのものではなかったろうか。「江戸表武家方」とあるのも、南畝が関わっていたことと符合する。ちなみに『蕉門俳書集・五』（昭和五十九年勉誠社刊）の『波留濃目』の解説において、加藤定彦氏は諸本調査の過程で安永版小本にも踏みこまれ、安永版小本収録の『春の日』の底本に江戸の春秋堂（吉文字屋次郎兵衛）が出した重板半紙本が使用されていることをつきとめられて、次の疑問を呈しておられる。

安永三年『俳諧七部集』を刊行するに当って、西村市郎右衛門が加わっていながら、『春の日』の底本に西村版を用いず、何故春秋堂版を用いているのか、首をかしげざるをえない。（略）まだ版面の摩耗の進んでいない正体不明の春秋堂板を原刻版と誤認し、採用してしまったためだろうか。

氏はその後も、前引「七部集の書誌」でもその見解を踏襲しておられるが、安永版小本が京の板元とは関わりなく江戸で仕立てられたものであってみれば、これもごく自然に理解出来ることがらである。要するに、富田なり南畝なりが手近にあった春秋堂版を使ったというに過ぎなかったのである。

安永版小本が井筒屋や橘屋といった手馴れた本屋の工房から生まれたものではないという証拠は他にもある。図版7を御覧いただきたい。その右側は安永版小本収録の『春の日』八丁裏、左側は文化再刻版の同一箇所である。後で述べるように、文化再刻版は橘屋の工房で成ったものと考えられるが、左右を見較べてみると、板下の整え方が明らかに違うことに気付く。安永版は句脚の部分が不揃いで、しかも末尾の句の前書一行目がだらしなく下の方まではみ出してしまっている。それに対し、文化版の方は句脚部を揃えようとする意識がはっきり見てとれるし、前書一行目もほぼ句脚部に合わせて、下の作者名との間に空白を設けた収め方になっている。また、安永版は板下筆者南畝の書き癖にもよるのであろうが、文字が左右の行間にはみ出しがちであるのに対し、文化版の方には行間をすっきりさせようとする配慮が見られる。この違いは板下を整える段階で板木を彫る工程が念頭にあるかないかの違いである。どちらが彫りやすいかは言うまでもなかろう。ちなみに図版8は、井筒屋・橘屋の相板になる寛政元年刊小本『芭蕉翁発句集』の板木拓本である。上下及び行間の大きな空白部をさらえておいて、句と句の間の狭い所に縦に刀を通し、そのあとで細部を彫って行ったであろうことは容易に想像がつく。図版9は、寛政版のもとになった安永五年井筒屋刊の小本『芭蕉翁発句集』の上巻六丁裏。末尾の句の前書二行の下部を詰めて書き句脚部を揃えてあるが、これもま

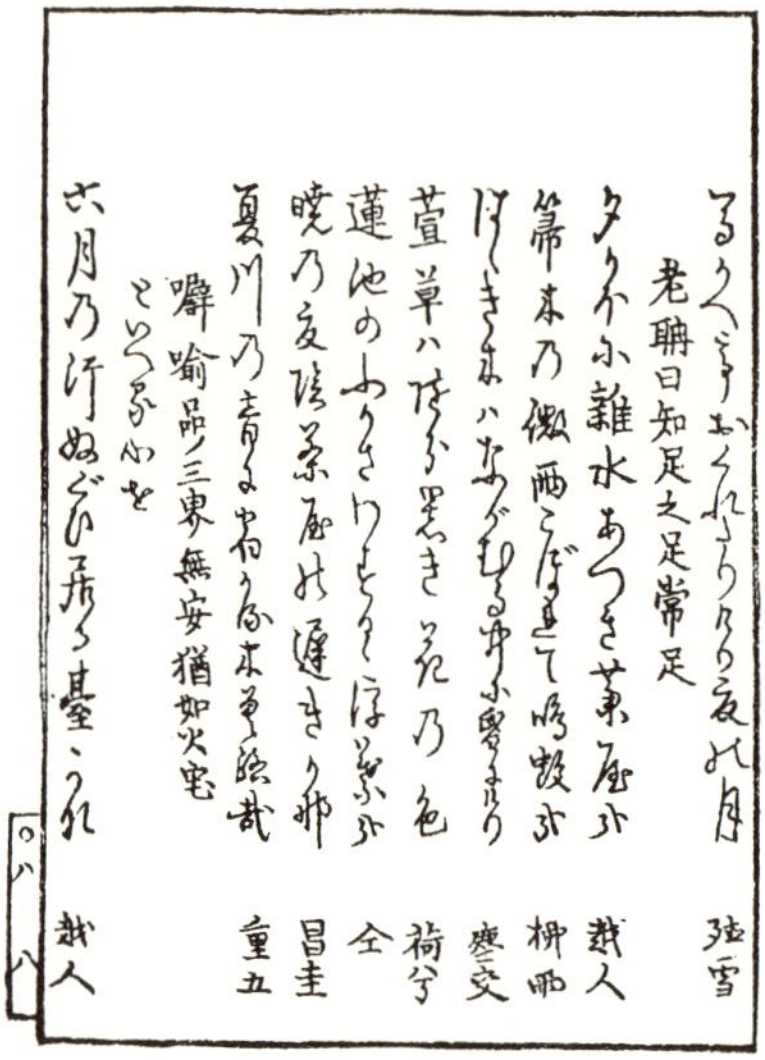

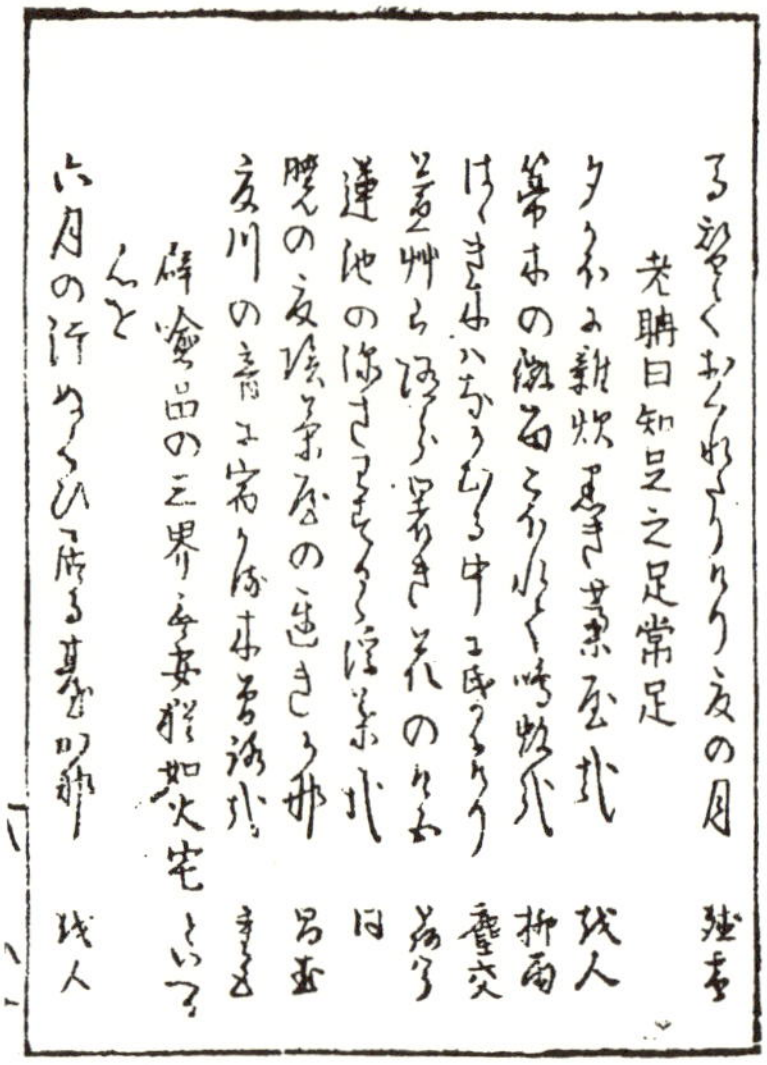

図版７　　文化版　同一箇所　　　　安永版　春の日８丁裏

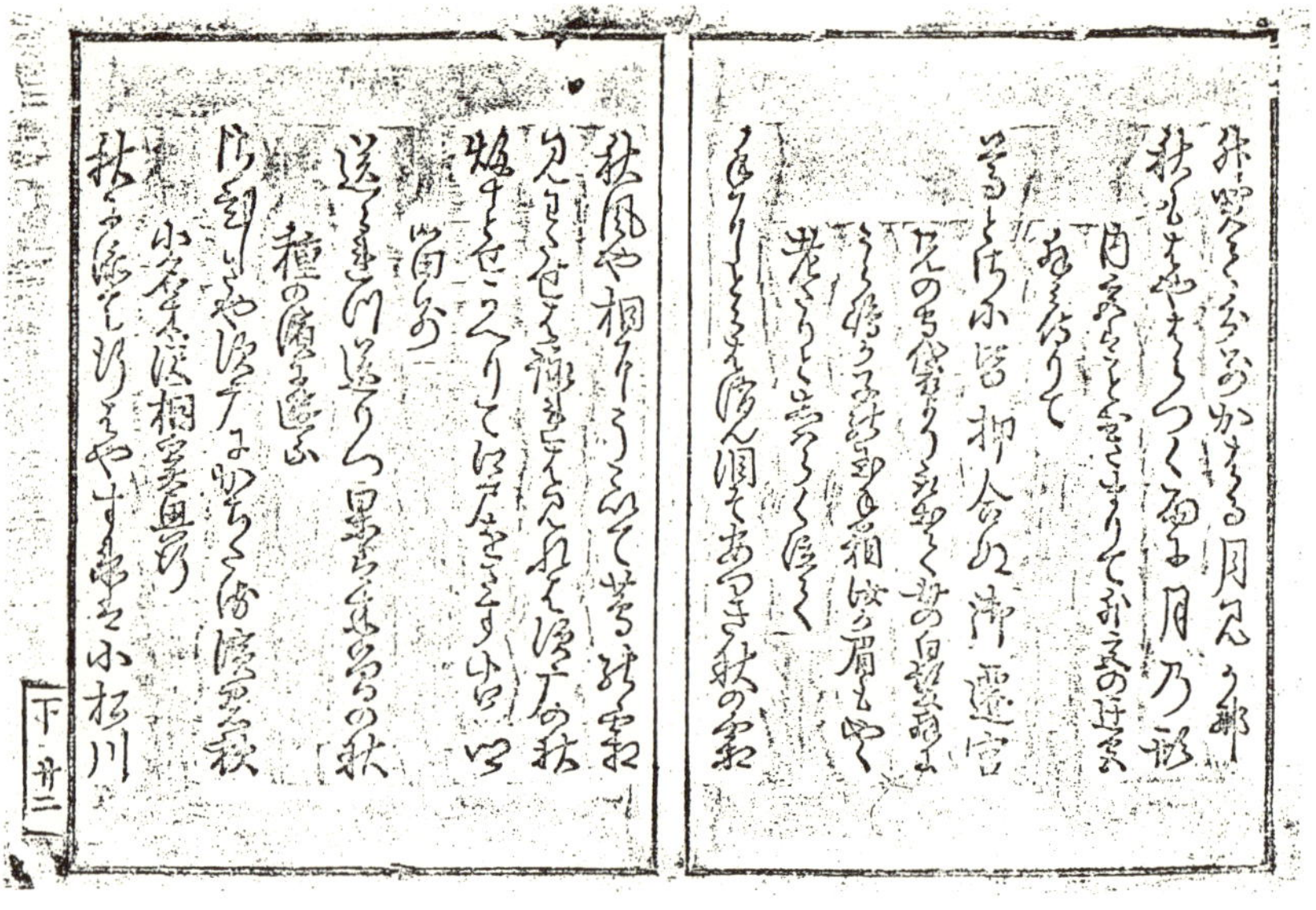

図版８　寛政版『芭蕉翁発句集』下22丁　板木拓本

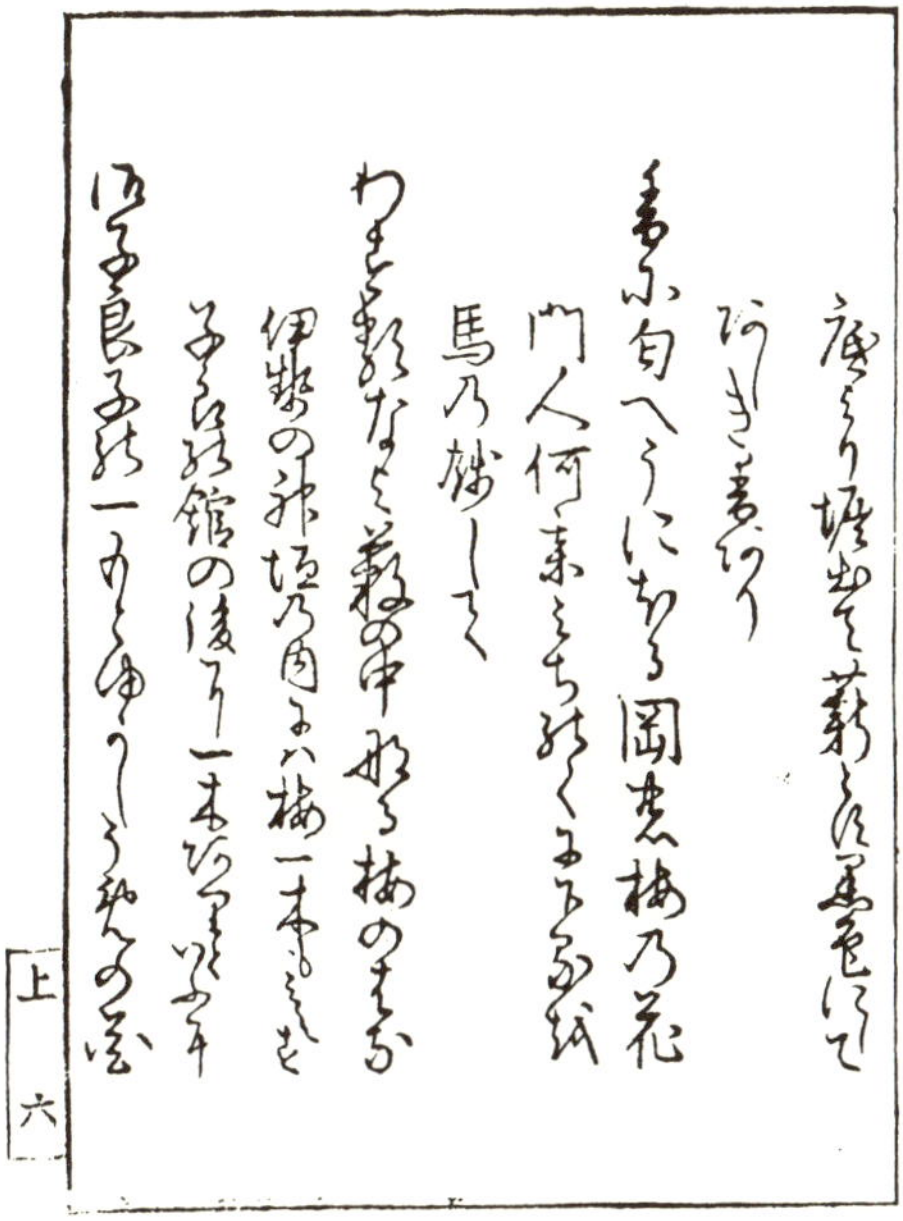
図版9　安永版『芭蕉翁発句集』上6丁ウ

た彫りの工程を踏まえての配慮である。これらはわかりやすい例をあげたに過ぎないが、他にも井筒屋・橘屋が出版に関わった安永三年刊『類題発句集』、享和三年刊『俳諧続七部集』などにあっても、彫りの工程を念頭において板下が仕立てられている。安永版小本七部集には全体的にその配慮が乏しく、井筒屋・橘屋といった手馴れた本屋の工房から生まれたものでないことは明白である。先に不審として指摘しておいた安永版小本七部集の無駄な余白の問題も、おそらくこのことと関わってくる。小本七部集のいわば続篇として企画された享和三年刊『俳諧続七部集』は、『深川』『卯辰集』『韻塞』『刀奈美山』『有磯海』『芭蕉庵小文庫』『千鳥掛』の七点を小本二冊に割りふって収める。このうち『深川』のみが第一丁の表を余白とするも、他はすべて第一丁の表から本文を起こしている。また、闌更の序文も一丁の表裏に収めて、無駄がない。安永版小本七部集を井筒屋なり橘屋なりが仕立てたのであれば、この『続七部集』と同様に無駄のない編集をしたはずで、このことも安永版が採算を重視する商業書肆の手に成ったものではないことを示していよう。

重板処理

では、安永版小本がもともと江戸仕立ての重板であったとすると、その刊記に正板元の井筒屋・西村の名前が何故刻まれているのであろうか。先に引用した『上組済帳標目』の安永三年の条には、この重板の一件は「板木並びに摺置きこれ有る本共〈ニ〉「残らず京都板元へ」没収するということで話がついたと記す。板木・摺本没収というのは、重板事件が起きた時の言わば原則的な解決法である。が、原則通りに話が進むことは実は極めて稀であったらしい。悪意のあるなしに関わらず、重板をこしらえた側は板木を仕立てるためにそれなりの経費をかけている。板木と摺本を没収されてしまえば、手許に残るのは損ばかりで、何かと理由を付けて板木を手放すまいとするのは人情としての自然であろう。一方正板元の方は、原則通りにことを運ぼうとすれば最終的には組合を通じて奉行所へ訴え出るしかない。そのためには時間と費用がかかるし、仮に勝訴したところで重板の板木を取り上げるのが関の山で、利益には結び付かない。そこで重板事件の最も現実的な処理法として一般化して行ったのが、重板としてこしらえた書物を相板（共同出版）にして売り出し、儲けをわかち合うというやり方であった。重板をこしらえた側にすれば、儲けは半減するものの板木を没収されるよりはるかにましである。正板元としては、もともとの正板の売れ行きに多少の影響は出るとはいえ、重板の身入りはいわば濡れ手で粟で、相板とするのは両者にとって最も現実的なやり方であったと考えられる。この重板処理については『京阪書籍商史』などにも記すところがあるが、ひと口に相板と言ってもその様相は単純ではない。いま、『上組済帳標目』から安永三年以前の重板事件を拾いあげて、相板とする際の具体的な様相を整理してみることにしよう。『済帳』の記録は元禄七年から始まるが、その冒頭部の七例に重板処理の典型はほぼ尽くされているかに思われる。なお、漢数字は説明の便宜上、仮に付したものである。

一　武家重宝記
いせ屋七郎兵衛板行被致候処、長谷川藤兵衛方武用弁略に指構、長谷川より樽代銀弐枚出させ、等分之相合ニて出入相済。

二　字尽重法記

秋田屋庄兵衛・同彦兵衛板行被致候処、村上勘兵衛合類節用ニ指構、重法記三ツ割壱分村上ヘ渡シ、出入相済候。

三　俗解嚢方

いせ屋九兵衛板行被致、回春片仮名付ニ指構、段々出入ニ及、嚢方作者苗村丈伯より銀弐枚被出候を、嚢方板元いせ屋九兵衛ヘ相渡シ、板木半分行事江請取、回春板元一文字屋三郎右衛門ヘ渡シ、相板ニ致、出入済。

四　同書（俗解嚢方）

西村市郎右衛門方回春指南ニ壱冊指構、永代毎年拾部ヅヽ、西村市郎右衛門ヘ板賃なしニ摺らせ被申候筈ニ取扱、出入相済候。

五　年中重宝記

丁字屋半兵衛其外四人、都合五人相板ニ板行被致候処、大井七郎兵衛方日本歳時記ニ構申ニ付、右相合に七郎兵衛相加ヘ六人相板ニ成、出入相済申候。

六　杜律音注

井筒屋六兵衛其外弐人相板ニ出来致、西村市郎右衛門板と又井上・藤田相合之板、右両板ニ差構、惣杜律板元相合ニ成、出入相済申候。

七　西方要決首書

上村次郎右衛門板行被致、戸嶋惣兵衛方略注ニ相構候ニ付、則相板ニ成、相済申候。

事例三は、伊勢屋が出した『俗解嚢方』が一文字屋の『回春片仮名付』の重板と見なされ、出入りになったという一件である。この場合は重板書『嚢方』の「板木半分」を一文字屋へ渡し、かつ「相板」とすることで決着をしている。板木を分割所有しておけば重板元は勝手に出版は出来ないわけで、正板元としては最も安全確実な方法である。ここには引用しないが、元禄十四年から十五年にかけての条に見える『徒然集説』もこれと同じやり方をとる。事例一・五・六・七は、相板に収まったと言うのみで板木については触れない。ここに引用した『済帳』の記録はすべて同じ丁に収まり、同一人物の手によって書かれたものである。従って、個々の事例は具体的な事実に沿って描き分けられていると思われ、板木分割を言わないのはその事実はなかったと見てよい。最終的には版本に拠って確認しなければ断言出来ないが、事例一・五・六・七の場合は、おそらく板木は重板元に留め置き、刊記に正板元の名前も入れるという処置と考えられる。同様の記録が見える例として、次のものがあげられる。

享保十五年　　紅爐反唾剳
同十九〜二十年　年中行事大全
元文三年　　正信偈随意抄後篇
寛延元年　　妙心寺章付儀法
宝暦九〜十年　　観音懺図解

事例二は板木を「三ツ割」としてその三分の一を正板元に渡したことのみを言い、相板については記すところがない。この場合は正板元は実質的な権利だけを確保し、摺本の刊記には名前を出さなかったものと見える。同様の例としては、元禄十七年の条の『下掛小半切謡』がある。事例四は、やはり板本は分割せず、かつ刊記にも名前を入れないで、摺本のみを提供させるやり方で、元禄十四年から十五年にかけての条に出る『恩重経絵抄』も同様の例である。かように一口に相板とは言ってもその様態はさまざまであるが、最も多いのが板木は重板元に留め置き、摺本刊記に正板元の名前を入れるというやり方であったことはほぼ確認出来るかと思う。もちろん正板元としては、事例三のやり方が最も望ましいのであろうが、それが可能なのも両者が同じ京の町に店を構えていればこそである。重板事件が江戸・京の間にわたるとなれば、自ずと方法は限られてくる。次に、江戸の『割印帳』の記録にあたって見よう。宝暦二年三月二十四日の条に次の記録がある。

同（宝暦）元年神無月
誹諧家譜 墨付八十九丁 作者 丈石 全二冊 板元 京野田藤八
売出し 西村源六

右之書、当地西村源六殿綾錦ニ差構候処、京都板元と相対候上、則西村源六殿相板ニ加り相対済、其上奥書ニ名前入候付、割印遣ス。

京の野田藤八が出した『誹諧家譜』が、江戸西村源六刊『綾錦』の重板と見なされ、『家譜』を相板とし、刊記に西村源六の名前を入れることで落着した一件である。『誹諧家譜』の刊記に、京の野田藤八・金屋三郎兵衛・大坂の梁瀬伝兵衛と並んで江戸の西村源六の名前が出るのは、このためであった。なお、明和八年十一月の条には、江戸の須原屋市兵衛が出した『卓袱会席趣向帳』と「京都西村市郎右衛門所持之料理本」をめぐって出入りがあり、『趣向帳』の「奥書」に「市郎右衛門名前相加へ」て「内済」したことを記す。また安永二年三月の条には、江戸須原屋茂兵衛刊『料理伊呂波包丁』をめぐって同様の一件あり、「京都西村市郎右衛門名前彫入」て落着したという記録もある。『割印帳』の三例は、板木のありかについて記すところがない。が、江戸と京に板木を分割したとは考えにくい。『済帳』に最も多く見られた例に照らし合わせれば、重板事件が京・江戸間にわたる場合、重板の板木は重板元に留め置き、相板にして正板元の名前を刊記に入れるというやり方がとられたと見るのが自然であろう。

そこでもう一度『済帳』安永三年の小本七部集の記録を読み直してみると、これは板木と摺本を没収するということで話がまとまったと言っているのであって、板木・摺本が京の板元に届いたという記述ではないことに気付く。江戸で富田によって仕立てられた小本七部集は、最初は原則通りに板木・摺本没収ということで話がまとまりかけたが、調整を経た上で慣例に従い正板元との相板となったと見るべきである。江戸の『割印帳』に板元を京の井筒屋とし、売出しを山崎として小本七部集が出てくるのは安永四年九月廿七日のこと。七部集の刊記「安永三年十一月」より約一年遅れていることは先に触れたが、この一年ほどは相板として落ち着くまでの調整期間であったと思われる。

次に、富田新兵衛はそもそもどういうつもりで小本七部集の出版を思い立ったのかという問題について述べておこう。次稿で取りあげる予定の文化再刻版の重板A・Cなどは、文化版の版本を用いて被彫りをし、かつ極力手間を省いたことが明白な、いわば儲けのみを意図した典型的な重板である。が、安永版は結果的に重板になったとはいえ、それらとは少し様子が異なる。先に述べたように、富田は南畝の周辺にあって洒落本などの出版などを引き受けていた人物で、書林仲間にも加わっていない。長澤氏は「本格的な出版業を目指していたと見て不自然ではない」とされるが、氏の意見は小本七部集を「既存書肆と提携して」出したという前提に立たれたもので、その前提が崩れれば自ずと話は違って来る。富田新兵衛が、麒麟の角、実はさつまいもといった珍妙な見立てに興を遣る会を島田左内を扶けて催し、洒落た更紗表紙仕立てで『たから合の記』と題して出版したのは、小本七部集を編集したのと同じ安永三年のことであった。彼にとって両書の編集が何ら違和感なく共存していることは、注意してよかろう。その後も、『甲駅新話』出版に際してはその書名をもじって「新甲館」と称し、『評判茶臼芸』では「湯銭八文字屋（ゆせんはちもんじゃ）」と、また『名とり酒』では「川口阿呍房（かわぐちあめんぼう）」と洒落のめして、こじつけ・もじりを作者・読者と共に楽しむ姿勢に変わりはない。それは富田にとって、本をこしらえることが道楽半分の仕業であることを示していよう。小本七部集のことを御存知ないまま、「富田屋は、おそらく板元としての営業を主とする者ではあるまい。一過性の企画、狂歌師仲間などの近しい人間の戯れに時に手を貸して、板を誂える類の仕事がせいぜいであったろう」（『蔦屋重三郎』）とされた鈴木俊幸氏の説の方がむしろ的を射ていると思われる。小本七部集の編集は、江戸での俳諧熱のたかまりを受けて、富田がふと思いついたというあたりが実状ではなかったろうか。彼の近くには菅江のような俳諧好きがいたことも見逃せない。更に言えば、板下としてはいかにも整わない南畝の清書ぶり、それに商品としては無駄としか思われない各集冒頭部の余白のことなどを考え併せると、富田が南畝に清書を依頼した段階では出版の意図はなかったのではないかとさえ思われる。いずれにせよ、富田には七部集の重板をこしらえて儲けようという悪意はさらさらなかったと見てよい。序・跋を記した保己一と南畝が後の『七部大鏡』に揃って序文を寄せ、全く悪びれるところがないこともそれを仄めかすかの如くである。が、富田がふと思いついて仲間うちに配るぐらいのつもりでこしらえた小本七部集は、本屋仲間の常識から言えば、重板以外の何物でもなかったのである。

では、江戸で小本七部集が出ていることを見付け、京の板元に知らせたのは誰であったのだろうか。一つ考えられるのは、西村市郎右衛門の線である。小本七部集の一件が記録される『済帳』安永三年の条の前後に、吉文字屋次郎兵衛こと春秋堂が出した重板『春の日』をめぐって、正板元の西村市郎右衛門と出入りがあったことが四箇所にわたって記されている。この件は最終的に、安永四年五月から九月迄の間に「誹諧春の日　江戸・京両板共、滞り無く売買通用の事」として決着を見るのであるが、このやりとりの間に小本七部集が網にかかって来たということは考えられる。そしてその場合、前引の明和八年『卓袱会席趣向帳』及び安永二年『料理伊呂波包丁』の重板処理に際して、「西村源六より申し出でられ候」「西村源六対談を以って」と、西村源六が御当地江戸の重板元と西村市郎右衛門との調整役をつとめていることを思えば、『春の日』・小本七部集とも源六から市郎右衛門へという経路が想定されねばならない。

もう一つの可能性は山崎金兵衛である。『京阪書籍商史』には、安永三年三月に、山崎金兵衛は仙台表柳川屋庄兵衛が『女大学宝箱』（大坂柏原屋清右衛門板）と『早引節用集』（大坂柏原屋与左衛門板）の重板を出したことをいち早く見咎め、大坂の両書肆が「私、数年来商売仕入店」である故をもって、「両人に成代り」仙台藩江戸屋敷留守居役馬淵小右衛門にかけあい、わずか三箇月ほどの間に重板の板木破棄・摺本没収の処置をとらせた旨の文書が紹介されている。宝暦七年以来二十年近く数多くの上方ものの売出しを任されて来た江戸の本屋としては当然の対応であろうが、この例はそのまま小本七部集に置き換えて考えることも出来る。小本七部集に富田新兵衛と並んで名前が刻まれていること、江戸での売り出しを任されたことなどを考え併せると、富田がこしらえた小本七部集を見咎めて京の板元に知らせ、調整を買って出て相板に収めたのは山崎金兵衛であった可能性が高い。

以上要約すれば、安永版小本七部集は江戸で富田によって仕立てられ重板として京板元との間で出入りに及んだが、山崎が調整に入って相板となり、正板元である井筒屋と西村それに橘屋の名を入れて出版されることになったということになる。板木は、先にも述べたように江戸に留め置かれたと見るのが妥当で、おそらくは出版・販売に手馴れていた山崎あたりが印刷を受け持ち、摺本は何らかの約定に従って京の板元へも送られ、それぞれの地域で「売買通用」としたものと考えられる。先に見た安永版の二次にわたる入木修正は、江戸の重板元にはその必然は無く、京の板元の指示によって江戸の富田か山崎の所で行なわれたと見るべきであろう。

2　文化五年再刻京三軒版

概　略

安永三年に仕立てられた小本七部集は、その後三十年余にわたって出版が続けられた。江戸の町の片隅で富田新兵衛の思いつきから生まれたこの書は、小本二冊という手軽さもあって、寛政五年の芭蕉百回忌を頂点とする芭蕉賛仰熱に支えられ大当り商品となったことは容易に想像出来る。それは富田はもとより、京の正板元でさえ予想し得なかったことに違いない。その安永版小本には不思議なことに重板らしきものが見当たらないが、それは結果的に江戸京五軒相板となったことでそれぞれの地域に睨みがきいたからであったと思われる。その小本七部集が文化五年頃に再刻されることになった。再刻の理由は板権の移動と、図版19に示すように判読にたえないほど板面が傷んでしまったことによる。『おくのほそ道』の場合、元禄版・寛政版ともそれぞれ九十年近く同一の板木が使用されていることを思えば、安永版小本の三十余年というのはいかにも短い。それには『おくのほそ道』とは比較にならぬ程板木の使用頻度が高かったという事情も想像されるが、もともと手馴れた本屋によって仕立てられたものではなかったという要因が大きいように思われる。文化再刻版の板木は橘屋の工房で作られたと考えられるが、こちらは五十年以上の使用に耐えているという事実もその推測を裏付ける。

では、後刷本によって文化五年再刻版の概略を示そう。図版10が表紙で、安永版と同じ布目地の浅葱色系のものを使うが、色あいは安永版よりは明るい。図版11が序文。図版12が『春の日』の冒頭部。図版13が跋文裏。図版14が巻末の蔵板目録・刊記である。目録には冒頭に「俳諧書籍目録　諧仙堂蔵板」として、半紙本『俳諧七部集』以下十七点の書物を並べ、奥に

安永三年甲午十一月発刻　　野田　治兵衛
文化五年戊辰十一月再刻　　浦井徳右衛門
　　　皇都書舗　　　　　　筒井　庄兵衛

と刊記を入れる。ちなみに、蔵板主である諧仙堂は浦井徳右衛門のことである。その目録一行目下部に見えるのは「諧仙堂」の朱印で、この文化再刻版にはこれを捺印した本が多い。同一の印文の朱印は、後の弘化四年にやはり諧

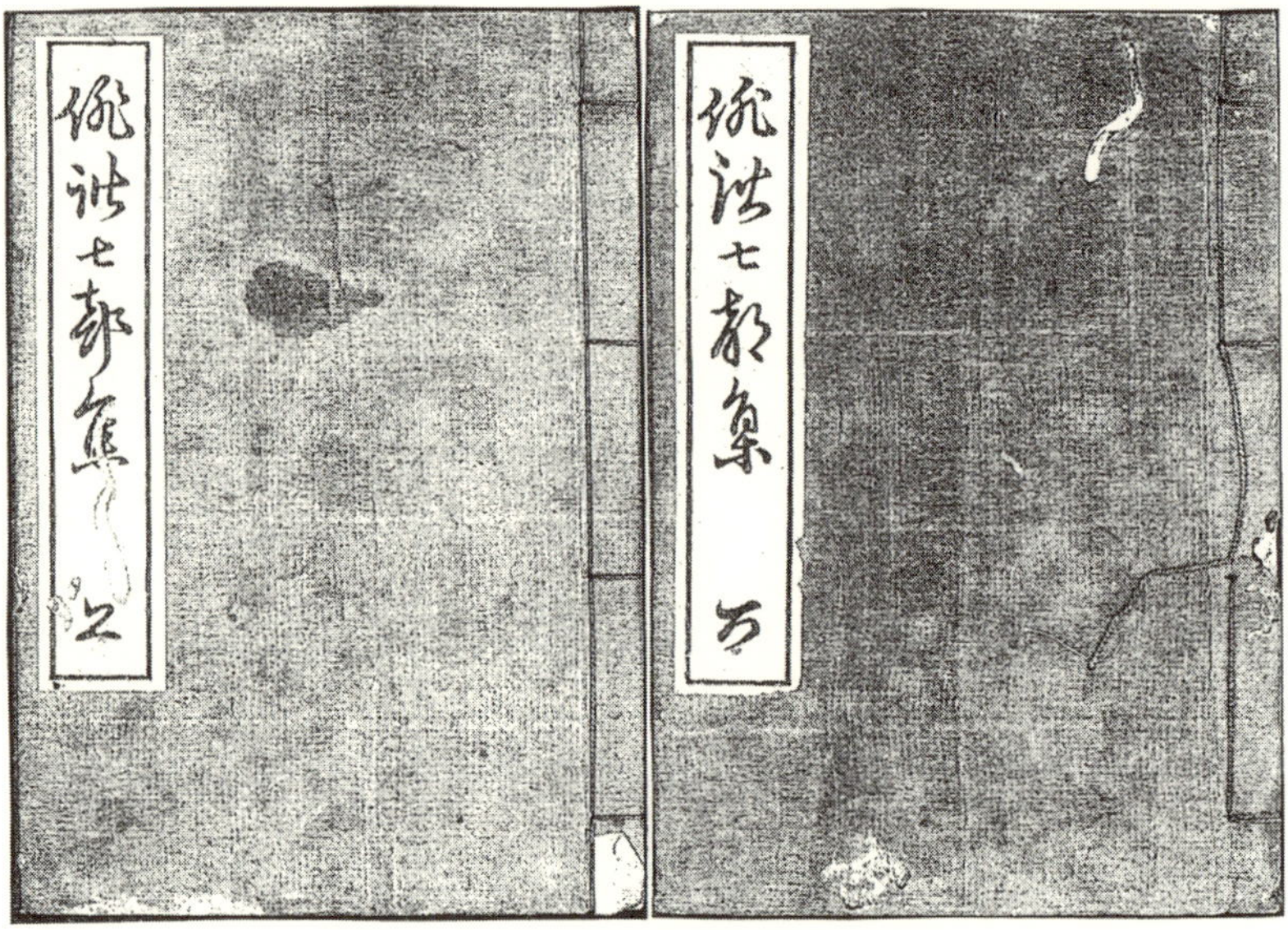

図版 10　文化再刻版　表紙（家蔵本②）

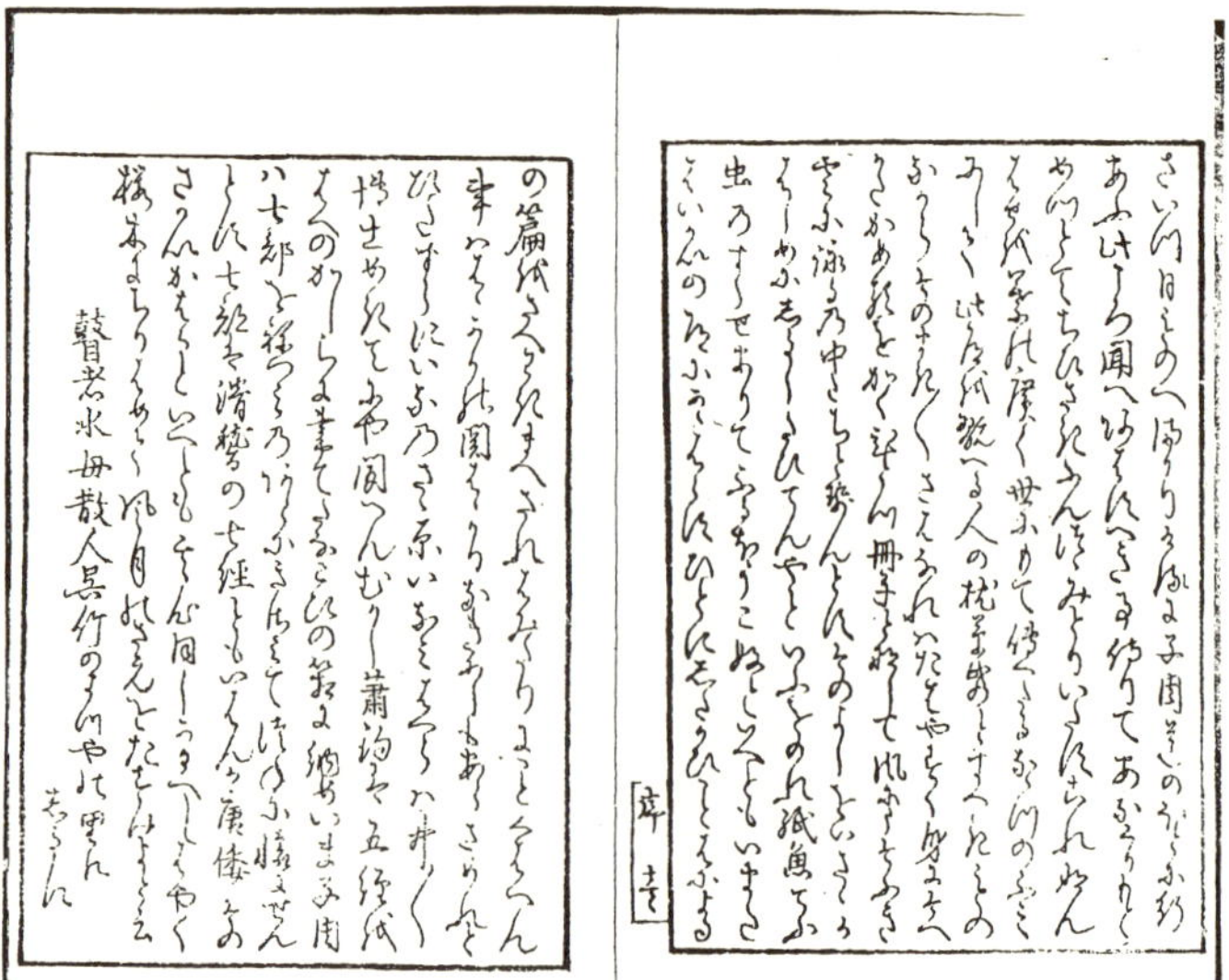

図版 11　序文（家蔵本①）

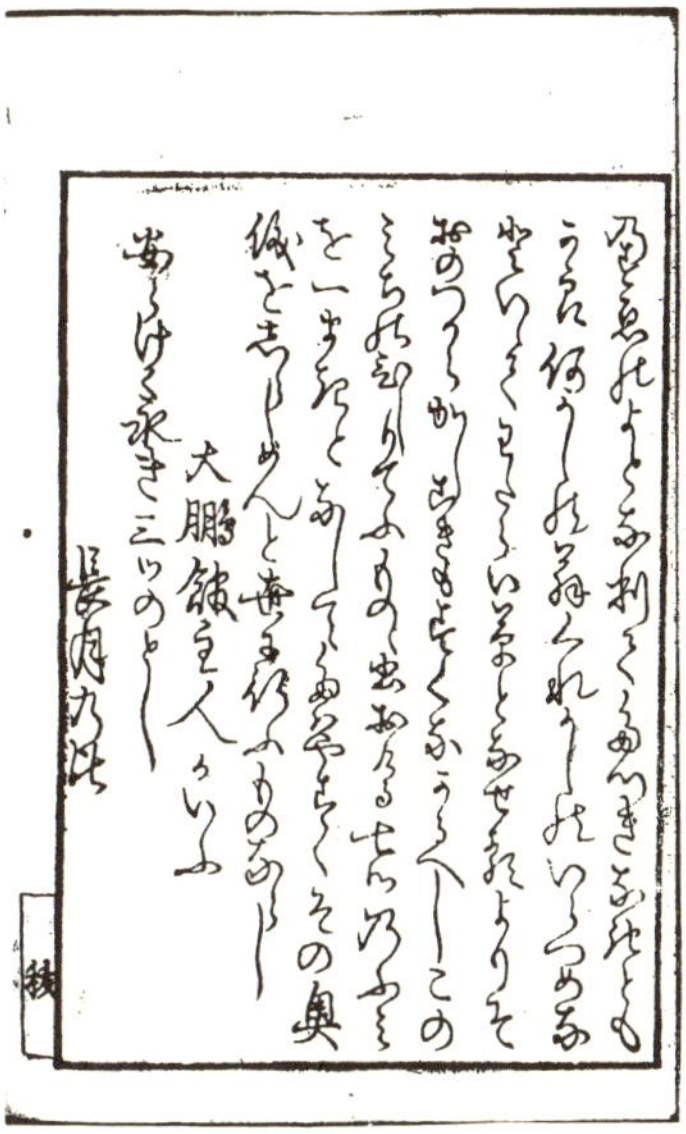

図版 13　跋文裏（家蔵本②）

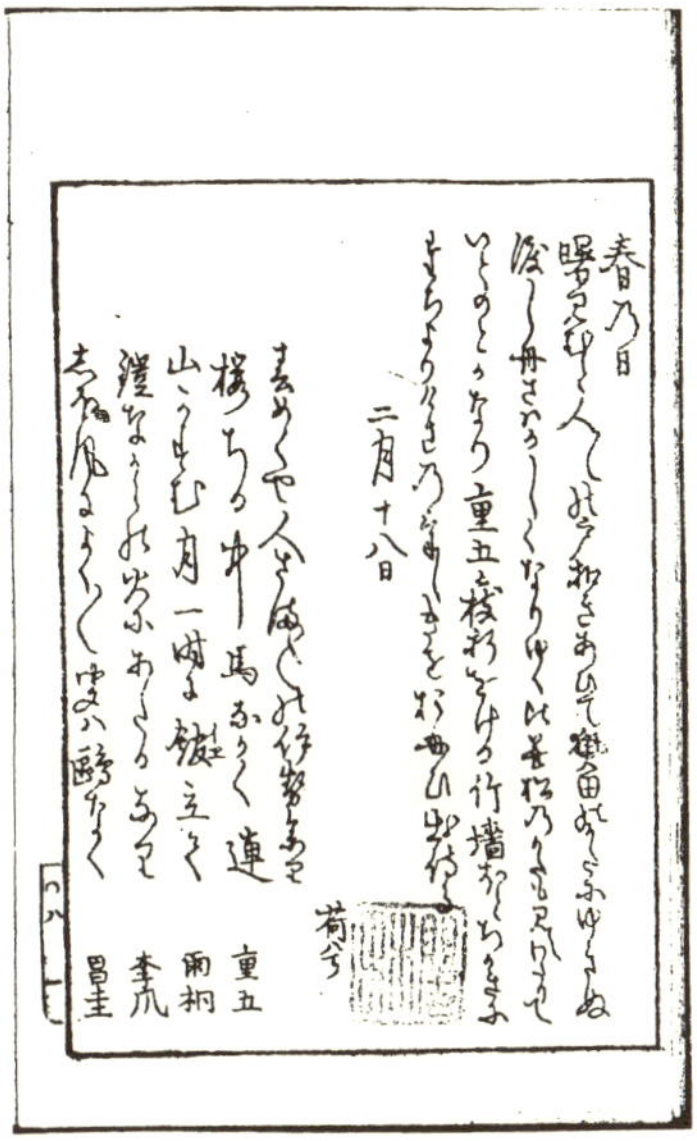

図版 12　春の日　1丁裏（家蔵本①）

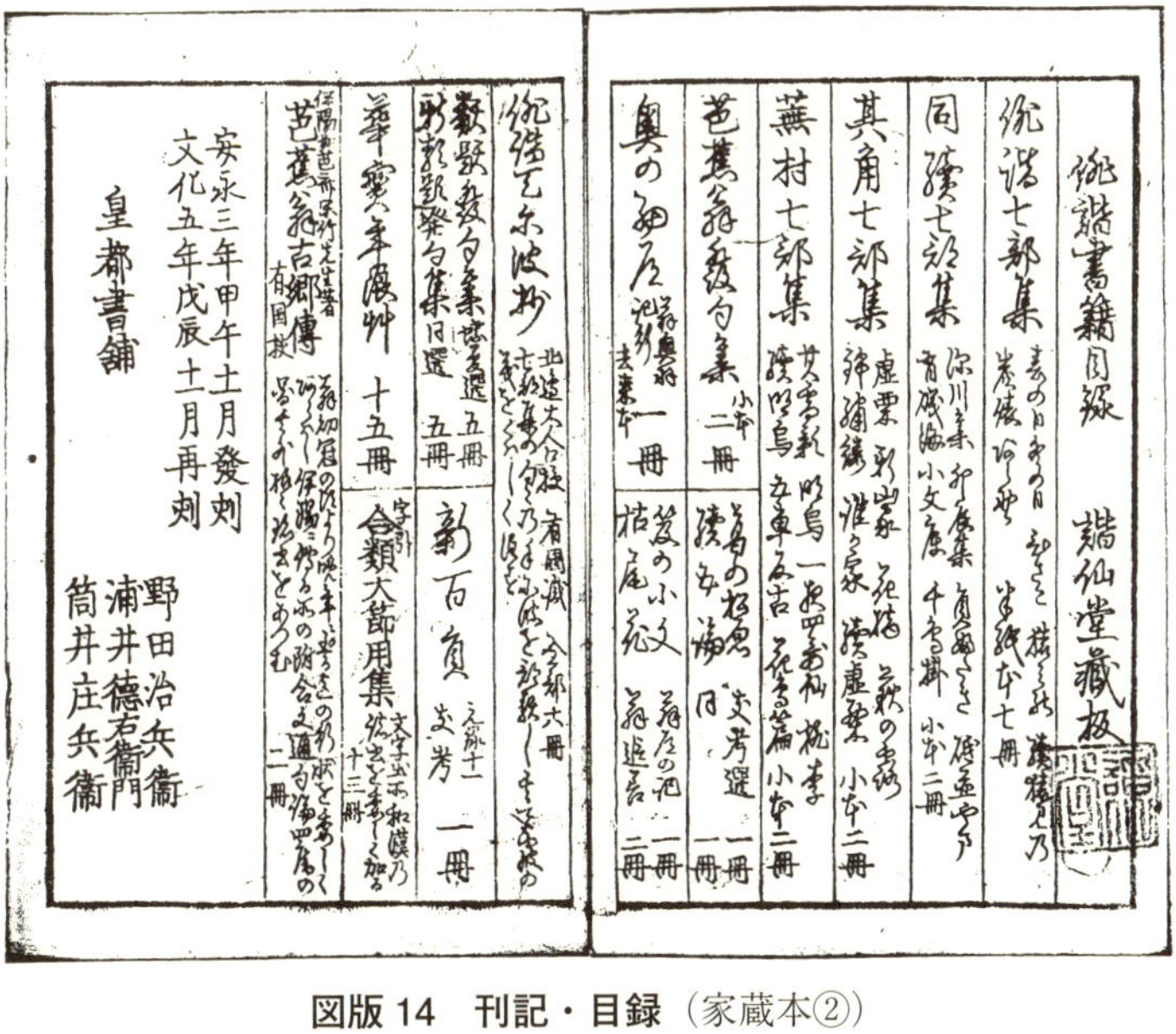

図版 14　刊記・目録（家蔵本②）

表3

	上巻	下巻
芭蕉本③	ハフヒサソ	スアイ
家蔵本⑤	ハフヒサソ	欠
＊家蔵本③	ハフヒサソ	スアイ
＊家蔵本⑥	ハフヒサソ	スアイ
＊綿屋本200・1	ハフヒサソ	スアイ
家蔵本④	ハフヒサソ	欠
加藤本⑤	ハフヒサソ	欠
＊家蔵本⑧	欠	スアイ
＊家蔵本①	ハフヒスサ	ソアイ
＊家蔵本②	ハフヒスサ	ソアイ
＊芭蕉本④	ハフヒスサ	ソアイ
芭蕉本⑤	ハフヒスサ	ソアイ
芭蕉本⑥	ハフヒスサ	ソアイ
雲英本㉑	ハフヒスサ	欠
雲英本⑦	欠	ソアイ
加藤本⑥	欠	ソアイ

仙堂から出版された横本『俳諧七部集』の刊記部にも認められ、その本の見返しに入れた板元の口上書に「近頃、七部集小本粉敷偽板流布」しているので「奥書・朱印等得と御改めの上、御求め下さるべく候」と言う。文化版の朱印も同趣旨によるものと思われ、文化版の発刊後続出する重板に頭を痛めた諧仙堂が、正板の証として捺したものと考えられる。なお、図版12の下部に見えるのは蔵書印で、もとからあったものではない。以上の図版からほぼおわかりいただけると思うが、文化版は巻末に目録を一丁添えた以外は安永版の版式をそのまま踏襲している。ただし、先にあげた図版7からも明らかなように、板下はすべて新たに整えられている。管見に入った文化再刻版を上の表3にあげよう。

このうち、＊印を付したものには諧仙堂の朱印がある。家蔵本③以下は全て後刷本で、初版本は芭蕉本③と上巻のみの零本である家蔵本⑤の二点に留まる。収録順は「ハフヒサソ・スアイ」型と「ハフヒスサ・ソアイ」型に分けられるが、初版本である芭蕉本③に倣えば、前者の型のものが早く出たと見てよい。芭蕉本③は後補題簽、よって表紙は省き、図版15・16に跋文裏と目録・刊記を示す。初版・後刷とも序・本文の板木は同じであるが、図版13と15、14と16を見較べて見ればわかるように、後刷本では跋文の板木が改まり、蔵板目録も六点の書籍を追加して全体を彫り直してある。追加された六点の中に、文化六年正月の刊記を持つ『蕪村七部集』が見えるので、後刷本が出たのはそれより後ということになる。なお、本文を対校してみると、後刷本では誤字を正すという意識でほぼ四百箇所にわたって入木修正が施されているが、その詳細についてはここでは省略する。

この文化再刻版に関連して、次のような本があることにも触れておかねばならない。表紙は省略するが、図版17が跋文裏、図版18が蔵板目録・刊記である。この本は伝本少なく、管見に入ったのは次の四点のみ。

	上巻	下巻
家蔵本①	ハフヒサソ	スアイ
綿屋本200・53	ハフヒサソ	スアイ
家蔵本②	欠	スアイ
雲英本⑥	欠	スアイ

調べてみると、序・本文・跋文ともすべて安永版と同板であるが、ほぼ最終版とおぼしく、図版17の跋文及び図版19にあげた『炭俵』十六丁表からもわかるように、板木の摩耗が激しく判読が不可能なほどである。それに較べて蔵板目録一丁は極めて鮮明であるが、それもそのはず、これは文化再刻版の初版に添えられた目録と同一の板木によって摺られたもの。ただ、刊記部分の「文化五年戊辰十一月再刻」の一行がこちらにはない。が、良く見てみると、一行目の「安永三年甲午十一月発刻」の左側に点々と見える彫り残しのような汚れは、印刷をする時に板木の「文化五年」の行に紙か何かをあてて写らないようにしたものの、隠しきれずにはみ出した部分であることがわかる。念のために、両書の該当部分を並べて図版20にあげておく。つまり、この安永三年京三軒版とでも称すべき一本は、既に文化五年再刻版の初版が出来上がったあとで、傷みの激しい安永版の板木をわざわざ引っ張り出して来て印刷し、再刻版初版の目録一丁を添えて仕立てたということになる。「文化五年再刻」の一行を隠したのは、序・跋・本文が安永版の板木を使用しているのだから、一応理屈はあっている。が、既に文化五年再刻版が出来上がっているのに、商品

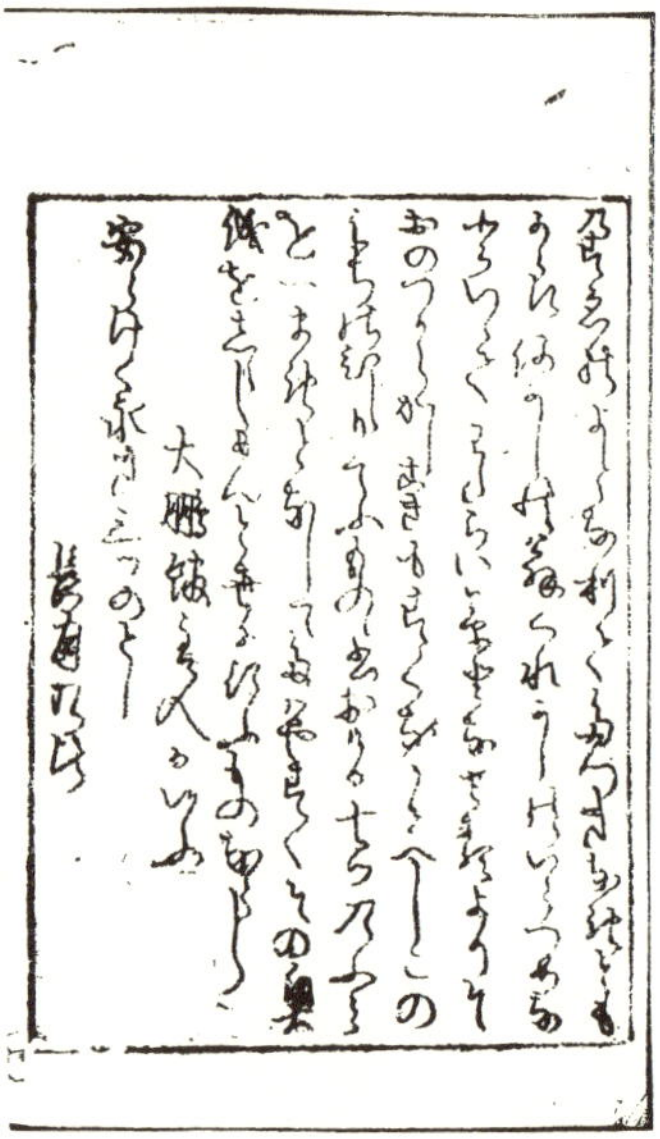

図版 17　跋文裏（家蔵本①）

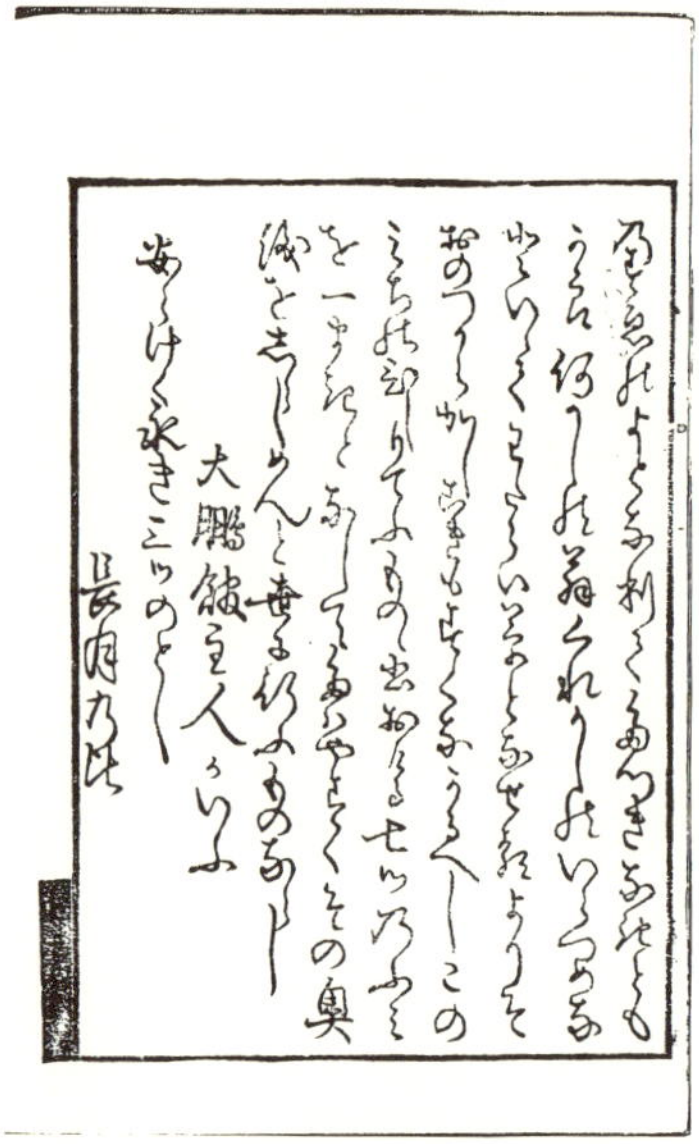

図版 15　文化版初版本　跋文裏
（財団法人芭蕉翁顕彰会蔵本）

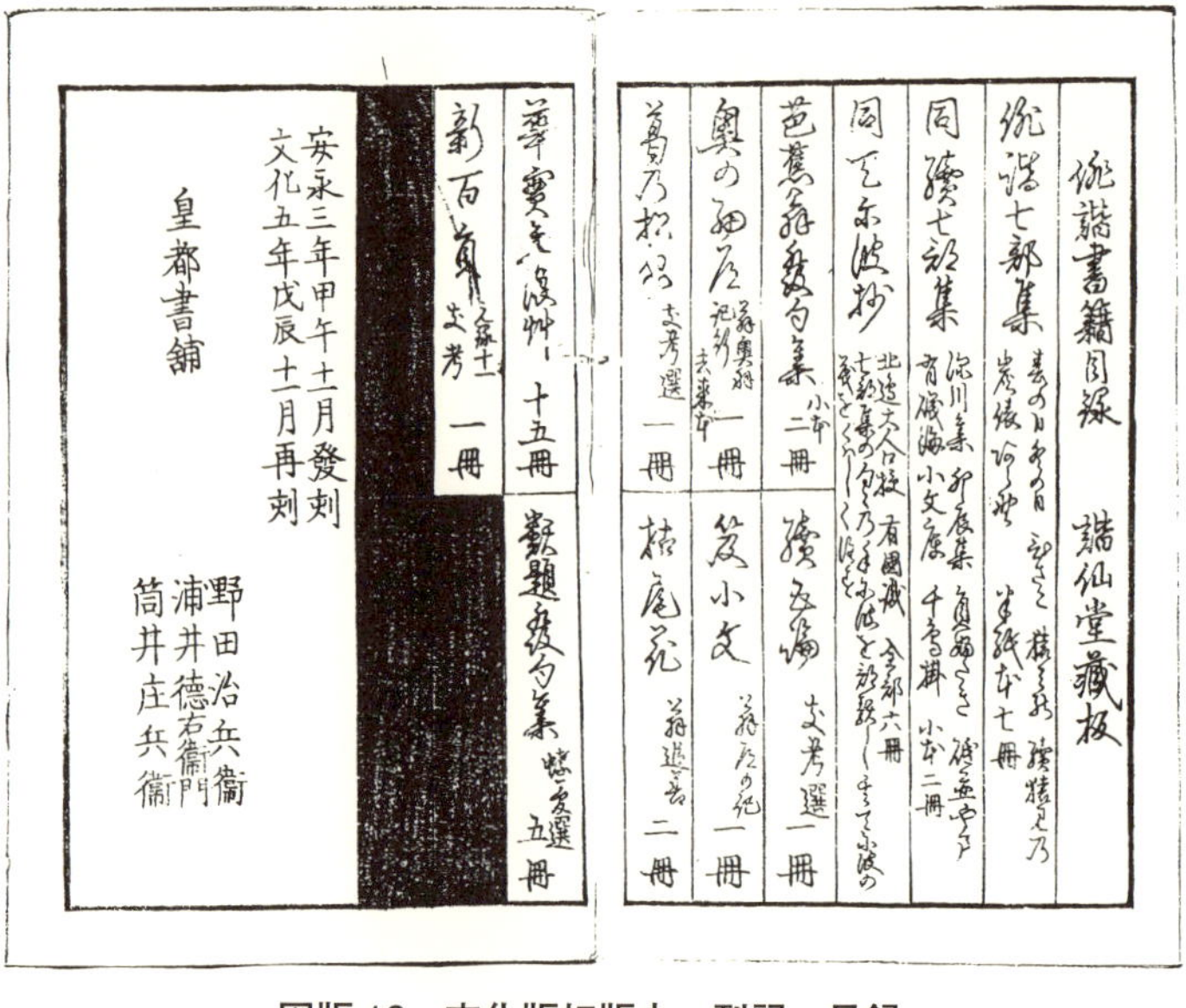
安永三年甲午十二月發刻
文化五年戊辰十一月再刻

皇都書舗

野田治兵衛
浦井徳右衛門
筒井庄兵衛

図版 16　文化版初版本　刊記・目録
（財団法人芭蕉翁顕彰会蔵本）

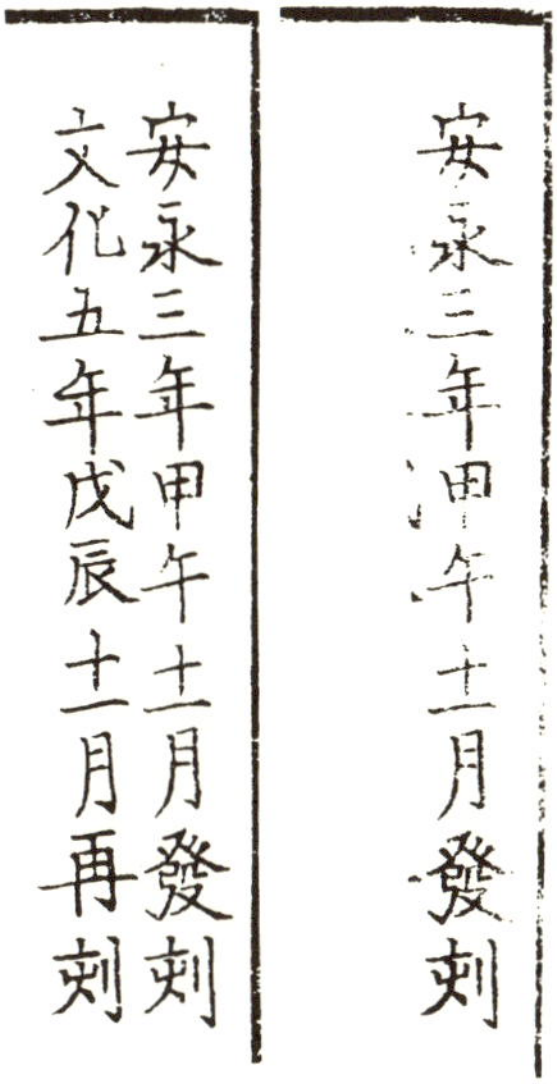

図版 20

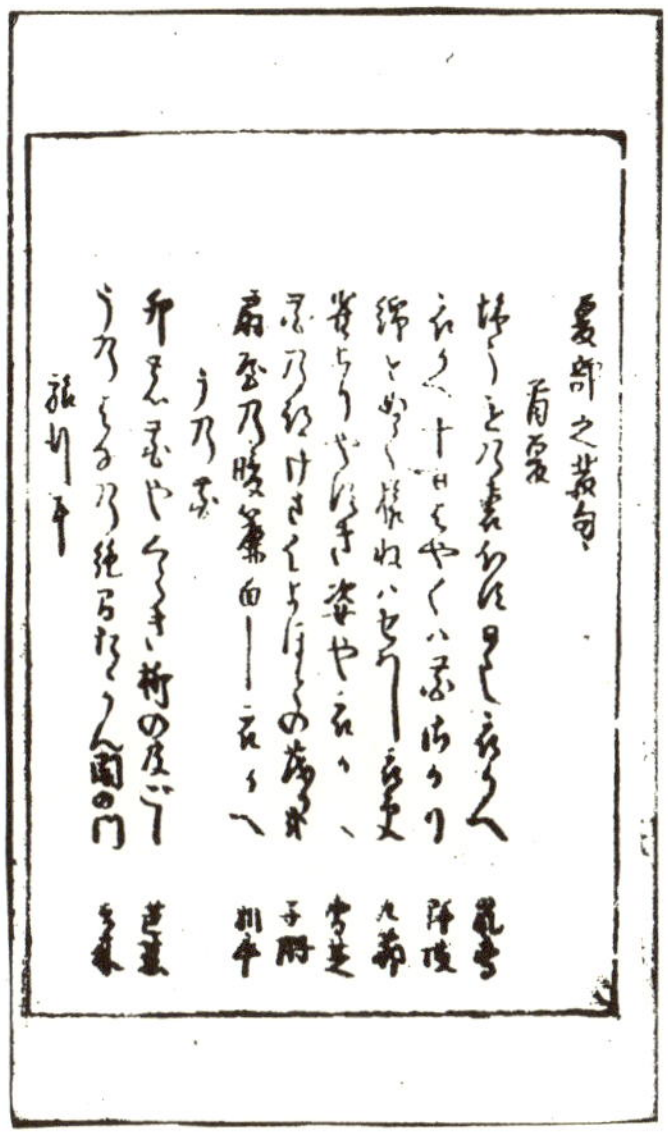

図版 19　炭俵　16 丁裏（家蔵本①）

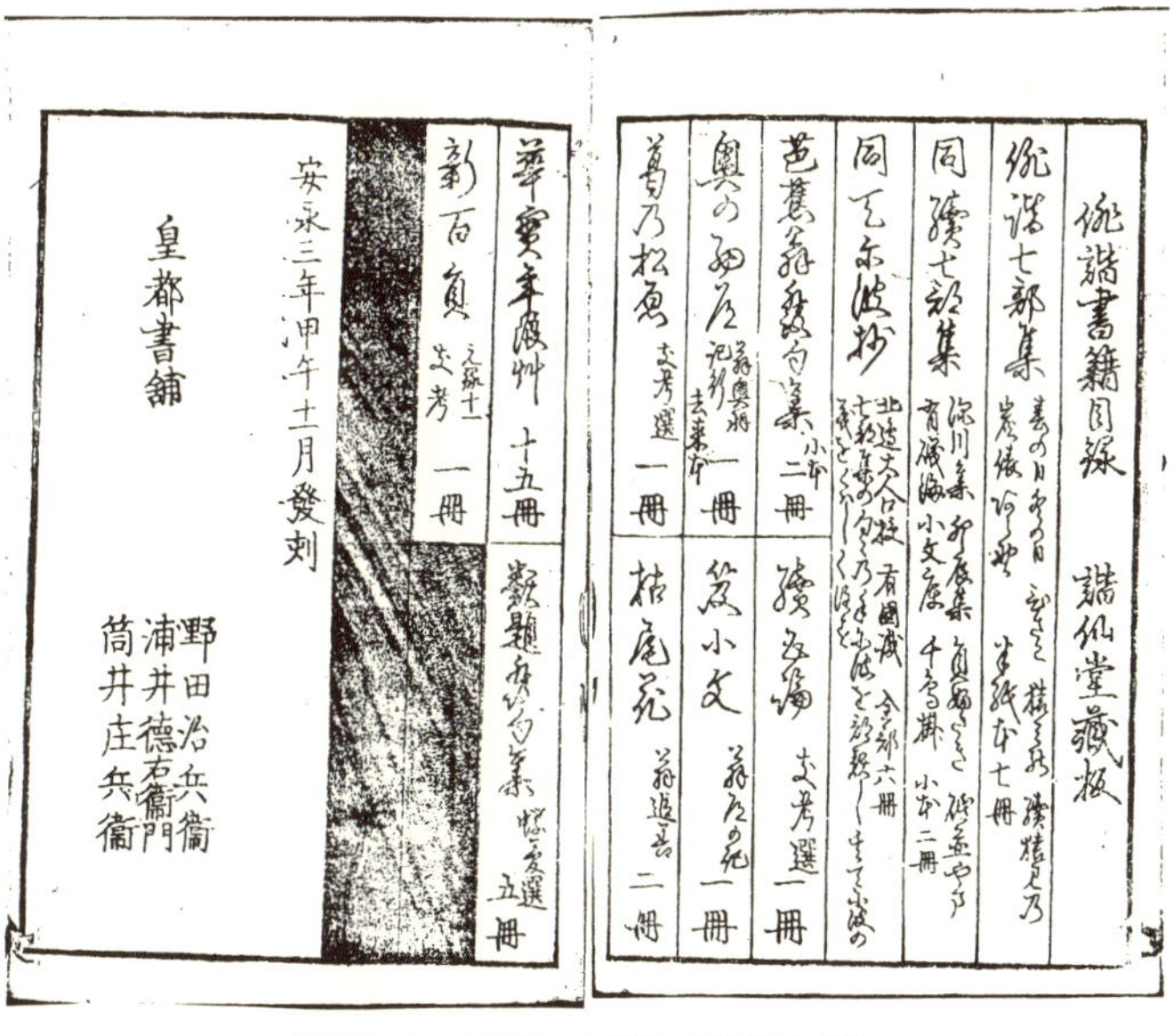

図版 18　刊記・目録（家蔵本①）

価値を失っている安永版を何故同時販売する必要があったのかという点に疑問が残る。これもまた板権に絡む問題が背後にあると思われるが、その点についてはまた後に述べることにしよう。なお、加藤定彦氏は「七部集の書誌」で安永版小本七部集に覆刻版があるとしておられるが、この本を見誤られたのではないかと思う。

板権移動

さて、文化再刻版出版には板権の移動という問題が複雑に絡んでいる。その最大の要点は、芭蕉関係の主要な書物について井筒屋が持っていた分の板権が諧仙堂こと浦井徳右衛門に移ったことで、小本七部集再刻の問題もその流れの中で考えねばならない。が、その前に安永版の相板元との関係を押さえておく必要がある。文化再刻版には安永版の相板元であった西村・富田・山崎の名前が見えないが、これは自然消滅的な色彩が濃い。西村市郎右衛門は天明五年頃に出版活動に終止符を打っていること、また江戸の富田新兵衛は享和三年に没していることは先に触れた。もう一人の山崎金兵衛は、『割印帳』の文化四年六月二十五日の条に大坂柏原屋清右衛門板『女大学宝箱』の売出しとして名前が出るのを最後として消息を絶つ。ごく単純に考えれば、この三人は文化五年の段階で小本七部集という利権の圏外にあったということになり、文化再刻版に名前が見えないのは不思議ではない。次に、井筒屋から浦井への板権移動について考えてみよう。図版16の文化再刻版初版本の目録によれば、浦井は少なくとも文化五年十一月には『俳諧七部集』『おくのほそ道』など芭蕉関係の主要な書物の板木を「蔵板」としていたことは明らかだが、七部集の板権を手にしたのはもう少し早かったようである。その手がかりとなるのは、この目録にも出る『俳諧てには抄』である。この書は有国、つまり浦井の著書で、半紙本六冊の大冊。内容は目録の広告文に言う如く、「七部集の句々のてにはを部類し、其てにはの義をくはしく注」したものである。文化三年十月の皆川淇園の序文、同年夏の有国の凡例を備え、刊記は図版21の通り。刊記部冒頭に「南台蔵梓」とあるが、複製本『眺望集』の中野荘次氏の解説によれば「南台」は有国の号である。この『てには抄』は七部集の中から発句・連句の付句を合せて、のべで千八百句ほどを引用している。七部集の総句数は三千四百八十二句であるから、引用句は約半分に及ぶ。これは出版物の常識から言えば、重板・類板の誇りはまぬがれないところ。しかし、浦井はこの書が蔵板であることを明言して憚らない。更に注目すべきは、安永版小本・寛政再刻半紙本七部集に深く関わっていた野田治兵衛と、寛政再刻七部集に一枚かんでいた中川藤四郎の名前が刊記部に出ていることである。これらの事実は、浦井が七部集をある程度好きなように扱うことを橘屋らが認めていたこと、つまり『てには抄』編集時に七部集の主たる板権は既に浦井の手に移っていたことを意味する。そして、浦井が手に入れた板権はこの刊記部に名前を見せない井筒屋のものであったと考えるのが自然であろう。井筒屋が文化五年再刻の小本七部集以降出版活動を行なっていないことは従来指摘されて来たところである。しかし、その文化版七部集にも井筒屋は実際に関わっていなかったらしい。『京阪書籍商史』に次のような記述がある。

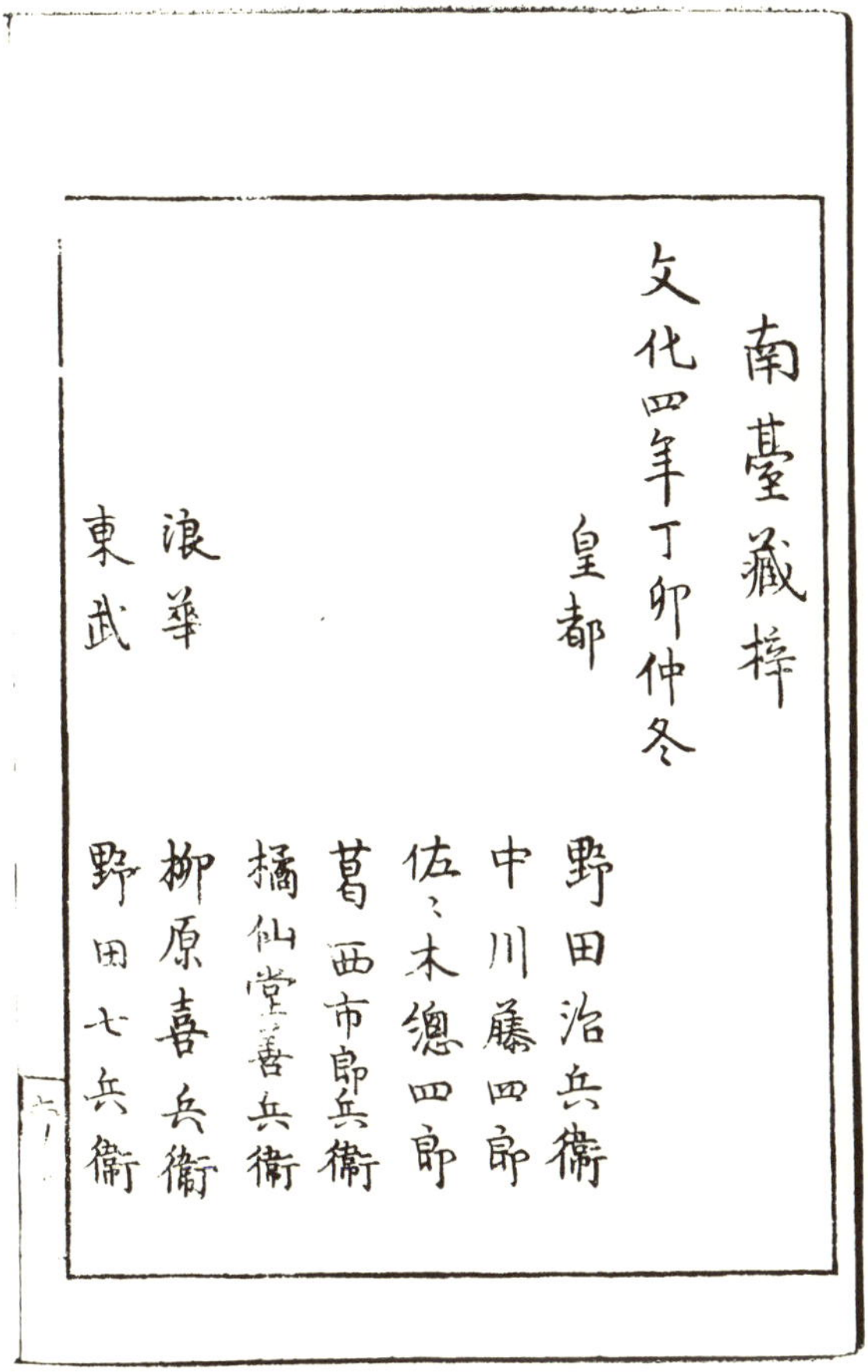
南臺藏梓
文化四年丁卯仲冬
皇都 野田治兵衛
中川藤四郎
佐々木總四郎
葛西市郎兵衛
浪華 橘仙堂善兵衛
柳原喜兵衛
東武 野田七兵衛

図版21 『俳諧てには抄』刊記

文化六年八月、京都行司小川多左衛門、銭屋惣四郎が下阪、大阪行司に面接の上、大阪塩屋忠兵衛が出板した西国俳諧七部集は、京都野田治兵衛、上《マヽ》菱屋徳右衛門両人の俳諧七部集の重板の旨交渉があったので、忠兵衛を召換して糾問した所、無免許の書であることも露顕したので、絶板を申渡した。

著者蒔田氏は重板事件を記録した大坂書林仲間の文書を見てこれを書かれたのであろうが、その文書に文化版七部集の板元として、井筒屋の名前は無かったのである。江戸の『割印帳』文化六年十二月二十四日の条に、文化再刻版七部集の板元を野田治兵衛とするのもこれに符合する。文化五年の再刻を待つことなく、井筒屋は自分が持っていた分の七部集の板権を浦井に譲り出版界から身を引いたと考えられる。その時期は、『てには抄』の凡例が作られた文化三年の夏以前に溯るはずで、『おくのほそ道』など他の芭蕉関係の板権も、それと相前後して浦井の手に渡ったものと思われる。さて、この推測を踏まえて、もう一度図版14の文化再刻版小本七部集の後刷本の目録に目を通してみよう。この目録には、小本七部集を除く十七点の書物をあげて「諧仙堂蔵板」とする。が、これらの板権が一切合切諧仙堂に属していたかというと、それは疑わしく、橘屋の板権との見分けが必要になってくる。そこで、『てには抄』、それに事情のよくわからない『華実年浪艸』『合類大節用集』、出版された形跡のない『芭蕉翁古郷伝』を除く十三点について、簡単に板権の流れを整理してみることにしよう。この十三点は大略次の四種に分けられる。Ⅰは、もともと井筒屋の単独版であって、天明八年の京都大火で板木を焼失したあと橘屋の助けを借りて再刻され、井筒屋から浦井への板権譲渡後に橘屋・浦井・井筒屋三軒相板の形式で出版されたもので、これには『芭蕉翁発句集』『奥の細道』『笈の小文』『枯尾花』がある。半紙本七部集もここに含めて考えてよい。Ⅱは、やはりもとは井筒屋単独版で、天明大火後に井筒屋が再刻し、板権譲渡後に橘屋・浦井・井筒屋相板形式をとる『葛の松原』『続五論』『新百韻』である。Ⅲは、天明大火前後に井筒屋・橘屋が新しく編集して出版した『類題発句集』『新類題発句集』『俳諧続七部集』である。Ⅳは、小本七部集の便乗本と目される『其角七部集』『蕪村七部集』で、この二点にはもともと橘屋の関わるところがあった。これらの板権の流れをながめて見ると、橘屋の存在は無視することの出来ない重みを持っている。井筒屋の板権が浦井に譲渡された段階で、橘屋はⅠ・Ⅲ・Ⅳについてはかなりの部分の板権を留保したと見るべきであろう。もともと板権に関わった形跡のないⅡについても最終的に名前を出して来ること、それに橘屋を主板元として成立した『類題発句集』『新類題発句集』に浦井の名前が加わった本は見当らないことなども、橘屋の立場が決して弱いものではなかったことを物語っている。そもそも浦井徳右衛門は「刀剣の杷等に使用する組紐（纏緱）商浦井家九代で、京大坂江戸に店を持つ巨商菱屋の本家」（『眺望集』解説）で、『てには抄』以前に出版を行なった形跡はない。つまり異業種からの新規参入者なのであって、芭蕉関係の板権は入手したものの、出版工房・販売網を持っていたとは思われない。その浦井に代って出版・販売が出来たのは、以前からの板権の絡みを持つ橘屋以外にはあり得なかった。文化再刻版の板元が江戸『割印帳』に橘屋と記録されていることは先に触れたが、『てには抄』の板元も彼の名で記されている（ただし『割印帳』は「野田次郎兵衛」と誤る）ことも右の推測を裏付ける。安永版から文化版へ、そして井筒屋から浦井へと板権がめまぐるしく動く中で、橘屋は板権を留保しかつ出版・販売を引き受けるという形で、「芭蕉」という利権の圏内にしっかりと踏み留まったのである。

では、小本七部集を含め、先にⅠⅡⅢとして分類した本に出版界から退いたはずの井筒屋が橘屋・浦井と並んで出るのは何故か。それは、『俳諧七部集』『奥の細道』などが井筒屋の商標で人々の間に定着していたからであろう。板権は入手したものの、それらを商品として滞りなく販売するために浦井も橘屋も、井筒屋の看板は外せなかったのである。

次に、先に疑問として残した安永三年京三軒板とでも称すべき一本について、けりをつけておこう。これは、安永版に文化再刻初版の目録を添えた形式の本であった。安永版の板木は江戸にあったはずで、文化五年当時にこの板木を預っていた可能性のある人物は山崎金兵衛しかあり得ない。浦井が井筒屋から板権を譲り受けたのが文化三年の夏以前、山崎が『割印帳』から消息を絶つのが文化四年六月、そして再刻本初版が出たのが文化五年十一月である。もしかして山崎は再刻本初版時まではまだ江戸の出版界にあったのではないだろうか。そうだとすると、彼は浦井が井筒屋から板権を譲り受けたあと、安永版の実績をもっていくばくかの板権を主張出来たはずである。浦井と橘屋は安永版の傷み具合は商品価値を既に失なっている見て、板権入手を機に再刻を思い立つ。一方、山崎は手許にある安永版の板木を使っての販売を主張する。安永版が商品価値を保持出来る期間はどのみちそれほど長くないと判断した浦井と橘屋は、再刻本の目録を添えることを条件にそれを許したと考えると、この本の存在ははじめて理解出来るような気がする。が、それもほんの一時のこと。やがて江戸出版界から山崎がその姿を消し、小本七部集の板権は浦井と橘屋によってほぼ半世紀にわたり独占されることになった。その間、続出する重板に頭を痛めることも度々であったが、一方で小本七部集をはじめ芭蕉関係の主要な書物の板権を独占することによって得られた利益は莫大なものであったと想像される。

3　文化五年京江戸五軒版

管見に入ったのは、家蔵本⑦の一本のみ。収録順は「ハフヒスサ・ソアイ」である。上下とも題簽が失なわれているので、表紙は省き、蔵板目録・刊記の一丁のみを図版22に示す。序・本文・跋とも板木は文化再刻版のそれに同じ。ただし欠刻等が目立ち、文化再刻版より刷りは後になる。蔵板目録も文化再刻版と同一の板木だが、丁の裏三行目下段「芭蕉翁古郷伝」の所とそれより後の刊記部分を入木によって修正する。出版の時期については、浦井が「五一郎」の名前で出るところに手掛かりを求めることが出来る。『眺望集』解説には、浦井が「五一郎」を名乗るようになったのは天保十年以後のこととする。が、『済帳』によれば「天保三辰九月より同四年巳正月迄」の部に「菱屋

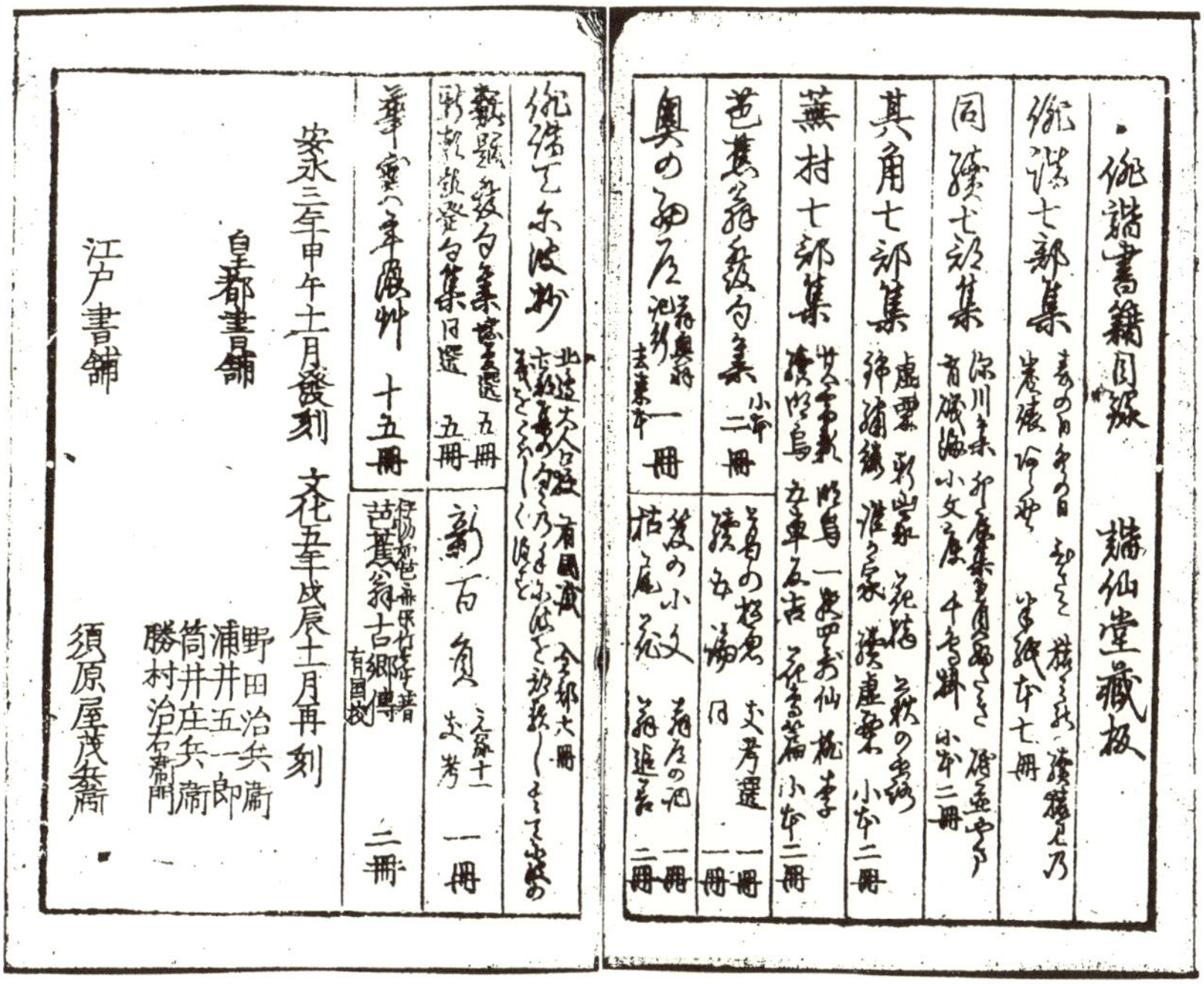

図版22　文化五年京江戸五軒版　刊記・目録

徳右衛門」と見えたあと、「天保六未正月ヨリ五月迄」の部分では「菱屋五一郎」と出て、以降はすべて五一郎として記録されている。これを拠り所にすれば、この本は天保六年以降の出版ということになろう。大きな変化としては、京の勝村治右衛門、江戸の須原屋茂兵衛が新たに加わっていることである。勝村が加わった理由はよくわからないが、江戸の本屋が入ったことは注意してよかろう。文政・天保期は江戸表で小本七部集の重板が続出した時期であった。それはおそらく、文化再刻版が京のみの三軒版であったところに大きな理由がある。つまり、安永版と違って江戸表に睨みがきかなかったのである。続出する重板に業を煮やした京の板元が、監視役として江戸の本屋を加えることを考えたのではないだろうか。何故須原屋なのかという疑問は残るが、そのように考えると一応納得は行く。ちなみに、詳細については次稿に譲るが、弘化四年刊の横本『俳諧七部集』の刊記にもこの本と同じ顔ぶれが並んでいる。

4　安政四年江戸大坂九軒版

この本も伝本少なく、家蔵本と加藤本⑭が管見に入ったのみ。収録順はどちらも「ハフヒスサ・ソアイ」である。図版23が題簽で、従来のものより幅が広く、書体の印象も少し異なる。図版24が新たに加えられた花屋庵鼎左の序文。図版25の左側が下巻後表紙見返し貼付の刊記である。

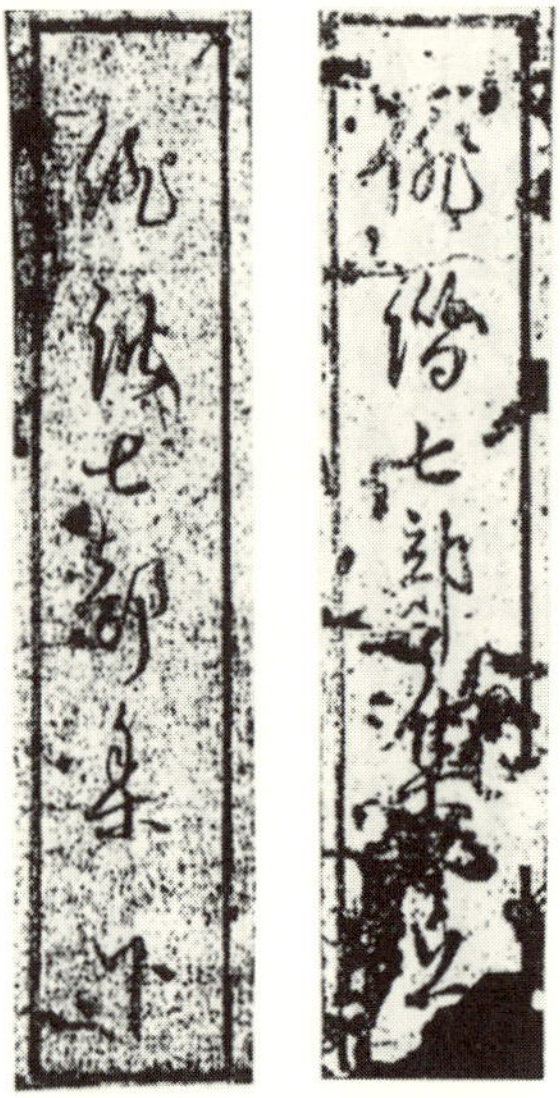

図版 23　安政版題簽

先の京江戸五軒版の蔵板目録は外されている。新しい刊記には半紙本・小本・寸珍本・横本の七部集、それに続七部集の広告を出したあと、「安政四年巳三月改正」として、江戸二軒・大坂七軒の本屋の名前を並べる。鼎左の序文には「こたび改板の時至りて、書肆の需に応じ、いよいよ元本に照し諸抄にあはして、誤字・かんなの違ひを革むる」と言い、刊記に「改正」をうたって新板を装うが、水母散人序・本文・大鵬館跋とも文化版と同一板木で、新たに手を加えた形跡はない。半世紀近く七部集の主たる板権を握って来た浦井五一郎が七十九歳で没するのが、翌安政五年九月二日のことである。この刊記に浦井・橘屋の名が見えないことから考えて、浦井が没する数年前に板権が売りに出され、新しくそれを入手した本屋が相板で出したと見るべき本である。鼎左の序文が添えられていること、それに九軒のうち七軒が大坂の本屋であることからすれば、広告に出る七部集関係の板権は主に大坂方面へ流れ、この九軒版小本も大坂の本屋が中心になって出したと考えるべきであろう。江戸の須原屋は京江戸五軒版以来の関わりで絡ん

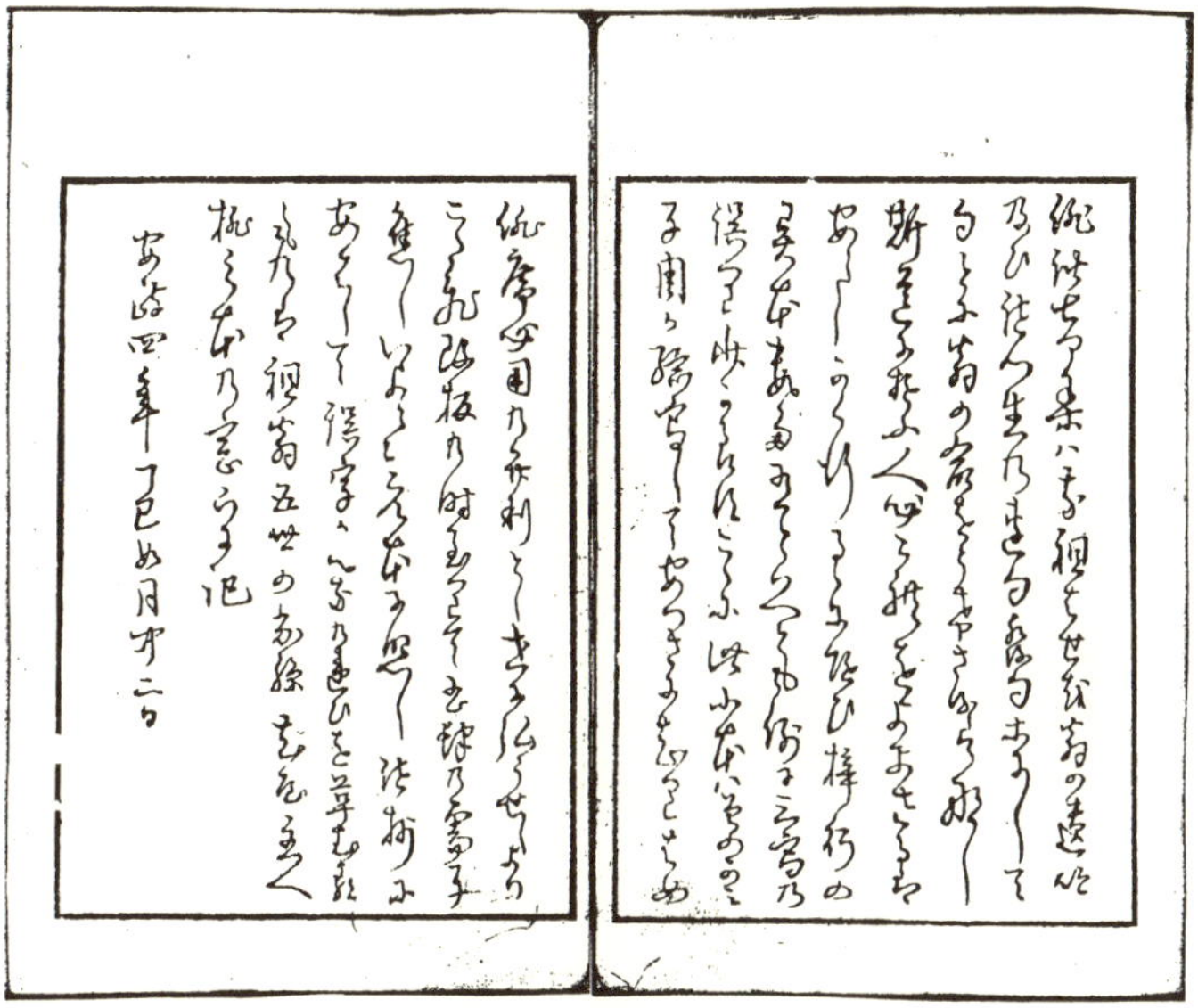

図版 24　安政版　序文

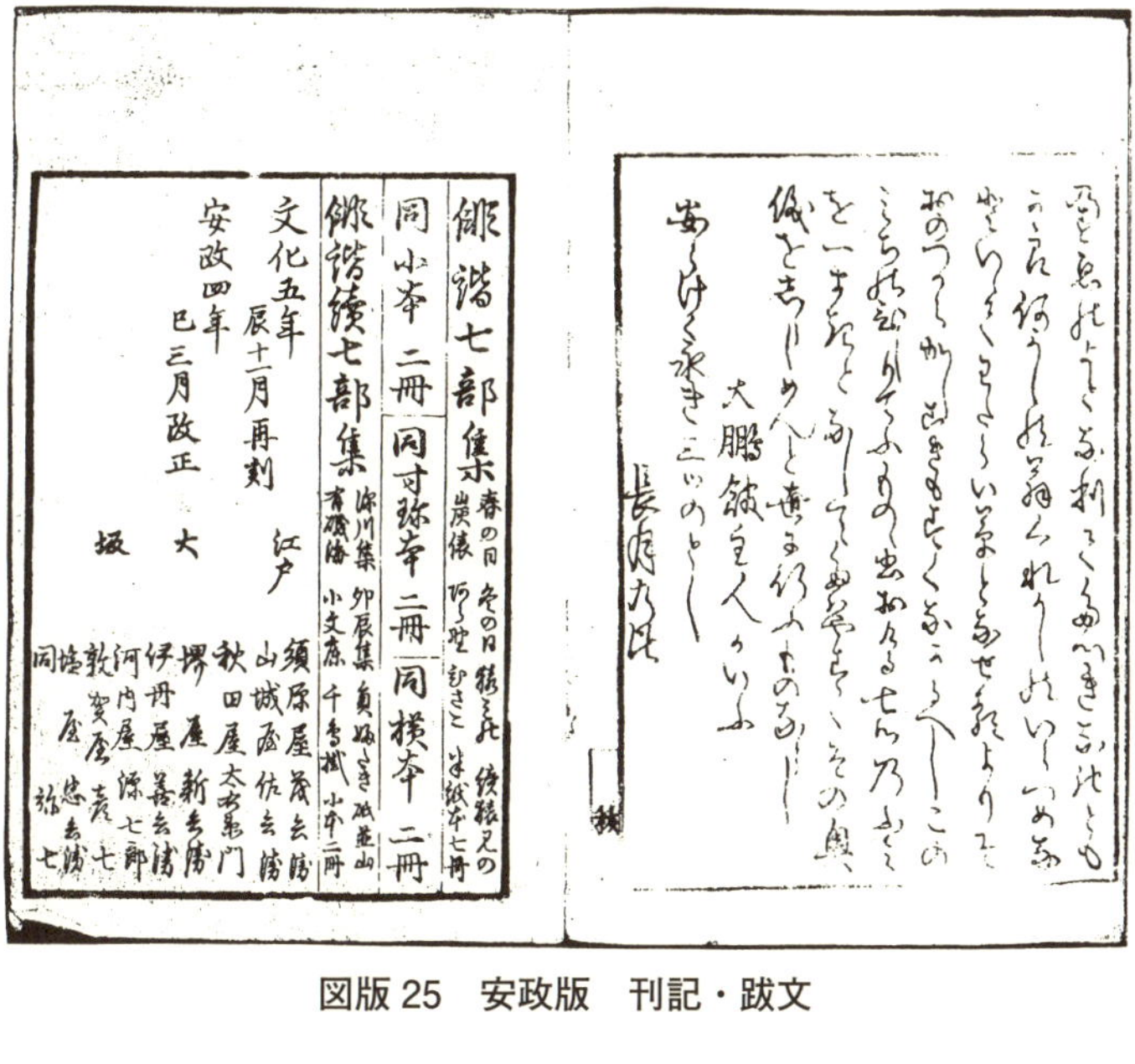

図版 25　安政版　刊記・跋文

でいるのだと思われる。

この九軒版に関連して見ておくべきものに次の二本がある。うち一つは小林孔氏蔵の下巻のみの零本で、元題簽を欠き、収録順は「ソアイ」。図版26の左側が後表紙見返し貼付の刊記である。これもまた、京江戸五軒版の蔵板目録が外されていることから、浦井・橘屋治兵衛の手を離れた後の版であることは明らかで、板面の状態も九軒版に劣らず良くない。七部集関係の板権が大坂方面へ流れる中で、小本七部集の板権の一部は、治兵衛と同じ屋号を名乗る橘屋嘉助によって留保されていたことをこの本は教えてくれる。いま一つは東大洒竹文庫蔵本（洒竹1568）である。こちらも元題簽を欠き、収録順は「ハフヒアイ・サソス」。この本には文化五年京江戸五軒版と同じ蔵板目録があり、かつ後表紙見返しに図版27の刊記が貼り付けてある。そこには江戸の須原屋茂兵衛他三軒と大坂河内屋喜兵衛の名前が並ぶ。須原屋はともかく、他の四軒は本来小本七部集には関わりがなく、浦井と橘屋が板権を握っている間にこのような本が出るはずがない。板面の荒れも九軒版・橘屋嘉助版に等しく、ほぼ同時期の刷りと思われる。この本はおそらく、板権が浦井と橘屋の手を離れたあと、江戸で須原屋が販売したものであろう。

以上要約すれば、浦井と橘屋が板権を手放した後、七部集関係の板権は主に大坂方面へ流れ、小本七部集は江戸大坂九軒版として売りに出されたが、同じ時期に刊記を異にして京・江戸で売られた本もあったということになる。この三本に名前の出る本屋は全部で十三軒。それぞれの本屋がどんな割合で絡んでいたかは不明とする他ないか、多くの本屋が群がった結果、「芭蕉」という利権が痩せ細って行く様を見てとることが出来よう。

この稿は、平成十三年度日本近世文学会秋季大会（於立命館大学）での研究発表の一部に手を加えたものである。学会発表に際し、御架蔵の小本七部集関係の資料を一括して御貸与の上、この度の論考を成すに際しても使用を御快諾下さった雲英末雄氏・加藤定彦氏に心より御礼を申し上げたい。また、長澤和彦氏の御論考は、研究発表

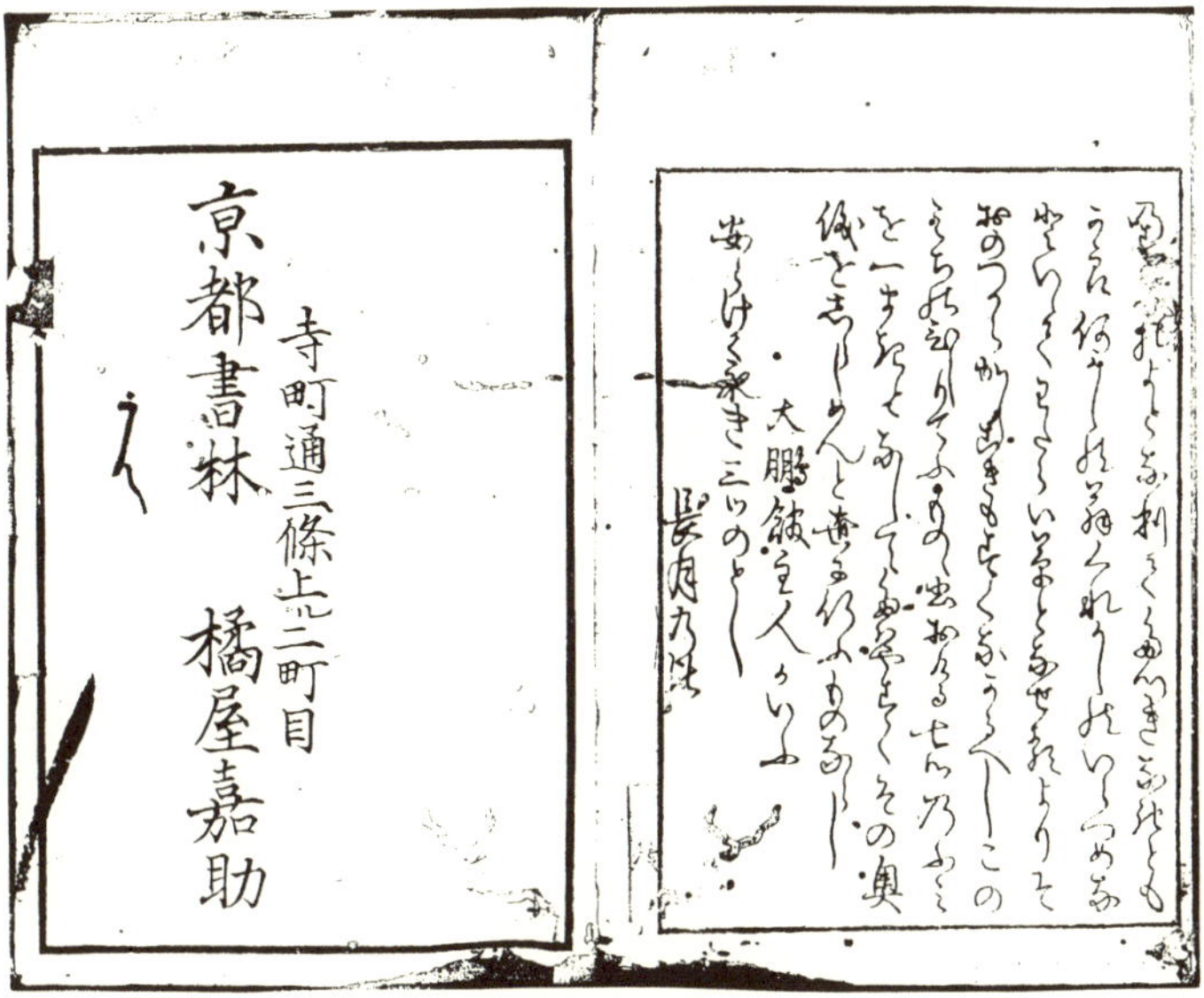
京都書林
寺町通三條上ル二町目
橘屋嘉助

図版 26　小林本　刊記

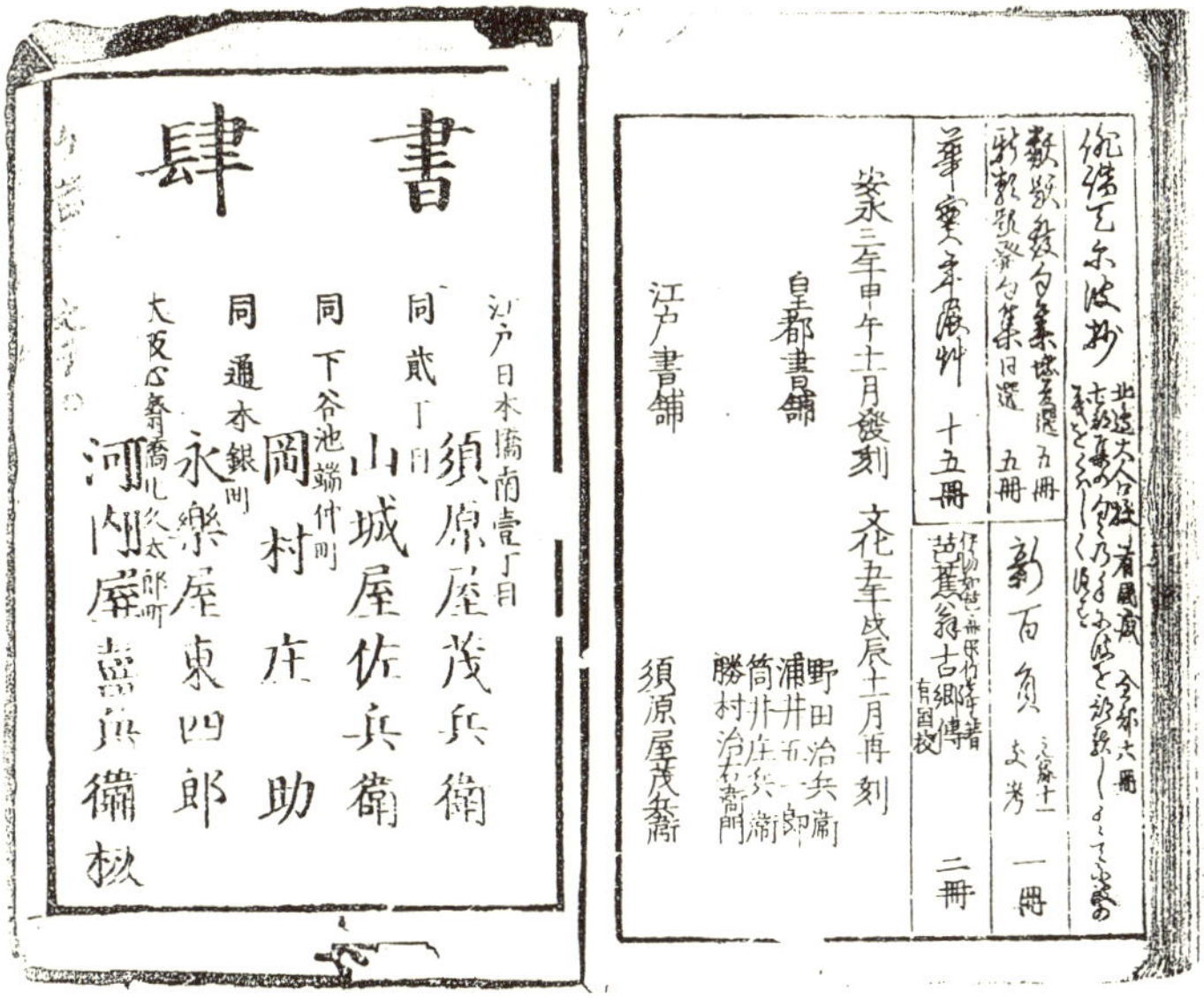
書肆
江戸日本橋南壹丁目
須原屋茂兵衛
同　山城屋佐兵衛
同　下谷池端仲町
岡村庄助
同　通本銀町
永樂屋東四郎
河内屋嘉兵衛　板

華實年浪艸　十五冊
新百韻　一冊
芭蕉翁古郷傳　二冊

安永三年甲午十月發刻
文化五年戊辰十月再刻
皇都書舗
野田治兵衛
浦井五郎
筒井庄兵衛
勝村治右衛門
江戸書舗
須原屋茂兵衛

図版 27　洒竹本　刊記
（東京大学総合図書館蔵本）

時に正体の摑めなかった富田新兵衛につき実に折良く照明をあてていただいたもので、学恩に感謝する次第である。

平成十四年九月二十七日　稿

付　寛政版七部集の配列

『ビブリア』46号（昭和四十五年十月刊）収録の「『冬の日』初版本考」に於いて、京都の老舗俳諧書肆井筒屋庄兵衛が天明八年一月の京都大火で罹災し「蔵版のすべてを失ってしまったのではないか」ということに初めて言及されたのは、木村三四吾氏であった。氏の指摘が、実は京都の出版史を考える上で欠くことの出来ない極めて重大な問題提起であったことに、今にして思い至るのである。これについては、日本近世文学会平成十七年度秋季大会での研究発表「板木のありか」を基に別稿を予定しているのでここでは省略するが、状況証拠はいくつもあり、井筒屋が天明の大火で蔵板の全てを失ったのは事実と断じて間違いない。

その井筒屋は、大火後、橘屋の援助を受けて『おくのほそ道』『芭蕉翁発句集』『笈の小文』などの主要商品を再刻し、店の建て直しを図ることになる。「寛政七年乙卯春三月再刻　皇都書林筒井庄兵衛／中川藤四郎／野田治兵衛梓行」の刊記を持つ半紙本『俳諧七部集』もその一つで、題簽にそれぞれ「俳諧七部集」と題し「春の日／冬の日／ひさご　一」「炭俵　二」「猿みの　三」「続猿蓑　四」「阿羅野　五」「阿羅野　六」「阿羅野附員外　七」として、七冊に収めたのがそれである。単行本として出た折にもともと三冊本であった「阿羅野」には三冊を配して、二冊本の「猿みの」「炭俵」「続猿蓑」を各一冊とし、丁数の少ない「春の日・冬の日・ひさご」を一冊に収めたのは、『俳諧七部集』の書名にふさわしく七冊本に纏めようとした書肆の工夫である。この『俳諧七部集』の配列は、その板権が諧仙堂こと浦井徳右衛門に移り、中川の替わりに浦井の名前が入った後印本でも変わることは無い。

が、考えてみると、この寛政版『俳諧七部集』の、もともとの単行本の出版年次を無視したかに思われる配列は、やや異様である。井筒屋・橘屋は何故このような配列を採ったのであろうか。それについては、芭蕉八十回忌の翌年安永三年に出版され、寛政五年の百回忌にかけ大ヒット商品となって行った小本二冊の『俳諧七部集』を考え併せる必要があろう。この小本七部集はもともと江戸の富田新兵衛が井筒屋などの正規版元に断り無く仕立てたもので、重板（海賊版）と見做され、出入りの結果、相板として出版されることになったという経緯があった。詳しくは本章と、次章「小本『俳諧七部集』の重板」を参照していただきたいのだが、この安永版小本七部集は各集の第一丁表を余白として、二冊本に収める際にどのような組み合わせも可能なように仕立ててある。諸版本を調べてみると、早印本では「冬の日」「春の日」「阿羅野」「同員外」「ひさご」「猿蓑」「炭俵」「続猿蓑」と成立年次に拘った配列がされているが、天明後期以降と目される後印本になってくると、「春の日」「冬の日」「ひさご」「猿蓑」「続猿蓑」「炭俵」「阿羅野」「同員外」と配列が変わり、それがそのまま文化五年再刻版小本七部集に踏襲されて行く。この配列が寛政版七部集のそれとほぼ重なることは注目してよい。おそらく井筒屋・橘屋は、売れ行きが好調であった安永版小本七部集に便乗するつもりで、寛政五年の芭蕉百回忌を見込み半紙本の再刻を目論んだのであろうが、その時期、七部集は「春の日」を冒頭に置き「阿羅野」を末尾に据えるという配列が定着していたのだ、と考えるべきであろう。寛政版七部集の配列は、いわば小本七部集というヒット商品の、詰め合わせの順番を大略踏襲したに過ぎなかったのである。それは、俳諧七部集が商品として扱われた時代の、象徴と見るべき出来事ではないだろうか。

平成十八年一月十九日　稿

2　小本『俳諧七部集』の重板

はじめに

安永三年に初めて世に出た『俳諧七部集』は、それまで単行本として別々に販売されて来た半紙本の七部の書、すなわち『冬の日』『春の日』『阿羅野』『ひさご』『猿蓑』『炭俵』『続猿蓑』を小本二冊にまとめたもの。その安永版小本七部集の刊記に名前を連ねるのは、江戸の山崎金兵衛・富田新兵衛、京都の西村市郎右衛門・野田治兵衛・筒井庄兵衛の五軒である。従来この書は、安永当時七部の書の板権を持っていた井筒屋・西村らが主導し、他の本屋に声をかけて相板として出したかの如く誤解されて来た。が、事実はさにあらず、もともとは京の板元の与り知らぬところでさほど悪気のないまま江戸の富田が仕立ててしまい、それが重板（海賊版）の咎めを受けたため、井筒屋・橘屋との縁の深かった山崎が仲裁に立ち、相板としてことを収めたものであった。かように重板がらみで出発した小本七部集ではあったが、その手軽さもあり、また折からの芭蕉賛仰熱にも支えられて大当たり商品となって行ったことは、富田は言うまでもなく京の正板元でさえ予想し得なかったことに違いない。そして、井筒屋から板権を買い取った諧

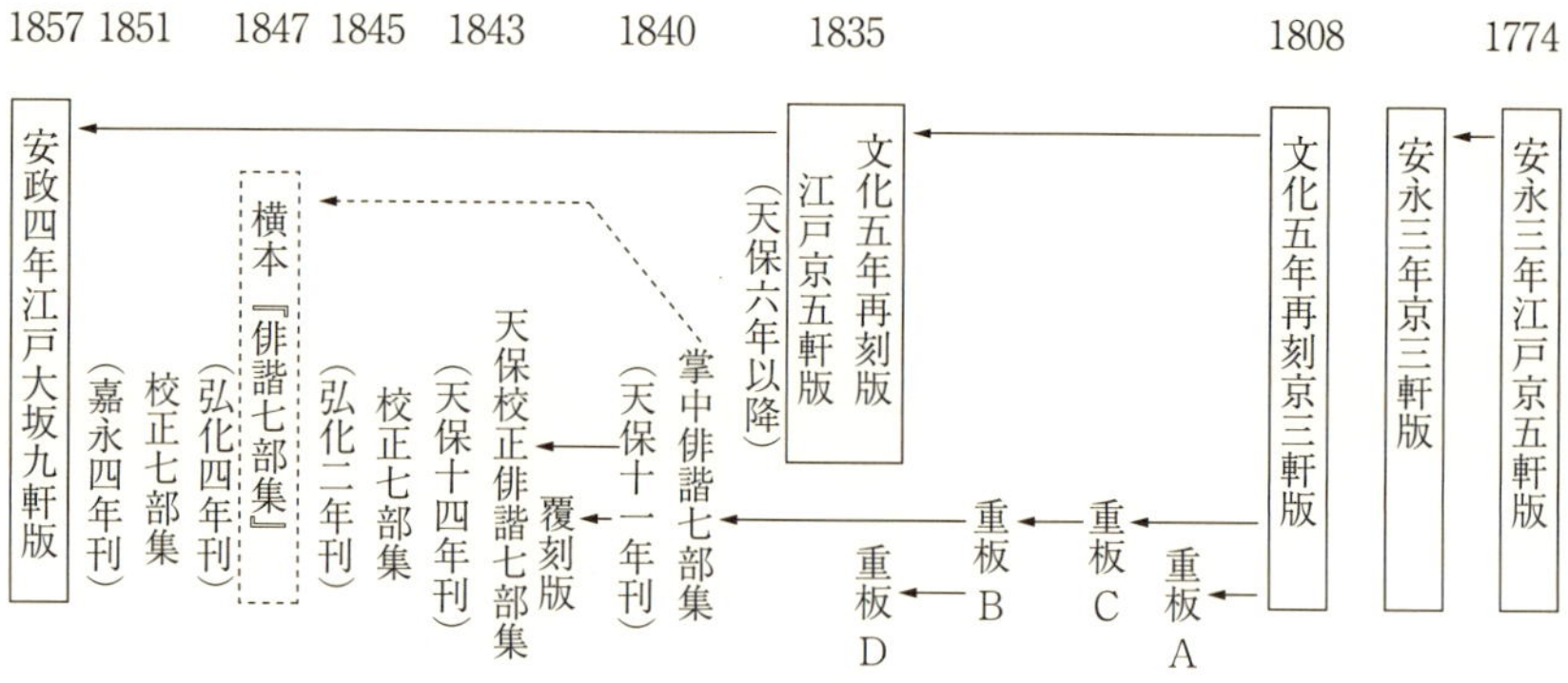

仙堂こと浦井徳右衛門と彼と組んだ橘屋野田治兵衛によって文化五年に再刻され、井筒屋の名前も残して三軒相板の形で、安政期に至るまで出版が続けられることになる。この安永から安政にわたる八十年余の正板小本七部集の出版事情については、前章「小本『俳諧七部集』」に詳述した。八十年余にわたる出版の事実は、小本七部集が良く売れたこと、言い換えれば本屋に利益をもたらしてくれる魅力的な商品であったことを物語る。七部集本文の校合資料としては取るに足りない扱いを受けて来た小本七部集は、いわば「芭蕉」という利権を象徴する資料として再評価されねばならないこと、前章に述べた通りである。が、その利権の大きさを正確に把握するためにはまだいくつか考えておかなければならないことがある。その一つが、夥しく出回った小本七部集の重板の実態である。再掲になるが、小本七部集の正板・重板の流れを整理した上の表を御覧いただきたい。囲みに入れたものが正板、それ以外は重板である。安永三年版の出版は文化五年までの三十四年間に及ぶが、不思議なことにその重板らしきものは見当たらない。それは、前稿に述べたように、安永版が江戸京五軒相板の形式をとったために、結果として上方・江戸の両地域に睨みがきいたからであったと考えられる。ところが、板権の移動に伴って江戸の本屋が外され文化五年再刻京三軒版が出ると、それを待っていたかのように江戸表を中心に重板が続出し、安政四年までの約五十年間にその数九種に及んだ。それは、表に沿って言えば、文化再刻の正板を刊記部を含めてそっくりそのまま模

して小本二冊とした重板A・C・Bに始まり、刊記部を省いたやはり小本二冊の重板D、掌中本二冊に仕立て直して目先を変えた天保十一年刊の『掌中俳諧七部集』とその覆刻版、同じく掌中本で『奥の細道』を添えて三冊とする天保十四年刊の『天保校正俳諧七部集』、袖珍本（三ツ切横本）一冊とする弘化二年刊『校正七部集』、横本二冊の嘉永四年刊『校正七部集』がそれである。そこには、重板がまた別の重板を生むという複雑な動きも認められる。もちろん正板元の浦井もこれらを座視していたわけではなく、京の組合を通じて度々差し構えを起こしていたことは『上組済帳標目』の記録に明らかであるが、結局重板の動きを封じ籠めることは出来なかった。九種の重板の多くは杜撰に杜撰を重ね、資料的には見るに耐えない姿を呈している。が、それらをも視野に入れることによって、始めて「芭蕉」という利権の大きさが浮かび上がって来ると筆者は考える。以下、九種の重板を取り上げてその実態を探ると共に、重板の一つである『掌中俳諧七部集』をもとに正板元によって商品化された弘化四年横本『俳諧七部集』などを中心に、重板に群がる本屋と正板元との駆け引きの有様を見てみることにしよう。

なお、文中に取り上げる重板の表紙・寸法について、特に断らないものは文化五年版と同様、浅葱色系の布目地表紙で概ね小本大であると御理解いただきたい。また、表紙の図版は示さないが、題簽はいずれも左肩にあり、特に断らないものは白地である。それに、前稿と同様、天理大学附属天理図書館綿屋文庫蔵本は綿屋本と、上野市芭蕉翁記念館芭蕉文庫蔵本は芭蕉本と、雲英末雄氏蔵本は雲英本と、加藤定彦氏蔵本は加藤本と略称する。○で囲った番号は、説明の便宜上筆者が仮に付したもの。図版は章末に一括して掲げた。なお、各項目毎に見開きとして収めることを優先したため、図版の縮小率は一定していない。

1 重板A本（図版章末P184・185）

この重板A本は、文化五年版の後刷本を題簽・序・本文・跋・目録刊記のすべてにわたり比較的忠実に模した本である。用字もほぼ文化版に一致。ノドの丁付も文化版を踏襲し、次のように見える。

〈丁　付〉

上　序　文　序壹、序弐
　　春の日　○ハ一〜○ハ十ヲ
　　冬の日　○フ一〜○フ九ヲ
　　ひさご　○ヒ一〜○ヒ十
　　猿　蓑　○サ一〜○サ三十六
　　続猿蓑　○ソ一〜○ソ四十ヲ
下　炭　俵　○ス一〜○ス三十三ヲ
　　阿羅野　○ア一〜○ア四十二ヲ
　　員　外　○イ壹〜○イ十七ヲ
　　跋　文　秡
　　目録刊記（丁付ナシ）

このうち、『炭俵』12丁を「十二」と誤刻。また、文化版と同様、目録刊記の丁には丁付を入れない。管見に入った重板A本は、左の七点がある。なお、＊印はその冊に元題簽が残ることを意味する。ちなみに、芭蕉本⑦はラベルに「安永三／7」とあるもの。芭蕉本⑧は未整理本で、受入番号4669。表から明らかなように、作品の収録順はどの本も同じである。ただし、家蔵本①②以外の本は目録刊記の一丁を省略し、家蔵本③は跋文の一丁をも省いている。また家蔵本③は本文の一部、ス27・28丁、ア14・15・17・19・37丁、イ1丁の板木を彫り直す。家蔵本①によって、題簽・序文一丁裏・『春の日』一丁裏・跋文裏・目録刊記の丁表裏を図1～5として掲げる。前章の文化版の図版10～14と見較べていただければ、良く似てはいるものの異板たること明らかであろう。なお、重板A本の題簽に二種類あり。家蔵本①上巻のそれは綿屋本と同じで、芭蕉本⑦のものは書体やや異。下巻は家蔵本①・芭蕉本⑧・綿屋本が同じで、家蔵本③④とは小異がある。

重板A本

	上巻	下巻
家蔵本①	＊ハフヒサソ	＊スアイ
家蔵本②	ハフヒサソ	スアイ
芭蕉本⑦	＊ハフヒサソ	スアイ
芭蕉本⑧	＊ハフヒサソ	＊スアイ
綿屋本162・3	＊ハフヒサソ	＊スアイ
家蔵本④	欠	＊スアイ
家蔵本③	欠	＊スアイ

さて、先にも触れたように、この重板A本は文化版を比較的忠実に模した本である。が、基本的に儲けを意図した重板である以上、手ぬき・杜撰箇所が少なくはない。先ず目につくのが、文化版の欠刻をなぞった風の文字の形を無視した杜撰な写しである。図6の(1)、『炭俵』17丁裏はその一例。一行目頭の「浦」の旁部分、囲みの中の横棒二本が省かれ、また三行目下の作者名「洒堂」の「洒」の旁の一画がやはりとんでしまっている。このような文字の形をなさない杜撰箇所が全体で37箇所ある。次に目立つのが、濁点・返り点・音読付号・ルビ等の省略で、図6の(2)『続猿蓑』28丁表の墨消し部を省いた例などはその典型。これが全部で16箇所。また、作者の肩書「伊賀」を「イカ」というように、漢字からカナにしてしまった箇所が8例ある。これらの省略は、写し・彫りの手間を惜しんだもの。それ以外

に誤読も4例あって、杜撰・手抜きを含めて65箇所。要約すれば、重板A本は文化版をもとに、手間を省きつつ杜撰に写して作られた重板ということになる。が、その杜撰さは以下のC・B・D本に較べればずいぶんとましである。出版の順序としては、目録刊記の丁のある家蔵本①②が先に出て、芭蕉本⑦以下で目録の丁が外され、一部改刻の家蔵本③に及んだと見るべきであろう。目録の丁を外したのは、少しでも重板の咎めを避けるためであったと思われる。この重板A本は、次に取り上げるC本以下の江戸表で出回ったと考えられる重板との関わりが認められない。家蔵本もすべて関西方面で入手したものであることを思うと、上方版である可能性が高い。これに該当する記録も『済帳』に見出すことが出来ず出版年代も不明とする他ないが、後で取り上げる重板ほど崩れていないことを考えると、文化版出版後の比較的早い時期のものであるような印象を受ける。

2　重板C本　（図版章末P186・187）

この重板C本は重板A本と同様、文化版後刷本を題簽・序・本文・跋・目録刊記のすべてを模した本で、用字も文化版にほぼ一致する。ノドの丁付も文化版を踏襲するが、『冬の日』1・2丁の「フ」とあるべき所を「ラ」と、また『猿蓑』33丁の「サ」を「リ」と誤る。それに、『ひさご』9丁のみが・（黒マル）で標示されている。重板A・C・B・Dの中では最も目につく本で、管見のもの左の十一点がある。なお、芭蕉本⑨はラベルに「文化五／4」とあるもの。題簽は、上巻七点のうち芭蕉本⑨には旧蔵者によるなぞり書きがあり原姿不明ながら、他の六点は同一。下巻三点も同一の題簽である。家蔵本④②は寄本。茨城高校本には目録刊記の一丁が無い。家蔵本①によって、図1～5に題簽・序文一丁裏・『春の日』一丁裏・跋文裏・目録刊記の丁の表裏を挙げておこう。ただし、下巻の題簽のみ家蔵本②による。注目すべきは家蔵本③で、この本は全201丁のうち次の119丁を彫り直してある。

ハ　1〜10　フ　1、2、5〜9　ヒ　1〜5、10
サ　1〜4、6、7、13、14、19〜22、25、26、29〜34
ソ　3、4、9〜20、23、24、29、30、37、38
ス　1〜5、8〜11、16〜19、24〜29
ア　5、6、11、12、19〜33、35、36、39、40
イ　1、2、5、6、9〜17、跋文

重板C本

	上巻	下巻
家蔵本④②	ハフヒサソ	*スアイ
家蔵本⑤	ハフヒサソ	欠
雲英本⑬	*ハフヒサソ	欠
雲英本⑩	欠	スアイ
雲英本⑨	*ハフヒスサ	*ソアイ
家蔵本①	*ハフヒスサ	欠
加藤本⑨	*ハフヒスサ	欠
芭蕉本⑨	*ハフヒスサ	欠
家蔵本⑥	*ハフヒスサ	欠
茨木高校本	*ハフヒスサ	*ソアイ
家蔵本③	ハフヒスサ	ソアイ

かような補刻は、同一書の板木を二軒の本屋がほぼ等分に分割所有していて、うち一軒分が火事などで丸ごと失われた場合に見られる現象。いま詳しく述べている暇は無いが、『奥細道菅菰抄』などにその例がある。作品の収録順に二つの型があり、Ⅰはハフヒサソスアイ型、Ⅱはハフヒスサソアイ型。補刻本がⅡ型だから、Ⅰ型が先行すると思われる。

さて、この重板C本、文化版をなぞってはいるものの、やはり杜撰は多い。とりわけ目立つのは板下をこしらえた人物が文字（特に漢字）を読めていないための誤りで、図6(1)の『炭俵』11丁裏はその一例。これは二行目下部の「欲ぼりて」のところ「り」から「て」の二画目へ直接続いてしまい、「て」の一画目が左へ浮くという書き振りで、文字の形をなしていない。同様の杜撰が全体で98箇所見受けられる。図6(2)は、『猿蓑』27丁裏の誤読例。二行目下半分「殿よりのふミ」の「殿」が漢字として読めなかったらしく、仮名の「かま」と誤写し、加えて「より」を「よけ」と誤る。かような誤読例が、全部で39箇所ある。また、A本に見られたような濁点・ルビ等の省略例も当然あるが、これは7例と比較的少ない。図6(3)のように『続猿蓑』の墨消しを残していることからも、この重板C本にはその点からの省力意識は薄い。が、杜撰・誤読・省略等併せて137箇所で、A本の二倍以上いいかげんな本ということになる。

なお、この重板C本、天保十一年以前の江戸版と考えられること後に触れるが、伝本が多いこと、全体の半分以上に及ぶ補刻本が存在することなど考え併せると、もともと二軒の本屋が絡んでいて出版も比較的長期にわたったのではないかと推測される。

3　重板B本　(図版章末P188・189)

この重板B本は、重板C本を模した本である。丁付もC本を踏襲するが、『春の日』の全丁、『冬の日』の1・2丁、及び『阿羅野』の8丁を・(黒マル)で標示するところがC本と異なる。また、図版からも明らかなように、用字は必ずしもC本のままではない。管見に入ったものに次頁上段の五点がある。この五点、たまたま全てに元題簽が残るが、上下巻各四点それぞれ題簽は同じ。また、作品の収録順も同じである。ちなみに、松宇文庫にもB本二点を蔵するが、いずれも簽欠。家蔵本によって、題簽・序文一丁裏・『春の日』一丁裏・跋文裏・目録刊記の丁の表裏の図版を図1〜5に掲げておく。

このB本がC本に拠っている根拠としては、C本の杜撰箇所をそのまま踏襲していることが挙げられる。その例をいくつか見てみよう。図6(1)は、『ひさご』の4丁裏。二行目「まゆ烹也」とあるべきところ、「烹」の字をC本は誤っているが、B本もこれを踏む。図6(3)は、先にも示した『猿蓑』27丁裏。これもまた「かまよけかふミ」をそのまま写している。図6(2)は『ひさご』8丁裏。二行目「切籠の紙手」の「紙」の字をC本で中途半端に彫り残したため、B本の板下を作った人物は判読しかねたらしく、空白にしてある。かようにC本の杜撰箇所を踏襲した部分はB本全体で29箇所に及び、B本がC本に拠っていることは疑うべくもない。そして、C本からB本が作られる際に杜撰はさらに重ねられ、濁点・ルビ等の省略75箇所、作者所書きの漢字からカナへの書き替え44箇所、誤読136箇所、杜撰な写し53箇所、読めないままに空白として残したところ9箇所、合計317箇所に新たな誤りが生まれることになった。なお、この重板B本も天保十一年以前の江戸版と考えられること、後で触れる。

重板Ｂ本

	上巻	下巻
家蔵本①	ハフヒサソ	アイス
家蔵本②	欠	アイス
雲英本⑦	ハフヒサソ	アイス
雲英本⑧	ハフヒサソ	アイス
加藤本⑧	ハフヒサソ	欠

重板Ｄ本

	上	下
家蔵本①	○	○
家蔵本②	○	*○
雲英本⑪	○	*○
雲英本⑲	○	欠
加藤本⑩	*○	*○
芭蕉本⑩	*○	○

4　重板D本　（図版章末P190・191）

この重板D本は重板B本をもとにして作られたもの。この本の特徴は、丁付を上下ともそれぞれ通しとして、目録刊記の一丁を省いているという点にある。上巻には序文・ハ（春の日）・フ（冬の日）・ヒ（ひさご）・サ（猿蓑）・ソ（続猿蓑）を収録して、丁付をノドに一～百三と入れる。下巻にはア（阿羅野）・イ（貝外）・ス（炭俵）・跋文を収め、丁付は一～八十九。ただし、四十二に又丁があり、下巻の実質丁数は九十となる。また、下巻には処々にア・イ・スの略号が丁付に入る丁がある。管見に入ったもの、上の六点。うち上巻については二点、下巻は三点に元題簽が残り、いずれも同一。次に図版を示そう。図1は加藤本⑩の題簽。図2は上巻一丁裏の序文前半部、図3は上巻二丁裏の『春の日』の冒頭部、図4は下巻八十九丁裏の跋文後半部で、いずれも家蔵本①による。この重板

D本が重板B本に拠っていることは、作品の収録順が同じであること、用字がほぼ一致することからも見当はつくが、D本がB本にのみ見られる杜撰・誤読箇所を踏襲しているのが何よりの証拠となる。例を上げよう。図5⑴二行目「などひて」は「ならひて」の、図5⑵二行目「乗らる、」は「烹らる、」の、図5⑶一行目「は、けぬ」は「す、けぬ」の誤りであるが、D本はB本のそれをそのまま踏襲している。図5⑴二行目頭の「親」の不自然な書体もそのままに写す。同様の例は全体で160余箇所に及び、D本がB本に拠って作られていることは疑うべくもない。ただ不審なのは、D本の中にB本とは著しく異なる丁が見受けられることである。それは次の7丁である。なお、（　）内の数字は対応するB本の丁数である。上巻十五（フ五）・十六（フ六）・廿三（ヒ四）・廿四（ヒ五）・七十一（ソ八）・七十二（ソ九）、下巻二十一（ア二十一）。このうち上七十一・七十二以外の5丁は、ルビ・用字などがB本よりも文化五年版正板に近い。上巻十五（フ五）丁の例を図6にあげておく。上段が文化版、中段が重板B本、下段が重板D本である。つまり、重板D本は全体をB本に拠りつつも、ごく一部の丁のみ文化正板に倣っていることになるのだが、その理由は良くわからない。が、右の七丁を除き、B本からD本が作られる際に、ルビ・濁点等の省略19箇所、杜撰92箇所、誤読14箇所、判読しかねて空白としたところ10箇所と、合計135箇所にわたって杜撰に杜撰を重ねていることからすれば、文化正板に近い5丁は修正意識に基づくものではなく、何らかの理由による物理的操作と見るべきであろう。

では、重板C・B・Dはいつごろどこで出版されたのであろうか。次項で取り上げる『掌中俳諧七部集』は重板B・D本を参考にした形跡があり、その出版は天保十一年である。よって、B・D本及びB本が拠ったC本の出版がそれ以前であることは明白。そして、これも後述するが、出版部数がごく限られていたと思われる『掌中俳諧七部集』の覆刻版が江戸表で広く出回ったことを思うと、重板C・B・D本は江戸版である可能性が高い。これに関連して次のような傾向も指摘しておきたい。関西在住の筆者がこちらで小本七部集を収集する折に、B・C・Dを始め後述の重板も目にする機会は極めて少なかった。ところが、関東方面の本屋の目録などで見つけて取り寄せてみると、それが重板であったことが多い。重板Cの家蔵本③、重板Dの家蔵本①②などはそれである。一方で、関東方面で収集なさった雲英末雄氏・加藤定彦氏の蔵書中には重板が多く、正板は極めて少ないという事実にも注目しなければならない。また、個々の本について見て行くと、次のような標徴も認められる。

・重板Cの家蔵本③　各冊見返しと後表紙に「入間郡／南入曽／上志村」の丸形墨印がある。南入曽は、現埼玉県狭山市南入曽村。

・重板Cの雲英本⑨　「雁清」の仕入印がある。「雁清」は江戸の雁金屋清兵衛であろう。

・重板Bの加藤本⑦　上下巻の各末尾に「上総／北野村／翕政」の丸形墨印がある。

以上のことがらを総合して、重板C・B・D本は江戸生まれで関東方面に広く出回ったと考えることはそれほど無理ではないと思う。ところで、それらの出版時期についてもう少し限定出来ないであろうか。京都書林仲間の『上組済帳標目』に次のような記録がある。なお、( )の数字は便宜上付したもの。

文政六年未九月より同七年申正月迄

(1)一　俳諧七部集小本、於江戸重板出来。右ニ付、板元より口上書。并、江摂両地書状往返之事。

文政八年酉正月より五月迄

(2)一　俳諧七部集小本、先達而江戸表ニ而重板出来候処、今度事済、重板之板木引取一件。同江戸行事江返書。

従天保三年辰正月至同五月

(3)一　菱屋徳右衛門より、俳諧七部集小本、先年江戸ニ而重板出、此節尤流布致候ニ付、売留之頼出候口上書。

(1)と(2)の記録は一年余を隔てるが、同じ一件に関するものとも読める。この一件は「事済」み、「重板之板木引取」るということで落着を見た。(3)は(2)の六年後で、これはまた別件であろう。この件についてどういう結果が出たのかの記録は残らない。『済帳』と現存する重板をつき合わせてみると、重板C・B・Dに対応しそうな記録はここ以外には無い。もっとも京の板元がすべての重板を発見出来たとは思われず見過ごされたものもあったはずで、断定は憚られるが、重板C・B・D本は文政から天保初にかけて江戸表で出回ったと推測しておきたい。

さてもう一つ、次のことがらについても少し考えておかねばならない。それは、重板B・Dをこしらえた人物は、それぞれ元にしたC・B本が重板であることを認識していたかどうかという問題である。が、それらの杜撰な仕事ぶりから見て、重板から重板を作っているという認識はおそらく無かったと思う。要するに、小本『俳諧七部集』が良く売れていることに目をつけ、手近にあった一本を使ったに過ぎず、それがたまたま重板だったのである。重板から重板が生まれるという現象は、重板を目論だ人物が正板を手にするよりも重板を手にする確率が高かったことを意味するもので、江戸の町での重板の広がりの深さを象徴しているかの如くである。

5　掌中俳諧七部集　（図版章末P192・193）

管見に入ったのは雲英末雄蔵の一点のみ。書名に言う通り、掌中本二冊。縦12.2糎・横8.9糎。原装藍色表紙に空押しの菊花紋がある。角切は小豆色。表紙左肩に薄黄色地の双辺元題簽、存。「掌中俳諧七部集　上（下）」（図1）。丁付はノドにあり、上巻は上ノ一〜上ノ百三、下巻は下ノ一〜下ノ八十八。ただし、下五十六に又丁があり、下巻の実質丁数八十九丁。重板A・C・B・Dにはあった序・跋、それに目録刊記の丁を省く。上巻には「庚子の首夏　精衛道人誌」の序文（図2）に続き、『春の日』（図3は、その冒頭部）『冬の日』『ひさご』『猿蓑』『続猿蓑』を、下巻には

『炭俵』『阿羅野』『貝外』を収めるが、『ひさご』『猿蓑』『炭俵』収録の連句計13巻の句引、『猿蓑』の震軒草「題芭蕉翁国分山幻住庵記之後」と丈草跋文、それに『炭俵』奥の撰者名を省いてある。刊記は下巻後表紙見返しに貼り付けて、「天保十一庚子林鐘増刻成／秋艸菴蔵精衛」とある（図4）。ちなみに、秋草庵精衛なる人物、未詳。後で取り上げるこの書の覆刻版が本人または出版に関わった本屋の手によるものと考えられ、しかもその覆刻版が江戸表で出回っていることからすると、秋草庵は江戸の人で掌中本も江戸版と思われる。

さてこの書、序文には「こゝに蕉門の骨髄を得たりといふ或家に秘蔵せる古写本を得て、詳に訂正し、懐宝の一本となす」とあるが、重板B・D本に拠った新たな重板である。たとえば丁付を通しとするところはD本に同じで、上下とも丁数をD本に合わせてあるし、下巻に又丁を設けている点もD本を意識したかの如くである。なお、D本に較べ下巻が一丁少ないのは掌中本で跋文を省略したため。しかし、一方で作品の収録順はB本に一致する。そこで本文を対校してみると、B・D本と共通する誤りを25箇所見出すことが出来るが、それ以外にB本のみの誤りを踏襲した所が3箇所認められる。一つは図5(1)の一行目、B本・掌中本とも下五「旅にして」とするが、「旅ねして」が正しくD本にはそのようにある。また、図5(2)の一行目作者名「芦夕」の「夕」と、六行目前書「京なる人に申つかハしける」の「申つ」の部分をB本・掌中本は空白とするが、D本にはどちらも正しく入っている。この三箇所を根拠にすれば、掌中本はおもにB本に拠っていると判断出来るが、丁付についてはD本も意識していたということになろう。

さて、この掌中本、重板の常として手抜き・誤写等がやはり多く見られる。B本と校合してみると、濁点・ルビ等の省略が72箇所、作者所書きの漢字からカナへの書きかえが13箇所、誤写・誤読は73箇所で、合計158箇所に及ぶ。が、逆にB本の誤りを正した所も少なからず見受けられる。その一例として、図5(1)の四行目を御覧いただきたい。B本では句頭の「命」の字が判読出来ないほど崩れ、また四文字目「君」とあるべきところを「事」と誤っているが、掌中本ではこの二箇所に入木をして訂正している。入木による訂正はこの二箇所を含め三例だけだが、他にも板下段階でB本の誤りを正している所が全体で113箇所ある。また、濁点・ルビを補っている例が37箇所、作者の所書きをカナから漢字に改めている例が27箇所。掌中本による訂正は合計177箇所となり、先の杜撰箇所158をやや上回る。前引序文中に「詳に訂正し」と言うのも、あながちに嘘ではない。が、一方では手抜き・杜撰を重ねながら、一方ではそれなりの修正意識を見せるという背反性は何とも説明がつかない。それにもう一つ、この本には不自然な操作が加えられている。それは、『春の日』発句部冒頭、『冬の日』巻末、『続猿蓑』春の部末尾と同書巻末、『炭俵』春の部末尾と同書巻末、『阿羅野員外』巻末に、『卯辰集』『千鳥掛』『芭蕉庵小文庫』『韻塞』から気侭に採った発句計88章と歌仙二巻を挿入しているということである。ちなみに截ち入れに使用した四点の書物は、享和三年刊の小本『俳諧続七部集』収録のもの。秋草庵の手許にはこの本もあったことが知られる。図5(3)に示したのは、掌中本下15丁の表と裏で、『炭俵』の春の部の末尾。『炭俵』春の部は、表の右側6行目利牛の句で終わるはず。それより後の楚常以下の句は、『卯辰集』からの抄録である。七部集の原姿を著しく損なうこの操作が行なわれた理由もやはり良くわからない。が、はっきりしているのはこれらの截ち入れによって、掌中本の丁数がD本と同じになっているということである。そこまでして秋草庵がD本の丁数に合わせることにこだわったわけは、やはりわからない。

以上のように『掌中俳諧七部集』は重板であることは間違いないものの、その性格は混沌として摑み難い。今までの重板には全く見られなかった修正意識の萌芽は注目すべきであるが、七部集の原姿を著しく損なってしまったこの書の出現が江戸表での重板の氾濫と混迷に一層の拍車をかけることになって行くのである。

6　天保校正俳諧七部集（図版章末P200）

国文学研究資料館マイクロフィルムからの焼付写真による一点のみが管見に入った。同館マイクロ資料データベースに「マ4―94―10・C〔1〕」、某家蔵、二冊本」とあるのがそれ。寸法は前述の掌中本にほぼ一致する。原本を見ていないので元表紙かどうかは不明だが、二冊共に題簽は無い。図1右側が上冊見返し、左が序文。図2が『春の日』冒頭部、図3が刊記である。見返しに言う「附録」の「奥の細道」については、本書第二部2「『おくのほそ道』蛤本の謎」に詳述したのでここでは省くが、この書はもともと七部集二冊にほそ道一冊を添えた三冊本である。見返しに「天保校正」をうたい、序文末には「寅（天保十三年）初冬　晩花坊誌」とし、刊記には「天保十四癸夘年夏六月吉旦　明月莽藏」と入れて新板を装うが、掌中本によってこしらえた重板である。先ず、序文の文章は板木は異なるものの、掌中本と全く同じ。ノドにある丁付は写真では殆どわからないが、一部わずかに覗くことが出来、これまた掌中本を踏襲して、上冊は上ノ序・上ノ一～上百三と、下冊は下一～下五十六・下又五十六～下八十八とあるやに見受けられる。本文も掌中本を写しただけの内容で、新たな間違いも少なくはないが、掌中本の誤りを訂正している箇所もかなりある。また、句の脱落・先後も十箇所ほど認められる。ちなみに、付録のほそ道も、見返しに誤って蛤の句を入れた寛政版後刷本を写しただけのしろもので、これもまた重板の譏りは免れない。なお、この書、次に取り上げる掌中本覆刻版に拠ったと考えられなくもないが、掌中本元版にあって覆刻版で省かれた作者の所書きがこの書に入っているので、その可能性は否定しても良いと思う。また、掌中本に拠っているので、やはり江戸版であろう。ちなみに、天保十四年は芭蕉百五十回忌。七部集とほそ道を一組にしたこの書がそれをあてこんでいることは疑うべくもない。

7　掌中本覆刻版（図版章末Ｐ194・195）

この書は掌中本の覆刻版と見られるものである。家蔵本①によって、図版を示そう。図1が題簽、図2が序文、図5は掌中本元版の上巻七丁裏の一部と覆刻版の同じ箇所、図3が刊記である。題簽は装いを新たにするが、内容は掌中本の覆刻版であること図2・図5から明らかであろう。丁付も元版を踏襲するが、「上ノ十二」とあるべき所を「十」に誤る。なお、刊記のみは元版と同一板木による刷りである。この本は比較的多く目につき、上の十五点を見ることが出来た。寸法は本によって異なり、最大は雲英本⑱で縦14.6糎・横10.7糎、最小は小林本の縦11.5糎・横8.6糎。題簽は家蔵本①②と加藤本⑪が同じ、綿屋文庫の二本はまたそれぞれに小異がある。なお、綿屋本②は合冊本で、上巻の題簽を使用。また、綿屋本は二本ともに見返しに印刷がある。図6は綿屋本①のそれ。綿屋本②は同様の様式で中央上部の「掌中校正」がなく、左の欄に「江都書林　玉山堂梓行」と入れた別板木によるもの

掌中本覆刻版

	上	下	刊記
綿屋本①234・1	*○	*○	A
家蔵本①	*○	*○	A
小林孔氏蔵本	○	○	A
角光雄氏蔵本	○	○	A
某文庫本	○	○	A
綿屋本②230・2	*（合冊本）		B
家蔵本②	*○	*○	C
加藤本⑪	*○	*○	C
雲英本⑯	欠	○	C
雲英本⑳	欠	○	C
加藤本⑬	欠	○	C
雲英本⑮	欠	○	D
雲英本⑰	○	欠	欠
雲英本⑱	○	欠	欠
加藤本⑫	○	欠	欠

を貼る。この覆刻版には図3に示したもの以外に、三種類の刊記が認められる。図3に示したものを仮に刊記Aとしよう。図7は綿屋本②にのみ見られる刊記B、図4が比較的多く見られる刊記C、図8は雲英本⑮の巻末に添えられた本屋の目録の裏と後表紙見返し貼付の刊記で、これをDとしておく。どの本がどの刊記を持つかは上の表によって確認されたい。このうち、綿屋本②の刊記Bに天保七年とあるのは、掌中本元版が天保十一年であるから俄には信じ

難い。この本は見返しに玉山堂の名前が入り山城屋佐兵衛が扱ったことは間違いないが、刊記そのものはおそらく他の出版物のそれを転用したのであろう。その綿屋本②はさておき、この覆刻版は刊記A本、刊記C本、刊記D本の順に出回ったと考えられる。刊記A本のうち最も整った様式をもつのが、見返しにも「秋艸菴藏」と入れる綿屋本①。刊記部分の板木が掌中本元版と同一であることを思うと、覆刻を企んだのは秋草庵その人かあるいは掌中本元版を扱った本屋のはず。見返しのない刊記A本がこれに続く。その後で刊記C本が出回ることになるが、実は刊記Cの板木は刊記Aのそれと同じもの。左側下寄りの欠刻三箇所と下部左寄りの欠刻一箇所が一致し、匡郭も全く同寸なのである。つまり、刊記Cは刊記Aの匡郭内を削って入木によって仕立てられているわけで、それは刊記Cに言う天保十五年にこの覆刻版を企んだ秋草庵もしくは関係の本屋から山崎屋と三河屋へ板権の移動があったことを意味する。この天保十五年から刊記Dの嘉永六年までの約十年間、刊記B・C・Dに名前の出る本屋は全部で十二軒である。この覆刻版が江戸表でかなり広範囲にかつ長期にわたって出回ったことを告げる事実として受けとめる必要があろう。伝本が多いのも故なしとしない。

しかし、この覆刻版、そのような好調な売れ行きとは裏腹に、七部集の原姿を損ね得体の知れぬ内容にしてしまった掌中本元版にさらに杜撰を重ねている。図5の『春の日』の一部はその一例として示したのであるが、作者名の「商露」「聴雪」など、文字の形をなさない。全体を調べてみると、かような文字の形をなさぬ体の誤写が36箇所、誤読が13箇所、誤脱が2箇所、それに濁点・ルビ等の省略が9箇所で、合計60箇所に及ぶ。今まで見て来た重板の中で最も杜撰と評しても良いこの覆刻版が天保後期に広く出回った背景としては、天保十四年の百五十回忌を迎えての芭蕉熱の昂まりを考えてみるのが一番分かりやすいのかも知れない。

8 弘化四年版横本（図版章末P196～199）

この書は当時七部集の板権を持っていた京都の諧仙堂こと浦井徳右衛門（五一郎）が出した本で、重板ではない。が、前述の掌中本及びその覆刻版との関わりで生まれた本であるので、ここで取り上げることにする。

この本は左の五点が管見に入った。横本二冊。芭蕉本⑪の寸法は、縦11.0糎・横16.0糎。綿屋本もほぼ同寸。他の三点は横寸がやや小さめ。題簽は上巻三点は同一。下巻は雲英本に小異あるも、他の三点は同一。丁付は各冊とも板芯下部にあり、上が上ノ一～上ノ五十八、下が下ノ一～下ノ三十・下三十一～下四十九。上巻に『春の日』『冬の日』『ひさご』『猿蓑』『続猿蓑』、下巻に『炭俵』『阿羅野』『阿羅野員外』を収める。五点のうち綿屋本と芭蕉本⑪は、浦井がまだ板権を握っていた間の、具体的に言えば安政四年以前の版。他の三点はそれ以降の後刷本である。綿屋本・芭蕉本によって、その概略を示そう。図1（芭蕉本⑫による）が題簽。図2（綿屋本による）は上巻の見返しで、ここには板元の口上が入るが、後刷本の某文庫本・芭蕉本⑫はこの口上を省略する。図3（芭蕉本⑪による）は、下49丁裏の刊記。右下にあるのは「諧仙堂」の朱印で、綿屋本にも押印。ちなみに、この印はこの横本と同じ年弘化四年三月発行の浦井編『眺望集』刊記部に見えるものと同一印である。文化五年の正板にも同じ印文の朱印を捺した本が多くあるが、印そのものはそれとは異なる。なお、後刷本三点にはこの印は無い。図4（芭蕉本⑪による）の諧仙堂藏板目録も綿屋本・芭蕉本⑪の下巻末尾にのみ見られ、後刷本ではこれを省く。安政四年以降の版と思われる後刷本の刊記三種を図7に挙げておこう。

弘化４年版横本

	上	下
綿屋本242・8	*○	*○
芭蕉本⑪	○	*○
某文庫本	*○	○
芭蕉本⑫	*○	*○
雲英本	欠	*○

さて、この横本、板権を所有している正規の板元が出しているのであるからもちろ

ん正板なのであるが、実は重板の掌中本元版をもとにして作られた奇妙なしろもの。図6を御覧いただきたい。上段は掌中本元版の上巻19丁の表と裏、下段は横本の上12丁裏である。板面の酷似は一目瞭然。注目すべきは下段の中央部、「中にもせいの高き山伏　翁」「いふ事を唯一方へ落しけり　碩」の二句の間に見える不自然な空白である。これは上段の丁の折目の空白にほぼ相当する。これによって、横本は掌中本元版の版本をばらして、それをもとに板下を仕立てていることが判明する。が、さすがに正板元の出版だけあって、掌中本をそのままなぞっているわけではなく、次のように修正を施している。

・掌中本で省かれた序・跋、及び『ひさご』『猿蓑』『炭俵』収録の連句句引、『猿蓑』の震軒草「題芭蕉翁国分山幻住庵記之後」の文、同書丈草跋文、『炭俵』撰者名を復活。

・掌中本で加えられた『続七部集』の発句・連句を削除。

・掌中本の本文の誤りを全部で137箇所訂正。

本文訂正の例を二つ見ておくことにしよう。図5の(1)は『ひさご』の一部。その二句目「押ませて」は横本の「押まけて」が正しい。「せ」の部分を入木で「け（遣）」と修正。(2)は『猿蓑』序文の冒頭部。掌中本四行目「ゆめに見る」に脱文があり、これを横本では「夢に夢見る」と補う。こちらは入木ではないようで、板下段階での修正と見られる。修正のあった137箇所を調べて見ると、板下を整える段階で一度手を入れ、更に入木によって修正したものの如くである。弘化四年当時、正板元である浦井は小本七部集という文化五年以来の定番商品を持っていたはずである。にも関わらず、かくまで手間をかけ、しかもわざわざ重板である掌中本元版から板下をこしらえて、横本という新商品を作った理由は何であったのだろうか。

ここで話を掌中本に戻そう。掌中本が覆刻されたのは、ごく単純に考えれば元版の板木が失われたからである。では元版の板木はどうなってしまったのか。そこで注目すべきは、弘化四年版横本の諧仙堂蔵板目録である。いま一度、図4を御覧いただきたい。目録表には文化五年版の目録に出るものと同じ十六点の書物を上げ、裏に

掌中俳諧七部集　二冊

俳諧七部集小刻　横本一冊

と見える。二行目、一冊とするところに不審は残るが、これは該当の弘化四年版横本を指すと考えて良い。一行目に出るものこそ、秋草庵がこしらえた掌中本そのものであろう。それ以外にこれにあてはまるものは見当たらない。およそ重板事件が起き正板元から訴えを受けた場合は、板木・摺本没収というのが原則である。小本七部集に於いてもその事実があったことは先に引用した『済帳』の文政八年の記録からも明らかだが、この掌中本の場合も原則通りにことが運んだのではないだろうか。その折のものではないかと思われる記録が『済帳』に出ている。必要部分を抄出してみよう。なお、頭の通し番号は説明の便宜上付したもの。

天保十亥年自九月至子正月

(1)一　十三日　江戸より、甲州表俳諧七部集小本重板義付、書状到来。

(2)一　十九日　江戸へ七部集重板雑費料共、返事下ス。

天保十一子歳自正月至五月

(3)一　江戸表へ七部集重板義ニ付、書状下ス。

(4)一　四月五日　江戸より七部集重板登り、書状到来。

天保十一子年自五月九月至

(5)一　六月〇日　江戸へ七部集一件、礼状遣ス。

⑴⑵の日付は、前後の条々から判断して天保十一年正月のそれ。この⑴～⑸の記録は日付が接近していることから考えて、同一の重板事件に関するものであろう。甲州表で出た七部集重板につき、江戸の本屋仲間を通じてのやりとりの結果、「江戸より重板登り」ということで落着を見たものらしい。これは、江戸の本屋仲間によって没収された板木なり摺本なりが京へ届いたという意味でなければならない。この記録は天保十一年正月から六月までのもの。一方、掌中本元版の序文は天保十一年四月で刊記は六月である。『済帳』に記録する重板事件が片付いたのと同時に出版されたことになり、時期的に合わなくなる。が、掌中本が刊記より少し早めに出回っていたと推測してみてはどうだろうか。その推測が正しければ、掌中本は甲州版ということになる。仮にその推測が認められないとしても、同じころに七部集重板の板木なり摺本なりを没収しているという事実は、掌中本元版の行方を考える参考にはなろう。以上のように、掌中本元版は天保十一年ごろのほんの一時期江戸表で出回ったものの、重板の咎めを受けて板木・摺本は京の板元に没収されたと考えられる。伝本が稀なのはそのため。浦井がその掌中本元版を上方で売りに出したかどうかは不明ながら、彼の蔵板に帰したことは弘化四年横本の目録によって疑いようがない。

が、ことがそれで終わらなかったところに七部集の重板問題の奥深さがある。その後江戸では時を置かずに掌中本の覆刻版が仕立てられ、広範囲かつ長期にわたって出回ったことは先に見た通りである。また、その覆刻版をもくろんだのが秋草庵その人か掌中本元版を扱った本屋と考えられることも先述した。性懲りもなく繰り返される重板。仁義も何もなくその重板に群がる江戸の本屋たち。そういった動きに対抗すべく、浦井が企画したのが弘化版横本の出版であった。横本見返しの口上（図2）に、浦井は次のように言う。

> 近頃七部集小本、紛敷偽板流布仕候。是、全利欲ニ捷リ候者之仕業与相見え候。正板ニ在之序跋を省き、其調ニ合ざる発句歌仙等を私に差加え有之候。（中略）自然此書御求之節ハ、元板奥書朱印等得与御改之上、御求可被下候。

ここに言う「正板にこれ或る序・跋を省き、其の調に合ざる発句・歌仙等を私に差し加え」た「七部集小本」の「紛しき偽板」が、この当時江戸に出回っていた掌中本覆刻版を指すことは間違いない。この口上は弘化四年横本が掌中本覆刻版対策のために作られたことを如実に物語っている。横本としたのは重板小本との見分けのため。わざわざ掌中本元版によって板下をこしらえたのは、覆刻版の非を鳴らさんがためであったと思われる。

9　弘化二年版袖珍本（図版章末P201）

先の弘化四年刊横本七部集と順序は逆になったが、ここで弘化二年刊の袖珍本『校正七部集』を取り上げておこう。この書は袖珍本一冊。左の五点を見ることが出来た。最善本と思われる加藤本を範に、概略を示す。縦8.4糎・横18.4糎。薄水色表紙。左肩の黄色地双辺元題簽に「校正七部集」（図1）。題簽の書体は奈良大本①・綿屋本②が同じで、加藤本とは小異。図2は、加藤本見返し。綿屋本①は加藤本に同板。奈良大本①②は見返しの用紙が黄色で、加藤本と同じ装丁ながら板木が異なる。冒頭に丁付なしの一丁があり、表に「あづまの大城のもとにすめるふぢの屋のあるじふる人」の序文、裏に花鳥庵識の「附言」。以下、板芯下部に一～百三まで丁付を入れ、『冬の日』『春の日』『阿羅野』『比佐古』『猿蓑』『炭俵』『続猿蓑』の順に収録し、百三丁裏に「弘化二年乙巳五月　花鳥庵蘿斎校」と入れ、末尾に附録として「芭蕉略傳」一丁を添える。刊記に三種あり、図3のAが加藤本・綿屋本①のそれ。Bが奈良大本①・綿屋本②、Cが奈良大本②である。刊記部の冒頭に「花鳥庵蔵板」として須原屋茂兵衛以下四軒の名前を並べる刊記Aの本が早く、B・Cの順に出たものと思われる。なお、三種ともに共通して出るのが冒頭の須原

弘化２年版袖珍本

	題簽	見返し	刊記
加藤本	あり	あり	A
綿屋本①240・2	欠	あり	A
奈良大本①	あり	あり	B
奈良大本②	欠	あり	C
綿屋本②240・3	あり	なし	B

屋茂兵衛一人であることに注意しておきたい。

さて、この書の編者花鳥庵はなかなか見識を持つ人物であったらしい。附言の一部を引用してみよう。

一 半紙本七部集、先後二板ありて小異なり。共に印刻磨滅して読得がたし。且、近年刊行の坊本、粗漏にして誤多かり。今諸本を参考し、校訂す（略）。

一 通例の合本、篇次錯乱せり。今、原書編集の年序を考へ改る事、本文に録する如し。

「半紙本七部集、先後二板ありて異なり」とは、寛政七年再刻版の初版と後刷本の入木による異同を指すと思われるが、いくつかの本を見ていないとわからないことである。「近年刊行の坊本」は掌中本覆刻版を指すのであろうが、それを「粗漏にして誤」が多いとするのも認識としては正しい。また、「通例の合本、篇次錯乱せり」とは、正板重板を含めて小本七部集の作品収録順が必ずしも成立年代順になっていないことを指摘し、「編集の年次を考へ改」めたのだと言う。これらの附言からは、現状の混乱を鑑み七部集を少しでももとの形に戻そうとする意識が読み取れる。そこで本文を調べてみると、寛政版半紙本・文化版小本に拠ったらしいところがあい半ばし、また一部に安永版小本との一致も見られる。編者花鳥庵は、安永版及び文化版の小本・寛政版半紙本に加え、「袖草紙・幽蘭集・附合集、或は先輩の注釈本等を引合て」（附言）本文を整えたものらしい。混合本文の域を出ていないのは言うまでもないが、掌中本覆刻版などよりははるかにましである。考えてみると、重板による濁点ルビ等の省略・誤写・杜撰は、いわば本来目鼻だちのはっきりしていたはずの七部集収録の作品がのっぺらぼうになって行く過程でもあった。さらに重板から重板が重ねられることによって手足までもがもがれて行き、殆ど正体不明のありさまを呈するようになる。そこへもう一度目鼻だちを描き入れ、手足をすげて原姿に戻そうという動きが出て来るのは、当然であろう。掌中本覆刻版の盛行という混迷の極みの中からその動きを見せたのがこの『校正七部集』で、その意味では評価さるべきもの。が、そのことと重板問題とは切り離して考える必要がある。先に見た『校正七部集』の三種の刊記に、七部集板権所有者の浦井と共同出版者である橋屋の名前はどこにも見えない。また、浦井が二年後に出版した弘化四年版横本の目録にもこの『校正七部集』は出て来ない。従ってこの書、内容はともかくとして、当時の出版の常識から言えば、やはり重板であったと判断せざるを得ないのである。ちなみに記せば、この書、板下作成に際して次の三つの方針があったことが見てとれる。

○ルビ・濁点等は徹底的に省く。（ただし、四箇所に例外あり。）

○作者の所書きは基本的にカナとする。

○連句二巡目以降は一字名とする。句引は省略する。

いずれも今まで見て来た重板と共通する省力化で、この書の性格の一端を示している。

さてここで、須原屋茂兵衛について少し見ておくことにしよう。先にも触れたように、この『校正七部集』の三種の刊記の何れにも冒頭部にその名があり、しかも三種に共通して出るのは彼一人であった。それはこの書の出版・販売に彼が深く関わっていたことを意味している。『日本古典籍書誌学辞典』によれば、須原屋茂兵衛は「江戸根生いの本屋」の代表で「文化年間には、本屋仲間員約六十軒のうち十軒余が須原屋」を名乗るような「江戸後期」「最大の本屋」であったという。その本屋が重板に関わったとしても特に異とするには足らないが、注意すべきはこの人物が小本七部集の正板にも名前を出していることである。詳しくは前章を参照していただきたいが、文化版小本七部集の一つに天保六年以降の出版と考えられる京江戸五軒版がある。これは、京の野田治兵衛・浦井五一郎（徳右衛門）・筒井庄兵衛・勝村治右衛門、それに江戸の須原屋茂兵衛の五軒の名が刊記に見える一本。文化五年以来勝村を除く京三軒版として出版を続けて来たのに、この時期に至って須原屋を加えた理由については、前章では江戸表で続出する重板に業を煮やした京の板元が江戸表に睨みをきかせる監視役として選んだ、と述べておいた。その考えに今も変わりはなく、江戸最大手の須原屋が監視役として加われば京の板元としても大船に乗った気分であったに違いない。ところが、その須原屋が弘化二年に至って『校正七部集』という新たな重板を出版するという挙に及んだ。小本とは異なる袖珍本という装丁を採り、刊記には「花鳥庵蔵板」と入れて須原屋の板木ではない旨を断って重板の訴えを逃れる手立てを講じているあたり、明らかに確信犯である。須原屋は二年後の弘化四年版横本にも名を連ね、京の板元との協調態勢は変わらないかに見える。が、その裏側でのこの挙、「芭蕉」という利権に絡もうとする本屋の欲望は実に限りがない。

なお、付け加えておけば、天保六年以降版の京江戸五軒版小本七部集に於いて、須原屋を引っ張り出すに際しては勝村治右衛門がひと役買っていた形跡がある。七部集の板権所有者である浦井と須原屋との関係は、五軒版小本と弘化四年版横本以外には認められない。また橘屋・井筒屋との縁も深いとは言えず、『享保以後江戸出版書目』によれば、橘屋については元文五年割印の『俳諧瓜名月』の、井筒屋については宝暦六年の『芭蕉句選拾遺』の売り出しを須原屋がつとめたという事実以外は見出すことが出来ない。それに対して須原屋と勝村との繋がりは深く、天明五年割印の『日本節用』以後文化十一年割印の『四書（中形カタカナ付）』に至るまで合計十七点の勝村出版書の売り出しを須原屋が引き受けている。これを見れば、天保六年以降小本七部集に須原屋が噛んで来たのは勝村の取り持ちによるものであったと考えるのが妥当であろう。そしてその功によって、勝村自身もその後十年以上にわたって七部集のおこぼれに預ることを得たのである。

10　嘉永四年版横本（図版章末P202）

最後に弘化四年版『俳諧七部集』と同様横本に仕立てた嘉永四年刊『校正七部集』を見ておくことにしよう。管見

嘉永４年版横本

	上	下
奈良大本①	＊○	欠
奈良大本②	＊○	＊○
奈良大本③	＊○	＊○
奈良大本④	○	＊○
家蔵本	欠	○
綿屋本247・10	○	○

に入ったのは上の六点である。横本二冊。寸法は奈良大本①を例にとれば、縦12.8糎・横18.3糎。本によって縦・横とも多少の違いがある。表紙左肩の題簽は、乾巻三点・坤巻三点とも、それぞれに一致する。ただし、奈良大本①③は白地、②④は黄色地。図1（奈良大本②）は、題簽。図2（奈良大本①）は乾巻見返しで、坤のみの家蔵本を除く五点にあり、同一板木によるもの。冒頭に丁付なしの一丁、表は「嘉永四年辛亥孟春あずまの大城のほとりにしるす」と結ぶ「亀岡龍守」書の凡例、裏は目次。以下板芯に丁付を入れ、乾巻は一～七十として『春の日』『冬の日』『ひさご』『猿蓑』『続猿蓑』を、坤巻は一～六十一として『阿羅野』『阿羅野員外』『炭俵』を収める。図3（奈良大本③）の刊記は綿屋本以外の四点に見られるもので、坤巻の後表紙見返しに貼付。綿屋本は乾巻見返しの「東昌軒蔵板」の所へ「山城屋佐兵衛版」と入木をし、刊記もそれに合わせて「嘉永四年辛亥六月／日本橋通二丁目／玉山堂　山城屋佐兵衛」と改めた後刷本。編者の企ての動機は、凡例に「今流布の印本、いづれも粗漏にして書写の誤多く、これが為に句意きこえざれば」と述べる如く、弘化二年版袖珍本に同様で、本文も主に寛政版半紙本に拠りながら文化版小本などで校合したものと見て良い。例によってルビ・濁点などの省略も115箇所と多いが、半紙本のそれを忠実に残したところも29箇所あり、また逆にルビを補っている例も9箇所認められる。さらに「詩題のたぐひ、元禄の古板といへども誤字脱字あれば、本書に就て正す」（凡例）との宣言通り、『阿羅野』収録句の前書などを原典に当たって正している例もいくつかあって、袖珍本の編者よりは見識が感じられる。が、この本も正板元との関係は一切認められず、やはり重板と考えざるを得ない。見返しに出る校訂者の一人八雲龍守、凡例筆者の亀岡龍守、刊記部の蔵板主亀岡甚三郎は同一人物のはずで、見返しによれば東昌軒とも号したことがわかるが、素姓は不明。刊記部に製本所として出る亀田屋甚蔵と名前が似るのは、単なる偶然ではないように思われる。もう一軒の英屋大助は『改訂増補近世書林板元総覧』によ

れば、幕末の書物問屋古組五十六軒の一でれっきとした本屋なのだが、亀田屋甚蔵は同書にその名を見出すことが出来ない。素姓不明氏を蔵板主とする手口も、先の袖珍本と全く同じ。「製本所」と躱したあたりもいかにもいかがわしい。この重板、横本という装丁は弘化四年版の正板を意識したものであろう。浦井が続出する小本の重板に対抗するために出した弘化四年の横本が、ここにまた新たな重板を生み出すことになったのである。

おわりに

安永三年に江戸の町の片隅で富田新兵衛の思いつきから生まれた小本七部集は、小本二冊という手軽さと寛政五年の芭蕉百回忌を頂点とする芭蕉賛仰熱にも支えられて大当たり商品となり、その出版期間は三十余年に及んだ。この間、類書七部集は別として、小本七部集をそのまま模した如き重板の出た形跡は無い。京の正板元である井筒屋庄兵衛・西村市郎右衛門とその協力者である橘屋治兵衛は言うまでもなく、相板元として名を連ねた山崎金兵衛・富田新兵衛もそれなりの利益を得たと思われる。が、ことは決して平穏ではなく、その間には天明五年頃の西村の出版活動停止、天明八年京都大火による井筒屋の罹災、享和三年の富田死去、文化四年頃の山崎の退隠という出来事が相次ぐ。そして、文化三年頃に七部集・ほそ道などの芭蕉関係の主要俳書の板権を井筒屋から買い取った浦井徳右衛門と、彼と組んだ橘屋の手によって、小本七部集は文化五年に再刻されることになった。既に板権を手離したはずの井筒屋の名も加えたこの京三軒板で、江戸の本屋が外れたのは全くの偶然である。その結果、安政の初めに浦井が芭蕉関係の俳書の板権を手離すまでの約半世紀の間、小本七部集の利権は浦井と橘屋によって独占されたかに見える。が、皮肉なことに、文化再刻版で江戸の本屋が外されたことによって江戸表への睨みがきかなくなり、当地でC・B・D本のような重板の続出を招くことになった。浦井は京都の書林仲間を通じて度々差し構えを起こし、板木・摺本没収の処置を取らせたこともあったが、それでも重板の動きは止むことがない。そこで浦井が考えたのが、監視役として江戸の本屋を抱きこむことであった。選ばれたのは江戸最大手の須原屋茂兵衛、取り持ったのは勝村治右衛門である。しかしことは浦井の目論見通りには運ばず、掌中本とその覆刻版、天保校正七部集等々、重板は跡を絶たない。困じ果てた浦井は重板である掌中本をもとに新商品の横本をこしらえるという苦肉の作に出るのだが、浦井がその策を講じている足元では江戸表の監視役として頼んだはずの須原屋が袖珍本形式の重板を出すに至り、時を置かず横本を模した新たな重板も登場して来ることになった。約半世紀の間に九種に及んだ小本七部集の重板は、本屋同志の仁義を欠いてまでそれを扱うことによって得られる利益の大きさ、すなわち「芭蕉」という利権の大きさを示して余りある。同時にその利権を守るために、半世紀にわたって浦井が重ねねばならなかった苦労も、またその大きさに見合うものだったのである。

なお最後に一言付け加えておけば、小本七部集の重板をめぐる問題はこれだけに留まらない。安永版の出たあと陸続と現われた類書七部集、それに寛政以降に目立ち始める七部集注釈書の出版に板元がどのように対応したかということも視野に入れなければ、「芭蕉」という利権の本当の大きさは見えてこないが、それについてはまた次稿に譲ることにしよう。

前章と同様、この稿を成すに際し御手持ちの小本七部集を全面的に御提供の上、引用・図版掲載を御快諾下さった雲英末雄氏・加藤定彦氏の御厚宜に深く感謝する次第である。両氏による資料提供がなければ、小本七部集の重板のことはここまでは明らかに出来なかった。

平成十五年八月二十九日　稿

1 重板A本

図1　題簽

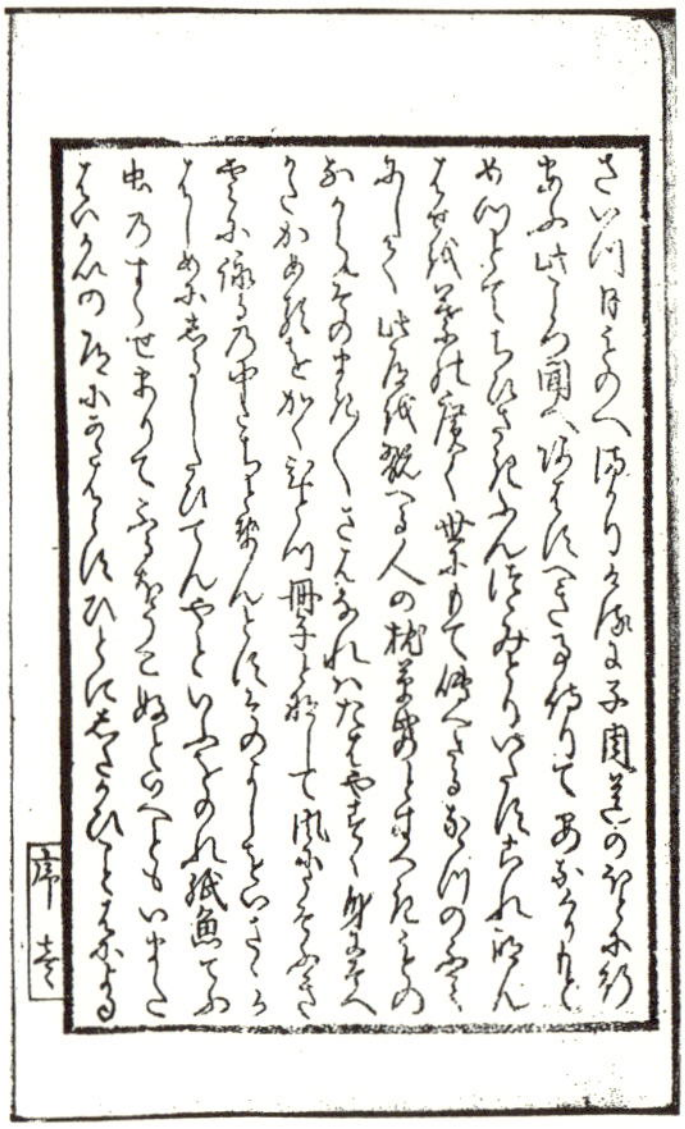

図2　序文1丁裏

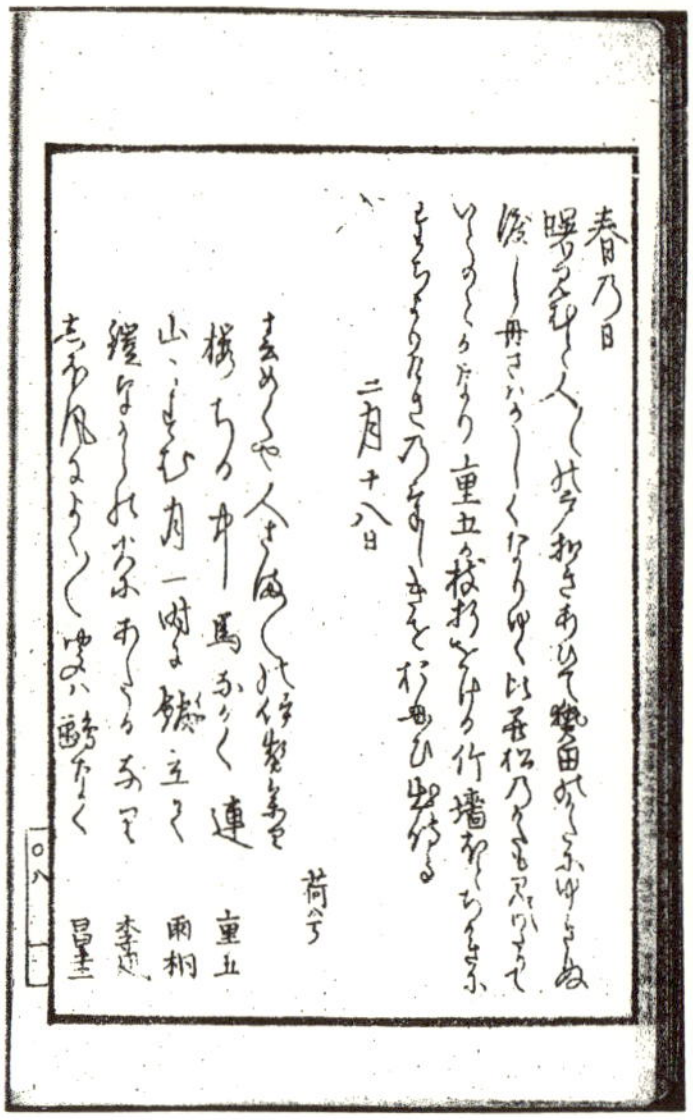

図3　春の日1丁裏

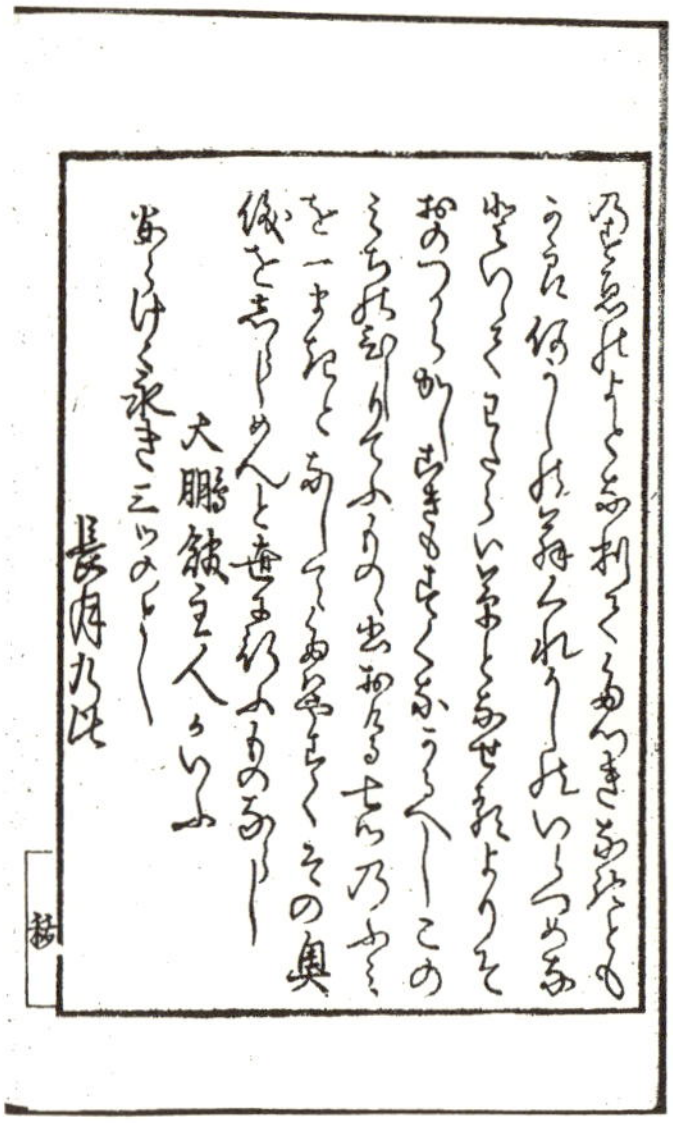

図4　跋文裏

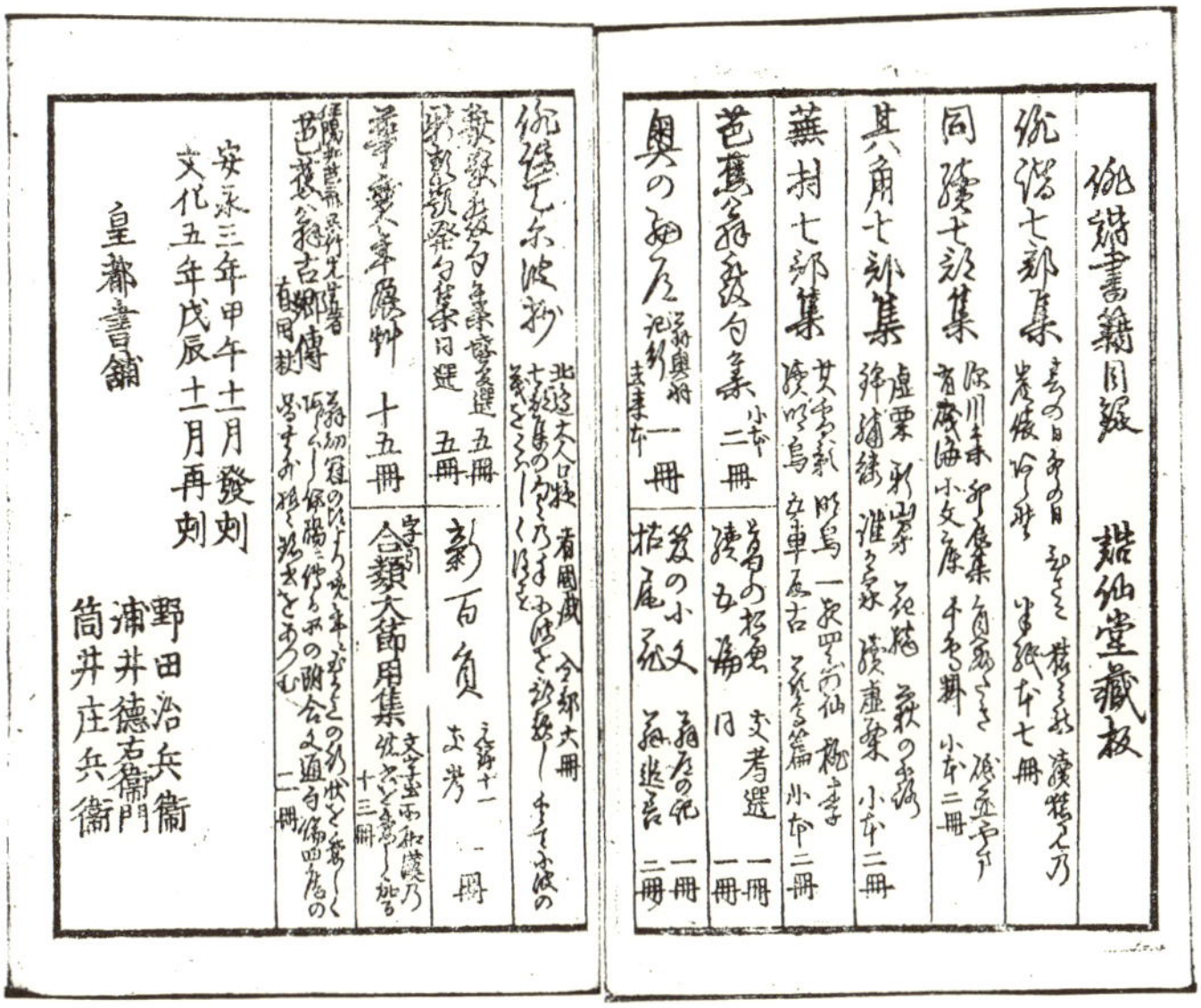

図5　刊記　目録

(1) 炭俵　17丁裏

(2) 続猿蓑　28丁表

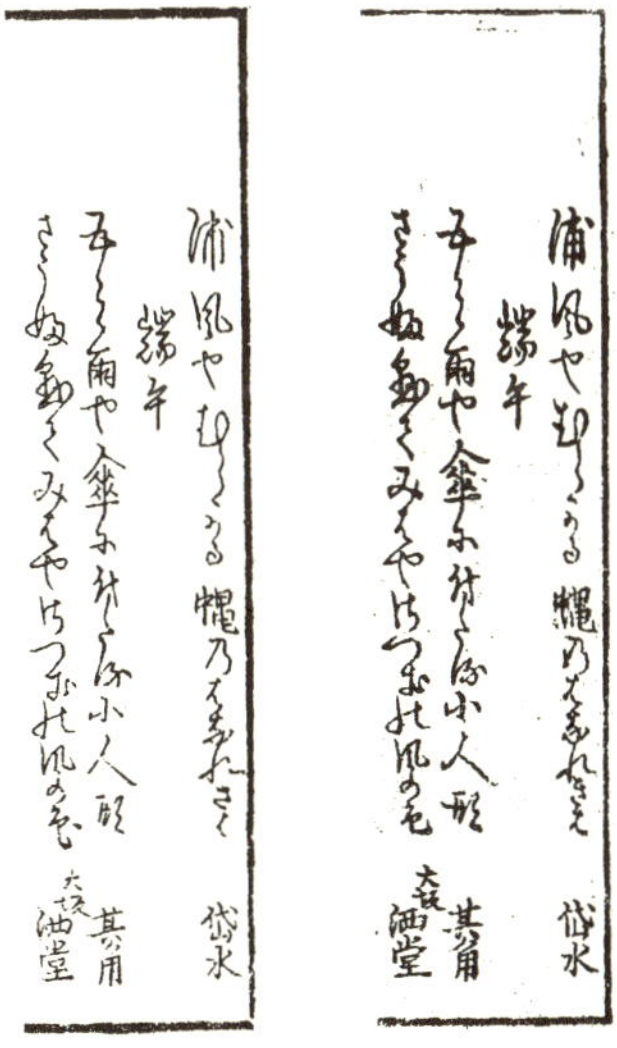

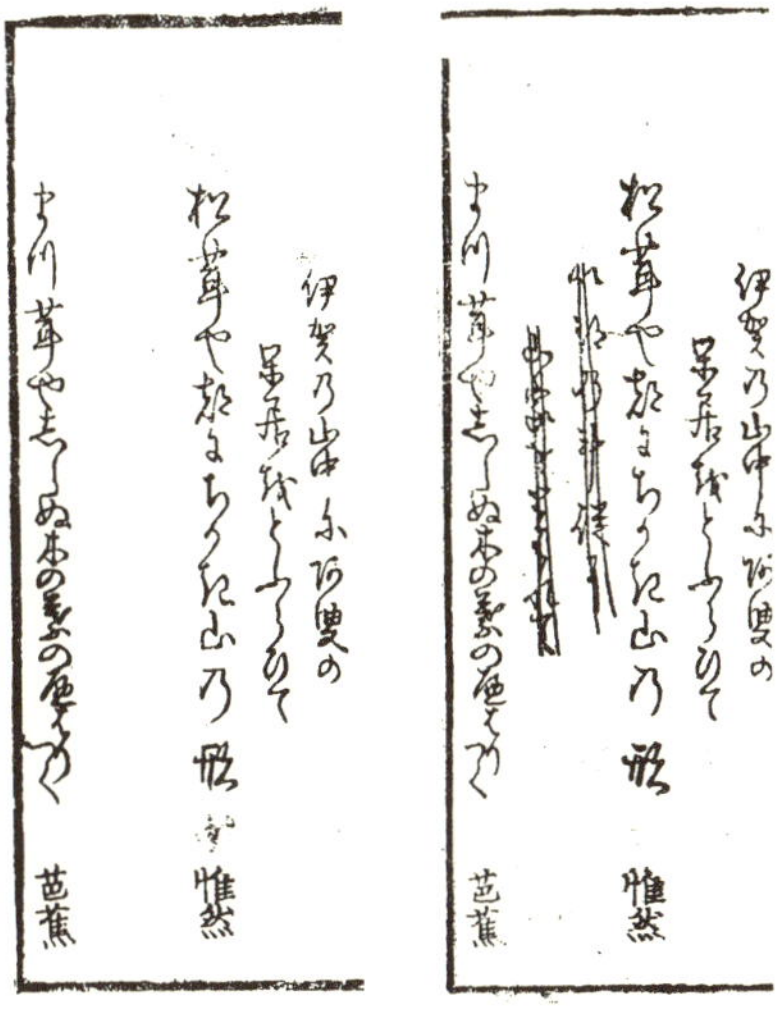

重板A　文化版　重板A　文化版

図6

2 重板C本

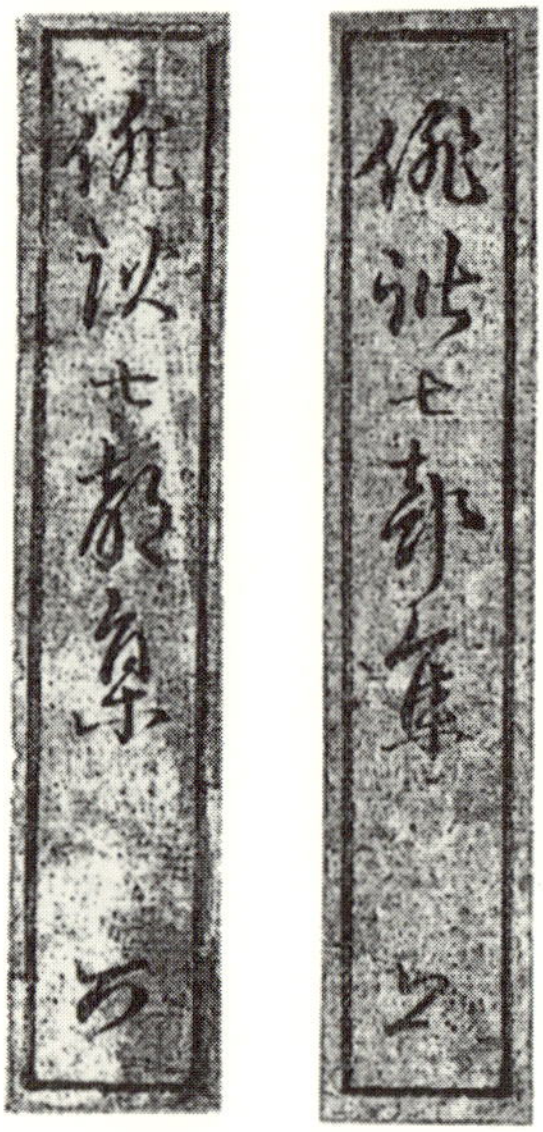

図1　題簽

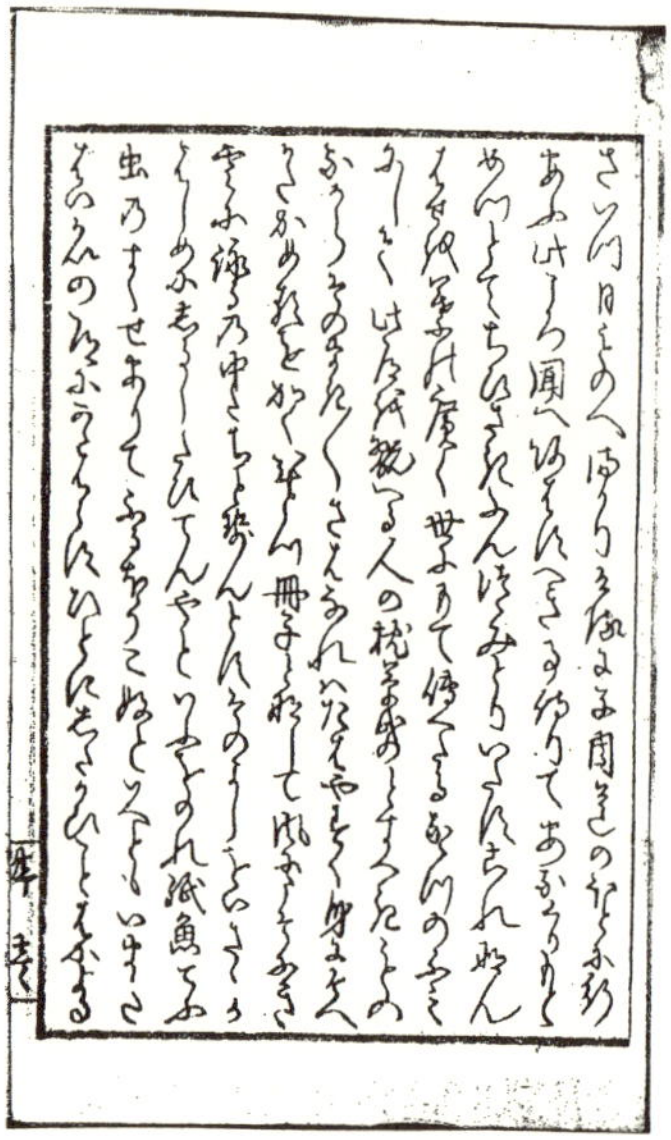

図2　序文1丁裏

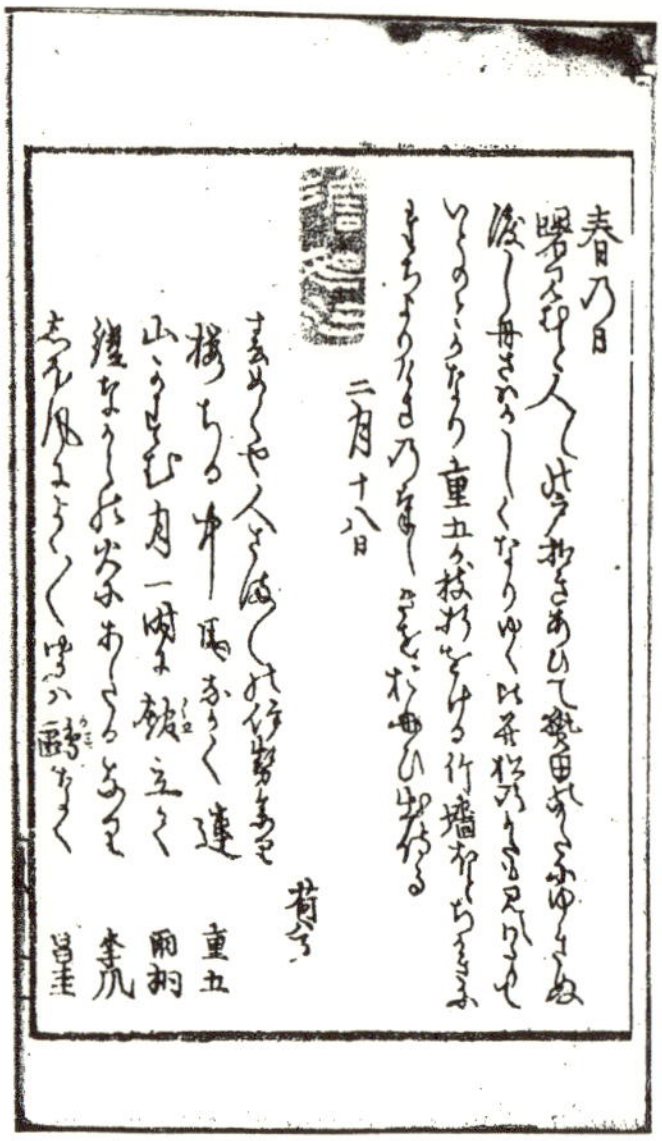

図3　春の日1丁裏

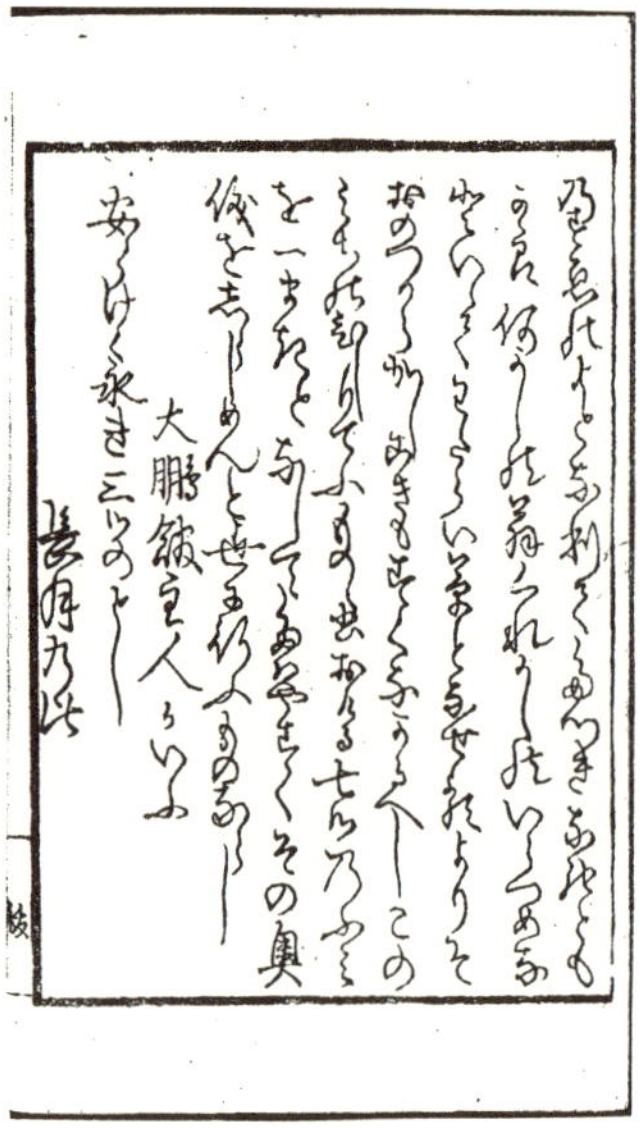

図4　跋文裏

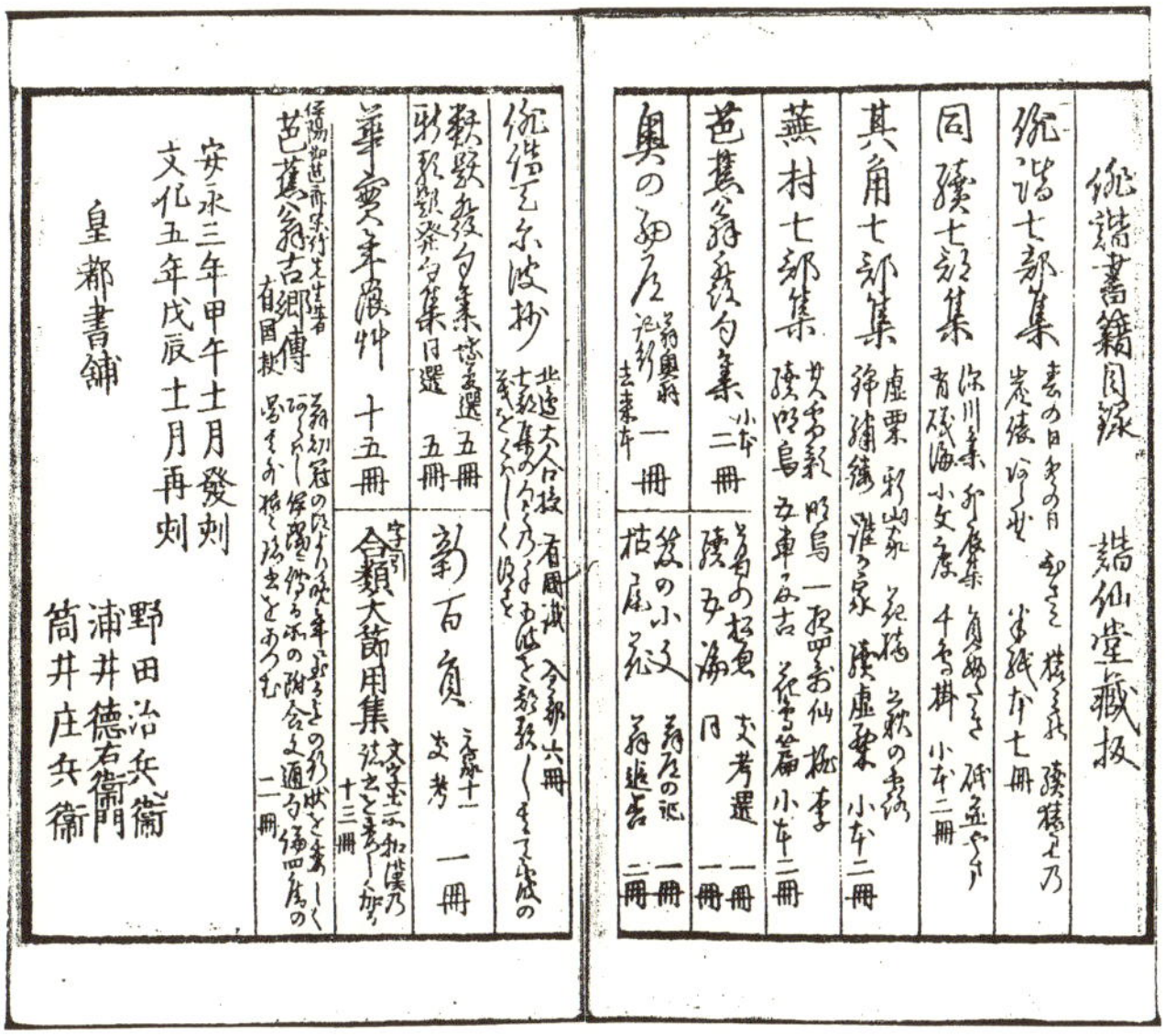
俳諧書籍目録　諧仙堂蔵板

俳諧七部集

同續七部集

其角七部集

蕪村七部集

芭蕉翁発句集

奥の細道

皇都書舗

安永三年甲午十一月發刻

文化五年戊辰十一月再刻

野田治兵衛

浦井徳右衛門

筒井庄兵衛

図5　刊記　目録

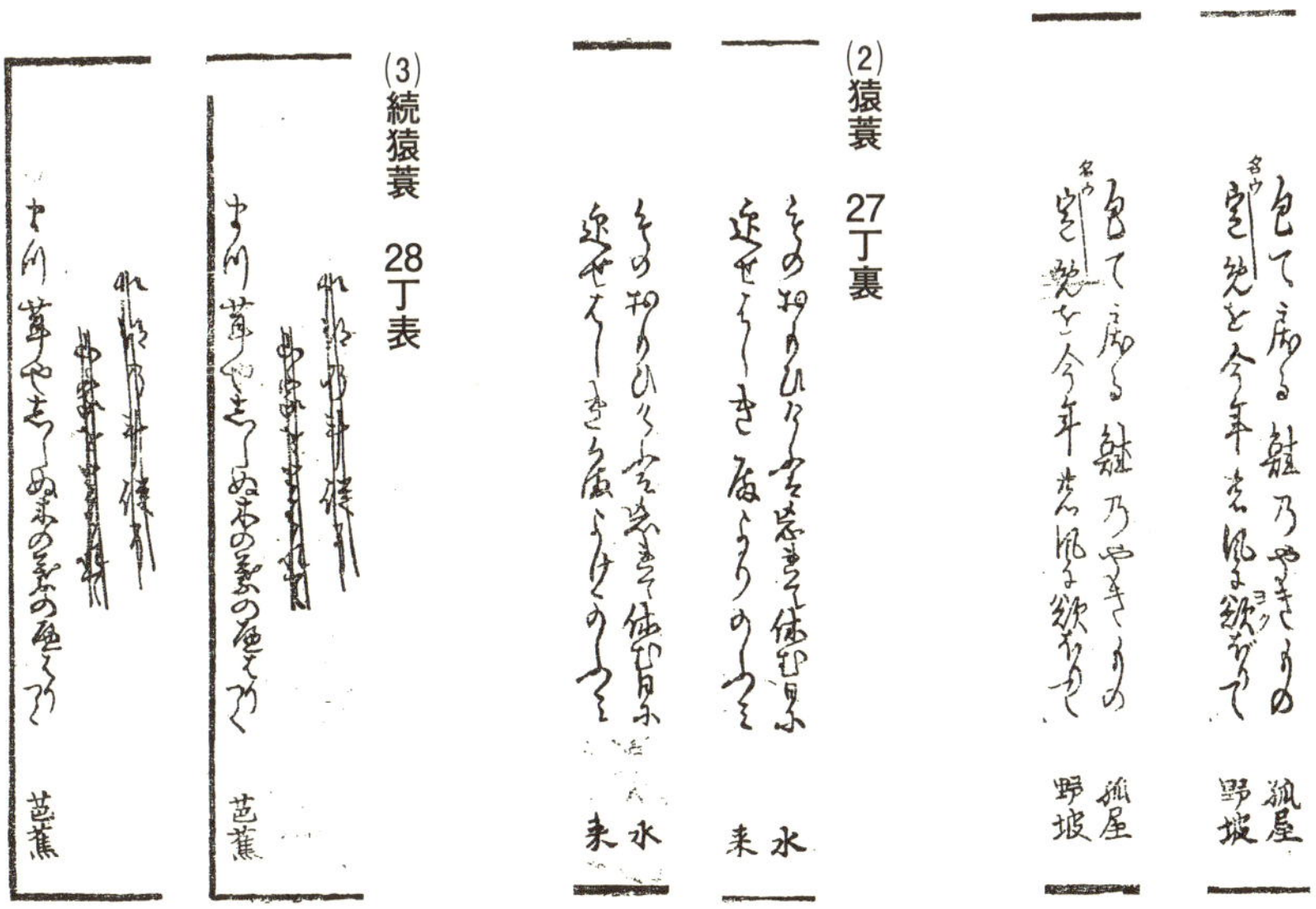

図6

3 重板B本

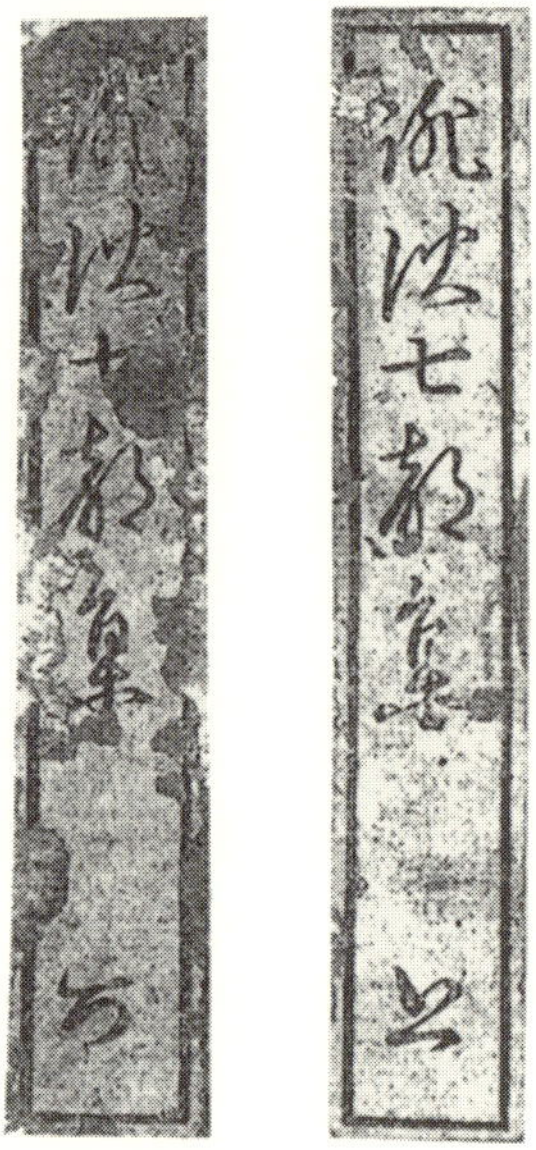

図１　題簽

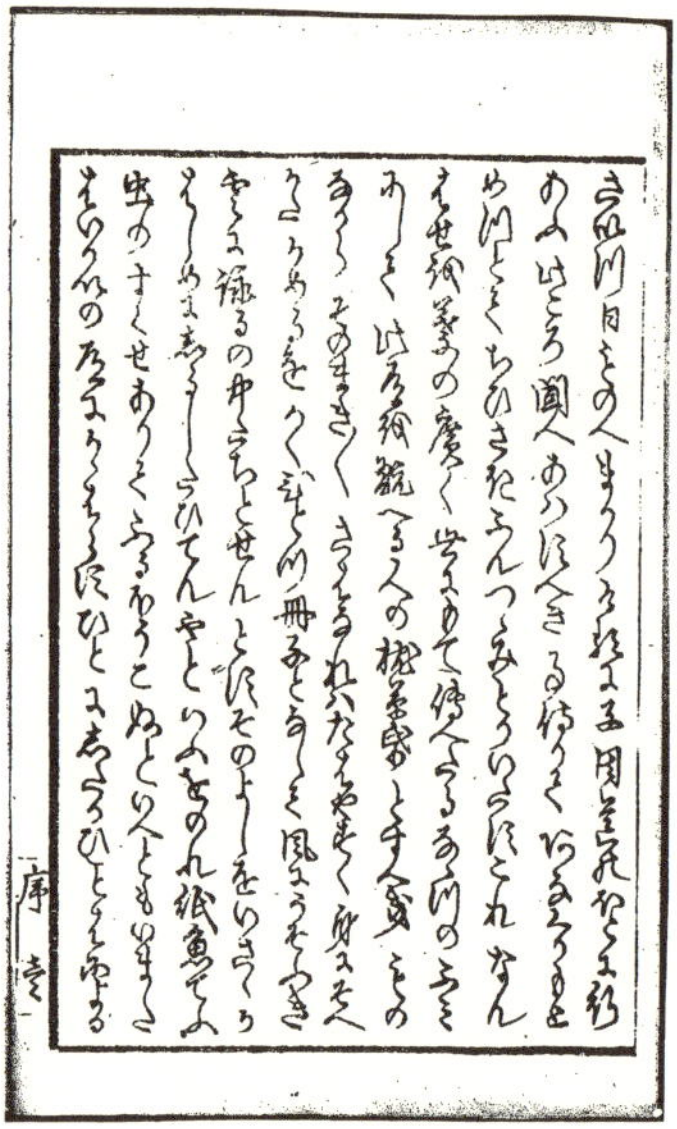

図２　序文１丁裏

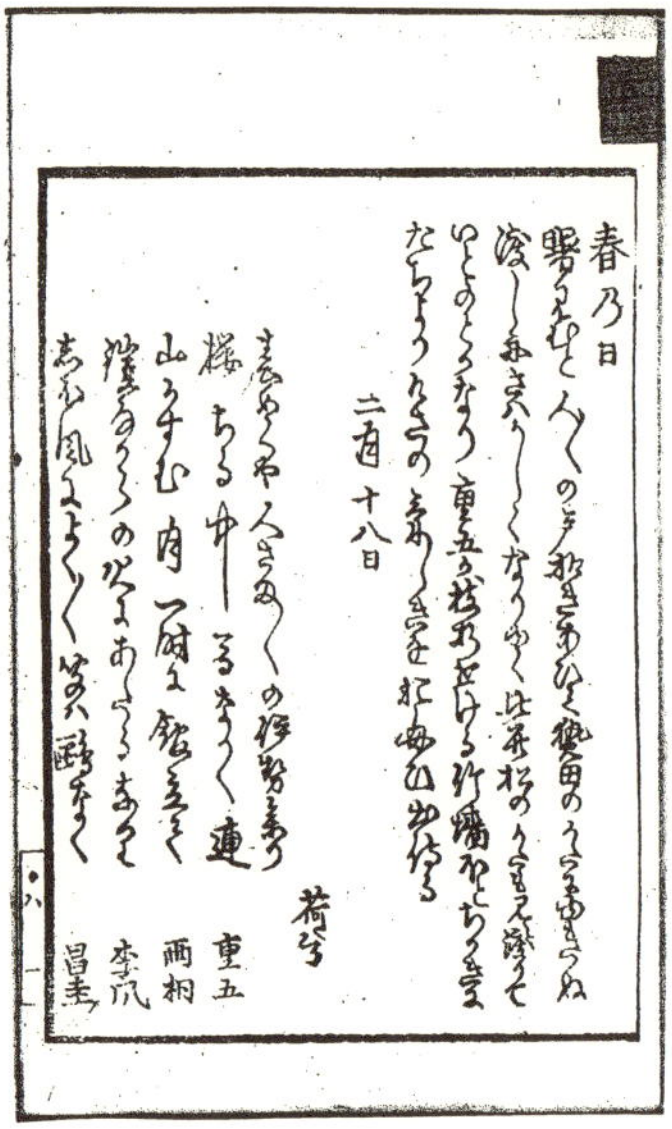

図３　春の日１丁裏

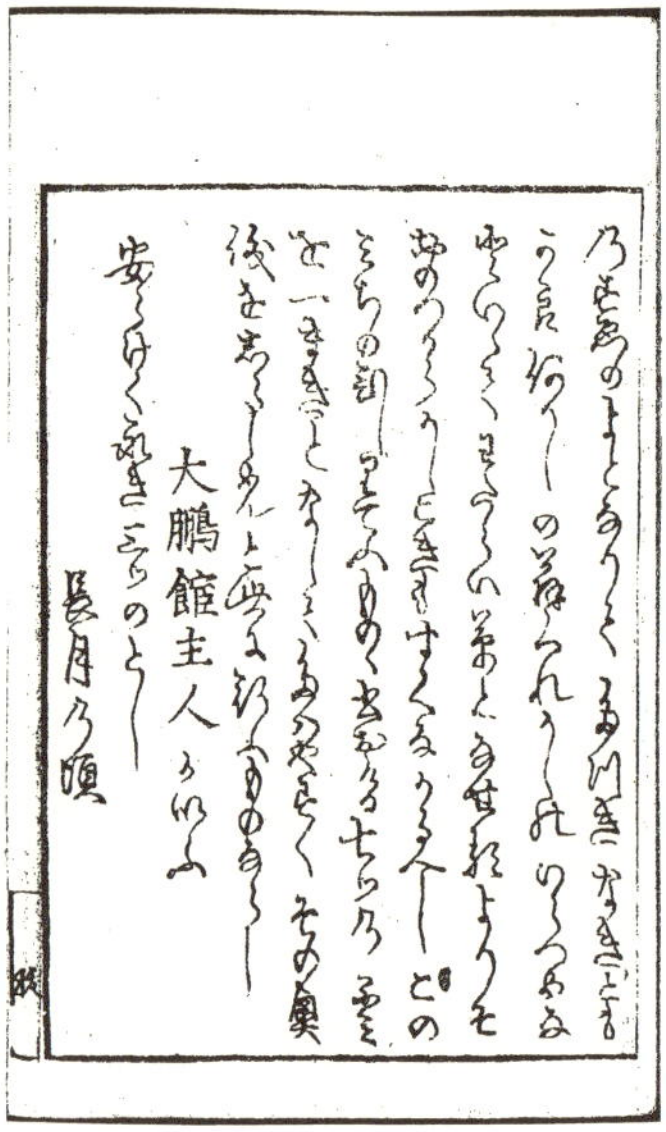

図４　跋文裏

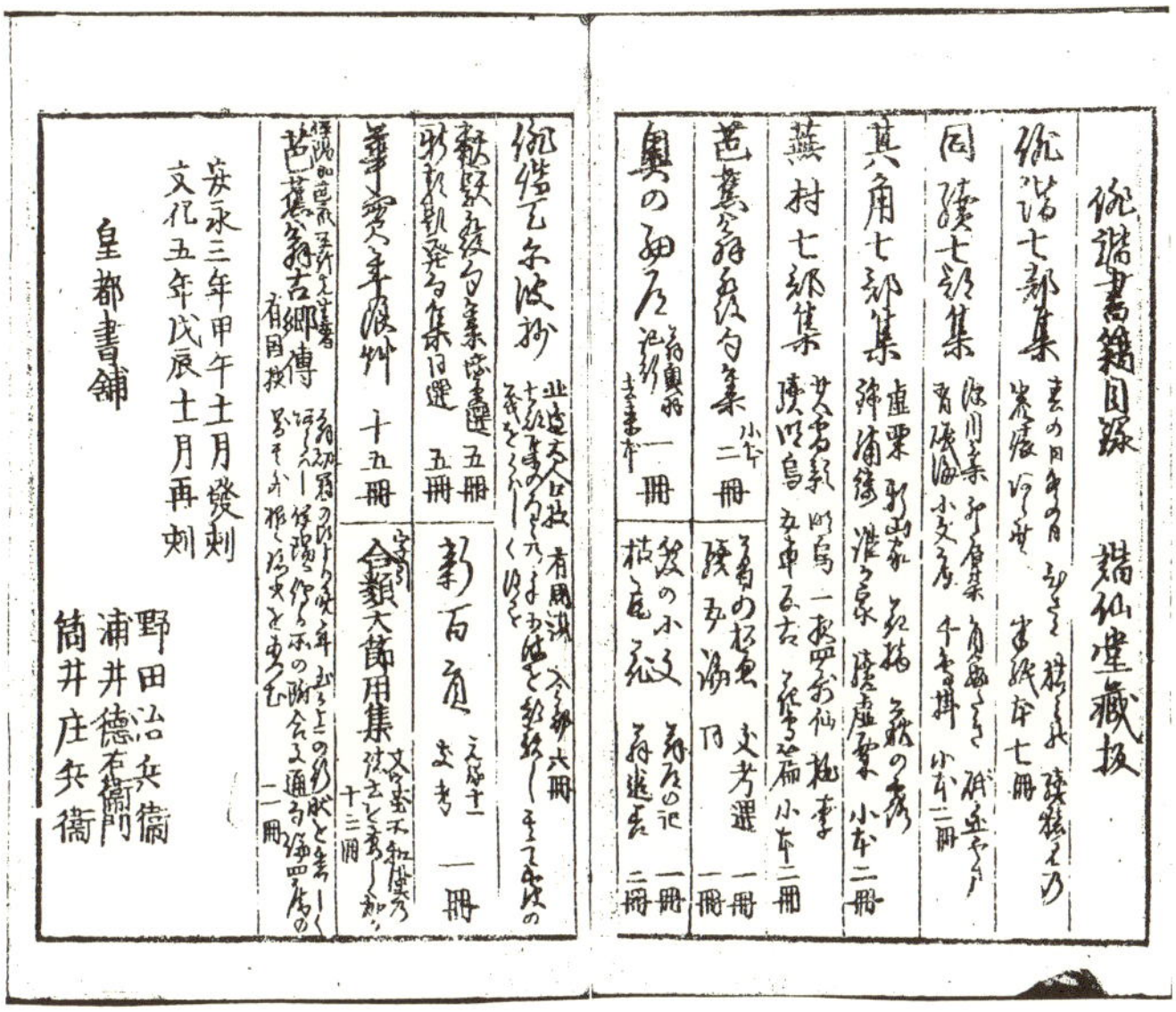
俳諧書籍目録　橘仙堂蔵板
俳諧七部集　七冊
同続七部集　小本二冊
其角七部集　小本二冊
蕪村七部集　小本二冊
芭蕉翁発句集　小本二冊　一冊
奥の細道　一冊
俳諧五名波抄　六冊
新撰発句集　五冊
華実年浪草　十五冊
芭蕉翁古郷伝　二冊
新百員　一冊
合類大節用集　十三冊
安永三年甲午十月發刻
文化五年戊辰十一月再刻
皇都書舗
野田治兵衛
浦井徳右衛門
筒井庄兵衛

図5　刊記　目録

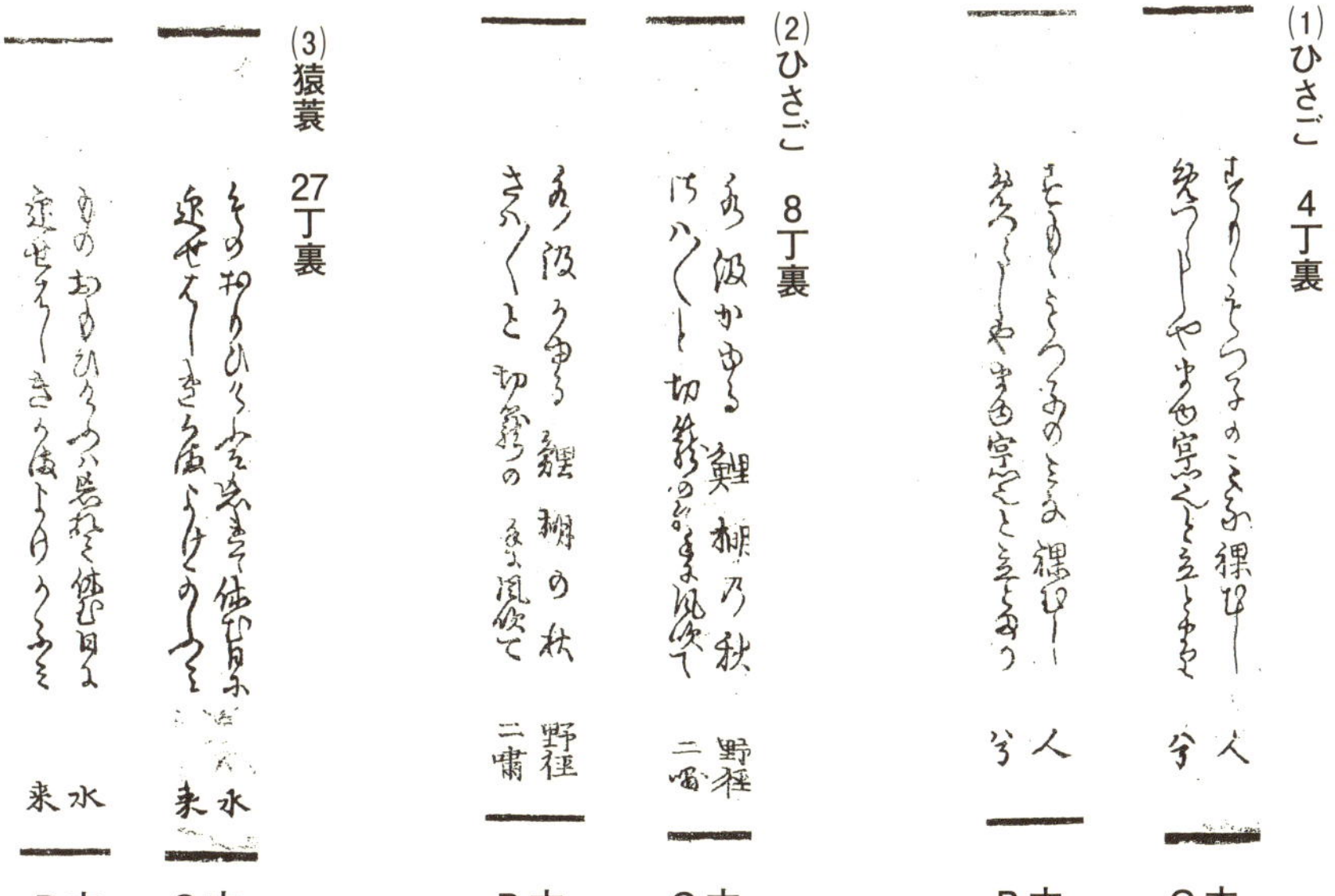
(1)ひさご　4丁裏
C本
B本
(2)ひさご　8丁裏
C本
B本
(3)猿蓑　27丁裏
C本
B本

図6

4　重板D本

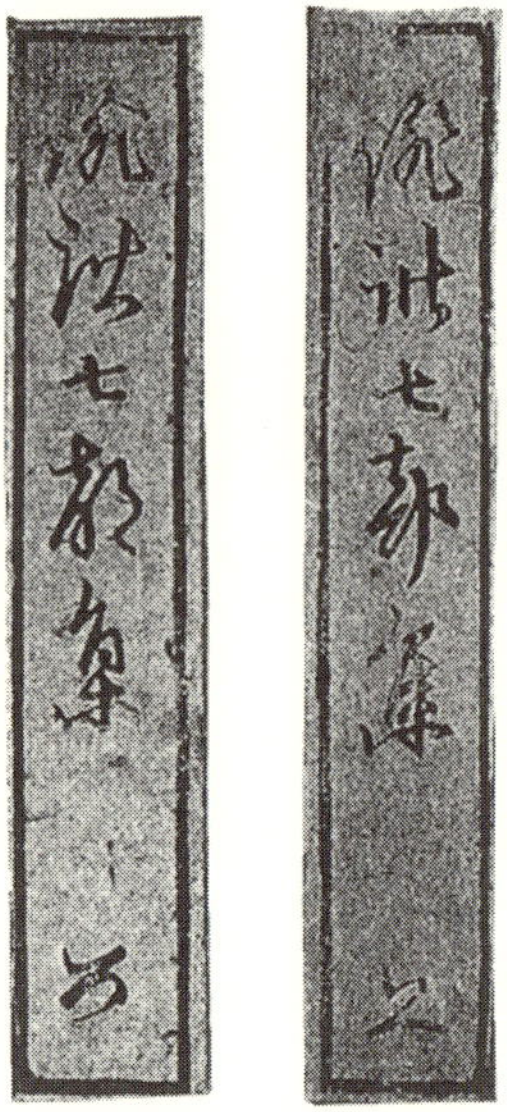

図1　題簽

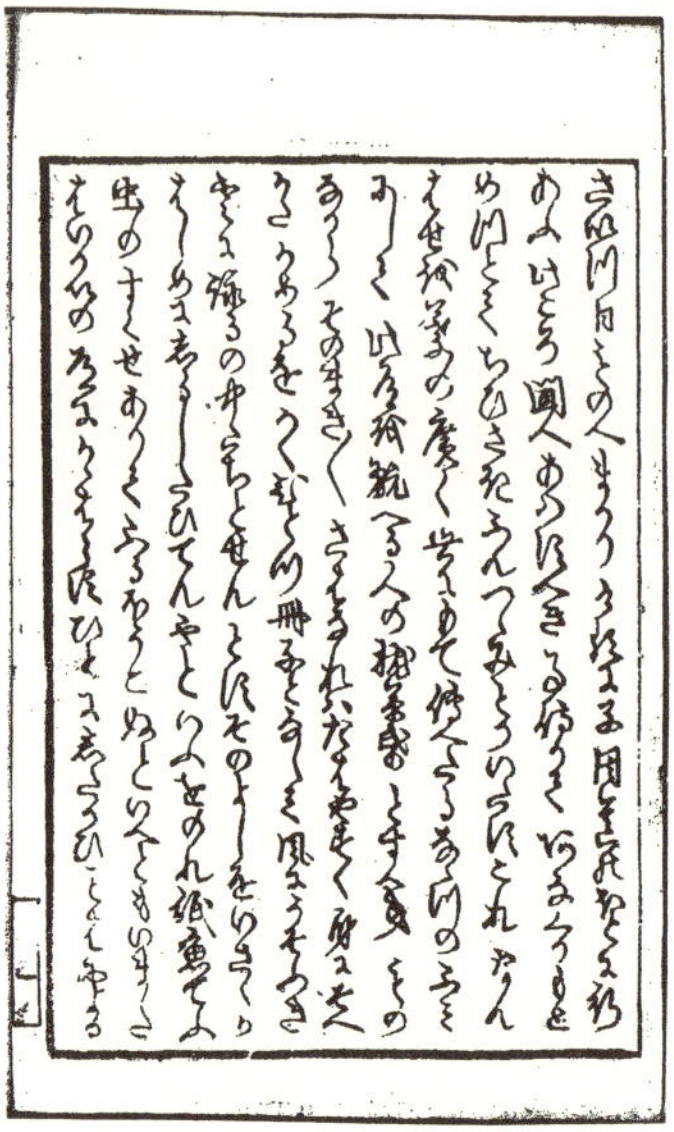

図2　上1丁裏

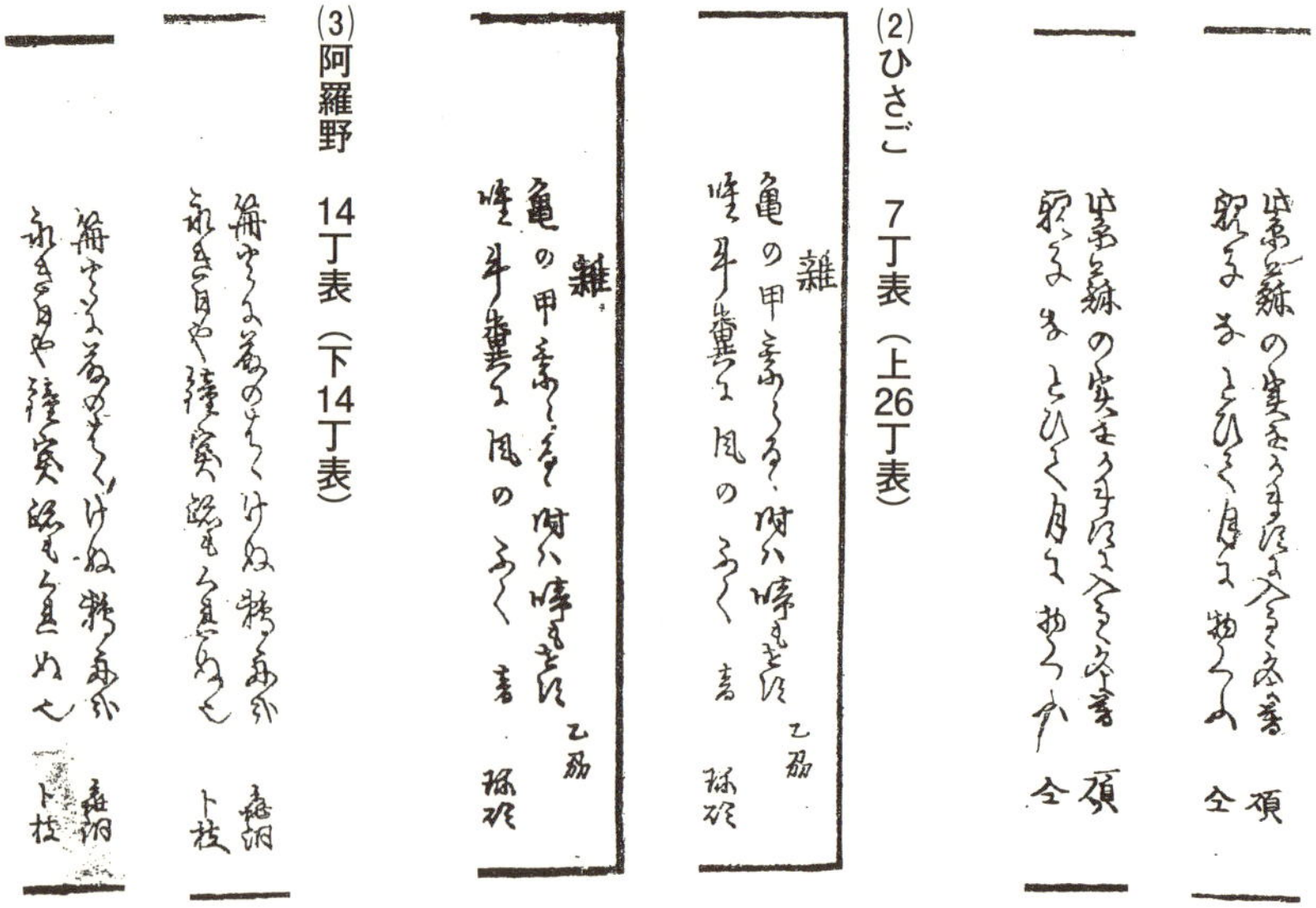

図5

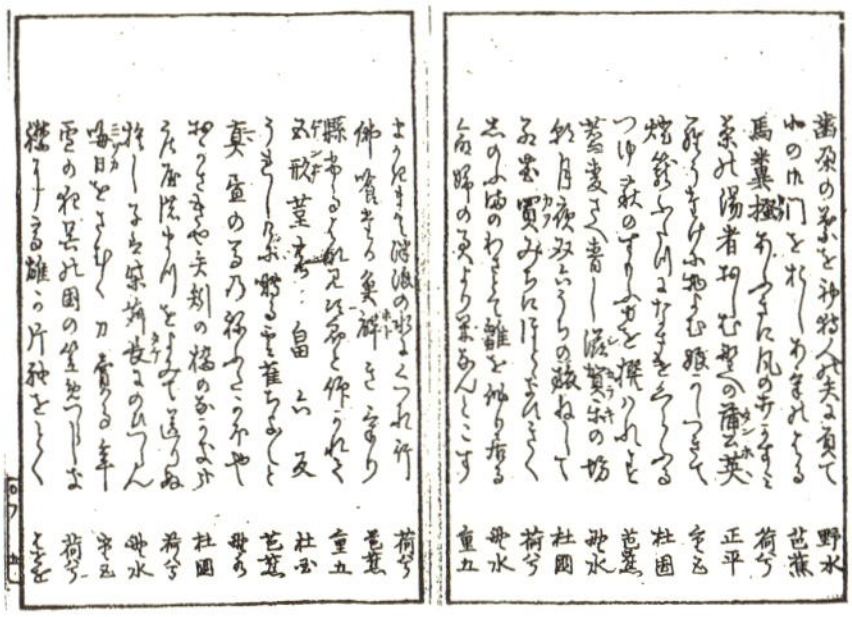

文化版　冬の日５丁

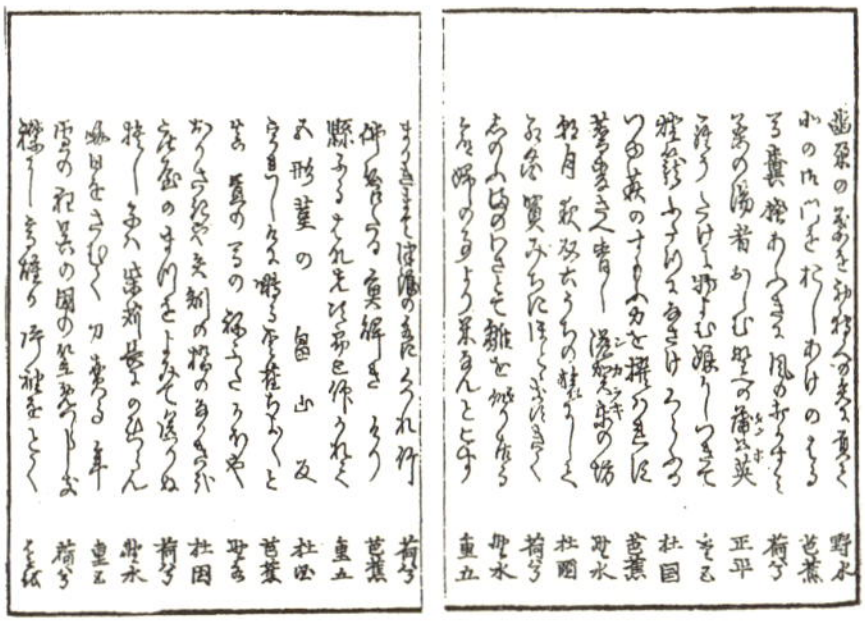

重板Ｂ本　冬の日５丁

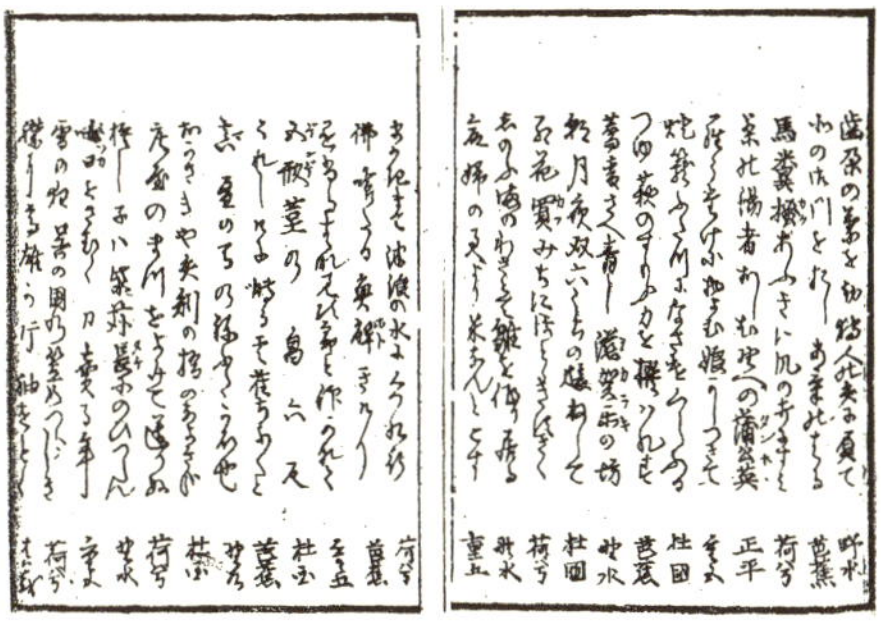

重板Ｄ本　上15丁

図６

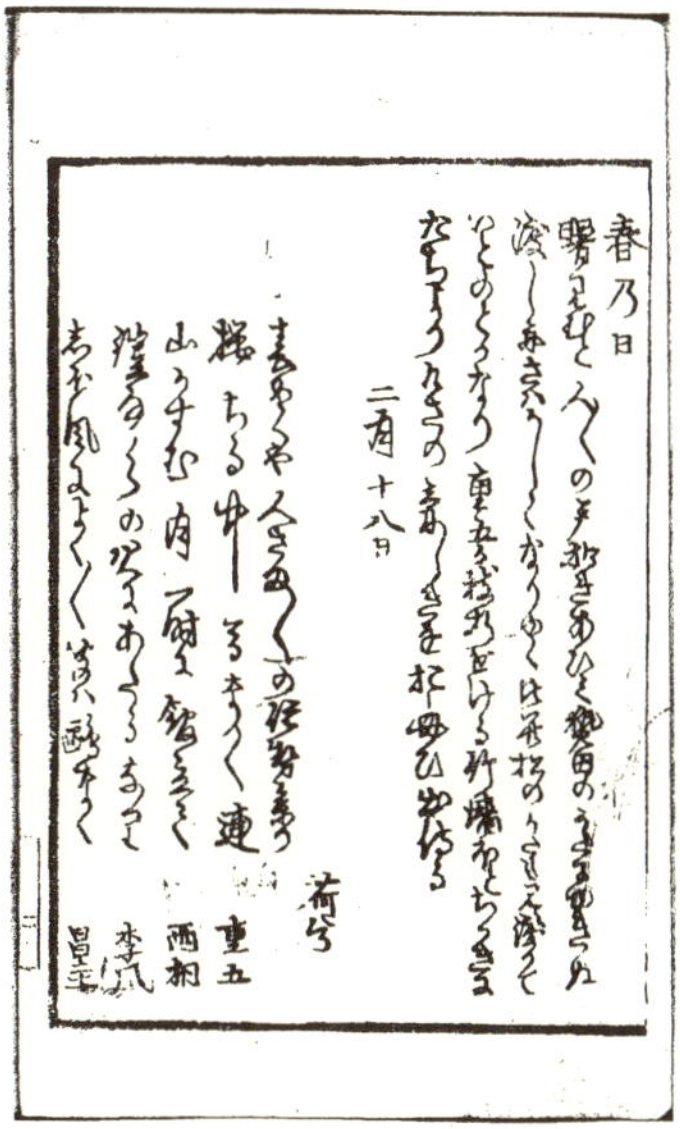

図３　上２丁裏

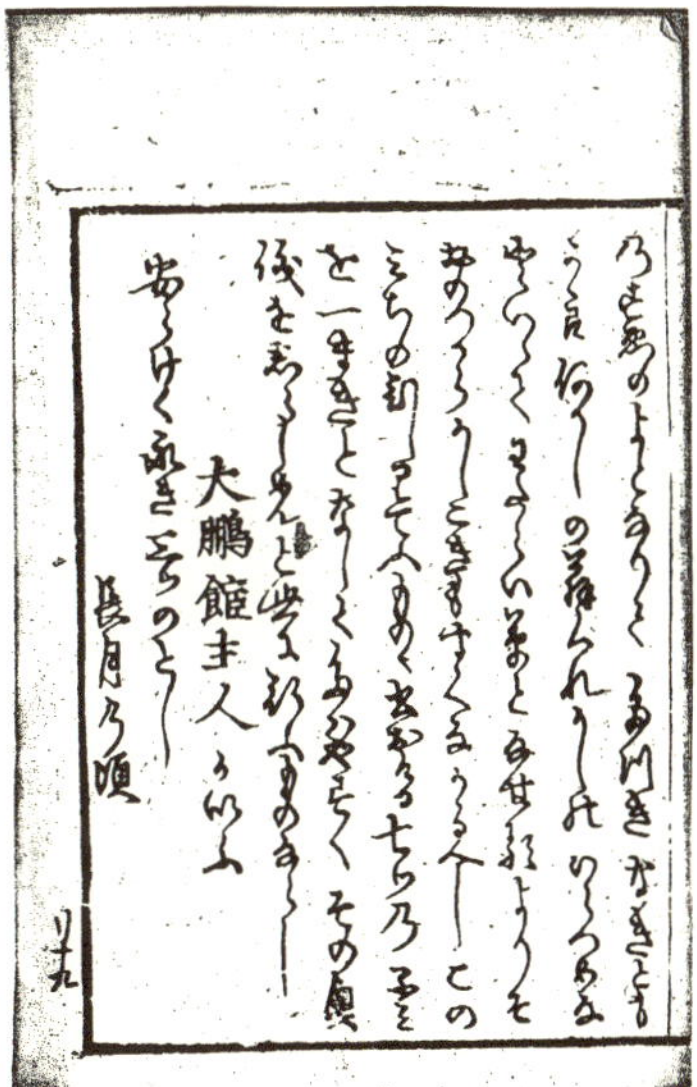

図４　下89丁裏

5 掌中俳諧七部集

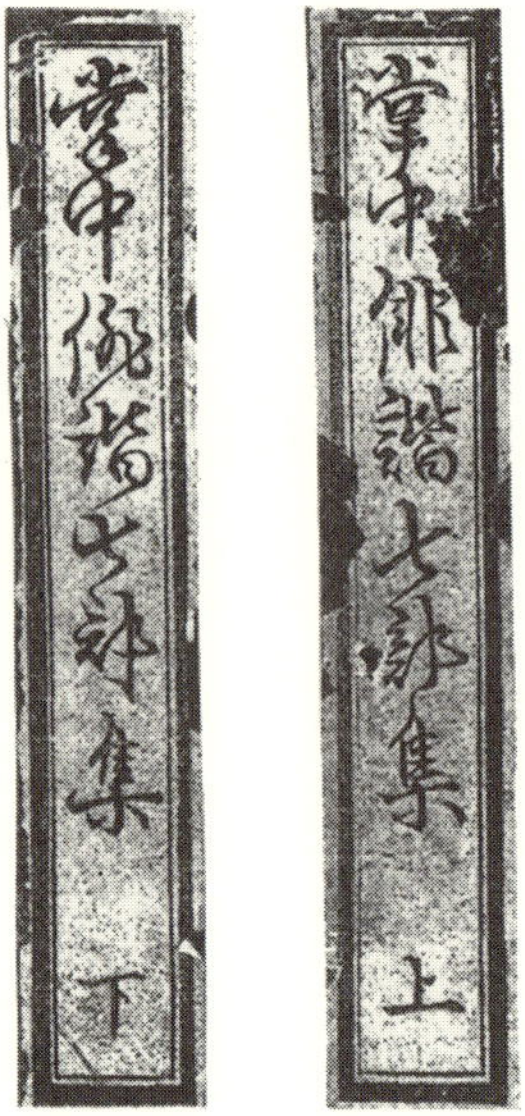

図1　題簽

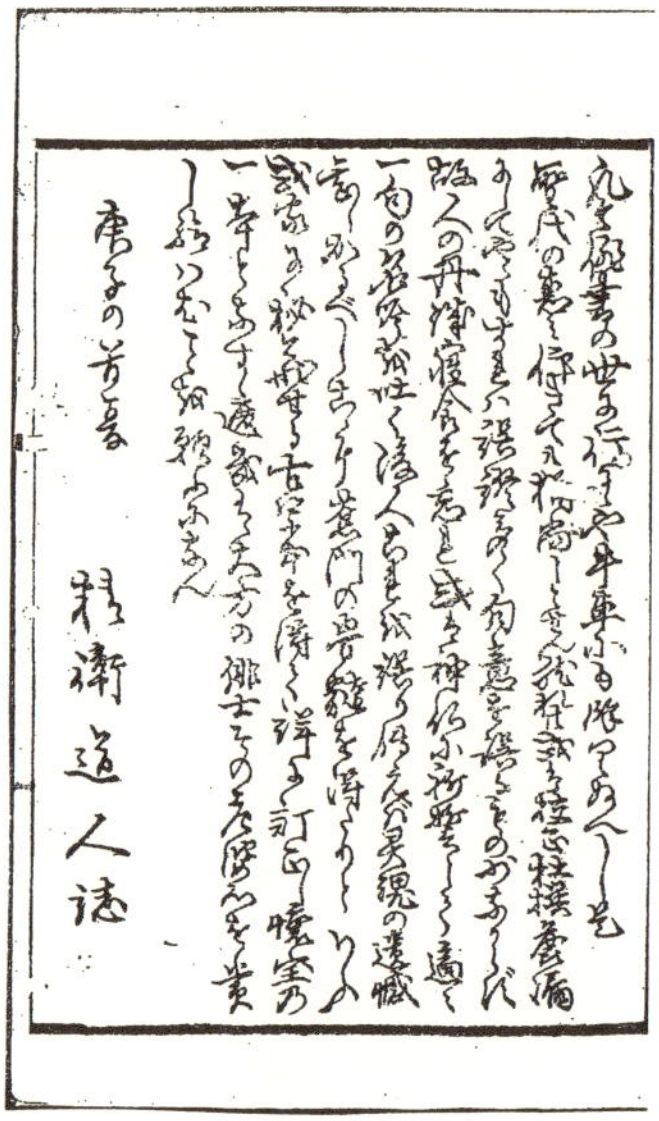

図2　序文

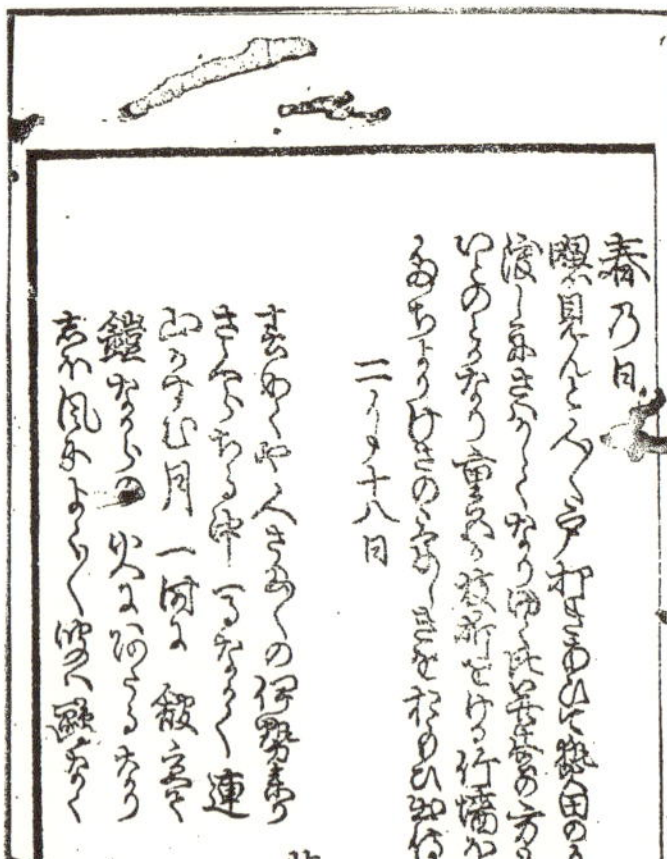

図3　春の日冒頭部

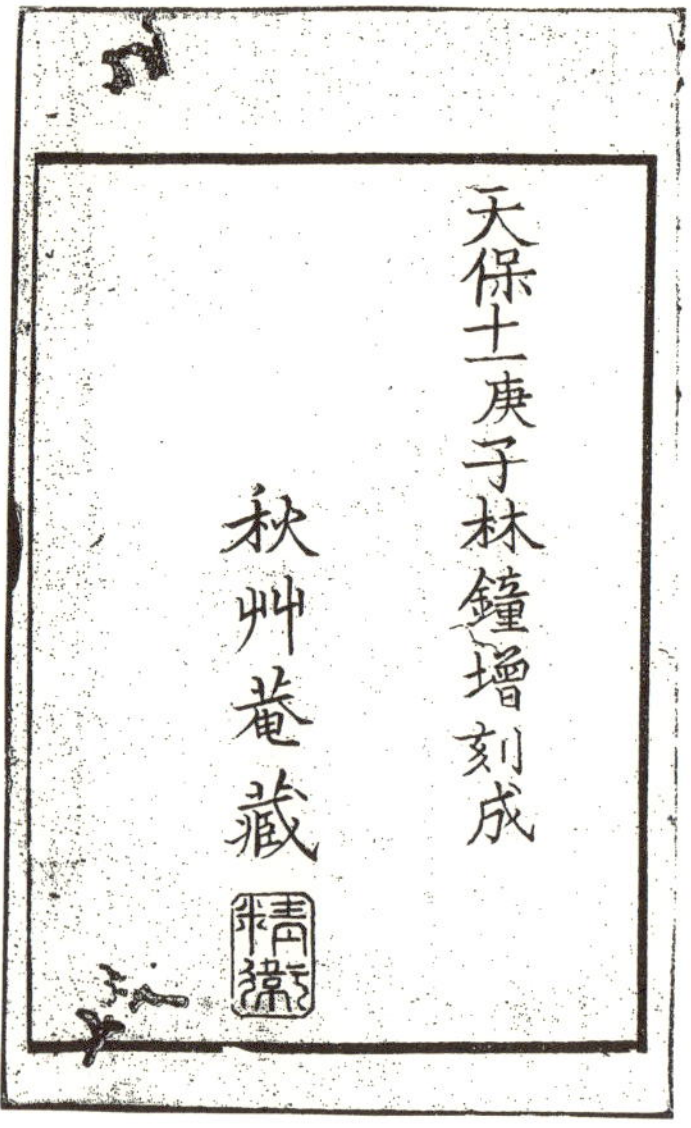

図4　刊記

(1) 冬の日 5丁表（上13下表）

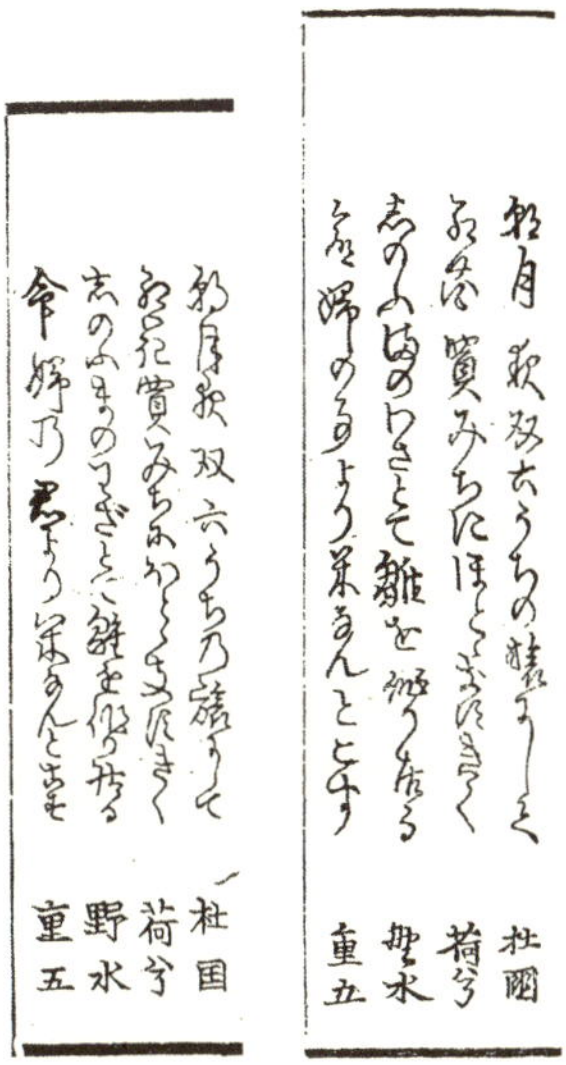

重版Ｂ本　掌中本

(2) 阿羅野 21丁表（下53丁裏）

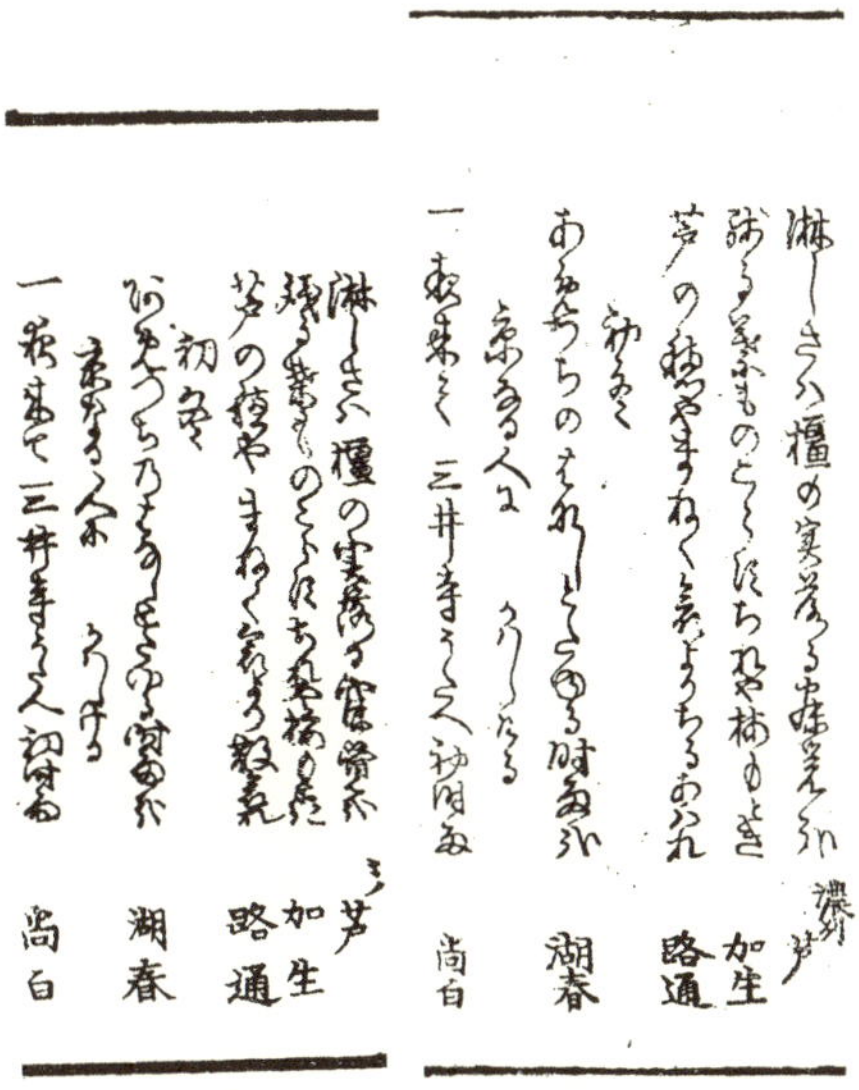

重版Ｂ本　掌中本

(3) 掌中本 下15丁表裏

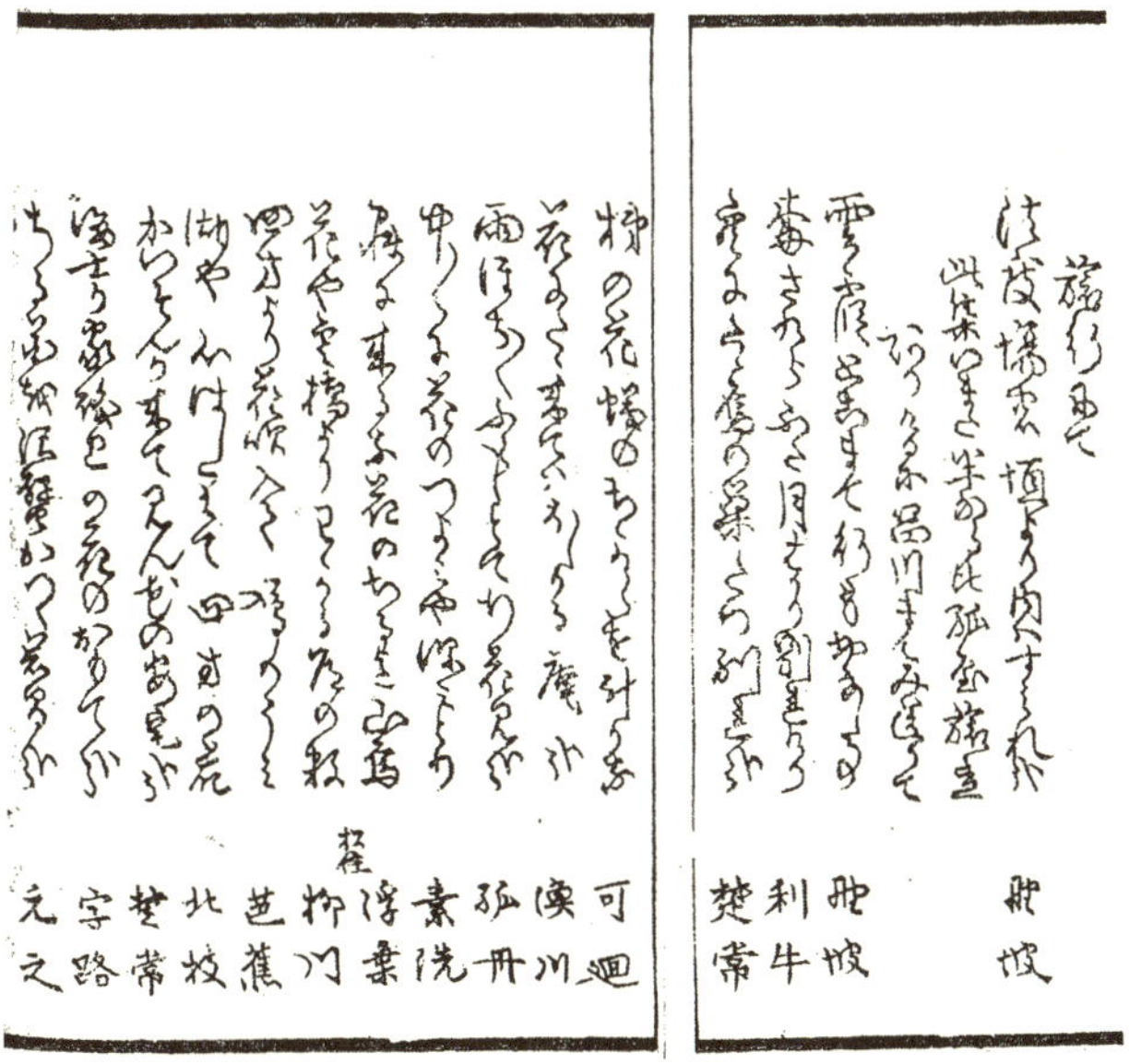

図5

図1　題簽

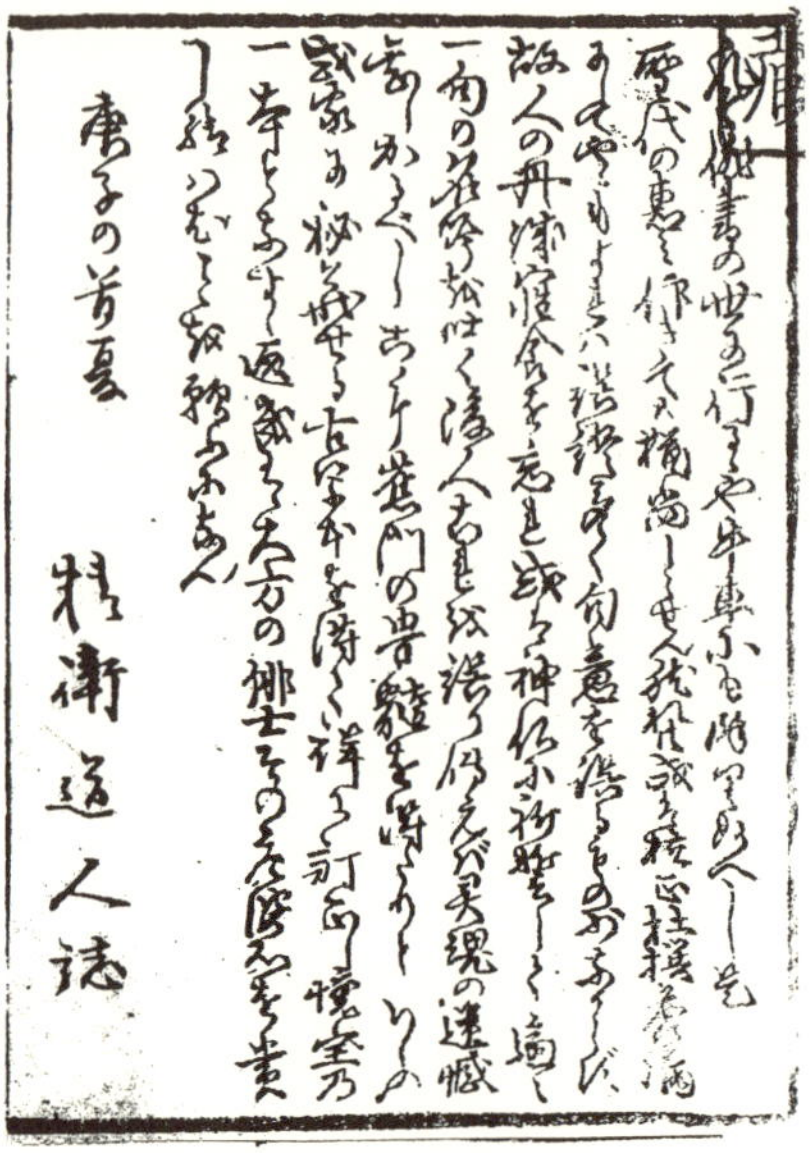

図2　序文

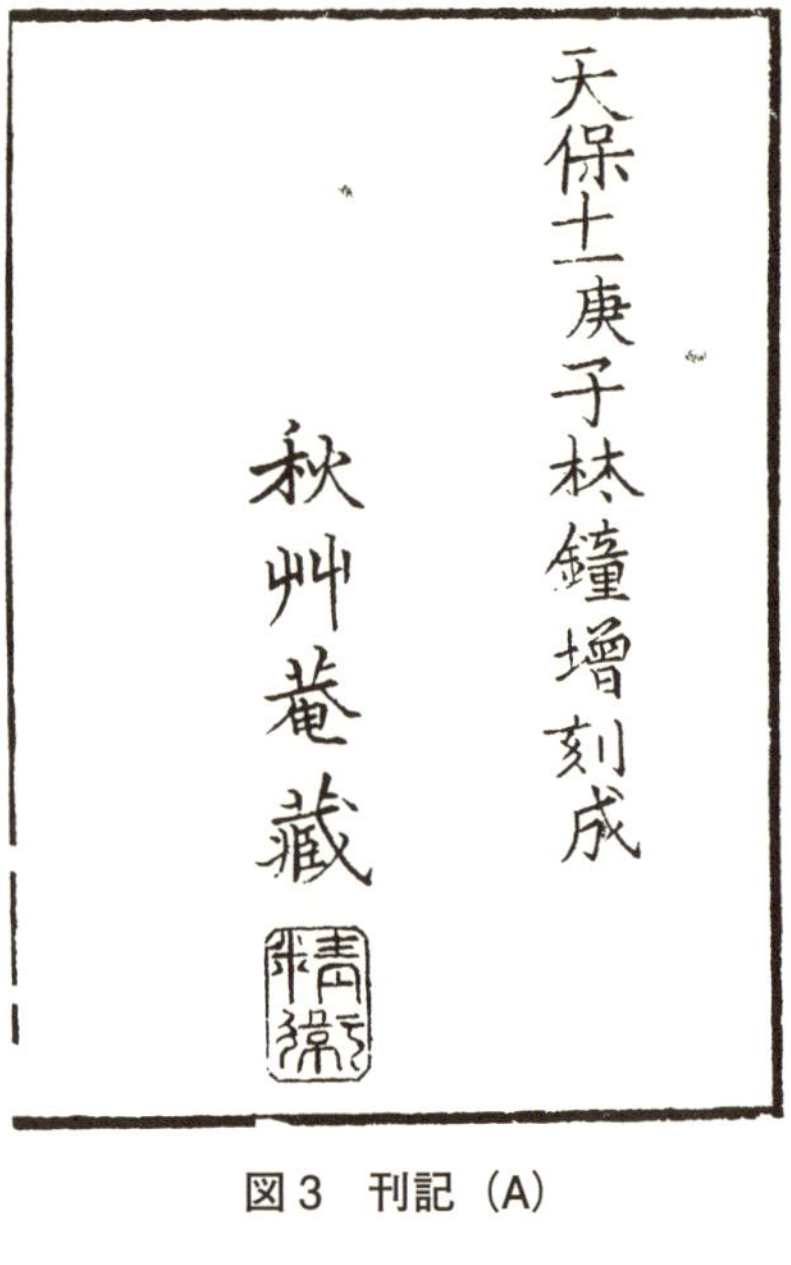
天保十一庚子林鐘増刻成
秋艸菴蔵

図3　刊記（A）

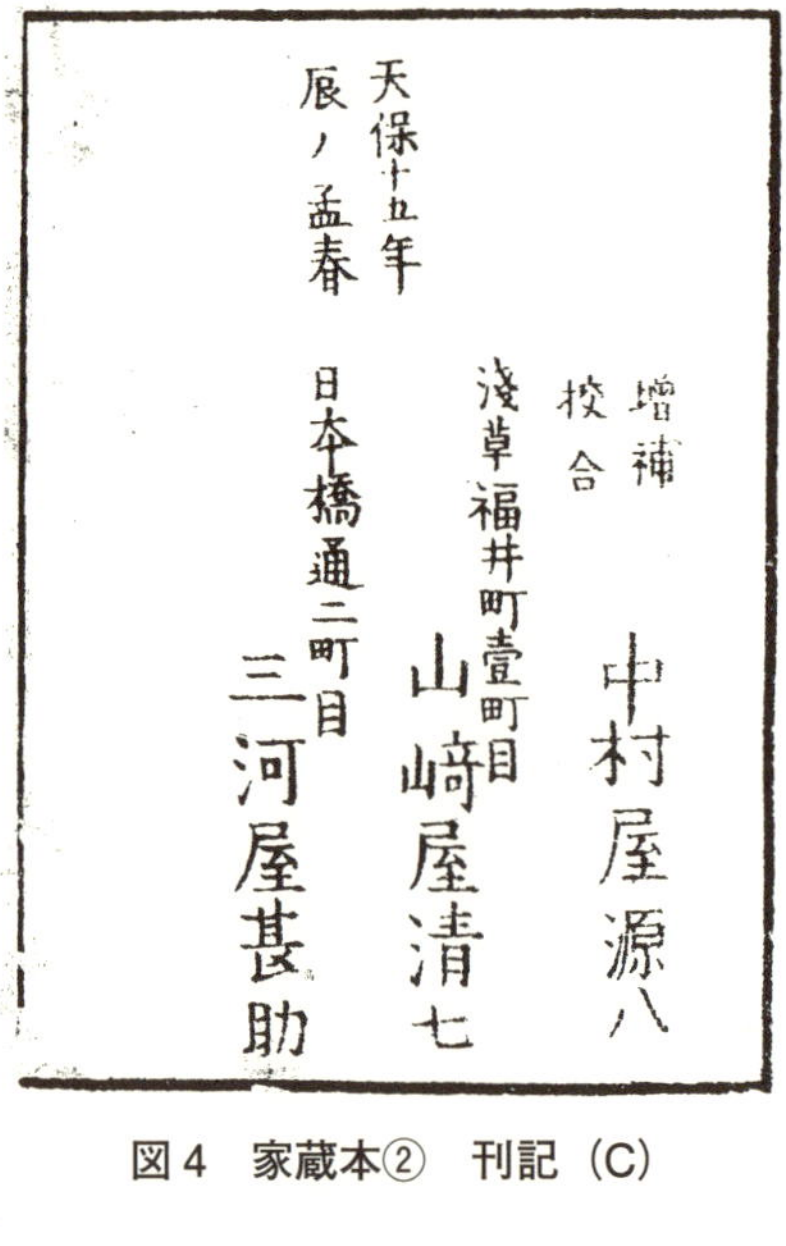
増補
校合　中村屋源八
浅草福井町壹町目　山崎屋清七
天保十五年
辰ノ孟春
日本橋通二町目　三河屋甚助

図4　家蔵本②　刊記（C）

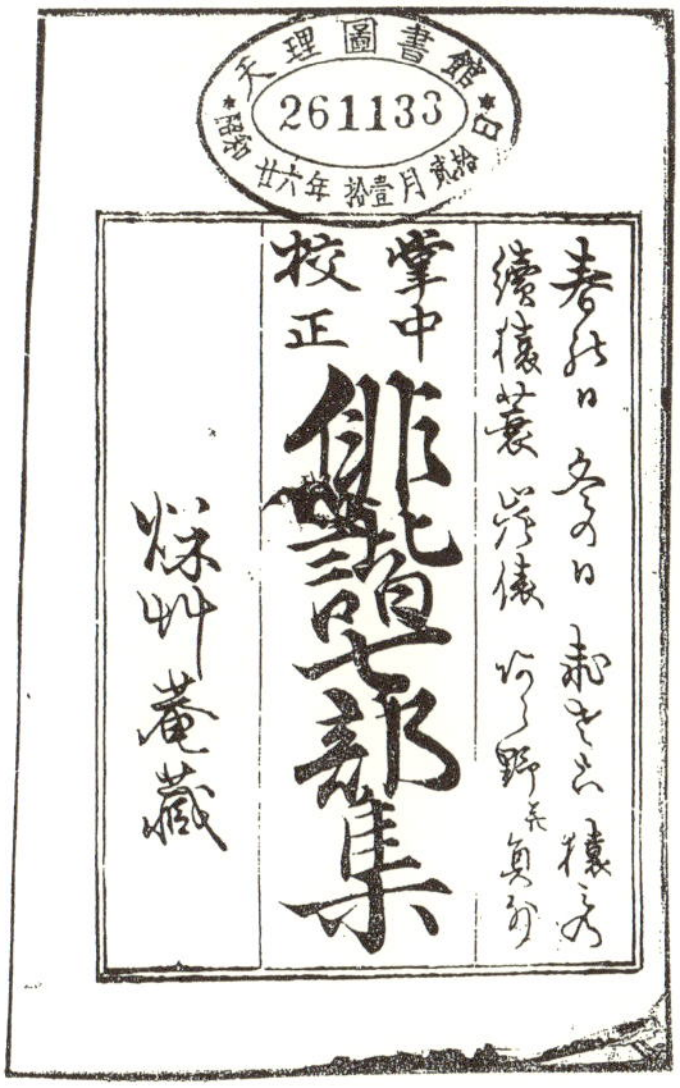
天理圖書館
261133
昭和廿六年拾壹月貳拾日

掌中
校正
俳諧七部集

庵蔵

図6　綿屋本①　見返し
（天理大学附属天理図書館蔵）

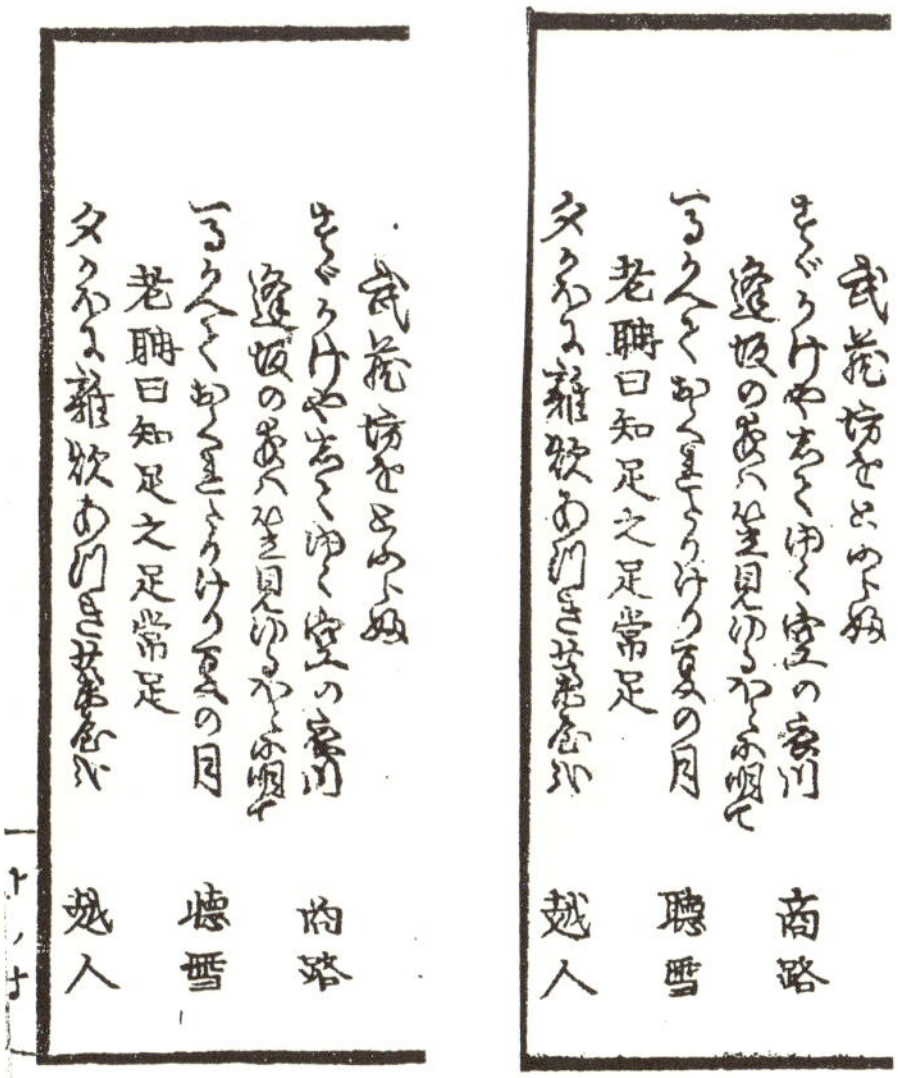
商路
聴雪
越人
老聃曰知足之足常足

覆刻版　　掌中本元版

図5　上7丁裏　春の日

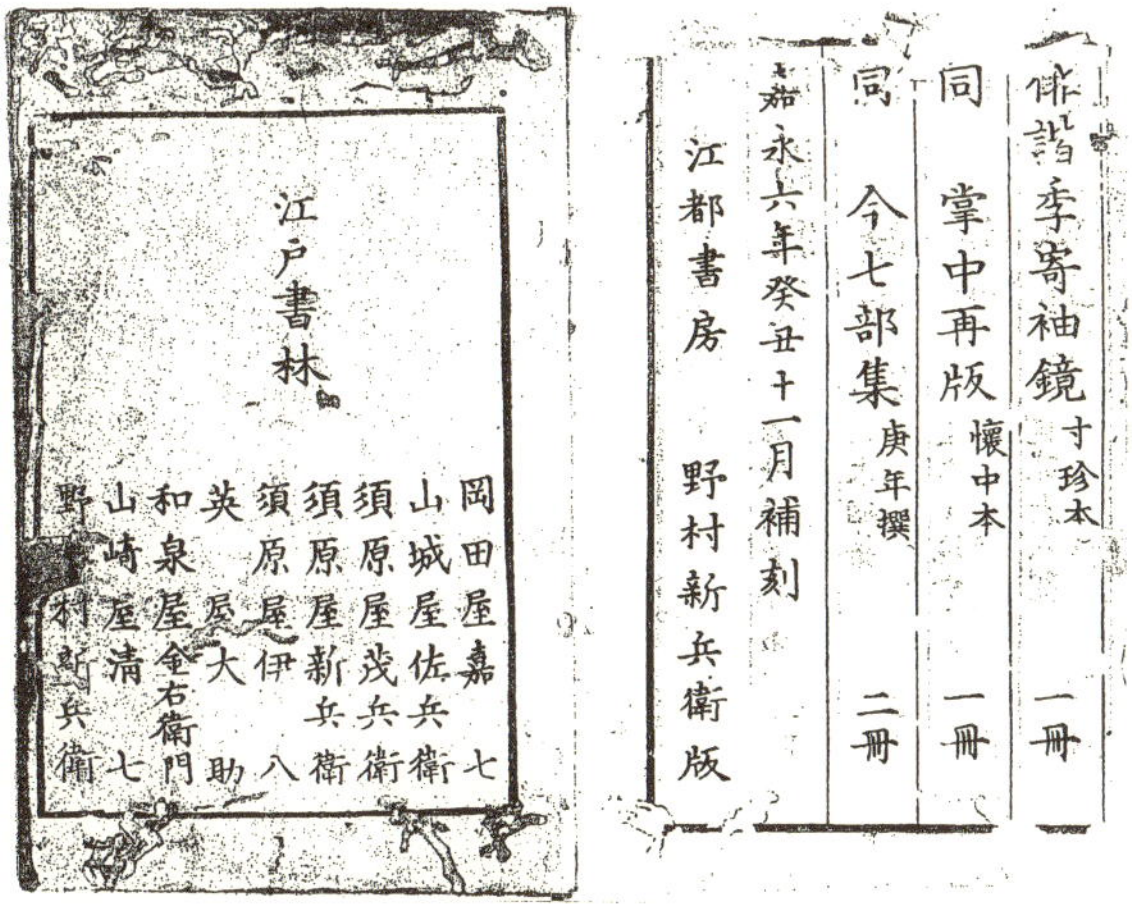
江戸書林
岡田屋喜七
山城屋佐兵衛
須原屋茂兵衛
須原屋新兵衛
須原屋伊八
英大助
和泉屋金右衛門
山崎屋清七
野村新兵衛

俳諧季寄袖鏡　寸珍本　一冊
同　掌中再版　懐中本　一冊
同　今七部集　庚午撰　二冊
嘉永六年癸丑十一月補刻
江都書房　野村新兵衛版

図8　雲英本⑮　目録裏・刊記（D）

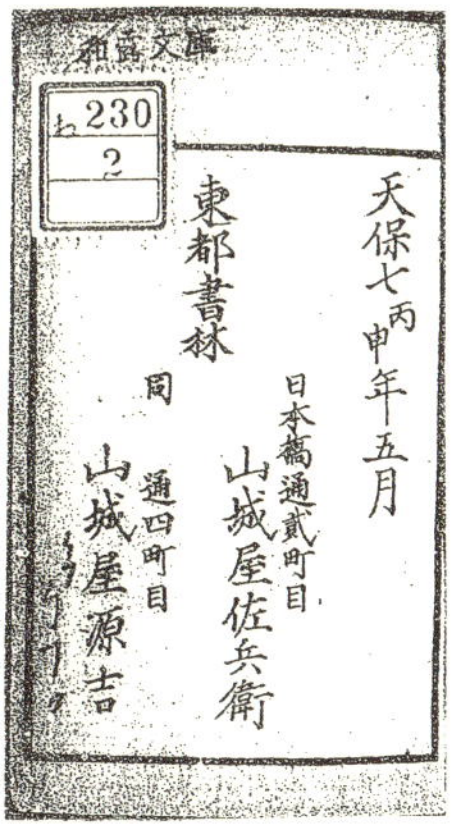
お230
2
天保七丙申年五月
東都書林
日本橋通弐町目　山城屋佐兵衛
同　通四町目　山城屋源吉

図7　綿屋本②
（天理大学附属天理図書館蔵）
刊記（B）

8　弘化四年版横本

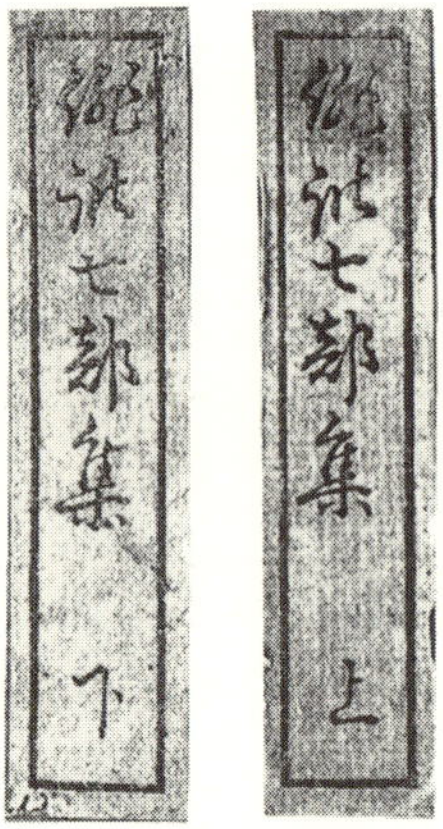

図１　題簽
（財団法人芭蕉翁顕彰会蔵本）

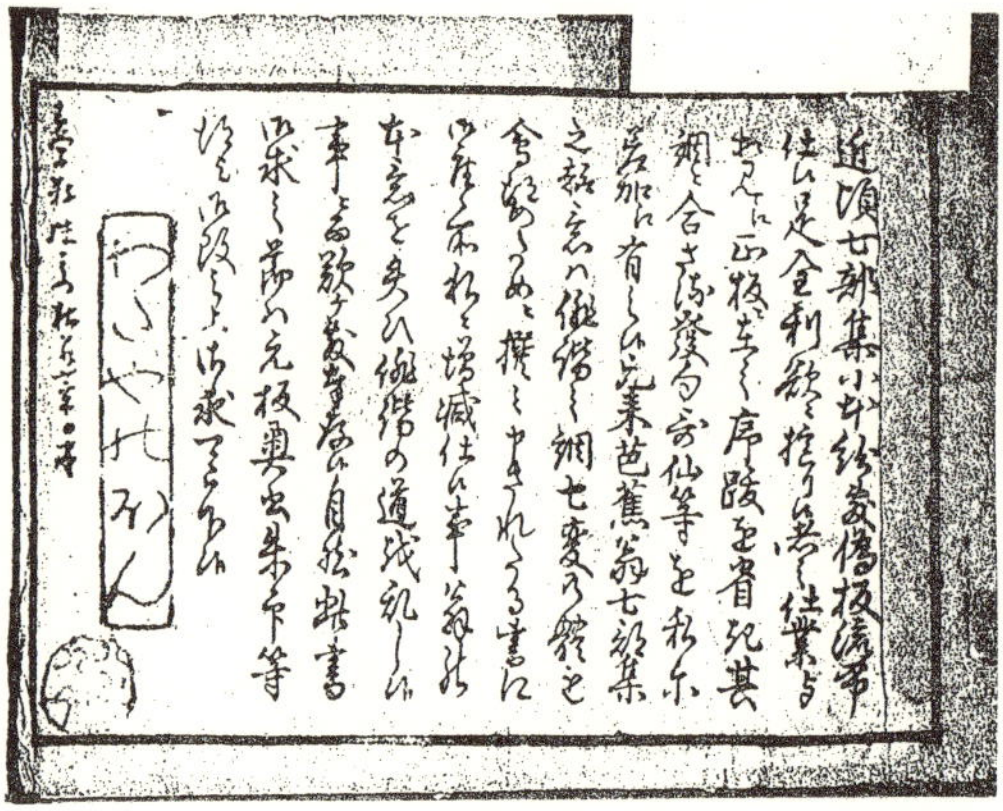

図２　上巻見返し
（天理大学附属天理図書館蔵本）

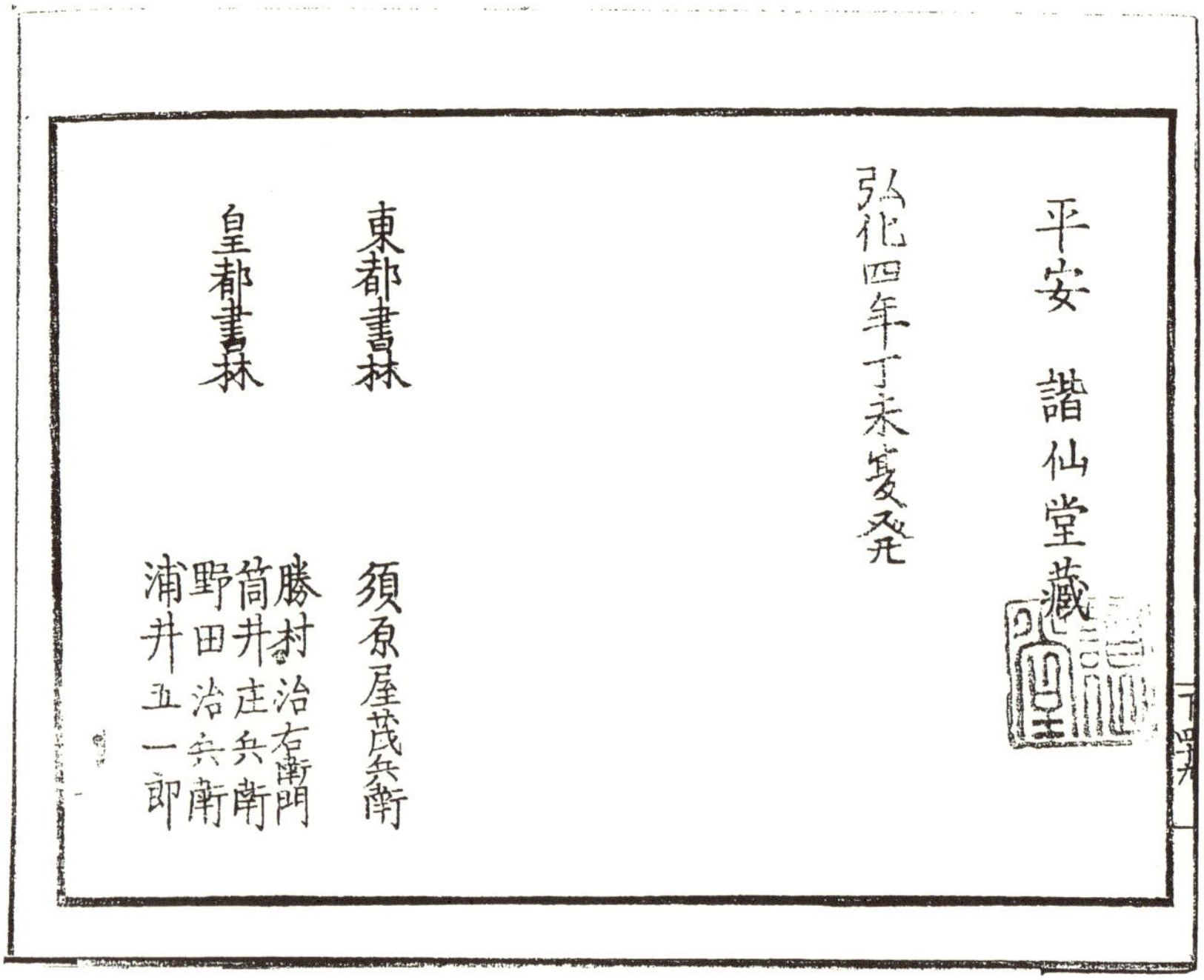
平安　諸仙堂蔵

弘化四年丁未夏発

東都書林　須原屋茂兵衛

皇都書林　勝村治右衛門
筒井庄兵衛
野田治兵衛
浦井五一郎

図３　刊記（財団法人芭蕉翁顕彰会蔵本）

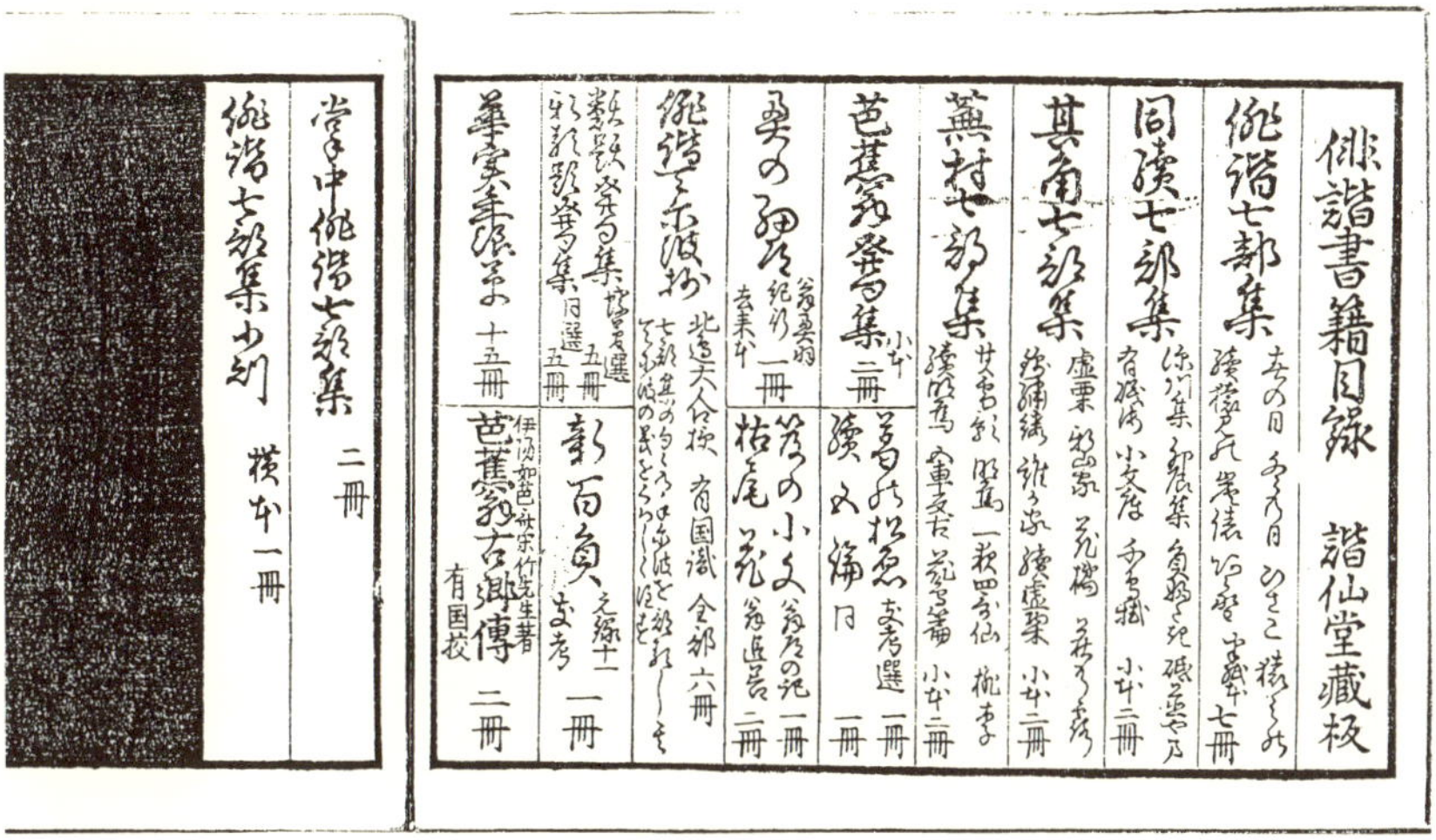

図4　諧仙堂蔵板目録（財団法人芭蕉翁顕彰会蔵本）

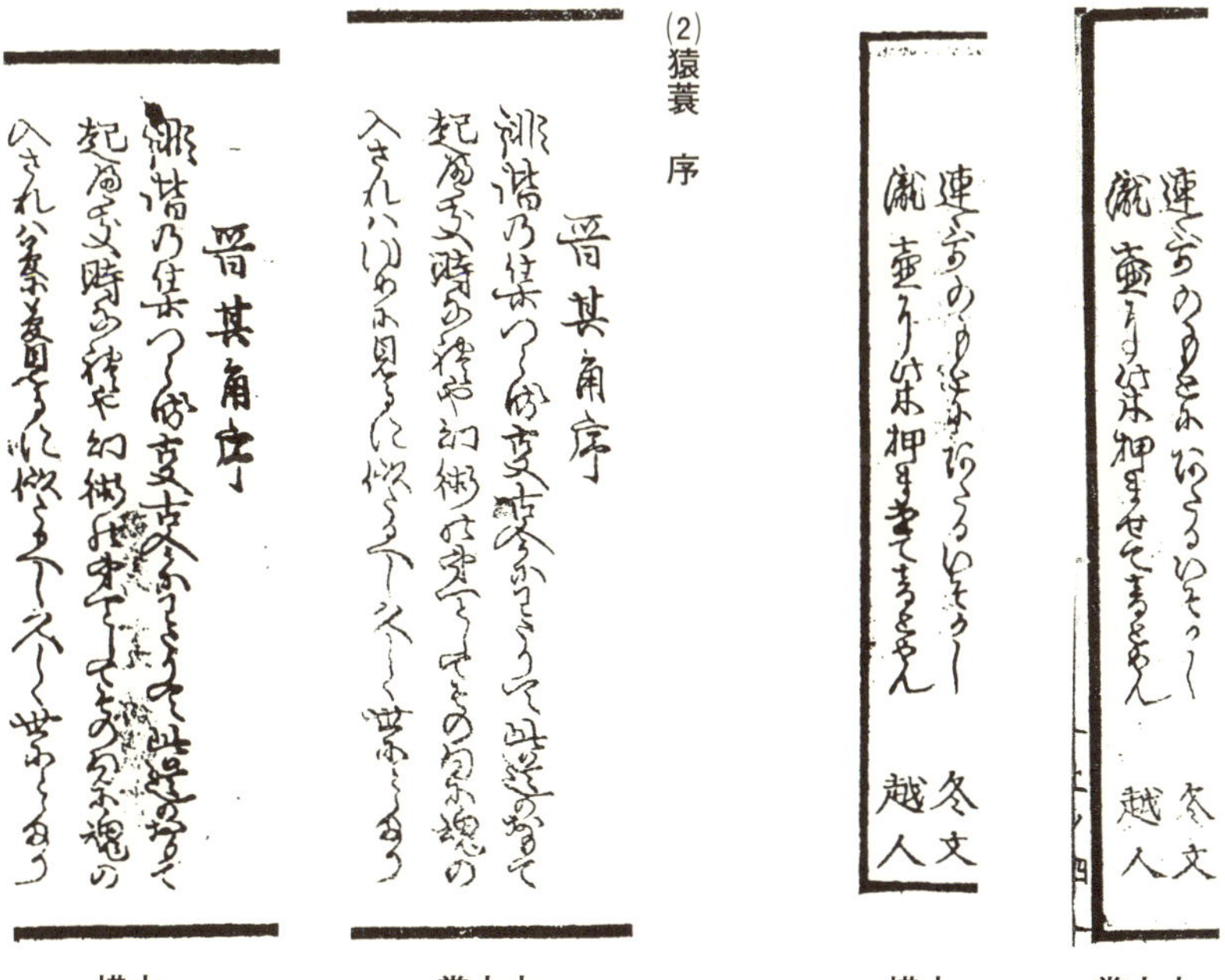

図5

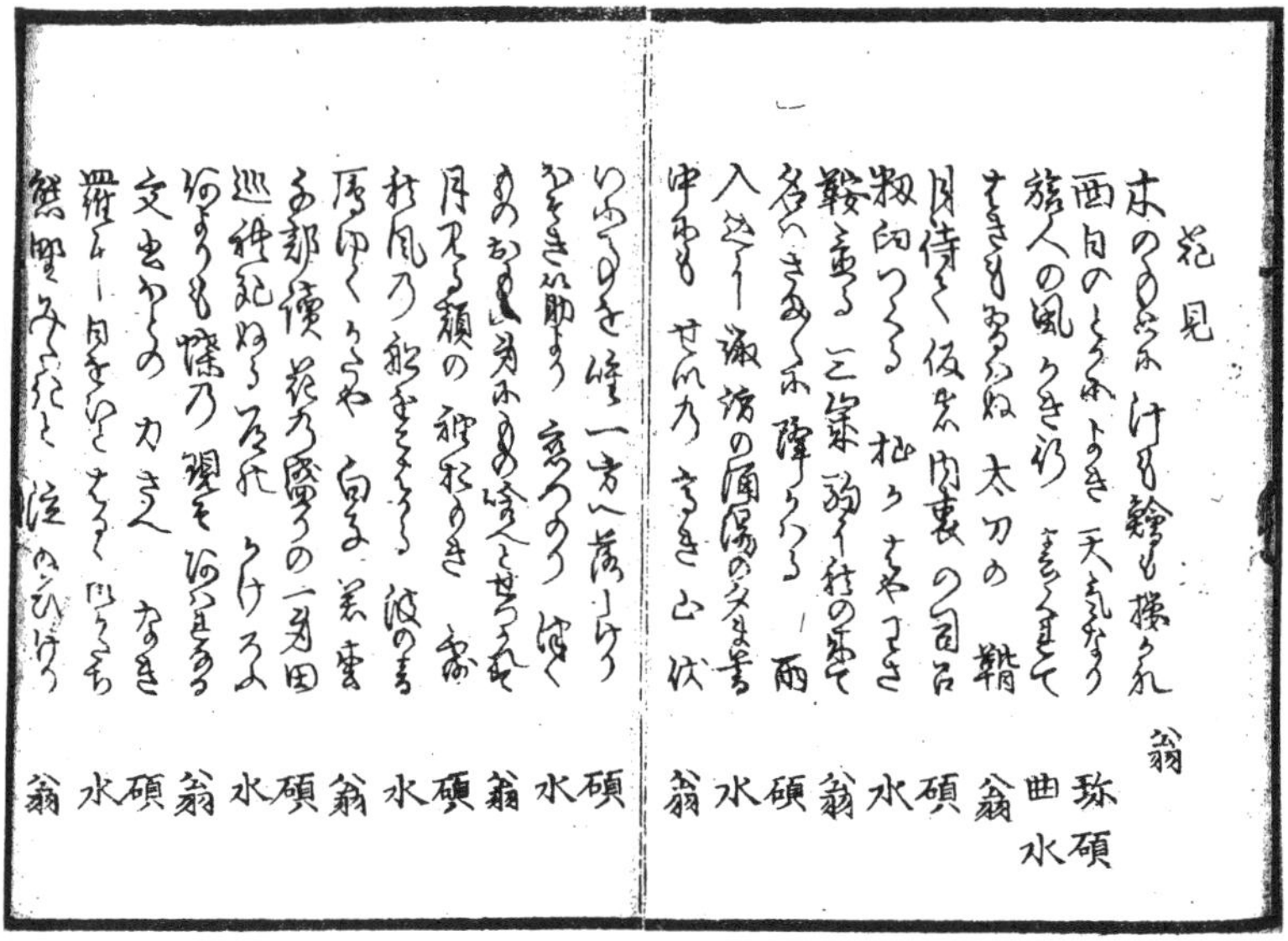

掌中本元版　上 19 丁表裏

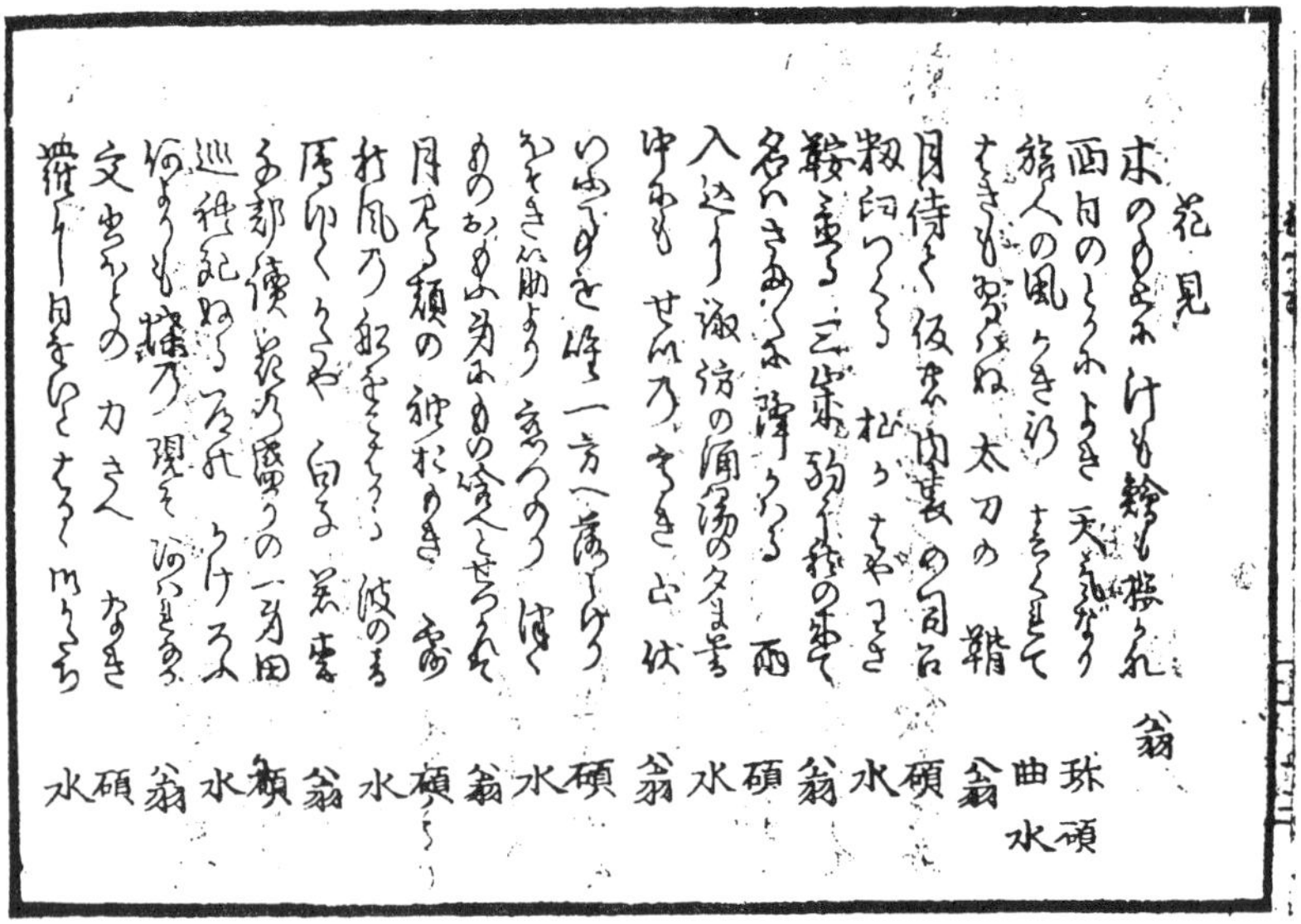

弘化 4 年版横本　上 12 丁裏

図 6

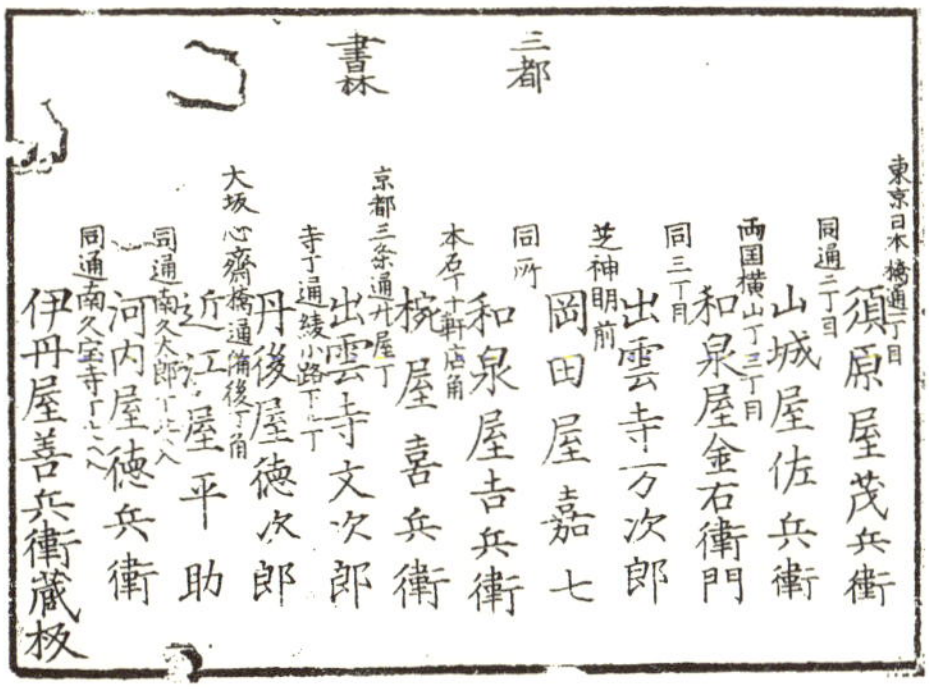

三都　書林

東京日本橋通一丁目　須原屋茂兵衛
同通二丁目　山城屋佐兵衛
両国横山丁三丁目　和泉屋金右衛門
同三丁目　出雲寺万次郎
芝神明前　岡田屋嘉七
同所　和泉屋吉兵衛
本石丁十軒店角　椀屋喜兵衛
京都三条通升屋丁　出雲寺文次郎
寺丁通綾小路下ル丁　丹後屋徳次郎
大坂心斎橋通備後丁角　近江屋平助
同通南久太郎丁北へ入　河内屋徳兵衛
同通南久宝寺丁北へ入　伊丹屋善兵衛蔵板

雲英本

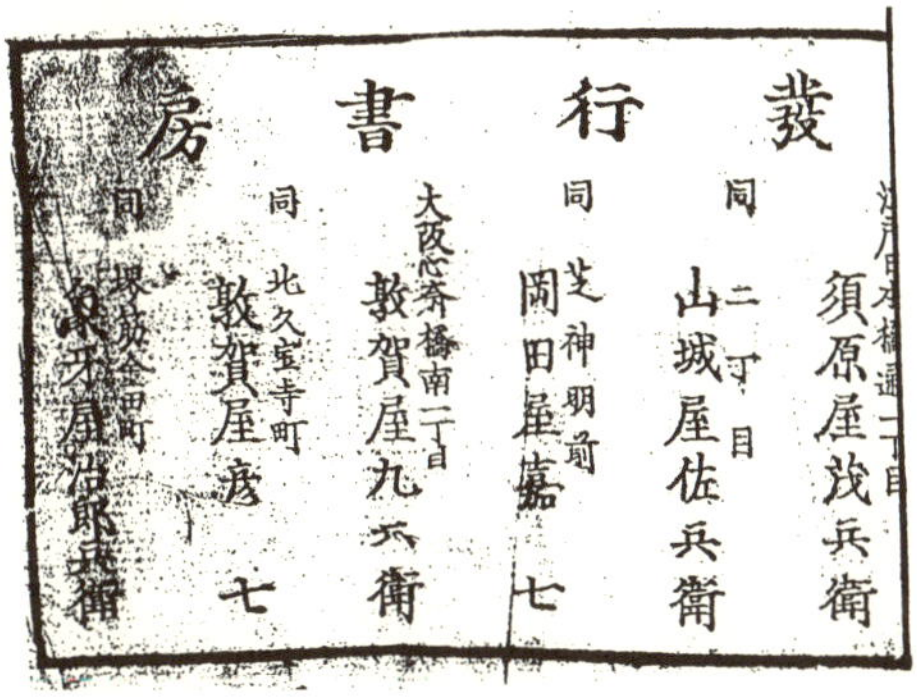

發行書房

江戸日本橋通一丁目　須原屋茂兵衛
同　二丁目　山城屋佐兵衛
同　芝神明前　岡田屋嘉七
大阪心斎橋南二丁目　敦賀屋九兵衛
同　北久宝寺町　敦賀屋彦七
同　堺筋金田町　泉本屋治郎兵衛

某文庫本

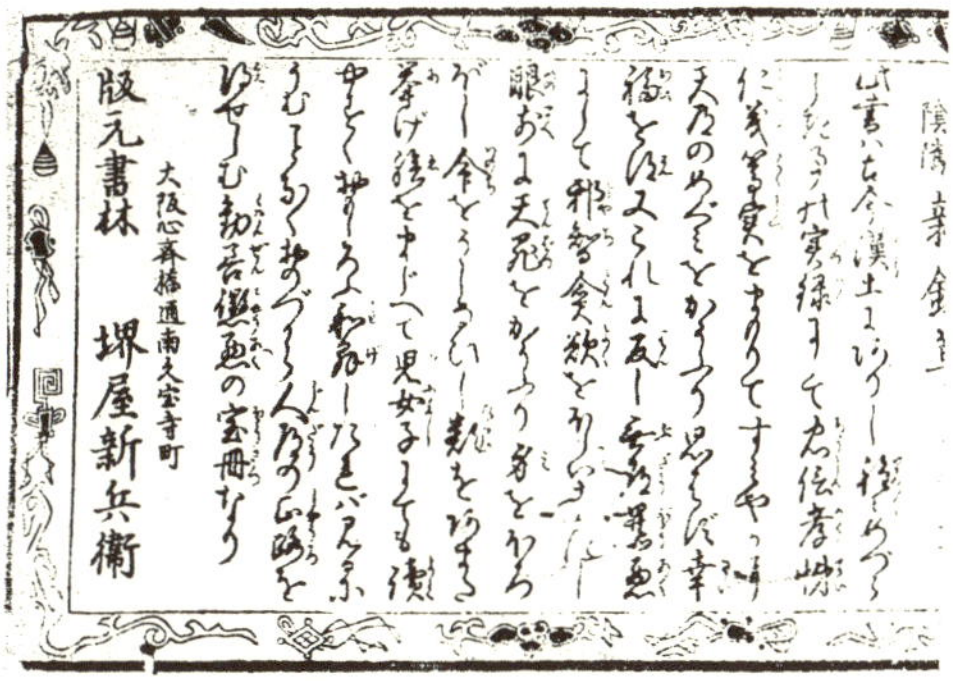

版元書林
大阪心斎橋通南久宝寺町　堺屋新兵衛

芭蕉本⑫（財団法人芭蕉翁顕彰会蔵本）

図7　後刷本刊記

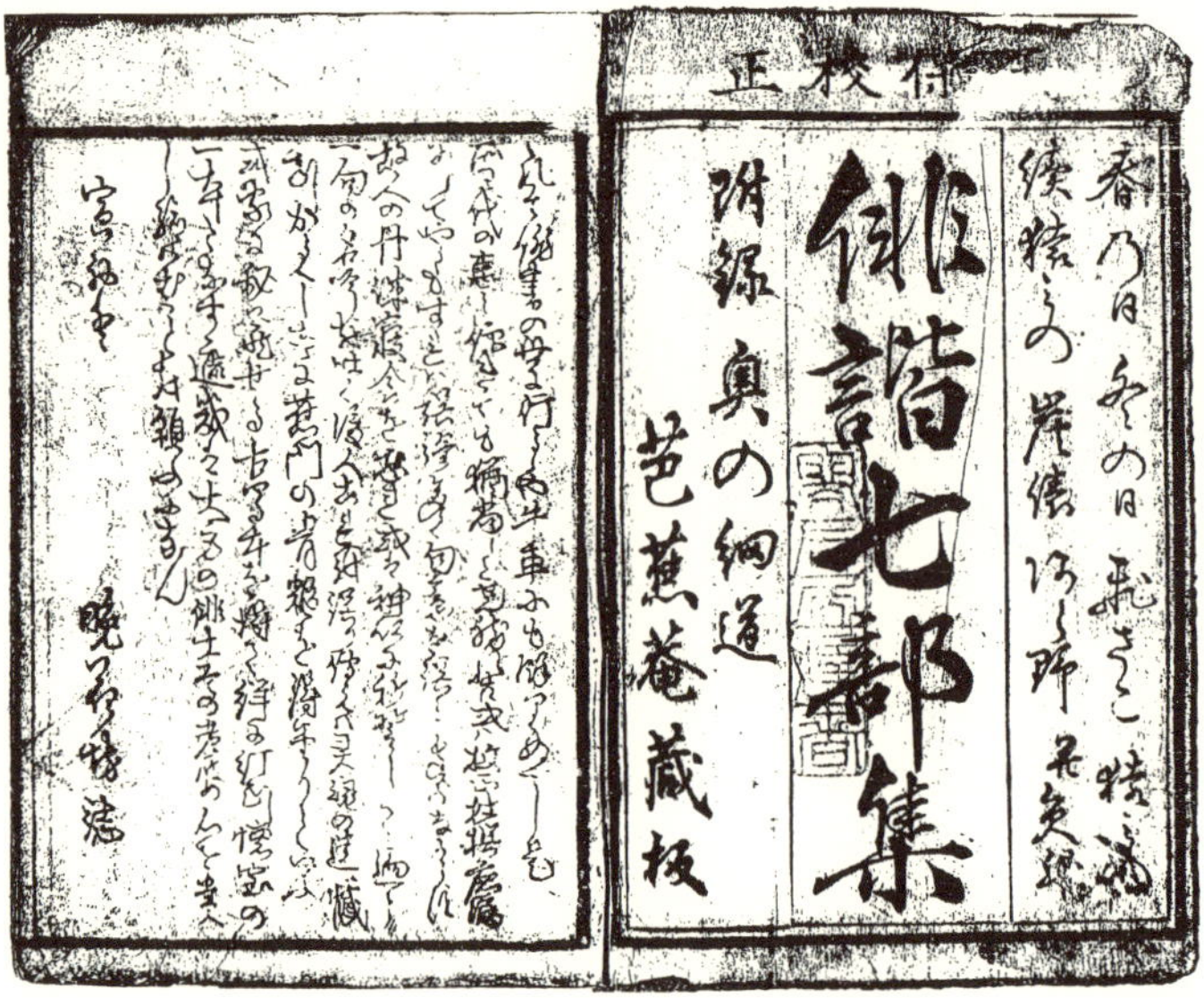

図１　序文　見返し　※初出論文より引用。

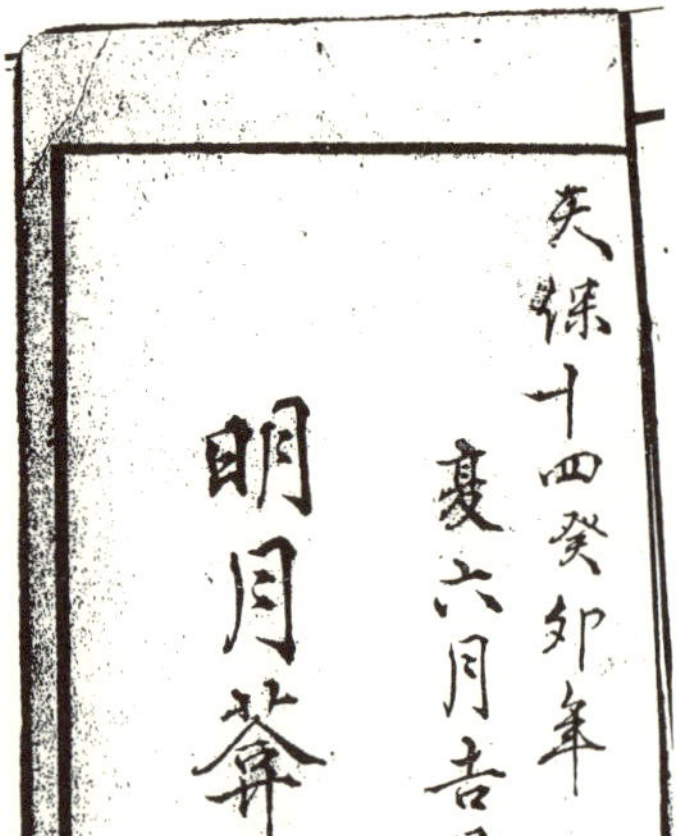

図３　刊記　※初出論文より引用。

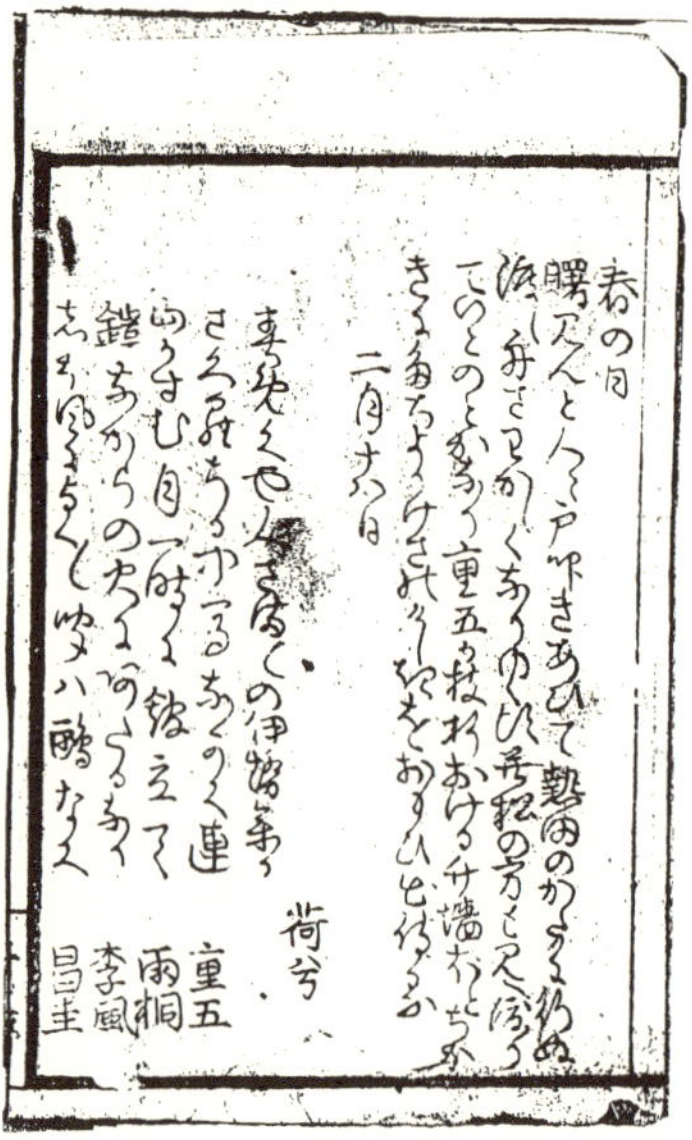

図２　春の日冒頭部　※初出論文より引用。

9　弘化二年版袖珍本

校正七部集　全

図1　題簽

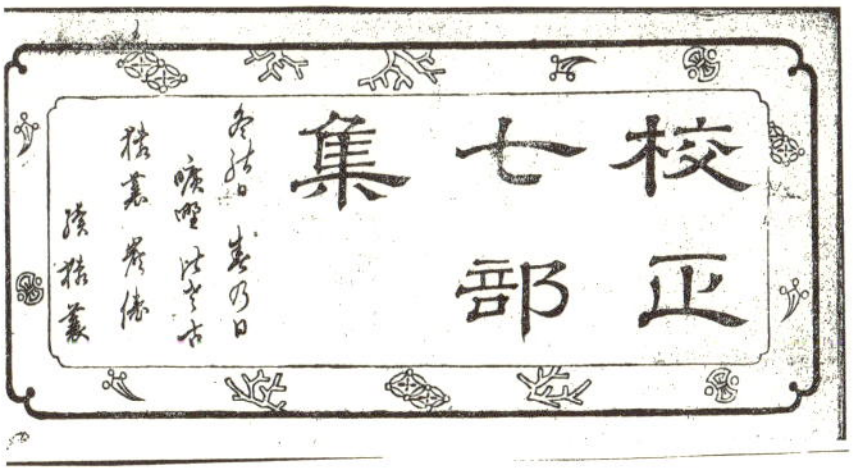
校正七部集

図2　加藤本　見返し

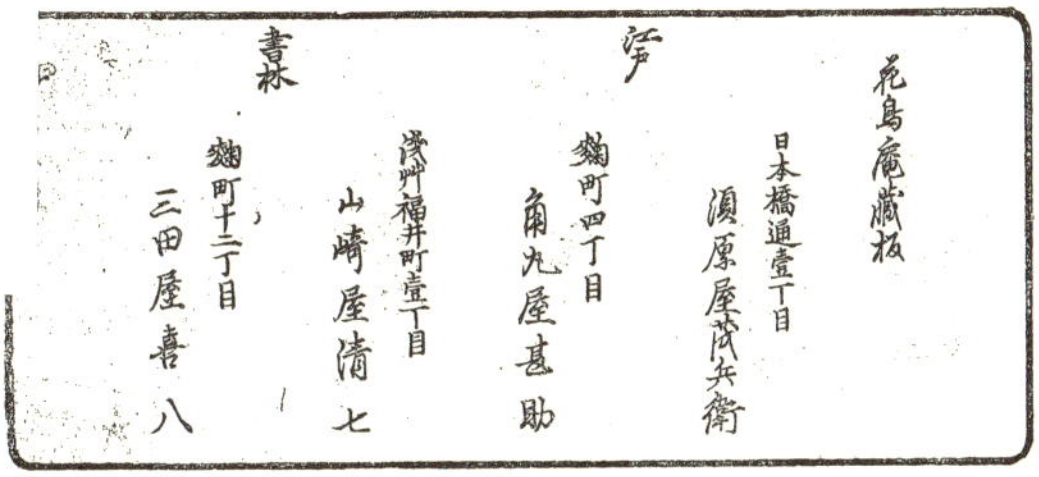
花鳥庵蔵板
日本橋通壹丁目　須原屋茂兵衛
江戸
麹町四丁目　角丸屋甚助
浅草福井町壹丁目　山崎屋清七
書林
麹町十二丁目　三田屋喜八

刊記A

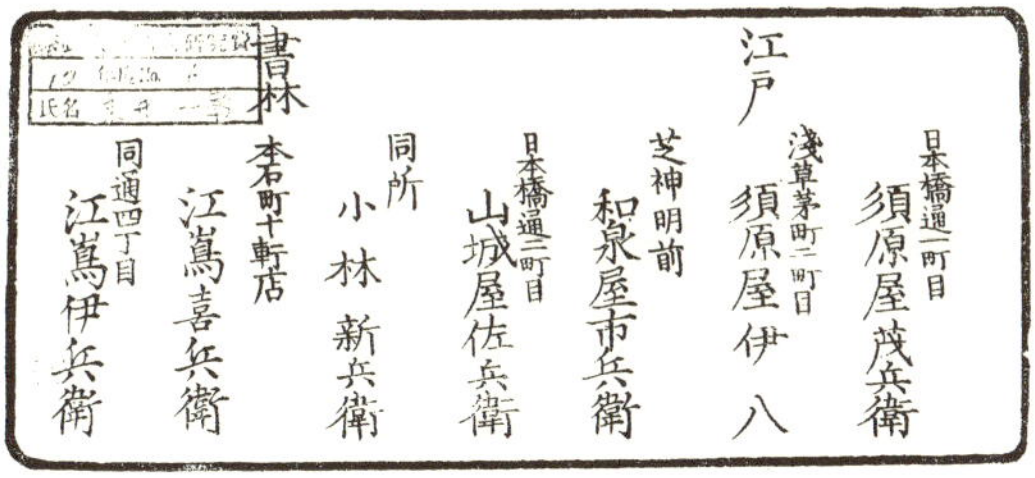
江戸
日本橋通一町目　須原屋茂兵衛
浅草茅町二町目　須原屋伊八
芝神明前　和泉屋市兵衛
日本橋通二町目　山城屋佐兵衛
同所　小林新兵衛
書林
本石町十軒店　江嶌喜兵衛
同通四丁目　江嶌伊兵衛

刊記B

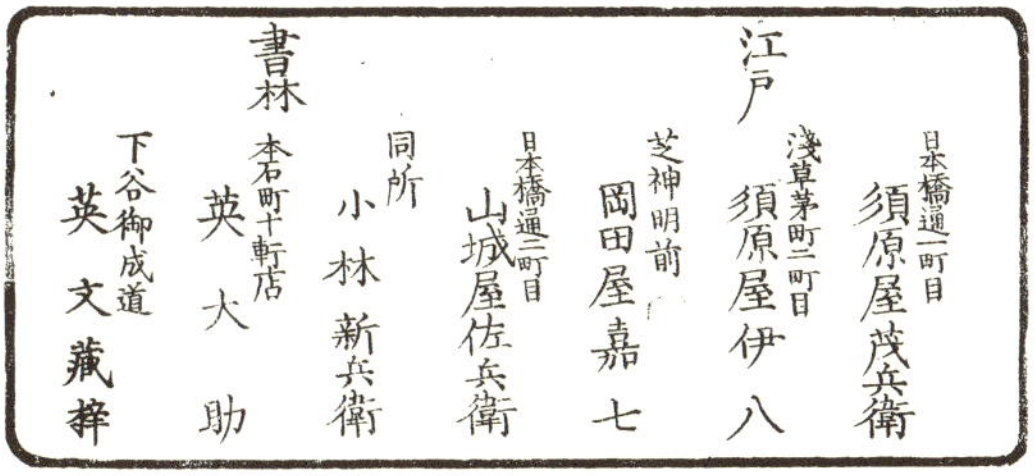
江戸
日本橋通一町目　須原屋茂兵衛
浅草茅町二町目　須原屋伊八
芝神明前　岡田屋嘉七
日本橋通二町目　山城屋佐兵衛
同所　小林新兵衛
書林
本石町十軒店　英大助
下谷御成道　英文蔵梓

刊記C

図3

10 嘉永四年版横本

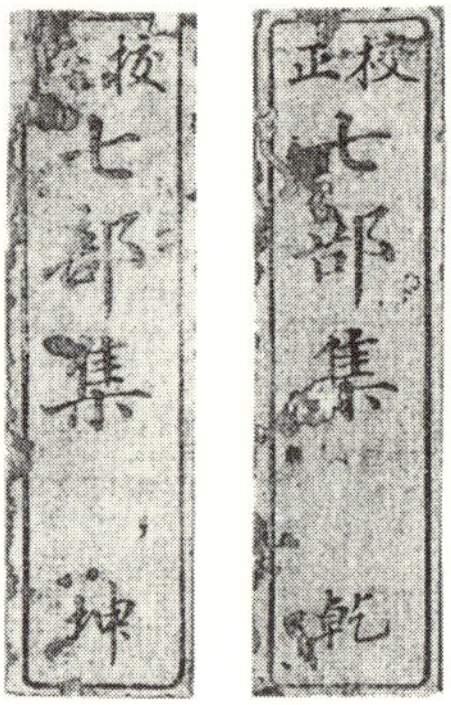

図1 題簽

図2 乾巻 見返し

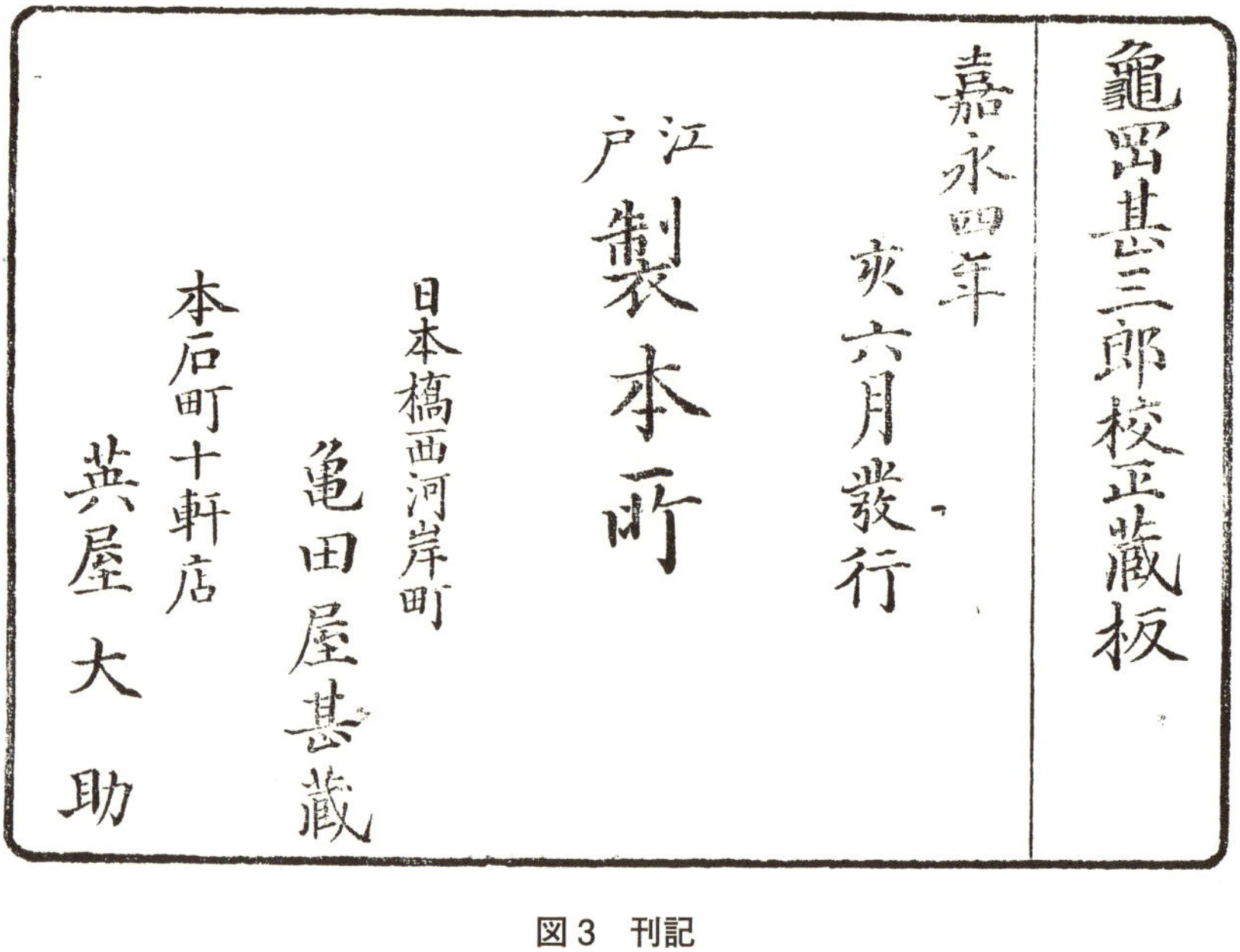

図3 刊記

3 『七部大鏡』の版権

はじめに

近世の本屋は、そもそも出版を文化事業・慈善事業として行なっていたわけではない。本屋には家族をはじめ、その店で働く使用人もいる。さらにその下には、彫師・摺師などの職人集団とその家族たちもぶらさがっていて、出版で得られた利益はそれらの人々の生活をも支えていたはずである。とりわけ近世中期以降の出版機構が確立した時代、いわば出版が産業化した時代の出版物を扱う時には、そのことを忘れてはならない。そこには、出版を「文化」と呼んでしまうと見落としてしまう問題が潜んでいるように思われる。本屋にとって出版物は商品であったという基本的な観点から、近世の出版を見直す時期が来ているのではないだろうか。

さて、元禄七年に芭蕉が没して後、その偶像化が進むに連れ、芭蕉関係の俳書は次第にその商品的価値を増して行ったと考えられる。それは本屋の側からすれば、芭蕉関係の俳書は利益を生んでくれる魅力的な商品であったことを意味する。つまり、芭蕉没後の近世の本屋にとって、芭蕉関係の俳書の版権を手にすることは大きな利権に繋がったのである。文化初年までその利権をほぼ独占していたのは、芭蕉生前から関係俳書の出版に携わっていた京都の井筒屋庄兵衛であった。芭蕉没後、その商品的価値に逸早く注目し、元禄十五年当時門人去来が所持していた素龍清書本を模して『おくのほそ道』を出版した井筒屋は、その意味で先見の明があったと言えよう。彼の読みは見事に当たって、『おくのほそ道』はその後百年以上にわたって井筒屋の定番商品となったのみならず、明治に至る超ロングセラーとなって行ったのである。そのように井筒屋の独占状態にあった「芭蕉という利権」の圏内に、安永ごろから踏み込んで行ったのが橘屋野田治兵衛である。橘屋は、これまたロングセラーとして出版が八十年以上に及ぶことになった安永三年刊の小本『俳諧七部集』（以下、小本七部集と略称することが多い）に井筒屋の相版元として名前を出した後、安永五年には井筒屋との相版で『芭蕉翁文集』『芭蕉翁俳諧集』を、同七年には『奥細道菅菰抄』を出版、同じ頃から『おくのほそ道』にも相版元として名前を連ねるようになる。それは、「芭蕉という利権」に橘屋が絡み始めたことを意味している。とりわけ、天明八年の京都大火で井筒屋が罹災して家も板木も失ってしまった後、奇跡的に蔵版の板木の焼失を免れて余力を残した橘屋は、翌寛政元年に井筒屋との連名で『おくのほそ道』『芭蕉翁発句集』を再刻するなどして、寛政期の井筒屋の出版活動を支えて行くことになる。が、その井筒屋もついに力尽きたのであろうか、文化三年ごろ刀の組紐商という異業種から京都出版界に新規参入して来た諧仙堂浦井徳右衛門に、芭蕉関係の主要俳書の版権を譲り渡すことになった。その主要俳書とは、文化五年再刻の小本『俳諧七部集』巻末収録の諧仙堂蔵板目録によれば、小本七部集はじめその便乗本と思われる小本『其角七部集』『蕪村七部集』、同じく小本の『芭蕉翁発句集』『俳諧続七部集』、半紙本の『俳諧七部集』、それに『おくのほそ道』『笈の小文』、其角編『枯尾花』、支考編『葛の松原』『続五論』『新百韻』に加え、蝶夢編『類題発句集』『新類題発句集』なども含まれている。そして橘屋は、以前からの版権の絡みと、新規参入業者で出版・販売のシステムを持たない浦井をそちらの面から補助するという形で彼と組み、「芭蕉という利権」の圏内にしっかりと踏みとどまって行くのである。

その後、諧仙堂浦井徳右衛門は安政五年に没する少し前まで、右の芭蕉関係の主要俳書の版権を保持して行くことになる。その間約半世紀、「芭蕉という利権」をほぼ独占していた浦井と橘屋が手にし得た利益は莫大なものであったろうと想像される。が、彼らはその見返りとして別の悩みを抱え込むこととなった。それは、続出する重版・類版への対応である。冒頭にも述べたように、近世の本屋にとってその出版物は商品である。同じ手間隙を掛けるのであれば、売れない商品よりも売れる商品を扱いたいと考えるのが人情というものであろう。本屋仲間の間で固く禁じられていた筈の重版・類版事件が近世期を通じて跡を絶たなかった理由はそこにある。芭蕉関係で言えば、その最たるものが小本七部集であった。安永初版本の版権を所持していた井筒屋も、続出した類書七部集に頭を悩ませたであろうことは、想像に難くない。そして、版権が浦井に移り文化五年再刻版が出た後の約半世紀の間に登場した重類版は実に九種に及び、正規版元の浦井がたびたび差し構えを起こすなど対抗処置を講じていた形跡が京都本屋仲間の記録に残っている。この問題については本書第三部1「小本『俳諧七部集』」、2「小本『俳諧七部集』の重板」に詳述したので、そちらを参照していただきたいのだが、かような芭蕉関係の俳書の重類版の横行は正規版元にしてみれば、版権の、言い換えるならば利権の蚕食である。それは確かに頭痛のたねであるに違いない。が、その一方で重類版が正規版元に思わぬ利益を齎すこともある点にも注意を払う必要があろう。重類版の多さからして、芭蕉関係の俳書のうちでおそらく最も良く売れたであろうと考えられるのは小本七部集である。しかし、これまた「小本『俳諧七部集』」の章で述べたように、その安永三年初版本は正規版元の井筒屋・西村らがあずかり知らぬところで江戸の富田新兵衛が勝手に仕立てたもので、出入りを経て正規版元と重版元が相版として売り出すことで合意を見たものであった。重類版として出発した小本七部集が、その後八十年に及ぶロングセラーとなり主力商品となって行くことを、重版元はもとより、正規版元もおそらく予想だにしなかったであろう。他に、寛政七年に江戸の衡山堂小林長兵衛が出した『冬の日』の注釈書『冬の日俳諧七部木槌』を、前年刊の『誹諧七部解初編冬の日』の版元井筒屋庄兵衛・橘屋治兵衛らがその重類版として差し構えを起こして板木を没収し、それを『冬の日句解』という新商品として寛政九年に売り出したという事例（本書第五部3「『七部解』と『七部木槌』」参照）もある。

　かように見てくると、「芭蕉という利権」は単に芭蕉関係の俳書の版権を所持しているというところに留まらず、重類版をも呑み込んで、より大きなものに膨れ上がって行くことがわかる。つまり、「芭蕉という利権」の大きさを正確に測るためには、類書七部集や七部集の注釈書にも目を配る必要が生じて来るのである。以上の観点から、この稿では何丸の編著である『七部大鏡』『続猿蓑注解』『芭蕉翁句解参考』の版権をめぐる問題を考えてみようと思う。なお、図版は章末に一括して掲載することにする。

1　『西国俳諧七部集』の一件

　何丸の編著について述べる前に、小本七部集の重類版と見做された『西国俳諧七部集』の一件について触れておこう。というのは、これが文化三年頃に井筒屋から版権を譲り受けた浦井が重類版事件に対応した最初の例で、後の何丸の編著をめぐる問題を考える際の参考となると思われるからである。『京阪書籍商史』に次のような記述がある。

> 文化六年八月、京都行事小川多左衛門、銭屋惣四郎が下阪、大阪行司に面接の上、大阪塩屋忠兵衛が出板した西国俳諧七部集は、京都野田治兵衛、上《マヽ》菱屋徳右衛門両人の俳諧七部集の重板の旨交渉があったので、忠兵衛を召喚して糾問した所、無免許の書であることも露顕したので、絶板を申渡した。

　因みに、菱屋は浦井のこと。文面「菱屋」の頭に「上」とあるのは誤植であろう。『京阪書籍商史』の著者蒔田氏は、重版事件を記録した大坂書林仲間の文書を見てこの記述をなされたのであろうが、文書そのものは今となっては分からない。しかし、この記述の信憑性が高いことは、京都書林仲間の記録『上組済帳標目』の「文化六年巳五月より九月迄」の部に

一 西国俳諧七部集、板行出入一件。并、右ニ付大坂塩屋忠兵衛不埒取計之始末、大坂行事之記録、書写留候事。

と、『京阪書籍商史』の記述にぴったりと対応する記録があることによって裏付けられよう。では浦井と橘屋は、何を以って『西国俳諧七部集』を小本七部集の重版と見做したのであろうか。この書は、編者奇淵が文化四年に西国を行脚した折の各地俳人及び自身の発句・連句を、地域別に七部にまとめてそれぞれに書名を付け、さらに巻末に員外として東国の部を添え、上・中・下の小本三冊に仕立てて大坂の塩屋忠兵衛から刊行したものである。員外を含め八部の書名と、各書の収録地域を次に示そう。

上 雪つくし　筑前・筑後
　ひこ鯛　豊前・豊後・肥前・肥後・薩摩・日向
中 野梅　摂津・山城・大和・河内・和泉
　鳴門海松　阿波・淡路
　よさむ　讃岐・伊予
下 ひなた路　播磨・美作・備中・備後・安芸・周防・長門
　蓬路　丹波・丹後・但馬・因幡・伯耆・石見

員外東国　（伊勢・三河以東、関東・北陸・東北も含む）

下巻刊記部分に年記が見当たらないが、下巻末尾の升六跋文に「辰（文化五年）十二月」とあること、それに『野梅』の月居序に「文化六の年きさらぎ初八の日」とあることから、文化五年末には編集を終え、六年二月か三月ごろに出版の運びとなったと思われる。管見に入った『西国俳諧七部集』版本は次の五点。摺りの早い順から並べてみよう。ちなみに、4については原本を見たが、他は全てマイクロフィッシュによる。

1　竹冷文庫本（竹冷706）　三冊揃い本。各冊、元題簽あり。
2　綿屋文庫本（わ201・4）　三冊揃い本。上・中、元題簽あり。
3　綿屋文庫本（わ201・65）　三冊揃い本。各冊、元題簽あり。
4　故宮田正信博士旧蔵本　三冊揃い本。各冊、元題簽剥落。
5　洒竹文庫本（洒竹1394）　上下合冊の一冊本。元題簽なし。

いま詳細については省略するが、下巻収録の「員外東国」末尾の付録二丁に小異があり、それを手掛かりに摺りの先後を分かつことが可能で、1・2・3 4（この二点は付録に異同なし）・5の順に出版されたものと思われる。最初に出たのが文化六年二〜三月とすると、京都行事が差し構えで大坂へ赴いたのが同年八月のことであるから、半年余りの間に出版回数四度に及んだということになろう。ところで、編者奇淵と版元塩屋の側はこの書の編集に際し、小本七部集を意識していた形跡が顕著である。それは次のような事実が雄弁に物語っている。

Ⅰ　管見に入った『西国俳諧七部集』五点のうち、元題簽を有する1・2・3本の三点の題簽はそれぞれの巻全て同じで、単辺枠の中に「西国」と角書きし、その下に「俳諧七部集　上（中・下）」と入れる。図1が安永版小本七部集の題簽、図2が竹冷文庫本『西国俳諧七部集』の上と下の題簽である。『西国俳諧七部集』題簽の「俳諧七部集」とある部分の書体が、上巻は安永版小本七部集の下巻のそれと、また下巻の書体が安永版上巻のそれと酷似している。

Ⅱ「員外東国」を添えたのは、小本七部集の『阿羅野』の「員外」を意識したものである。

Ⅲ　中巻収録の『野梅』の奇淵自序の文中に、小本七部集の塙保己一の序文をまねた箇所がある。左に該当部分を示す。

「さいつ日ものへまかりけるに、子周道のほどに行あふ。此ごろ聞へあはすべき事侍りてあなぐりもとめつとて、ちひさきふんづゝみとり出す。これなんばせを葉の広く世にもて伝へたるなゝつのふみにして」（小本七部集）

「さいつころ西の国に下りける事有て、みち〳〵いひもしきゝもせる句々を、しのゝさゝ葉あらましかきあつめて、七種にわかち三つにとぢて、西国七部集とゝなふ。いにしへよりばせを葉の広く世にもてつたへたるなゝつのふみには似るべくもあらねど」（西国俳諧七部集）

Ⅳ『よさむ』冒頭の奇淵・嵐角両吟歌仙の前書きが、『春の日』冒頭の「春めくや」歌仙の前書きを真似ている。

「曙見むと人〳〵の戸扣あひて、熱田のかたにゆきぬ。渡し舟さはがしくなりゆく比、并松のかたも見へわたりていとのどかなり。重五が枝折をける竹墻ほどちかきにたちより、けさのけしきをおもひ出侍る」（春の日）

「郭公の暁・水鶏のゆふべと、をかしき泊まり〳〵をかさねて、月まつ秋はいよの国橘のをかにあそぶ。嵐角がしをりおける竹墻、残暑をしのぐにいとのどかなり。この比の心をまうしいづる。」（西国俳諧七部集）

以上によって、『西国俳諧七部集』の編者奇淵と版元塩屋が安永版小本七部集を意識してこの書を編集したことは明白であろう。つまり奇淵と塩屋は売れ行きの好調な人気商品小本七部集に便乗したのである。この書、先のⅡ・Ⅲ・Ⅳの類似を除けば内容的には小本七部集とは全く別の書物である。にも拘らず浦井・橘屋が重版として差し構えを起こしたのは、とりわけⅠが大きな要因であったと思われる。宮田本によれば、『西国俳諧七部集』は安永版小本七部集と酷似した薄浅葱色の布目地表紙を備える。それに加えて、「西国」と角書きはあるものの、書体も良く似た「俳諧七部集」の題簽があっては、やはり重類版の咎めを受ける資格は十分にあったと言うべきであろう。そのことを承知していたればこそ、奇淵と塩屋は大坂の書林仲間にも公け筋にも無届のまま出版に及んだのであった。

さて、『京阪書籍商史』によれば『西国俳諧七部集』は絶版を申し渡されたはずであった。が、どうやらことはそれで終わらなかったものらしい。『享保以後大阪出版書籍目録』に次の記録がある。

誹諧奇渕七部集　　三冊
　西国之部
作者　花屋菴奇淵（南久太郎町六丁目）
蔵板主　綿屋奇淵（南久太郎町六丁目）
売弘　塩屋忠兵衛（北久太郎町五丁目）
出願　文化六年十月
許可　文化七年五月

今一度整理してみると、『西国俳諧七部集』が無免許のまま出版されたのが文化六年の二～三月ごろ、京都行事が浦井らの意を帯して大坂へ抗議に赴き絶版の裁定が降されたのが同八月のことであった。『享保以後大阪出版書籍目録』の記録を信用するとすれば、奇淵と塩屋は絶版処分にされかけた『西国俳諧七部集』を『誹諧奇渕七部集』と改題することで関係者の了承を取り、十月に改めて出版の願い出を提出し、翌七年五月に公の許可を得たということになるが、どうやら事実はそのように運んだものらしい。そのことを証明してくれるのが、綿屋文庫にある『誹諧奇渕七部集』（わ201・5）である。同書は小本三冊、布目地表紙に双辺の摺題簽、「誹／諧（この部分角書）奇渕七部集上（中・下）」を貼付。内容は『西国俳諧七部集』と同じであるが、上巻・中巻を入れ替えてある。年記はやはり見当たらないが、『西国俳諧七部集』とは別の塩屋の広告が末尾に一丁添えられており、その中に文化八年八月刊の『芭蕉袖草紙』が見えるので、綿屋本『奇渕七部集』が出たのはそれ以降ということになり、『享保以後大阪出版書籍目録』の記録と矛盾しない。奇淵と塩屋の変わり身の早さ、したたかさには舌を巻くばかりであるが、改めて出願し出版許可が出たとあれば、小本七部集版元の浦井と橋屋はそれを認めざるを得なかったであろう。重版元の塩屋から念書と『誹諧奇渕七部集』の摺本相当部数ぐらいは手にしたかも知れぬが、この重類版事件は正規版元にとって、文字通り労多くして益少なき例であったと思われる。しかし、この『西国俳諧七部集』の一件は、書名・題簽・造本の類似だけでも重類版の差し構えが認められることが有り得たという事実を、私たちに教えてくれている。

2　『七部大鏡』の版権　付『続猿蓑注解』

江戸で活躍した何丸の編になる『七部大鏡』は、俳諧七部集全体の注釈書としては最初のもの。所説の当否はさておき、出版が明治に及んだということもあり、七部集注釈史上後世に与えた影響は少なからぬものがあるが、この書を扱った本屋にとってその商品的価値も大きなものであったと思われる。ところで、この書について『日本古典文学大辞典』（岩波書店）などでは文政六年刊の八冊本が初版であるかのように記されているが、実はそれに先行する無刊記版が存在する。この無刊記版と文政六年版との関係を考えることが、『七部大鏡』の版権問題を解き明かす要点となると思われるので、以下に管見に入った『七部大鏡』の諸版本を取り上げそれぞれの問題点について考えてみることにしよう。なお『七部大鏡』と相前後して最初は単行本として出版され、後に『七部大鏡』と合冊されることになる『続猿蓑注解』についても併せて取り上げる。

(1) 無刊記版

管見に入った『七部大鏡』の無刊記版は次の五点である。

A　家蔵本　八冊揃本
B　八戸図書館本　七冊本（巻五、欠）
C　綿屋文庫本（わ213・56）　八冊揃本
D　東大本（E32・912）　八冊揃本
E　某家蔵本　八冊揃本

右の五点は、本文に一部分修正を加えた後印本C・D・Eと、修正前の早印本A・Bの二種に分かつことが出来る。家蔵早印本Aの書誌を記そう。本の寸法は縦18.6糎×横12.8糎。雲母漉き込みの砥粉色表紙、大振りの菊花の中に丸に違い鷹の羽空押し紋様がある。表紙中央上部に、薄藍色地単辺元題簽を完備し、それぞれに「七部大鏡　序」「冬の日　一」「初懐帋　二」「春の日　三」「曠野并員外　四」「ひさこ　五」「猿蓑　六」「炭俵　七」とある。図3に

「春の日　三」の前表紙と序巻の後表紙を挙げておく。綴糸は二〜六の冊は元装のままと思われる紫色、序・一・七は後補で枯草色。角切は紫色で、二・三・五・七にその一部が残る。この時期の俳書としては大変美しく凝った装幀で、本文の版下・版式も整っており造本も丁寧である。Bの八戸図書館本は原本に当たっていないが、国文学研究資料館から取り寄せた複写によれば、家蔵本と同寸で表紙には同じ空押し紋様が認められる。家蔵本と同じ元題簽がやはり表紙中央上部にあり、序巻と一巻は一部剥落するものの他の冊は完備している。さて、Aの家蔵本で注目すべきは、「炭俵　七」の後表紙見返しに、図4左側に示した様な持ち主の書入れが認められることであろう。そこには士分とおぼしき金屋の五十嵐氏榮叙なる人物によって「右七部集大鑑全八冊」を「文政五壬午年八月」に「江戸自り之を需む」と記されており、この書が遅くとも文政五年八月には江戸表で出回っていたことを教えてくれている。それは後述の文政六年版の刊記「文政六年十二月」を遡ること一年以上前である。なお、家蔵本同様無刊記早印本に属するBの八戸図書館本には、当然のことながらこの記述は無い。

ところで、この『七部大鏡』は、全体で五十丁を超える麗々しい序巻を備えるが、その内容は諸国著名俳人がこの書に寄せた序文と凡例・附言・引用書目・芭蕉翁俳諧口決・題号釈論から成る。うち諸俳人の序文には本によって些かの出入りがあるが、家蔵早印本の序者は以下のようになっている。なお、うち年記のあるものは（）内に示し、月日だけのものはこれを省略した。鵬斎（文化六年九月）・大江丸・完来・対山（文政二年秋）・随斎・五芳・士朗（文化七年八月）・蕉雨（文政二年）・奇淵・月居（文化十四年冬）・鶯笠・梅室（文政二年春）・寥松（文政二年春）・護物（文政二年春）・北元・長斎・芝山・乙二・蜀山（文政二年霜月）・水母散人・杉亭。なお、Aとは別の家蔵の序巻のみの零本、及び後述の文政六年版三点には、北元と長斎の間に三津人の文二丁が入るが、丁付からも判断すると家蔵早印本はうっかりそれを落としたものと思われる。因みに記せば、「炭俵　七」の巻末には敬斎と弁地（文政三年初夏）の跋文が添えられている。この二十四名にも及ぶ序跋者をくだくだしく並べたのには、実はわけがある。同じ何丸の著書『俳論語』の序文の一部を次に参照されたい。

（略）時四十二、負薪にかゝり頓に祝髪し、蜂の異名を取て何丸と更む。（略）病中七年の間七部集の玄旨を採り、既に鵬斎・大江丸・完来・成美・士朗の序文有。病やゝ怠るに及びて北越に遊歴する事八年、昼夜群書に眼をさらし、祖翁の骨髄に分入、俳道の法則として明らめずといふ事なし。時五十八、東武におもむき七部大鑑八巻を著し、（略）爰において四方の俳傑争ふて序詞をおくり、多年の丹精を賞す。其人々には、月居・雪雄・五芳・奇淵・寥松・護物・鶯笠・対山・北元・蕉雨・風谷・長斎・杉亭・三津人・（彫り残し）・芝山・乙二・敬斎・弁地、及び蜀山人・水母散人、都て二十余人、実に俳道の宝鏡也。（略）

于時文政三年庚辰初冬　於芭蕉忌席上

故人子将識㊞㊞　之愿外史書㊞㊞

ここに子将が記すところに拠れば、『七部大鏡』は何丸が四十二才の時から取り掛かっていたもので、その後の病中七年、稿を成す間に鵬斎・大江丸・完来・成美・士朗らの序文は得ていたのだと言う。何丸四十九才は文化六年のこと、先に見たように、鵬斎序は文化六年九月、士朗序は文化七年八月で、子将の言うところとなんら矛盾しない。また何丸五十八才は文政元年であるが、「東武におもむき七部大鑑八巻を著し」た後に序跋を贈られた顔ぶれが、風谷を除き家蔵早印本と完全に一致する。さらにその年代も、月居が文化十四年、対山・蕉雨・雪雄・寥松・護物・蜀山が文政二年で、これもまたほぼ一致する。『俳論語』の序文で子将が述べるところ、何丸の身近にあって完成した『七部大鏡』を目にしていた者でなければ言い得ぬことである。その子将序文が文政三年初冬、『七部大鏡』の弁地跋文が同年の初夏であることを思うと、『七部大鏡』は早ければ文政三年末ごろにはすでに出版され江戸市中に出回っていた可能性がある。

次に、C・D・Eの無刊記後印本を見てみることにしよう。この後印本と早印本の違いは本文に三箇所修正が施されていることである。図5は「初懐帋」の十一丁裏。その後から五行目、図の右側の早印本では「菱の葉を柵伏て抱へ泣」と下五を誤っていたのを、図左の後印本で「たかべ啼」と入木で改める。図6は「曠野」の十丁表。図右側の早印本、後ろから三行目の「初雪や」の「雪」を、左の後印本でやはり入木によって「夢」と修正。図7の上段は早印本「春の日」の十八・十九丁。因みに早印本、丁付十八の前は十六となっており十七を欠くが、文章は繋がっているので落丁ではなく丁付の誤りである。それを図7下段の後印本では、矢印を入れた部分一丁分の文章を増補して十七・十八・十九と丁付を通して、その三丁分の板木を全て改刻するという形で調整をしている。この三箇所が無刊記版の早印・後印を区別する目安となる。因みに、Eの某家蔵本の「炭俵　七」の末尾、弁地跋文の後ろには、後で取り上げるFの家蔵本文政六年版にも見られる月院社蔵版目録（図8参照）が添えられている。なお、C・D・Eの装幀については、マイクロフィッシュ・複写で見ただけなのではっきりしたことは判らないが、Cの綿屋文庫本は小さめの亀甲紋の中に花柄紋様を入れた空押し表紙で、左肩に家蔵早印本と同じ元題簽がある。家蔵の序巻のみの零本がたまたま綿屋文庫本と同様の空押しがあるが、家蔵零本の表紙の色は山吹色で、題簽は単辺、薄墨色地である。Dの東大本は『続猿蓑注解』を取り合わせた九冊本で、題簽は中央上部、剥落した序巻以外は元題簽のように見えるがフィッシュからはよく判らない。Eの某家蔵本は資料館の複写によれば、やはり菊花紋の空押し表紙で、中央上部に元題簽がある。ただし、「七部大鏡序」「初懐帋　二」の二葉は家蔵早印本と書体が異なる。また、本の寸法も縦17.3糎×横12.5糎とひと回り小さい。

(2) 文政六年版

続いて、文政六年版を取り上げる。これは次の三点を見た。

F　家蔵本　　　　　　　　　　　八冊揃本
G　大谷大学蔵本（外小688）　　八冊揃本
H　家蔵零本　春の日・ひさご・猿蓑・炭俵の四冊

Fの家蔵揃本の寸法は縦18.2糎×横12.6糎。先述の家蔵無刊記早印本Aよりやはりひと回り小さい。砥粉色表紙で稲妻型組み合わせの空押しを施すが、表紙表面にはそれがはっきりとは出ていない。八冊とも単辺白地の元題簽が左肩に残るが、摺りが薄かったせいか持主が墨でとめ書きをしてしまっている。が、もとの書体は早印本と同じであるように見える。「初懐帋　二」「ひさこ　五」に残る角切は若草色。綴糸は後補かもしれないが、表紙と同系色である。本文も無刊記後印本と同板であるが、「炭俵　七」の巻末に図8の月院社蔵版目録一丁と、図9の刊記を入れた一丁を添える。Gの大谷大学蔵本は寸法は縦17.6糎×横12.7糎とやはりひと回り小さめであるが、表紙の色と空押し紋様、題簽の色と書体ともAの家蔵無刊記早印本に全く同じ。ただし、角切は若草色で、綴糸は序・一・二・三・五が元のままと思われる緑色、四・六・七が薄黄色である。「炭俵　七」巻末に図9の刊記の一丁を添えるのはFの家蔵本と同じだが、図8の丁は無い。Hの家蔵零本は寸法が縦18糎×横12.4糎。辛子色表紙に無刊記後印本Cの綿屋文庫本と同じ空押し。ただこれもはっきりとは出ていない。春の日・猿蓑には単辺白地の元題簽が残るが、ひさご・炭俵は剥落。この本も刊記の一丁のみを添える。

(3)『七部大鏡』の版権

以上のように、『七部大鏡』の無刊記版・文政六年版を通覧してみると、その版権をめぐる問題はおよそ整理できるような気がする。無刊記版が文政六年版に名前の見える浦井や橘屋の手に成るものではなかったことは明白で、そもそも江戸に居て浦井・橘屋と何の関係も無かった何丸がわざわざ京都の本屋に出版を依頼したとは思われないし、もし浦井・橘屋が最初から関わっていれば堂々とその名を入れたはずである。『七部大鏡』無刊記版は江戸の本屋が扱ったと考えざるを得ない。しかも先述したように、A・B・E・G本等の無刊記本は当時の俳書としては大変美しく凝った装幀で、本文の版下・版式も整っており造本も丁寧である。何丸には同じころに『俳論語』『男さうし』といったやはり無刊記の編著があるが、そちらがいかにも素人くさい仕立ての杜撰な感じのするものであるのと好対照である。それは、『七部大鏡』の出版に江戸のしかるべき専門書肆が関わっていることを示すことがらであろう。その某書肆が、本屋仲間の約束事に背いて刊記を入れなかったのは何故か。それは言うまでもなく、この『七部大鏡』が京都の浦井が版権を握っている小本・半紙本『俳諧七部集』の重類版となることを十分に承知していたからに他ならない。詳しくは本書第三部2「小本『俳諧七部集』の重板」を参照していただきたいのだが、文化五年に浦井が小本七部集を再刻した後、江戸表でそれをそっくり模した三種の重版（重版C・B・Dとしたもの）が出回ったのがちょうどこのころで、浦井がその対応に苦慮していた事実も『上組済帳標目』に記録されている。いわば江戸には七部集を受け入れる土壌が出来上がっていたのである。しかも杜撰な小本七部集重版の横行は、正しい句形・句意についての疑問を育む役割も果たしたとみられ、注釈書『七部大鏡』の出版はその意味でも時宜に適うものであった。『七部大鏡』の原稿を手にした某書肆は、それが重類版の咎めを受ける書物であることを承知しながらも、「売れる」と見て無刊記本として出版に踏み切ったのである。先にも触れたように、その時期は早ければ文政三年末。文政六年版に落ち着くまでの三年余り、修正を加えた後印本も含めて装幀を異にする本が何種かあることを思うと、某書肆が扱った部数はそれなりの数に及んだものと推測される。

さて、図9に示した文政六年版の刊記に目を転じてみよう。この刊記の一丁、表に「七部解大鏡」「続猿蓑注解」「七部解小鏡」を挙げて「月院社蔵」とし、裏に「文政六癸未年十二月」と年記を入れ、京都の浦井徳右衛門・野田治兵衛それに東都の野田七兵衛の名前を並べる。これは、月院社何丸の蔵版の書物をその委託を受けて三軒の本屋が出したという形式になっている。が、右に述べたような無刊記版の出版事情を考慮に入れれば、『七部大鏡』を見咎めた浦井・野田（橘屋）が俳諧七部集の重類版として差し構えを起こし、出入り・調整を経て、相版として双方それぞれの地域で販売するという結論に至ったと見るべきであろう。重類版事件の原則は正規版元による板木・摺本の没収であるが、近世期を通じてことはなかなか原則通りには運ばず、重類版として出来上がってしまっている書物を両者で相版として販売するという例がむしろ普通であったことは旧稿に述べたが、この場合もそのように落ち着いたものと思われる。因みに、無刊記版に手を染めた某書肆はここでもその姿を現していない。が、A本とG本、C本とH本というように、無刊記版と文政六年版にそれぞれ同じ装幀の本が存在することは両者の出版に同じ本屋が関わっていたことを意味し、それは某書肆以外にはあり得ず、相版形式に落ち着いた後も関与していたことは疑いを容れぬところであろう。

なお、浦井・橘屋と並んで出る江戸の野田七兵衛について少し触れておきたい。というのは、この野田七兵衛こそが某書肆であるという見方も出来なくは無いからである。『享保以後江戸出版書目』によれば、野田七兵衛は宝暦六年から文化十一年までの間に104点の書物の出版に関わっている。版元よりも売出しを務めることが多く、104点のうち74点は京都・大坂の上方物、うち57点は京都物の売出しとして名がみえ、さらにそのうちの32点は野田治兵衛・野田藤八をはじめ、野田儀兵衛・野田茂兵衛・野田清兵衛・野田伝兵衛といった橘屋の暖簾内と思われる本屋の書物である。その中でも特に目立つのが野田治兵衛・野田藤八のもので、それぞれ11点づつある。うち、版元野田（橘屋）治兵衛・売出し野田七兵衛として出るものを上げてみよう。なお、書名の下の年月は江戸の書林仲間から出版許可の割印を受けた時期である。

新類題発句集	寛政五年十二月
芭蕉翁絵詞伝	同　右
俳諧第一義集	寛政六年十月
俳諧二見貝	同　右
俳諧七部集（再刻半紙本）	寛政七年六月
和歌為隣抄	寛政十年九月
俳諧童子教	同　右
職人尽発句合	寛政十年十二月
俳諧続七部集	享和三年十二月
俳諧天爾波抄	文化五年十二月
俳諧七部集（再刻小本）	文化六年十二月

右11点のうち、版本の刊記部に野田七兵衛の名前が出るのは『和歌為隣抄』『職人尽発句合』『俳諧天爾波抄』の3点のみ。表に出ることは少ないが、右に見たように京都の橘屋の暖簾内との関わりは深く、橘屋の江戸出店ではなかったかと思われるほどである。特に注目すべきは半紙本及び小本の『俳諧七部集』の売出しを任されていることで、そのような彼が七部集の重類版を見咎めることはあってもその出版に関わるようなことはあり得ない。よって、野田

七兵衛は某書肆ではなく、むしろ橘屋の意を帯し、相版となった『七部大鏡』の江戸表での売り捌き兼監視役として、文政六年版に名を連ねたと見るべきであろう。

(4)『続猿蓑注解』

『七部大鏡』と相前後して出版されたものに『続猿蓑注解』（中本一冊）がある。これは同書に添える何丸の息公石の序文によれば、「続猿蓑は七書の部類にあらざればとて、老父の省きすてたる」原稿を「此ま丶捨おかむもなげかはしく」「ひそやかに奇劂氏に詑《マヽ》して小冊となし」たもので、父何丸も敢えて「呵責の沙汰に及ば」なかったのだという。管見に入った『続猿蓑注解』は、次の八点。概ね摺りの早い順に並べてみる。なお、奈良大本以外はマイクロフィッシュによる。

1　洒竹文庫本（洒竹2053）
2　東大本（E32・912）
3　綿屋文庫a本（わ216・4）
4　綿屋文庫b本（わ216・5）
5　綿屋文庫c本（わ216・41）
6　綿屋文庫d本（わ216・39）
7　綿屋文庫e本（わ216・44）
8　奈良大本

奈良大本は、原装の茶色布目地表紙で、寸法は縦18.1糎×横12.5糎。左肩に「続猿蓑注解」と摺った双辺白地元題簽を貼る。綿屋文庫本は剥落したe本を除き、a・b・c・d本とも奈良大本と同じ題簽を備える。洒竹文庫本・東大本も同じように見えるが、フィッシュからははっきりとは判らない。摺りの先後を見分ける手掛かりは、次の三箇所の異同である。1〜5の本は、図10・11・12のそれぞれの右側、つまり十七丁裏・十九丁表・二十三丁裏に彫り残しがある。が、6・7の本では二十三丁裏に図12の左側のような文が入れられ、さらに8の奈良大本では図10・11の左側に示したように十七丁裏・十九丁表の彫り残しが削られている。つまり『続猿蓑注解』は内容から見ると、1〜5の未修正本、6・7の一部修正本、8の修正本と三種に分かつことが出来るということになる。因みに、この『続猿蓑注解』は次章で取り上げる三都五軒版『七部集大鏡』に合冊されることになるが、右の三箇所は当然修正した形で収録されている。さて次に問題になってくるのが刊記である。8を除いて1〜7には、図9に示したのと同板の刊記一丁が添えられている。それはこの『続猿蓑注解』が先の『七部大鏡』と同様の運命を辿ったことを示していよう。つまり、何丸と某書肆によって『七部大鏡』と相前後して出版された、あるいは出版されかけていた『続猿蓑注解』は、やはり重類版と見做され、相版扱いに落ち着いたのである。

なお、綿屋文庫e本巻末には次のような内容の一丁が添えられている。『続猿蓑注解』の版権の行方を考える参考となるので、詳しく見てみることにしよう。丁の表には次のようにある。分かりやすいように書き下しとし、濁点・句読点を加える。

月の賀集　老・病・死・終・尽・限・疑字等ノ句、受けず。

月院大宗匠来年古稀ニ付き、右集取立て候侭、春夏秋冬、すべて月といふ字の入たる吟を国中より集め、一冊子に綴立候間、各様何なりとも二三句筒《づゝ》御恵投下さるべく候。但、賀章に及ばず、只々御持句の内ニてよろしく候。尤、句順到来次第ニ候間、当年中に早々御投声之程、希ひ奉り候。集冊呈上。集料思召次第。

丑孟冬　　　　執事　三有・子寅　寅言

この丁の裏には「何丸七部集」の予告をし、末尾に「二条家連俳〇〇〇〇〇（この部分、綴じ目で読めず）」と記す。何丸の古稀は文政十三年（天保元年）のことで、すると執事両名がこの文を草した丑年は文政十二年でなければならない。これは綿屋文庫e本がその年に出たことを意味している。それは言い換えれば、『続猿蓑注解』がそのころまでは単行本として扱われていたこと、それにこの書の版権に何丸がまだ絡んでいたことを証明してくれている。なお、奈良大本は三箇所の修正から見て単行本最終版であることは動かないが、刊記が無い理由はよく分からない。

(5)三都五軒版

では次に、三都五軒版『七部集大鏡』について考えてみよう。これについては次の五点を見た。寸法は小異はあるも、ほぼ縦18.2糎×横12.1糎。

1　芭蕉文庫a本（は88）　上・中・下の三冊揃本
2　芭蕉文庫b本（は96）　上・中・下の三冊揃本
3　芭蕉文庫c本（は89）　下のみの一冊本
4　家蔵a本　　　　　　上・下に中の取り合わせ本
5　家蔵b本　　　　　　上・下のみの零本

布目地の薄縹色表紙、紫色の角切、白っぽい綴糸は全ての冊に共通する。元題簽は1・2の上中下、4・5の上下に残り、いずれも黄色地単辺で「誹／諧（角書）七部集大鏡　上（中・下）」とある。参考までに5の家蔵b本の上・下の表紙を図13に挙げておく。この書は、『七部大鏡』に『続猿蓑注解』を加えた八部を三冊に纏めたもので、上巻に「序巻」「冬の日」「春の日」「初懐紙」を、中巻には「猿蓑」「ひさご」「続猿蓑」を、下巻に「曠野并員外」「炭俵」を収録する。各冊冒頭部には図14左側のような内題を新たに入れる。『続猿蓑注解』を加えたため大部になるのを慮ってか、序文を鵬斎・士朗・奇淵・月居・鶯笠・梅室・護物・芝山・乙二の九名に省略し、それに伴って「序巻」の丁付に手を加えている。これも1・2・4・5に共通する。下巻の後表紙見返しに貼付する刊記も全て同じで、図15左側のとおり。京都の浦井徳右衛門を筆頭に、大坂の秋田屋太右衛門、それに江戸の須原屋茂兵衛・山城屋佐兵衛・岡田屋嘉七と三都書林を列記してある。1・4の本は上巻前表紙見返しに図14右側の印刷があるが、「尚古堂」とは刊記部に出る岡田屋嘉七のこと。なお、本文の板木は、文政六年版Gの大谷大学蔵本と三都五軒版家蔵a本・奈良大本『続猿蓑注解』とで対校してみると、「春の日」七・十七・二十三丁、「ひさご」十五丁、「炭俵」一丁が改刻してあるが、他は全て同板。また、家蔵本a・b本の上下巻を較べると、「冬の日」三十三丁、「炭俵」二・四・三十七丁にやはり改刻が認められる。家蔵a本は取り合わせ本、b本は零本で、さらに多くの揃本に当たらなければはっきりしたことは言えないが、版面が傷んで読みづらくなった丁を順次彫り直して行ったような印象を受ける。

さて、この三都五軒版で注目すべきは、文政六年版の刊記の丁の表に該当する部分（図9の右側）、つまり『七部集大鏡』が月院社何丸の蔵版である旨を断った標示が見当たらないということである。ごく単純に考えれば、それはこの三都五軒版が出回った時期には、『七部集大鏡』は既に何丸の蔵版では無くなっていたということではないだろうか。これは、三都五軒版の出版時期とも関係してくる問題である。先に『続猿蓑注解』綿屋文庫e本で見ておいたように、文政十二年の段階ではまだ何丸が『続猿蓑注解』の版権に絡んでいたのは明らかで、従って『七部大鏡』の版権についてもそのことは同様であった筈である。では、両書が何丸の蔵版でなくなったのは何時のことであったのか。これについては考え合わすべきは、小本七部集再刻の際の版権移動であろう。もともと重類版として出発した安永版小本七部集刊記部に名前が出るのは、京都の西村市郎右衛門・野田治兵衛・井筒庄兵衛と江戸の山崎金兵衛・富田新兵衛の五軒。浦井が版権を譲り受け文化五年に再刻した際に名前が残ったのは、当の浦井と野田・井筒屋の三軒だけである。その間の事情については、西村・山崎はそのころ既に出版界から身を引いていたと考えられること、また、この小本七部集のいわば重版元である富田はこの世を去っていて、自然消滅的な色合いが濃いことは第三部1に述べたところ。重類版をこしらえた側は、当然の事ながら弱い立場にある。重類版を正規版元が相版として出すことを了承する折に、一代限りという条件を付けることは十分に考えられよう。何丸が七十七歳で没したのは天保七年のこと。それを機に、七部集の正規版元である浦井は『七部大鏡』『続猿蓑注解』の版権をほぼ独占するに至り、両書を合冊三冊本として三都で売出したのがこの五軒版『七部集大鏡』であったと思われる。その時期は天保七年に何丸が没して間なくのこと、その後浦井は安政五年に世を去る少し前までの二十年余り『七部集大鏡』の版権を独占して行くことになるのである。ところで、『七部大鏡』無刊記版を扱った某書肆はどうなったのか。その点についてはよく分からないが、三都五軒版の刊記部に出る江戸の三軒の中にその某書肆が含まれている可能性も捨て切れない。が、いずれにせよ版権への絡みはさほど大きなものではなかったと考えてよかろう

因みに、第三部1で取り上げた安永版小本七部集やこの『七部集大鏡』のように、正規版元が京都に居て江戸表で重類版が仕立てられ相版として決着した場合、その板木はどこで管理していたかということは考えておかなければならないことがらである。同じ京都の仲間内で同様の問題が起きた場合は板木を分割して所有しておくことは容易に想定されるが、江戸・京都間となると物理的にそうはいかない。小本七部集の場合、その板木が江戸に留め置かれた幾つかの証拠があることは第三部1に述べたとおりだが、『七部集大鏡』の場合も同様の処置が取られたと見てよかろう。次節で取り上げる明治版の存在もそのことを証明してくれているように思う。

(6) 明治版

管見に入った明治版『七部集大鏡』は二種ある。その一は、奈良大蔵Ａ本で中本七冊。寸法は、縦17.9糎×横12.2糎。芭蕉葉の空押しのある水色表紙で、角切は枯草色。綴糸は後補と思しき水色。各冊左肩に双辺の白地元題簽があり、「七部集大鏡　序」「七部集大鏡　冬の日一」「七部集大鏡　春の日／初懐紙二」「七部集大鏡　曠野并／員外三」「七部集大鏡　猿蓑四」「七部集大鏡　続猿蓑／瓠瓜五」「七部集大鏡　炭俵六」とする。図16の右側に「冬の日　一」の表紙を上げておく。序巻前表紙の見返しには図14右側の三都五軒版と同様の版式で、赤色の紙に「月院社何丸撰釋／俳諧七部大鏡／書肆　巣枝堂」と摺ったものを貼る。「炭俵　六」後表紙見返し貼付の刊記は図17右側のとおり。広告の末尾に「東京書肆」として京橋区南伝馬町の水落忠次郎と同所の目黒十郎支店の名前を並べる。両者、同一人物であろう。なお、目黒十郎支店の下にある朱印は「目黒支店」と読める。この奈良大Ａ本と全く同じ本が芭蕉文庫（し33）にもある。年代は特定できないものの、明治版たること疑いない。

興味深いのは、この明治版と先の三都五軒版家蔵ａ本を対校してみると、全三四九丁のうち一三四丁、すなわち全体の四割近くに改版があるということである。改版の割合は集によってばらつきが認められ、序巻が7／12、冬の日が11／68、春の日が8／23、初懐紙が17／17（つまり全丁）、曠野并員外が27／74、瓠瓜が13／14、炭俵が13／38、猿蓑が27／73、続猿蓑が11／30という割合である。安政五年の浦井没後、三都五軒版『七部集大鏡』の板木がどのような経緯によって水落氏の手元に辿り着いたのかは不明とするしかない。が、その間に板木の四割近くが失われて、おそらくは水落氏の手元で新たに彫り起こされたのは動かしようの無い事実で、それだけの手間を掛けても『七部集大鏡』は売れ行きの見込める商品であり得たということになろう。

もう一種の明治版は、奈良大学蔵Ｂ本。序巻と冬の日を合冊した六冊本であるが、奈良大蔵本は「春の日／初懐紙二」を欠く。寸法は縦18.4糎×横12.4糎。Ａ本と同系色の表紙であるが、芭蕉葉の空押しは無い。綴糸は薄い茶色。角切は紫色。各冊左肩に残る元題簽も双辺白地で、書体もA本に酷似するが、異版。図16の左側に「冬の日　一」の表紙を上げておく。また、製本時の手違いであろうが、「曠野并／員外　三」に猿蓑を、「猿蓑　四」に続猿蓑と匏瓜を、「続猿蓑／匏瓜　五」に曠野并員外を収めるという誤りを犯している。詳細は省略するが、版面の状態から見てA本よりも後印で、「冬の日」十九・五十七丁はA本とはまた板木が異なる。「冬の日　一」の見返しはくすんだ赤色地の紙を用い、A本の本屋名のところだけを「松山堂蔵版」と入れ替える。刊記も同様、図17左側のように、末尾の本屋名だけを入れ替えてある。A本の版元水落忠次郎と同じ京橋区南伝馬町の松山堂書店からの出版である。こちらには「東京市」とあり、東京が市となったのは明治二十一年のことであるから、この松山堂版はそれ以後の出版ということになる。

以上述べてきたことをまとめてみると、次のようになる。『七部大鏡』が無刊記版として江戸の某書肆から最初に出版されたのは早ければ文政三年のこと。もとより京都の浦井が版権を握っている小本・半紙本『俳諧七部集』の重類版となることを承知の上での仕業であった。『西国俳諧七部集』の一件で書名・題簽の類似にさえ拘っていた正規版元の浦井が、七部集本文がそっくりそのまま使用されるこの書を見逃すはずはなく、やがて出入りとなり調整を経て、編者何丸を蔵版主とするという形で相版に落ち着いたのが文政六年である。『七部大鏡』と同じ頃にやはり某書肆によって仕立てられたと思われる『続猿蓑注解』も同様の経緯で相版となった。そして、天保七年に何丸が没して両書の版権は浦井がほぼ独占するに至ると、両書を合冊して新たに三都五軒版『七部集大鏡』として売出し、それが浦井が七部集の版権を手放したと考えられる安政四年ごろまで続き、その後少なくも明治二十一年まで出版され続けたわけである。

文政三年から明治二十一年まで七十年余、相版であった時期も含めて、浦井が版権を保持したのは文政六年から安政四年ごろまでの三十五年ほどにも及ぶ。もともと『七部大鏡』も『続猿蓑注解』も何丸の編著を江戸の某書肆が勝手に出版したもので、浦井はそのことに全く費用をかけていない。極言すれば、彼がしたことはそれらが『俳諧七部集』の重類版であるとして差し構えを起こしただけである。もちろんそれに際してはそれなりの手間隙と、相版としてことを収める折に正規版元が重版元に渡す慣習となっていた「樽代」なるものも支払ったであろうが、後に得られた版権からすれば微々たるもの。要するに、浦井は『俳諧七部集』の版権を持っていたがゆえに、たいした費用も労力もかけずに『七部大鏡』『続猿蓑注解』の版権を手にすることが出来、それを『俳諧七部集』関連の新規商品として三十五年にわたって売り捌くことを得たのである。「芭蕉という利権」が重類版をも呑み込み大きく膨れ上がって行くその一典型を、この『七部集大鏡』に見ることが出来よう。

3　『芭蕉翁句解参考』

それでは次に、同じく何丸の編著で『七部集大鏡』と同様の版権移動があったと考えられる『芭蕉翁句解参考』（以下『句解参考』と略す）と、その改題後印本である『芭蕉翁句解大成』（以下『句解大成』と略す）について、ざっと触れておこう。先ず、『句解参考』であるが、これは次の四点を見た。洒竹文庫本はマイクロフィッシュによる。

1　洒竹文庫本（洒竹3032）　五冊揃本（春・夏・秋・秋下・冬）　元題簽完備
2　家蔵B本　四冊本（夏、欠）　春のみ元題簽あり
3　家蔵A本　五冊揃本　元題簽全て剥落
4　大谷大学蔵本（外小679）　四冊本（秋下、欠）　春・夏・秋に元題簽あり

寸法は2・3・4とも、縦18.2糎×横12.7糎。いずれも茶色の布目地表紙で、2・4の左肩に残る元題簽は単辺白地で、書体は洒竹文庫本のそれに一致し、「芭蕉翁句解参考　春」「芭蕉翁句解参考　夏」「芭蕉翁句解参考　秋」「秋下　」「芭蕉翁句解参考　冬」とある。本文の版下・版式は『七部大鏡』のように整ってはおらず、全体に杜撰な感じがする。右の四点は、次の異同を手掛かりに早印本・後印本に分けることが出来る。

○　1・2本は春の部が丁付「九十九止」で終わるが、3・4本には「百〜百三」の増補がある。

○　1・2本春の部十六丁裏「扶桑の器物よなれり」の「よ」を、3・4本で「と」と入木で改める。

○　1・2本では春の部四十九丁表の「花に酔り羽織着て語れ指女」の「語れ」の誤りを貼り紙をして「刀」と手書きで修正するが、3・4本では入木で改めている。

詳細は省略するが、右の三箇所以外にも春・夏・秋の部に板木を一部また丁の全体を改刻したところが五丁ほど認められ、1・2本が3・4本より先行することは明白である。では、版権の移動ということを頭に置きながら、それぞれの本について説明して行く。

1の洒竹文庫本はやはり本屋名・年記などを入れぬ無刊記本で、巻末に『七部大鏡』の無刊記版E本及び文政六年版F本あったものと同じ図8の一丁を添える。その丁の末尾に「月院社蔵梓」とあるのに従うならば、この『句解参考』は何丸が蔵版を自分で勝手に出したということになる。もっともその背後に本屋が居ることは十分に想定されるが、本の仕立て方・出来栄えがずいぶんと違うことからして、その本屋は先の『七部大鏡』の某書肆とはたぶん別の店である。この『芭蕉翁句解参考』はその書名が示す如く芭蕉発句の注釈書。先の『俳諧七部集』と『七部大鏡』の関係と全く同様で、浦井が版権を所持している小本『芭蕉翁発句集』の重類版となること、誰の目にも明らかであろう。因みに触れておけば、綿屋文庫に五冊揃いの無刊記の一本（わ220・52）がある。夏・冬には洒竹文庫本と同じ元題簽が残り、秋・秋下は欠。春には「芭蕉翁句解大成　春」の題簽を添付し、本文丁付はやはり「九十九丁止」までである。次に、2の家蔵B本であるが、これには冬の部の後表紙見返しに図18左側の刊記が入る。そして、この本にも図8の丁は添えられているのだが、その丁の裏、つまり図8の左側「薬品蠡海近刻全八冊」「月院社蔵梓」の二行が削除されている（図18の右、参照）。その代わりに入ったのが刊記部冒頭の「文政十亥年新刻月院社蔵」の一行と考えてよかろう。その刊記部は、大坂書林を彫り残したまま、京都の浦井徳右衛門・野田治兵衛、江戸の野田七兵衛・松屋善八・山田佐助を並べ、最後に花屋久次郎板元としている。その顔ぶれはさておき、この刊記は何丸蔵版の書物を浦井以下の本屋が出したという形式を採っていて、先の文政六年版『七部大鏡』『続猿蓑注解』のそれに似通う。『句解参考』に目を通してみると、「飯顆山の事は、七部大鏡猿蓑の注に委しければ略す」（春の部七丁表）「続猿蓑注解に出す。ゆへに略す」（春の部八丁表）といった記述が全巻で四十箇所近く見受けられ、従って何丸が『句解参考』の稿を成したのは『七部大鏡』『続猿蓑注解』以降と考えられるのだが、この書もやはり先行する二書と同様、一度は『芭蕉翁発句集』の正規版元に断り無く無刊記版で出された後、出入りを経て文政十年に相版に落ち着いたと見るべきものである。京都の浦井徳右衛門・野田治兵衛、江戸の野田七兵衛という顔ぶれは『七部大鏡』『続猿蓑注解』に同じ。以下江戸の三名がどのように絡んでいたかは不明ながら、花屋久次郎が「板元」を名乗っていることからすると、もともと無刊記版を出したのは彼であったかもしれない。なお、3の家蔵A本・4の大谷大学蔵本には図8の一丁は無く、家蔵B本と同一の刊記のみがある。

さて、この『芭蕉翁句解参考』はその後改題増補され、『芭蕉翁句解大成』として出版されることになる。これについては、マイクロフィッシュで次の三点を見た。

1　綿屋文庫a本（わ224・4）　五冊揃本

2　綿屋文庫b本（わ224・3）　五冊揃本

3　綿屋文庫c本（わ229・27）春のみ一冊の零本

1・2は刊記に小異があるのみで、中身は同じ。2のb本によって概略を記す。布目地表紙に単辺題簽「芭蕉翁句解大成　春（夏・秋・秋下・冬）」を貼付。ただし春のそれは、先の無刊記本（わ220・52）とは異なる。春の部見返しには匡郭内に「月院社何丸大人述／芭蕉翁句解大成／東都書林　尚古堂梓」と摺ったものを貼る。そして、春の部に「庚寅季春　古稀翁何丸」と署名する付言一丁を添え、各冊に索引と、本文計十七丁ほどを増補してある。付言の庚寅は文政十三年（十二月に天保と改元）で、1・2本の出版はそれ以降ということになる。冬の部後表紙見返し貼り付けの刊記は、1のa本は図15に示した三都五軒版『七部集大鏡』と同じもの。先に見たようにそこには浦井徳右衛門の名前が入っている。この本には三都五軒版『七部集大鏡』と同様、何丸の蔵版である旨の標示が無くなっているので、先の推測に従えば天保七年何丸没後の版ということになろう。このa本の出版にはまだ浦井は絡んでいる。

一方、b本の刊記には京都の出雲寺文次郎・勝村治右衛門、大坂の河内屋喜兵衛・秋田屋太右衛門、江戸の出雲寺萬次郎・岡田屋嘉七・須原屋茂兵衛の名前が並び、浦井の姿は見えない。このb本の刊記は弘化四年十月の吸露庵桂素の序文を備える「何丸口述・公石筆記」の『七部集小鏡』の刊記と同じもの（家蔵本及び竹冷文庫本による）で、出版はかなり後であった可能性が高い。いずれにせよ、b本の段階では浦井は『芭蕉翁句解大成』の版権を手放していたということになり、それが何時のことであったのかはわからないが、『七部集小鏡』を手掛かりにすれば、弘化四年以前となろう。3のc本は、春の冒頭部に甲午（天保五年）の蒼虬序と未（天保六年）の井眉序を新たに加えた新装版であるが、春一冊のみの零本であるため、刊記は不明。

以上のように、『芭蕉翁句解参考』は何丸の稿が成った後、『七部大鏡』の無刊記版を手掛けた某書肆とは別の本屋がやはり無刊記版として一度出版したものの、それが『芭蕉翁発句集』の重類版と見做され、文政十年に何丸の蔵版を浦井らが出すという相版形式に落ち着き、その後『芭蕉翁句解大成』と改題増補されて弘化年間に及んだということになろう。浦井がその版権に絡んだのは文政十年から弘化四年ごろまでの約二十年間、『七部集大鏡』ほどではなかったとはいえ、それなりの利益を手にしたであろうこと想像に難くない。これもまた、『芭蕉翁発句集』の正規版元たるゆえを以ってのことであった。

おわりに

以上、芭蕉関係の俳書の重類版が正規版元によって取り込まれそれが新商品として売り捌かれる様を、『七部大鏡』『続猿蓑注解』『芭蕉翁句解参考』といった何丸の著書を通じて見てきた。別稿で同様の事情を確認し得た安永三年版小本『俳諧七部集』（第三部1参照）、弘化四年版横本『俳諧七部集』（第三部2参照）、それに『冬の日句解』（第五部3参照）を合せこれで六点となるが、芭蕉関係の俳書の正規版元に倣って類書に目を凝らしてみると、筆者が確認出来たものはごく一部ではないかという気がしてくる。たとえば、次のような例はどうであろうか。芭蕉の連句・発句を収録する横本三冊の奇淵編『芭蕉袖草紙』の刊記には、「文化八年辛未八月刻成」として江戸・京都・大阪の計十四軒の本屋が顔を並べるが、うち京都書林として浦井徳右衛門・菊舎太兵衛・野田治兵衛三軒の名前が出ている。また、芭蕉の連句二百余編を収める横本二冊の甘井編『金蘭集』は、文化三年北溟序を備え刊記部に「加州成田家蔵板」とし「成田家印」の方形陰刻朱印を捺す本を初版とするが、その後印本のひとつに、浦井自身の著書である『俳諧天爾波抄』の広告と「文化十酉歳」という年記を入れ、皇都蕉門書肆として浦井徳右衛門・野田治兵衛・野田嘉助・橘仙堂善兵衛の名前を並べた本がある。いずれも芭蕉の連句・発句を収録するとなれば、『俳諧七部集』『芭蕉翁発句集』に障らざるを得ない。また連句は野田が版権を持っていたと思われる『芭蕉翁俳諧集』にも障ってくる。この場合にもおそらく浦井らは両書の企画・編集にはもともと関わっておらず、それらの刊行に際し重類版の咎め立てをしたに過ぎないであろう。『芭蕉袖草紙』『金蘭集』に浦井・野田の名前が出るのはそういった版権の絡み以外には考えられない。かように見てくると、「芭蕉という利権」が重類版をも呑み込み膨れ上がっていく様は、実に際限が無いかのようである。そして、さらに問題を敷衍するならば、芭蕉関係の出版物にその傾向が特に目立つのは「芭蕉という利権」の大きさゆえであって、正規版元が重類版を取り込み商品化する例は、芭蕉を離れれば枚挙に暇が無いほど出て来るような気がする。それはどうやら芭蕉関係の出版物についてのみ見られる特異な現象なのではなく、近世期における出版機構の問題として考えるべきことがらのように思われる。

平成十六年八月二十日　稿

付記　この稿をもとに、俳文学会第五十六回全国大会（平成十六年十月二日、於ウエルサンピア伊賀）において、「『七部大鏡』の版権」と題する口頭発表を行なった。

安永版『俳諧七部集』題簽

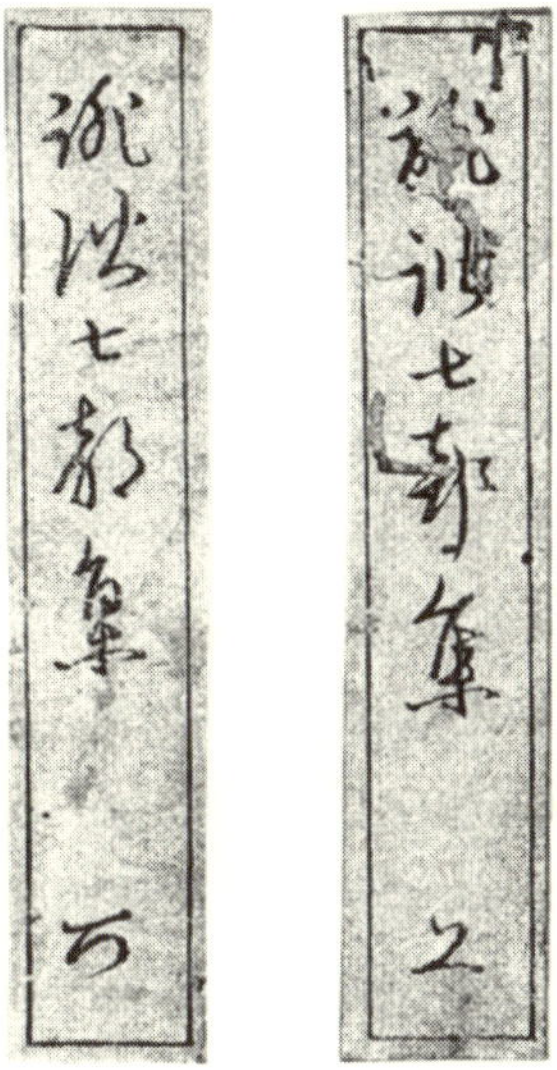

上　下

図1

『西国俳諧七部集』題簽

上　下

図2
（東京大学総合図書館蔵本）

無刊記版『七部大鏡』家蔵本表紙

図3

家蔵本奥書

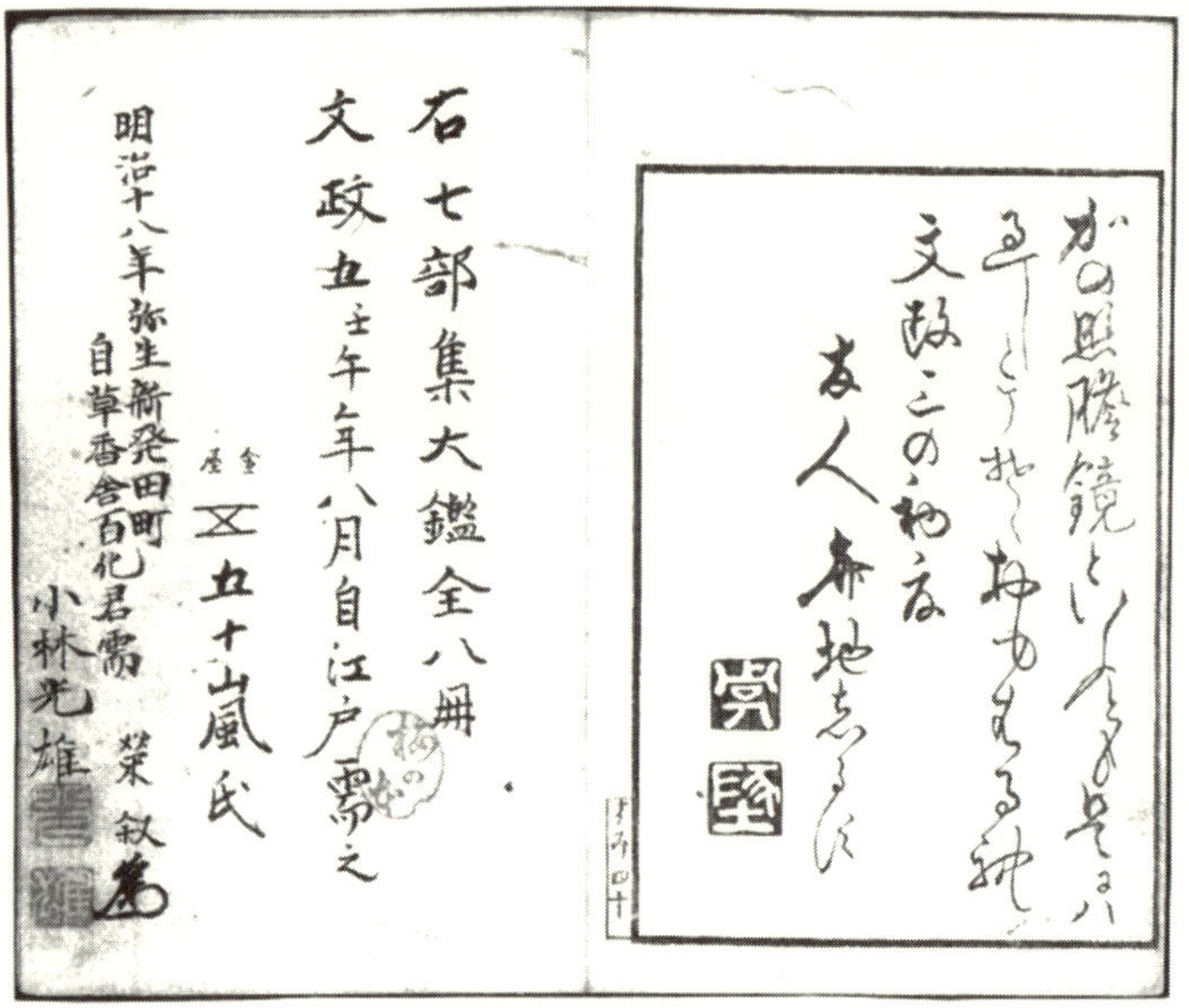
右七部集大鑑全八冊
文政五壬午年八月自江戸需之
五十山風氏
明治十八年弥生新発田町
自草香舎百化君需
小林光雄

図4

「初懐帋」11丁裏

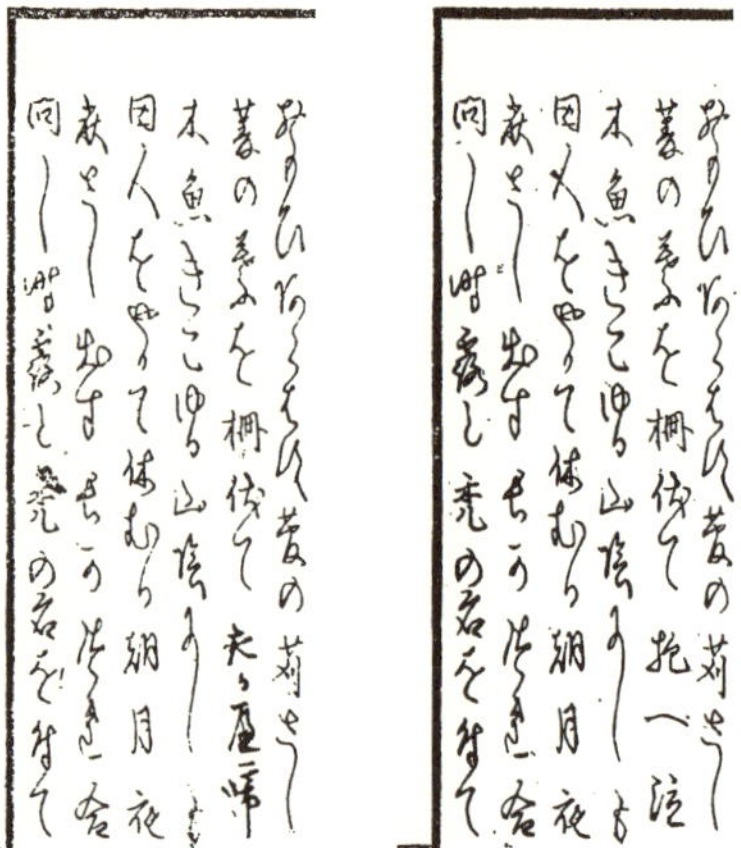

図5

「曠野」10丁表

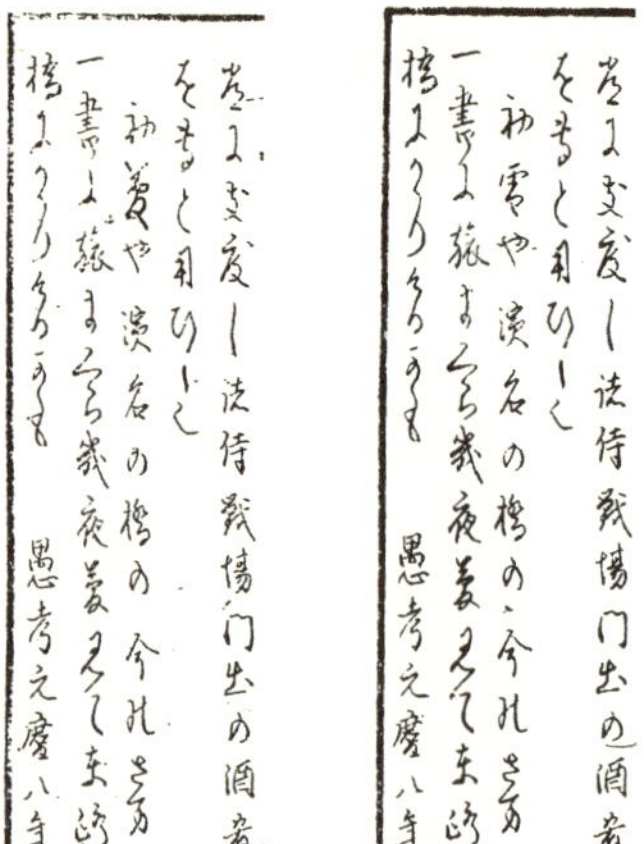

図6

図4・5・6・7

図7

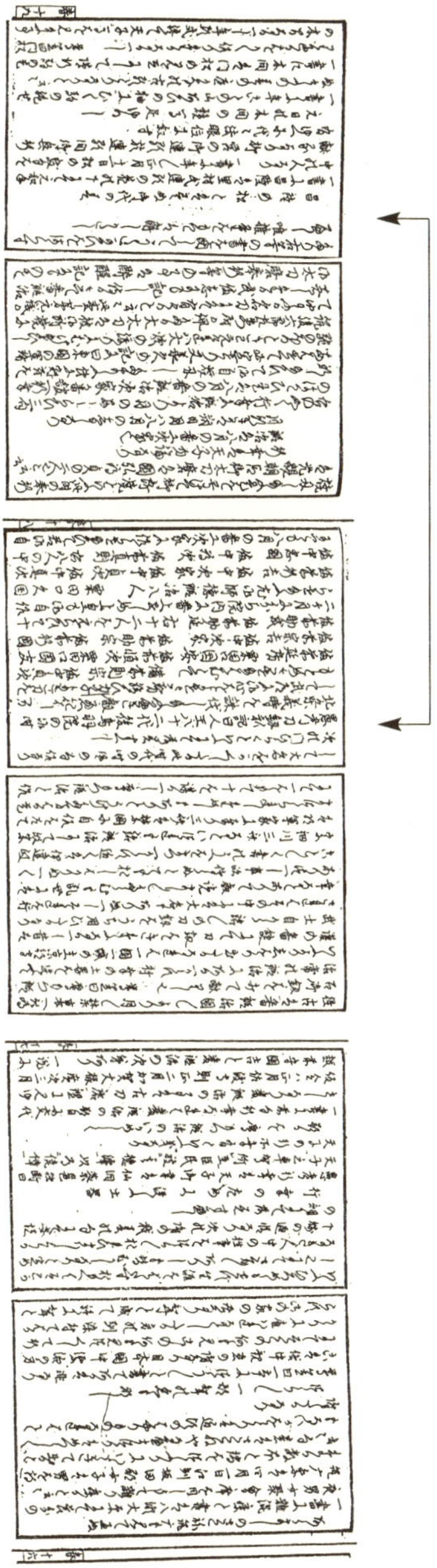

後印本「春の日」17〜19丁

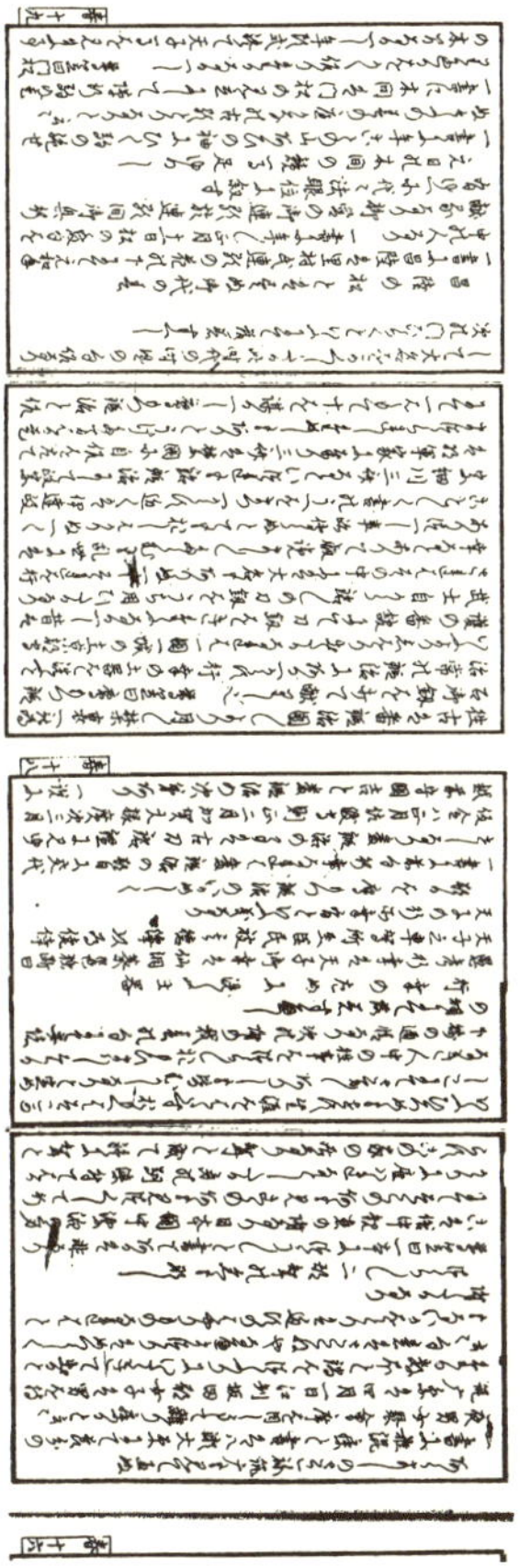

早印本「春の日」18・19丁

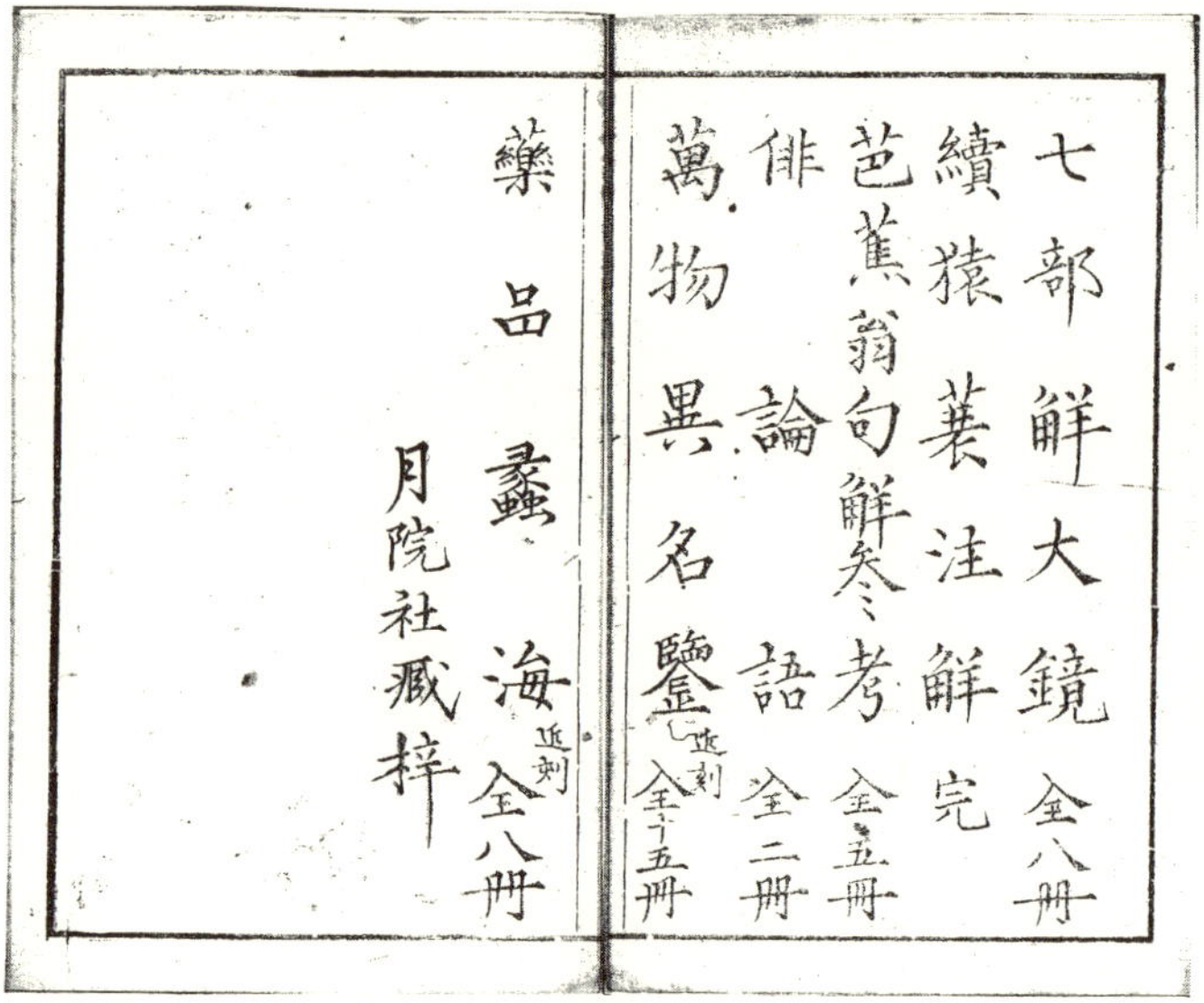

図8

文政六年版『七部大鏡』月院社蔵版目録（家蔵F本）

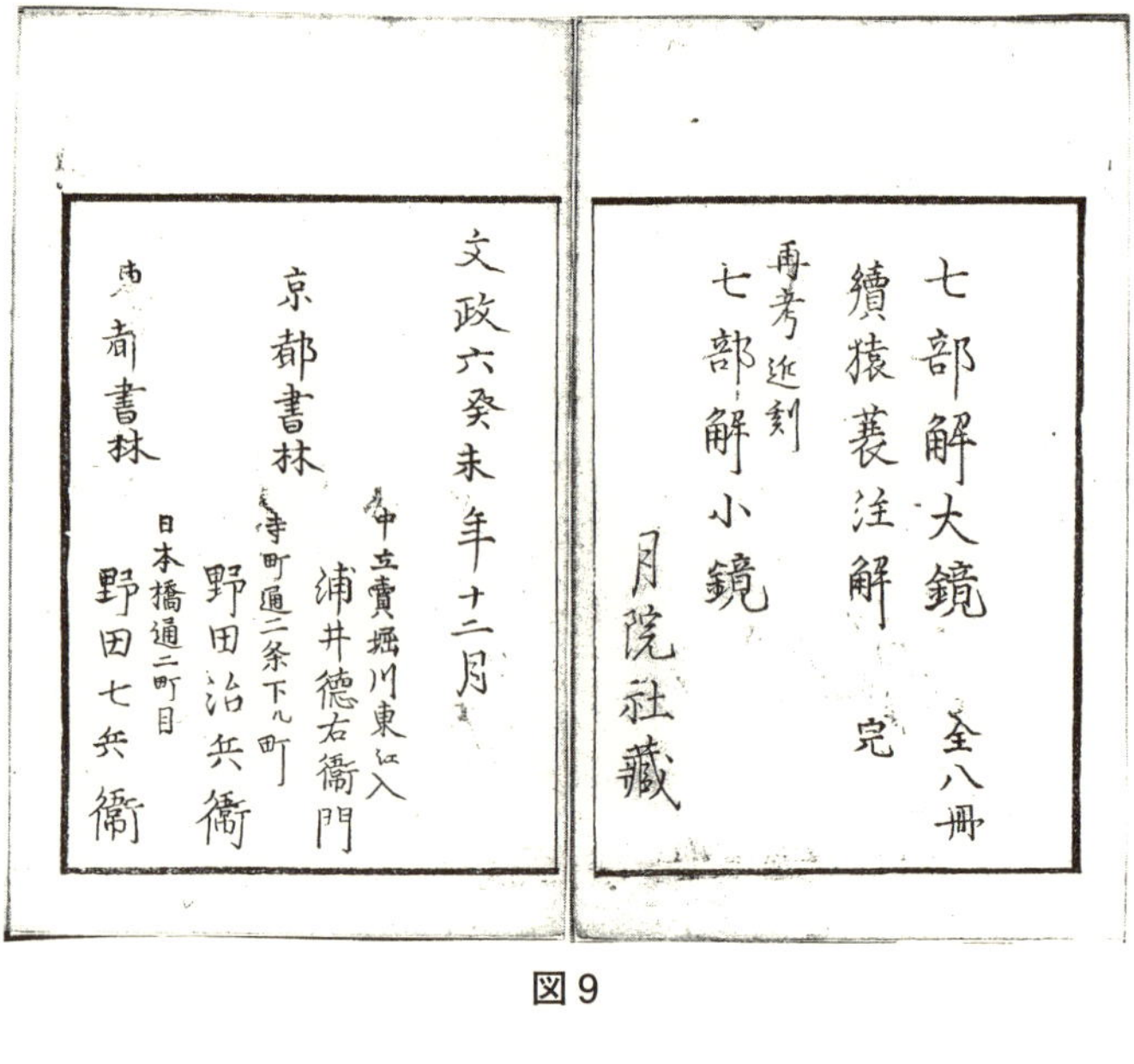

図9

刊記（家蔵F本）

『続猿蓑注解』

17丁裏

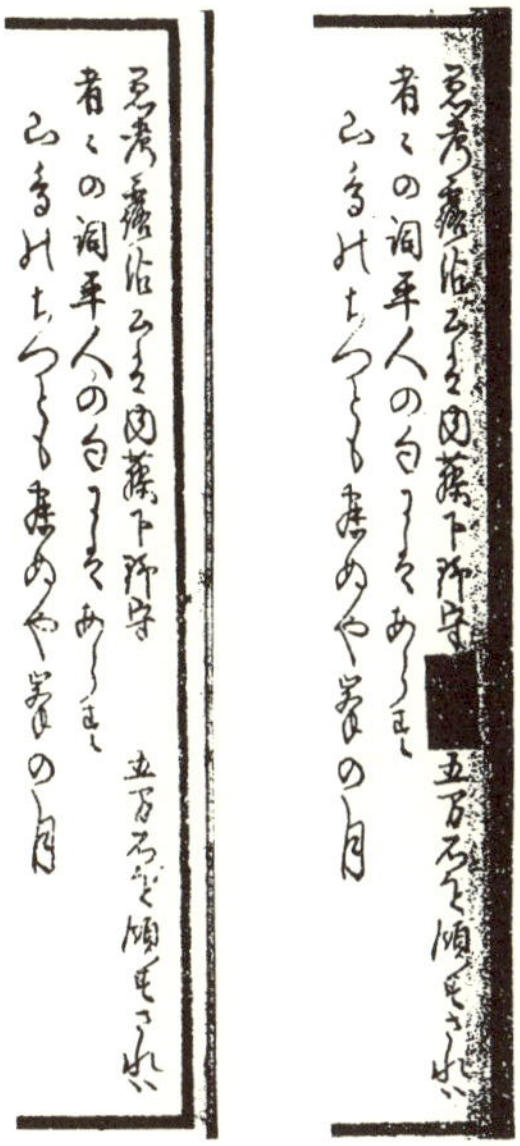

図10

19丁表

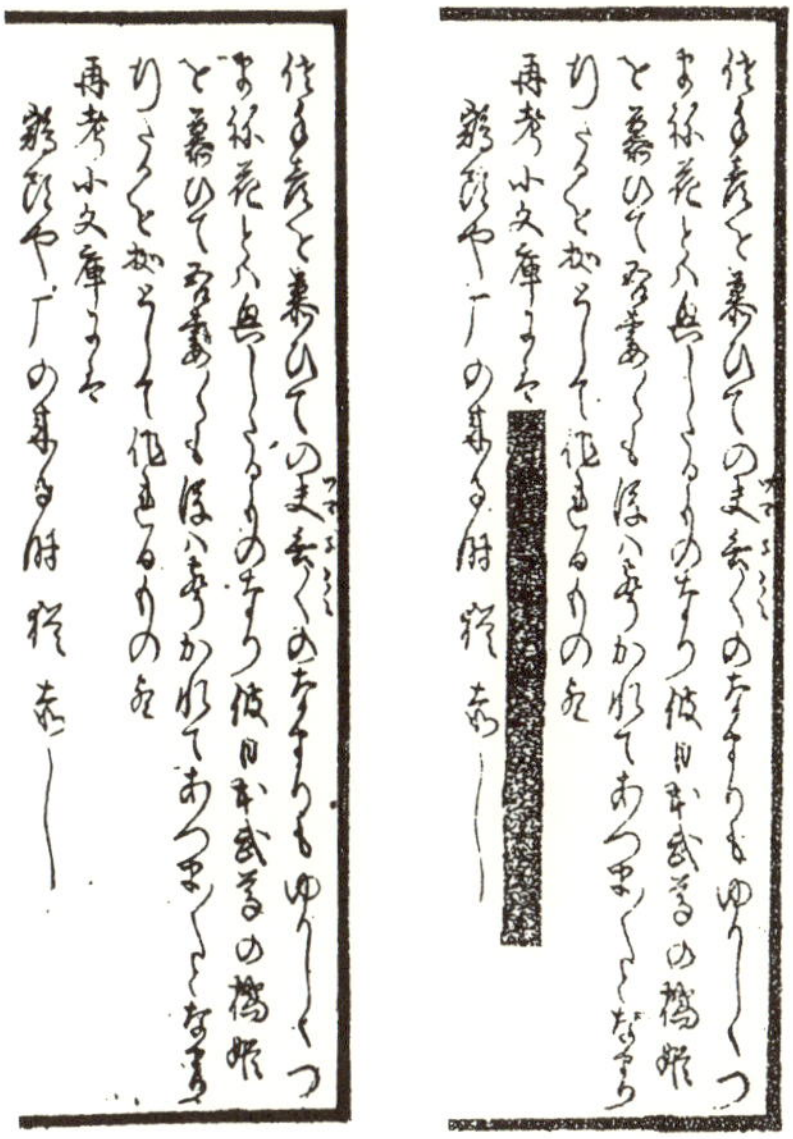

図11

23丁表

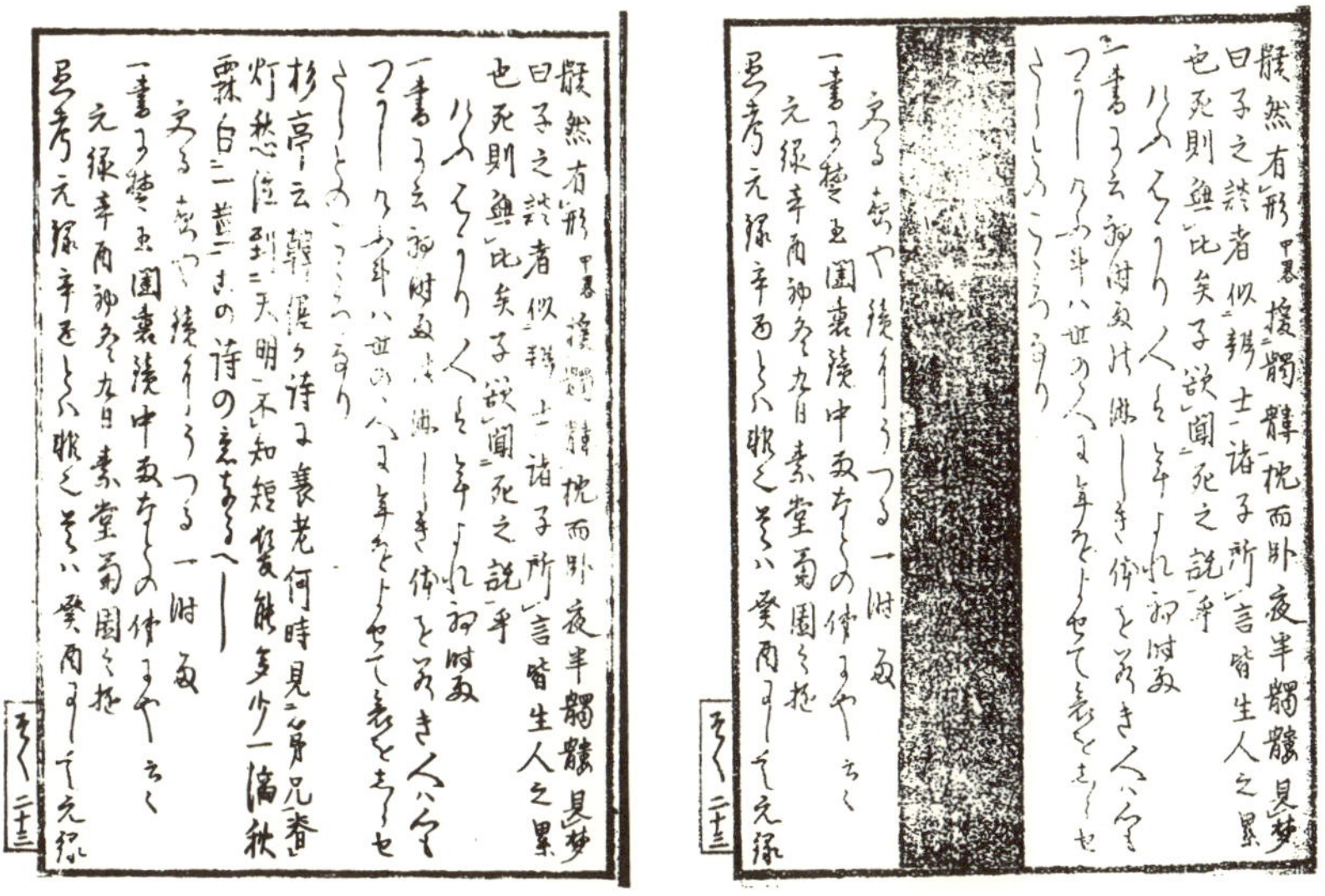

図12

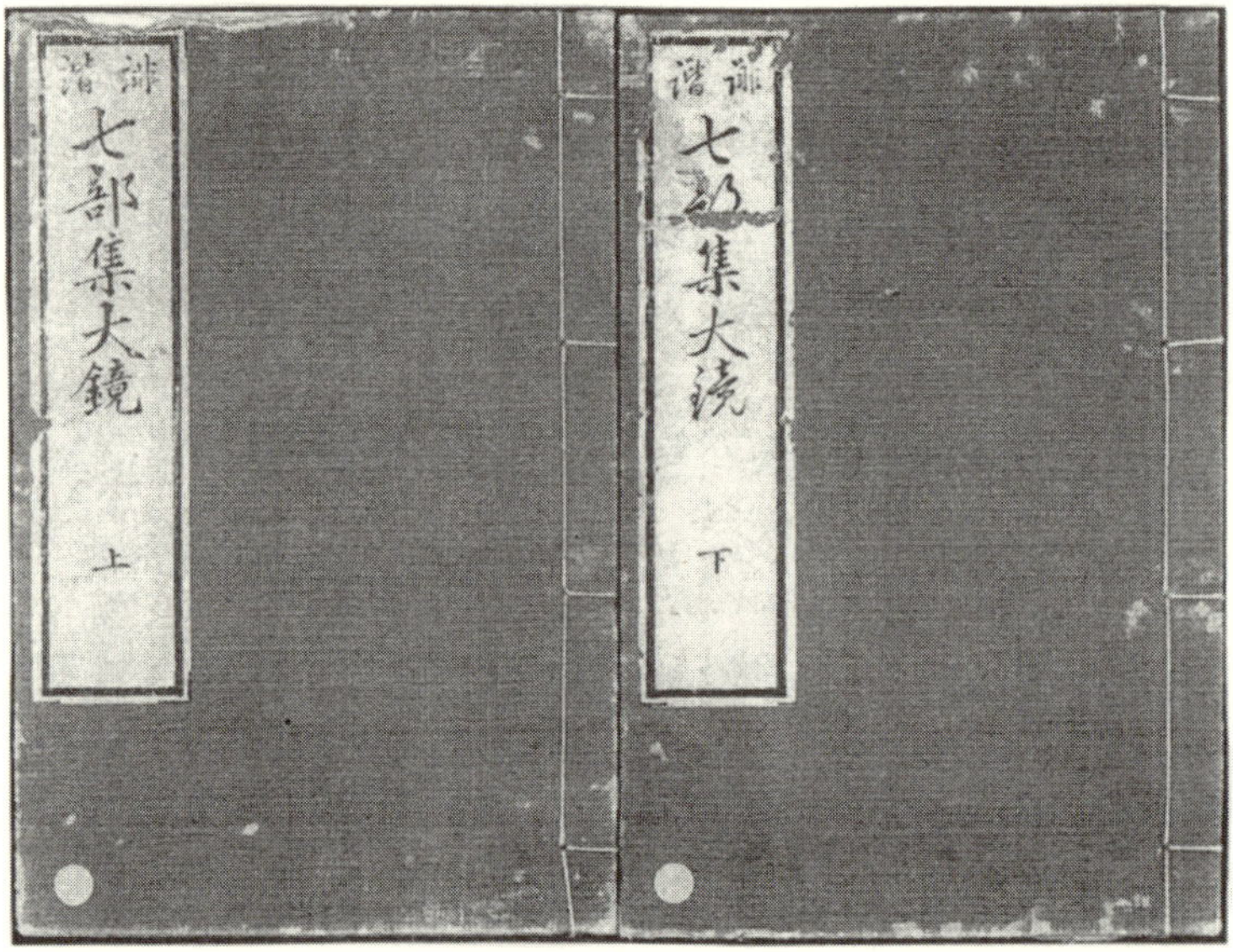

三都五軒版『七部集大鏡』家蔵b本表紙

図13

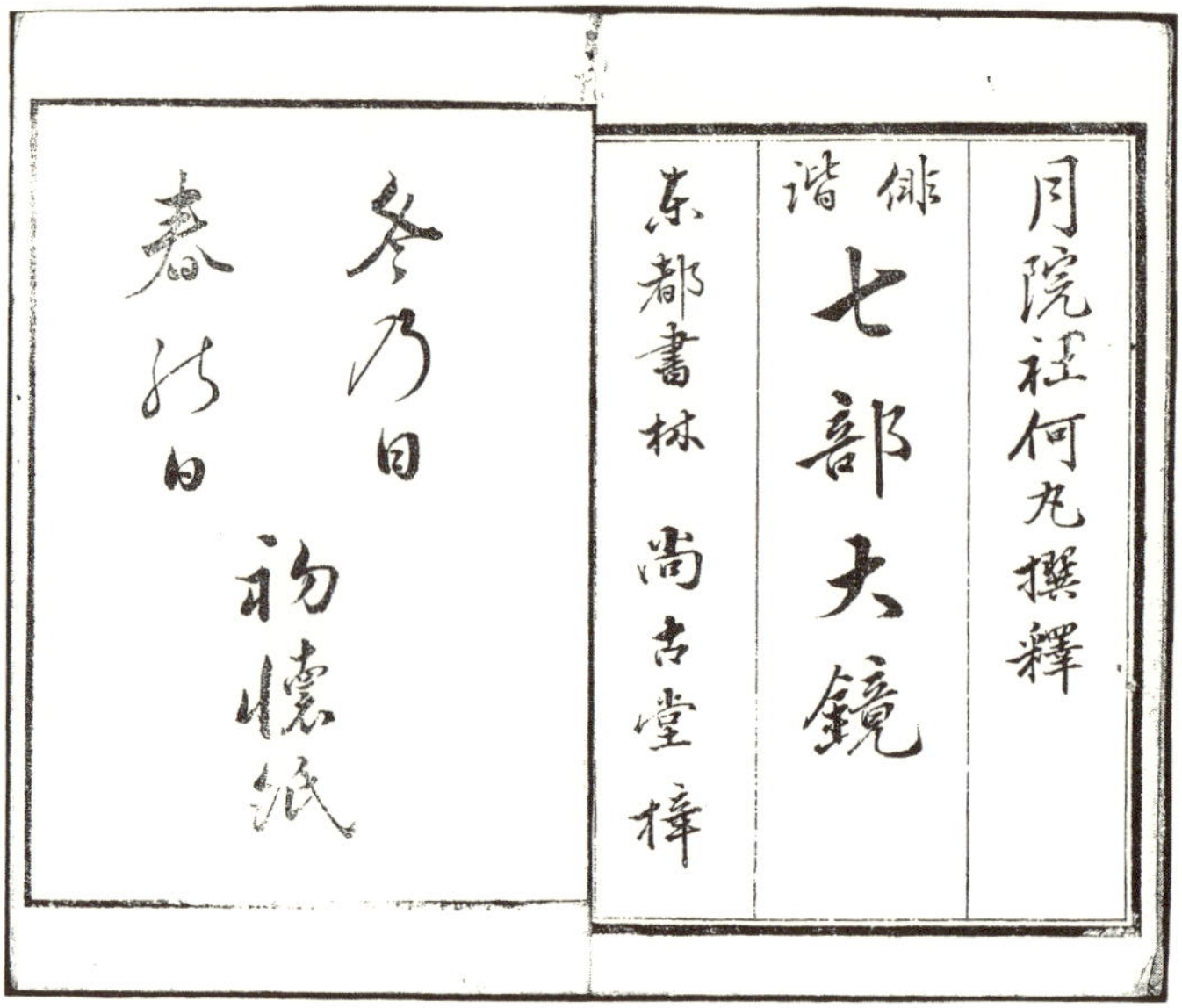

1・4本見返し（家蔵a本）

図14

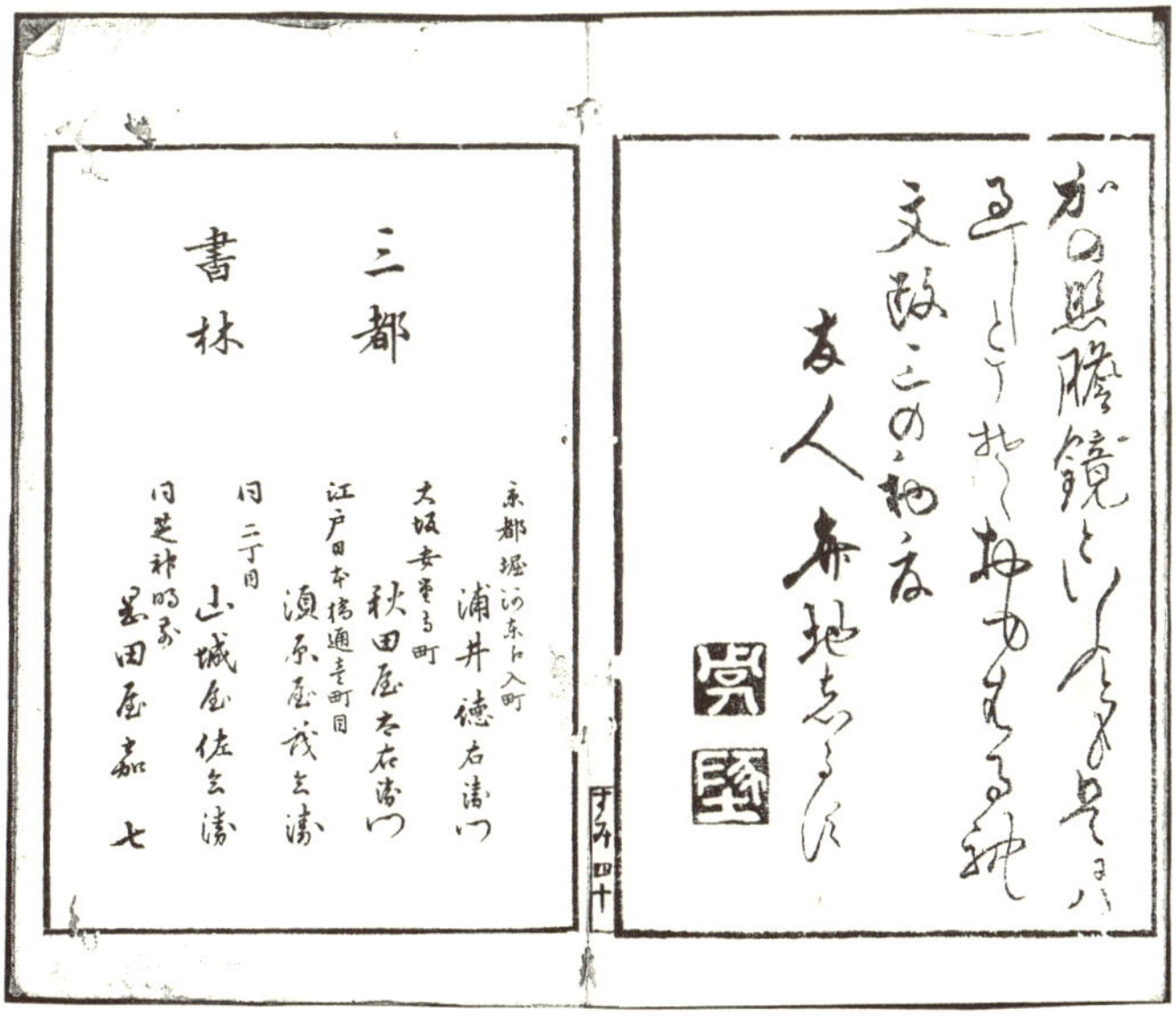

刊記（家蔵a本）

図15

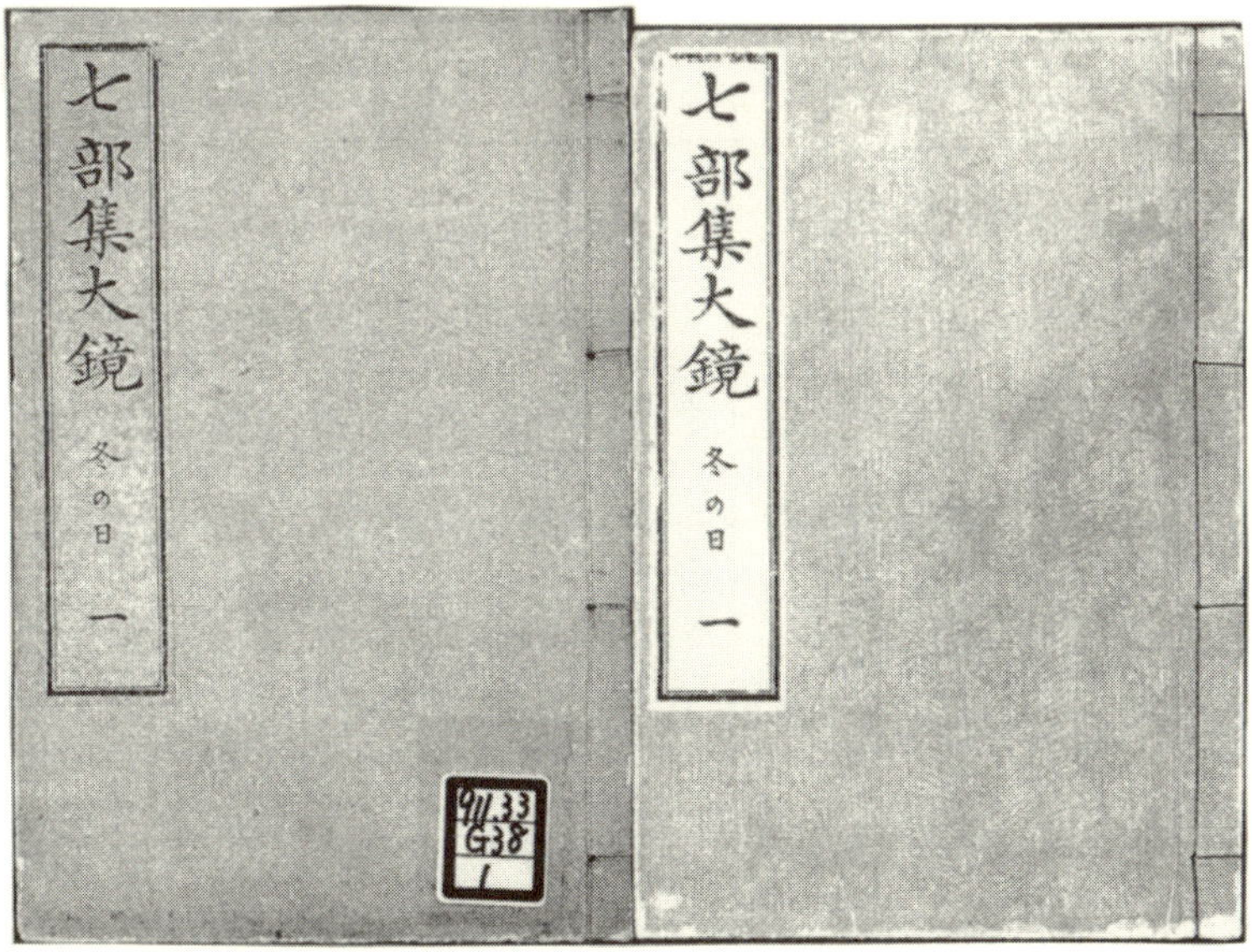

明治版『七部集大鏡』表紙

図16

刊記

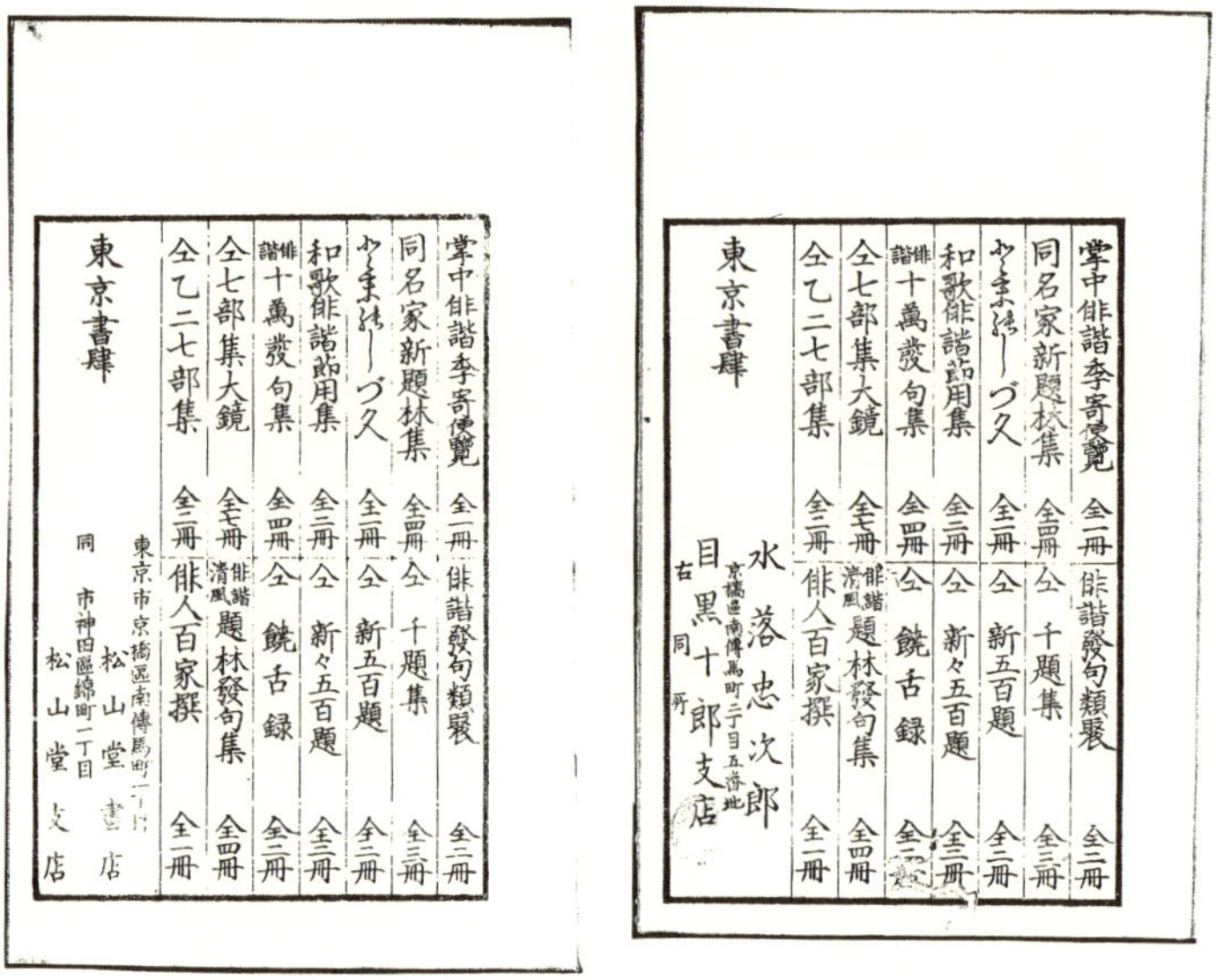

図 17

『芭蕉翁句解参考』刊記（家蔵b本）

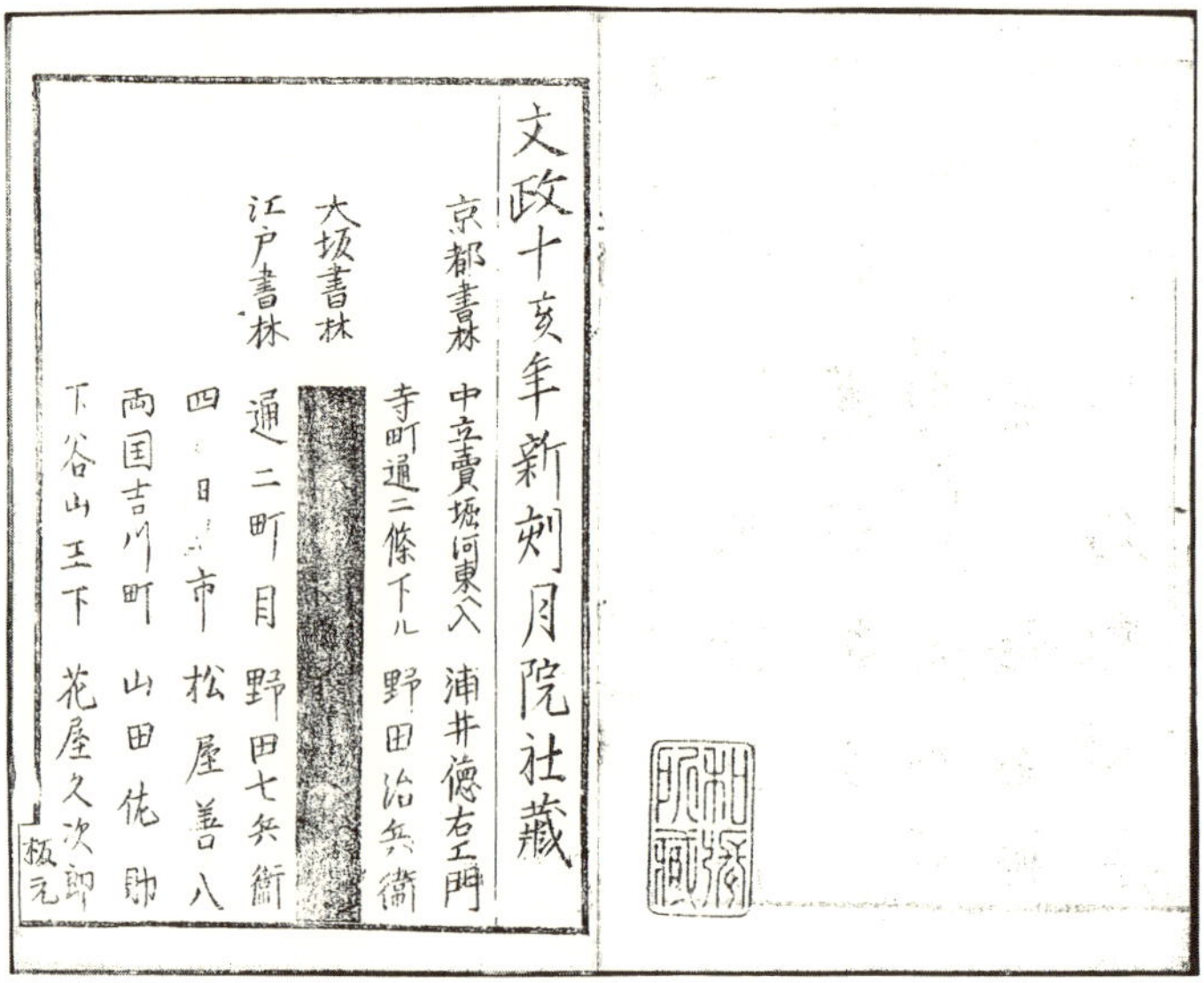

図 18

第四部●入木《いれき》

1　梅竹堂会所本の入木撰

1　会所梅竹堂

天和・貞享頃まで俳諧数奇者を中心にごく小規模に行なわれて来た京都点者による前句付俳諧は、元禄に入ると随流が『貞徳永代記』に「当時前句附はやりて都鄙遠国まで流布する」と伝えるように、参加者の激増・興行圏の拡大を見るようになる。それは前句付俳諧の場への庶民大衆の積極的な参加によるものであったが、そのような現象はやがて前句付俳諧の世界にも質的な変化をもたらすことになった。すなわち、元禄以前はあくまでも百韻俳諧の一部としての性格を崩さなかった前句付俳諧の世界に、正体なき前句が復活し短句が多用されるようになる。それに切句・折句の発案、笠付の創案という事態が加わり、前句付俳諧は雑俳の前句付へと大きく変質を遂げて行くのである。そのような時代に、京都点者による前句付俳諧及び雑俳興行の場に於て、勝句披露のために調製されていた清書巻に替って登場したのが一枚刷であり、会所本であった。参加者・寄句数の急増及び興行圏の拡大に伴ない、清書巻の回覧という勝句披露形式では間に合わなくなり、一枚刷による披露に切り替えられたが、それでも勝句を盛りこむことが困難になって会所本形式が採られるようになったと考えられる。そういった会所本は、近江あたりでは「沖の嶋守までも、船をおし網を引ぬる片手にも、前句附の板行を四つも五つも懐中して」（貞徳永代記）いたと記すのによれば、元禄初には既にかなりの数が出版されていたと推測されるが、元禄・宝永期で残存するものは極めて少ない。が、享保に入るとその数は飛躍的に増え、京都点者による雑俳興行の盛況ぶりをうかがわせる。次掲の表Ⅰは、宮田正信博士御架蔵本、天理図書館綿屋文庫蔵本（書名をゴチックで示す）、鈴木勝忠氏編『未刊雑俳資料』『雑俳集成』収録本等を参照し、仮に作成してみた京都点者の会所本年表である。この稿で中心的に取り上げる梅竹堂板のそれは表Ⅱに一括するので、表Ⅰには収めていない。表Ⅰに拾った会所本のうち、刊記・収録句・原蔵者の書入などにより年代が確定出来るのはほぼ半数で、残りは推測による。完璧には程遠いが、およその流れはこれによって押さえることが出来よう。なお、年代がほぼ確定できるものはその書名に○印を付した。また、会所本にはその書名に「俳諧」「諸国奉納」「諸国奉納俳諧」などと冠するものが多いが、この表では一切省略してある。会所本にはその書名に「俳諧」「諸国奉納」「諸国奉納俳諧」などと冠するものが多いが、この表では一切省略してある。寄句高等の空白は、特に断るもの以外は原本にその記載がないことを意味する。未調査の項目については＊で示した。元文から延享にかけての雲峰撰の多くは合冊再刊物としてしか残っていないものが多く、書名・丁数・勝句以外は不明で、特に空白が目立つのはそのためである。これら京都点者による会所本は、享保以後、小本共表紙で紙縒綴、表紙を含めて十数丁という装幀が一般的となるが、元禄宝永期は『気比のうみ』『あるが中』『京祇園奉納』『瀧まふで』『よざくら』は半紙本、『口ごたへ』は中本と過渡的な姿を示す。小本・共表紙という装幀は宝永二年の春花堂版『逸題』をもって嚆矢とし、『天津風』『雪の虎』がそれに次ぐ。いずれも春花堂版で、小本・共表紙という装幀は春花堂に始まるのかも知れない。寄句高を見てみると享保以降寛延初まで、会所本の多くには寄句高を記し、しかも殆どがその数一万を超える。そして、会所本で披露する勝句は三百をめやすとしたことがこの表から知られる。規模の大きなものには享保十三年雲鼓撰『わかみどり』のように、寄句二万余　勝句七百、三十丁という大冊もある。かような雑俳興行を当事者達は

表I　会所本年表

年代	書名	丁数	点者	会所	刊記	寄句高	勝句	国数
元禄五	○気比のうみ	13	我黒	水江重次	元禄五年八月	一〇〇〇〇	二〇〇	
六	○あるが中	10	可休	水口軒	元禄六年十一月	一〇六〇〇余	一〇〇	15
七	○口ごたへ	10	林鴻	香水	元禄七年五月		一五〇	
十六	○〔京祇苑奉納〕	11	如泉	夏藤軒	元禄十六年九月	九三〇〇余	二〇〇	14
宝永元	○**瀧まふで**	12	如泉	夏藤軒	宝永元年八月	一〇七〇〇余	二〇〇	19
二	○〔逸題〕	13	不明	春花堂	宝永二年十二月	一〇五三三	一五〇	18
三	○よざくら	19	轍士	井筒屋	宝永三年	五〇〇〇	三〇〇	21
五	○天津風	*	晩山	春花堂	宝永五年十一月	九一九六	二五〇	19
六	○雪の虎	9	鞭石	春花堂	宝永六年十二月	七二〇三	一〇〇	18
享保元	○和光の露	14	雲峰	花鳥堂	八月		三五六	
六	○**八ツ藤**	11	晩山	春花堂	享保六年八月	八六八八	一五〇	22
	○菊の台	15	言石	松久堂	享保六年十月	一一四二六	三〇〇	25
七	○なつこだち	17	雲鼓	藤井軒	享保七年五月	一六五三五	三六〇	27
	○孔雀丸	15	知石	春花堂	享保七年六月	一〇二六一	三〇〇	24
	○尚歯会	18	知石	春花堂	享保七年十一月	一六二〇〇	三六〇	24
八	○田うへ哥	16	雲鼓	藤井軒	享保八年五月	一二二〇〇余	三〇〇	27
九	鶏合	14	雲堂	梅枝堂	三月	九一六二	三〇〇	27
十	○**あふみ八景**	15	知石	春花堂	享保十年正月	一二〇〇一	三〇〇	21

年代	書名	丁数	点者	会所	刊記	寄句高	勝句	国数
享保十	○ **しらきの柳**	14	白鵠	梅枝堂	五月	九八九二	三〇〇	27
	○ 日本武	16	知石	春花堂	享保十年六月	一三〇五一	三〇〇	20
	○ 冬至梅	18	雲鼓	藤井軒	享保十年十一月	一六一五六	四〇〇	26
	○ 相合井戸	16	知石	春花堂	享保十年十二月	一三〇六五	三五〇	21
十一	**かがみ草**	15	知石	春花堂	六月	一〇二七〇	三〇〇	21
	経よみどり	13	白鵠	梅枝堂	二月	一〇二三四	三〇〇	25
	貴妃桜	13	知石	春花堂	午十一月	一〇七六九	三〇〇	20
十三	**わかみどり**	30	雲鼓	藤井軒	正月	二〇一三八	七〇〇	23
	夘花衣	15	雲堂	梅林堂	四月	一三〇二一	三五〇	
	○ **雪の梅**	14	雲堂	梅林堂	十一月	一三六五七	三五〇	
十四	○ 玉真葛	14	白鵠	松寿軒	酉正月	一〇〇〇〇余	三〇〇	22
	○ 若しらが	16	白鵠	松寿軒	酉正月	一〇〇〇〇余	三五〇	20
	○ **初桜**	25	雲鈴	藤井軒	二月	一八一六二	六〇〇	23
	○ **海士をぶね**	18	雲峰	松栄堂	酉三月	一二三二〇	四〇〇	25
	○ **いもとぎく**	14	雲堂	梅林堂	享保十四年九月	一二〇〇五	三一五	
十五	○ 花の兄	15	雲堂	梅林堂	正月	一二七八五	三三五	
	○ 朝熊嶽	15	白鵠	松寿軒	戌正月	一〇〇〇〇余	三三〇	23
	御賀玉	13	知石	春花堂	戌六月	一〇〇九七	三〇〇	20
	○ うばざくら	14	白鵠	松寿軒	戌十月	一〇〇〇〇余	三〇〇	23

年代	書名	丁数	点者	会所	刊記	寄句高	勝句	国数
	○和合楽	14	白鵠	梅林堂	戌十月	九五〇八	三〇〇	
	○**冬牡丹**	14	雲峰	松栄堂	戌十一月		三〇八	24
	神の胞衣	13	知石	春花堂	戌十二月	一〇〇七四	三〇〇	22
十六	袖牡丹	13	知石	春花堂	亥六月	一〇三二一	三〇〇	28
	五十鈴がは	11	雲峰	松栄堂	亥九月		二五〇	22
	玉尾花	14	白鵠	松寿軒	亥十一月	一〇〇〇〇余	三〇〇	25
	冬木立	14	知石	春花堂	亥十二月	一〇五二一	三〇〇	29
十七	菜の花	13	雲鈴	藤井軒	子四月	八一五〇	三〇〇	25
	○玉かつら	14	雲扇	梅林堂	閏五月	九五一九	三〇〇	
	行脚の笠	13	知石	春花堂	子六月	一〇三一〇	三〇〇	29
	花の宿	13	白鵠	松寿軒	子六月	一〇〇〇〇余	三〇〇	30
	榊の露	14	雲扇	梅林堂	八月	一一五一七	三〇〇	
	若恵比須	13	白鵠	松寿軒	子十一月	一〇〇〇〇余	三〇〇	
二十	風車	14	知石	春花堂	卯六月	一二〇一七	三二一	20
	著萩	16	知石	春花堂	卯十二月	一四三〇一	三六四	20
享保期	**化粧文**	11	言石	松栄堂	（未詳）		三五〇	
	この花	13	雲鼓	藤井軒	正月	一一八三九	三〇〇	27
	年忘れ	15	雲鼓	藤井軒	十二月	一三一七五	三五〇	23
	鯨の息	15	知石	春花堂	五月	一〇三二六	三〇〇	23

年代	書名	丁数	点者	会所	刊記	寄句高	勝句	国数
享保期	かぐや娘	14	知石	春花堂	六月	九六四八	三〇〇	29
	豊の畑	15	知石	春花堂	十一月	一一一四二	三二〇	23
	鏡草	13	知石	春花堂	十二月	一〇四一〇	三〇〇	28
	花のやま	*	知石	*	*	*	*	*
	花の兄	25	雲鈴	藤井軒	二月	一七一五〇	五六〇	22
	神楽舞	11	雲鈴	福寿軒	十一月		三〇〇	
	父母	14	雲扇	梅林堂	正月	一二一七五	三二〇	
元文元	**夏越輪**	13	知石	春花堂	辰六月	一〇九七八	三〇〇	21
二	○豊の蝉	15	知石	春花堂	閏十一月	一三八八〇	三六七	17
三	**菊の露**	12	雲扇	丁字軒	午九月	九八四五	三〇〇	
元文四	早苗歌	13	知石	春花堂	未十一月	一〇九一一	三〇〇	23
五	○伽草紙	13	知石	春花堂	申閏七月	一一一七八	三〇〇	24
	浮世の水	13	市貢	千里堂	戌七月	一〇二三六	三〇〇	20
寛保二	小塩山	13	練石	春花堂	戌十一月	一〇九五一	三〇〇	27
	神風	12	雲峰				三三〇	
三	**富士見笠**	14	練石	春花堂	亥二月	一八八八〇	三六〇	23
	一夜泊	12	雲峰	大慶堂	亥五月	九八七一	三二〇	
	浜真砂	13	練石	春花堂	亥五月	一〇四〇九	三〇〇	26
	海の音	13	練石	春花堂	八月	一〇六一〇	三〇〇	16

年代	書名	丁数	点者	会所	刊記	寄句高	勝句	国数
寛保頃	**壬生の雨**	13	雲峰				三五二	
	御代飾	11	雲峰				三五〇	
	冨多柱	11	雲峰				三一〇	
延享 元	**花の香**	13	隆志	梅林堂	子四月	一一三九八	三〇〇	22
	都富士	14	雲峰	大慶堂	子五月	一一五八六	三七〇	
	夕紅葉	13	隆志	梅林堂	子十月	一二一三八	三一〇	21
	神の森	11	雲峰	大慶堂	子十一月	一一六〇七	三五〇	
二	若緑	13	隆志	梅林堂	丑正月	一二五一一	三〇〇	21
	○**森の古哥解**	13	雲峰	大慶堂	丑五月	一〇一一八	三五〇	
四	松飾	13	隆志	梅林堂	卯正月		三〇〇	24
延享頃	**大内山**	12	雲峰				四〇〇	
	無智巻	13	雲峰				三四〇	
	神路山	11	雲峰				三一〇	
	義多地屋満	12	雲峰				三五〇	
	鶴の声	13	隆志	梅林堂	正月	一三三六二	三二八	20
	好文木	13	隆志	梅林堂	二月	一一二〇〇余	三〇〇	20
	田植笠	12	隆志	梅林堂	五月	一〇七二一	三五〇	
	都風俗	14	隆志	梅林堂	五月	一〇〇七一	三〇〇	
	青簾	13	隆志	梅林堂	五月	一一三七九	三〇〇	24

年代	書名	丁数	点者	会所	刊記	寄句高	勝句	国数
延享頃	皃吉花	13	隆志	梅林堂	六月	一〇五三五	三〇〇	22
	草舞台	13	隆志	梅林堂	十月	一一〇八三	三〇〇	21
	大和錦	13	隆志	梅林堂	十一月	一〇七九七	三〇〇	19
	冬牡丹	13	隆志	梅林堂	十一月	一一一八五	三三〇	
寛延　元	**鳳の巣**	13	知石	春花堂	辰十二月	一一七二〇	三二〇	19
	勇魚とり	18	雲鈴	藤井清八郎	辰十二月	一一六〇四	四五〇	20
二	**うら山吹**	8	雲鈴	藤井清八郎	巳三月	四二三一	二〇〇	
	○**廻灯篭**	10	雲鈴	藤松軒	寛延二年七月		二五〇	
	○**豊喜草**	22	雲鈴	藤松軒	寛延二年十一月	一四一四五	五〇〇	23
	夜でならひ	7	和汐	春台堂	巳十二月		一六〇	
	○**たからぐら**	20	雲扇	藤井軒	寛延二年十二月	一一五二〇	三八〇	21
	同		市楓	同	同		一八〇	
三	○**花の遊ろ**	8	雲鈴	養老軒	寛延三年二月		二〇〇	
	同	5	雲鈴	養老軒	九月		一四〇	
	○奉納十二箇所	7	雲扇	藤井軒	寛延三年五月		一八五	
	○**和歌のうら**	14	市楓	藤井軒	寛延三年五月		三五〇	23
	○**鵙の初音**	8	雲鈴	藤松軒	寛延三年五月		二〇〇	
	○**冬至梅**	17	雲鈴	藤松軒	寛延三年十一月	一一八〇六	四二〇	28
	○八重むぐら	7	和汐	春台堂	寛延三年十一月		一六一	

年代	書名	丁数	点者	会所	刊記	寄句高	勝句	国数
四	**花氏子**	13	雲扇	藤井軒	未五月		三三〇	
	源氏香	11	林石	梅花堂	六月		三〇〇	
	○難波の花	7	和汐	春台堂	寛延四年閏六月		一五〇	
	○小春駒	12	林石	梅花堂	寛延四年十月	一〇〇一三	三〇〇	26
宝暦元	○**かすがやま**	14	雲扇	藤井軒	宝暦元年十一月	一一五六七	三八〇	
	○からにしき	7	和汐	春台堂	宝暦元年十一月		一五〇	
二	○**清少納言**	12	雲扇	藤井軒	宝暦二年四月	一〇一五六	三一〇	
	○若葉奥	5	百花	藤井軒	宝暦二年四月		一〇〇	
	○ひとり言	6	翠柳	万亀堂	宝暦二年五月		一五〇	
	○一葉船	6	百花	丸屋善五郎	宝暦二年五月		一五〇	
	○**雪こかし**	12	一池	養老軒	宝暦二年十一月	九六三〇	三〇〇	24
	○豊の明	11	和汐	春台堂	宝暦二年十二月	八〇〇八	二六〇	
四	**みやこ草**	11	一池	養老軒	戌正月	九〇九〇	三〇〇	
六	○鳰の曲	4	素来	金葉堂	宝暦六年四月		八六	
	○臂枕	6	白化	金葉堂	宝暦八年五月		一四三	
宝暦頃	**松の花**	6	一池	養老軒	二月		一五〇	
明和九	○三の教	9	百秀	普流軒	明和九年九月		二五〇	
天明二	○**春の光**	4	貞流	長楽堂	天明二年六月	一五〇〇	七〇	

「一万句寄」（京祇苑奉納・瀧まふで）「一万句」（雪の虎・八ツ藤・菊の台・なつこだち等）「万句」（夘花衣等）「万句寄」（寛延三『冬至梅』）などと呼んだ。最も多いのは「一万句」「万句」である。よって、以下これを万句興行と言う。

さて、年表の会所に注目してみることにしよう。中には京都会所の老舗とも言うべき春花堂こと山形屋四郎兵衛のように京都に居を構える会所もあるが、京都点者による万句興行はむしろ京都近傍の地方会所によって支えられている面が強い。現存最古の会所本である『気比のうみ』を扱ったのは敦賀の水江重次であった。『あるが中』の水口軒は宮田博士が『雑俳史の研究』で推測された通り、近江水口のそれであろう。また、如泉の『京祇園奉納』『瀧まふで』を扱う夏藤軒は丹州福智山、享保七年の『なつこだち』以下雲鼓・雲鈴・雲扇らと組んで息の長い活動をする藤井軒こと藤井清兵衛は江州神崎郡北庄村（現五箇庄町内）、享保期に雲扇・言石と組む松栄堂は享保十三年『都の花』によれば、丹州の会所である。そして、これらの地方会所のうちでもとりわけ京都点者と関わりの深いのが近江のそれである。近江の会所が京都点者をかついでの興行に熱心であったことは、元禄五年『水茎の岡』に見られる和及と八幡山会所藤田汀鴈の例に明らかであるし、先の『貞徳永代記』の記事もそのことを裏付ける。また、可休点『あるが中』巻末の集計によれば、近江の取次は十一箇所に及び次位の勢州六箇所にほぼ倍する。それにこれは少し後のものになるが、寛延二年の雲鈴撰会所本『勇魚とり』は国別に巻元（取次）数を明示する極めて珍しい例で、それによると江州の巻元は実に百七十八箇所に及び次位の山城十八箇所をはるかに凌ぎ、集句数も二十箇国からの合計一万千六百四句のうち五千五百二句と他を圧倒する。これらの事実は京都点者の万句興行が、地方会所とりわけ近江会所の取り持ちなくして成り立ち得なかったことを示して余りある。そしてこのような傾向は、貞徳以来の保守的伝統の強い京都を避け経営基盤を地方に求めて来た京都点者による雑俳の万句興行が、その結果として招いた地方点者・会所の自立という事態によって、ようやく下火になろうとする寛延・宝暦に至って一層顕著となる。年表の寛延以降に出る会所のうち、はっきり京都とわかるのは春花堂と梅花堂のみ。寛延元年『勇魚とり』以下雲鈴と組んでいる藤松軒こと藤井清八郎は江州坂田郡相撲村（現長浜市相撲町）、寛延二年『夜でならひ』など和汐のものを主に扱う春台堂こと川瀬平右衛門は同じく坂田郡下坂之庄中村（現長浜市下坂中町）、宝暦二年に翠柳撰『ひとり言』百花撰『一葉船』を取り持つ万亀堂こと丸屋善五郎は彦根の会所である。藤井軒については先に触れた。なお、養老軒は美濃高田の、金葉堂は三州高浜の、年表末尾の長楽堂は大津の会所である。表Ⅰの寛延二年以降の会所本を見てみると、丁数も十丁に満たぬものが目立つようになり、寄句高・国数を示さぬ例が多くを占める。それらは勝句数から見て、おそらく会所本に掲げるほどには句が集まらなかったものと考えられる。これはそのまま、雑俳の地方伝播という歴史的使命を終えて下火に向かおうとする京都点者による万句興行の凋落傾向を如実に示すものである。そのような時期に京都点者による万句興行を支えたのは、近江の、それも湖東・湖北の会所であった。その会所の一つに、主に乾峰と組んでめざましい活動をした近江下之郷の梅竹堂がある。表Ⅱは、その梅竹堂扱いの会所本年表である。冒頭の『弥生山』『千代見句作』は雲峰撰、以下＊印を付けたものは蘭石撰、他はすべて乾峰の撰になる。なお、逸題（〔　〕で示す）以外のものはすべてその書名に「俳諧」あるいは「はいかい」と冠するが、表では省略する。また、表Ⅰと同様、綿屋文庫蔵本は書名をゴチックで示す。表Ⅱの冒頭部を表Ⅰの末尾に重ねて見れば、その活躍ぶりは歴然であろう。寛延から宝暦初にかけて、多くの会所が寄句高すら記せぬような細々とした興行をかろうじて続けているのに対し、梅竹堂は文字通りの万句興行を維持し、宝暦中期以降は京都点者の万句興行をほぼ一人で支えた観すらある。活動期間二十年に及ぶ梅竹堂が残した会所本は四十八点、中には寛延二年『合鏡』のように、寄句二万余・勝句七百という、京都雑俳興行最盛期の雲鼓撰『わかみどり』に匹敵するものもある。その数は、春花堂板の三十一点、梅林堂板の二十点をはるかに凌いでいる。しかもその会所本の多くには、彼の動静を伝える奥書が見える。それは、当時の京都宗匠をかついだ一地方会所のあり方を如実に示してくれる資料でもある。管見によればこのような例は他にはな

表Ⅱ　梅竹堂会所本年表

年代	書名	丁数	刊記	寄句高	勝句	国数
延享頃	**弥生山**	14	（延享四、五年と推測）	不明	三五〇	不明
延享五	千代見句作	6	延享五年六月中旬	一六二五	一〇〇	3
寛延二	**松の春かぜ**	10	巳正月下旬	不記	二一五	不記
	合鏡	26	寛延二年五月上旬	二〇一三一	七一〇	25
	芳野草	20	寛延二年十二月上旬	一五〇二一	五〇五	28
三	佐久良哥理	14	午四月上旬	一二五九三	三五〇	23
四	**草の錦**	17	寛延四年七月中旬	一三七八二	四〇八	24
宝暦元	**春の湊**	14	宝暦元年十一月	一二一三九	三五二	26
二	田みの、嶋	13	申三月上旬	一一〇七二	三二〇	26
	神楽歌	13	申六月下旬	九九九八	三一〇	22
	〔書名不詳〕A	18	（宝暦二年前後と推測）	不明	三七八	不明
	いさりぶね	13	宝暦二年十一月	一一八一九	三二〇	26
三	和哥夷	18	酉三月下旬	一三六一一	三六〇	28
	〔書名不詳〕B	13	（宝暦三年前後と推測）	不明	三三四	不明
	〔書名不詳〕C	14	（同右）	不明	三七〇	不明
四	春張江	14	戌二月上旬	一二三五〇	三六九	23
	小北山	15	戌十一月廿日	一三四三三	四一二	22
五	〔雲鼓三十回忌集〕	22	宝暦五年四月上旬	一六四九二	五三四	28

年代	書名	丁数	刊記	寄句高	勝句	国数
	国花秀	16	亥八月下旬	一二一六八	四一三	26
	〔書名不詳〕D	15	（宝暦五年前後と推測）	不明	四一〇	不明
七	**梅鶯暦**	13	丑三月	一〇六八九	三三〇	23
	月の秋	13	丑八月	一〇一九九	三三〇	23
	***海の音**	11	丑八月	八六七四	二五〇	21
	菖蒲酒	13	丑十一月	一〇五九八	三三〇	22
八	内外洛	12	寅四月	一〇一六七	三四〇	23
	岡見松	14	寅十二月	一〇九一六	三六二	31
九	朧月夜	14	卯三月下旬	一〇四〇八	三五〇	25
	*五常鏡	10	卯四月下旬	不記	二五〇	不記
	飛葉のうみ	16	卯十月中旬	一一〇〇七	三八〇	24
	*山かづら	10	宝暦九年十二月	不記	二四〇	不記
十	長生殿	18	宝暦十年二月上旬	一三七八二	四八〇	22
	萬春楽	15	辰十月上旬	一一一三〇	三七〇	28
宝暦十二	髯美人	17	宝暦十二年三月	一四〇八七	五〇〇	26
	彩色画	14	宝暦十二年六月中旬	一一〇〇三	四一二	26
	*花ごろも	11	宝暦十二年八月	一〇〇一一	三一五	25
十三	***法の舩**	11	未九月上旬	不記	二九六	不記
十四	***梅雨水**	9	宝暦十四年二月上旬	不記	二五〇	不記

年代	書名	丁数	刊記	寄句高	勝句	国数
宝暦十四	**豊の調**	13	宝暦十四年四月上旬	一〇五三四	三七二	23
	＊秋津嶋	9	宝暦十四年六月上旬	不記	二五〇	不記
明和 元	**峰の幸**	13	明和元年十月	一一二三九	三七三	22
	＊時津風	9	明和元年十二月	不記	二三五	不記
二	久良婦矢満	16	明和二年二月	不明	不明	不明
	古卿錦	16	明和二年四月下旬	一二八九一	四六〇	24
	遠山色	12	明和二年九月	一〇一四一	三五〇	21
三	**万里湊**	13	明和三年五月下旬	一一一四二	三八〇	22
	翫詩宴	17	明和三年十月上旬	一四六八六	五〇〇	25
五	**国の柱**	14	明和五年八月上旬	一二〇七七	四〇〇	23
年代不明	神の軫	12＋α	不明	一四〇八七	五〇〇	26

い。以下、会所本の奥書等を中心に会所梅竹堂の活動のあとを辿ってみることにしよう。

先ず、年表からわかるのは、梅竹堂は雲峰の晩年に彼と関わりを持ったということである。延享五年の雲峰撰『千代見句作』は梅竹堂扱いの他の会所本にくらべ、丁数わずか六丁、寄句数千六百二十五・勝句百とその数が極端に少ないが、それには巻末の「御断書」に記す次のような事情があった。

右百番撰之義ハ先達而大慶堂玉屋藤兵衛殿諸国奉納万句興行ニ付、名古屋桜月丈………都合千六百廿五吟之大巻出来候所、右大慶堂破会ニ付、桜月丈御連中殊外御残念ニ被思召、此度私を御頼ニ付承知仕、上京之砌此様子年々翁へ申上、則一巻ニ而百番撰出来候………

近江下之郷　梅竹堂　吉野屋源蔵

これによれば、大慶堂が万句興行を企画し、名古屋の桜月もそれに寄せるべく千六百二十五吟の大巻を調えたが、当の大慶堂が「破会」（会所を廃業したことを言うか）してしまった。残念に思った桜月が梅竹堂を頼って来たので、彼は上京した折に雲峰に相談を持ちかけ、その結果雲峰撰による勝句百番を上梓することになったのだと言う。同書表紙見返しに「一万句集之内／千六百廿五句巻　尾名古屋／桜月一巻撰百吟」とあるのはその意味である。当初大慶堂企画の万句も、おそらく点者としては雲峰が据えられていたのであろう。この『千代見句作』が出た翌月の七月、延享は寛延と改元、そして師走十八日には雲峰が没することになる。大慶堂は寛保・延享年間に雲峰の会所本を扱っているが、その下限の確実なものは延享二年の『森の古哥解』である。「破会」したのは前引の奥書から見ると、『千代見句作』出版の延享五年六月をさほど遡らぬかの如くである。一方、梅竹堂には雲峰撰の『弥生山』がある。この会所本は後表紙を欠いているため刊年不明ながら、これが大慶堂扱いのものより遡るとはどうも考えにくい。また、梅竹堂は雲峰撰の一枚刷を二点残しているが、そのうちの一つに卯正月とあり、これは今述べた事情からすると延享四年と見るのが妥当と思われる。従って、梅竹堂が雲峰と関わりを持ったのは延享四、五年と考えてよかろう。刊年不明の『弥生山』も、おそらくはそのころのもの。雲峰没後、梅竹堂はすぐさま乾峰と組んで精力的な活動をはじめ、宝暦中頃からは更に手を拡げて中村蘭石の会所本も扱うようになる。『新撰俳諧年表』によれば乾峰には三代あり。一世は雲峰の男で貞五堂と称し、雲峰より早く延享三年に三十四才で没している。二世が梅竹堂と組んだその人で、一世の甥、雲峰の外孫、明和七年没、号貞六堂。『国の柱』によれば、その住居は松原通烏丸西へ入。三世は二世の男で貞七堂と号す。いずれも居初氏を名乗っている。寛延二年『松の春かぜ』序文によれば、二世乾峰が雲峰の跡を襲ったのはその遺言であったらしく、『松の春かぜ』『合鏡』『芳野草』では彼は雲峰斎乾峰と名乗っている。なお、二世乾峰没後、明和九年の会所本『三の教』で点者百秀が貞六堂と号しているが、乾峰との関係は未詳。さて『松の春かぜ』序文に乾峰が「翁此三とせあまり老衰日々に増りし故、僕つたなき筆ながら過半手伝て万句等も成就し来りぬ」と記すのによれば、雲峰晩年の万句興行には乾峰の関わるところ大であった。後述するように『千代見句作』にも乾峰の手伝いの跡が認められる。従って、梅竹堂と乾峰は雲峰が没する以前から面識があったということになる。雲峰没後、梅竹堂が乾峰と組んだのは必然であった。

さて、現存する五十点近い会所本から、梅竹堂について、次のようなことが知られる。梅竹堂は江州下之郷の住、宿谷源蔵と名乗り、屋号は吉野屋、俳号を峰川と称した。峰川の号は既に『弥生山』に見えるので、雲峰の一字を譲られたものであろう。会所本に見える肩書は「清書所」「清書元」「会林」と様々であるが、その意味する所は同じ。ただし、宝暦四年『春漲江』には「俳諧書林」と、同十四年『秋津嶋』には「書林」とあるが、後で触れるように梅竹堂が版元を兼ねていたわけではない。ところで、近江下之郷とはどこか。平凡社『日本歴史地名大系』によれば、下之郷という在は現守山市、犬上郡甲良町、長浜市の三箇所にある。このうち、守山市である可能性は少ない。残る二箇所のうちいずれと断言出来る資料はないが、先述した藤松軒、春台堂の存在と考え併せて、とりあえず現長浜市下之郷町と推測しておきたい。ちなみに、長浜には既に享保十一年には里泉という点者も出て、『臂枕』『民の秋』（会所はいずれも江州流応堂）という会所本を残している。

いずれにせよ彼は、『千代見句作』の断書に「上京之砌云々」というように、会所の仕事をこなすために上京する必要があったのである。ところで、梅竹堂がその会所本に「江州下之郷」と所書きするのは、初期の『千代見句作』『松の春かぜ』『合鏡』『芳野草』の四点のみで、それ以後下之郷の所書きは見えない。しかし、「毎度申上候通下拙儀ハ旅宿ニ而興《マヽ》（興行の誤りか）仕候間、御延引之輩ハ待合不申候」（寛延四年『草の錦』）「いつとても申上候通私義ハ旅宿ニ而相勤申候故、御延引被下候巻間合不申候」（寛延二年『神楽歌』）「毎度申上候通拙者義ハ京都旅宿ニ而相勤申候間………私申上候日限ニ御出巻可被下候」（宝暦七年『菖蒲酒』）とあるのによれば、宝暦七年までは下之郷に居て上京し、「京都旅宿ニ而」会所の仕事を捌いていたことは確かなようである。その後も彼が下之郷に留まっていたのか、それとも京都に居を移したのかははっきりしない。が、一方に次のような事実がある。宝暦四年の『みやこ草』(一池撰、会所養老軒)には下之郷の柳枝軒が取次いだ勝句が四句収録され、うち一句は九番勝を取っている。後に詳述することになるが、かような会所本では巻頭より十番勝までの句についてはそれぞれ取扱った取次を巻末に実名をあげて顕彰するのが例となっている。『みやこ草』には、この九番勝の取次を「江州下郷　吉野や源蔵様」と記す。この事実は、梅竹堂こと吉野屋源蔵が国元の下之郷にあっては柳枝軒の名で取次をしていたことを示している。そこで、梅竹堂扱いの会所本に見える下之郷の取次及び作者を調べてみると、花房・梅鴬軒・丁子軒・銀猫・入水・梅枝軒らに混じって柳枝軒が頻出する。柳枝軒の初出は宝暦元年の『春の湊』、次は四年の『春張江』まで飛ぶが、その後は『海の音』『岡見松』『峰の幸』『久良婦矢満』を除くすべてにその名が見える。柳枝軒が下之郷における梅竹堂の取次名であるとすれば、彼は宝暦七年以降も国元から動いていないということになる。梅竹堂に吉野屋という屋号があることからすれば、彼は何らかの家業を営んでいたと推測される。彼はその家業のあいまかあるいはついでに締切にあわせて上京し、京都の旅宿で万句興行の寄句を整理し清書して点者に撰を乞い、更にそれを出版に回し、会所本を配送する段取りを調えるという会所の仕事をこなし、また国元へ戻るということをしていたはずである。では、梅竹堂は年に何回ほど会所本を出していたのか。現存するものでは宝暦十四(明和元)年の五点が最多、宝暦七・九年の四点がそれに次ぐが、右のような会所のあり方から考えると、このあたりが限度だったのではないだろうか。「来年ハ四季ニ四会相勤申候」(『岡見松』極月奥)「去年中ニ蘭石点弐会ならでハ出来不仕候……此巳後当年中四季ニ四会急度相勤度候」(『梅雨水』二月上旬奥)とあるのは、それを裏付けると共に、「四季ニ四会」すら困難であったことを示している。その他、「十月廿日迄ニ御登セ可被下候……霜月中旬急度返句仕候」(『国花秀』八月下旬奥)「当大万句撰冬中に仕度……御玉吟霜月下旬までに」(『万春楽』十一月上旬奥)などの例も、ほぼ三月に一度をめやすにしていたことを傍証している。会所の中には梅林堂のように「後会より改め早会仕、毎月一会づゝ相勤申候」（享保十三年雲堂撰『雪の梅』）と、万句興行を月並で企画するものさえあるが、地方会所の梅竹堂にそれは望むべくもない。さて、「四季ニ四会」の興行すらままならなかったのは、梅竹堂が地方会所だったという事情にもよるが、加えて諸国からの寄句が締切に遅れるからである。「此度、芸州広嶋一文字・三折堂・越中富山今石動植生・尾州名古屋・彦根嵐松軒、右之通未参り不申」（和哥夷）などは、その甚しい例。その結果「御巻上リ御延引故延会」（芳野草）することしばしばで、必然的に「後会正月廿日切万句……二月廿日迄ニ」（松の春かぜ）「後会六月切十月廿日迄ニ」（国花秀）「正月廿日切之御附句三月五日迄ニ」（豊の調）と後会を先送りすることにもなってしまう。なお、諸国からの寄句は何処へ届けられたかという疑問があるが、『国の杜』に「先年之通り松原通烏丸西へ入ル居初乾峰丈迄諸事御上セ可被下」と言うのによれば、届け先は下之郷や梅竹堂の京都旅宿ではなく、点者宅であったらしい。もちろんかような「延会」現象は梅竹堂に限ったことではない。たとえば、享保九年と推定される梅枝堂扱い雲堂撰の『鶏合』（三月奥）二百八十番勝句には「卯十月廿五日切雲堂点辰三月下浣返句、こりゃ又あんまりじゃの」とあり、この興行の場合締切から会所本出版まで半年余を要したことを伝えている。が、国許から京都まで出向いて諸事捌かねばならぬ梅竹堂の場合、寄句の遅延はおそらく最も頭の痛い問題であったと思われる。寛延三年五月刊雲鈴撰『鵙の初音』に同じ湖北の会所藤松軒は「御詠草御延引之御国御座候而、三月七日より四月廿九日迄撰句一日〳〵と、二月廿二日より上京仕、見合待合候。今月十日宗匠病中ながら……撰相済候。……後会万句六月晦日迄ニ御出シ、此日限より十五日も遅リ候へバ千句之御巻ニ而も返進仕候」と記す。藤松軒は寄句を整理するために二月廿二日に上京したが、まだ届いていない分があった。そこで三月七日から四月廿九日まで「延引」の分を待つはめになり撰句も見合せざるを得なかった。延引の分が結果的に届いたかどうか、この文からはわからない。が、病中の雲鈴を扶けて撰句が完了したのは五月十日のことであると言う。ちなみに、かような断わり書は会所本の奥に記すのが通例、しかるにこの本では前表紙ほぼ全面にこれを掲げ外題は片隅に追いやられている。後会からは千句の大巻でも遅延した場合は撰をせず「返進」するという文と共に、藤松軒のいらだちぶりがうかがえる。とは言え、常連化した取次の寄句はたとえ数十句であれ、無視することが出来ない所にかような興行の難しさがある。この『鴟の初音』は寄句数を記さないが、勝句二百という数から見ると、おそらく五千前後であろう。そのような興行で「千句之御巻」を無視することなど、とうてい不可能なのである。結果、藤松軒は二箇月近くなす術もなく京に滞在する破目に陥らざるを得ない。『鴟の初音』の藤松軒の場合はあるいは極端な例であったのかも知れない。が、梅竹堂も基本的には藤松軒と同じ条件下に置かれていた。「諸国殊外御延引ニ成リ気毒」（月の秋）「諸国御延引故延会ニ及、扨〻難義千万」（海の音）という歎きもいかにもと思われる。加えて梅竹堂は、宝暦七年から蘭石点の興行も取り持つようになる。その時期は『合鏡』以来おおむね一万一千以上を保って来た寄句数が、その線を割るようになった時期に一致する。梅竹堂の内証が家業と会所の収入とのどのような割合で成り立っていたかは不明であるが、寄句八千百五十句を集めた享保十七年の雲鈴撰『菜の花』で、会所藤井軒が「此度之万句殊之外不寄に付、大分損参候間、点科不残早束《（マヽ）》御上し可被下候」と言っていることを思うと、一万を割ると採算がとれなかったのではないだろうか。いずれにせよ、梅竹堂の仕事量は宝暦七年以降増えたことは間違いない。そして、その所労のせいばかりではないかも知れぬが、宝暦十四年『梅雨水』には「去秋拙者大病ニ而長〻相煩候ニ付、延会ニ相成申候」と見える。これを裏付けるかのように前年の会所本は一点のみ。彼はその挽回を期するかの如く「此巳後当年中四季ニ四会急度相勤度」と意気ごみを見せ、この年の会所本は五点に及んだ。が、結局その無理がたたったものであろうか、同年十月には再び「私病気ニ而延引相成候。余リ延引ニ相成候故、忰新助ニ手伝わせ候而返句差上申候」（峰の幸）という仕儀となってしまう。なお、これに関連し注意すべきことがある。それは梅竹堂が大病を煩ったちょうどその頃の出版である『法の船』を「梅枝軒」という号で出していること、そして『梅雨水』以下の会所本を「梅筑堂」としていることである。あるいはこれは「げん」をかついでの改称であったのかも知れない。（ちなみに明和二年の項に収めた『久良婦矢満』

は後表紙を欠き、後補の一丁に原蔵者の「明和二年酉二月」の書き入れがある。とりあえずそれに拠ったが、見返しに「梅竹堂」とあるので宝暦十三年以前のものとも思われる。）が、その甲斐もなく、明和二年四月の『古卿錦』には「新介事改宿谷源蔵」名で「諸国御連中様」に宛た「源蔵永ゝ病気ニ付色々と仕候得共、療用不相叶死去致候………年来御名染之源蔵事ニ候間、名跡相続之私義不調法者ニ候得共、不相替御贔屓成被下、末長ク会林相続仕候様奉頼上候」という断わり書と、乾峰の「峰川死去之砌名跡相続之義頼置候間、任遺言悴新介為致改名、右御断書之通ニ御座候………末永ク万句興行致候様奉願上候」という添書が載ることになる。初代梅竹堂がいつ没したか詳細はわからぬが、前年の『時津風』出版の十二月以降この年の四月までの間であることは確かである。かくして、初代宿谷源蔵死去の後、梅筑堂の名跡は悴新介に相続され、彼はその後四点の会所本を残すことになる。ところで、この二代目は京都に居を構えていたと思われるふしがある。梅筑堂会所本の最後のものとなった明和五年『国の柱』に「当夏私、伯父病気ニ付、暫国元へ罷越居申候故、当会返句延引ニ罷成候………猶又私勝手ニ付近ゝ宅替仕候間、暫し間先年之通リ松原通烏丸西へ入ル居初乾峰丈迄諸事御上セ可被下奉頼上候」とあるのがそれ。「暫国元へ罷越」というのは、生活の本拠を国元に置いている者の言ではない。これは彼が京都に常駐していたと考えてこそすんなりと理解できる言葉であろう。後半部に「近ゝ宅替」と言うのも、京の町中での移動と見るのが妥当である。その宅替が完了し住居が定まるまで「暫し間」寄句が迷子にならぬよう、「先年之通」乾峰宅へ届けよという指示である。これと関連し、注目すべきは明和三年『翫詩宴』の「毎度も申上候通、私義無他事是のミニ打掛リ居申候間、会数相勤申度候」という奥書である。ここからは、京に常駐し乾峰の万句興行の取り持ちに専念しようとしていた二代目梅筑堂の姿が浮かびあがってくる。しかし、彼の「末永ク会林相続仕候様」という願いも空しく、時代は終焉を迎えようとしていた。先にも述べたように、宝暦・明和になると雑俳興行は地方に根をおろし地方点者・会所の活動が活発になるに伴なって、京都点者の興行は急速に下火になって行く。そのような折に、地方から京へ出て「会林相続」を願った二代目梅筑堂の動きは、時代と逆行するものであったと言える。延享以降主に乾峰と組んで約二十年の長きにわたり、京都点者の万句興行を支えて来た近江下之郷の会所梅竹堂であったが、時代は二代目一人の力ではどうすることも出来ないところまで来ていた。そして、明和七年の乾峰の没により、京都の万句興行は実質的に終止符を打つことになるのである。

2　梅竹堂会所本の入木撰

四十八点に及ぶ梅竹堂の会所本は、京都宗匠の万句興行を取り持った一地方会所のあり方を如実に示す資料であった。が、梅竹堂の会所本が投げかける問題はそれだけに留まらない。梅竹堂の会所本を彼此対照して見ると、その多くに入木による勝句差し替えの事実が認められる。享保期の京都会所本にかような入木があることについては、既に鈴木勝忠氏に一連の御指摘がある。氏は、早く昭和三十九年発行の未刊雑俳資料二十七期3収録の知石撰会所本『著萩』の解題で

本書には、初摺本と、その中の金沢や遠州の句を削り阿波徳嶋の句を埋めた再刷本の二つがあり、同様のことが「わたや」の会所本にも見られる。地方を考慮した勝句撰択の配慮がうかがわれて、当時の実態として面白い。

と説かれ、これを踏まえて『連歌俳諧研究』71号収録の「享保京都前句付会所本入木事情」では、乾峰撰『神楽歌』の梅竹堂の奥書に注目し、その「入木事情」は「初版本の板行に間にあわ」なかった「遅参の巻」からの勝句を収録することにあると結論付けておられる。また、『近世俳諧史の基層』に収められた「享保京都奉納万句会の実態」でも、隆志撰『田植笠』には「三河人の句を入れかえた別組本があって、撰句後到着した巻の入勝句を、原本に入木して再刷する習慣のあった」と述べられ、『雑俳集成』の解題にもその点について触れておられるものが多い。そして、

『川柳しなの』六百号収録の「まさか？ 江戸万句合一枚刷りに入木」では、江戸の苔翁評万葉集会の一枚刷（宝暦十三年八月一日分）に同様の事実があること、更に「月並発句合や狂歌合などの高点集の場合にも同様の操作が行われ」たらしいことを指摘しておられる。かような資料を数多く見てこられた氏ならではの御指摘で、とりわけ梅竹堂の『神楽歌』に着目なさったのは御卓見と言うべきであろう。管見によれば、入木によって勝句差し替えしたことを会所本で明言しているのは梅竹堂の『神楽歌』と『菖蒲酒』だけである。後者によれば、当事者達はこれを「入木撰」と呼んだ。そして、現在調査している範囲では、その「入木撰」の事実は梅竹堂の会所本に最も顕著なのである。その意味で、この考察も鈴木氏の御指摘の域をさほど出るものではない。が、入木撰の実状はいま少し複雑な様相を呈している。また、入木による勝句差し替えをすべて入木撰と見てよいかという問題も出て来る。

では以下、梅竹堂会所本の入木撰について詳述して行くが、その前に表Ⅱについていささか補足をしておきたい。かような会所本は、多くの場合は会所そのものが出版したのではなく本屋に委託したと考えられる。元禄六年の『あるが中』の版元は井筒屋庄兵衛であった。また、享保十年の『しらきの柳』は井筒屋半右衛門の出版であり、享保十三年の『雪の梅』同十四年の『いもとぎく』同十五年の『花の兄』『朝熊獄』『うばざくら』『和合楽』には京烏丸の「はんぎや（うろこがたや）源左衛門」の広告がある。従って、会所本の板木は本屋が所有していたはずで、そのことが再編物・合冊再刊物の出版を容易にした。梅竹堂の会所本も、後に数冊まとめて合冊再刊物として出された例が少なくない。いま表Ⅱとの関わりでその点を押さえておくと、寛延二年『合鏡』と宝暦二年『神楽歌』は綿屋文庫蔵の逸題合冊再刊本（ざ・150・54）に、寛延三年『佐久良哥理』宝暦元年『春の湊』宝暦二年『たみの丶嶋』は合冊再刊『はるの湊』に、宝暦二年『いさりぶね』と宝暦三年『和哥夷』は合冊再刊『和哥ゑびす』に、また宝暦五年『雲鼓三十回忌集』『国花秀』は合冊再刊『名取川』に収録されていることが確認出来る。これら合冊再刊物にはいずれにも刊記がないが、版元はすべて京の橘枝堂で、梅竹堂の会所本を出版していたのはおそらくこの本屋であろう。なお、かような合冊再刊物は編集に際し、もとの会所本の外題・取次（作者）名・寄句数・奥書などを削除するのを常とし、また合冊する会所本の出入も甚しい。今回の調査では、『はるの湊』『名取川』は綿屋文庫蔵本に、『和哥ゑびす』は宮田博士蔵本に拠った。ちなみに、表Ⅱの宝暦二年に〔書名不詳A〕本としたのは綿屋文庫の逸題合冊本に、宝暦三年のB・C本は合冊再刊『和哥ゑびす』に、宝暦五年のD本は合冊再刊『名取川』に収録されるもの。外題等が削除されているが、前句題などから乾峰点の会所本と判断し、ここに収めた。

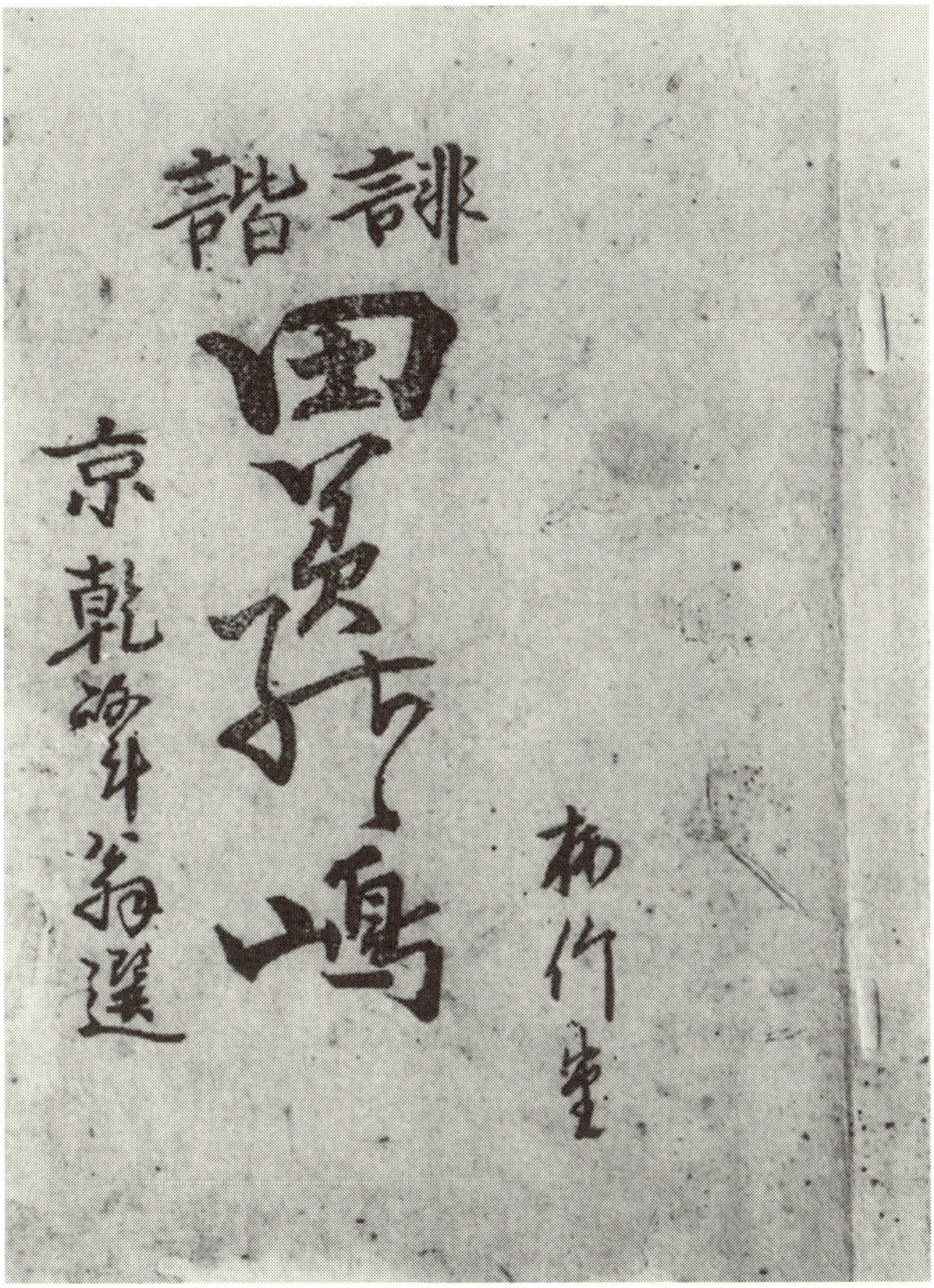

図１

梅竹堂扱いの会所本のうち、最もわかりやすい形で入木撰の実態を示してくれるのが、宝暦二年の『田みの、嶋』である。寓目した『田みの、嶋』は二点で、うち一つは宮田博士蔵本（以下甲本と言う）、もう一つが家蔵本（以下乙本と言う）である。まず、甲本によってその概略を示そう。図版1が表紙つまり一丁の表、図版2の右半分がその見返しで、発句・切句・折句・冠付・もじり・小倉・継句・一口・一字題、それに前句題十七を掲げる。これに七文字の題を加えたあたりが乾峰万句興行の標準的な出題形式である。なお、京都点者の興行では前句題は十五とするものが多い。乾峰が十七題としたのは彼なりの趣向があったからである。話がそれるが、後に掲げる図版8の『佐久良哥理』の見返しを御覧いただきたい。その前句題の各頭字をつなぐと「びんぼがみがにげていむだスムハ大」と読めるように仕立られており、「右頭字来ル午ノ年ノ大小」と解説まで添えている。「スムハ大」とは清音で読む順番の月が大の月であることを言う。かような暦の大小に趣向を構える例は『合鏡』にもある。その他、「ていとくおう百ねむきつゐせむまん句あ」（貞徳百回忌『草の錦』）「いろはにほへとちりぬるおわかよたれ」（神楽歌）というのもあるが、最も多いのは発句形式のそれで、この『田みのゝ嶋』の頭字は「はつあきへのこるはしみとあつさかな」と並べられている。かように前句題の頭字に何らかの意味あいを持たせる趣向は乾峰に始まったものではない。たとえば「いろは」形式は享保十五年の知石撰『冬牡丹』などにも見られるところ。また「大小」形式は雲峰撰『神風』『森の古哥解』にも先蹤がある。ただし発句形式は雲峰の『義多地屋満』の「まだ汗《アセ》のしぐるゝさばのもみぢかな（右頭字中元之吟）」の一例に留まる。おそらく乾峰は頭字の趣向を雲峰のそれに倣ったのであろうが、その会所本の殆ど全てにこれを適用したのは乾峰以外にはいない。前句題を十七としたのは頭字の発句形式にこだわったがためであろう。その発句形式の中で目立つものをあげておくと、雲峰七回忌『和哥夷』の「めぐりくるなとせさむしみづのおと」、また二代目梅竹堂扱いの『翫詩宴』の「にだいめのかほりもたかしふゆぼたん」などがある。なお、第一章で『千代見句作』編集に乾峰の関与ありとしたのは、前句題の頭字に「ていりく堂けむぽう手つだへ」と見えるからである。同じ梅竹堂の会所本でも蘭石点のそれにはこの趣向はない。話を戻そう。図版2の左が『田みのゝ嶋』の二丁表で、ここから勝句が高点順に掲載してある。句の頭の文字は題と対応させるための合印《あいじるし》。たとえば巻頭句に「爰」とあるのは、この句が前句題「爰で一ぷく〳〵」の付句であることを意味する。また、勝句の下に記されるのは各地の取次名で、巻頭句は三州吉田の花火組取次の中から選ばれたことを表わす。以下、図版3の右側つまり十二丁

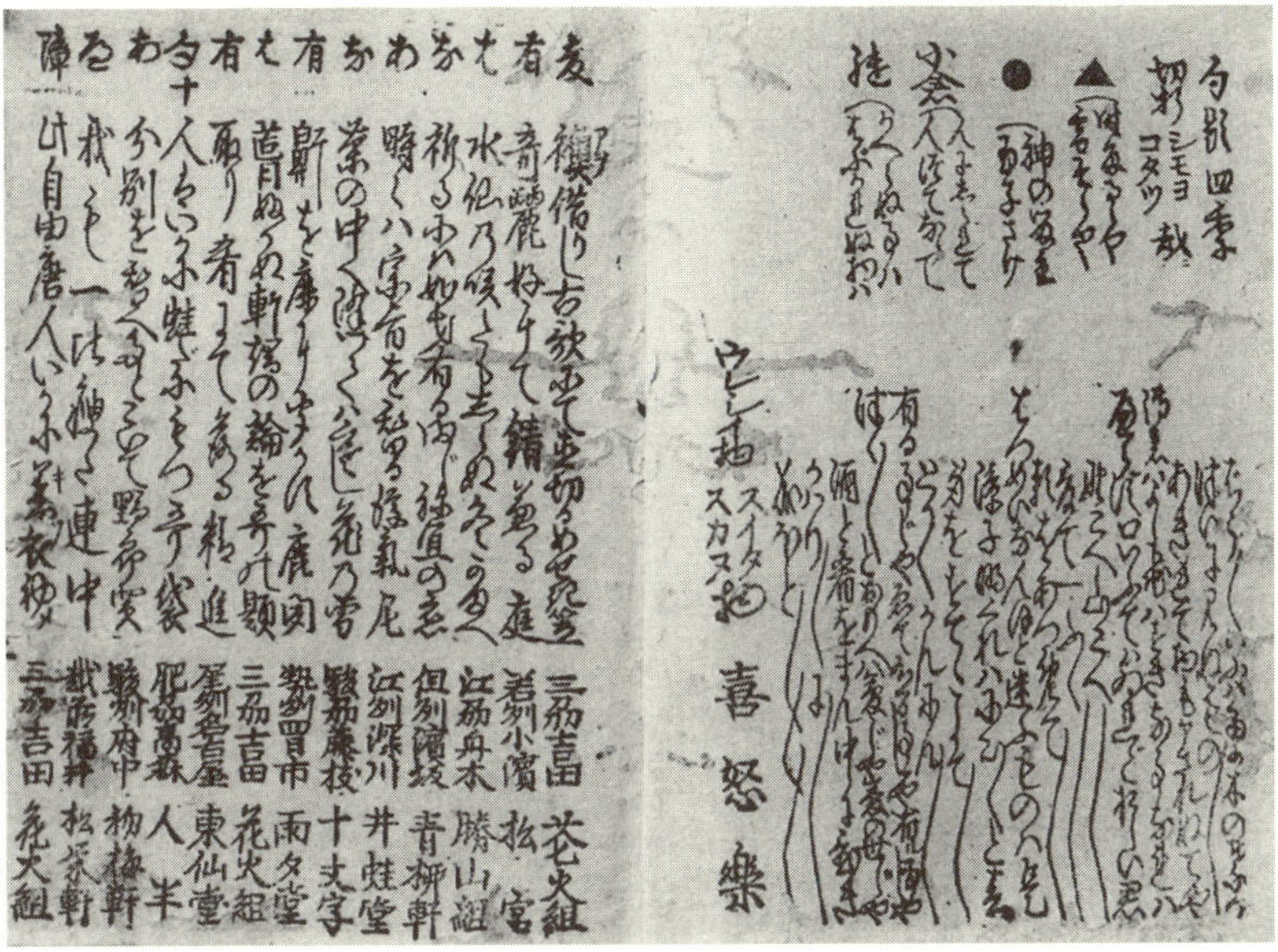

図2

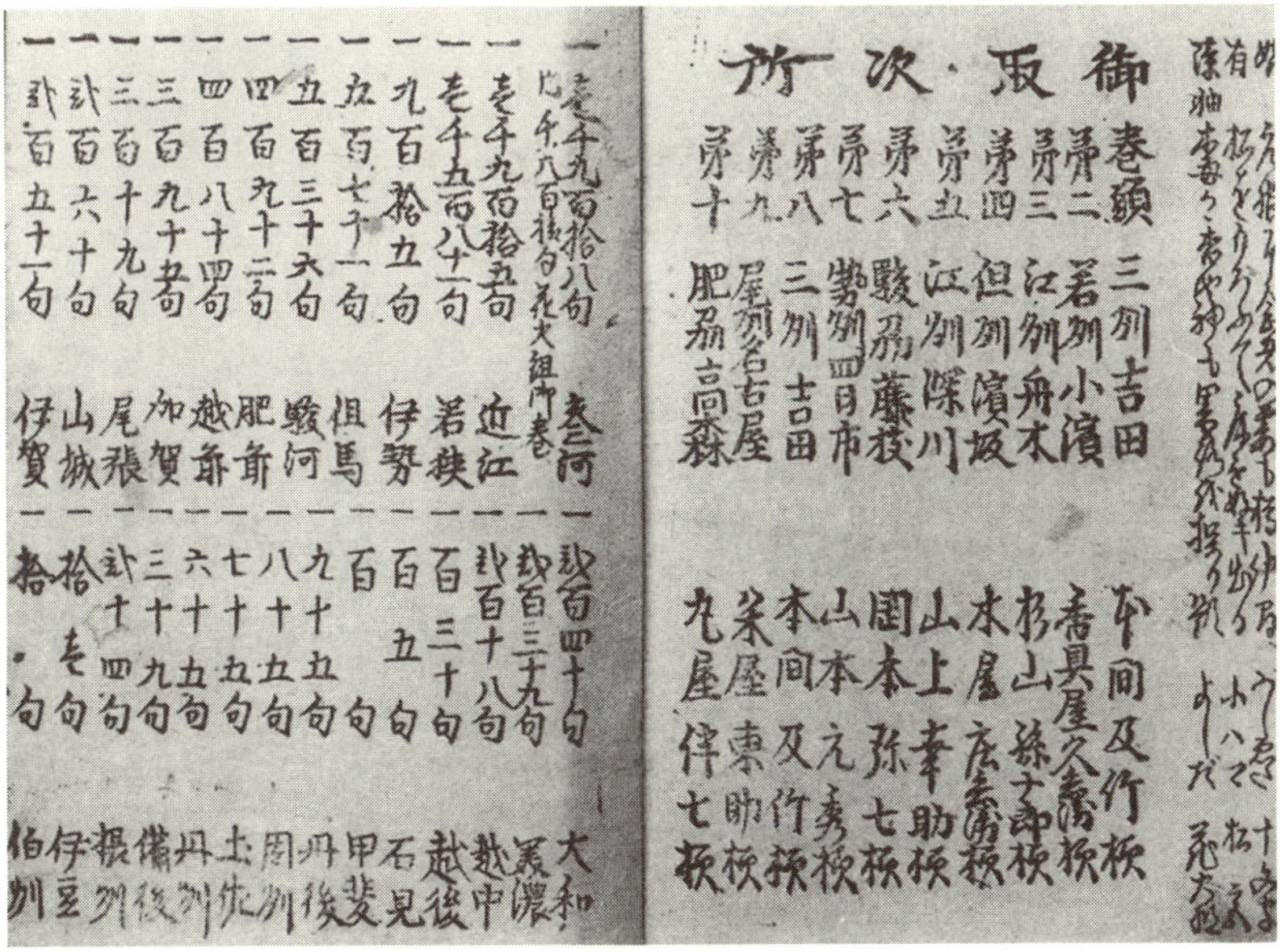

図3

裏三行目までに勝句三百二十を収録し、それに続いて巻頭から第十位までを出した各取次の実名を公表し顕彰する。3の左側、終丁裏には寄句高の国別明細を掲げる。3の左右を対照してみると、勝番がほぼ寄句高に応じて決められていることがおわかりいただけるであろうか。巻頭は三河から寄せられた一千九百十八句のうち、千八百十句を取りまとめて来た花火組から選ばれている。寄句高では勝る近江が若狭に二番勝を譲ったのは、おそらく若州小浜の松宮こと香具屋久兵衛とりまとめの句数が、江州舟木勝山組の杉山孫十郎のそれよりも多かったためと思われる。かように寄句高に応じ勝番を定めるという、いわば興行優先のやり方は、京都の会所本に一般に見られるところだが、それはいつごろから始まったのであろうか。元禄六年の可休撰『あるが中』を見るに、取次四十一箇所のうち寄句高では十四位に相当する芸州厳嶋から巻頭・十番勝が、また三十七位の江州梅津から三番勝が出ており、この時代はまだ興行優先という姿勢は露骨ではない。が、宝永年間の春花堂板『逸題』『雪の虎』になると、寄句高に応じた勝番決定という傾向がはっきり出てくる。やっかいなのは、会所本に寄句高の国別明細を記す例は多いが、その国の中でどの取次がどれだけ集めたかというういわば取次別明細を添える例が極めて少ないということである。管見によれば、知石撰春花堂板『風車』『蓍萩』『豊の蝉』にわずかにその例を見るに留まる。従って、勝番と寄句高が対応しているという傾向は読みとれても、いまひとつ踏みこめないもどかしさがあった。しかし、梅竹堂の会所本は書名不詳の四点を除く四十四点のうち実に二十七点に、寄句高の国別明細と共に上位番勝の取次別明細を添えていて、その対応関係をいま少し明確に押さえることが可能である。それが最もわかりやすい例として『雲鼓三十回忌集』の場合を勝番と対応させて次に示す。

寄句高	勝番
一　四千三百八十三句　三河	

内四千弐百三十三句花火組様御巻　1・6・7・右10
一　四千十壱句　加賀　2
内弐千百十六句玉集軒様御巻
又千百七十七句天清堂様御巻　左4
一　三千弐百四十句　駿河
内千五百六十四句艀堂様御巻　左3
又千五百十五句十文字様御巻　右3
一　八百五十句　近江　5
一　五百九十六句　芸州　右4
一　四百三十四句　但州　8
一　三百九十五句　尾州　9
一　三百八十五句　勢州　左10
一　三百五句　越前

（以下、略）

この一例だけからも、寄句高と勝番が密接に対応していることが明白に見てとれよう。

話を『田みの丶嶋』に戻そう。図版4は終丁の裏。国数・寄句高に続いて刊記があるが、その間に細字で次のような断わり書きが見える。

此度、金花堂・花月堂・一文字・三折堂其外所〻参リ不申候へ共、先達而御登シ被下候御方様御待兼と撰相済申

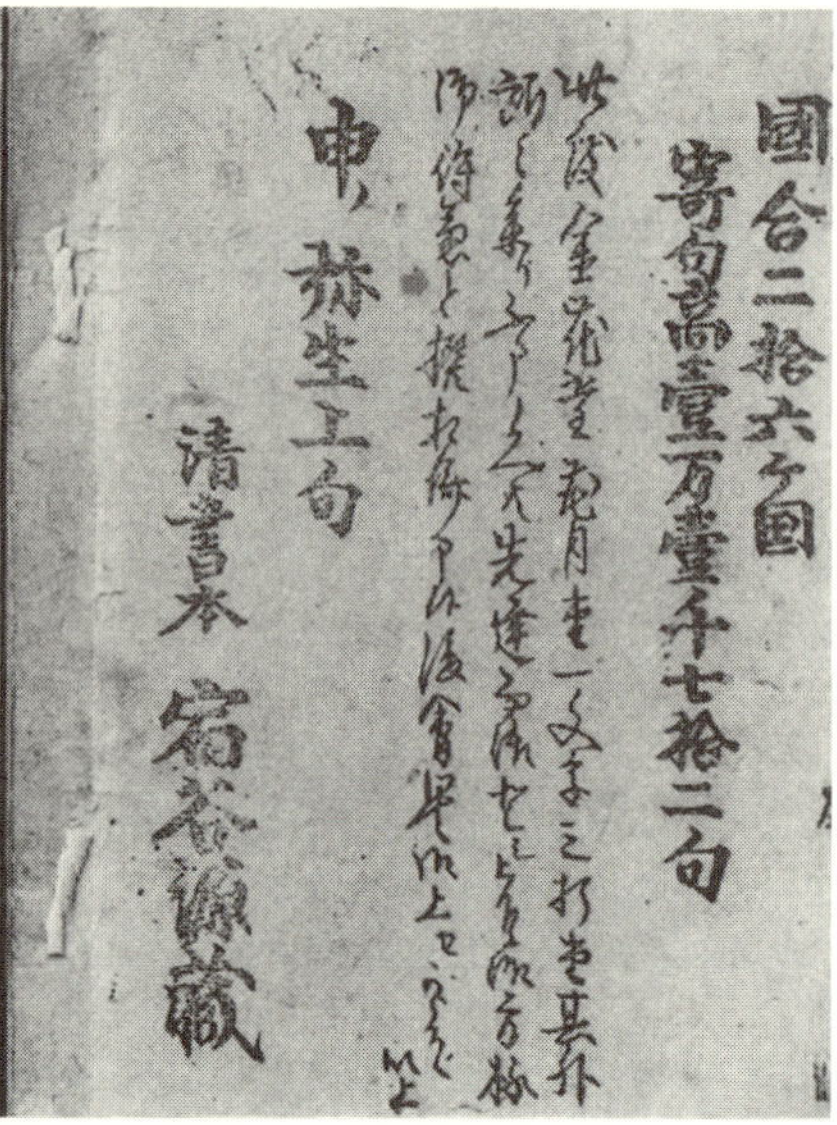

図4

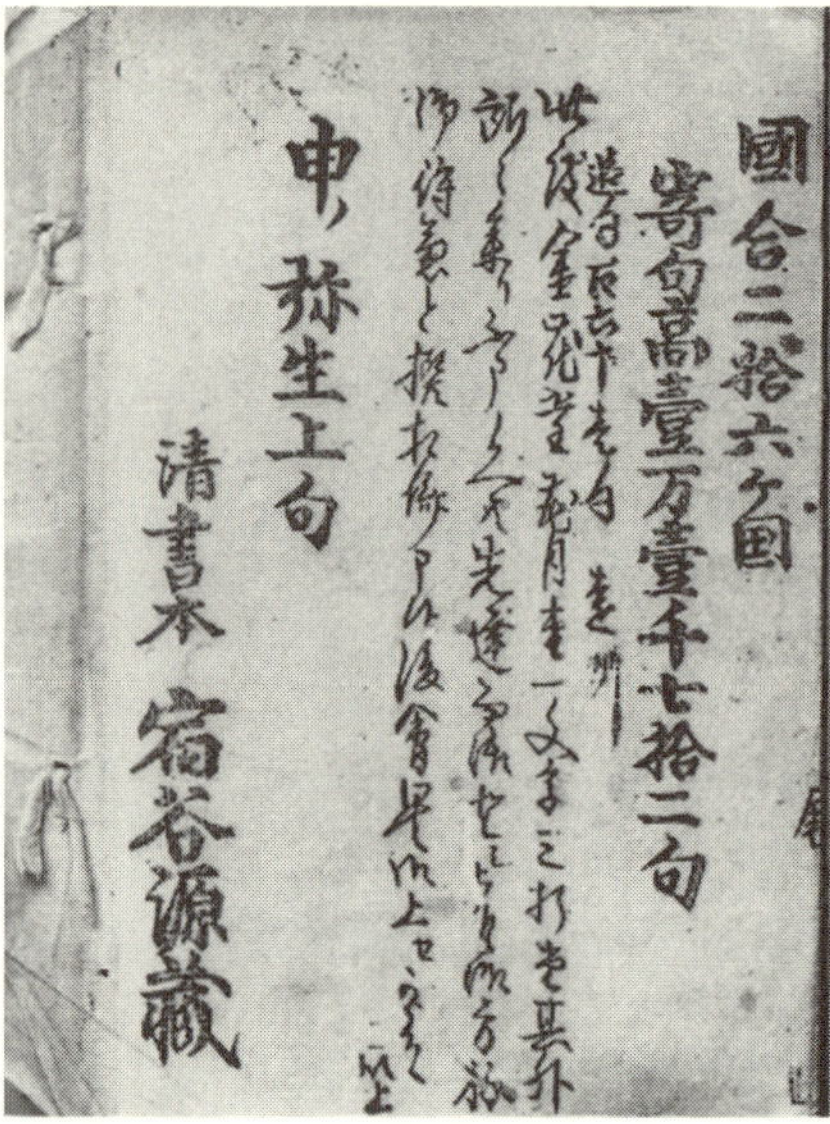

図5

候。後会早〻御上セ可被下候　以上

金花堂は後で触れるように遠州金谷の、花月堂は伯州米子の、一文字と三折堂は芸州広嶋の取次である。言う通り、国別寄句高明細に遠州と芸州は出ていない。伯州は明細末尾に「拾句」とあるが、これは勝句を調べてみると倉吉の取次のもので一文字・三折堂の分ではない。当然のことであるが、この三地方の勝句は甲本には見えない。ところで、図版5は乙本の後表紙、こちらには寄句高と断わり書きとの間に「追句百六十壹句　遠州」と入木がしてある。つまり甲本を出したあとで、延引していた遠州の分が届いたのである。百六十一句は越中の二百十八句の次、句高としては十六番に相当し、決して少ない数ではない。何よりも、先にも述べたように、かような興行では句高の多少に関わらず常連化した地方取次を無視することは出来ないのである。そこで、入木撰が行なわれることになる。甲本と乙本を照合してみると、乙本で七箇所入木によって勝句を入れ替えている。該当箇所を図版6に示す。(1)は二丁裏、(2)は五丁裏、(3)は十一丁表、(4)は十二丁表である。句は省略するが、これを丁数・勝番・取次で集計してみる

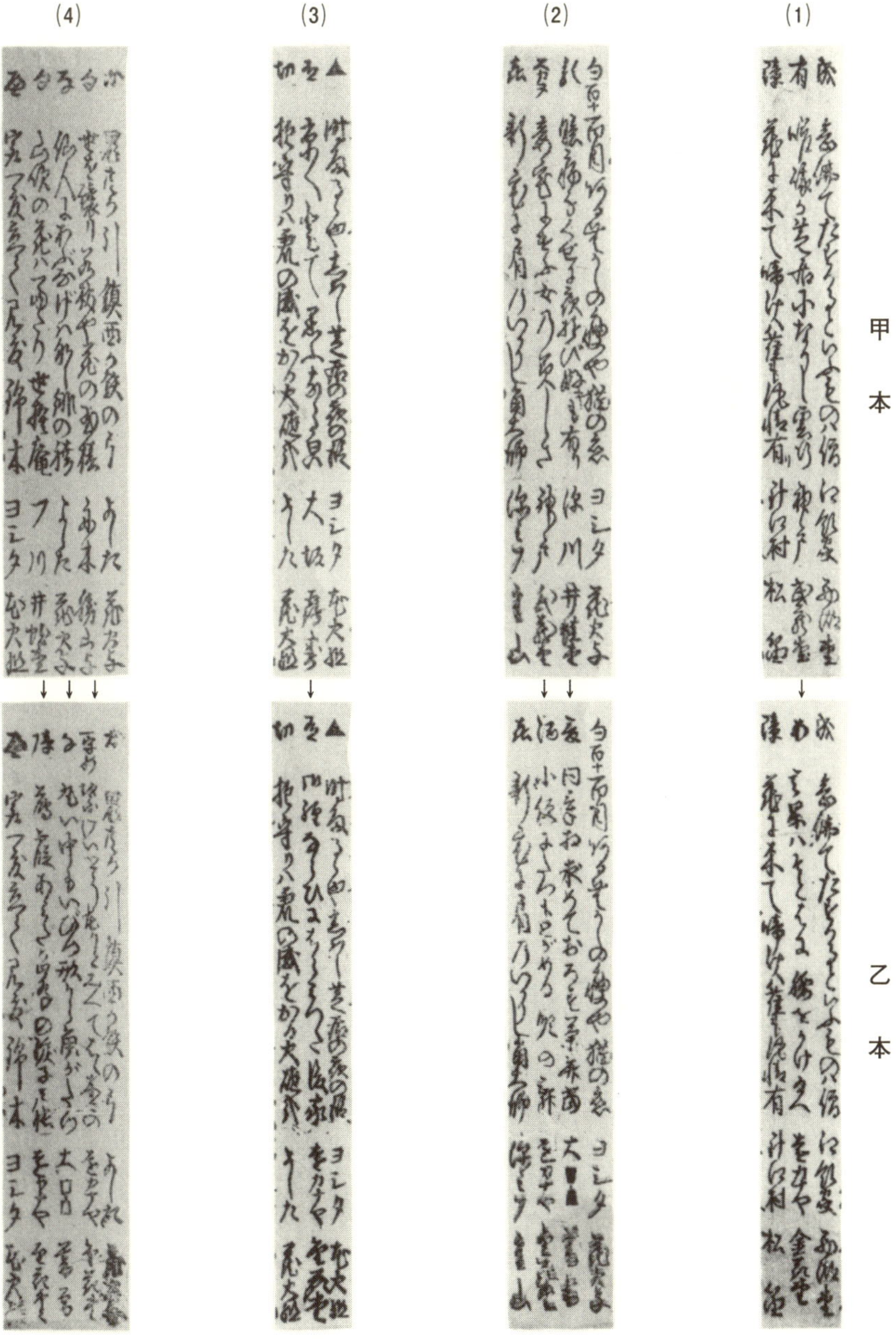

図6

と、次のようになる。

		甲本			乙本	
2ウ	18番	神戸	武蔵堂	⟶	遠カナヤ	金花堂
5ウ	111番	深川	井蛙堂	⟶	大⧗	暮雪
	112番	神戸	武蔵堂	⟶	遠カナヤ	金花堂
11オ	274番	大坂	鶴寿	⟶	遠カナヤ	金花堂
12オ	303番	舟木	勝山組	⟶	遠カナヤ	金花堂
	304番	よしだ	花火組	⟶	大⧗	暮雪
	305番	フ川	井蛙堂	⟶	遠カナヤ	金花堂

入木撰があったのは遠州金谷金花堂の分が五句、大津の暮雪の分が二句である。これによって、乙本奥の入木に言う遠州からの追句は甲本出版の段階で「参り申さず」と告げていた金花堂取次の分であったことが判明する。大津は「其外所〻」のうちに含まれていたのであろう。なお、入木をする位置について鈴木氏は「適当な勝番の所」(「会所本入木事情」)とされるが、先に見た寄句高と勝番の密接な対応関係を考えると、そうではないと思う。実際にこの『田みの、嶋』の場合も寄句高十六位にほぼ対応する十八番勝の所に入木撰が行なわれている。従って、差し替えられた方の勢州神戸武蔵堂や江州深川井蛙堂及び舟木勝山組などは「なるべくその地方から離れた組連の作品」(「江戸万句合一枚刷に入木」)だったからではない。後に述べるように少なくも梅竹堂会所本に於ては入木撰が投句者も承知していたことがらであることを思えば、削除される句はその勝番によって自ずと決まったと見るべきであろう。なお、乙本は遠州金谷金花堂と大津暮雪という二箇所の取次傘下の作者達に配られた、地方向けの限定版であること言うまでもない。

さて、先に説明を加えたように、この『田みの丶嶋』は、後に橘枝堂から出た合冊再刊物の一つ『はるの湊』に収録されることになる。仮に、この『はるの湊』収録本を丙本としておこう。かような再刊物に収録する時は外題・取次名等を削除するのが常であったこともまた先に述べたが、その編集に際し、書肆が勝句に手を入れる必然性は全くない。つまり、再刊物収録の会所本は、その会所本の最終的な姿を伝えるものと考えてよい。そこで、乙本と丙本を照合してみると、丙本の勝番10・61・62・182・294〜299の計十句に入木があることがわかる。この事実は第一次の入木撰があった乙本成立後、『田みの丶嶋』に第二次の入木撰が施されたことを推測させる。ただ残念なことに、丙本では取次名等が削除されているので、それが何処向けのものであるのかはわからない。が、この場合、推測の手がかりが全くないわけではない。『田みの丶嶋』の三箇月後に出版された『神楽歌』の奥書に、次のような記述が見える。

芸州広嶋一文字・三折堂、両三会御延引ニ而入木ニ重〻成申候。残念ニ奉存候。将亦、遠州金谷金花堂先会も入木ニ成申………

この記述は『田みの丶嶋』の奥書と妙に符合する。『田みの丶嶋』と『神楽歌』の間に他に会所本がなかったとすれば、「先会」は『田みの丶嶋』の催しを、そして金花堂の入木とはまさしく乙本の入木撰をさしていることになる。注意すべきは、一文字・三折堂が両三会延引して「重〻」入木になったと言っていることである。ここに『田みの丶嶋』丙本の入木撰は、一文字・三折堂の延着分を中心としたそれではないかという推測が成り立つ。なお、その寄句高は、十番勝に入木撰があるところから、国別明細に照らして三百句前後と見ておくのが妥当であろう。

以上、『田みの丶嶋』の入木撰を整理してみると次のようになる。甲本出版後、遠州金谷金花堂取次分と、句数はわからないが大津暮雪取次分が遅れて届き、ここで第一次入木撰があり乙本が出来上がる。乙本は遠州・大津向けに発送。そのあとで、芸州一文字・三折堂からのものを中心に三百句前後が届いて、第二次入木撰があり、芸州その他向けの丙本が成立したということになろう。つまり、『田みの丶嶋』の場合、二次にわたる入木撰があり、初版の他に二種類の地方向け限定版が刷られたことになる。

では次に、入木撰の最も甚しい例として、寛延三年の『佐久良哥理』を取り上げてみよう。図版7は、宮田本の表紙。8は、見返しと冒頭部、9は終丁の表、10はその裏である。図版10終丁裏の「御取次所」巻頭の「尾州名古屋和田山十郎様」は明白な入木。第十の「尾州名古屋　菊屋利右衛門様」も図版ではやや鮮明さを欠くが、原本について見るにやはり入木である。更に、9の国別寄句高の冒頭「壱千五百十五句　尾州」の箇所も入木。先の『田みの丶嶋』と違って、この『佐久良哥理』の場合奥書に記すところはないが、どうやら寄句高が結果的に一番多くなった尾州取次の分が延着したかの如くである。そこで勝句を見ると、8の左側の「尾名古屋大泉堂」取次の巻頭句、同じく「尾名古屋桜月」取次の十番勝句をはじめ、尾州関係の句に悉く入木撰があるのが判明する。いま一箇所図版で示そう。図版11は六丁の裏である。六、七行目の間に不自然な隙間が出来てしまっているし、七行目「桜月」の肩書に「同所」とあるのは前の句が「遠金谷」であるからおかしい。七行目の百七十番勝句以下の六句が入木撰なのは歴然としている。入木撰のあった勝番と該当の丁数を示すと、巻頭・10（一オ）・26（一ウ）・48（二オ）・78～80（三オ）・111（四ウ）・115（六オ）・170～175（六ウ）・209（八オ）・229～234（八ウ）・283～297（十ウ）・329～335（十二ウ）となる。集計してみると、名古屋大泉堂が巻頭を含め二十六句、同所桜月が十番勝を含め十一句、同所朝花が七十九番勝を含め三句、尾州下半田永楽堂が八十番勝を含め三句で、合計四十三句となり、収録勝句三百五十のうち一割以上に入木撰をした計算になる。名古屋の大泉堂・桜月・朝花それに下半田の永楽堂の四取次が、遅延ながらも寄せて来た句が千五百十五句と次位の和州を三百余り凌ぐということになれば、入木撰も巻頭を含めた規模の大きなものにならざるを得なかったのである。なお、先の『田みの丶嶋』にも勝番が下がって行くと二句三句あるいは六句と連続して入木撰をする現象が見られたが、この『佐久良哥理』はそれが一層顕著である。十丁裏の十五句一括しての入木撰などは半丁すべて句を入れ替えたことになる。それと同時に、六丁表裏、八丁表裏というように、入木撰を出来るだけ

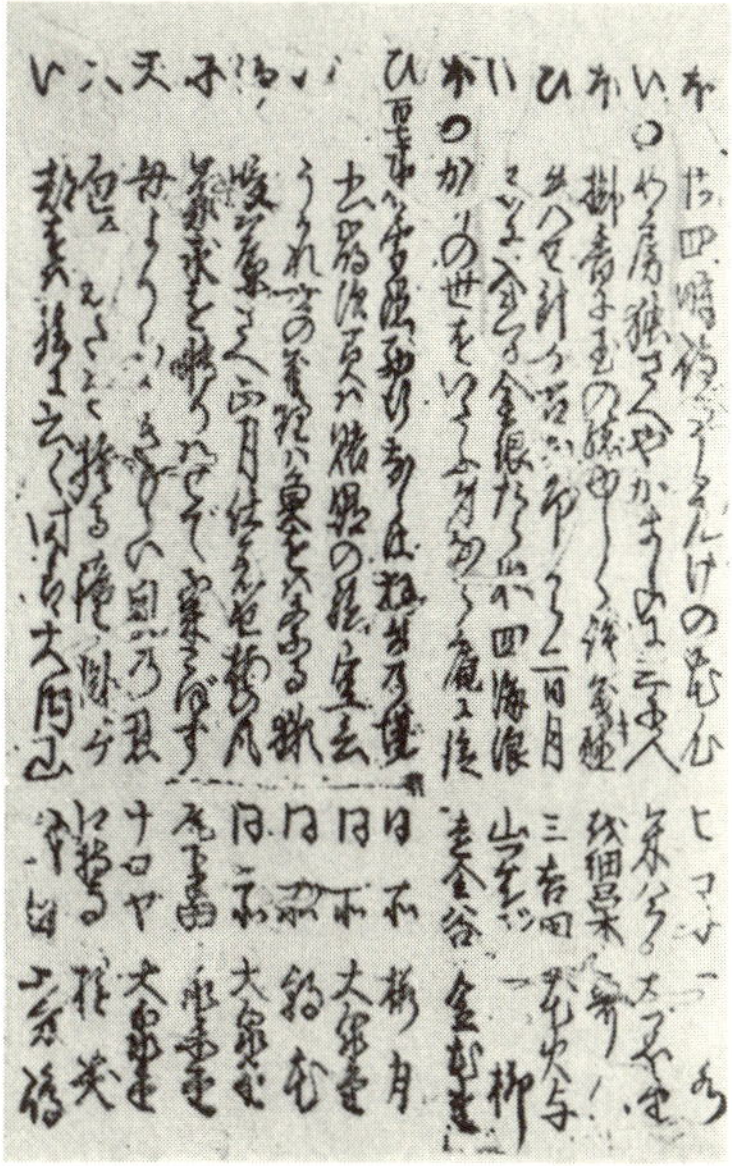

図 11

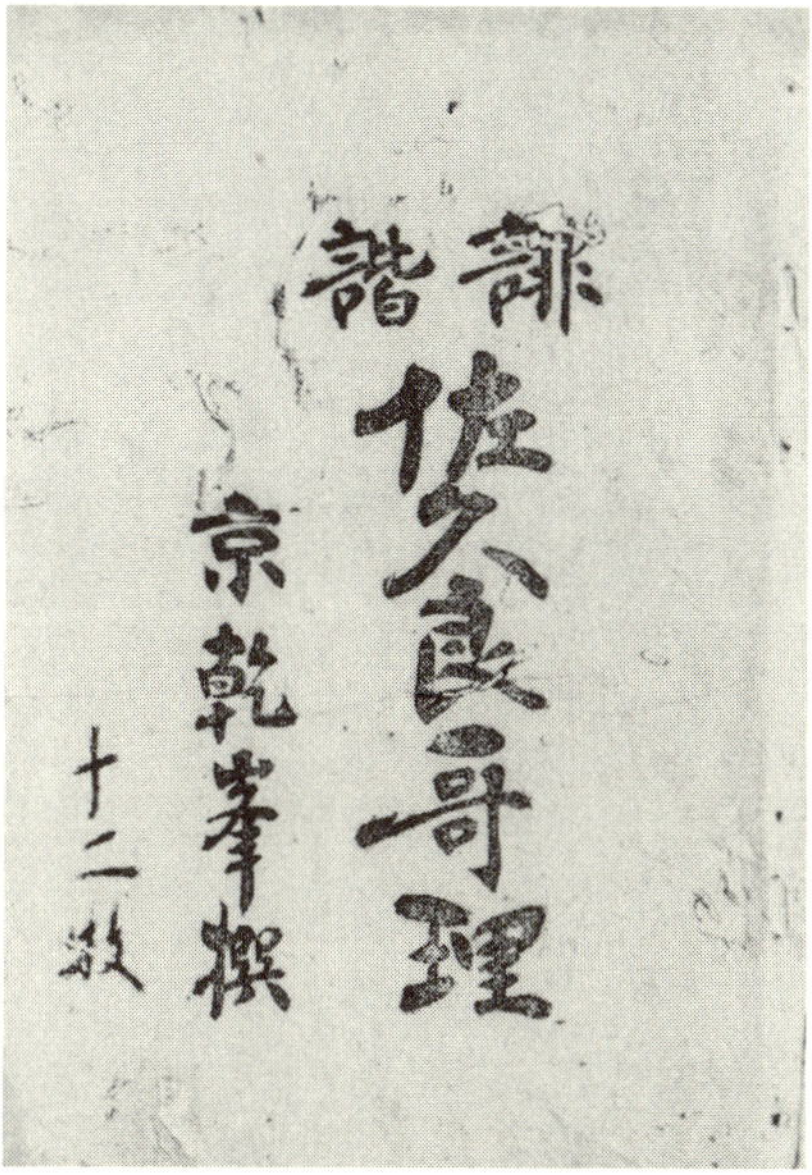

誹諧
佐久良哥理
京乾峯撰
十二歳

図 7

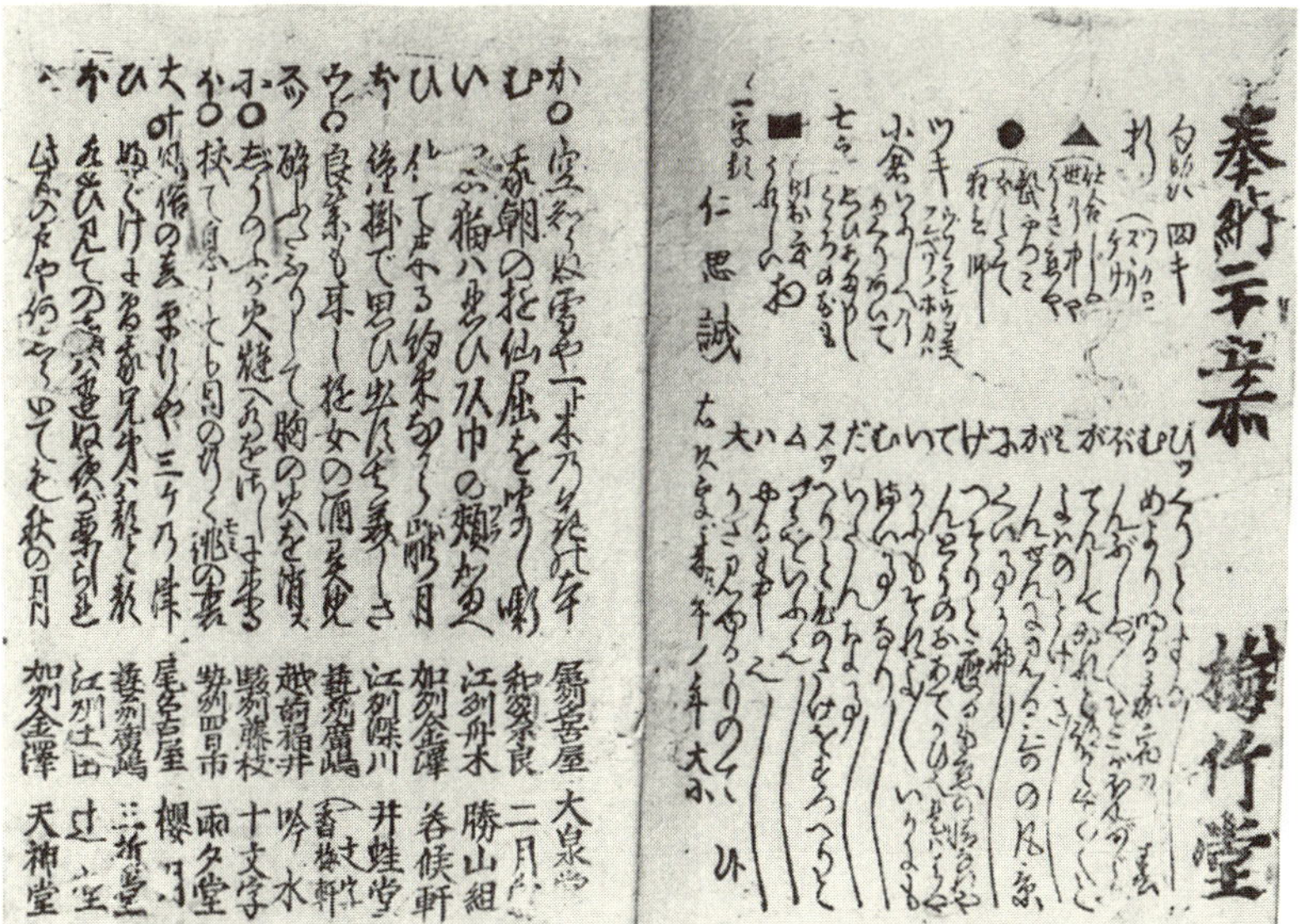

図 8

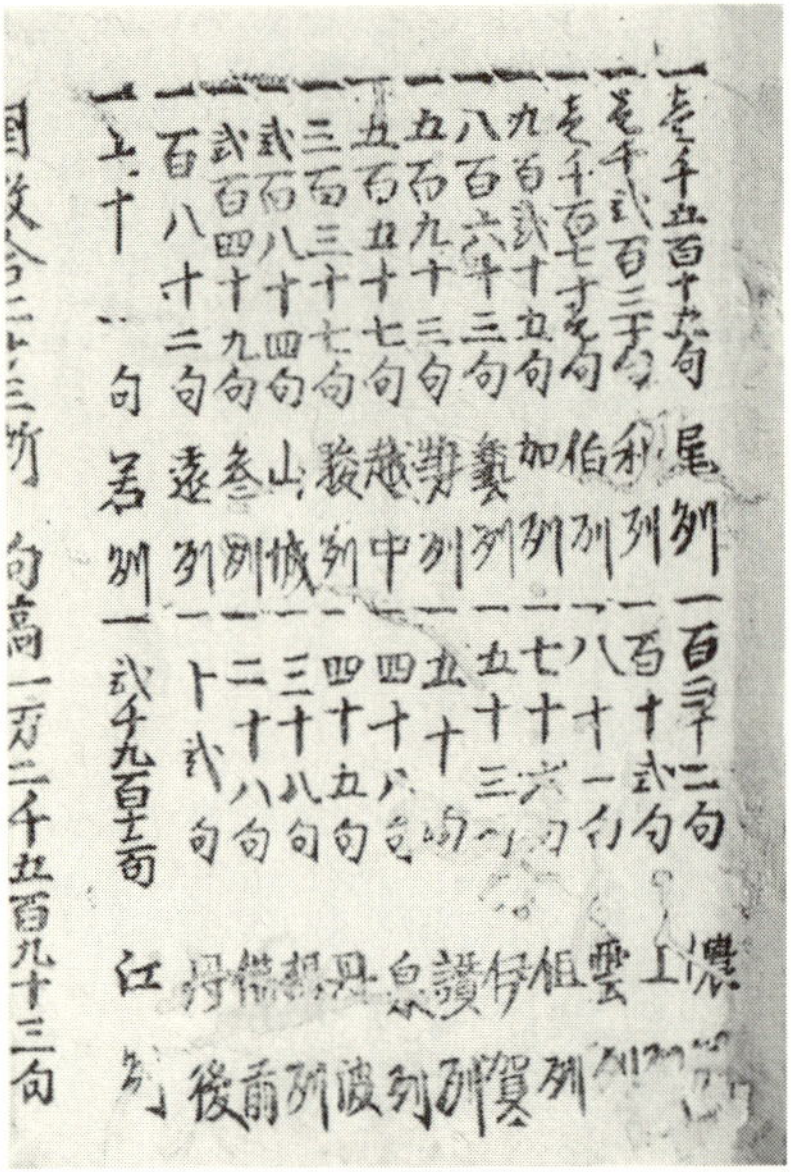

図9

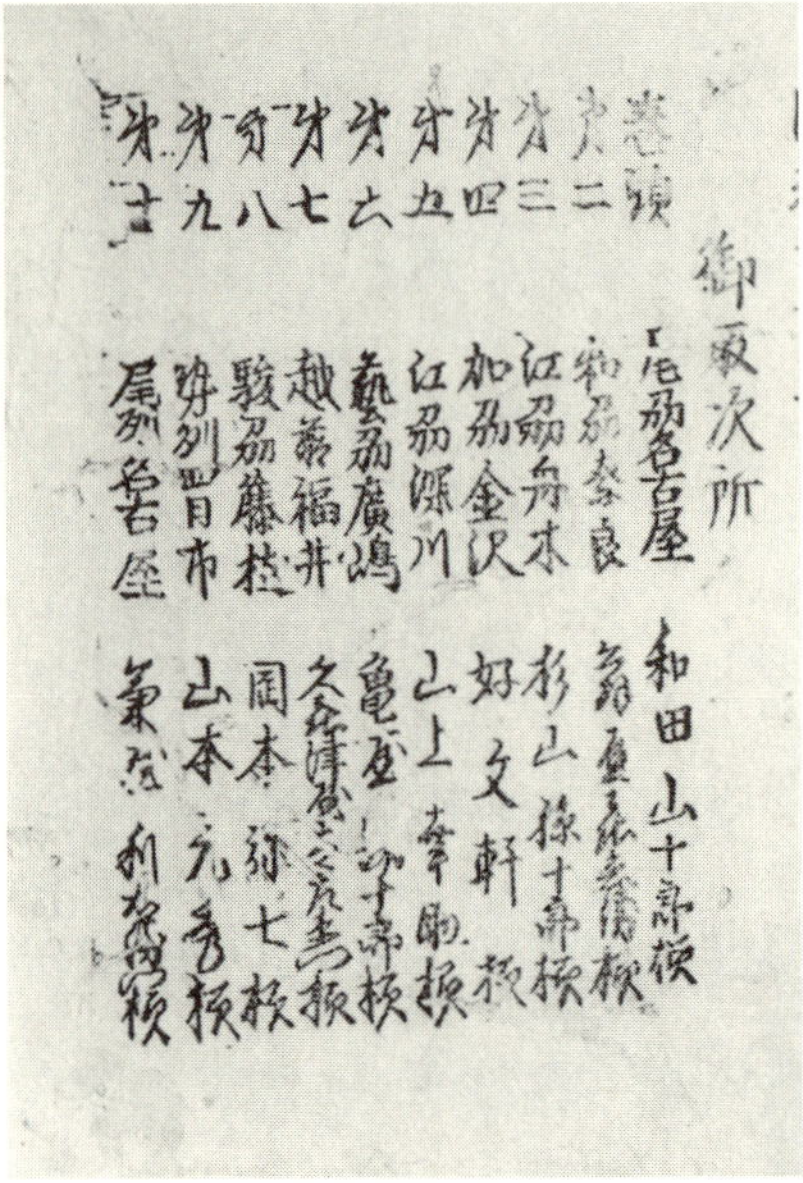

図10

同一の丁で行なおうとした、つまり入木をする板木を出来るだけ少なくしようとしたことも指摘出来る。いずれも、入木撰が怱卒の間に経済性をも考慮しつつ行なわれたことをうかがわせる形跡と言えよう。さて、『佐久良哥理』は『未刊雑俳資料』『雑俳集成』に鈴木氏蔵本によって翻刻されているが、それと宮田本を校合してみると、二句に異同がある。つまり、宮田本の百四十一番の上州仁田黒沢取次の句、百四十二番の若州升谷具羅取次の句が、鈴木本ではいずれも名古屋大泉堂取次の句になっている。合冊再刊『はるの湊』収録本は鈴木本と異同はないので、宮田本は鈴木本に先行すると考えられる。従って、宮田本は尾州向けの入木撰本、鈴木本はそれに微修正を加えたもので、その後は入木撰はなかったと思われる。先の『田みの、嶋』とやや様相は異なるが、『佐久良哥理』にも初版の他、同じ尾州向けながら入木撰本が二種存在したことが確認されよう。

　ところで、かような入木撰本はいったいどのくらい増刷されたのであろうか。鈴木氏は「享保京都前句付会所本入木事情」に於て、「入木本はおよそ遅参の入選句程度、十〜二十部を限度として再板され、遅参の巻の取次へ返巻された」と述べておられるが、それは当然遅延の取次数また寄句高によって違ってくる。『田みの、嶋』と『佐久良哥理』の増刷数が同じであったとは考えにくい。この問題を考える手がかりは極めて少ない。何となれば、京都の会所本は勝句をそれを扱った取次名で掲げることを原則としているからである。従って、その取次が扱った寄句高の背後にどのくらいの数の作者を抱えていたかは不明とする他はない。が、この『佐久良哥理』の場合、一章で取り上げた『千代見句作』が有力な手がかりを与えてくれている。先述したように、『千代見句作』は、会所の破会により浮いてしまった尾州名古屋桜月取次の千六百二十五吟の中から百番を撰出したものであった。これは、いわば異例の措置である。「夫故、句毎ニ御誹名相記板行」したのだと梅竹堂は「御断書」に言う。つまり、万句興行の場合は取次の背後に埋没してしまう作者個人が、この『千代見句作』ではその素顔を露わにしているのである。そこで『千代見句作』の作者を拾ってみると、尾州名古屋の三十名を中心に、尾州各地・三州・濃州・勢州の若干名を加え、総数四十三名となる。その多くは個人の「誹名」と考えられるが、中には名古屋の大泉堂・桜月・東仙堂、尾州神守の窮松軒、三州岡崎西木堂のように取次名も混じる。そして、大部分が一〜三句程度の入選であるのに対し、会所名で出る場合は西木堂七句というようにその数が増える。従って、すべてが個人名とも言えず、やはり会所の陰に隠れてしまった作者も想定される。更には、落選の憂き目を見た者もいよう。さすれば作者の実数はもっと増えることになる。それは想像の域を出ないが、仮に二倍と見積れば九十名近くなる。さて、『佐久良哥理』で延着したのもたまたま大泉堂・桜月ら尾州の取次であった。その寄句高千五百十五というのも、『千代見句作』のそれに近い。『佐久良哥理』延着の巻の背後に『千代見句作』と同じ程度の作者数を想定するとすれば、尾州向けの入木撰本『佐久良哥理』はそのくらいの数は増刷されたことになるであろう。

さて、右の二例に見て来たような入木撰は、梅竹堂扱いの会所本ではごく日常的に行なわれていたものらしい。以下、その実態を検証してみることにしよう。

『春の湊』（宝暦元年）

綿屋文庫蔵本（ざ・137・11）を写真で見ると、芸州忠海の源泉堂取次の句（勝番19・98・184・263～265）に、また越山王の難波及び同府中初梅軒（勝番127・308～310）取次句に入木撰がある。また、広嶋一文字取次の五十四番勝句も入木らしいが、一文字の句は他にも多く出ておりそちらは入木とは見えない。この点、不審。更に、この『春の湊』と合冊再刊『はるの湊』収録本を照合すると、勝番8・66・112・191・232・233の句に異同があり、入木撰と思われる。従って、『春の湊』も二次にわたる入木撰があったことになる。

『神楽歌』（宝暦二年）

同書前引奥書に、一文字・三折堂・金花堂が再々入木になったことを述べたあと、「此度ハ御奉納大巻ニ而可有御座候所、御延引、残多奉存候。駿州藤枝十文字・同国府中初梅軒・江州井ノ口堂・備後三原・豆州三嶋御巻、其外所〻御延引」と、延引の取次多きを嘆いている。『未刊雑俳資料』（『雑俳集成』にも）の翻刻と、綿屋文庫蔵の逸題合冊再刊本に収録のものと照合してみると、それに見合うかのように入木が多い。勝番3・12（二オ）・19・20（二ウ）・45・46・57・58（三ウ）・92～94（五オ）・115（五ウ）・147（六ウ）・182～184（八オ）・241～247（十オ）・285～291・294・295（十一ウ）の合計三十二句。入木の箇所が連続すること、同じ丁に集中する傾向があることから、入木撰と見てよい。ただし、どこの取次の遅着分か、また取次は一箇所か複数かは不明。いずれにせよ、三番勝に入木撰があるので国別寄句高明細と対応させてみると、遅着分の中に千句前後の大巻があったことは確実。なお、これは『佐久良哥理』についで入木撰の甚しい例である。

『いさりぶね』（宝暦二年）

『未刊雑俳資料』（『雑俳集成』にも）の翻刻と合冊再刊『和哥ゑびす』収録本（柱刻に「ハカ四」とあるもの）を照合してみると、勝番9・49・143・144・232・233・277に入木。入木箇所が連続するので、入木撰と見てよい。

『和哥夷』（宝暦三年）

宮田本と合冊再刊『和哥ゐびす』収録本（柱刻に「ハカ一」とあるもの）を照合すると、14句に入木あり。勝番23・26（三オ）・42（三ウ）・57（四オ）・148（七オ）・187（八ウ）・210・211（九オ）・217・218・228・229（九ウ）・289・290（十一ウ）。『佐久良哥理』『神楽歌』と全く同じ傾向あり、入木撰と断定してよい。なお、奥書に「未参リ不申」取次多くありと記すこと、一章に触れた。

『書名不詳B』（宝暦三年前後）

合冊再刊『和哥ゐびす』に柱刻「ハカ二」として収録する一本。照合すべきものがないが、版面を見るに明らかな入木あり。勝番26・62・171〜173・236〜238の計八句。入木撰と考えられる。

『書名不詳C』（宝暦三年前後）

合冊再刊『和哥ゐびす』に柱刻「ハカ三」として収録する一本。これまた照合すべき資料がないが、版面を見るに入木が多い。勝番6・10・13（一オ）・28・29（二オ）・50（二ウ）・74・75（三ウ）・101（四オ）・138（五ウ）・181〜185（六ウ）・247（八ウ）・294〜297（十オ）・303〜305（十ウ）・346〜348（十二オ）と二十六句に及ぶ。『佐久良哥理』『神楽歌』についで、入木撰の甚しい例である。

『雲鼓三十回忌集』（宝暦五年）

『未刊雑俳資料』（『雑俳集成』にも）の翻刻と綿屋文庫蔵の合冊再刊『名取川』収録本を照合すると、勝番31・114・184・401〜404に入木。入木撰と考えられる。

『国花秀』（宝暦五年）

綿屋文庫に二本あり。両者に異同なし。これと合冊再刊『名取川』収録本を照合すると、勝番138・383に入木がある。ただし、触っているのはどちらも江州舟木勝山組の句。勝山組の句は他にも勝番4・58・68・71・88・97・129・

151・173～175・311・382・391～393・408と多く出るが、先の二句以外は入木をせず『名取川』収録本でももとのままである。ここには先に不審として残しておいた『春の湊』の一文字の場合と全く同じ現象が見られるが、これは入木撰ではないと思われる。この問題については後で述べる。

『五常鏡』（宝暦九年）

宮田本によれば、勝番62・134・227に入木の跡が顕著。いずれも信州飯田〇堂の句。この取次の句は該当の三句しか見えないので、入木撰と見てよい。

『花ごろも』（宝暦十二年）

宮田本によれば、勝番198の池田柳葉軒の句が入木。やはり柳葉軒は他に見えないので、入木撰と考えられる。

『豊の調』（宝暦十四年）

綿屋文庫蔵本の写真によれば、豆州古奈の蛭嶋組の句に入木撰がある。写真で見てもそれは明白。勝番2（二オ）・41（三オ）・58（三ウ）・94・95（四ウ）・186～188（七ウ）・245～250（九オ）・261・262・269～271（九ウ）・355～358（十二オ）・371・372（十二ウ）の二十五句。なお、国別明細の寄句高四番目に「千四十六句　豆州　内千十一句蛭嶋組様御巻」と見え、この部分も板木を触っているはずだが、写真からはよくわからない。ただし、これによって、延着した蛭嶋組取次の寄句が千十一句の大巻であったことが知られる。『佐久良哥理』『神楽歌』『書名未詳C』について入木撰の甚しい例。

『秋津嶋』（宝暦十四年）

綿屋文庫蔵本の写真によれば、勝番13・65・66・240～242の藤枝十文字取次の句に入木撰がある。

さて、以上のように、梅竹堂扱いの会所本四十八点のうち、乾峰撰、蘭石撰を含め十三点に入木撰が認められる。そのうちの四点は二十五～四十三句に及ぶ大幅な入木撰で、また三点には二次にわたる入木撰があったことが確認できた。中には入木撰一句という例も見られたが、これは遅着の巻の寄句がたとえ少なくても会所がまめに対応したことを示している。入木撰の認められる会所本は年表前半に集中するが、それはこの時期に合冊再刊物が多く残り、照合資料が豊富なせいもある。後半に於ても入木撰が行なわれていたことは、『豊の調』の例がそれを証明している。梅竹堂扱いの会所本にあっては、入木撰は常態化していたとほぼ断言してもよかろう。そして、注目すべきは会所の側に特にそれを隠そうという意識がないということである。そのことは前引『神楽歌』の奥書やまた宝暦七年『菖蒲酒』の「兎角入木撰ニ成不申候様ニ被遊可被下候。同じ事ながら、入木ニ成候ヘバ残多奉存候」という奥書に、会所自らが入木撰の事実を公言していることから明らかである。入木撰は観客の目の及ばぬ幕の中でひそやかに行なわれたのではなかった。繰り返し述べて来たように、寄句の延着は万句興行を取り持つ会所にとって、最も頭の痛いことがらであった。しかし、興行を継続して経営する上で遅着の巻を無視することは出来ない。取り敢えず先着分の勝句を披露しておいて、遅着分は入木撰というやり方で捌くというのは極めて現実的な方法である。一方、投句者の立場としてはどうか。先着の取次傘下の連中の手許には、既に自分達の勝句が刷られた会所本がある。遅着の取次向けに入木撰本が配られ、その本で仮に自分達の勝句がたまたま削除されていたとしても、全く痛痒は感じない。むしろ、仮に遅着した場合、入木撰によって勝句を会所本に収録して貰えるのは投句する側にとって、歓迎すべきことがらだったのではないだろうか。締切を守って最初から会所本に勝句を収めるにせよ、遅延して入木撰で入れて貰うにせよ、投句する側は自分達の句が刷られた会所本が手許にあれば、それで事足る。その意味で「同じ事」とはことの本質を言い取って妙、要するに会所が走り回れば済むことであった。かくして、入木撰は興行を経営する点者・会所にとっても、全国にちらばる投句者にとっても極めて都合の良い方便だったのである。同じ入木でも、それは「猿みの撰の時」其角句の修正をめぐって「たとへ出板に及ぶともいそぎ改むべし」（去来抄）と指示した芭蕉の場合とは本質的に異なる。芭蕉の場合は作品の質を重んじた入木であったのに対し、こちらは興行優先のそれ。一般の俳諧撰集ではおよそ考えられないような入木撰というやり方が、「世の中にたへて古句のなかりせば付のためしに何をひくべし」（『田みの丶嶋』二百五十番勝句）と「はめ句」を広言してはばからず、それぞれの力量に応じて創作を楽しんだ雑俳の万句興行の場に生まれたのは極めて自然であったと言えよう。

なお、付け加えておけば、地方版会所本の中には入木撰とはやや趣を変えて遅着の巻を捌くものがある。宝暦六年刊の遠州浅羽六ゝ園仙丸撰『袖の蛍』は惣句高千八百二、勝句八十五、表紙を含め全五丁の片々たる冊子である。終丁表右半分に取次別の寄句明細を掲げたあと、左半分に「追撰左記」として「ナコヤミナト一筆・江川」と「新池柏組」取次の句を各二章あげて、それぞれの句頭に廿五・四十壱・四十三・七十六と勝番を入れ、「右御両所玉巻御延引ニ付、追撰仕候。御骨折を無に仕候事いかゞと奉存、如斯成候」と会元松葉軒の断わり書きを添えている。同じやり方は、寛政四年五月の遠州おせつ撰『酒中華四篇』（全三丁、勝句三十八）、寛政十一年頃の遠州お弁撰・会林帰月の『山の井』（全五丁、惣句高二千五百余、勝句百六）、文化二年二月の無能老撰・会林永楽堂の『霜の床』（全五丁、惣句高千四百三十七、勝句百十六）にも見える。いかにも付け足しという感は免れないが、終丁末尾に手を加えるか、あるいは一丁追加すれば済むという簡便なやり方である。

最後に、梅竹堂以外の会所本における入木撰の状況はどうなのかという問題について、概略を述べておきたい。この点については未だ充分な調査が出来ていないのだが、今のところ入木撰があると断言出来る例は、実はあまり多くない。その一方で、取次名はそのままで勝句だけを差し替えている例が少なからず見受けられる。梅竹堂の『春の湊』の一文字の場合、及び『国花秀』の例はこれに属するかと思われる。その事情はよくわからないが、少なくともこれは入木撰ではない。それに、入木撰と句の差し替えが混在するものもある。また、鈴木氏が『わかみどり』解題（『雑俳集成』一期の五）で指摘されたような、会所本巻末の顕彰取次名に手を入れる例もいくつかある。かように、京都点者の会所本の入木の様相は単純ではない。梅竹堂の会所本は、先の二例を除き、おおむね入木撰と見て間違いないと思う。が、それ以外の会所本については『蓍萩』をはじめとする鈴木氏の指摘例を含め、入木句がすべて入木撰とは限らないという観点から洗い直す必要があると考えている。従って、梅竹堂扱いの会所本では常態化していた入木撰というやり方がこの会所に特徴的なことがらであるのかどうか、またそれは彼が地方会所であったことと関わるのかどうかといった問題については、更に調査を重ねた上で別稿に譲ることにしたい。

この稿を成すに際し、鈴木氏の一連の御論考及び同氏編集の『未刊雑俳資料』『雑俳集成』からは多大の恩恵を蒙った。また、宮田博士からは、御架蔵の会所本を一括して貸与されるという栄に浴した。併せ、謝意を表する次第である。

平成七年九月九日　稿

2 『芭蕉翁発句集』の入木

はじめに

平成十年の春、奈良大学が京都の古書店大書堂を通じて購入した約五百枚の板木の中から、『おくのほそ道』と『芭蕉翁発句集』の板木が発見されたことは、同年秋のマスコミ報道によって既にご存知かと思う。この折に大書堂が扱った板木は約千百枚に及ぶのだが、そのうちの約六百枚は仏書いわゆる内典で、こちらは大谷大学に納められることになった。奈良大学に入った約五百枚は、仏書以外の外典である。もともとこの千百枚の板木は、現在も寺町五条上ルで古書店を営んでおられる藤井文政堂こと山城屋佐兵衛さんの蔵するところであった。それが昭和二十三年頃に、藤井さんにとっては不本意な形で流出し、大書堂が引き取るまでの約半世紀の間、市内の木工店に眠っていたのである。ちなみに、藤井さんは現在も約五百枚程の板木を所蔵しておられる。またその後の調査で、昭和三十年代に木工店から板木を一部譲り受けた人がいることも判明した。市内で印章店を営まれるN氏である。更に、N氏から板木を譲られた同業者Y氏の存在も浮かんで来た。両氏併せて約二百枚の板木を今も大切に保存しておられる。藤井さん、N氏、Y氏所蔵の板木は、今奈良大学へ貸し出していただき、奈良大学の分と併せ整理・調査中である。大谷大学へ入った分も、調査が進められていると聞く。その数は併せて約千八百枚に及ぶ。藤井文政堂に伝わる『万延元年庚申卯月改正／文政堂蔵板目録』によれば、当時の蔵板の枚数は約二千七百枚であった。その後、文政堂は明治に入ってても板木を買い増ししていった形跡があり、明治末には三千枚を超えたと思われる。大量流出、木工店・印章店での再利用による消滅、文政堂の火事などによる焼失、虫損に伴う廃棄、それに近来日本の文化的状況を考える時、藤井文政堂旧蔵の板木の半分以上がともかくも残り、そして学術資料として使用し得る状況になったのは斯界にとって慶ぶべきことであろう。

では、板木の学術的価値はどこにあるのであろうか。それは、近世の出版研究に携る者の立場から言えば、印刷された版本からは絶対に分からない出版現場の生の情報が残されているという点にある。つまり、出版書肆や職人が何を考えていたかが板木には形として生々しく残っているのである。仮に一枚の板木から二つの情報を拾うことが出来るとすれば、千八百枚の板木からは三千六百の情報が集まる。その情報を版本から得られる情報とつきあわせることによって、近世出版工房のありさまがかなり具体的に浮かび上がってくるはずである。板木は近世出版工房の扉を開くいわば鍵なのである。以上の観点から、この稿では、今回出現した『芭蕉翁発句集』の板木の刊記部分に見られる奇妙な入木に焦点をあて、近世出版工房の片隅を覗いてみようと思う。

1　『おくのほそ道』と『芭蕉翁発句集』

本論に入る前に、『おくのほそ道』と『芭蕉翁発句集』の版権の推移・板木の伝来経路、それに今回出現した板木の概略について簡単に説明をしておくことにしよう。

まず、『おくのほそ道』であるが、これは元禄十五年（十二年説もある）に京都の井筒屋庄兵衛が素龍清書本を模して出版したのが最初の版本である。ただし、その折に何故か素龍の跋文を省き、替りに井筒屋本人のものと思われる跋文を添えている。その後、明和七年になると、伊賀上野で去来の写本を発見した蝶夢によって素龍の跋文が復活し、更に去来写本の奥書と蝶夢自らの由来書を添え、合計三丁半を増補して出版されることになる。この段階ではまだ井筒屋の単独版であったが、安永七年には橘屋治兵衛との相版となる。そして、天明八年一月の京都大火で井筒屋は罹災し、所蔵の板木の殆どを失うことになった。九十年近く使用されて来た『おくのほそ道』元禄版の板木もこの折に焼失したらしく、翌寛政元年の八月、井筒屋はやはり橘屋との相版で『おくのほそ道』を再刻再版する。この寛政再刻版は元禄版を模したものであるが、元禄以来の井筒屋の跋文は省略している。従って、寛政版『おくのほそ道』は本文五十三丁に素龍跋・去来写本の奥書・蝶夢由来書・刊記の四丁を加え、計五十七丁という構成に落ち着くことになった。それから約二十年後の文化五年頃、この『おくのほそ道』をはじめ、もとは井筒屋の単独版であった蕉門主要俳書『芭蕉翁発句集』『笈の小文』『枯尾花』『葛の松原』『続五論』『新百韻』などの版権が諧仙堂こと浦井徳右衛門に移り、その蔵板となる。なお、寛政七年に半紙本七冊としてまとめられた『俳諧七部集』の版権も、同時に諧仙堂に移ったと考えられる。蔵板となった段階で諧仙堂は刊記部分に入木を施し、『おくのほそ道』はそれ以降井筒屋・橘屋・浦井の三書肆相版のスタイルをとることになった。今回出現した板木は、素龍跋・去来奥書・蝶夢由来書それに諧仙堂が入木を施した刊記部を同じ板に収めた四丁張の一枚である。刊記部の入木の詳細については後述するが、この一枚をもとに考えてみると、寛政版『おくのほそ道』の板木は四丁張で仕立てられ、板木は全部で十五枚あったということになる。極めて単純な割算なのだが、これも版本からはわからない板木の情報である。では、その板木がいつごろどのようにして文政堂に移ったのであろうか。弘化四年刊『俳諧七部集』の巻末に添えられた「諧仙堂蔵板目録」には『芭蕉翁発句集』などと並んで『奥の細道』が見え、この時にはまだ諧仙堂の蔵板である。その諧仙堂が没するのは安政五年のこと。一方、前引の万延元年『文政堂蔵板目録』には「奥の細道　四枚」という記載がある。安政五年の二年後が万延元年にあたる。おそらく諧仙堂の没と相前後してその蔵板が本屋仲間の板木市に売りに出され、『おくのほそ道』の板木十五枚のうち四枚を文政堂が買い取ったのであろう。なお、この時期、京都の本屋仲間では一つの本の板木を分割所有することが常態化しており、『おくのほそ道』の場合も三軒か四軒による分割所有であったと推測される。

次に『芭蕉翁発句集』である。この書は最初、半紙本二冊年次別という構成で、安永三年に井筒屋から出版された。編集は蝶夢である。ところが、安永五年には小本二冊に装いを改め、類題年次別とでも言うべき内容に再編して、やはり井筒屋から出版されることになった。これは、『おくのほそ道』元禄版の板木が九十年近く使用されたのと対照的な出来事で、当時の出版物としては異例に属する。わずか二年で半紙本の板木を潰し、類題優先の小本に切り替えたのは何故か。五年版小本の蝶夢序文によれば、この切り替えは井筒屋の側から持ち出されたらしく、安永三年出版の『類題発句集』の好評にあやかろうとしたものと考えられる。この安永五年版小本には、管見の範囲内では橘屋との相版はない。が、これも『おくのほそ道』と同様に天明八年の大火で板木が焼失し、翌寛政元年八月に橘屋との相版で再刻再版されることになる。この寛政版『芭蕉翁発句集』もやはり安永五年版を模し、小本二冊、上下巻とも三十九丁仕立てで、下巻の丗九丁裏に刊記を入れる。その後、文化五年頃に諧仙堂の蔵板に帰したことは『おくのほそ道』の場合と全く同じである。蔵板に帰したあと、諧仙堂は下巻丗九丁裏の刊記を削除し、替りに諧仙堂蔵板の「俳諧書籍目録」に新しい刊記を添えた一丁を増補していることが現存の版本から知られる。今回出現した『芭蕉翁発句集』の板木は、諧仙堂が刊記部に手を加えた寛政版のそれで、四丁張の四枚。その内訳は、上廿一・廿二・廿三・廿四で一枚、上丗七・丗八・丗九丁で一枚（この板、丗九丁の隣の一丁分は彫り残しの白板のまま）、下廿一・廿二・廿三・廿四で一枚、下丗七・丗八・丗九・書籍目録及び刊記で一枚となっている。この稿で特に問題として取り上げるのは、四枚目の下卅九丁と書籍目録及び刊記を収める半面で、これについては後で図版を示して詳述する。これも板木が出て来れば単純な割算で解決するのだが、寛政版『芭蕉翁発句集』の板木は題簽を除き全部で二十枚あったという計算になる。万延元年『文政堂蔵板目録』には『芭蕉翁発句集』は出て来ない。しかし、『おくのほそ道』の板木と相前後して板木市に売りに出され、文政堂が全体の五分の一相当を買い取ったと考えてほぼ間違いなかろう。なお、『おくのほそ道』の板木は文政堂が所持していた四枚のうち一枚しか残らなかったのであるが、『芭蕉翁発句集』の場合、上下巻の同一の丁の板木が一組で残っていることは注目してよいかと思われる。つまり、『芭蕉翁発句集』の板木は、文政堂が他の四、五軒の本屋と分割所有していたものが、そっくりそのまま残った可能性があると言うことである。

2 『芭蕉翁発句集』の板木の入木

では、問題の『芭蕉翁発句集』の板木に見られる刊記部の入木について見て行くことにしよう。なお、以下の図版のうち、特に断らないものは奈良大学蔵本による。

図1は寛政元年再刻二書肆版の下巻卅九丁裏の刊記である。この刊記は諧仙堂蔵板となった三書肆版では図2右側のように削除され、替りに諧仙堂の書籍目録に刊記を添えた一丁が増補される。図2の左側がその丁の表、図3が裏である。版本からはここまでしかわからない。これを板木と照合してみよう。図4は該当の板木を拓本にとって複写したもので、先にも触れたようにこの板の裏面には下卅七、下卅八丁が彫ってある。図4の左側が下卅九丁、右側が増補された一丁である。ところで、この一丁が増補された面は寛政元年に再刻された当初は、何も彫らないまま残してあった面のはずである。『芭蕉翁発句集』は、安永五年版・寛政版とも上下それぞれ三十九丁仕立てであることは

先述したが、冒頭から四丁張で板木をこしらえて行けば、上下とも当然一丁分の彫り残しが出る。実際に上巻末尾の板木も、丗九丁隣の半面一丁分が白板のまま彫り残してあることも先に述べた通りである。そのような目で見てみると、図4の板木の右側書籍目録の面は、左側の丗九丁を収める面よりも墨のつき方が浅いことに気がつく。これは図版では示しようがないのが残念だが、丗九丁の面は書籍目録が彫り足されるまでの間、具体的には寛政元年から文化五年までの約二十年間、印刷されて来た分だけ墨のつき方が深いのである。これもまた、版本からはわからない板木のみが持つ情報と言えよう。さて、書籍目録一丁の増補は、丗九丁裏の刊記を削除したことに伴うものであった。板木を見ると、ここに彫ってあったはずの刊記は確かに削り取られている。しかし、不審なのはこの刊記部に二箇所、入木をして削った跡が残っていることである。その形跡は拓本からもわかるが、念のため図5として写真を一枚示しておこう。もとより削ったあとで入木をする理由は何もないのだが、入木をしたあとで削っていることは刀の入り方からもおわかりいただけるであろう。それでは、一体何をここへ入木したのだろうか。試みにこの入木の位置を寛政二書肆版の刊記に書き入れてみると、図6のようになる。「寛政元歳酉七月再版」と年記のある右側にやや太めに一行、さらに「井筒屋庄兵衛」の右側に少し細めに一行、何かを入れようとしたかに見える。これは、増補された丁の末尾、図3の刊記部分を見ればほぼ見当がつく。諧仙堂は『芭蕉翁発句集』が蔵板に帰した文化五年の段階で、もとの二書肆版の刊記を生かして、年記の右にはやや大ぶりに「諧仙堂蔵板」と、そして井筒屋の右脇にはそれにほぼ見合う大きさで「浦井徳右衛門」と入木をしたと考えて、間違いあるまい。その入木を試みた折には、右側の半面はまだ白板のまま残されていたはずである。

これについては、同じ折に刊記部に入木が施された『おくのほそ道』の板木が何よりもその有力な傍証となる。図9が『おくのほそ道』板木の刊記部分の拓本である。「寛政元年酉仲秋再板／諧仙堂蔵板」とある箇所と、橘屋の左側の「浦井徳右衛門」の箇所が入木してあるのはおわかりいただけるであろう。図8は、この入木した板木で刷った

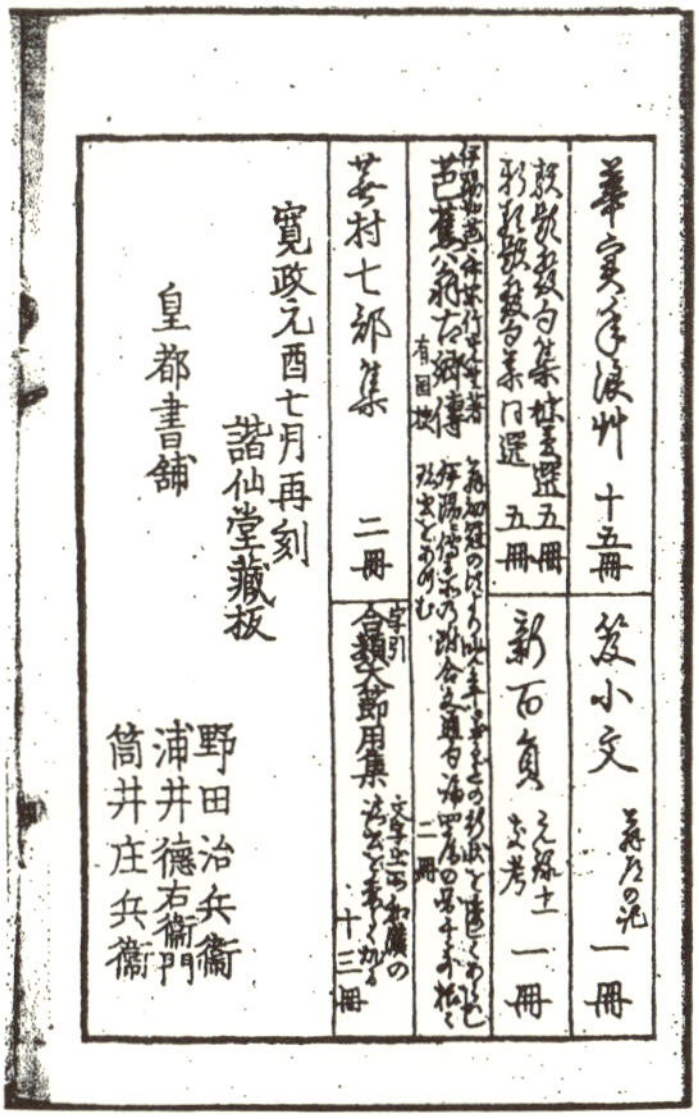
華実年浪草　十五冊
笈小文　一冊
新百韻　元禄十一　一冊
蕪村七部集　二冊
合類大節用集　十三冊
寛政元酉七月再刻
諸仙堂蔵板
皇都書舗
野田治兵衛
浦井徳右衛門
筒井庄兵衛

図3

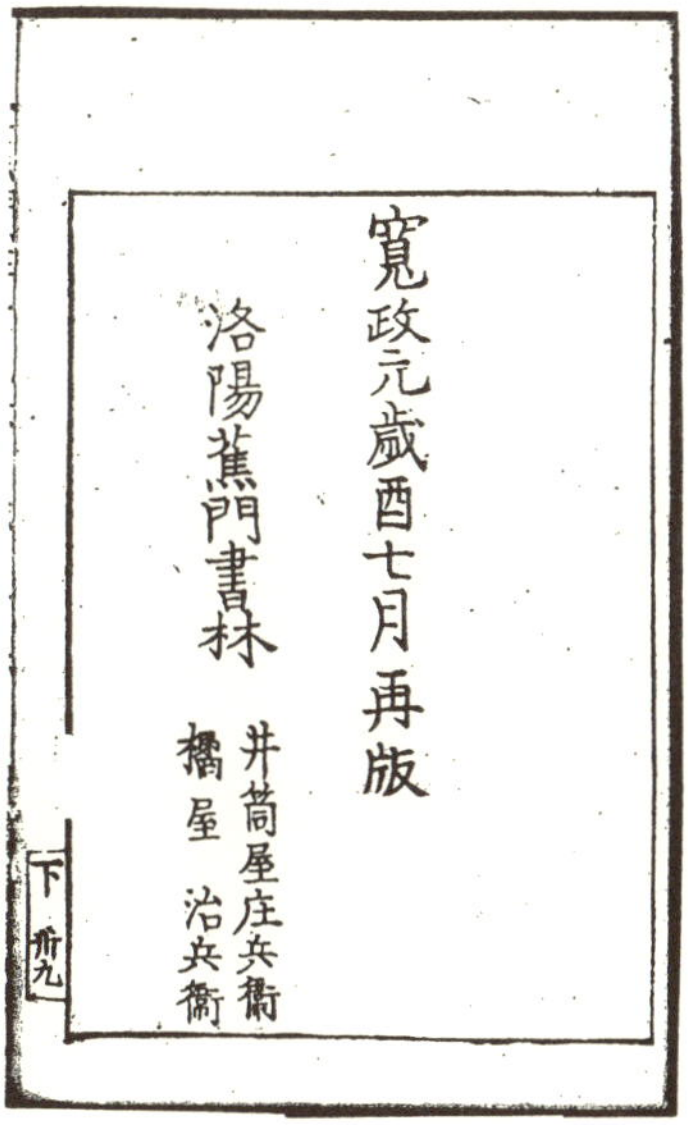
寛政元歳酉七月再版
洛陽蕉門書林
井筒屋庄兵衛
橘屋治兵衛

図1

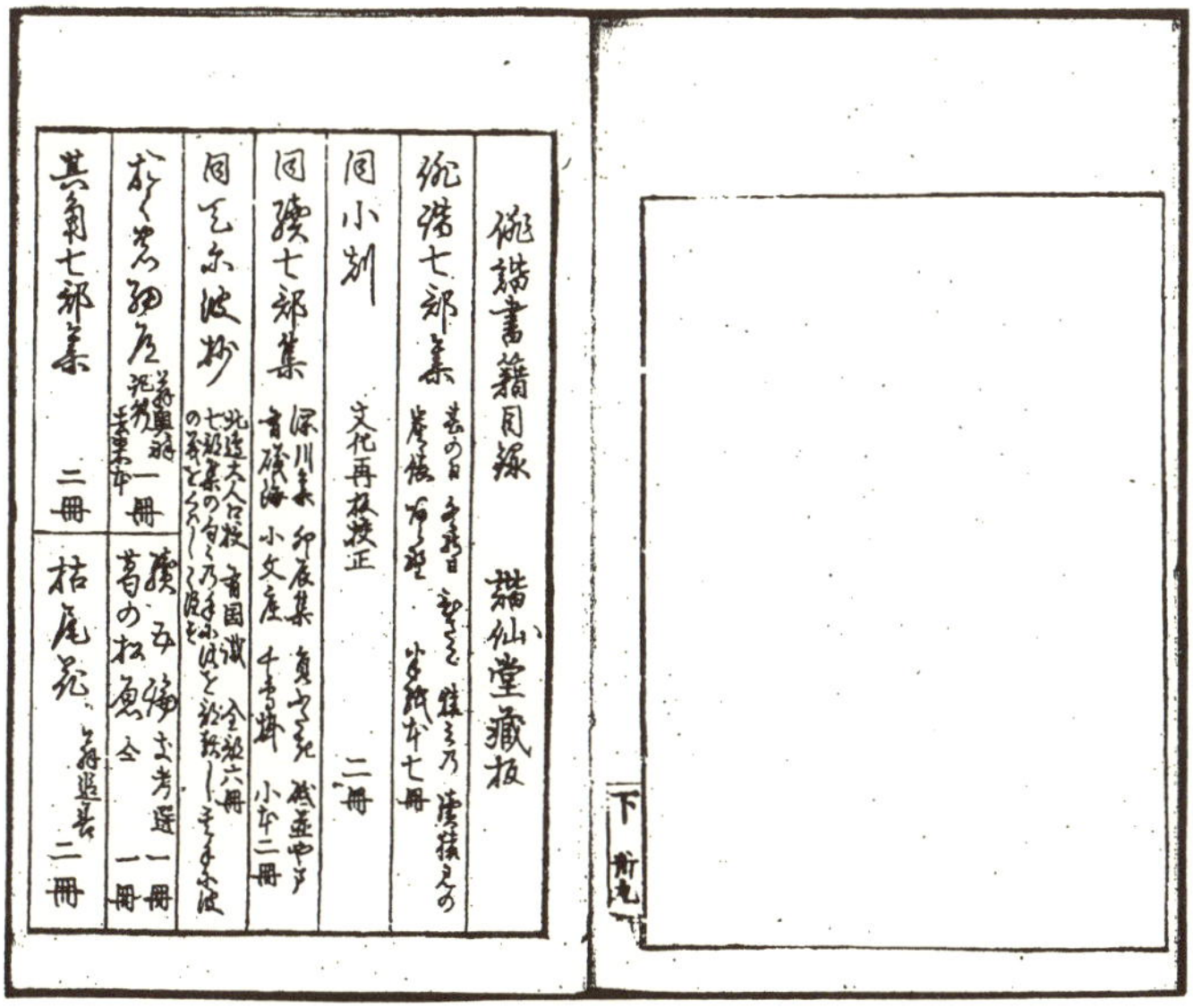
俳諧書籍目録
諸仙堂蔵板
俳諧七部集　七冊
同小刻　文化再板校正　二冊
同続七部集　小本二冊
其角七部集　二冊
枯尾花　二冊

図2

図5

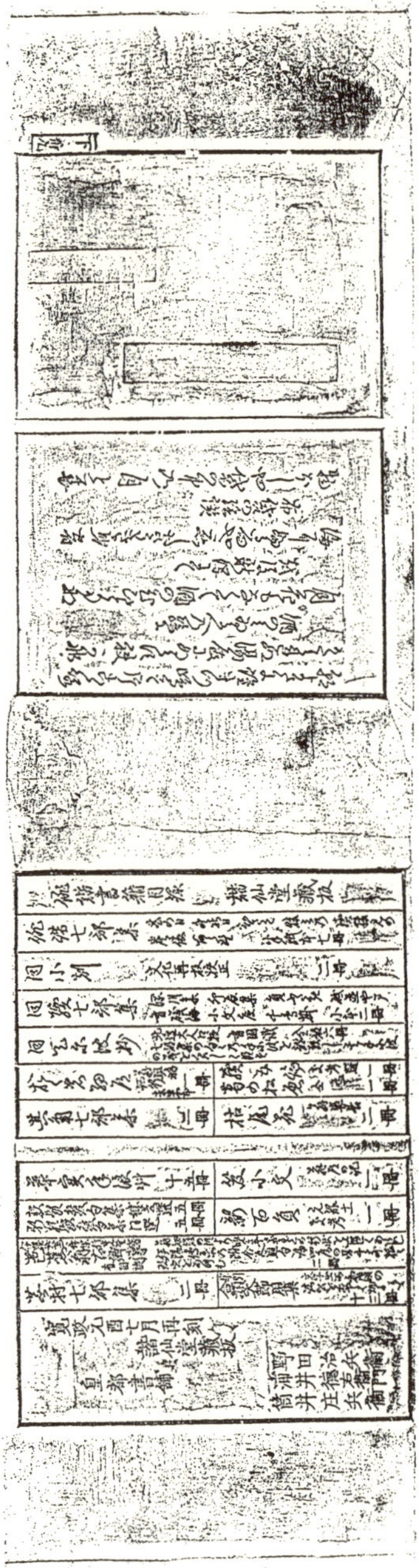

図4

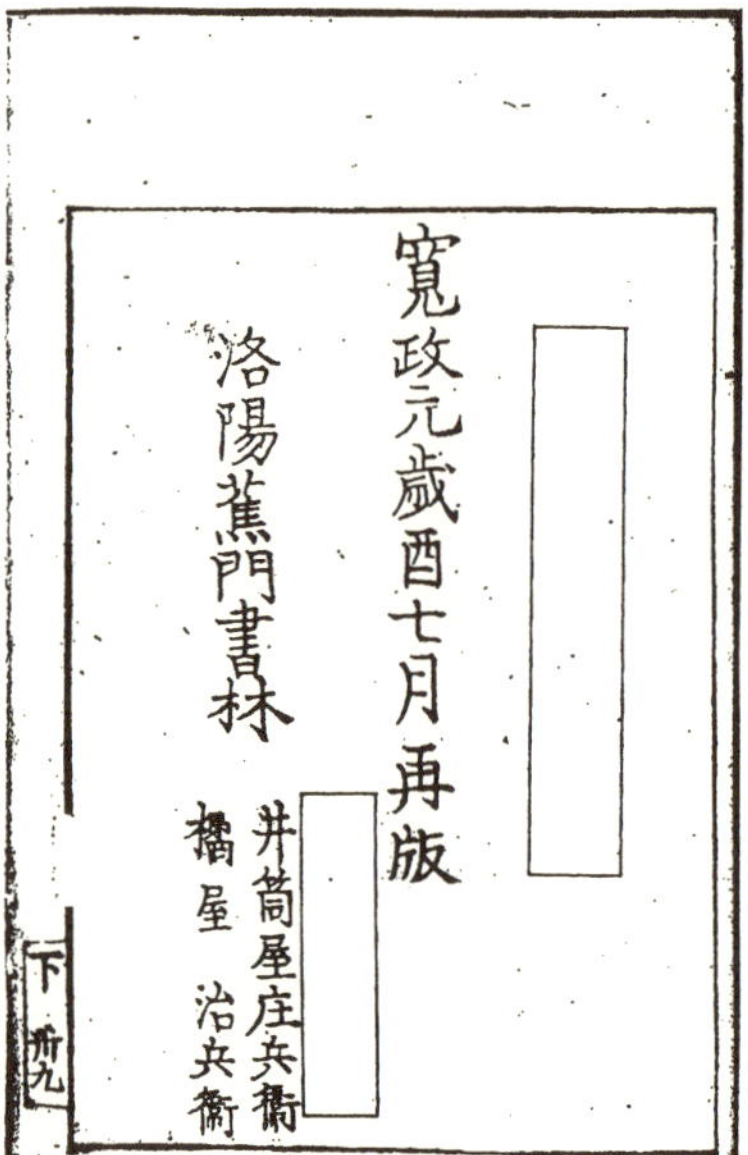
寛政元歳酉七月再版

洛陽蕉門書林

井筒屋庄兵衛
橘屋　治兵衛

下　卅九

図6

三書肆版の刊記。図7が、偕仙堂が入木を施す前の二書肆版の刊記である。二書肆版の年記の右側に確かに幾分かの余裕は感じられる。しかし、そこへ年記より少し大きめの字で「諧仙堂蔵板」と入れるには、やや無理があったのであろう。そこでこの部分全体を削って、年記の文字を少し小さめに、「諧仙堂蔵板」を大きくして入木をしたのである。その入木の結果、井筒屋の右側には、「浦井徳右衛門」と入れる余裕が全くなくなってしまった。そこでこの一行は、橘屋の左側に回ることになったのだと思われる。なお、この「浦井徳右衛門」の入木にはまた別の不審がある。というのは、図10に写真で示したように、わずか長さ4.7糎幅1.1糎ほどの小さな入木であるのに、わざわざ二分割してあるからである。しかも、上の「浦井」の分割に、下の「徳右衛門」の「徳」の旁の上部をかけるという実に煩瑣とも思えるやり方をしている。これはこれで別に考えねばならぬ問題であるが、今回はとりあえず指摘に留める。

次に、板木そのものは残っていないが、『おくのほそ道』『芭蕉翁発句集』と同様、諧仙堂の蔵板となった段階で刊記に手が加えられた『枯尾花』『笈の小文』『俳諧七部集』の例を見ておくことにしよう。

図11（富山県立図書館志田文庫蔵本による）は、天明大火後に再刻されたと思われる井筒屋・橘屋相版の『枯尾花』下巻最終丁の裏で、左寄りに刊記がある。図12（天理図書館綿屋文庫蔵本72・41による）は、諧仙堂が加わった三書肆版の刊記。見較べてみれば明らかなように、もとの二書肆版の刊記を生かして「皇都　諧仙堂　蔵板」「浦井徳右衛門」の二箇所を入木で補訂している。この場合も、「諧仙堂蔵板」の一行は書肆名よりも大きめにしてある。『おくのほそ道』と『枯尾花』の場合は、もとの刊記を生かして入木補訂がうまく行った例である。しかし、もとの板木の仕立て方によっては入木補訂では対応し切れず、刊記部全体を彫り直さねばならぬ場合も当然出て来る。『笈の小文』の場合は、その例に属する。図13（大谷大学図書館蔵本による）は、天明大火後の再刻と目される井筒屋・橘屋版『笈の小文』の最終丁の裏で、左隅に刊記がある。図14（天理図書館綿屋文庫蔵本88・15による）が諧仙堂が加わった三書肆版の同一箇所。一見して明らかなように、この刊記部分は全体を彫り直しての入木であることが知ら

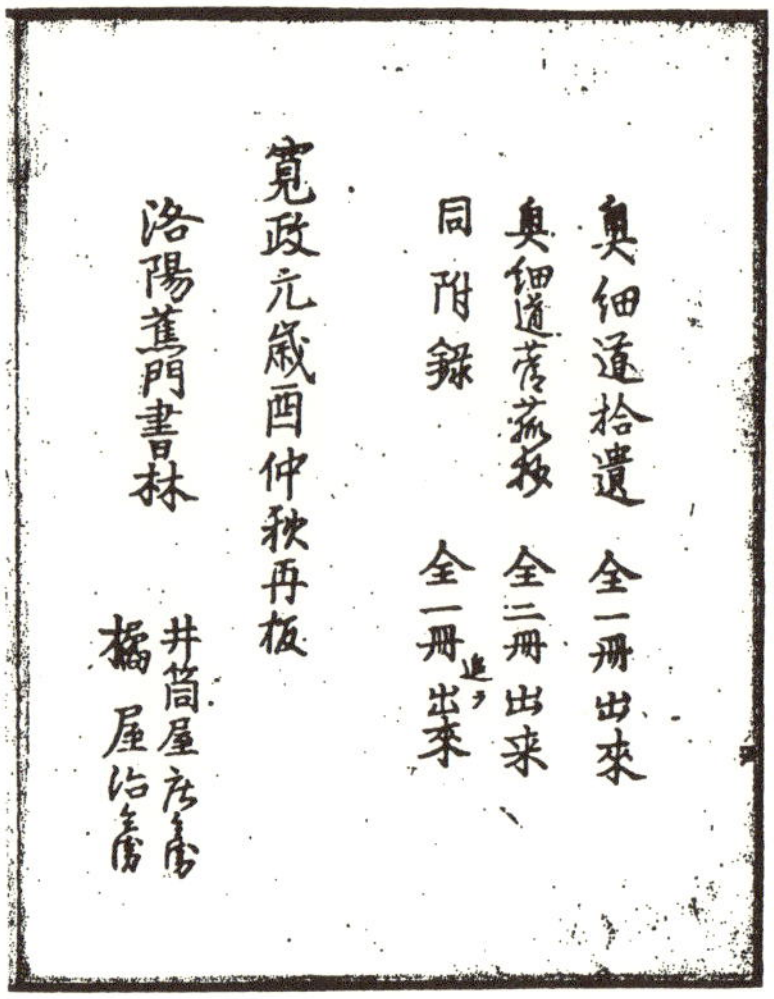

奥細道拾遺　全一冊出來
奥細道菅菰抄　全二冊出來
同附録　全一冊追ッ出來
寛政元歳酉仲秋再板
洛陽蕉門書林
井筒屋庄兵衛
橘屋治兵衛

図7

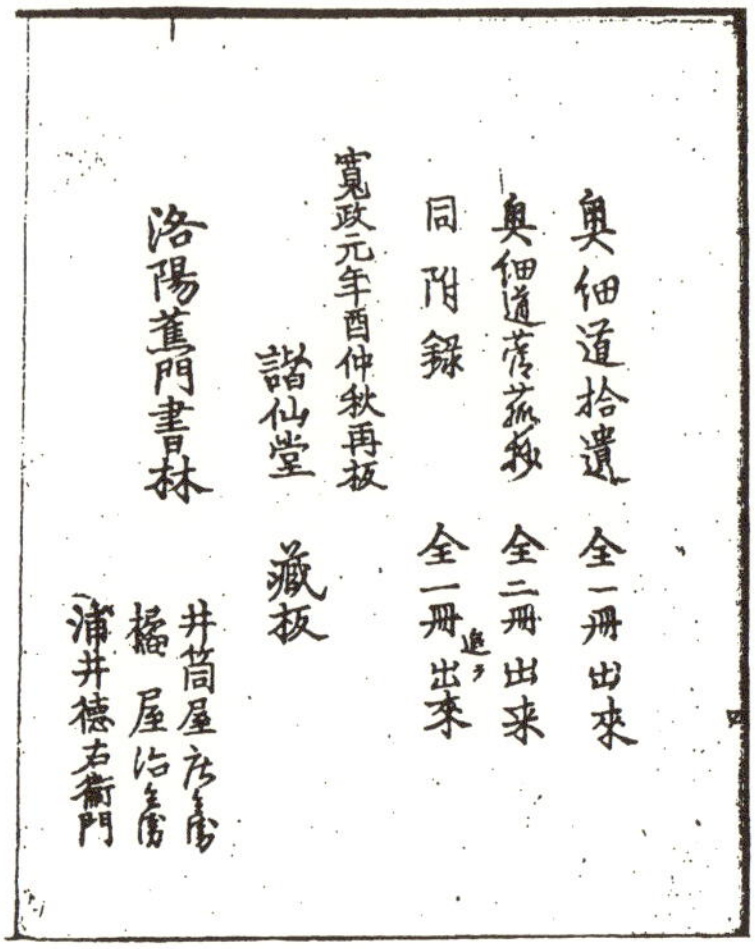

奥細道拾遺　全一冊出來
奥細道菅菰抄　全二冊出來
同附録　全一冊追ッ出來
寛政元年酉仲秋再板
諧仙堂　藏板
洛陽蕉門書林
井筒屋庄兵衛
橘屋治兵衛
浦井徳右衛門

図8

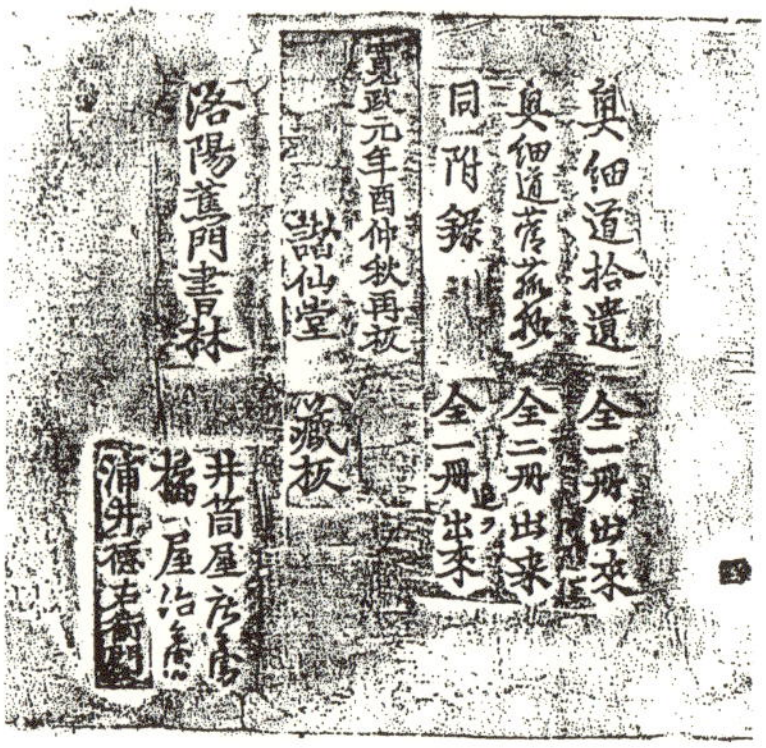

奥細道拾遺　全一冊出來
奥細道菅菰抄　全二冊出來
同附録　全一冊追ッ出來
寛政元年酉仲秋再板
諧仙堂　藏板
洛陽蕉門書林
井筒屋庄兵衛
橘屋治兵衛
浦井徳右衛門

図9

図10

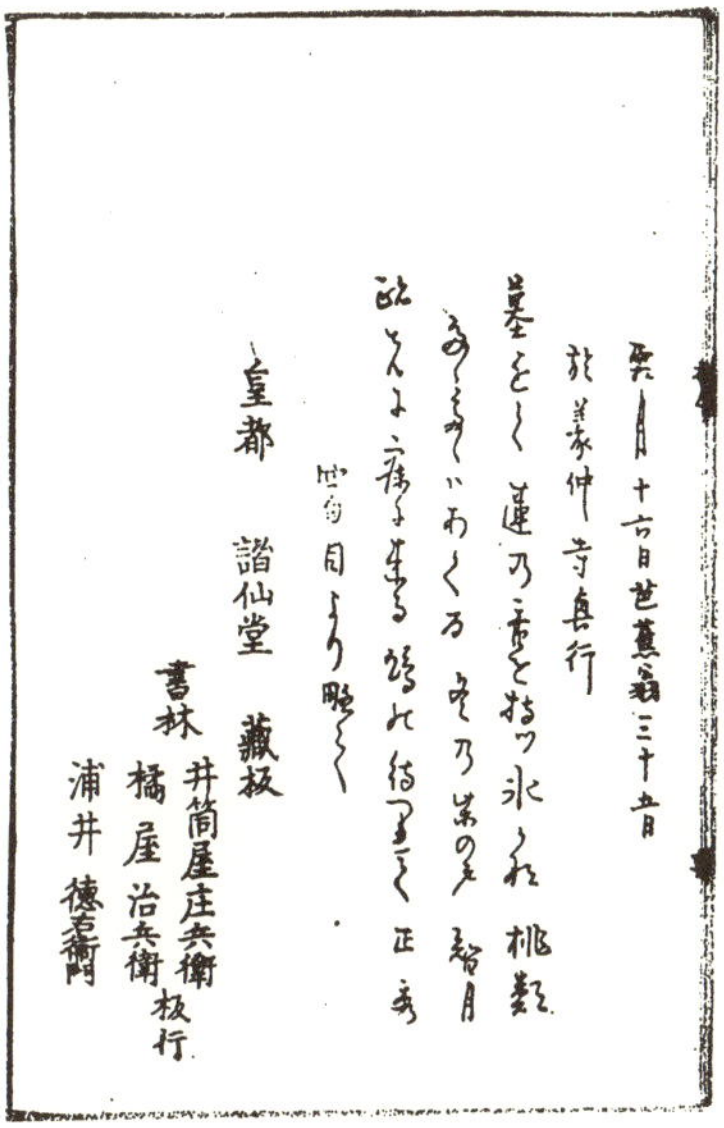

図 12
（天理大学附属天理図書館蔵本）

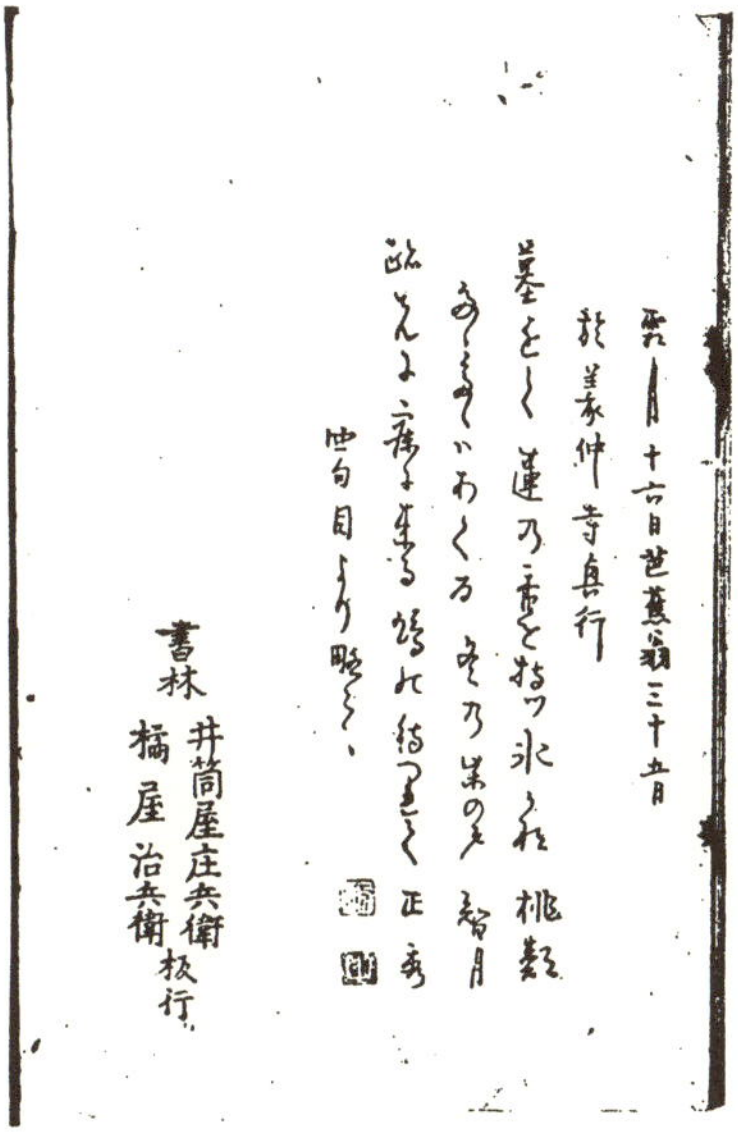

図 11
（富山県立図書館蔵本）

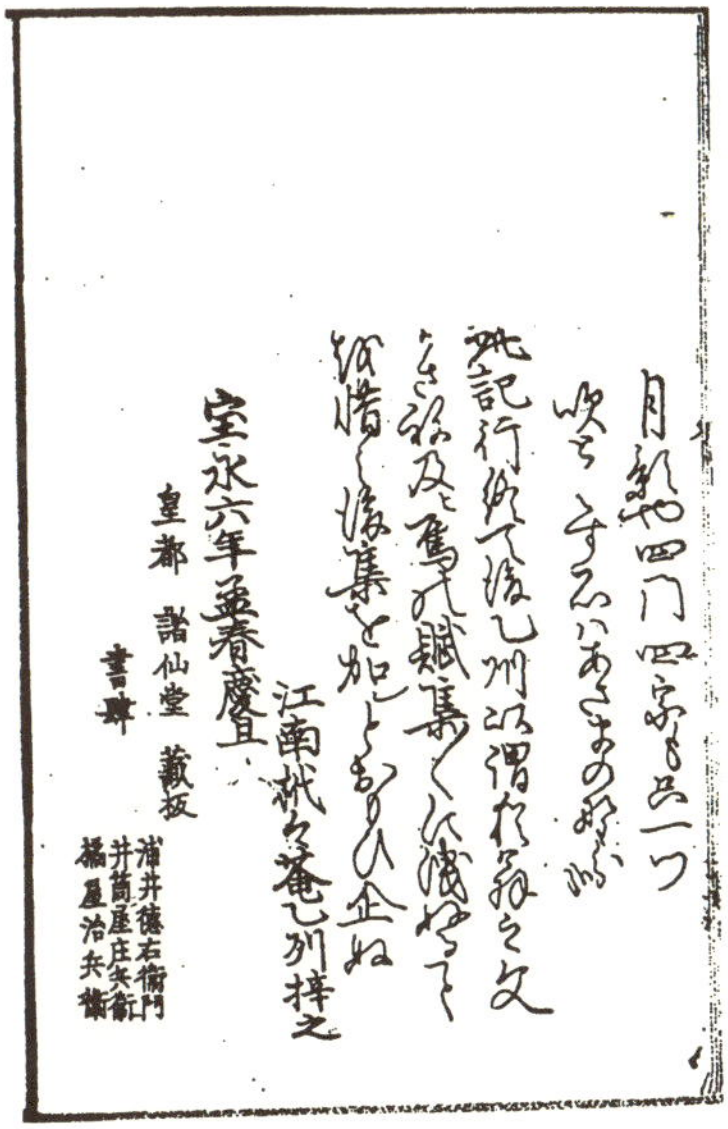

図 14
（天理大学附属天理図書館蔵本）

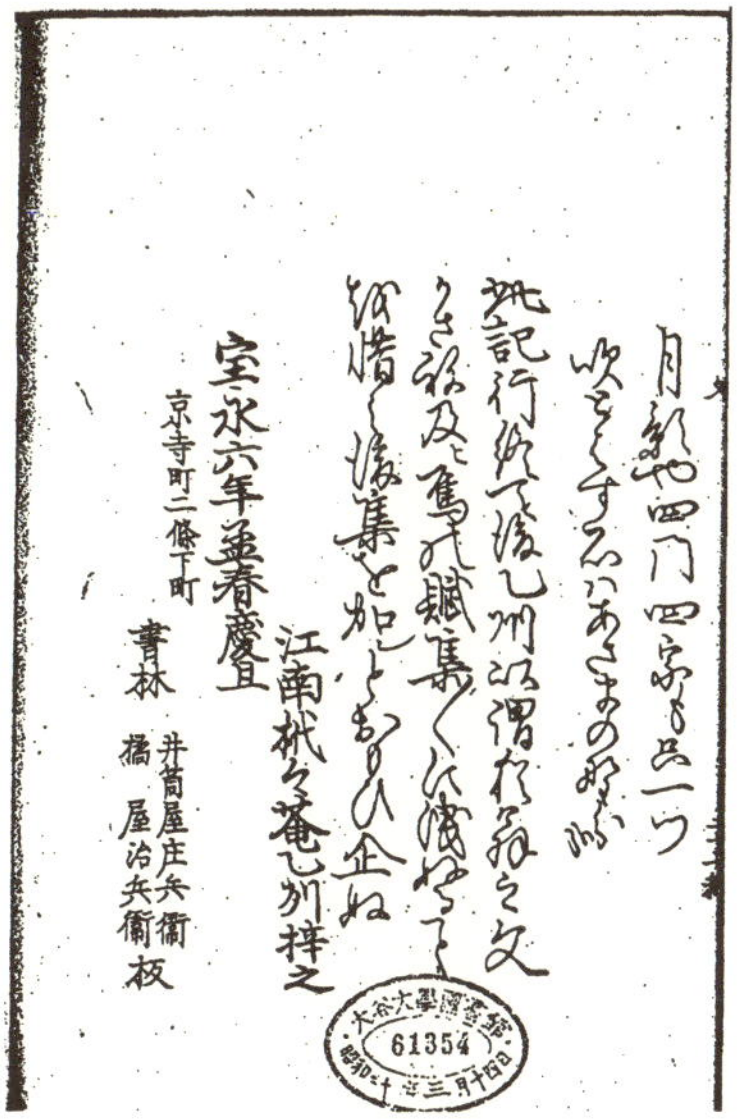

図 13
（大谷大学蔵本）

れる。宝永六年の平野屋佐兵衛版以来、もともとこの刊記部分は余裕がなかった。図13にあげた二書肆版も、ぎりぎりの所で収まっている感じが強い。部分的な入木によって「諧仙堂蔵板」「浦井徳右衛門」の二行を入れるのは不可能という判断で、刊記部分全体を彫り直し入木したのであろう。なお、この場合も「諧仙堂蔵板」の文字は書肆名よりも大きめにしてある。

さて、この『笈の小文』と同様、刊記部全体を彫り直しているものに寛政七年に半紙本七冊としてまとめられた『俳諧七部集』がある。図15（某文庫蔵本による）が、寛政七年の初版と考えられる筒井（井筒屋）・中川・野田（橘屋）の三書肆相版の刊記、図16（東京大学竹冷文庫蔵本689による）が中川の替りに浦井が加わった後刷本の刊記である。従来、この後刷本の刊記については、「諧仙堂蔵板／寛政七年乙卯春三月再刻」の二行と「浦井徳右衛門」の部分が入木であるという見方も一部では行われて来たが、それは原本に拠らなかったための誤解で、この刊記は明らかに全体を彫り直してある。ちなみに、『俳諧七部集』全七冊の本文について初版と後刷を対校してみると、諧仙堂蔵板となった段階で七部集の誤字を正すという意識でほぼ四百箇所にわたって入木修訂が施されているものの、『春の日』の七・八・十五・十六丁を除き、板木そのものはかわっていない。『春の日』の四丁分だけ板木が改まっている理由については単純に考えれば四丁張の板木が一枚紛失したということになろうが、あるいは『春の日』の版権の問題が背後に潜んでいるのかもしれない。が、いずれにせよ、その事情は刊記部分の彫り直しとは少し違うような気がする。刊記部分の彫り直しは、おそらく以下の理由による。初版の年記の左右には幾分かの余裕があって、そこに「諧仙堂蔵板」と入れるのは不可能ではない。しかし、それを年記より少し大きめの字で入れるのは難しいし、仮に出来たとしても年記の右に入れれば左が空き、左に入れれば右が空いてバランスがよろしくない。そうすると考えられるのは、初版の年記を削って『おくのほそ道』や図16の後刷本のスタイルで入木をすることである。この箇所はそれで処理出来たとして、やっかいなのは書肆名の部分である。『おくのほそ道』『枯尾花』の場合は、井筒屋・橘屋と

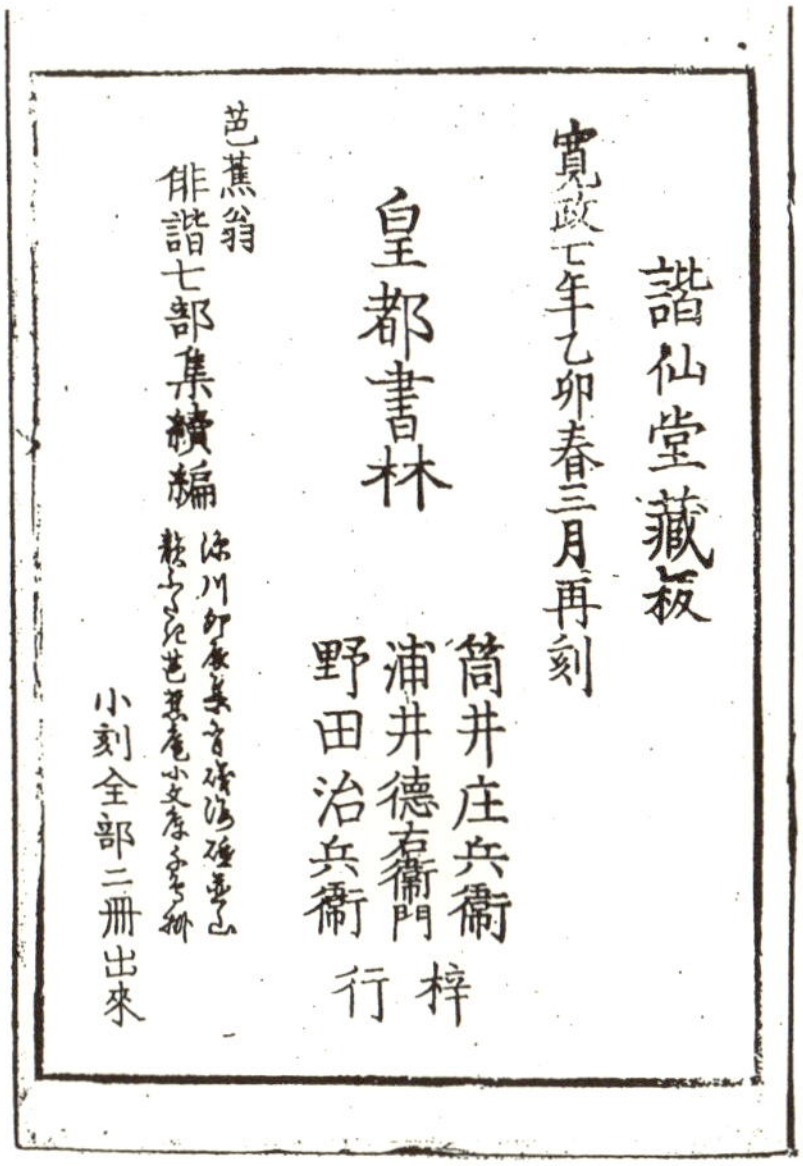

諸仙堂藏板
寛政七年乙卯春三月再刻
皇都書林
筒井庄兵衛
浦井徳右衛門
野田治兵衛
梓行
芭蕉翁
俳諧七部集續編
小刻全部二冊出來

図16（東京大学総合図書館蔵本）

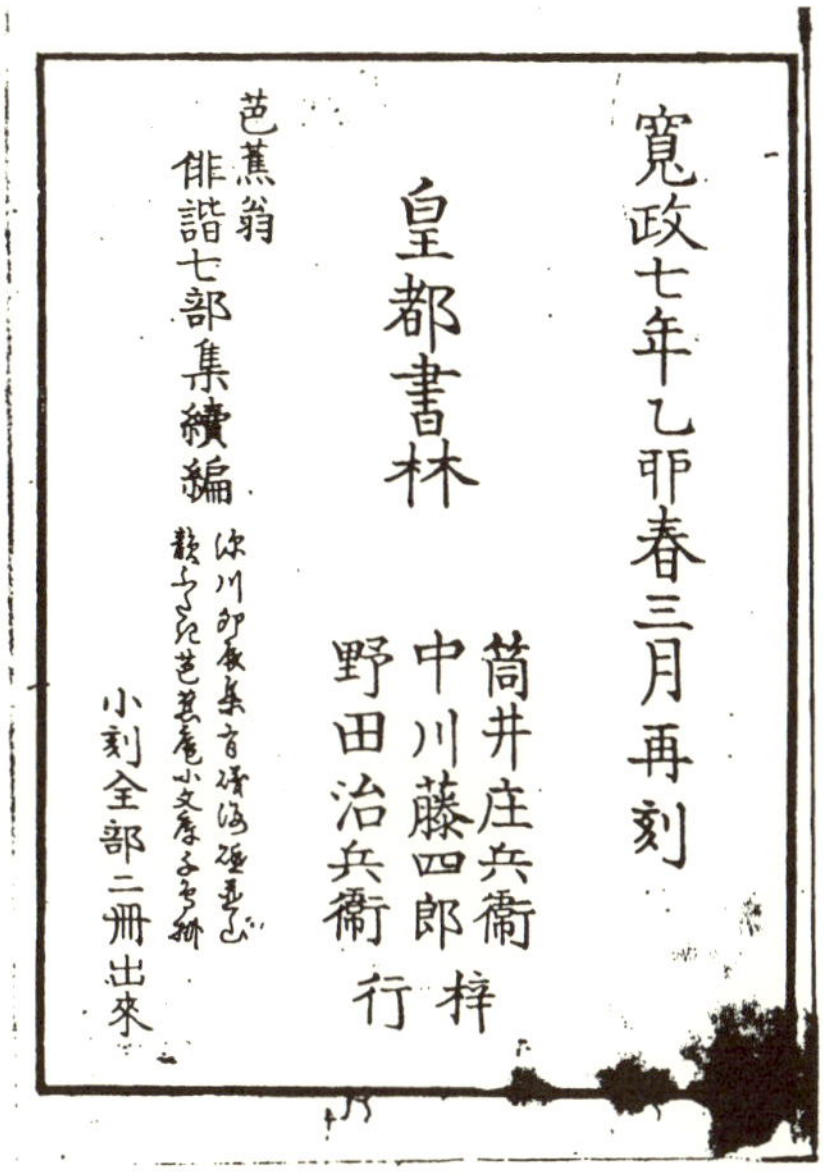

寛政七年乙卯春三月再刻
皇都書林
筒井庄兵衛
中川藤四郎
野田治兵衛
梓行
芭蕉翁
俳諧七部集續編
小刻全部二冊出來

図15（某文庫蔵本）

並んだ左に浦井を補えばそれで事は足りた。『俳諧七部集』は差し換えねばならぬ中川の名が、まん中にあるのである。左右の筒井・野田の部分を痛めないように中川の名を削り取り、しかも左右と同じぐらいの大きさの字で入木をすること、それがこの場合は非常に困難だったのではないだろうか。残された手段は、書肆名の三行分も彫り直して入木をするというやり方である。つまり、入木という方法では図17の斜線部のように、この刊記全体の半分近くに手を加えなければならなくなるのである。ならばいっそ全体を彫り直して、というのが実状である。

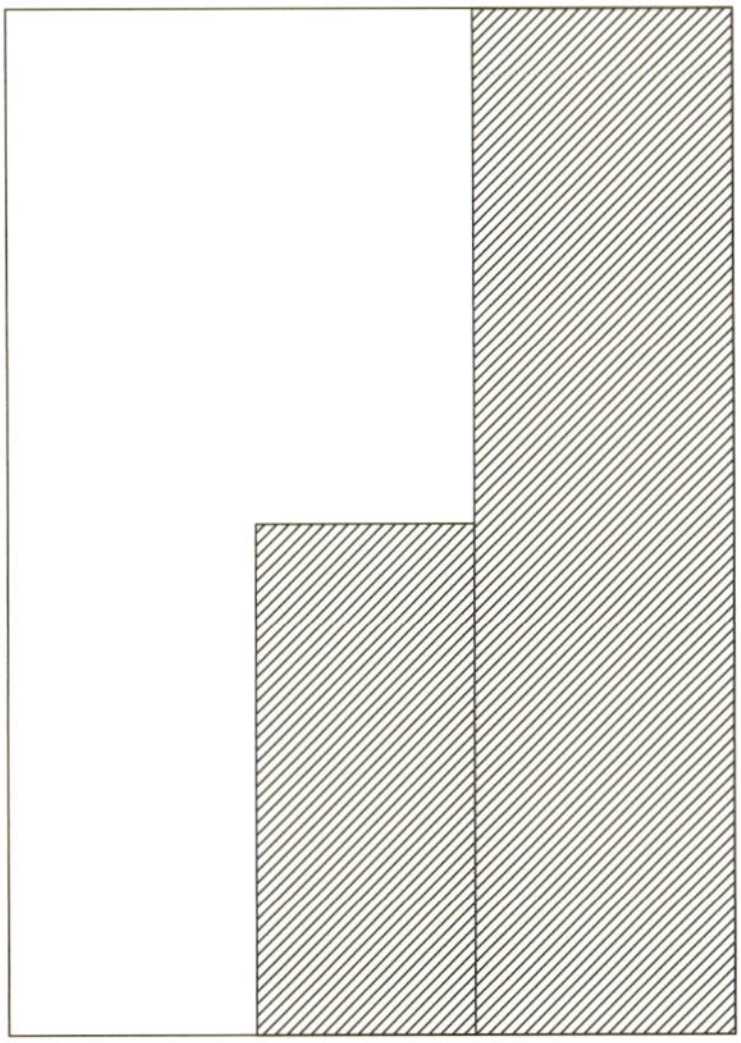

図17

はなかっただろうか。

以上、『おくのほそ道』『枯尾花』『笈の小文』『俳諧七部集』の刊記補訂のありさまを見て来たが、これを要約すれば、諧仙堂はこれらの板木が蔵板に帰した段階で、出来るだけのもとの刊記のスタイルを生かしながら「浦井徳右衛門」の名前を加え、かつ「諧仙堂蔵板」を少し大きめに入れようとしたということになろう。結果、部分的な入木では対応出来ず全面彫り直したという例も『笈の小文』『俳諧七部集』に見られた。『芭蕉翁発句集』の刊記部の板木に残る入木の跡が、「諧仙堂蔵板」「浦井徳右衛門」と入木した跡であることは、まず動かない。問題は、入木をした後で削除したのは何故かということである。これについては二つ考えられると思う。一つは、入木をして暫くの間印刷販売したが、いつかの段階で書籍目録を増補することになり、その折に削除したという考え方である。つまり、図6の空白部にそれぞれ「諧仙堂蔵板」「浦井徳右衛門」と刷りこんだスタイルの三書肆版『芭蕉翁発句集』が出て来る可能性も、全くないわけではないということである。もう一つは、入木をしたもののうまく行かなかった、また入木は収まったが刊記全体のバランスが気に入らなかった。そこで、もとの刊記ともども削り取って、替りに空いていた板木の半面に一丁を増補したという考え方である。どちらも推測としては成り立つが、『笈の小文』『俳諧七部集』の例を見る時、私は二つめの場合を想定するのが妥当ではないかという印象を強く持っている。

かくして、『芭蕉翁発句集』の刊記部の板木に残る不審な入木の跡は、諧仙堂蔵板俳書の刊記補訂の見直しにつながる実に貴重な情報だったのである。

平成十一年八月三十一日　稿

3　板木二題 ―厚さ・入木―

平成九年度後半期に与えられた国内研修がきっかけとなって、ここ数年の間に私は約一八〇〇枚の板木と関わりを持つことになった。うちわけは、京都寺町の古書肆藤井文政堂蔵の約五〇〇枚、戦後文政堂から流出し平成十年に奈良大学に収まることになった約五〇〇枚、同様の運命をたどった大谷大学蔵の約六〇〇枚、そしてやはり文政堂から流出して京都市内の西島氏の手許で保管されて来た約二〇〇枚である。このうち大谷大学のものを除く約一二〇〇枚については、そのすべてを一枚一枚手にとって調査することが出来た。折しも、奈良大学総合研究所の特別研究「大和・奈良地域の観光に関する研究」が立ち上がり、私は歴史班の一員としてこれに加わり、奈良の大仏前の絵図屋であった筒井家蔵の板木一二〇枚余の調査にも立ち会うことを得た。以前から近世の出版を研究の一課題として来た私にとって、これは極めて大きな出来事であったと言ってもよい。

一連の板木調査を通して思ったのは、板木は近世の出版現場の生な情報を伝えてくれる貴重な学術資料だ、ということであった。板木には、それで印刷した版本からは絶対に分からない近世出版現場の情報が刻みこまれている。その情報を、逆に版本からのみ得られる情報とつき合わせることによって、近世の出版現場のありさまが生き生きと蘇ってくるのである。それらの具体的な事例については、「京都と古典文学」（本書第一部）、「『おくのほそ道』板木の旅路」（本書第二部1）、「『おくのほそ道』蛤本《はまぐりぼん》の謎」（本書第二部2）「『芭蕉翁発句集』の入木」（本書第四部2）、に詳述したので併せて御覧いただきたいのだが、板木から拾わなければならない情報はまだいくらでもある。

そこでこの稿では、藤井文政堂関連の板木と筒井家蔵のそれを見較べて、「板木の厚さ」「入木」という二つの問題を考えてみたい。

1　板木の厚さ

筒井家の板木を初めて手に取って見た時にずいぶんと厚いという感触があった。それは文政堂関連の板木を触った時とはまた異なる印象だったが、その感触はどうやら正しかったようである。奈良市教育委員会編『奈良歴史資料調査報告書（一四）』収録の「筒井家資料目録」によれば、筒井家蔵の板木のうち色板・銅板を除き、絵図・名所記関係の板木は一二六枚である。このうち、厚さが2.1糎以上あるものは同目録によれば四四枚で、割合としては約35％に及ぶ。また、2.5糎以上に限ってみると一一枚で、約8.7％となる。

一方、藤井文政堂現蔵・旧蔵分のうち、未調査の大谷大学のものを除き、文政堂現蔵の四五一枚、奈良大学蔵の五〇二枚、西嶋氏蔵の二〇一枚、合計一一五四枚の採寸をしてみると、殆どの板木は2.0糎以内に収まっている。2.1糎以上の板は九三枚で割合としては約8.1％、2.5糎以上になるとその数はわずか一六枚で、割合は約1.4％に留まる。2.5糎以上に限って見た場合、大雑把な言い方をすれば筒井家のものは一〇枚に一枚あるのに対し、文政堂関連のそれは一〇〇枚に一枚しかない。この数字から、筒井家の板木は全体的に厚手の板が使われていることは明白であろう。

では、この違いは何に起因するのか。両者とも商業出版に使用された板木であることは同じである。しかし、その板木によって生み出された商品のあり方がかなり異なっている。筒井家は大仏前に居を構え、観光客相手の絵図販売を業としていた。どのくらいの頻度で印刷をしたのかは記録が残っていないので分からないが、京都の本屋で印刷された書籍類と較べて、印刷枚数はおそらく桁違いに多かったであろうことは想像に難くない。筒井家の板木が全体的に厚いのは、膨大な量の印刷を前提として丈夫な板を使用したと考えるのが最も理にかなっていると思われる。なお、文政堂関連の板木に於ても、往来物などのはやりすたりに余り関係のない書籍の板木には厚手のものを使う傾向が認められる。

この問題にからんで考え併せねばならないのは、板木の再利用ということである。京都の本屋では一度使った板木の刻面を削り、新しい板木として再利用することがあたり前に行なわれていた。それは、流行に合わせて数多くの種類の書籍を次から次へと出版して行くための、極めて合理的なやり方である。文政堂関連の板木の殆どが厚さ2.0糎以内であるのは、それが板木の規格であったと考えられなくもないが、再利用の結果落ち着いた厚さと見ることも出来よう。ただやっかいなのは、再利用する時にはもとの刻面を削ってしまうので、再利用の板木かどうか見分けがつかないということである。が、京都の本屋がそういうやり方をしていたことは疑うべくもない事実。対して、筒井家の方は、出版物は絵図か名所記とその種類は極めて限られている。つまり、一度厚くて丈夫な板で板木をこしらえておけば、とっかえひっかえする必要は殆どないし、そもそも再利用しなければならないほど多くの板は要らなかったのである。

以上、板木の厚さの違いは両者の商売・商品のあり方に深く関わっているのではないか、という推測を述べた。これを証明するためには、文政堂関連のものも筒井家蔵のものも、板木一枚一枚をそれで摺られた印刷物や関連の文書とつき合わせ、板木が彫られてから現在に至るまでの経路を追跡するという作業が、今後の課題となろう。

2 入木

板木の調査に際し、私がもう一つ注目したのは入木である。近世の本屋は板木に修正の必要が生じた時、入木というやり方でこれ行なう。それは板木を見なくても版本から判明することが少なくはない、近世文学の書誌研究にも「入木」という用語は頻出する。しかし、出版研究が未だに版本に拠らざるを得ないこともあって、この入木の実態はさほど明らかになっているとは思われない。たとえば最も基本的な問題として、入木をする場合、木を入れてから彫るのか、彫っておいてから入れるのかという点についてはどうなのであろうか。近来の書誌学の叡知を結集したかの観のある『日本古典籍書誌学辞典』（平成十一年岩波書店刊）の「入れ木」の項には、次のような解説が見られる。

版木制作後に訂正が必要になった場合、版木の一部を削りとって、新たにその部分に小片を埋め込み、補刻すること。（下略）。

この文に沿って読めば、入木は木を入れてから彫るのだということになろう。というよりこの解説は、執筆者の側に、入れてから彫るのか彫ってから入れるのかという基本的な問題意識のないまま、「入木」という言葉の持つ語感に正直に引きずられて書かれたと見る方が良い。かように入木の実態は版本を見ているだけでは絶対に分からないが、板木をながめていると実にあっけなく氷解する。図版1は奈良大学蔵『標注一言芳談抄』版本の刊記部分、図版2は奈良大学蔵の同書の板木の該当個所である。板木の写真から「元禄二己巳年初夏吉日」の刊記が入木してあることは明白。版本でこの一行が他の部分より墨が濃くなっているのは、入木部分の版面が元の版面より少し出っ張ってしまったためである。入れてから彫るのか彫ってから入れるのかという問題解決の決め手は、刀の入り方である。入木部分と外周部とは明らかに刀の入り方が異なっていることがおわかりいただけるであろうか。このことは後掲の図

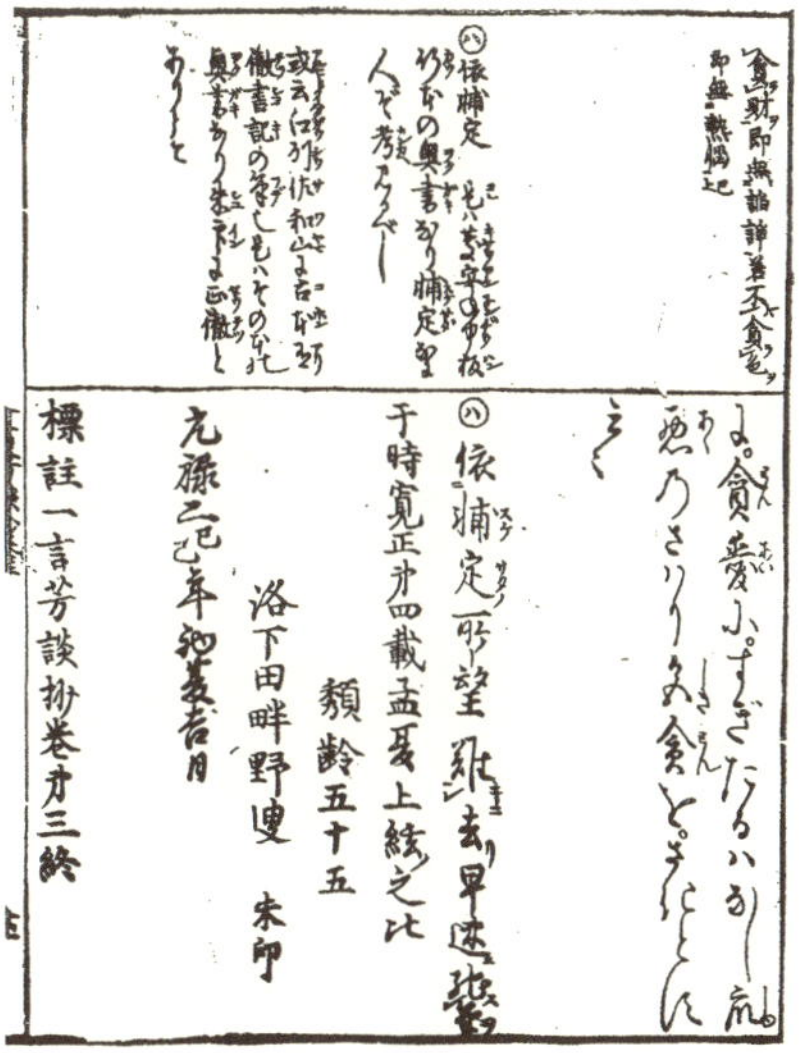

図1

図2

＊なお、以下の板木図版はわかりやすくするため、すべて鏡面で示してある。

版8によっても確認していただけると思う。刀の入り方が違う。この一事をもって、入木は彫っておいてから入れるのだという事実が判明する。

では、何故そういうやり方をしたのであろうか。その理由の最たるものは、入木をしてから彫るとその周りの文字を削ってしまうということであろう。もっともこの『一言芳談抄』刊行部のように、長さ13.5糎・幅3.4糎というような大きめの入木で、かつ左右にいくらかの余裕があれば、その作業も不可能ではない。が、入木部分が小さくなればそれは困難を極める。図版3は奈良大学蔵『句双紙片カナ付』版本の上巻七十一のオモテの一部で、図版は原寸の約68％。同書の板木（四丁張五枚）が文政堂にあるが、その板木によれば、図版3の二行目のルビ「シタ」は図版4の板木写真に示したように、入木である。この入木は長さ0.6糎・幅0.3糎ほどの小片。いかに熟練した彫工であっても、入木をしたあとで原版の左右上下の文字を損なわずにその小片に二文字を刻むのは至難である。念のために、もう一つ例を挙げよう。図版5は西島氏蔵の板木を拓本

図4

日月雖有盛明不照覆盆之下
レッゲツ ユートモ アリト セイメイズ テラサフ ボン ノ
ヲ ノ

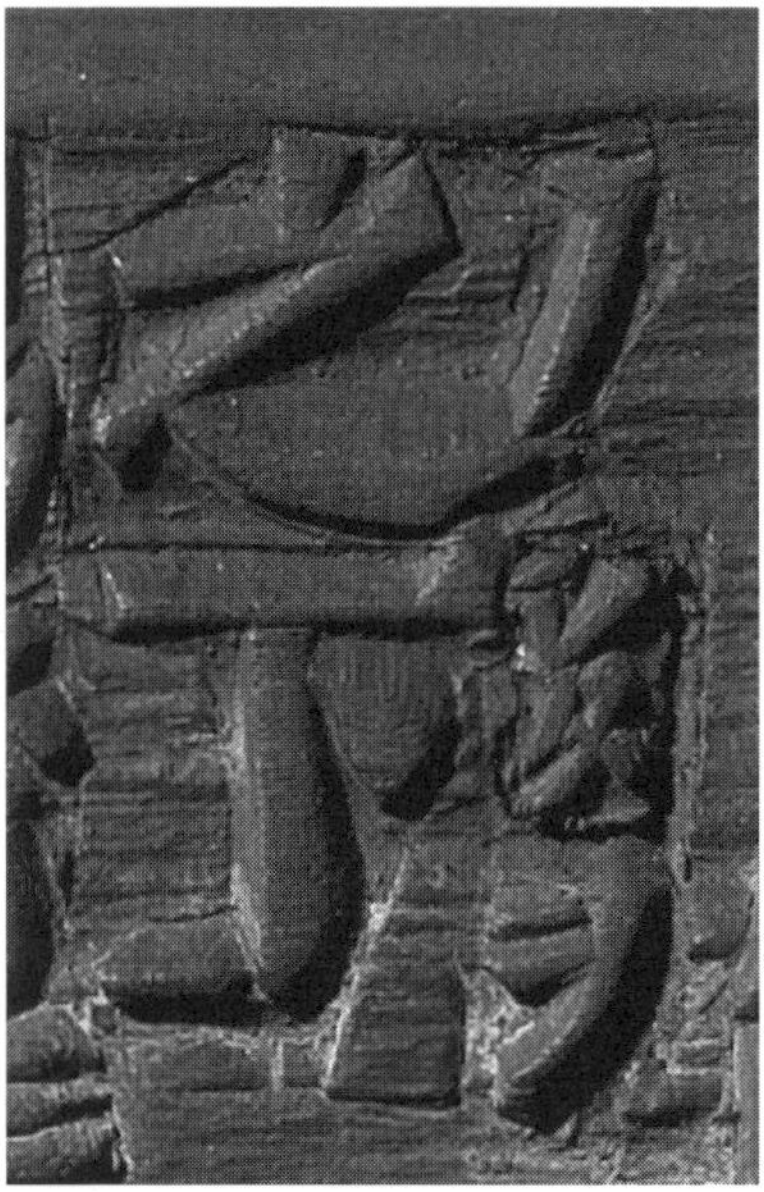

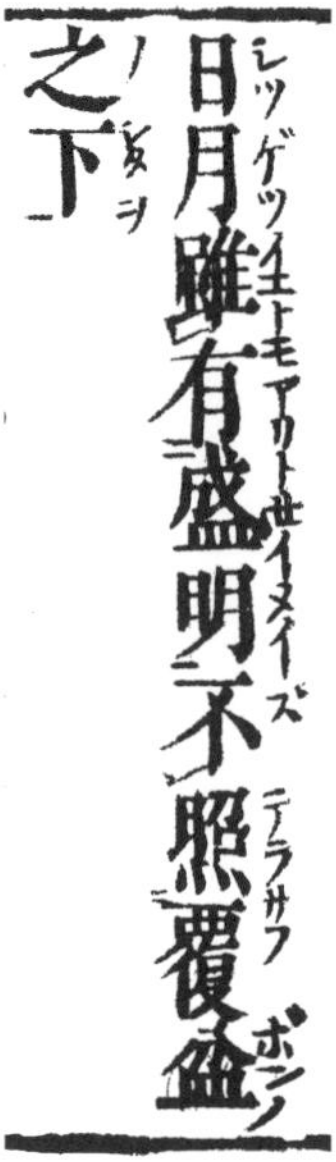

図3

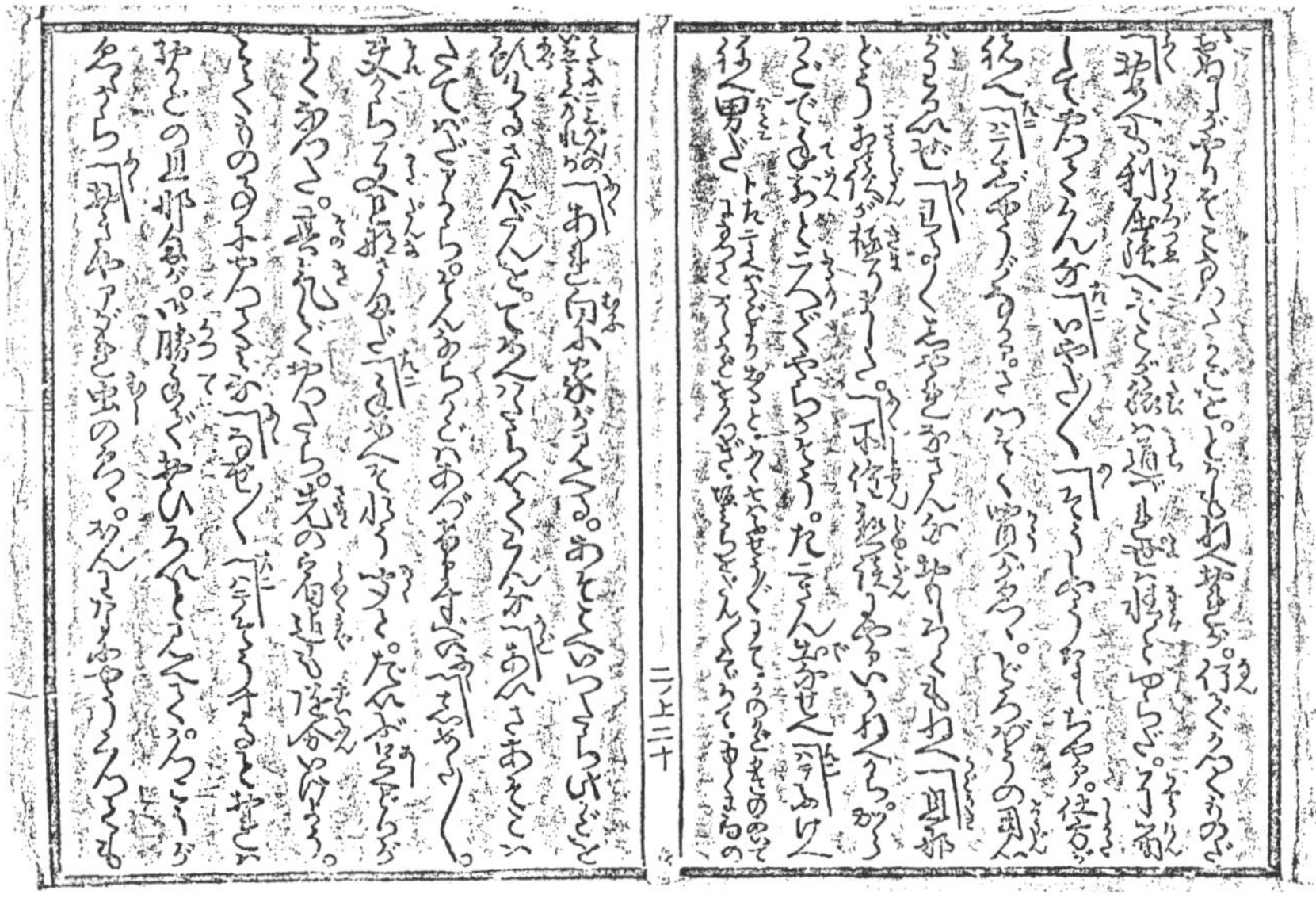

図5

に採ったもの。書名は未だ突き止めるに至っていないが滑稽本の類であろうか。この板木の後から二行目「勝手」及び終行の「虫」のルビが図版6の写真に示したように、入木である。この板木は墨を洗い流してあるため入木の様子が良く分かるのだが、「勝手」のルビ「かつて」（入木寸法は長さ1.6糎・幅0.4糎）の「つ」の左端がいくぶんか切れていることが知られる。これはおそらく、彫って入木をする際に、元の板木の彫りこみに収まり切らなかったために端を切って処理したのであろう。木を入れてから彫ったと考えると、この例は説明がつかなくなる。かように、入木は彫ってから入れるのが基本であったと考えて、ほぼ間違いない。

図6

さて、右の事実を押さえた上で、いま少し複雑な入木の様相を見ておくことにしよう。図版7は、奈良大学蔵の寛政版『おくのほそ道』の版本の刊記部分である。この刊記を含む跋文他四丁を一枚の板に収めた板木が奈良大学の蔵に帰したことは、これまでにも度々触れたところ。図版8はその板木の刊記部のうち、書肆名の個所を撮影した写真である。「浦井徳右衛門」の一行が入木してあることが分かるが、不審なのはわずか長さ4.7糎・幅1.1糎ほどの小さな入木であるのに、わざわざ二分割してあるということである。ちなみに、これは入木が乾燥して割れたというふうに見えなくもないが、たまたま上の「浦井」とある所が接着剤がきかなくなってはずれるようになっていて、「井」の下と「徳」の上のつなぎ目をじっくりと見てみると、どちらも鋭利な刀で切断してあることが判明する。つまり、この場合、「浦井」の部分と「徳右衛門」の部分を分割してこしらえた上で、組み合わせて入木をしていることになる。さらに興味深いのは、上の「浦井」の分割に、下の「徳右衛門」の「徳」の旁《つくり》の上部をかけるという、実に煩瑣とも

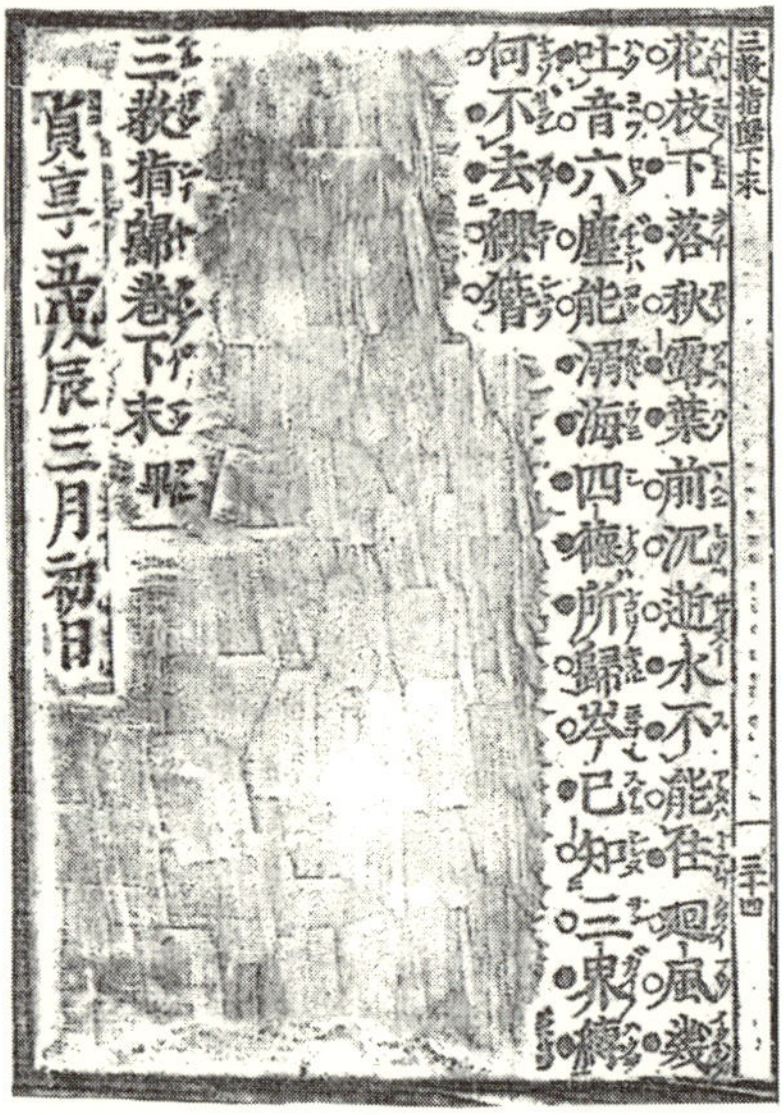

図9

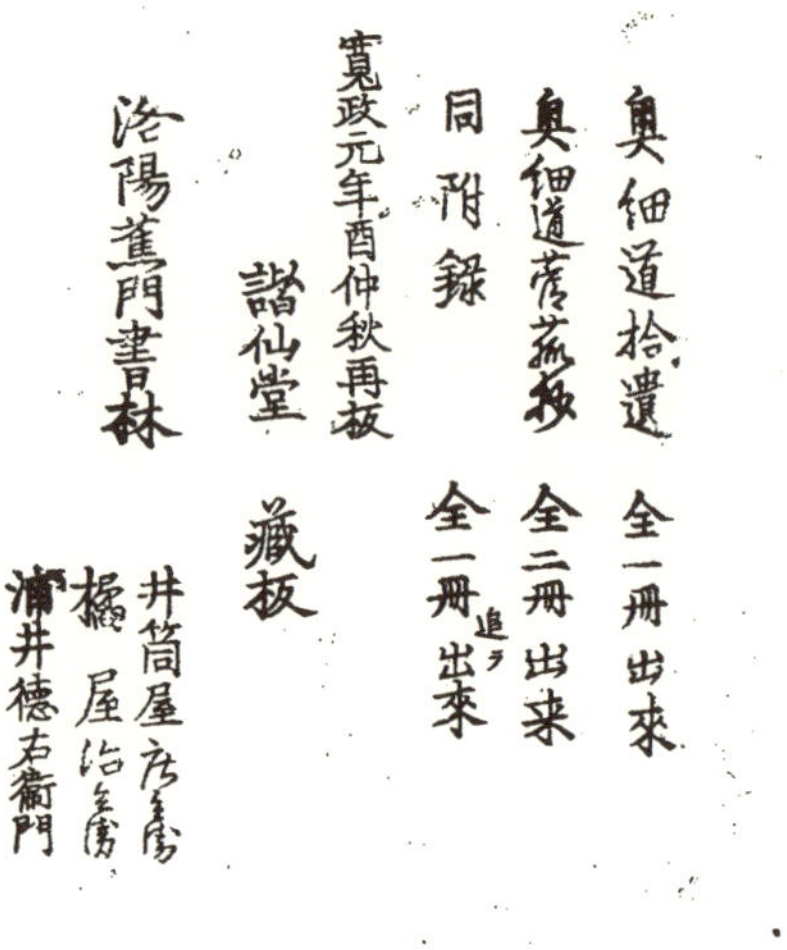
奥細道拾遺　全一冊出来
奥細道菅菰抄　全二冊出来
同附録　全一冊追テ出来
寛政元年酉仲秋再板
諧仙堂　蔵板
洛陽蕉門書林
井筒屋庄兵衛
橘屋治兵衛
浦井徳右衛門

図7

図8

思えるやり方をしていることであろう。分割せずに一枚の板に彫った方がはるかに手間は省けるのに、何故このような煩瑣なやり方をするのかというのが、『おくのほそ道』の板木を見た時の大きな疑問であった。が、その後、膨大な量の板木の調査を進めて行くうちに、実はこういうやり方が普通であることが判明して来た。わかりやすい例を一つあげてみよう。図版9は文政堂蔵の『三教指帰素本』の板木から採った拓本。巻末の「貞享五戊辰三月初日」の部分が入木である。図版10が該当箇所の

図10

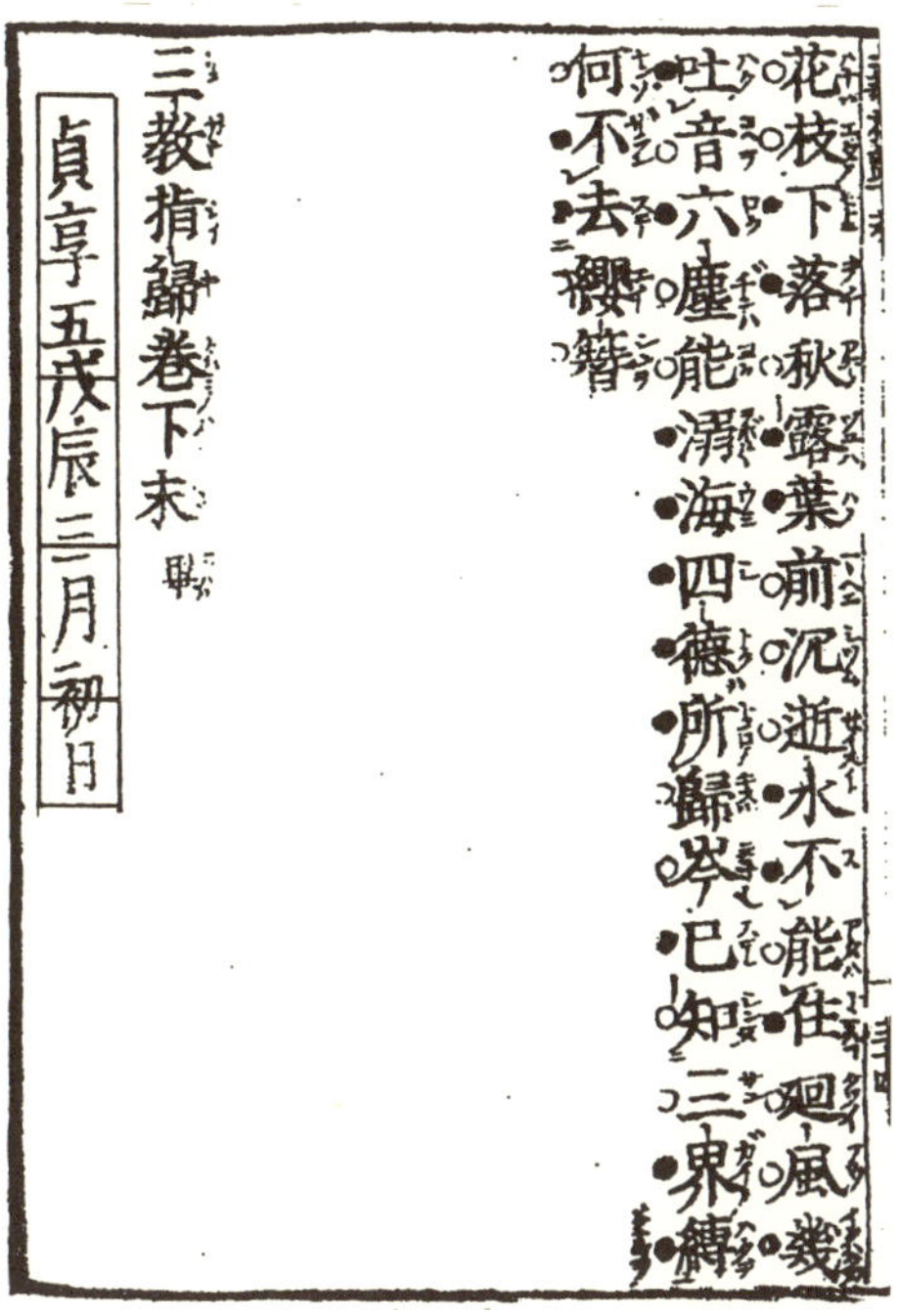

三教指帰巻下末

貞享五戊辰三月初日

花枝下落秋露葉前沉逝水不能住廻風幾

吐音六塵能溺海四徳所帰岑已知三界縛

何不去纓簪

図11

板木の写真。この写真からは少し分かりにくいかも知れないが、図版11の奈良大学蔵の同書版本に書き入れたように、この刊記部分の入木（長さ10.8糎・幅1.2糎）は四分割して、どの分割も文字を上下にかけてある。やり方は『おくのほそ道』の板木と全く同じ。この二例、たまたま刊記部分を取りあげることになったが、他にも前引『句双紙』の微細なルビなどにも同じやり方の入木は認められ、文政堂関連の板木に同様の例は枚挙にいとまがないほど数多くある。

ところで、同様の入木例が大坂方面へ発注したと思われる筒井家蔵の板木にも見られることは注意してよかろう。図版12は『南都社寺名所記』（明治十二年刊）の刊記部分の写真。「庄治郎」及び「庄八」の「庄」のあたりを横に走る線はひび割のようだが、その下は分割の入木である。図版13は『東大寺百万遍縁起』の一部。「俊乗上人」の「上」を分割して、上の入木部分にかけてある。以上のことから、近世上方に於ては入木をする場合、分割してかつ文字をわざわざ上下にかけるというやり方が一般的であったと判断してよさそうである。

では、その理由は何か。これは問題を二つに分けて考える必要がある。まず分割する理由であるが、これは入木部分の反りを防ぐ意味あいがあったのではないだろうか。入木に使用する木片は、当然のことながら板木よりははるかに薄い。つまり、入木をしたあと乾燥に伴い反りやすいと言える。実際に奈良大学蔵の板木の中には、分割せずに入木をしたため入木部分が反ってしまっている例もいくつか認められる。これについて参考になるのは、次のような例であろう。図版14は、奈良大学蔵の延宝七年刊『改正印図』の版本上巻、金剛界の部の九丁オモテ。この本の板木が文政堂に全丁分残っている。図版15は版本図版の左上「蓮五」の印図の板木写真であるが、この部分は縦横とも4.0糎ほどの入木。その入木部分と元の板木の板面が接するあたり、左側に二箇所、右側上部に一箇所、楔が打ちこんであるのがわかる。これは入木がはずれないように固定するという働きもあろうが、同時に入木が反らないための役割も果たしていると思われる。なお、図版1の『一言芳談抄』の入木部分にも三箇所の楔が認められることを確認していただきたい。以上のように、わざわざ分割して入木をするのは入木部分の反りを防ぐためであったと考えてよかろう。

それでは、分割して入木をする際に文字を上下にかけるのは何故か。この疑問に答えててくれるのが、西島氏蔵の『元亨釈書和解』の板木である。その板木は四丁張に仕立てられており、巻二の五～八丁で一枚、巻十二の三十四～三十七丁で一枚、巻十七の三十一～三十四丁で一枚の合計三枚である。図版16が巻二の五丁の拓本。図版17は家蔵の同書版本の同じ丁。版本図版に枠で囲って示した所が入木になっており、文字を上下にかけて分割入木した所もいくつかある。注目すべきは入木箇所の多さであろう。この丁も含め、いま手許に板木の拓本・写真のある六丁分につい

図 12

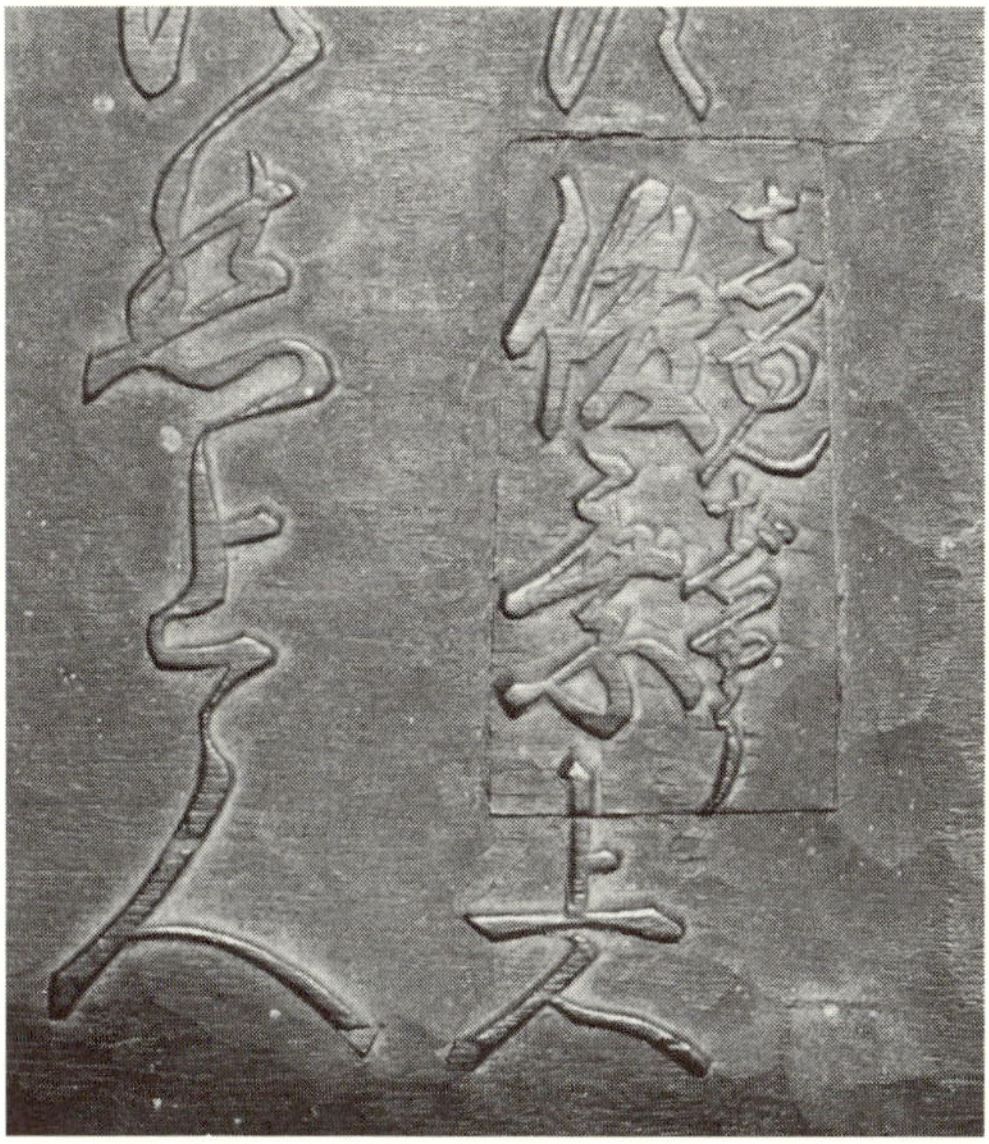

図 13

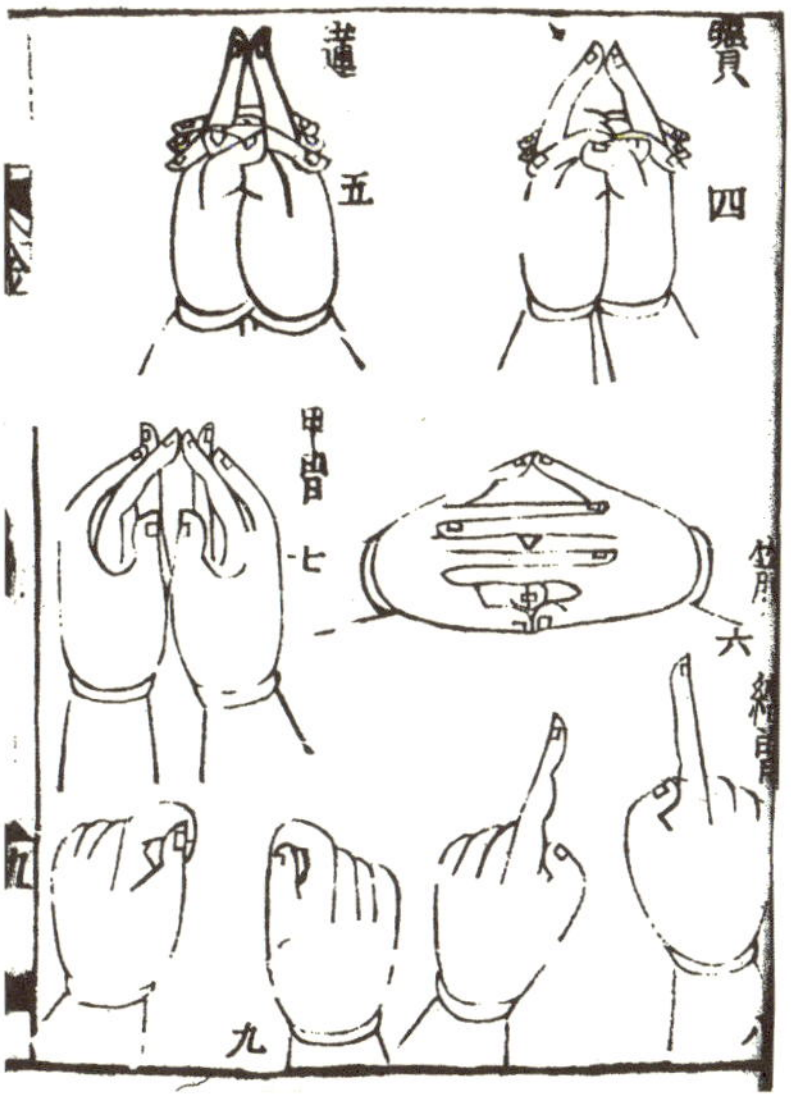

図 14

図 15

図 16

図17

て入木箇所を数えてみると、巻二の五丁が三五、六丁が六、七丁が一〇、八丁が一五、巻十二の三十四丁が一一、三十五丁が三となり、合計六丁で入木は九〇箇所に及ぶ。平均して一丁に一五箇所である。この『元亨釈書和解』は全二十三巻、全体の丁数が九六六丁に及ぶ大冊。家蔵本でざっと見てみると、板木の残らぬ他の丁にも入木らしい箇所がかなり目立つ。一丁平均一五箇所と推算して、九六六丁で入木は一四四九〇箇所というとてつもない数字が出て来る。その半分と見ても七〇〇〇を超える。もっともその入木が同時いっせいに行なわれたかどうかは不明で、それをはっきりさせるためには『元亨釈書和解』初版時の元禄三年の版本から最終版までを精査し、入木箇所を確認して行く作業が必要になってくる。が、仮に入木が数次にわたるにせよ、ある程度の量をまとめて一回にやっていることは間違いなかろう。入木はおそらく本屋から注文を受けた彫師の所で行なわれるのであろうが、たとえば千とか二千とかいうような量の入木をする場合、入木をこしらえて板木に埋める時にその大きさ・形が似ていれば間違って別の箇所へ収めてしまうことはありがちなことである。さらに想像をたくましくすれば、別の本の入木を埋めてしまうこともあり得るであろう。文字を上下にかけて入木をするのは、そういった間違いを避けるための工夫だったのではないだろうか。図版17の左側を見てみると、隣の行にまたがるような形の入木もいくつか認められるが、それもまた入木を埋める場所を間違えないための手立てであるように私には思われる。

平成十三年九月三日　稿

4 『山家集抄』の入木

はじめに

讃岐国来光寺の僧固浄の編になる『山家集抄』は、その外題通り西行の『山家集』の注釈書で、天明四年九月の太田文友等の序文、天明七年二月十六日の麦中斎桐谷誌の序巻跋、及び天明七年五月十一日の藤原高尹の跋文を備え、寛政七年春に京都の風月荘左衛門・吉田四郎右衛門の相版で出版された。もっとも『山家集』の注釈書とはいえ、『西行家集』『新古今集』『夫木抄』『御裳濯河歌合』『宮河歌合』『新勅撰集』『続後撰集』『新拾遺集』『千載集』などから加増された歌も少なくはなく、四季歌計七百八十二首を収録する。

平成十七年六月、奈良大学が京都の竹苞楼（現竹苞書楼）から譲り受けた約二千五百枚の板木の中に、この『山家集抄』の四丁張りの板木三十三枚が含まれていた。詳しくは後述するが、版本と照合してみると、失われた板木は十九枚と考えられ、全体の約六割が残った計算になる。それらの板木を眺めていると、従来の概念では理解出来ない極めて興味深い入木が認められる。

一般に入木というと、「版木製作後に訂正が必要になった場合、版木の一部を削りとって、新たにその部分に小片を埋め込み、補刻すること」(平成十一年岩波書店刊『日本古典籍書誌学辞典』「入れ木」の解説)というふうに捉えられがちである。が、「入れてから彫る」のではなく「彫ってから入れる」のが実態であったと考えられることは、前章の「板木二題—厚さ・入木—」で指摘した。前章は京都の藤井文政堂現蔵・旧蔵の板木約千二百枚と奈良の大仏殿前の絵図屋筒井家の板木百二十枚余の調査報告として纏めたものであったが、その後竹苞楼の板木の調査をも進めるにつれ、「彫ってから入れる」のが実態であったことについての確信を深めるのと同時に、入木は「版木製作後に訂正が必要になった場合」だけにするのではなく、他にも実に多様なやり方があることが判って来た。現存『山家集抄』の板木はその入木の多様性の一斑を如実に示してくれる史料なのである。

そこでこの稿では、『山家集抄』の出版に至る経緯を押さえた上で、入木を含め残存板木の状況を報告し、近世出版工房の作業工程の問題に踏み込んでみることにしよう。なお、以下の論中で『山家集抄』からの引用文には、私に句読点・濁点を付した。また、版本・板木から採った図版は一括して章末に掲げてある。板木の図版は、判り易いように鏡面で示した。

1　版本書誌

先ず初めに、奈良大学蔵本によって、『山家集抄』版本の書誌について述べておく。半紙本五冊。縦229×横162粍。浅縹色龍紋空押し元表紙。綴糸、薄藍色(後補か)。五冊とも双辺白地元題簽で、それぞれ次のようにある。「増/補　山家集抄　西行聖人傳/序凡例　一」「増/補　山家集抄　春上中　二」「増/補　山家集抄　春下/夏全　三」「増/補　山家集抄　秋上中　四」「増/補　山家集抄　秋下/冬全　五」。表紙については一冊めのそれを図版1に、題簽五枚全てを図版2に示してあるのでそちらで御覧いただきたい。本文は、板芯上部に書名を、下部に○印を添えて丁付を入れる。これを一覧にして示すと、次のようになる。

冊数	板芯上部の標示	板芯下部丁付
一	山家和歌集抄序	○一、○二
	山家和歌集抄	○三～○卅四
二	（空白）　(目録)	○一
	山家和歌集巻一　春上	○二～○十八終
	山家和歌集抄　(目録)	○
	山家和歌集抄二　春中	○一～○十九
三	山家和歌集抄　(目録)	○
	山家和歌集抄三　春下	○一～○十四
	山家和歌集抄　(目録)	○
	山家和歌集抄四　夏	○一～○十九
四	山家和歌集抄五六目録	○
	山家和歌集抄五　秋上	○一～○十一
	山家和歌集抄六　秋中上	○十二～○廿五
	山家和歌集抄七目録	○
	山家和歌集抄七　秋中下	○一～○十六

五　山家和歌集抄八目録　○
山家和歌集抄八　秋下　○一〜○廿三
山家和歌集抄九目録　○
山家和歌集抄九　冬　○一〜○廿六
山家和歌集抄跋　○

冊一は序巻で、「山家和歌集抄序」（天明四年九月中旬太田文友等書）「西行法師賛」（艸蘆龍公美述）「西行聖人伝」（不可思議撰深草元政上人也）（西行伝）「諸伝異考」「いつはりを伝たる事」「実伝たるべき事」「系図并ニ墓所の事」「聖人俗位并法号の事」「聖人と称する事」「聖人の和訓并通難」「歌堪能の事并師とすべき事」「西行上人和歌風体事」「歌の徳の事」「撰者の事」「題号の事」「聖像を造れる事」「歌数の事」「諸抄の評」「凡例」「依実録追加考補伝」「山家和歌集抄印刻序巻跋」（天明七年二月十六日麦中齋桐谷誌）を収録。以下、冊二から冊五の四冊に四季別に西行詠歌とその注釈を収め、冊五終丁の天明七年五月中旬藤原高尹誌の跋文末尾に

西行聖人六百年記正當　風月　荘左衛門
寛政七乙卯春新刻　吉田四郎右衛門

と刊記を入れる。

いま巻別に「目録内題」「抄文内題」「本文内題」を一覧にしてみると、次のようになる。

巻数	**目録内題**			**抄文内題**		**本文内題**
巻一	春歌上		七十八首	たつ春の巻		春上
巻二	春部巻中	花の巻上	五十七首	まつ花の巻		春歌中
巻三		花の巻下		ちる花の巻	八十二首	春歌下
巻四	夏部歌		(歌数不記)	衣がへの巻		夏歌
巻五	秋歌上		六十首	初秋の巻	六十首	秋歌上
巻六	秋歌中	月の巻上	八十首	ゆふ月よの巻	八十首	秋歌中之上
巻七		月の巻下	六十七首	月のまき下		秋歌中之下
巻八	秋歌下		(歌数不記)	はつ雁のまき		秋歌下
巻九	冬歌		(歌数不記)	初しぐれの巻		冬歌

歌数を記す巻とそうでない巻があるが、記している巻も必ずしも正確ではなく、実数をかぞえてみると、巻一が七十七、巻二が九十七、巻三が八十二、巻四が百十、巻五が六十、巻六が八十、巻七が六十七、巻八が九十八、巻九が百十一で、合計七百八十二首。次に本文の版式であるが、匡廓は巻一のみ四周単辺。他はすべて、左右の匡廓が双辺。また、巻一は匡廓の縦がやや長い。おそらくその版式と関係するのであろうが、行数も巻一のみが半丁十八行で、他は十七行となっている。次に版下であるが、巻一と巻二・三・四とではやや印象が違う(巻一は整い、二・三・四は崩れた感じ)ものの、同筆と見られる。巻五〜九(含、跋文)は一筆で、巻一〜四とは別筆。序巻は文字が小さく、はっきりとは判らないが、巻一〜四と同筆のように思われる。以上版式については、図版8・9・10を参照されたい。因みに、各巻冒頭部の目録の形式も、巻一〜四の春・夏の部は文字が小さく、巻五〜九の秋・冬の部は文

字が大きいという違いがあることも注意しておきたい。なお、国文学研究資料館から取り寄せた紙焼き写真によれば、表紙の色・模様は不明ながら、今治市河野美術館蔵本『山家集抄』も半紙本五冊で、五冊とも元題簽があり奈良大本と同板。本文も同じで、同板である。

2 残存板木一覧

さて、残存板木三十三枚を一覧にしたものが表Iである。版本と照合してみると、塗りつぶしで「欠」とした板木が失われていることが分かる。失われた板木の仕立て方を推測してみると、「欠2」の序19～22、「欠5」の巻三5～8はそれぞれ四丁張りで一枚。「欠1」の序1・2は、「欠3」の序33、「欠4」の巻二19と組み合わせて一枚であったと思われる。「欠8」の巻八目録と1～23の合計24丁が六枚。「欠9」の巻九目録と1～23の合計24丁が同じく六枚。「欠6」の巻七目録と1～9の合計10丁及び「欠7」の巻七12～16で合わせて15丁になるので、これで四枚。失われた板木は合計十九枚であったと推測される。したがって、もともと揃いの板木は全部で五十二枚あったということになる。丁の収め方は概ね順番であるが、板木番号242・619のように意図的に丁の順番をばらした板も散見する。なお、題簽の板木は板木番号245に巻一の17・18丁と共に仕立てられているが、図版3に拓本で示したように、管見版本と一致する五枚一組と、「増補」の角書を持たない五枚一組、それに合冊用かと思われる単独の一枚が用意されている。普通に考えれば「増補」の角書を持たない題簽が先行するはずで、この題簽を貼った版本の存在も想定されるが、未見。後述するように『山家集抄』は予定より大幅に刊行が遅れたという事情があるので、二種の題簽はそのことと関係があるのかもしれない。

表Ⅰ　『山家集抄』残存板木一覧

板木番号	巻　数	収　録　丁　数	寸法（丈・幅・厚さ）粍
欠　1	序	1・2	
68	序	3・4、5・6	745 × 193 × 15
247	序	7・8、9・10	743 × 192 × 19
25	序	12・13、11・14	776 × 194 × 19
757	序	15・16、17・18	739 × 195 × 15
欠　2	序	19、20、21、22	
242	序	25・26、32・34	776 × 195 × 18
253	序	29・30、28・31	777 × 194 × 18
欠　3	序	33	
19	一	1・2、3・4	765 × 192 × 22
840	一	5・6、7・8	753 × 198 × 20
246	一	9・10、11・12	746 × 197 × 18
250	一	13・16、14・15	755 × 195 × 22
245	一	17・18 終、題簽 3 種	750 × 197 × 22
266	二	目録、3 丁分白板	731 × 194 × 19
254	二	1・2、3・4	727 × 183 × 18
249	二	5・8、6・7	744 × 193 × 18
212	二	9・10、11・12	729 × 189 × 18
839	二	13・14、15・16	731 × 190 × 18
欠　4	二	19	
63	三	1・2、3・4	728 × 189 × 19
欠　5	三	5、6、7、8	
28	三	9・10、11・12	732 × 187 × 18
60	三・二	13・14、巻二の 17・18	745 × 193 × 18
256	四	1・4、2・3	730 × 200 × 16
248	四	5・8、6・7	728 × 192 × 18
293	四	9・10、11・12	745 × 194 × 19
170	四	13・14、15・16	745 × 193 × 19
65	四	17・18、19・白板	733 × 193 × 19

53	五	巻五・六の目録・1、2・3	738 × 198 × 19
62	五	4・5、6・7	737 × 194 × 18
837	五	8・9、10・11	738 × 194 × 19
255	六	12・13、14・15	743 × 194 × 20
257	六	16・17、18・19	747 × 197 × 16
20	六	20・21、22・23	743 × 193 × 18
258	六・序	24・25、序巻23・24	742 × 195 × 20
欠 6	七	目録・1〜9の計10丁	
619	七・序・四	巻七の10・11、序巻27、巻四目録	730 × 190 × 19
欠 7	七	12〜16の計5丁	
欠 8	八	目録・1〜23の計24丁	
欠 9	九	目録・1〜23の計24丁	
838	九	24・25、26・跋	722 × 200 × 17

3　板木の伝来

さて、先にも見たように『山家集抄』は寛政七年春に風月荘左衛門と吉田四郎右衛門の相版形式で出版されたものであった。それがいつどのような経緯で竹苞楼へ動いたのかはよく判らない。が、『禁秘御鈔階梯』（滋野井公麗著、安永五年奥）の板木が「滋野井家御蔵板／京都二条通富小路東江入北側／書林吉田四郎右衛門」と彫りこんだ刊記の板も含めほぼ揃い（四丁張り四十二枚と二丁張り二十七枚）で、また吉田四郎右衛門が吉田屋新兵衛らと刊記部に名前を連ねる『獅子巌和歌集類題』（湧蓮著、吉田元長編、文化十三年刊）の板木十枚ほどがやはり竹苞楼に伝わって来たことを思うと、竹苞楼の『山家集抄』の板木は吉田四郎右衛門から譲り受けたものではなかったかと推測される。その時期については不明であるが、幕末近いころのものと思われる竹苞楼の記録『竹苞楼蔵板員数』に「山家集抄　四丁張丗四枚　相合　〆三軒之二軒分」と、また明治七年三月の『板木分配帳』に「山家集抄　四丁張丗四枚」とあり、「丗四枚」という数字は現存枚数三十三とほぼ一致する。さらに明治十六年の『蔵板仕入簿』の『山家集抄』の項には次の付箋がある。

大正五年七月板木調
山家集抄　天地五寸五分
外題　増補山家集抄　五本
山家集抄　五本
一本外題　一本

（一）一ヨリ十八迠（終）
（二）一ヨリ十八迠
（三）一　二　三　四　九　十　十一　十二　十三　十四
（四）一ヨリ十九迠（終）
（五）五六目録　一　二　三　四　五　六　七　八　九　十　十一
（六）十二　十三　十四　十五　十六　十七　十八　十九　廿　廿一　廿二　廿三　廿四　廿五（終）
（七）十　十一
（九）廿四　廿五　廿六　跋

序巻の分について記さないのは不審であるが、その他の巻についてこれを先の残存板木一覧表と対照してみるとほぼ一致し、「欠2」の一枚を除く「欠」の板はもともと竹苞楼にはなかったことが判明する。序巻の分はたぶん記載洩れで、大正五年当時やはり竹苞楼の手許にあったのであろう。竹苞楼は幕末近い頃までに『山家集抄』の板木五十二枚のうち三十四枚を買い取り、それを「三軒之二軒分」としてもう一軒の本屋と「相合」で所持していたが、大正五年以降「欠2」の板一枚がおそらくは虫損のため失われ、現在に至ったのである。

4　成立

固浄が何時頃からこの書の編集に取り掛かったかははっきりしないが、巻七の奥に「秋巻天明三卯師走十日より始て、元旦にも是をかくとて、古人の心をくみてしるさんと先若水を硯にぞする。同辰正月七日此巻注し卒ぬ。」とあり、天明四年一月には秋の巻まで筆を進め、そして巻九の奥に「此四季の巻々こその長月より天明四年辰の今年閏正月上旬までに清二書シ之ヲ一卒ンヌ。」と記すところによれば、天明四年閏正月上旬には清書は完了していた筈で、それに合わせて太田文友等の序も同年九月には調えられたのであった。が、何かの事情で刊行に取り掛かるのが遅れたものらしく、巻九に添えられた藤井高尹の跋は天明七年五月となっている。そしてさらに刊記によれば、出版は大幅に遅れ、八年後の寛政七年春にずれ込んでしまったのである。この間の事情については、巻一の奥に固浄は次のように記す。

> 天明七丁未の夏書林へ請とりて梓を催せしが、同申の正月晦都の大火に此抄も類焼と聞ゆ。さは西聖人の本意にかなはでうせしならん、さればとて別に写貯し本もなければ、連年の功も夢となりぬ。病身再び抄せん力もなく、かくて止なんと思ふに、同じ秋の比、序巻と秋冬の部残て侍しとて頻に再著をこはるゝまゝ、既に大都の回録に小冊のゝこりしは冥加もやと覚て、同十一月春の巻を艸し、今酉閏六月に夏の巻を功を卒て槐市へ送る。今年正しく聖人六百年忌に当れり。誠に時至り侍るにやと悦て筆を閣《ママ》くものならし。

つまり、天明七年夏から出版に取り掛かったのであるが、同八年正月の京都大火で『山家集抄』も類焼し、一度は出版を断念したものの、八年秋に序巻と秋・冬の部が残っていることが判明し、書林に乞われるまま、八年十一月に春の巻を、西行六百年忌に当たる寛政元年閏六月に夏の巻を「再著」して槐市（ここは書林の意か）へ送ったのだという。「此巻、京に焼失之間、天明八年申冬重て考二諸書一記レ之。明春聖人六百年忌正当たるニより、為二追善報恩一急々書集之。応ニ二所誤多ク有一レ之。後の君子、是を正し給へ。」（巻二奥書）「西聖人遁世の前年京大火、亦六百年忌の前年に大火、此巻焼失して重て著述す。酉年閏六月二日書二之於京師ノ旅館一。」（巻三奥書）「此巻閏六月六日固浄書之卒。」（巻四奥書）とあるのも、春夏の巻「再著」の経緯を記したもの。これらの奥書からは、焼けたのが清書原稿なのかそれとも板木なのか分かりにくいが、先にも触れたように春夏の部と秋冬の部とでは版下の筆跡が替わっていること、冒頭部の目録の形式が違うことからして、焼けたのは板木であったと考えてよかろう。つまり、『山家集抄』は天明七年末もしくは八年春を目途に出版の準備が進められ板木も彫刻済みであったのだが、八年正月の大火で春夏の巻の板木が焼け、固浄の「再著」を経て寛政元年閏六月以降にその分を補刻し、出版の段取りを整えたということになる。なお、図版11に示したように、刊記部の年記「西行聖人六百年忌正當／寛政七乙卯春新刻」の二行目「春」は明白な入木、「七乙卯」も入木と認められる。一行目に「西行聖人六百年忌正當」と彫ってあることからすると「七乙卯」のところは、最初「元己酉」とあった筈。その刊記を持つ版本の存在も想定されるが、寛政元年に板木は彫製済みであったものの大火後の混乱もあって出版が大幅にずれ込み、寛政七年の実際の刊行時に刊記部を触ったと今のところは考えておきたい。

5 『山家集抄』の入木

1 本文の入木

ではここで、話を本題に戻そう。この稿の目的は『山家集抄』の板木を手掛かりとして入木の多様性を見ることであった。「版木製作後に訂正が必要になった場合」の入木はもちろん『山家集抄』本文にも認められる。特に目新しいことでもないが、例を挙げておこう。図版4は板木の残る巻四の11丁裏。図版5はその右上の部分を拡大して示したものである。「水無瀬川をちのかよひぢ水みちて船わたりする五月雨の頃」の歌の抄文6行目と7行目の間に窮屈に入っているフレーズが入木であることは、版本を見ただけでも明白。入木部分を〔 〕で示し前後の文を挙げてみると「上に名所を出し、下を五月雨の頃と〔留たり。五月雨の頃と〕いふに心を付べし。よく其頃をよめり」とある。入木部分があったほうが文意は自然で、おそらく固浄の清書原稿にはそのようにあったものを、「五月雨の頃」というフレーズが重複するため目移りがして、版下で誤ったのであろう。板木彫製後そのことに気付き、入木で修正したのである。図版6は板木の残らない巻九の15丁裏の一部。これも拡大で示したが、図版4行目〔大御門ノ南烏丸〕、さらにその4行後「仁壽」の〔壽〕の部分が入木と見られる。かような所謂「版木製作後に訂正が必要になった場合」の入木が板木残存の範囲で先の刊記部も含めて三十七箇所、板木の残らない範囲で五箇所認められる。

2 合印の入木

さて、『山家集抄』では抄文の歌の見出しに図版8（巻一の11丁裏）、図版9（巻六の12丁表）に見られるような数種の合印を使用している。この合印は、序巻の凡例によれば次のような標示である。

一　部分の錯綜せるをば、深き謂もあるべきかと大かたは其まゝ置なり。尤歳暮歌中に紅葉一首あり。紅葉歌中に恋一首まじれり。これらの類を改正し、或は類によりて雑中より四季部へ改入しは、皆⊕の印を附。

一　◬の印を付しるすは、勅撰の集に入し歌の印なり。

一　○の印は加増の歌なり。上に玉を拾ふと云、これなり。

一　☆の印は考べき歌、又しれがたきことの印なり。傍にイ何と付しは、古本に異考せしなり。

なお、この凡例には記されていないが、図版8・9にも出る△印も多用され、これは凡例に言うような注を必要としない歌の標示である。また、数としては多くはないが、所々に語釈の標示として◯印（図版9参照）も使われる。以上、△☆○⊕◬◯6種の合印を版本で拾ってみると、序巻を除き巻一～巻九で合計八百四十四箇所に及ぶ。そして興味深いのは、残存板木についてこれらの合印を調べてみると、もとから彫りこんである箇所と後で入木処理をした箇所とがあり、しかもそれが巻によってはっきりと分かれているということである。先に図版8・図版9として示した巻一の11丁裏、巻六の12丁表の該当箇所の板木図版を御覧いただきたい。図版12が巻一の11丁裏で、ここに出る合印は下段の拡大写真からもお分かりのように、すべて入木である。それに対し、図版13の巻六の12丁表の合印は入木ではなく、もとから彫りこんだものである。残存板木の合印の入木の状況について、これを表Ⅱとして一覧表にしてみよう。

表の欄外に集計しておいたが、巻一～四までの合印はもとから彫りこんであるのが十六箇所、入木処理が三百六十二箇所。一方、巻五～九はそれとは反対に、入木処理が十一箇所、もとからの彫りこみが百四十一箇所となってい

表Ⅱ 『山家集抄』残存板木の合印一覧

＊数字は合印の数 ＊各欄左のぬりつぶしが入木 右は彫りこみ

板木番号	巻数	丁付	△		☆		⍥		ф		⟁		○	
19	一	1		2								1		1
19	一	2		2										
19	一	3	2	2										1
19	一	4	2				2							1
840	一	5	3				2				1			2
840	一	6	4										2	
840	一	7	3			1					1			1
840	一	8	3				1				1			
246	一	9	3				2							
246	一	10	1						4					
246	一	11	4				2		2		1			
246	一	12	4											
250	一	13	3				1				1		1	
250	一	14	1	1			3							
250	一	15	3	1			2							
250	一	16	5											
245	一	17									2			
245	一	18	2											
254	二	1	1				4				2			
254	二	2					1		4		1			
254	二	3					5		1		1			
254	二	4	1				2		2		3			
249	二	5			2		2		4					
249	二	6	2				1		1		1			
249	二	7	3								3			
249	二	8	5								2			
212	二	9	1								3			
212	二	10	7											
212	二	11	4								1			
212	二	12	2				2				2		1	
839	二	13			1		6							

板木番号	巻数	丁付	△	☆	◌	⊕	◬	○
839	二	14			5			
839	二	15	1		3	2	1	
839	二	16	1			3	2	
60	二	17	2		1			1
60	二	18			2		1	1
63	三	1	3				1	
63	三	2	7					
63	三	3	2				2	
63	三	4	7					
28	三	9		1	6	1	1	
28	三	10			4	2	1	
28	三	11	3		2	1		
28	三	12	2		4	1		
60	三	13	6				1	
60	三	14	4					
256	四	1	7				1	
256	四	2	6				1	
256	四	3	3				1	
256	四	4	7					
248	四	5	2		3		2	
248	四	6			5			
248	四	7			7			
248	四	8	4			1		
293	四	9	3					
293	四	10	6	1				
293	四	11	6					
293	四	12	8					
170	四	13	6	1				
170	四	14			1	4		
170	四	15	1		2	2	1	
170	四	16	6					
65	四	17	7					

板木番号	巻数	丁付	△		☆		◌		✢		◬		○	
65	四	18	3				2				1			
65	四	19	4				1							
53	五	1		2		1		1				1		2
53	五	2					2	2			1	1		
53	五	3		5				1						
53	五	4		4				2						
62	五	5		5										
62	五	6		5										
62	五	7		5										
837	五	8		5								1		
837	五	9	1	1							2	1		
837	五	10		3							2			
837	五	11		5								2		
255	六	12		3				2		2				1
255	六	13		4				2						
255	六	14		6										
255	六	15		3										
257	六	16		4										
257	六	17		6										
257	六	18		5										
257	六	19		4								2		
20	六	20		4							2			
20	六	21		5							1			
20	六	22		5								1		
20	六	23		7										
20	六	24		7										
258	六	25						1				2		
619	七	10						4						1
619	七	11		2										
838	九	24		3								1		
838	九	25		1				1				2		
838	九	26		1										

る。その数量から考えて、巻五～九の合印の入木は「版木製作後に訂正が必要になった場合」のそれと見ることが出来るが、巻一～四は訂正とは到底思われない。つまり、巻一～四の入木は最初に板木を彫る時に合印の箇所を意図的にとばして行き、後で一括して入木処理をしたと見るべきものである。

では、何故そのような処理をしたのであろうか。また、そのような処理が彫りの作業工程でどのような意味を持つのであろうか。先にも見ておいたように、巻五～九は天明八年の京都大火以前に彫製されたもの、巻一～四は大火後に補刻されたものであった。ここで問題になるのは大火の前後ということではなく、巻五～九と巻一～四の二群の板木が同時同一の作業工程で作られたものではなかったということである。それは版式の違いとしても認められることを先に版下・目録を例にとって触れたが、それは図版8と図版9を並べてみると一目瞭然で、この合印も巻五～九のそれはやや小さめで、巻一～四はやや大きめというはっきりとした違いがある。つまり、巻五～九は抄文の文字も小さめで合印もそれに合わせて文字の幅にほぼ見合う小ささであるのに対し、巻一～四は抄文の文字が大きめになり、さらに合印が抄文の左右行間へはみ出しがちな大きさになっている。この違いが合印が入木かそうでないかということと深く関わっているのだと思う。彫師の立場に立ってみると、どちらが仕事がし易いかは言うまでもなかろう。彫師は行間がすっきりと通っていた方が刀を運び易かった筈である。その作業工程を配慮した上で天明七年の初刻時には、『山家集抄』の版下は抄文を小さめにして行間をとり、合印が行間にはみ出さぬように配慮されていた。が、大火後に巻一～四を補刻するに際し、それが編者固浄の指示なのかそれとも版下筆者の意図なのかは不明ながら、抄文も大きめに合印はさらに大きめに設定されることになった。その理由は、実際に版本に目を通してみると納得出来るのだが、巻五～九のスタイルだと合印が小さいため抄文に紛れて見分けにくいということであったのではないかと思われる。そのように読者にとっては有難い配慮が、彫師にとっては彫りにくいという迷惑な結果を

残存板木合印　合計		入木	彫りこみ
	巻一～四	362	16
	巻五～九	11	141

招くことになった。そこでもう一度表Ⅱの合印一覧を御覧いただきたいのだが、巻一〜四の合印でもとからの彫りこみは巻一に限られ、しかもそれが前半に集中していて、巻二〜四の合印はすべて入木処理であることに注意してよいかと思われる。それは最初彫りこみで作業を始めたものの仕事がやりにくく、途中から方針を変更し、後での一括処理に切り替えたという事情を暗に物語っているかのようである。以上のように、『山家集抄』巻一〜四の合印の入木は、彫りの作業工程の効率化を優先した、一度板木を彫製した後での一括処理であったと考えられる。が、一括処理とは言え、それは合印の入木を大量にこしらえておいて機械的に入れるという単純なことでもなかったらしい。その例をいくつか挙げてみよう。図版14は巻一6丁表の部分。△印を上の匡廓の一部と下の「春」の一部に掛けた入木である。同様な入木が、巻二4丁裏（△印を下の「今」の一部に掛ける）、巻二15丁裏（△印を下の「な」の一部に掛ける）、巻四10丁表（△印を上の匡廓の一部に掛ける）にも認められる。図版15は巻二1丁裏の部分。○と⟁を重ねた入木が二箇所にあり、左側の方は△の左隅を切ってある。○と⟁を重ねたスタイルの合印は全巻を通じてこの二箇所だけ。ある程度の機械的な処理も可能だったかも知れないが、これらの入木はいずれもその該当箇所のためにだけ仕立てられた入木である。そのような煩瑣とも思われる工程を踏んでも、最初から彫りこむよりも後で一括処理した方が全体の効率はよかったのであろう。因みに、図版7に示したように、巻三7丁裏には合印が必要なのに空白になっているところが二箇所ある。抄文7行目「風ふけど」の上には△が、13行目「吹風の」に上は○が入るはずで、その分の余白がある。板木が残っていないので確認のしようがないのが甚だ残念であるが、これは入木処理をうっかり落としたのであろう。

なお巻五〜九の合印の入木は、△が一箇所、○が二箇所、⟁が八箇所で、⟁が最も多い。この⟁のうち巻五10丁裏のケースは、図版16のように、もとから彫りこんであった△の左肩に部分的に入木して⟁に改めたものである。また巻五9丁表の板木には合印の入木がはずれてしまっているところが一箇所あるが、版本で見ると⟁印が入っていたはず。これらを手掛かりにして考えると、⊿の入木はもとはすべて△であったものを部分修正または全面修正したのではないかと思われる。いずれにせよ巻五～九の合印の入木は作業工程の効率化に伴って行われたものではなく、板木彫製後の見直しの際に修正した入木であったと考えられる。同じ合印の入木でも、巻一～四と巻五～九では、性格が全く違っているのである。

3　序巻漢文体の入木

さて、『山家集抄』には巻一～四の合印と同様、彫りの作業の効率化に伴い一括入木をしたところがもう一つある。それは、序巻3丁表から5丁表半ばにかけての「西行法師賛」（艸蘆龍公美述）と「西行聖人伝」（不可思議撰）で、図版10に3丁表を縮小率約78％で示したが、この部分は漢文体である。したがって返り点・送り仮名・ルビ・音訓読符号が夥しく施されることになり、いまその数を数えてみると僅か2丁半の間に五百三十三ある。入木の寸法は縦横2粍前後の大きさで、ルーペを使用しても判然としない箇所もあるが、板木を仔細に検分してみると、ここに施された返り点・送り仮名・ルビ・音訓読符号はどうやらすべて入木であるらしい。入木の様子がよく分かるところを図版17（4丁裏）・図版18（5丁表）に挙げておこう。漢文表記はどうしても送り仮名が右の、返り点が左の行間にはみ出してしまうことになり、彫りの仕事のしにくさはおそらく先の合印の比ではない。そこで本文は本文で先に彫っておき、後で返り点・送り仮名・ルビ・音訓読符号を入木で一括処理で行ったと考えるべきであろう。僅か2粍ほどの入木五百三十三個をこしらえて、それを一つ一つ板木本体に嵌め込む作業は考えただけでも気が遠くなりそうであるが、それでも最初から板木に彫りこんで行くよりは全体の作業効率はよかったのだと考えざるを得ない。因みに記せば、序巻にはこれ以外にも返り点・送り仮名・ルビ・音訓読符号を伴う漢文挿入箇所が少なくはない。いまその箇所をおよその行数で列記してみると、7丁表1行・18丁裏6行・19丁表6行・20丁表11行・25丁裏1行・29丁裏1行・

30丁表2行・30丁裏2行・31丁裏2行・33丁表3行で、合計35行ほどある。このうち19丁・20丁・33丁は板木が残らないので判らないが、他は板木で確認してみると、こちらの返り点・送り仮名・ルビ・音訓読符号は全て最初からの彫りこみで、入木ではない。

6　他の例

では、『山家集抄』のように彫りの工程を効率化するために、一度板木を彫製したあとで、入木を一括処理した例は他にあるのだろうか。これについては、俳文学会第58回全国大会開催を記念して平成十八年十月十日から十一月十日まで奈良大学通信教育部棟（現奈良大学博物館）展示室で行った板木を中心とする出版資料展「出版の現場から」の展示目録解説で、この『山家集抄』と共に少し触れたことがあるが、漢文の例としては狂詩集『毛護夢先生紀行』が挙げられる。該書は、明和八年八月竹苞楼佐々木惣四郎の刊。もとは四丁張り五枚であったと思われる板木が二丁張りに截断して残っている。残存板木は二丁張り五枚で、該書の3〜6丁と9〜14丁の合計十丁分である。狂詩集であるから当然漢文表記になるのだが、この板木にもやはり夥しい入木がある。もっとも『毛護夢先生紀行』の場合、『山家集抄』の「西行法師賛」「西行聖人伝」のように返り点・送り仮名・ルビ・音訓読符号を全て入木としているのではない。全体的には最初から彫りこんであるものの方が多く、また入木も概ね送り仮名・ルビに限られている。その一例を示そう。図版19・20は11丁表の一部。図版19二行目の「財《ハナ》モ」の「モ」、「少《ナシ》」の「ナ」、「連二」の返り点「一」が入木で、他は全て彫りこみ。図版20は一行目のルビ・送り仮名が全て入木で、二行目は「安シ」の「シ」及び「眠ル」の「ル」が最初からの彫りこみで、他の送り仮名は入木である。いま、白蟻に食みつくされて殆んど刻面の残らない5丁を除く残り九丁について調べてみると、送り仮名・ルビの入木が二百二十一箇所、返り点などの入木が十箇所で、合計二百三十一箇所となる。これもやはり修正という範囲で収まるような数量ではなく、後で補うことを前提とした入木と見るべきであろう。先の展示目録に「微細なルビなどは、彫れるところは彫って、彫りにくい箇所はとばして行き、あとで入木で補ったのではないかという印象を受ける。そうするほうが、職人は仕事がし易かったのかもしれない。」と述べたが、そのように考えざるを得ないのである。なお、『山家集抄』の合印の入木に類似した例としては、文政堂蔵の「高野版」（現当主藤井佐兵衛氏談）の経典の板木、『山家集抄』『毛後夢先生紀行』と同様竹苞楼旧蔵の明治期刊『標注文章軌範纂評』の板木に微細な○印を一括入木したと見られる例もあり、今後さらに調査を進めて行けばいくらでも出てくるような気がしている。

以上、『山家集抄』の残存板木を中心に、彫りの作業工程効率化のため合印や漢文の返り点・送り仮名・ルビ・音訓読符号など彫りにくいところを後で一括処理するという入木の手法があったことを見て来たのであるが、大量の板木を眺めていると、入木にはまだ他にも幾つかの使い方があることが分かって来ている。が、それについては、また機会を改めて紹介することにしよう。

平成十九年八月晦日　稿

図1　序巻表紙

図2　題簽

図3　題簽板木（245番）拓本

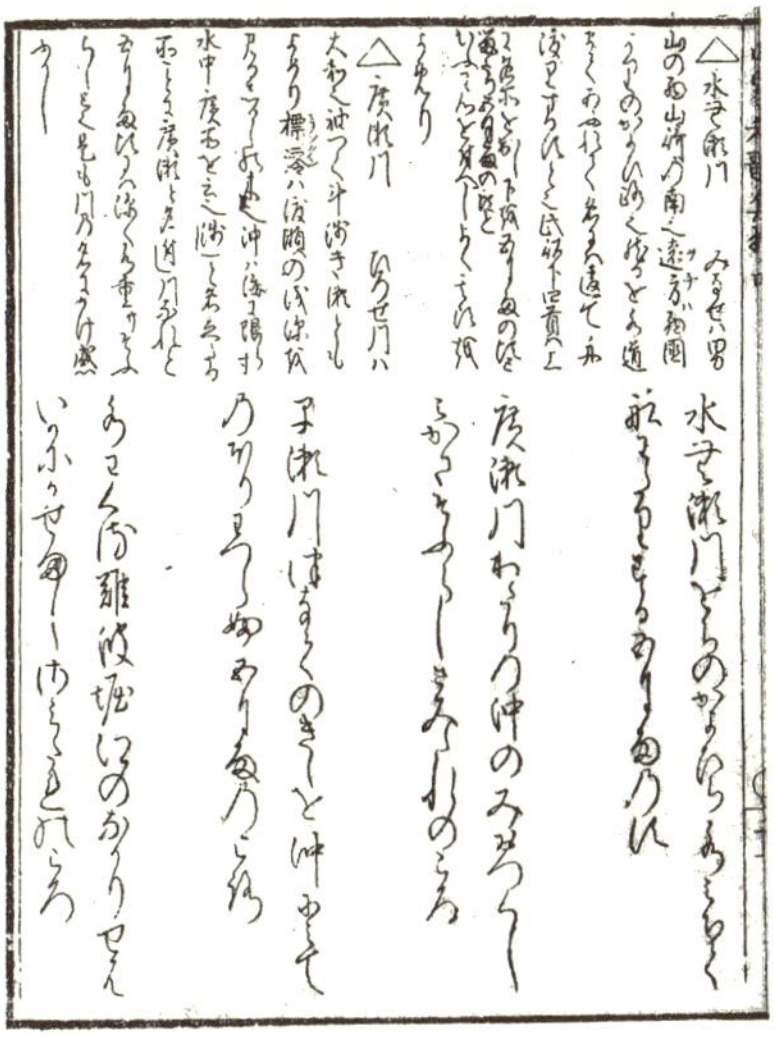

図4　巻四 11 丁裏

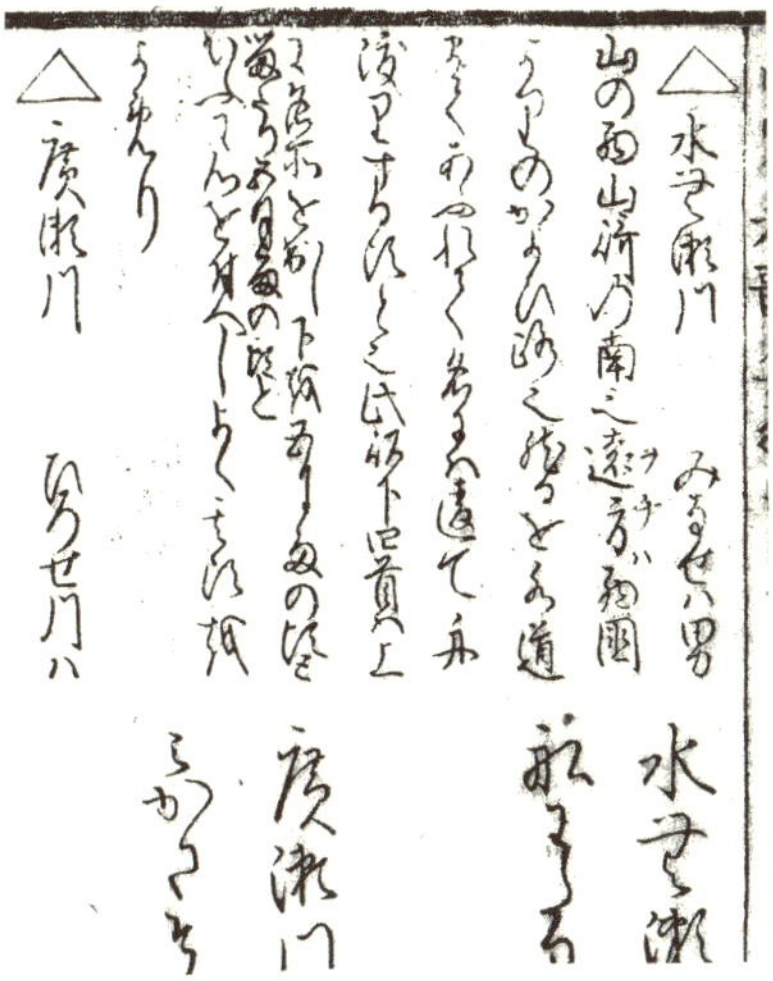

図5　同右　部分

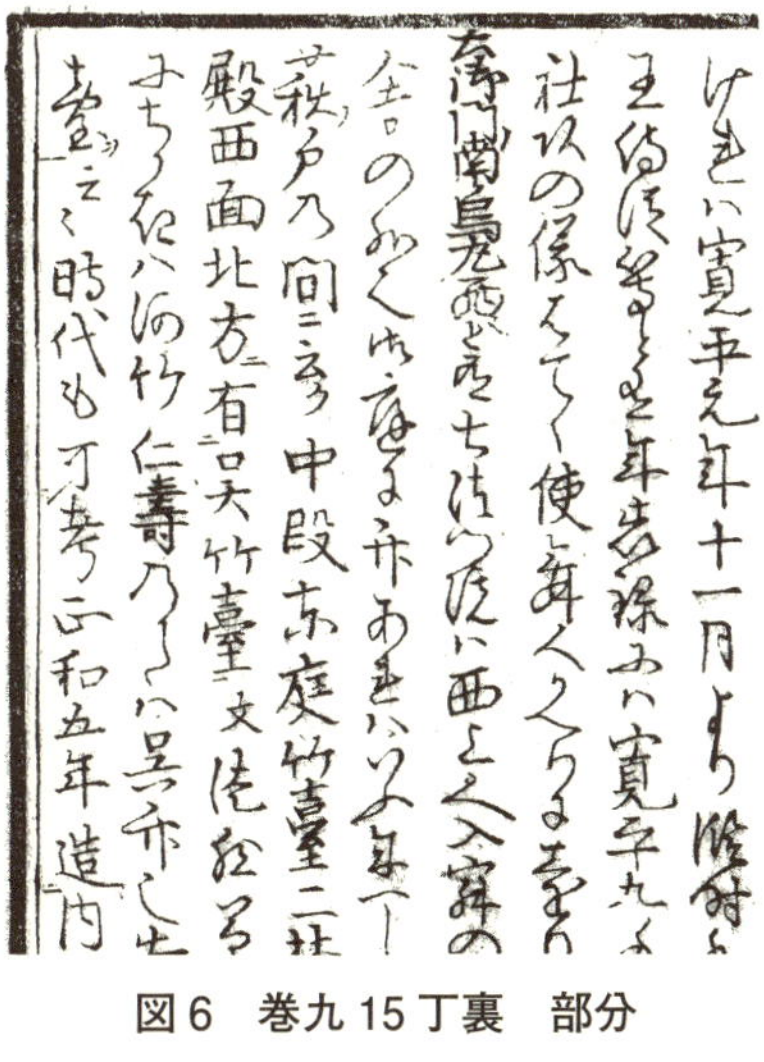

図6　巻九 15 丁裏　部分

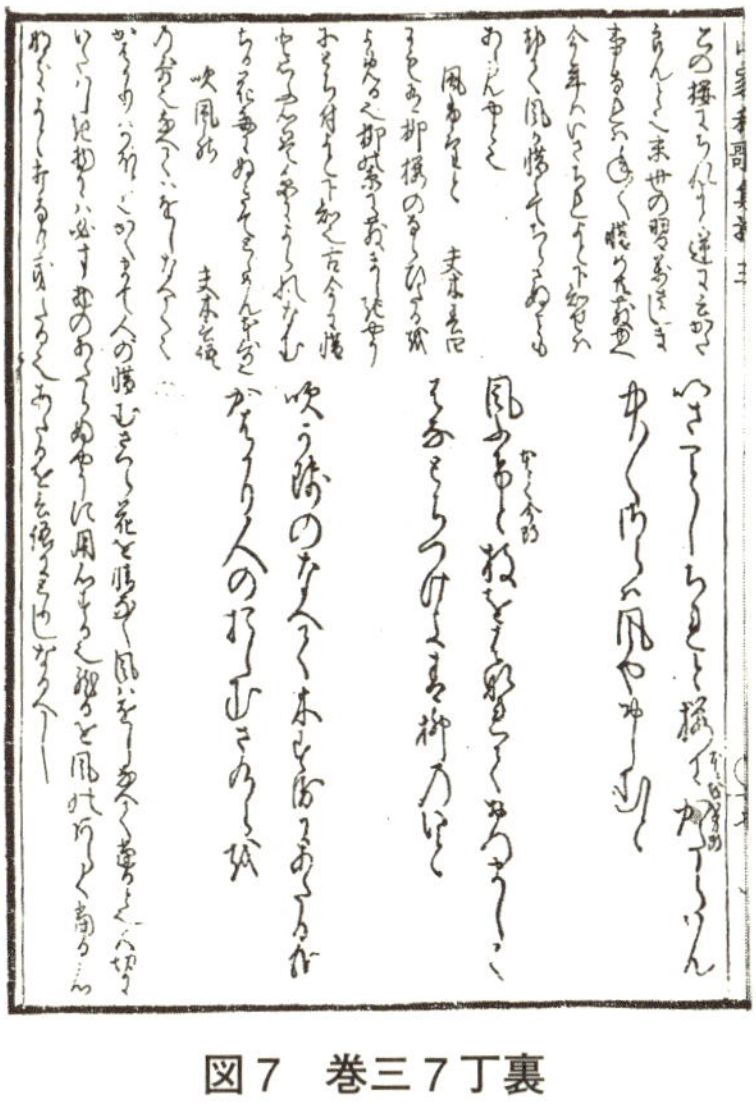

図7　巻三 7 丁裏

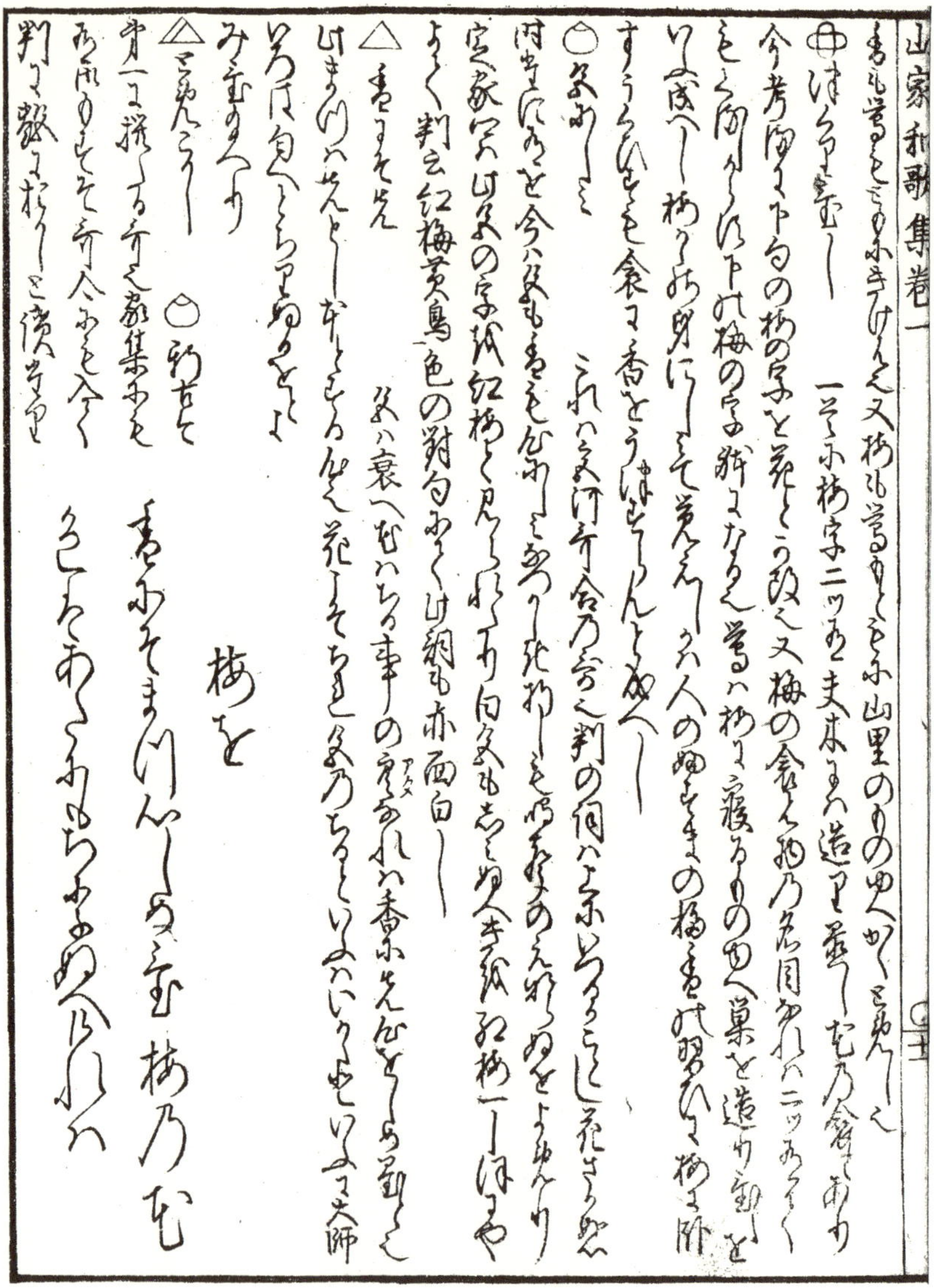

図8　巻一11丁裏

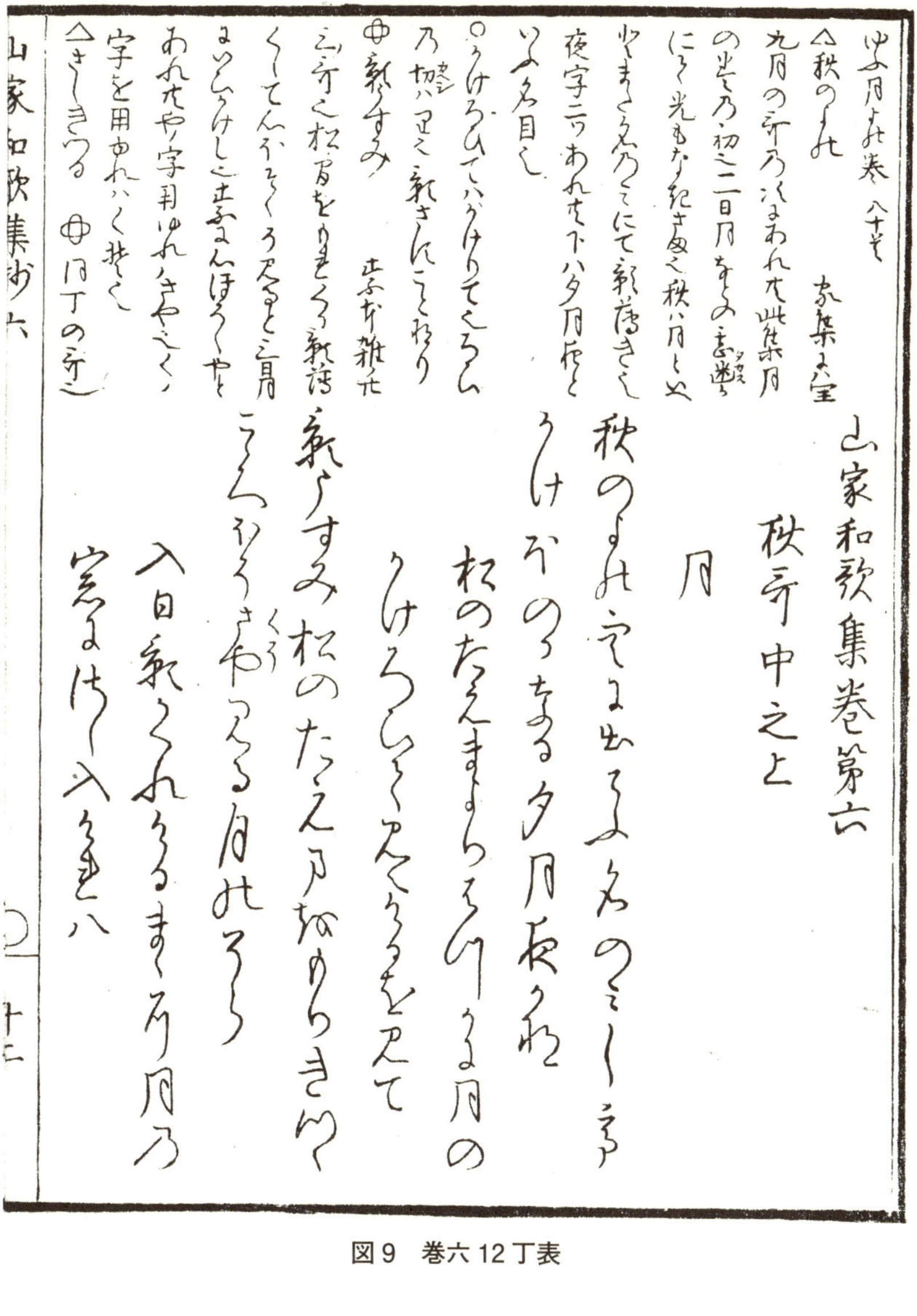
山家和歌集巻第六
秋哥中之上
月
山家和歌集抄六
十二

図9　巻六12丁表

西行法師賛
艸盧　龍公美　述
半千又餘年前獨有風流之士藤儀清改西行孺子尚熟其
耳公在昔白衣時故郷辭来朝仕能達武能達文無恥勇之
與智最長於作詞才妙契于心公旨主上大喜得人親愛無
與等類家門多幸栄華衆人誰不覦覬但觀世相無常篤信
夢幻喩譬秋夜坐月傷心奈何塵縁難避一旦遂捨妻兒剃
愛永歸釋氏除緑髮披緇衣深自歎遂素志從此孤標孑身
從容無復繫累周遊天下州郡蹤跡殆比雲水賞花月於寂
寞訪聖賢於幽邃公嘗遊化鎌倉見將軍叙習技終夜清譚
厚濃將軍多謝教示翌日告歸去来慇懃留而不止深爲爱
惜別離贈以一小寳器公輙受不敢辭出門即捨遊稚熟見
哲人行蹤不求名不貪利求名須不願容貪利豈可輙弃文
覺亦豪傑僧始薄公以浮戯一見風度不凡方悔前念非是
苟非積厚養深感動人難至此得佛道於國風感神託於文

図10　序巻3丁表

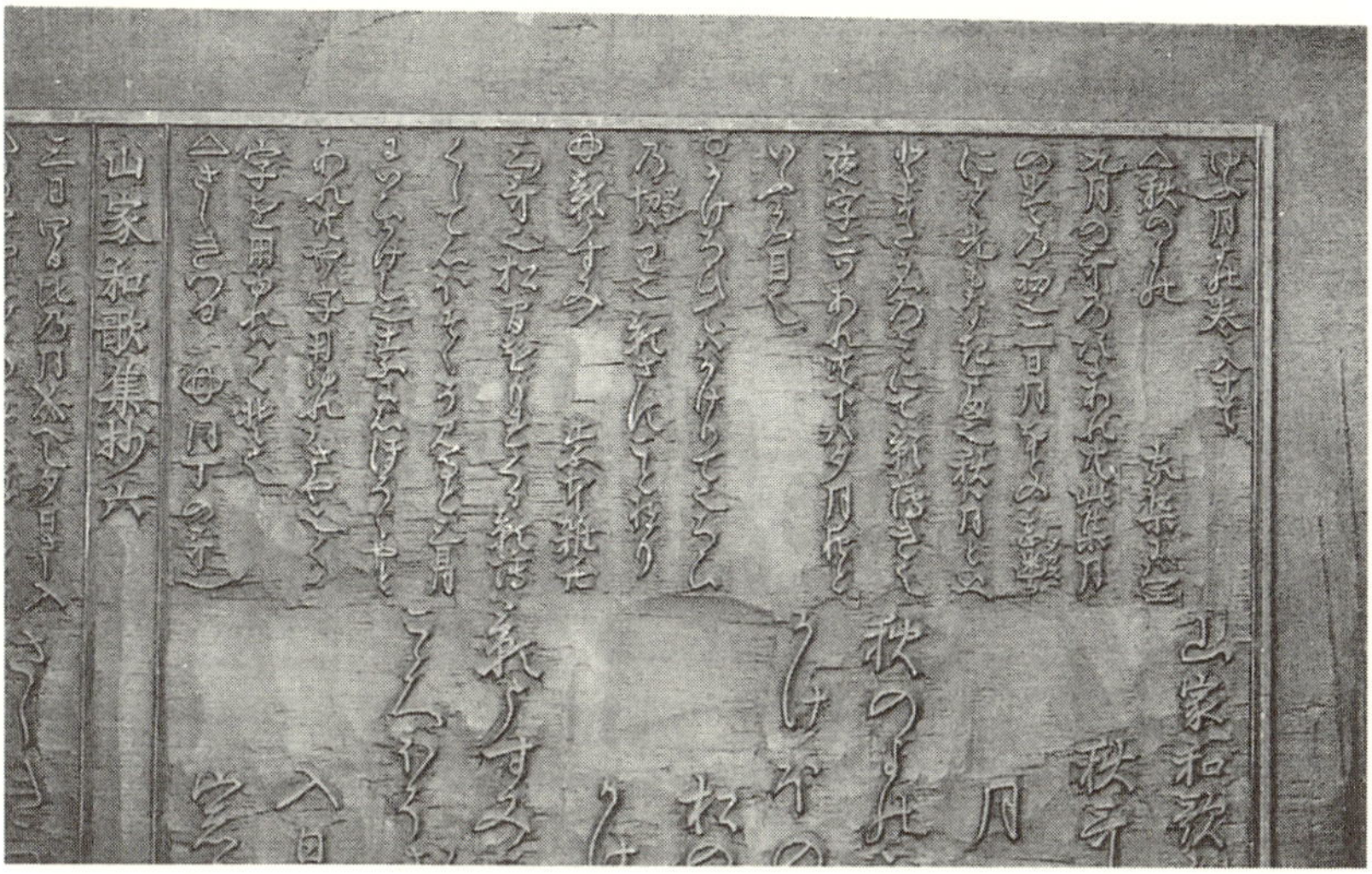

図13　巻六12表の板木（部分）

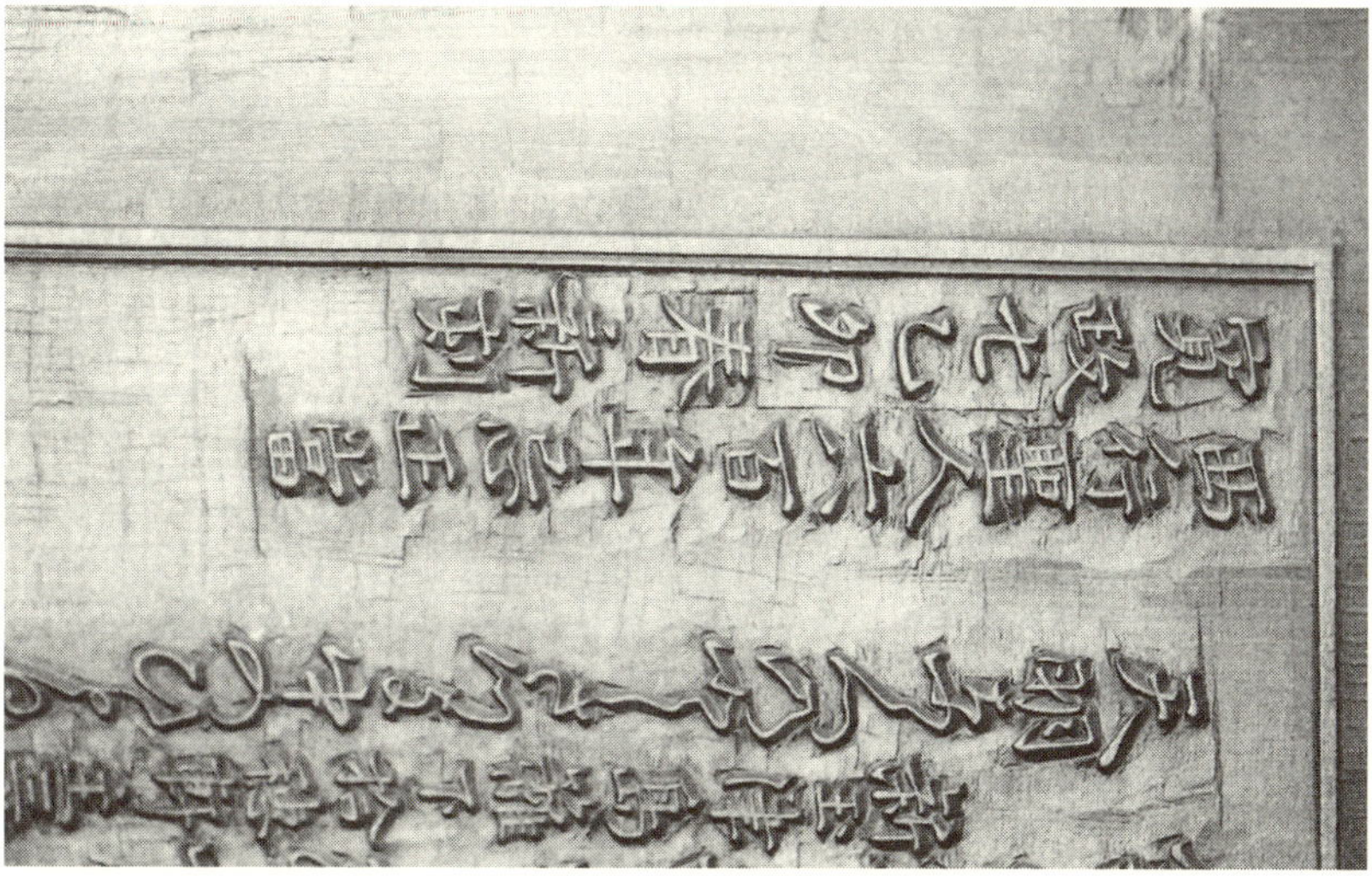

図11　刊記部の板木（部分）

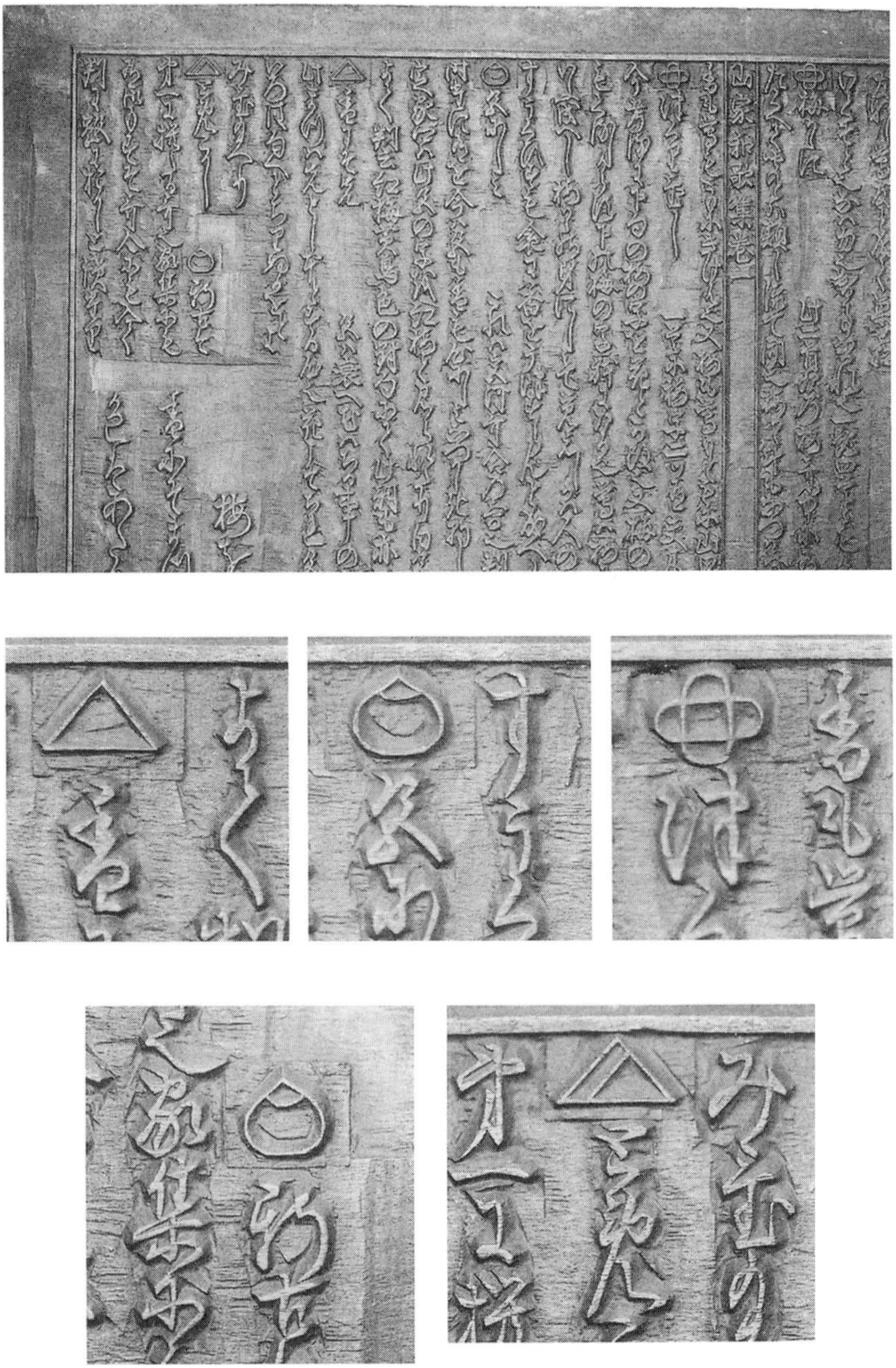

図 12　巻一 11 丁裏の板木（部分）

図 14　巻一 6 表の板木（部分）

図 15　巻二 1 丁裏の板木（部分）

図 16　巻五 10 丁裏の板木（部分）

図17　序巻5丁表の板木（部分）

図18　序巻4丁裏の板木（部分）

図19『毛護夢矢生紀行』11丁表の板木（部分）

図20　同右

第五部●版権移動・海賊版・分割所有

1　『笈の小文』の板木

1　『笈の小文』の版本・板木

『笈の小文』の版本に四種があることは、既に天理図書館善本叢書10『芭蕉紀行文集』（昭和四十七年三月刊）の解題にその指摘がある。すなわち、

Ⅰ　平野屋佐兵衛版
Ⅱ　井筒屋庄兵衛・井筒屋宇兵衛版
Ⅲ　井筒屋庄兵衛・橘屋治兵衛版
Ⅳ　井筒屋庄兵衛・橘屋治兵衛・浦井徳右衛門版

の四種である。従来初版と目されて来たⅠの天理図書館綿屋文庫の宝永六年刊平野屋版は、衆知の如く天下の孤本。Ⅱ・Ⅲ・Ⅳに属する版本としては、管見によれば次のものがある。なお、以下論中で取り上げる資料は国文学研究資料館提供の複写に拠るものが少なくないが、それらの所蔵先については資料館マイクロデジタル資料和古書所蔵目録の略称に従うことが多い。

Ⅱ　竹冷文庫本・八戸図本・今治市河野美本・富山県図中島本・愛知県大図本・某家蔵本・柿衞文庫本・綿屋文庫本（88・12）・綿屋文庫本（88・13）・中村俊定氏蔵本（武蔵野書院「冬の日・笈の小文」複製底本）

Ⅲ　大谷大学蔵本・今治市河野美本・岐阜県図本・奈良大本（宮田正信博士旧蔵本）・太田中島図本

Ⅳ　京大潁原本・松宇文庫本・西尾市岩瀬本・綿屋文庫本（88・14）・綿屋文庫本（88・15）

Ⅰを含め、寸法・表紙などに些かの相違はあるものの、何れも半紙本一冊であることに変わりはない。Ⅰ・Ⅱ・Ⅲはそれぞれ板木が異なること、これまた『芭蕉紀行文集』解題にある通り。Ⅲ・Ⅳは刊記部を除き同板。従って板種としては、Ⅰ初刻本、Ⅱ再刻本、Ⅲ・Ⅳ三刻本の三種ということになる。ⅠからⅡへの版権移動およびⅡに於ける再刻事情については、後に詳述する。Ⅲは、天明八年の京都大火で手持ちの板木を全て焼失した井筒屋が橘屋の協力を得て『おくのほそ道』『芭蕉翁発句集』などと共に彫り直したものと見るべきこと、「『芭蕉翁発句集』の入木」（本書第四部2）、「『奥細道菅菰抄』の板木」（本書第五部2）などに述べた通りである。Ⅳは、文化三年頃に井筒屋から芭蕉関係の板木を全て買い取った諧仙堂浦井徳右衛門が刊記部にのみ手を入れて出したものであること、これまた「『芭蕉翁発句集』の入木」（前引）、「『七部大鏡』の版権」（本書第三部3）で触れた。

先ずは、従来初版と目されて来た平野屋佐兵衛版を見てみることにしよう。天理図書館提供のカラー写真および『芭蕉紀行文集』解題によって同書の書誌を記せば次のようになる。半紙本一冊。縦227×横157粍。原装表紙、砥粉色地に銀灰色の歯朶模様を散らす。綴糸は濃紫、後補。表紙中央に白地無辺元題簽「笈の小文　全」、縦165×横37粍。章末掲載の図1・図2（天理図書館蔵本わ88・16による。図3・5・6も同じ。）がその前後表紙である。全二十七丁。柱刻「文　一（〜廿七終）」。毎半葉八行。その内容は、1オ〜2オに「笈之小文序」（宝永四丁亥年春観桂堂砂石子）、2ウを余白とし、3オ〜22ウに「笈の小文」を（図3は3オ冒頭部）、23オ〜27ウに「更科紀行」を収め、27ウ本文末尾に続けて次のように奥書・刊記が入る（図6参照）。

此記行終て後乙州以謂猶翁之文
かさね及ヒ烏の賦集〳〵に洩ぬること
を惜ミ後集を加ンとおもひ企ぬ
江南杙々菴乙州梓之
宝永六年孟春慶旦
二条通高倉東へ入ル町
書林　平野屋佐兵衛開版

なお、版下について『芭蕉紀行文集』解題では「版下は序より刊記まですべて乙州自筆」とするが、その根拠不明。同書よりやや先行する『図説芭蕉』（昭和四十七年一月刊）の「笈の小文」解説に「本書全文乙州の板下」とあり、善本叢書はこれによるかとも思われるが、その『図説芭蕉』もやはり根拠を示していない。その後、乙州版下説を前提にした『笈の小文』論もあったりするのだが、数葉の短冊・懐紙以外に乙州の纏まった自筆物は見当たらず、検証のしようがない。あるいは両書とも、観桂堂砂石子序文中に「此翁上がた行脚せられし時、道すがらの小記を集てこれをなづけて笈のこぶみといふ。（中略）爾来門葉多しといへども唯乙州にのみ授見せしむ。乙州其群弟と共にせざることをなげき、今般梓にちりばめて世伝を広ふせんと欲して物す」とあり、また奥書にも「江南杙々菴乙州梓之」とあるところに引かれての記述ではないかとも思われる。管見によれば、題簽・序・本文・奥書（除、刊記部）は同筆。いかにも手馴れた感じの版下で、果たして乙州にこのようなものが書けたかという疑問は拭えない。砂石子が前引の文に続けて「乙州其群弟と共にせざることをなげき、今般梓にちりばめて世伝を広ふせんと欲して物すといへども、俄に病に遇て息ぬ。暫愈日を俟といふなる。」と言い、また「乙州之因慇求不得止染筆畢」と述べるところに従えば、出版企画時に乙州は病中だったはずで、その乙州の求めにより砂石子なる人物が版下をものしたと読めなくもない。それについて断言はなお憚られるものの、『笈の小文』出版の背後には乙州個人のつもりではなく、かつて宮本三郎氏が「『笈の小文』への疑問（上）」（『文学』昭和四十五年四月号）で該書の書名につき「その命名には売行を考慮しての出版元の希望も関与せぬものとは言えない」と述べられた如く、専門書肆の企画を想定すべきで、乙州版下説はいかにも根拠が脆弱である。

さて、この平野屋版をはじめ、『笈の小文』の版本はすべて半紙本で出版されていることは先に触れた。が、同書を半紙本として見た場合、少なからぬ違和感があることは否めない。それは、図3・図5に示したように、半紙本にしては綴じ目側それに本文上部の空白が大きいということである。逆に版芯部は窮屈で、柱刻の「文（丁付）」のところが本文と混じって目障りな感じがする。これは、Ⅰ～Ⅳの全ての版本に共通する印象である。それはつまり、『笈の小文』の板木が半紙本用のそれよりもサイズが小さかったことから生ずる結果である。では、想定される板木のサイズは何かというと、最も近いのは枡形本のそれである。因みに、いま雲英末雄氏編『元禄版おくのほそ道』の図版（原寸影印）により刻面の寸法を測ってみると、字高がほぼ128粍、半丁の幅（版芯から端の行まで）はほぼ120粍。平野屋版『笈の小文』のそれは、字高が145～147粍、幅はほぼ120粍。『笈の小文』の方が字高がいくぶんか高いが、元禄版『おくのほそ道』本紙の丈は166粍あり、図3と図4（雲英末雄氏蔵本による）を見比べていただければ判るように、『笈の小文』の刻面を元禄版『おくのほそ道』に重ねてみると、その紙面の中にすっぽりと収まる。つまり、『笈の小文』は枡形本として出版することも可能であったわけで、それは『笈の小文』版元が枡形本を意識して板木を仕立てたことを意味する。

ここで新たに生まれるのが、

○　『笈の小文』が枡形本を意識して企画されたのは何故か。

○　板木が枡形本に近いサイズで作られているのに、何故半紙本仕立てにしたのか。

という二つの疑問である。これらの疑問はⅠからⅡへの版権移動を解く鍵にもなり、さらに平野屋佐兵衛版は果たして初版本なのかという問題にも繋がって来る。先ず、一つ目の疑問についてであるが、枡形本は俳書の版本としては特殊な形態で、その例は極めて少ないことに注意せねばならない。管見に入ったものとしては、元禄版『おくのほそ道』以前では天理図書館綿屋文庫蔵『俳風大横手』（西六・梅幽編、延宝八年井筒屋庄兵衛刊）の一点のみ。『おくのほそ道』以降のものでは、後で取り上げる『芭蕉翁／奥細道　拾遺』（莎青編、延享元年西村源六刊）、それに岡本勝氏が「枡形本の俳書」（『俳文学こぼれ話』に収録）に紹介された『つえのひゞき』（翠川・米府編、文政十一年刊）の二点に留まる。岡本勝氏によれば、『つえのひゞき』は翠川・米府らの辛洲（現三重県）から松島までの紀行で、「寸法は縦十六・六糎、横十三・七糎の枡形本である。題簽は表紙中央に貼付されているが、素龍本にならって金切箔が散らされ、「つゑのひゝき」と記されている。首尾に一丁ずつ白紙が添えられているのも、素龍本を真似たもの」の由。氏の言われる「素龍本」とはそれを忠実に模した元禄版『おくのほそ道』の意であろうが、この二点が元禄版『おくのほそ道』を強く意識して造られたものであることは、書型・書名・内容からも明らかなところ。かような例から考えると、宝永版『笈の小文』の板木が枡形本に近いサイズであるのもまた元禄版『おくのほそ道』を意識したのではないか。それを企画した版元はおそらく平野屋佐兵衛ではないことについては後述するが、ではその某書肆は枡形本に近いサイズで板木を仕立てたのに、何故半紙本仕様で出版したのであろうか。この問題を解く鍵となるのが、雲英末雄氏が『元禄版おくのほそ道』に紹介された二種の異板本である。その一つに元禄版『おくのほそ道』を被せ彫りした「有丁付本」がある（図8参照、『元禄版おくのほそ道』より転載）。雲英氏はこの本を「別版」として分類しておられるが、これは当時の出版の常識から言えば明らかな重類版（海賊版）と見るべきもの。この「有丁付本」がやはり半紙本で出ている。本来枡形サイズの本を半紙本として仕立てたため、綴じ目側それに本文上部の空白が大きい、版芯部は窮屈という『笈の小文』と全く同様の印象を与えるのであるが、この「有丁付本」の版元が何故半紙本仕様としたのかと言えば、その理由は一つしかない。それは、枡形本という特殊な仕立てで出せば、『おくのほそ道』の重類版であることが一目瞭然となるからである。本のサイズを態と変えるのは、重類版の差し構えから目を逸らすための、いわば「目くらまし」なのである。ちなみに、雲英氏が紹介されるいま一つの異板本は、やはり被せ彫りによって本文を白字摺りにした「桜寿軒本」（図9参照、『元禄版おくのほそ道』より転載）であるが、この本も枡形よりやや縦長で、ここにも同様の「目くらまし」意識がある。ちなみに両書の題簽、枡形本サイズのそれを転用しているため、表紙と題簽のバランスが良くない。なお、重類版の版元が「目くらまし」として本のサイズを意図的に違うものにすることとあったことについては、後で『発句題林集』を取り上げて論述するが、拙著『藤井文政堂板木売買文書』「重類版」の項も併せて参照されたい。

さて、右の「有丁付本」「桜寿軒本」の事情は、そのまま『笈の小文』の場合にも当て嵌まるのではないか。つまり、『笈の小文』を最初に企画した某書肆は、元禄十五年の出版以来宝永にかけて好調な売れ行きを見せつつあった井筒屋版『おくのほそ道』にあやかるべく枡形本に近いサイズで板木をこしらえたものの、重類版と見做されるのを避けるため、半紙本として仕立てたのではないかということである。その際、題簽は枡形本として用意されていたものから半紙本用のそれに差し替えられたのであろう。が、結局は『おくのほそ道』の版元井筒屋から重類版差し構えがあり板木を没収されたと考えてみると、ⅠからⅡへの版権移動もすんなりと理解出来るのである。

2　『芭蕉翁／奥細道　拾遺』

如上の問題を考えるための参考例として、『芭蕉翁／奥細道　拾遺』（以下、『拾遺』と略称する）を取り上げてみよう。該書は枡形本一冊。全三十二丁。編者莎青の序文（寛保三年初冬）・「勘物」に続き、細道旅中の芭蕉句十四句及び「五月雨を」歌仙など芭蕉一座の連句五巻を紹介したあと、月窓団斎の序に続けて莎青の四季発句五十句、諸家四十八名の四季発句百六十章を収録し、巻末に七月十日付の莎青宛蓼太書簡を添える。管見に入った版本として、①芭蕉翁顕彰会本（128・1）②三原図書館本③鶴岡市郷資本④麗澤大学図書館本⑤綿屋文庫A本（128・39）⑥綿屋文庫B本（128・19）の六本がある。このうち①②③④には表紙中央上部に「芭蕉翁／奥細道　拾遺」の無辺元題簽が残る。図10・11が芭蕉翁顕彰会本の前後表紙である。寸法は、縦186×横142粍。刊記は最終丁三十二丁の裏に入り、①②が「延享甲子林鐘／書林　西村源六／彫工　吉田魚川」（図12参照、①による）、③は「蕉門書林　京寺町二条下ル町／橘屋治兵衛梓」、④⑤⑥は「延享甲子林鐘／洛陽蕉門書林　井筒屋庄兵衛／橘屋治兵衛」とあり、版面の傷みなどから考えて、①→②→③→④⑤⑥の順に出たと考えられる。題簽を含め本文板木はすべて同板で、④⑤⑥の刊記は①②の「延享甲子林鐘」をそのまま残し、書肆名のみ入れ替えてある（図16参照、④による）。

さて、この『拾遺』、編者莎青の序文によれば寛保三年の芭蕉五十回忌を当て込んでの企画で、枡形本というサイズ・外題角書からも元禄版『おくのほそ道』を強く意識した企画であること明々白々だが、決定的なのは表紙である。右六本のうち、最も摺りの早い①の西村版は枯葉色地に藍色の紗綾形模様の表紙を備えるが、元禄版『おくのほそ道』に類似の表紙を持つものが少なからずある。すなわち、相模女子大学蔵本（相模女子大学図書館編『古典文学の世界』にカラー図版収録）・岡本勝氏蔵本（上野洋三編『影印奥の細道』に図版収録）・早稲田大学蔵本（雲英末雄氏編『元禄版おくのほそ道』に図版収録）・綿屋文庫蔵の三本（80・58、80・62、80・43）がそれである。いま綿屋文庫本（80・58）により図13に示した。もとより井筒屋正規版の『おくのほそ道』が『拾遺』の表紙をまねる必要は全くなく、人気商品の『おくのほそ道』にあやかって『拾遺』を売ろうとした江戸の西村源六が延享当時出回っていた『おくのほそ道』の表紙を模したと見るべきこと、言うまでもない。『おくのほそ道』を模して枡形本としていること、角書にではあるが『奥細道』の外題を使用していること、さらには表紙の類似性、これだけ揃えば正規版元の井筒屋から重類版として差し構えを受ける資格が十分にある。俳文学大辞典では『拾遺』の「京都井筒屋庄兵衛・橘屋治兵衛相版」を「求版本」とするが、事実はおそらくそうではなく、井筒屋が『拾遺』を『おくのほそ道』の重類版として差し構えを起し、その板木を没収したと考えるのが自然である。

では、『拾遺』の板木が井筒屋・橘屋に動いたのは何時か。その手掛かりの一つは②三原図書館本にある。同書表紙は①の芭蕉翁顕彰会本とはやや趣を異にし、菱形地に丸に草花模様で、欠刻の状況などから①よりは少し後の出版と思われるが、巻末に「文刻堂寿梓目録　本町三丁目西村源六」三丁を添えている。ここには西村源六の出版書百十一点（含「奥細道拾遺」。うち近日板行三点、未刻二点）を収録するが、享保・元文・寛保期の刊行書に混じって『蝶の遊』（北華著、西村源六・西村市郎衛門刊、延享二年岱昌序）、『江戸二十歌仙』（二世湖十編、延享二年九月西村源六刊）、『俳諧温故集』（蓮谷編、延享五年二月西村源六・西村市郎衛門刊）が見える。また、目録巻末近くに『東風流』（二世青峨編、宝暦六年春西村源六・西村市郎衛門刊）が「未刻」として出る。ちなみに、宝暦六年頃のものと見られる井筒屋庄兵衛の「俳諧書籍目録」（本書第五部2「『奥細道菅菰抄』の板木」参照）には、『拾遺』は出ていない。『拾遺』の板木が延享元年の初版後、宝暦六年頃までの十年余は西村源六の手許にあったことを証するもので、その板木が井筒屋・橘屋へ動いたのはそれ以降ということになる。もう一つの手掛かりは、板木が井筒屋・橘屋へ動いたあと入木によって修正された④麗澤大学図書館本⑤綿屋文庫本A本⑥綿屋文庫B本の刊記である。この刊記部「洛陽蕉門書林　井筒屋庄兵衛／橘屋治兵衛」の書体（図16参照）は、雲英末雄氏が『元禄版おくのほそ道』に明和版として分類・掲示された『おくのほそ道』の刊記に酷似している（図15参照、綿屋文庫本による）。同書刊記部には「奥細道拾遺　全一冊出来／奥細道菅菰抄　全二冊出来／同附録　全一冊追テ出来」の広告があるが、うち『奥細道菅菰抄』の出版は安永七年であった（図17参照、奈良大本による）。以上纏めてみると、江戸の西村源六が出した『拾遺』が『おくのほそ道』の重類版と見做され、その板木が井筒屋・橘屋へ動いたのは宝暦六年以降安永にかけての頃、それが井筒屋・橘屋によって『おくのほそ道』シリーズの新規商品として売り出されたのは安永七年頃という結論を得ることが出来る。なお、本の内容は正規版と異なっていても書型・書名の紛らしきをもって重類版の裁定が下されるケースがあったことは、小本『俳諧七部集』を模した『西国俳諧七部集』の例があること、また重類板の板木を取り上げた正規版元が重類版を商品化する例も少なからず存在することは、「小本『俳諧七部集』」（本書第三部1）、「小本『俳諧七部集』の重板」（本書第三部2）、「『七部大鏡』の版権」（本書第三部3）、「『七部解』と『七部木槌』」（本書第五部3）などに詳述したところである。

3 『笈の小文』の版権

さて、かような『拾遺』の版権移動は『笈の小文』にもそっくりそのまま当て嵌めて考えることが出来るのではないか。先に図1・図2で確認したように、平野屋版『笈の小文』の表紙は砥粉色地に銀灰色の歯朶模様であった。雲英氏が『元禄版おくのほそ道』に明和版B・C・Dとして紹介された『おくのほそ道』（図14、『元禄版おくのほそ道』より転載）及びそのシリーズとして売り出された安永七年刊『奥細道菅菰抄』（図17）、それに『拾遺』の③鶴岡市郷資本④麗澤大学図書館本⑤綿屋文庫A本の三本も同様の歯朶模様の表紙がある（図16、④による）。先の『拾遺』の場合と同じく、正規版元の井筒屋側が『笈の小文』をまねる必要は全くなく、『笈の小文』の版元が『おくのほそ道』を模しているのは明らかであろう。

井筒屋が『笈の小文』に差し構えをする根拠となる書物が実はもう一つあった。それは、『きその谿』である。同書は竹冷文庫本（竹冷116）によれば、半紙本一冊。表紙中央上に無辺元題簽。「きその谿　全」とある。宝永元年九月野紗帽（野坡）序。岱水編。芭蕉生前に岱水との両吟で初裏半ばまで出来ていたものを杉風と詠み継いだ「生ながら」歌仙を冒頭に、岱水一座の歌仙三巻、岱水・杉風・野坡ら蕉門諸家の四季発句二百四十八句、それに「更科紀行」を収録し、終丁四十三丁表左下隅に「岱水撰」とし、「京寺町二条上ル町／井筒屋庄兵衛板」と刊記を入れる。因みに、『笈の小文』収録の「更科紀行」底本は沖森本と考えられること既に上野洋三氏稿「『笈の小文』幻想稿」（昭和五十一年刊『俳諧攷』）に指摘があるが、その通りであろう。この『きその谿』収録の「更科紀行」底本は、岱水の断り書きによれば「翁一とせさらしなの月木曽路をかけて帰庵あり。うき事のみかたりもつくさぬそゞろごとゞも書捨給へるを、予が文庫に残して今爰に出し侍る。」ものであるらしいが、沖森本と比較すると文末部に添える芭蕉句にかなりの出入りが認められる。それについて上野氏は、『きその谿』底本はやはり沖森本であり、発句の部分については岱水が手を入れた可能性も捨て切れないことを指摘しておられる。が、その底本がどうであったにせよ、出版という観点からすれば、宝永元年に井筒屋が出した『きその谿』に既に収録されている「更科紀行」を、宝永六年刊『笈の小文』に入れたことは当然重類版として見做されたに違いない。そして、ここでも考えねばならないのが板木のサイズである。『笈の小文』の板木が『おくのほそ道』を意識して枡形本に近いサイズで仕立てられたことは先に触れた。『笈の小文』収録の「更科紀行」も当然それに合わせて枡形本に近いサイズにしてあるのだが、先行する『きその谿』は半紙本であった。これは結果としてそうなっただけかも知れないが、半紙本として一度出版された「更科紀行」を枡形に近いサイズで仕立てたところにも、あるいは『笈の小文』版元の「目くらまし」意識を読み取るべきなのかもしれない。

以上のように、『笈の小文』は、その表紙が『おくのほそ道』に類似していたこと、『きその谿』既収録の「更科紀行」も併載されていたことなどの理由により、井筒屋が差し構えを起し、平野屋から板木を没収したと見るべきである。なおその際、板木が枡形本に近いサイズであったことも、あるいは差し構えの根拠の一つになったのかも知れない。

では、それは何時のことであったのか。これについて参考になるのは旧山編『やまとがさ』である。同書は編者旧山が芭蕉の足跡を慕い、富鈴とともに吉野行脚した際の両人の句を収めたもの。柿衞文庫本によれば、刊記は「延享二丑五月日／芭蕉翁並門人／俳諧書林／京寺町二条上ル町／京都井筒屋庄兵衛／同　宇兵衛　板」とある。参照すべきは、同書巻末に添える「井筒屋庄兵衛・宇兵衛板行」の「俳諧書籍目録」四丁で、ここには『冬の日』など『大和笠』に至るまでの九十五点を挙げ、目録末尾に「右之外蕉門之俳書板行数多有之候へども唯今ニ而ハ板行焼失いたし居申候。跡より追々出し可申候。延享貳乙丑五月吉日　重寛板」とするが、この目録中に「芭蕉翁道之記　江州大津乙州撰　一冊」として『笈の小文』が出ている。平野屋版『笈の小文』が出たのが宝永六年、『やまとがさ』の出版が延享二年、この三十六年の間に版権移動があったというおおまかな見当をつけることが取り敢えず出来よう。もう一つ注目すべきは、『笈の小文』が井筒屋庄兵衛・宇兵衛の相合版で出ていることである。伊佐地千恵子氏の「井筒屋庄兵衛俳書出版年表」（県大国文7）を参考にして、『笈の小文』を除く両者の相合版を一覧表にしてみると、上の表Ｉのようになる。

元禄十四年の『桜山伏』・宝永元年の『夜話狂』の二点が年代的に少し離れているが、他の十六点は元文四年から延享二年までの六年ほどの間に集中

表Ｉ　井筒屋庄兵衛・宇兵衛相版俳書目録

刊　年	書　　名	冊数	編　者
元禄 14（1701）	桜山伏	半 1	歌十
宝永 1　（1704）	夜話狂	半 1	支考他
元文 4　（1739）	芭蕉句選	半 2	華雀
	冬紅葉	半 1	苔路
	梅鏡	半 2	冨鈴
	星月夜	半 2	原松
元文 5　（1740）	小春笠	半 1	冨鈴
	むすび塚集	半 1	市山
	六行会	半 3	野坡他
寛保 3　（1743）	桑名万句	半 2	杉夫
	西の奥	半 2	冨鈴
	雪の流	半 2	松琵
延享 1　（1744）	雪の尾花	半 2	遊五
	雪の棟	半 1	寒爪
延享 2　（1745）	八仙観墨なをし	半 1	百川
	大和笠	半 1	旧山
	秋の水	半 3	馬州
	南無俳諧	半 1	支考

している。それはつまり、井筒屋庄兵衛・宇兵衛版の『笈の小文』が最初に出されたのがこの間のことであることを示唆するとともに、その板木が平野屋から井筒屋へ動いたのが早ければ元文四年以前に遡る可能性があることをも示している。このことと関連し、興味を引くのが『七さみだれ』の版権移動である。同書は半紙本一冊。里冬編。正徳四年五月不五舎序。加賀国小松住の編者が涼莵の北越行脚を迎えた折の記念集で、巻頭の「安宅懐旧」と題した十三人の発句に続き、書名となった五月雨題の七歌仙を収め、さらに諸家発句を付載する。管見に入ったものに①今治市河野美本②松宇文庫本③富山県図志田本④洒竹文庫本の四本がある。①②の刊記は「洛陽二条　平野屋佐兵衛／加陽金澤　三ケ屋五郎兵衛／板行」とあり、③④ではこれを入木で「京寺町二条下ル／橘屋治兵衛」と修正してある。平野屋佐兵衛が絡んだ正徳四年の出版物の版権が、後に井筒屋と組むことになる橘屋へ動いているという事実は注意しておいてよいのかもしれない。

では、井筒屋庄兵衛・宇兵衛版で『笈の小文』の板木が改刻されているのは何故だろうか。先の『やまとがさ』目録末尾に「右之外蕉門之俳書板行数多有之候へども、唯今ニ而ハ板行焼失いたし居申候」と重寛こと宇兵衛が記していることからすれば、延享二年をさほど遡らぬ時期に井筒屋は火災に遭い蔵板の一部を焼いていることになるのだが、『笈の小文』板木改刻はそのことと関係がありそうである。『笈の小文』を『おくのほそ道』『きその谿』の重類版として差し構えをして井筒屋はその板木を平野屋から没収したものの、間無くそれを焼失し、再刻したと考えると分かるような気がする。

4　『発句題林集』のこと

では次に、『笈の小文』と同様、板木・本のサイズが重類版問題と絡んでいるケースとして『発句題林集』の場合を見ておくことにしよう。

管見によれば、『発句題林集』の版本には次の三種がある。

そのⅠは奈良大学蔵本で、半紙本五冊。縦226×横161粍。茶色地元表紙。蔓草模様あり。各冊左肩に双辺白地元題簽。「發句題林集　春（夏・秋・冬・雑）」（図18参照）。丁付はノドに「序ノ一、序ノ二、春ノ一～春ノ八十三」「夏ノ一～夏ノ八十一」「秋ノ一～秋ノ八十」「冬ノ一～冬ノ六十二」「雑ノ一～雑ノ二十六」と入る。内題「俳諧發句題林集　春（夏・秋・冬・雑）之部　闌更閲／車蓋輯」。尾題「俳諧發句題林集　春（夏・秋・冬・雑）之部終」。序ノ一は、寛政六甲寅之夏闌更序。序ノ二は、湖東蜃州序。刊記は、本来ならば最終冊雑の末尾にあって然るべきところだが、なぜか冬の部六十二丁裏に次のように入れてある（図20参照）。

寛政六年甲寅夏開板
　平安　桃林堂蔵板
　　皇都　井筒屋荘兵衛
　　　　野田　治兵衛
　書林　勝田　吉兵衛
　　　　武村　吉兵衛
　　浪花　鹽屋　忠兵衛

ちなみに、「桃林堂」は『改訂増補近世書林板元総覧』によれば勝田喜右衛門の屋号であるが、ここは勝田吉兵衛を指すものと思われる。なおこの書、半紙本にしては題簽が寸詰まりであるが、本文（図19参照）及び刊記を見れば明らかなように、板木がもともと中本サイズなのに半紙本で仕立てているからである。

そのⅡは同じ半紙本で、刊記部のみを異にする五冊本である。

いま、大阪府立大学図書館本を例にとれば、縦207×横147粍。原本を見ていないので色は分からないが、元表紙で奈良大本とは異なる蔓・花の模様がある。各冊左肩に奈良大本と同板の元題簽。刊記はやはり冬の部末尾に次のようにある（図21参照）。

寛政六甲寅歳夏開板

平安書林　文繍堂蔵板

麩屋町三条上　勝田吉兵衛

三条御幸町西入　菊舎太兵衛

俳諧發句題林集冬之部終

この刊記部は奈良大本とは異板。この大阪府立大学図書館本と同じ刊記を持つものに、京大潁原本（五冊）・松宇文庫本（春・夏・秋・冬の四冊）・今治市河野美本（春・夏・秋・冬の四冊）・富山県図中島本（春・冬の二冊）・洒竹文庫本（春・夏・秋・冬の四冊）などがある。今治市河野美本・富山県図中島本・洒竹文庫本は元表紙で大阪府立大学図書館本と同じ模様があり、元題簽の残るものは全て大阪府立大学図書館本と同板。

そのⅢは、書型を本来の中本に戻し、外題を「題林発句集」と改めた五冊本である。富山県立図書館本は、縦181×横123粍。色は不明ながら、布目地元表紙。表紙左肩に双辺元題簽「題林発句集　春（夏・秋・冬・雑）」（図22参照）。冬の部末尾にある刊記は次の通り（図23参照）。

寛政六年甲寅夏開板

平安　桃林堂蔵板

皇都　井筒屋荘兵衛
　　　野田　治兵衛
書林　勝田　吉兵衛
浪花　河内屋　太助
　　　鹽屋　忠兵衛

この刊記部は奈良大本と同板で、奈良大本の「武村吉兵衛」「浪花」を削り、「浪花　河内屋太助」と入木したもの。この刊記を持つ中本に、秋田県図時雨庵文庫本（改装本五冊。雑の末尾に「蕉門俳諧書肆／大阪心斎橋通／奈良屋長兵衛／同　為三郎」の刊記もある。）・松宇文庫本（改装。五冊を二冊に合冊。）・洒竹文庫本（雑のみ一冊。表紙・題簽、富山県立図書館本に同じ。）

以上三種、全ての本の全ての丁を照合したわけではないが、刊記・題簽を除き、本文は同一板木によるものと見られる。刊記部の入木から見て、Ⅲは１よりも後、本文の欠刻もそのことを裏付ける状況にある。問題は１とⅡの先後であるが、やはり欠刻と、次に取り上げる『上組済帳標目』の記録からⅡが先行すると考えられる。つまり、この『発句題林集』はもともと板木は中本で仕立てられていたのに半紙本として出版され、些かの版元の入れ替わりを経て、本来の中本に落ち着いたという経緯がある。そこにはどのような事情が潜んでいたのであろうか。

この『発句題林集』、出版直後から何かとトラブルがちであったことが『上組済帳標目』の記録から知られる。関連の記録を同書から抄出してみよう。なお、冒頭の通し番号は説明の便宜上、仮に付したもの。

〈寛政七乙卯五月より同九月迠裁判〉

①一、発句題林集　大坂河喜・塩忠・丹伝より之口上書ノ写至来。

〈寛政七卯九月より同《ママ》年正月迠〉

②一、発句題林集　菊や太兵衛・大和や吉兵衛両人より出版候所、大坂河内や喜兵衛・塩や忠兵衛・丹波屋伝兵衛三人より之指構、出入相済候事。

③一、……并発句題林集出入相済候段、大坂行事中より之書状至来之事。

④一、発句題林集板行、中川・野村所持之俳諧題林愚抄ニ差構候段、口上書ヲ以被申出候事。并菊や太兵衛・大和屋吉兵衛より出候返答書之事。

〈寛政八年辰五月ヨリ九月マデ〉

⑤一、俳諧題林集　菊太・大吉板行致候処、発句之二字我侭ニ書加へ申候義、并丁数願写本ト相違ニ付、売買差留候事。

〈寛政九年巳九月より午正月迠〉

⑥一、十月十六日　俳諧題林集之義ニ付、江戸行事中より書状。并須市・西源より口上書弐通。

⑦一、十一月　大和屋吉兵衛殿より俳諧発句題林之返答書出ル。弐通出ル。

⑧一、十二月十一日　大吉より発句題林、江戸表行事より書状到来。

⑨一、十二月　西源より口上書出ル。□□右発句題林之義ニ付。

〈寛政十年午正月より五月迠〉

⑩一、傷寒類方之義ニ付、江戸表より書状到来。

一、右類方返書。并誹諧発句〔類〕題林集之義、返答遣ス。

（注、〔類〕は墨消し）

①②③の記録から、『発句題林集』は勝田（大和屋）吉兵衛・菊舎太兵衛版つまり前掲Ⅱの本が初版であること、出版から約一年後に大坂河内屋喜兵衛・塩屋忠兵衛・丹波屋伝兵衛の三名から「指構」があったが、その問題に一応

けりがついていたことが知られる。大坂の三書肆が「指構」の根拠とした書については確認出来ていないが、Ⅰ・Ⅲの刊記部に塩屋忠兵衛が、またⅢの刊記部に河内屋喜兵衛の暖簾内とも見られる河内屋太助が出ることは注意してよい。重類版処理の最も一般的な便法として正規版版元と重類版版元との相合版としてことを収めるやりかたがあるが、Ⅰ・Ⅲで塩屋・河内屋が版元に名を連ねたのはその結果と見るべきである。そしてその問題が片付いた直後、今度は④で中川・野村からの「俳諧題林愚抄」についての「指構」がある。「俳諧題林愚抄」なる書もつきとめるに至っていないが、外題の「題林」の類似を以っての差し構えであることは間違いなかろう。この一件がどのようにけりがついたのかは記録されていない。そして、寛政八年には⑤で「発句之二字我侭ニ書加へ」「丁数願写本ト相違ニ付」、「売買差留」の処分を受けている。「発句之二字」とは外題の『発句題林集』のそれであろう。同書の闌更序文に「題林句集と号つゝ、とみにやつがれが序を需む」と、また蓼州序にも「名づけて俳諧題林集といふ」とあり、願い出の段階では「発句之二字」は無かったと思われる。「丁数願写本ト相違ニ付」は具体的には分からないが、冬の部末尾に刊記が入っていることと何か関係があるのかも知れない。つまり、願い出の折には四冊本としていたのを出版時に雑の部を加えて五冊としたなどである。この記録は出版から約二年後のことで、本屋仲間の処分としてはやや遅きに失した感は否めないが、トラブル続きの同書の記録を調べているうちに判明したのであろうか。そしてさらに⑥〜⑩によれば、寛政九年から十年にかけて、江戸の須原屋市兵衛・西村源六から差し構えめいたことがあり、主版元の大和屋吉兵衛および京都本屋仲間の行事が江戸表との対応に追われていることが分かる。この一件の結末、須市・西源差し構えの根拠も不明。

かように『発句題林集』のトラブルは四回に及び、うち三回は重類版絡みであった。そのことと、板木がもともと中本仕様なのに半紙本仕立てで出したこと、再版本Ⅰ・三版本Ⅲに井筒屋荘兵衛・野田（橘屋）治兵衛が版元として名前を連ねていることとは全く関係がないのだろうか。井筒屋・橘屋とのトラブルは『上組済帳標目』には記録されていないが、両書肆は安永三年に『類題発句集』を、また寛政五年には『新類題発句集』を出している。何れも春・夏・秋・冬・雑の中本五冊。『発句題林集』は内容的にその両書と重なるわけではないが、類題発句集であること、それに書名の類似と共に中本五冊仕立てはいかにも紛らわしい。『発句題林集』の主版元大和屋勝田吉兵衛は、当然その「紛らわしさ」を意識していたのではないか。そこで、「目くらまし」として半紙本で出したのだが、結局差し構えとなり、別件で訴えられた塩屋・河内屋も加え、井筒屋・橘屋との相合版とせざるを得なかったと考えると両書肆が再版・三版本に名を連ねた理由も分かるような気がする。三版本で本来の中本に戻したのは、相合版として落着した上は、もう「目くらまし」の必要がなくなったからに相違ない。なお、再版で武村吉兵衛が加わった理由は不明。名前が外れた菊舎太兵衛はもともと蔵板主に非ず、関わりが薄かったのであろう。

5　平野屋版『笈の小文』は初版か

それでは最後に、平野屋版『笈の小文』は果たして初版なのかという問題に踏み込んでみよう。筆者にその疑問を抱かせるのは、平野屋版の刊記部である。もう一度図6を御覧いただきたい。この刊記部、図版から明らかなように、「更科紀行」の本文末尾から一行空けて奥書があり、刊記へと続く。が、目を凝らして見ると

江南杮々菴乙州梓之

宝永六年孟春慶旦

書林　二条通高倉東へ入ル町　平野屋佐兵衛開版

の四行が、やや左へ傾いていることが分かる。しかもこの四行は序・本文とは筆跡も異なり、「更科紀行」末尾の二

行および奥書の三行に較べ、刻線がやや太く墨の色も濃い。「江南梹々菴乙州梓之」以下の四行は入木ではないだろうか。図5の右面と図6を上下対照して御覧いただければ判ることなのだが、先にも記したように、この『笈の小文』の板木の刻面の幅は半丁分がほぼ120粍。この刊記部の幅は135粍で、その寸法からすると「二条通高倉東へ入ル町／書林　平野屋佐兵衛開版」の部分が本来の刻面に収まり切らないことも、この四行が入木であることを示している。ちなみに、井筒屋庄兵衛・宇兵衛再刻版では、図7のように、本文末尾の「吹とばす石はあさまの野分哉」の句と跋文との間にあった一行の空白を詰めているが、これは刊記部が刻面からはみ出さぬように配慮した結果であり、井筒屋庄兵衛・橘屋治兵衛三刻版もその版式を踏襲する。それは、再刻版・三刻版とも『笈の小文』の板木はやはり枡形本に近いサイズで仕立てられたことを意味するのだが、それはさておくとして、かように平野屋版『笈の小文』の刊記部は入木である可能性が高い。ということは、入木処理されたこの刊記部にはもともと別の書肆名・年記が入っていたかあるいは何も無かったかということになり、何れにせよ平野屋版に先行する版本が想定されねばならない。

平野屋版『笈の小文』は初版本ではないのではないかという疑問は、書肆としての平野屋の在りかたにも関わって来る。先行研究のうち、平野屋佐兵衛について詳しいのは、近世文学資料類従古板地誌編1・2に収録の『京童』『跡追』に関しての市古夏生氏の解題である。『京童』『跡追』の諸版本を精査された氏は、両書とも初版は八文字屋五兵衛板であり、その版権を引き継いだと考えられる山森六兵衛覆刻版に二種があること、版権が山森からさらに「貞享末から元禄初年頃」平野屋佐兵衛に動いていることを指摘され、元禄九年『増益書籍目録』に平野屋佐兵衛の蔵版として出る『京童』『小野篁歌字盡』『近思録雑問』『内裏名所御四百首』『藤川百首』『平忠度朝臣集』『京童跡追』『李退谿先生西銘考講義』『沢庵巡礼鎌倉記』『念佛草紙』『諸家知譜拙記』が何れも山森からの求板と見られること、そして「山森六兵衛も自ら原刻板をあまり出していなく、むしろ求板することが多かった書肆であろうこと」を指摘しておられる。氏にはまた、『江戸時代書林出版書目集成』などに拠って平野屋佐兵衛の出版書を整理された「書林編纂書目板元名寄（三）」（白百合女子大学紀要22号）の稿もあり、それらを参考にしながら管見に入った資料をも加え、平野屋佐兵衛の出版活動をあらあら整理してみよう。

表Ⅱは、『江戸時代書林出版書目集成』収録の元禄九年版『増益書籍目録』及び宝永六年増修版をベースに、元禄十二年版・宝永三年版・正徳五年版などとの校異を参照して作成した平野屋佐兵衛出版書目一覧で、全九十点ある。通し番号2～12は、市古氏により先行の山森六兵衛版が確認されているもの。氏が取り上げられなかった1『楊子方言』は、刊記に「寛文九年己酉年孟春吉日／椹木町通角倉町／山森六兵衛刊行」とある一本（刈谷図村上本）、また年記なく「平野屋佐兵衛」とのみある一本（愛知教大図本）があり、これもまた山森からの求板であろう。以上十二点、宝永六年版・正徳五年版にも平野屋の蔵板として収録。

13～16は山森以外の版元の先行版が確認出来るものである。それぞれについて、概略を記せば次のようになる。

13『後太平記』は、刊記に「延寶五年丁巳孟春吉日／江府新両替町四丁目／書林／渡邉善衛門尉／開板」とある本（大和文華本）が早印。ただし、刊記部の収め方がやや不自然でこれに先行する版もあった可能性がある。この渡邉版の刊記を削り、入木で「元禄五年壬申中冬吉日／書林／平野屋佐兵衛／丸屋源兵衛／開判」と修正した本（鶴舞図本・臼杵図本・愛知教大図本・盛岡公民本）がこれに次ぎ、さらに刊記部全体を「元禄五年壬申中冬吉日／京師書林／中川茂兵衛／同　藤四郎／蔵版」と入木した本（多久市聖廟本）も残る。

14『何物語』は、岩波日本古典文学大辞典によれば「万治二年成立、八年後の寛文七年書林田中文内刊」の由。北海学園北駕本の刊記には「寛文七年霜月吉日　書林平野屋佐兵衛」とあり、「書林平野屋佐兵衛」の部分が入木らしく見える。

15『浅井物語』は、仮名草子集成の解題によれば、①初版本は不明で、②刊記部に「寛文二壬寅年八月吉日／寺町

表Ⅱ　平野屋佐兵衛出版書目一覧

＊江戸時代書林出版書目集成による

番号	分類	書　名	書　肆　名	宝永六	正徳五
1	儒書	楊子方言	平野や佐	○	○
2	儒書	西銘講義	平の佐	○	○
3	儒書	近思録雑問録	平野や佐	○	○
4	儒書	諸家知譜拙記	平野や佐	○	○
5	仮名	小野篁歌字尽	平のや佐	○	○
6	仮名	鎌倉巡礼記	平野や佐	○	○
7	仮名	内裏四百首	平野佐	○	○
8	仮名	忠度集	平野佐	○	○
9	仮名	念仏草紙　ゑ入	平野や佐	○	○
10	仮名	藤川百首	平の佐	○	○
11	仮名	京わらんへ	平野や	○	○
12	仮名	同　跡追	平野や	○	○
13	儒書	後太平記	丸や源・平の佐	○	○
14	仮名	何ものがたり	平野佐	○	○
15	仮名	浅井物語	平野佐	○	○
16	仮名	うき世物語	平のや佐	○	○
17	儒書	軍林長子坊	小紅や　→　元禄11年版に「丸や源・平のや佐」	○	○
18	儒書	明心宝鑑	中野平三　→　宝永3年版に「平の佐」	○	○
19	仮名	明題部類抄	中野平　→　宝永3年版に「平の佐」	○	○
20	仮名	鷹百首	中野平　→　宝永3年版に「平のや佐」	○	○
21	仏書	因陀羅網	丁子や半　→　宝永3年版に「平のや」	○	○
22	仮名	可笑記	村上　→　宝永3年版に「平の佐・丸や源」	○	○
23	仮名	かなめ石	銭や六　→　宝永3年版に「平の佐」	○	○
24	仮名	式目諺解	村田庄　→　宝永3年版に「平の佐」	○	○
25	仮名	和歌職源	風月清　→　宝永6年版「丸屋源・平のや佐」	○	○
26	仮名	百八町記	野田庄　→　正徳5年版に「平のや佐」		○
27	儒書	厳桂詩集	→　宝永3年版に「平のや佐」	○	○
28	仮名	はしら立	→　宝永3年版に「田中庄・平ノや佐」	○	○
29	仮名	茶湯評林	→　宝永3年版に「いつゝや茂・平のや佐」	○	○
30	仮名	茶湯奥義抄　古書	→　宝永3年版に「いつゝや茂・平のや佐」	○	○
31	仮名	御ゑかゝみ	→　宝永3年版に「平のや佐」	○	○
32	仮名	和歌梅の花垣	→　宝永3年版に「平のや佐」	○	○
33	仮名	まきばしら	→　宝永3年版に「平のや佐」	○	○
34	仮名	庭訓書翰	→　宝永3年版に「平ノや佐・丸や源」	○	○

35	石摺	名筆画譜	→ 宝永3年版に「平のや佐」	○	○
36	儒書	韻鏡切要抄	平野や佐	○	○
37	儒書	彜倫抄	平野佐	○	○
38	儒書	今川　大橋	平野や佐	○	○
39	儒書	六根清浄跋別堪	平野や佐	○	○
40	儒書	聴松堂語鏡	平のや佐	○	○
41	儒書	寒山詩	平のや	○	○
42	儒書	素書	平のや佐	○	○
43	儒書	源平系図	平のや佐	○	○
44	儒書	孝経	上村・平のや佐	○	○
45	儒書	弘安礼節	平野佐	○	○
46	儒書	小学	平野佐	○	○
47	儒書	同　字引	平のや佐	○	○
48	儒書	職源抄	平野や佐・松坂や	○	○
49	儒書	卮言抄	野田庄・平野佐	○	○
50	儒書	従政名言	平野や佐	○	○
51	儒書	省心詮要	平野や	○	○
52	儒書	前太平記	平の屋左	○	○
53	儒書	漁樵問答	平野や佐	○	○
54	儒書	素書	平のや佐	○	○
55	儒書	本朝墨宝	水田甚・平のや佐	○	○
56	医書	医筌	平野や佐	○	○
57	医書	日用食性　増補	平のや佐	○	○
58	医書	学医通論	平野や佐	○	○
59	医書	済民記	平の佐・小□□や	○	○
60	医書	学医通論	平野や佐	○	○
61	仏書	六物図	長尾平・平のや佐	○	○
62	仏書	曼荼羅縁起	平のや佐	○	○
63	仏書	三大師伝	平野左	○	○
64	仏書	選択集直牒	平野や佐	○	○
65	仏書	禅源諸詮	平野や佐	○	○
66	仮名	万世家宝	平野佐	○	○
67	仮名	女諸礼集	平のや佐	○	○
68	仮名	女歌仙抄　寸珍	平野佐	○	○
69	仮名	用文章	平野や佐	○	○
70	仮名	連歌新式	平野佐	○	○
71	仮名	年中往来	平野佐・丸や源	○	○

72	仮名	なさけくらへ	丸や源・平のや佐	○	○
73	仮名	うそ八百	平のや佐	○	○
74	仮名	謡能花伝書	平野や	○	○
75	仮名	観音物語	平のや佐	○	○
76	仮名	熊野ゝ本地	平のや佐	○	○
77	仮名	口まねわらひ	平のや佐	○	○
78	仮名	恋歌尽	平野や佐	○	○
79	仮名	青葉笛	平のや佐	○	
80	仮名	神道苧手巻	平野や佐	○	○
81	仮名	書札初心抄	平のや佐・丸や源	○	○
82	仮名	十炷香記	平野や	○	○
83	石摺	子昂赤壁賦	中村五・平のや佐	○	○
84	石摺	天馬賦	平のや佐	○	○
85	石摺	筆道秘伝	平のや佐	○	○
86	石摺	千字文	平野や佐	○	○
87	石摺	弘法執筆法	平のや佐	○	○
88	好色本	好色しなの梅	平のや佐	○	○
89	好色本	好色青梅	平のや佐	○	○
90	図	朱子家訓	武村予・平のや佐	○	○

貞安前之町／丸屋庄三郎板行」とあり、「八」と住所・版元が入木処理してある丸屋庄三郎求板本、③刊年記そのままで、「洛陽書林／平野屋佐兵衛開板」と入れる平野屋佐兵衛求板本Ⅰ、④刊年記を削除した平野屋佐兵衛求板本Ⅱ、⑤無刊記平野屋佐兵衛板の版元を削って、「洛陽書林」の四字のみを残した菊屋安兵衛板の五種がある由。

16『うき世物語』（十一行本）は、やはり仮名草子集成の解題によれば、①上方板無刊記本、②巻五の二十丁（最終丁）表左隅に「平野屋佐兵衛開板」と入れる平野屋求板本、③巻五最終丁の「平野屋佐兵衛開板」はそのままで、裏表紙の見返しに「京都二条通衣店／風月堂荘左衛門」とある風月堂求板本、④巻五最終丁の「平野屋佐兵衛開板」はそのままで、裏表紙の見返しに広告を出し、そのあとに「京都書林／尚書堂三条通柳馬場東角堺屋仁兵衛／尚徳堂寺町仏光寺下ル町堺屋儀兵衛」とある堺屋求板本の四種があるとのこと。

『うき世物語』上方板無刊記本の版元は不明とするしかないが、何れにも先行版があり、平野屋はそれを求板したこと、『後太平記』『浅井物語』『うき世物語』の三点については後に別の本屋に版権を譲渡していることが確認できる。この13〜16も宝永六年版・正徳五年版にも平野屋の蔵板として収録することからすれば、三点の平野屋から他の店への版権移動は正徳五年以降ということになろう。

17〜26は元禄九年版に他の書肆名で見え、その後の目録に平野屋版（含、相合版）として出るもの。26の『百八町記』は正徳五年版に、17〜25の九点は宝永六年版・正徳五年版に平野屋の蔵板として出る。

なお、これ以外の平野屋佐兵衛の求板本に『豊臣秀吉譜』がある。該書は、刊記に「明暦四戊戌歳初秋吉旦／東洞院通六角□町／山口市郎兵衛板」とある一本（筑波大図本）が初版と思われ、刊記部を「明暦四戊戌歳初秋吉旦／荒川四郎左衛門」と入木した一本（加賀図聖藩本）、さらに「寶永四丁亥歳孟春吉旦／洛陽二條通観音町／平野屋佐兵衛版」（北海学園北駕本）とする平野屋版がある。

以上表Ⅱの1〜26に『豊臣秀吉譜』を加えた二十七点は、平野屋の原刻ではなく求板であったということが一応確認出来る。

27〜35は、元禄九年版には見えず、宝永三年版に平野屋の蔵板（含、相合版）として出て、宝永六年版・正徳五年版にもそのまま踏襲されているもの。36〜90は、元禄九年版以降正徳五年版に至るまで平野屋の蔵板（含、相合版）として見えるものであるが、この27〜90の六十四点が原刻なのか求板なのかは確認し切れていない。

以上のところを整理してみると、平野屋佐兵衛は元禄から正徳にかけて活動をした本屋で、求板をベースに営業をする傾向があったということが言えるのではないか。もっともそれは、27〜90の六十四点が原刻か求板かというところにかかってくるのであるが、管見に入った平野屋の原刻版を見ると、その思いは一層強くなる。

平野屋の原刻版であることが確認出来る最初のものは、『歌道垣根の梅』である。「元禄十六未季春下旬／洛陽二条観音町／書林平野屋佐兵衛」と刊記がある該書（名古屋市博本・刈谷図村上本）、その刊記部に入木等の不審無く平野屋佐兵衛の原刻本と見てよいが、図24（名古屋市博本による）の如く板面が不整で、とても専門書肆の手になったものとは思われない。

二つめは、先にも取り上げた『七さみだれ』（正徳四年五月序）である。「洛陽二条　平野屋佐兵衛／加陽金澤　三ケ屋五郎兵衛／板行」と刊記にある今治市河野美本・松宇文庫本が初版で、金澤の三ケ屋が主版元であるかのようにも思われるが、次に触れるように凉菟関係の『糸魚川』『鰤俵』が平野屋佐兵衛から出ていることを考えると、この書も平野屋が主版元と見るべきであろう。この書もまた図25（洒竹文庫の再刊本による）のように全体に文字が極端に太く、板面不体裁の誇りは免れない。

平野屋原刻版の三つめは『糸魚川』である。同書は凉菟が曾北を伴ない越後糸魚川に来遊した折の記念集で、歌仙七巻・三つ物十組・発句二百余を収録。半紙本一冊。正徳五年未秋八月の編者九蚶の序がある。刊記は最終四十丁の裏に「京都二条通堺町西へ入丁／平野屋佐兵衛板行」と入れる（図26左面参照）。いま綿屋文庫本（95・48）で見るに、こちらは『七さみだれ』とは対照的に刻線が極端に細いのが特徴として指摘出来るが、六丁表・八丁裏・十四丁裏・十六丁表裏・二十八丁表・二十九丁表裏などに板木の浚えが不十分なために出る墨汚れが目立ち、やはり全体的に板面が不整である（図26右面の六丁表参照）。また、それほどの部数を摺っているとは思えないのに欠刻が多いのはもともとの板木の材なり仕立てなりが良くないからであろう。なお、該書は『国語国文学報』（愛知教育大、昭和五十年）に岡本勝氏による「翻刻と解題」があるが、岡本本・学習院大本、題簽を異にするものの本文は同板の由。刊記も両書とも綿屋文庫本に等しい。

この『糸魚川』と同一の版下で仕立てられた書に『鰤俵』がある。洒竹文庫本（洒3310）は半紙本二冊。虚白斎竹司編。正徳六年申春三月自序。これもまた凉菟の北越来遊を記念した集で、北越・伊勢俳人を主とした季別発句に凉菟一座の歌仙十巻などを収録。刊記は後表紙見返しに「京都二条通高倉東へ入町／平野屋佐兵衛／伊勢山田一志／藤原長兵衛／板行」とある。平野屋単独版であった『糸魚川』と版下が同一であることからすると、こちらも平野屋が主版元であろう。『糸魚川』のような板面の不整は特に認められないが、やはり刻線が極端に細い。

かように平野屋佐兵衛の原刻版と見られる『歌道垣根の梅』『七さみだれ』『糸魚川』は何れも板面不整が目立つ。このことと、求板をベースに営業をする傾向があったということはおそらく無関係ではない。想像を巡らすに平野屋は抱えの彫り職人・摺り職人などのいない、言い換えれば独自の工房を持たない店だったのではないだろうか。これについて思い合わされるのが、文化三年ごろに井筒屋庄兵衛から『おくのほそ道』をはじめ芭蕉関係の書の版権を買い取り、その後の半世紀近く出版活動を行なった諧仙堂浦井徳右衛門のことである。浦井はそれまで出版事業に関わった形跡はなく、謂わば異業種からの新規参入者で、独自の出版工房を持っていたはずはないのだが、半世紀にわたり出版活動が可能であったのは橘屋治兵衛と組んだからであったと考えられること、本書第三部1「小本『俳諧七部集』」の章に述べた。平野屋佐兵衛もそれに近い業態で、他の本屋が出したものを求板して、しかるべき専門書肆に摺り・製本を業務委託などして蔵板として販売し、後にはさらにその版権を別の店に売るという商売をしていたのではないだろうか。平野屋原刻版の『歌道垣根の梅』『七さみだれ』『糸魚川』などの板面不整は、しかるべき専門書肆への業務委託の手間すら惜しんだ結果のように思われる。これらの板面不整と、宝永六年版『笈の小文』の手馴れた感じの版式・整った板面はどう考えても釣り合いがとれない。宝永六年版『笈の小文』の刊記部の入木は、もともとは某書肆が企画・出版したものを平野屋が求板した結果と見ると納得が行くように思われるが、如何であろうか。なお、これは平野屋佐兵衛に限ったことではないが、求板本を出す場合、刊記部に元の刊年記をそのまま残すことが多い。そうすると平野屋版『笈の小文』の刊年記「宝永六年孟春慶旦」は某書肆刊の初版のそれをそのまま踏襲した可能性もあり、もしそうだとすればその求板である平野屋版はそれよりも少し後に出たということになろう。

ついでながら、平野屋佐兵衛が出版に関わった書として、もう一つ『日本新永代蔵』に触れておこう。近世文藝資料『北条団水集』解題によれば、刊記に「正徳三年巳正月吉日／江戸日本橋南一丁目須原屋茂兵衛／京師聚楽丸屋伊兵衛／同　二条観音町平野屋佐兵衛」とある本が初版の由。いま、都中央図本・府中之島図本で見るに、刊記部の収まりかたも不自然でなく妥当な見解とすべきであろう。その再版と見られるのが初版の刊記から丸屋の部分を削除した「正徳三年巳正月吉日／江戸日本橋南一丁目須原屋茂兵衛／二条観音町平野屋佐兵衛」という刊記のある一本（東大国文本）。これに次ぐのが、再版本刊記の平野屋佐兵衛の名前を削除し、「正徳三年巳正月吉日／江戸日本橋南一丁目須原屋茂兵衛／浪華書舗大坂淡路町難波橋筋瀬戸物屋村田庄右衛門」と村田の名前を入れた本（刈谷図村上本）である。『北条団水集』解題では三版本を再版本としているが、再版で丸屋が、三版で平野屋が外れ、最終的に須原屋が残っていることからすると、『日本新永代蔵』の主版元は須原屋茂兵衛と見るべく、平野屋は中心的な位置にはいなかったと考えてよかろう。

＊この稿へ図版掲載を許された天理大学附属天理図書館・芭蕉翁顕彰会・麗沢大学図書館・大阪府立大学図書館・富山県立図書館・名古屋市博物館、参考資料を提供していただいた小林孔氏に謝意を表する。

平成二十一年九月三日　稿

○この稿をもとに、日本近世文学会平成二十一年度秋季大会（於関西学院大学、十一月七日）で、「『笈の小文』の板木」と題して口頭発表を行なった。

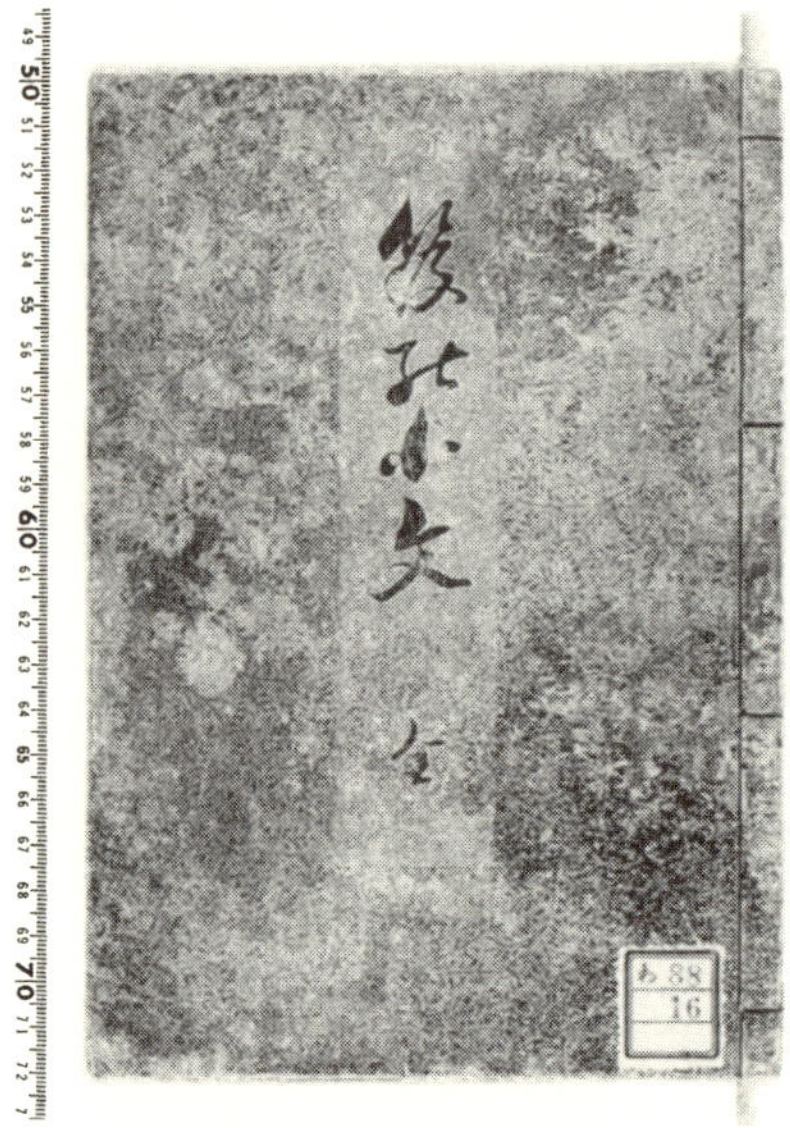

図１　平野屋版『笈の小文』前表紙
（天理大学附属天理図書館蔵本）

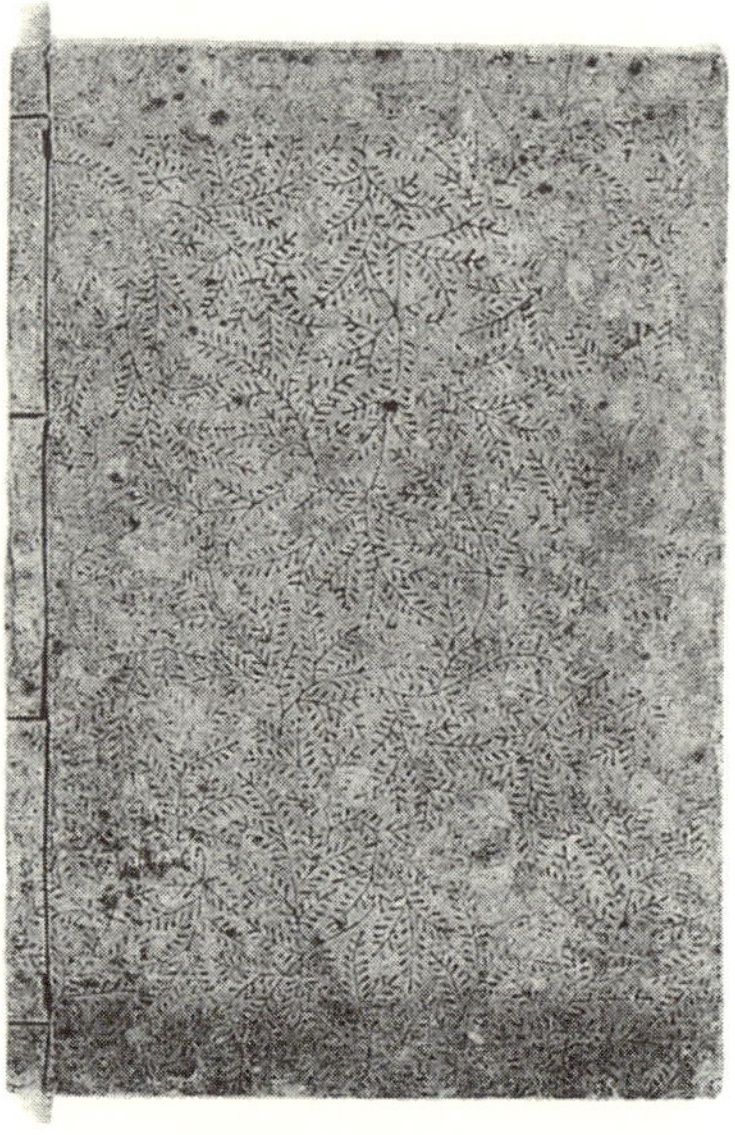

図２　平野屋版『笈の小文』後表紙
（天理大学附属天理図書館蔵本）

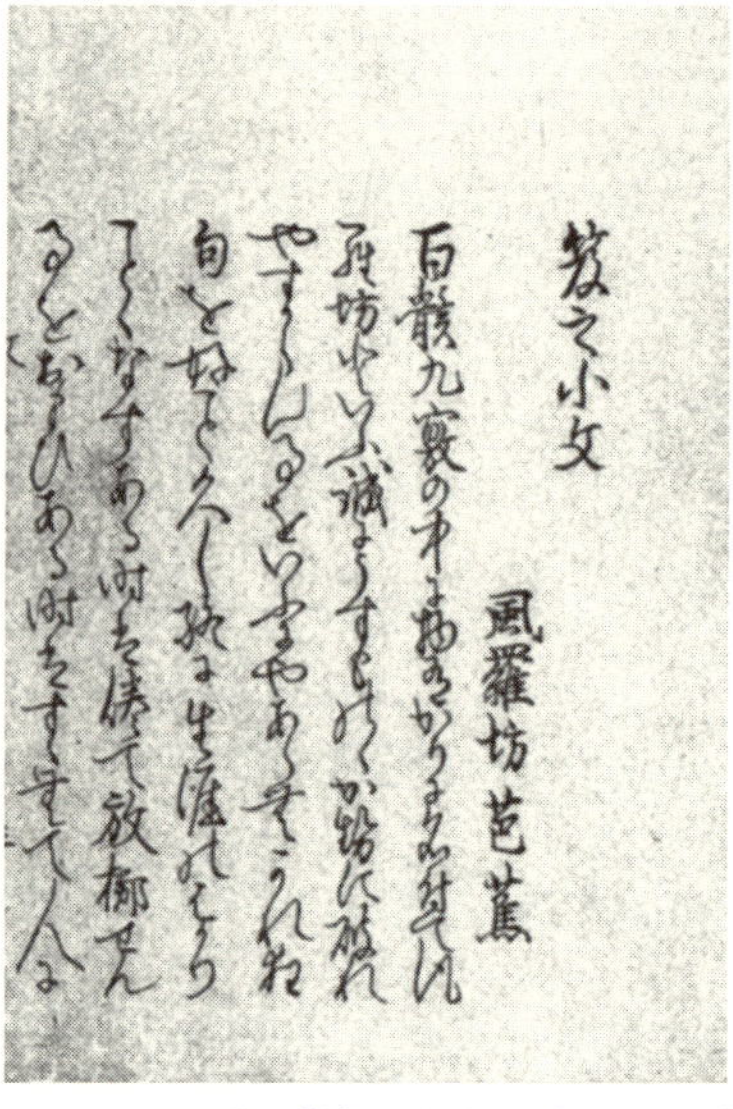

図３　平野屋版『笈の小文』本文冒頭部
（天理大学附属天理図書館蔵本）

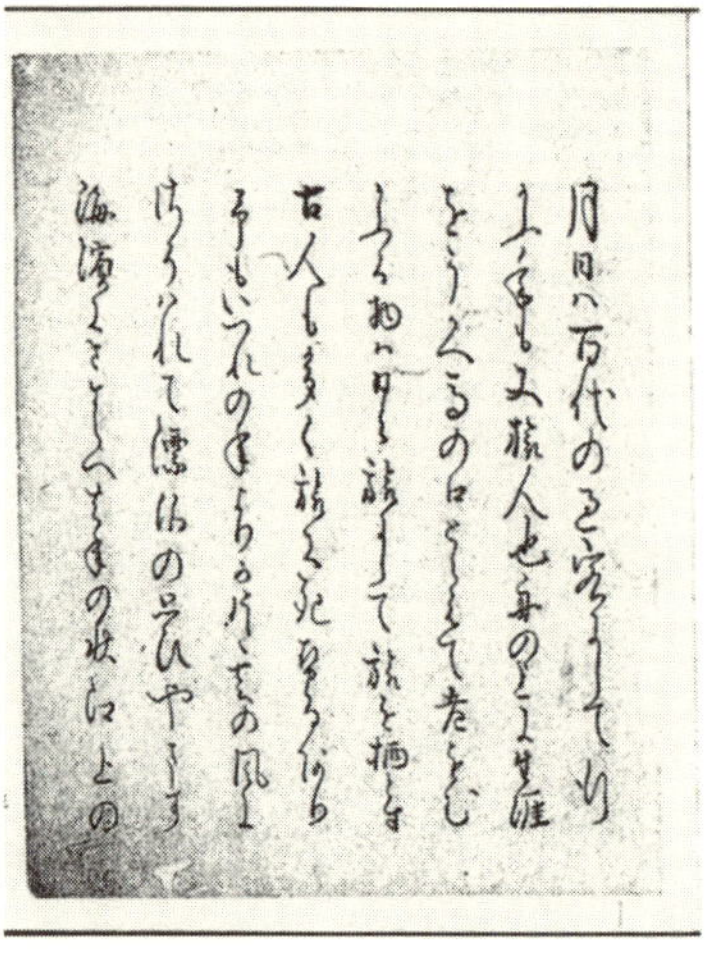

図４　元禄初版本『おくのほそ道』冒頭部

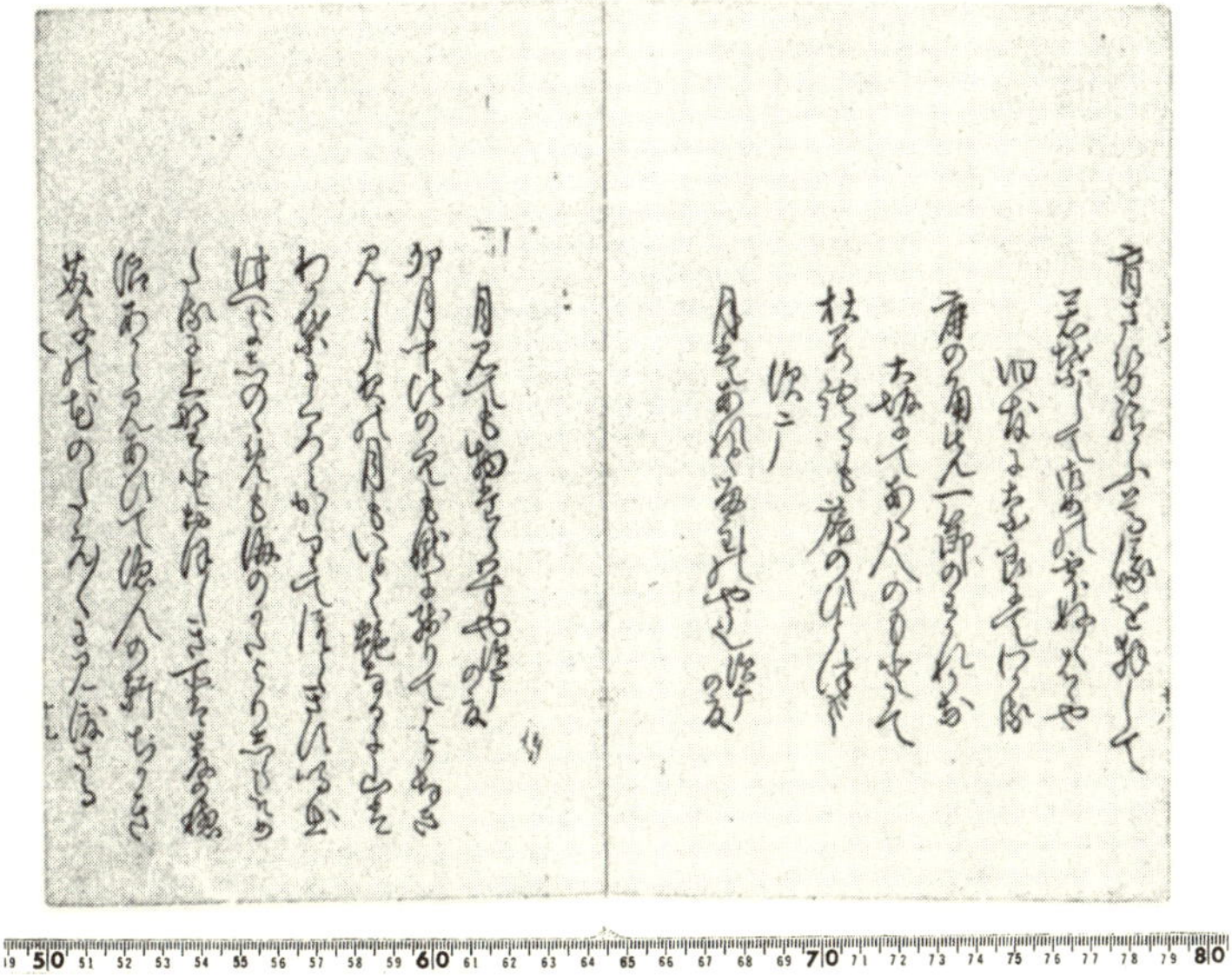

図5　平野屋版『笈の小文』19丁表・18丁裏
（天理大学附属天理図書館蔵本）

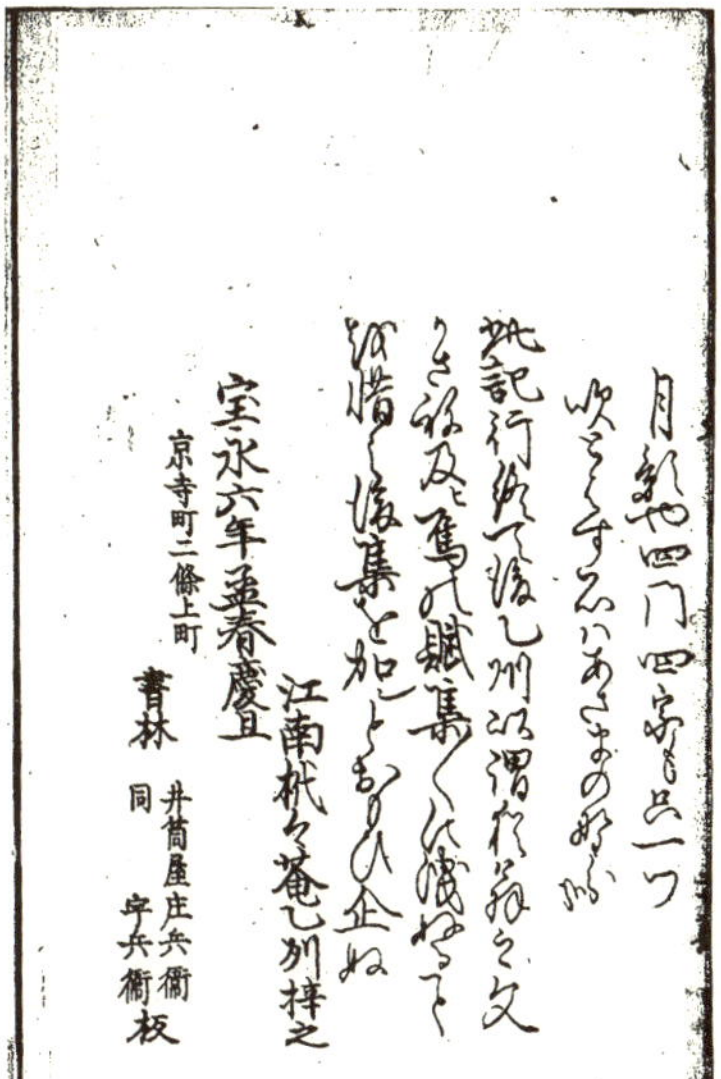

図7　再刻本『笈の小文』刊記

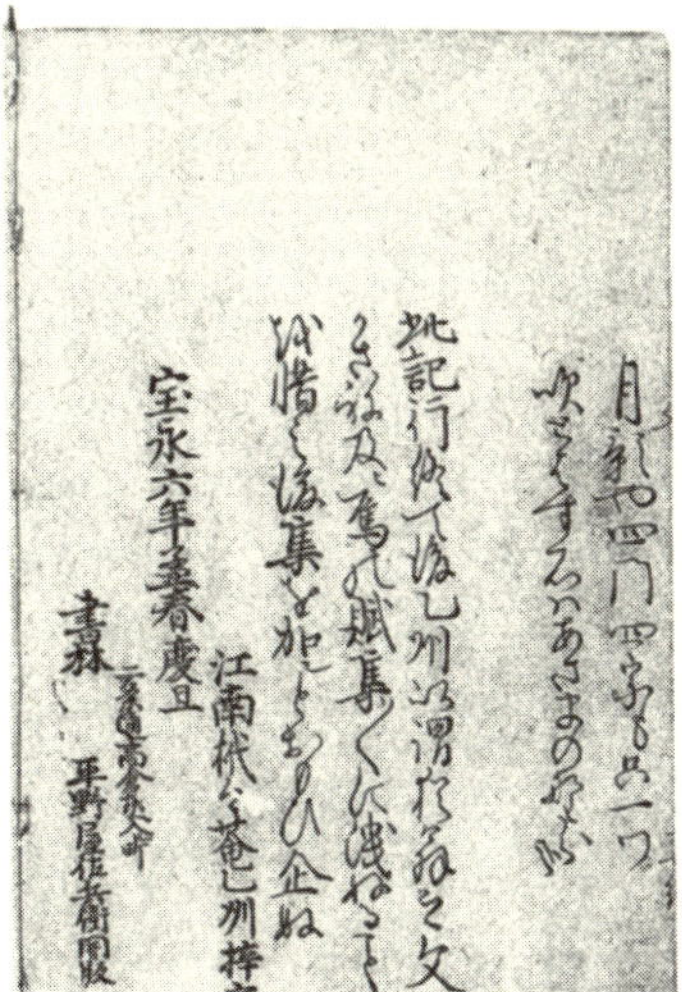

図6　平野屋版『笈の小文』刊記
（天理大学附属天理図書館蔵本）

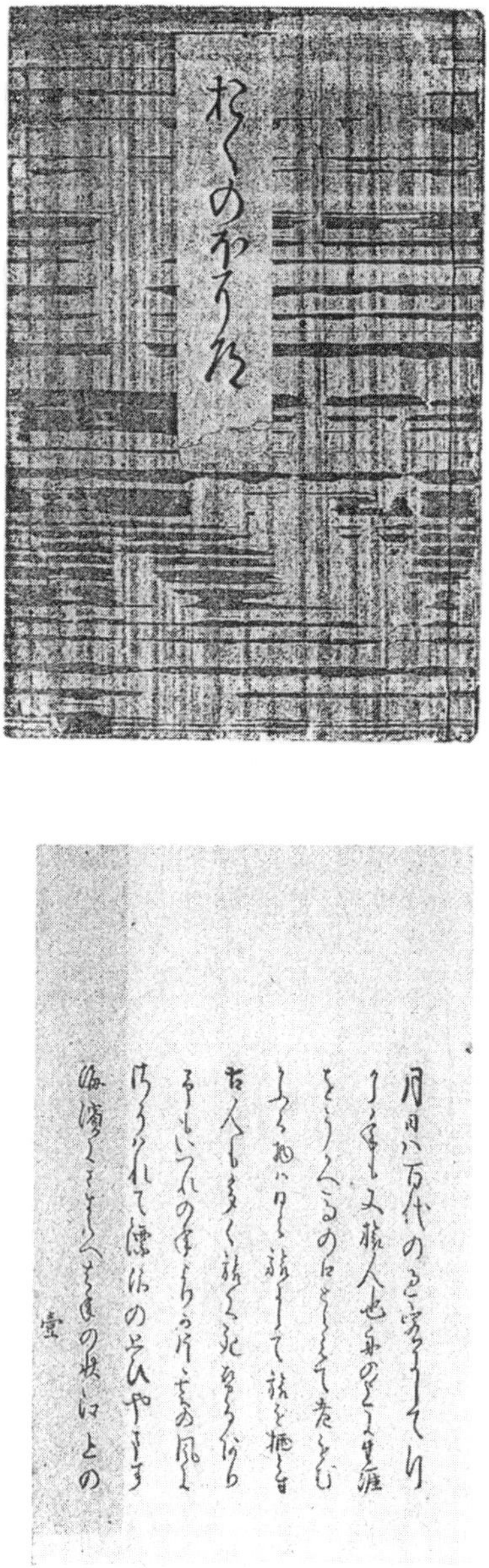

図８　『おくのほそ道』「有丁付本」
表紙・本文冒頭

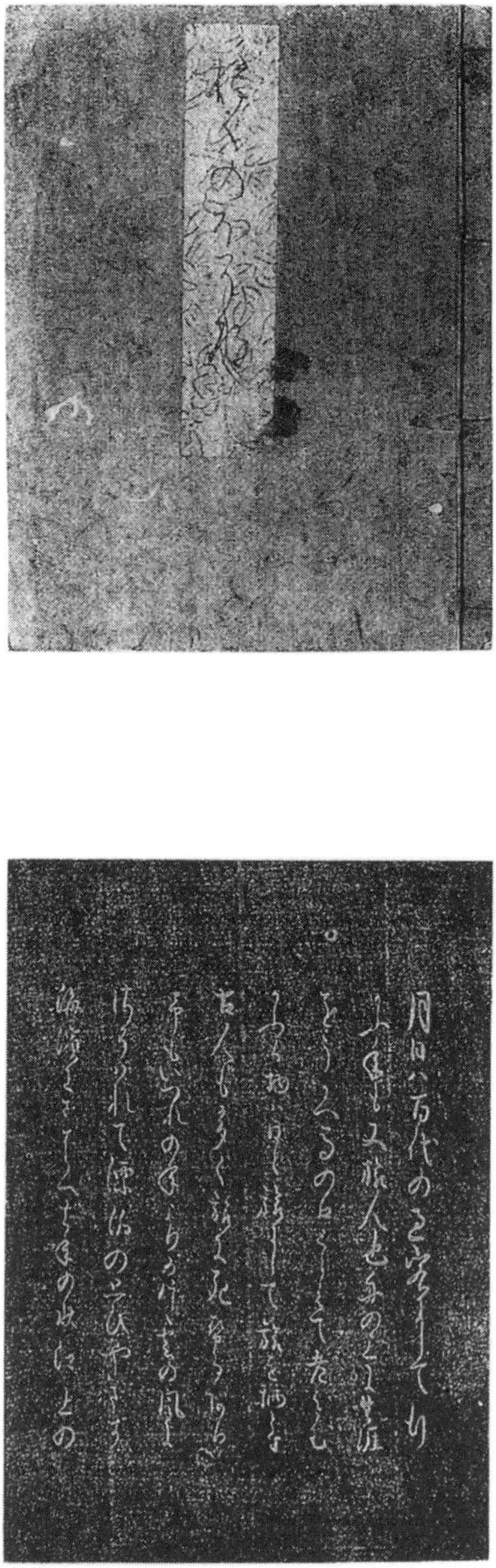

図９　『おくのほそ道』「桜寿軒本」
表紙・本文冒頭

図10　『拾遺』初版本前表紙
（財団法人芭蕉翁顕彰会蔵本）

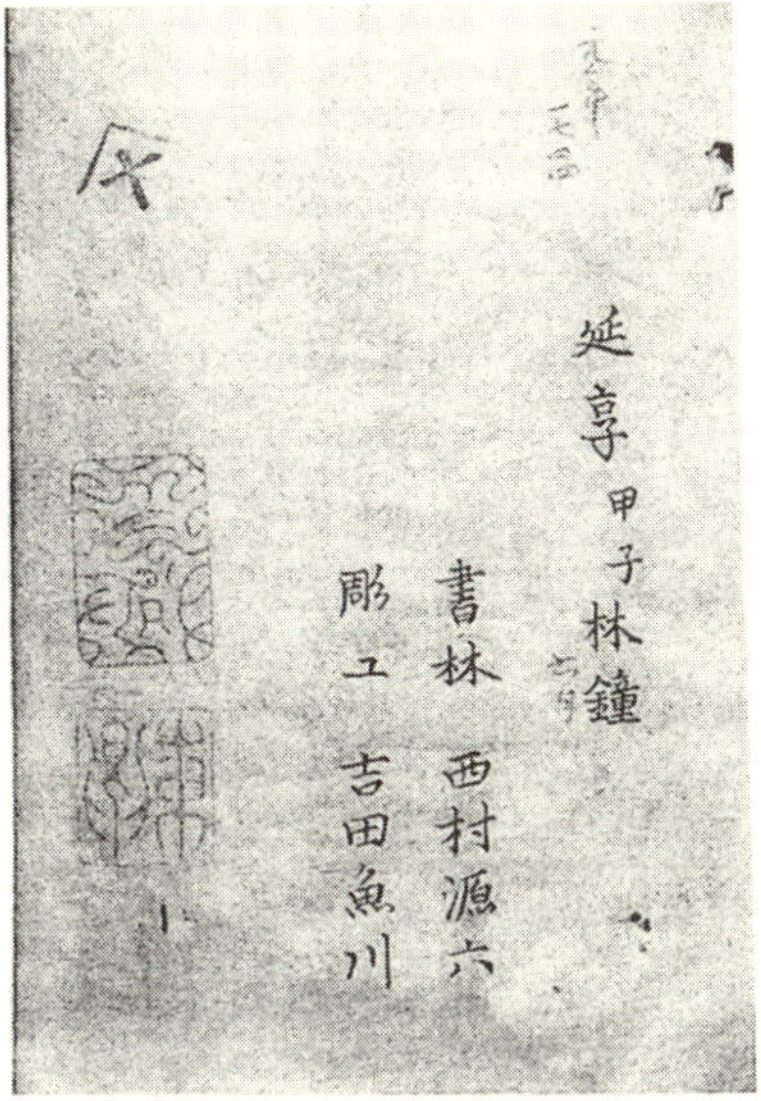

図12　『拾遺』初版本刊記
（財団法人芭蕉翁顕彰会蔵本）

図11　『拾遺』初版本後表紙
（財団法人芭蕉翁顕彰会蔵本）

図13　元禄版『おくのほそ道』
後刷本表紙
（天理大学附属天理図書館蔵本）

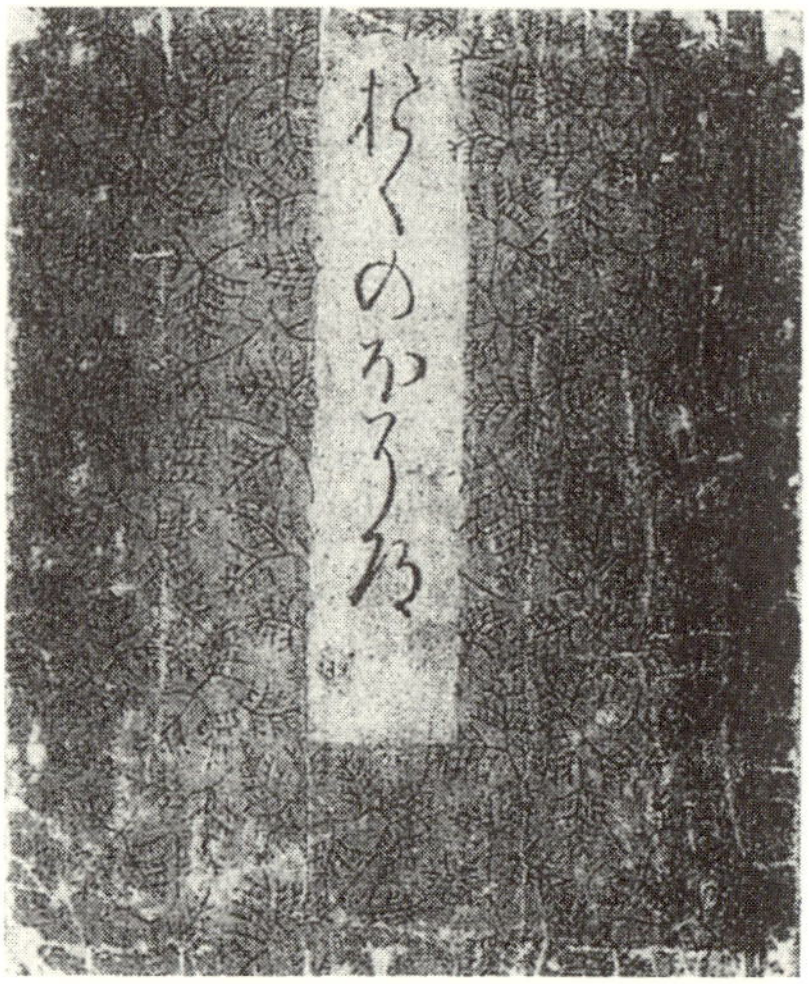

図 14　明和版『おくのほそ道』表紙

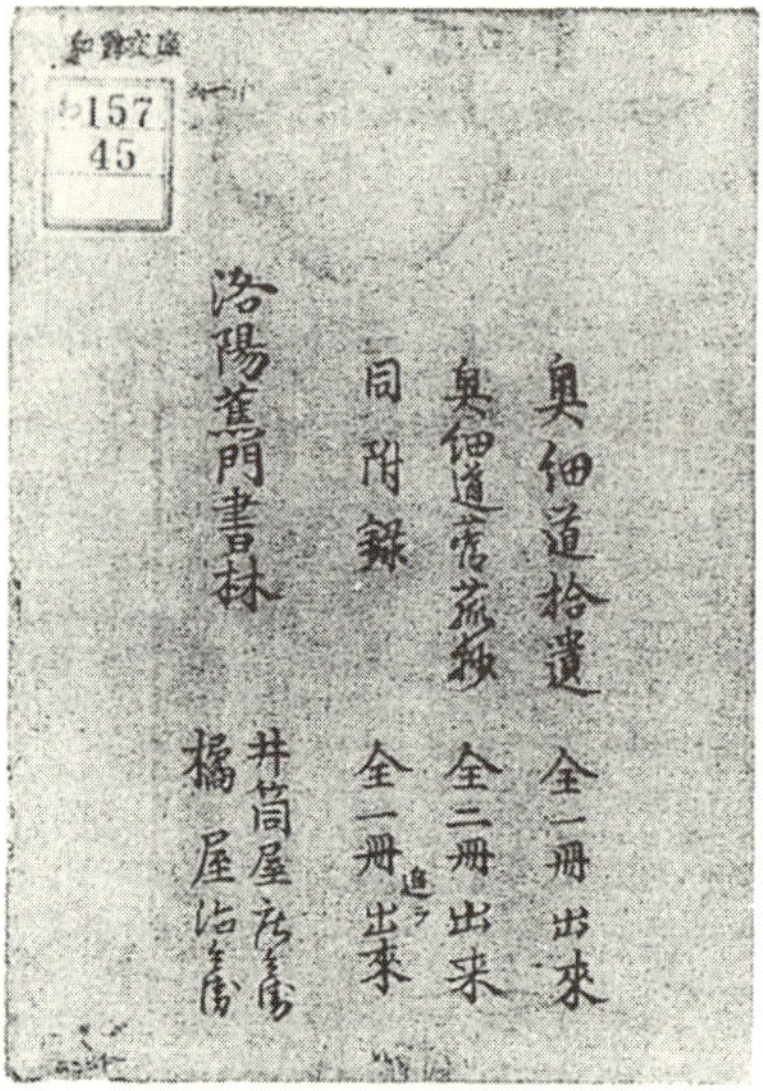

図 15　明和版『おくのほそ道』刊記
（天理大学附属天理図書館蔵本）

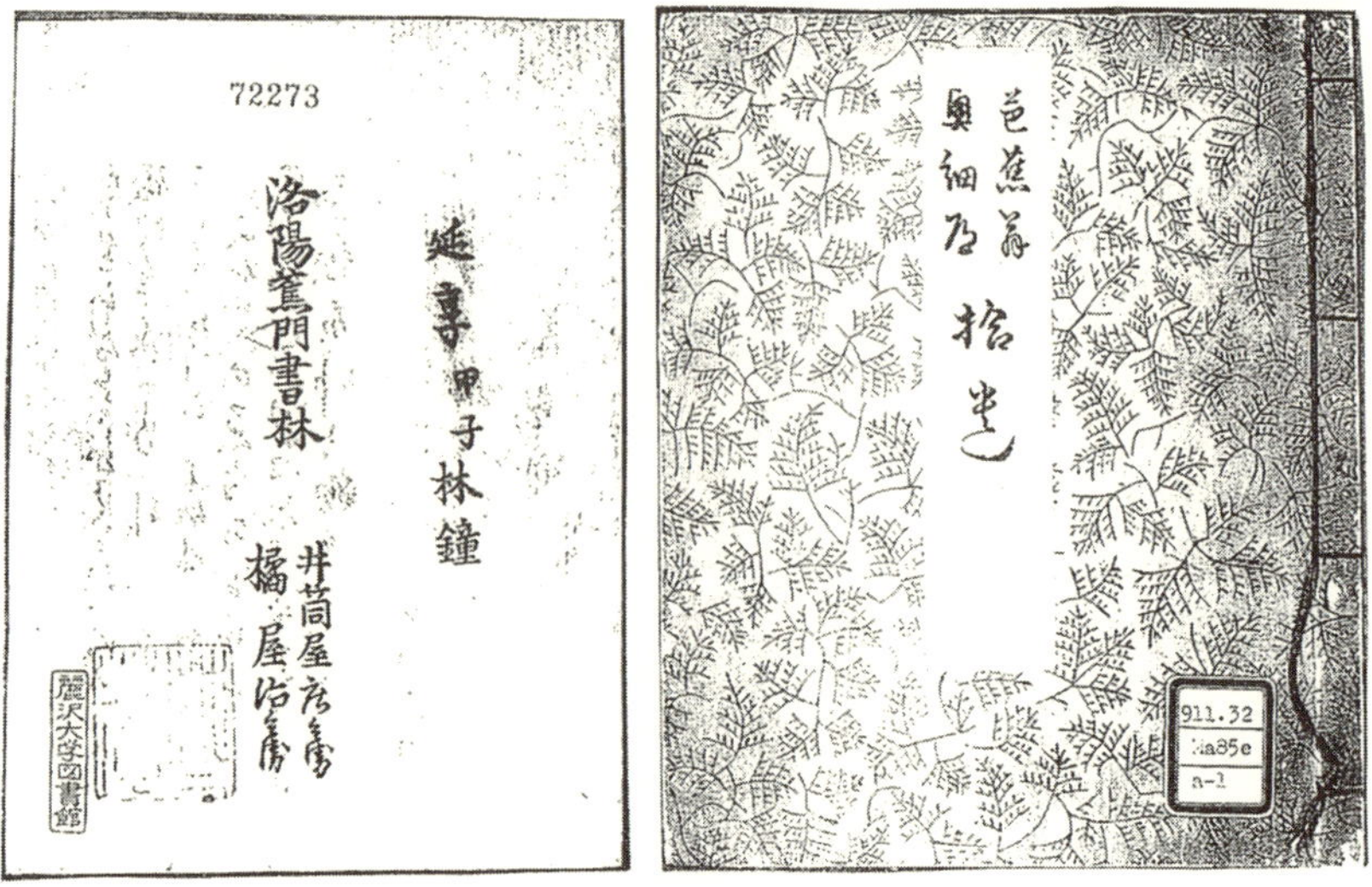

図 16　井筒屋・橘屋版『拾遺』表紙・刊記
（麗澤大学図書館蔵本）

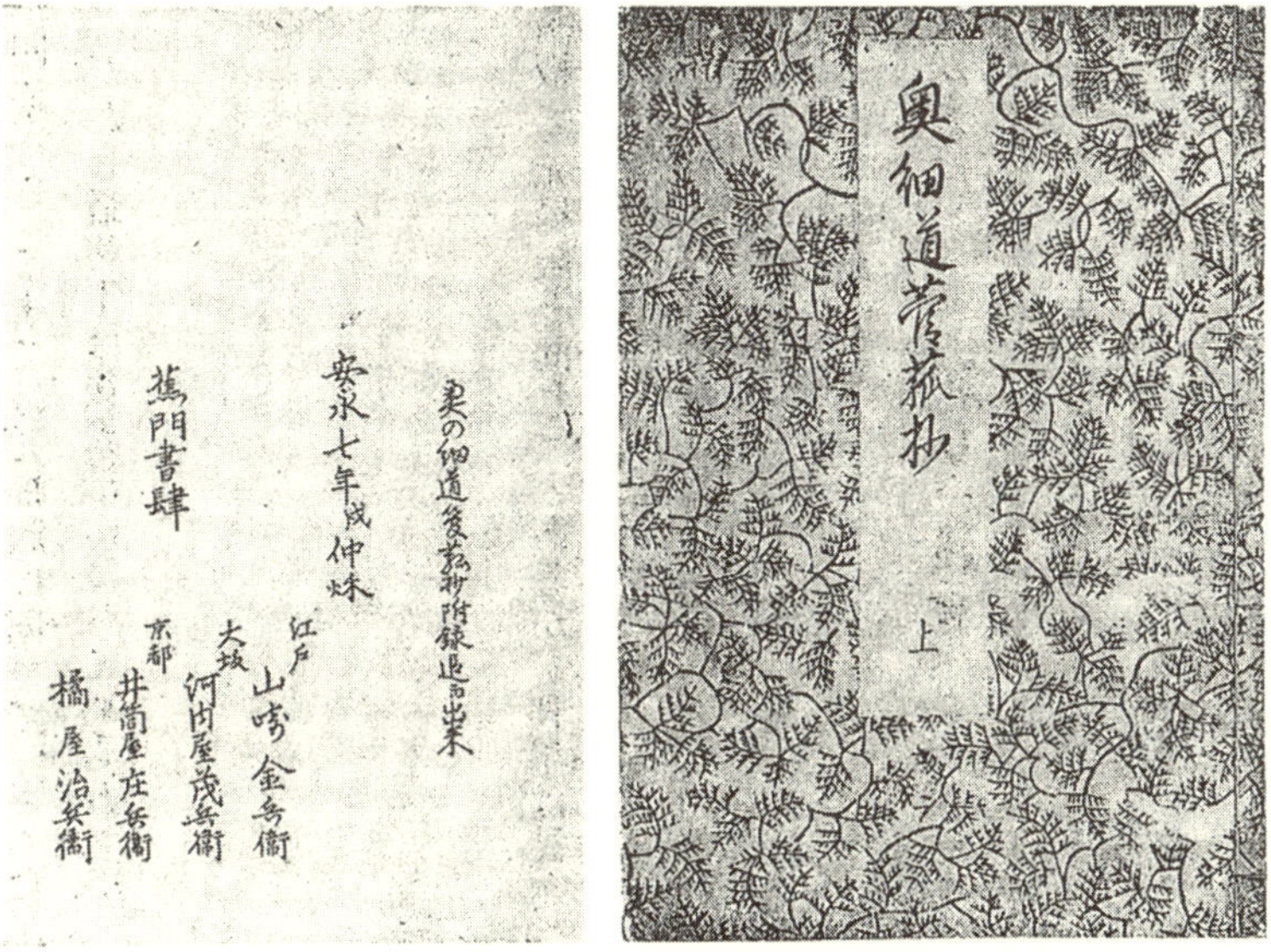

図17 『奥細道菅菰抄』表紙・刊記

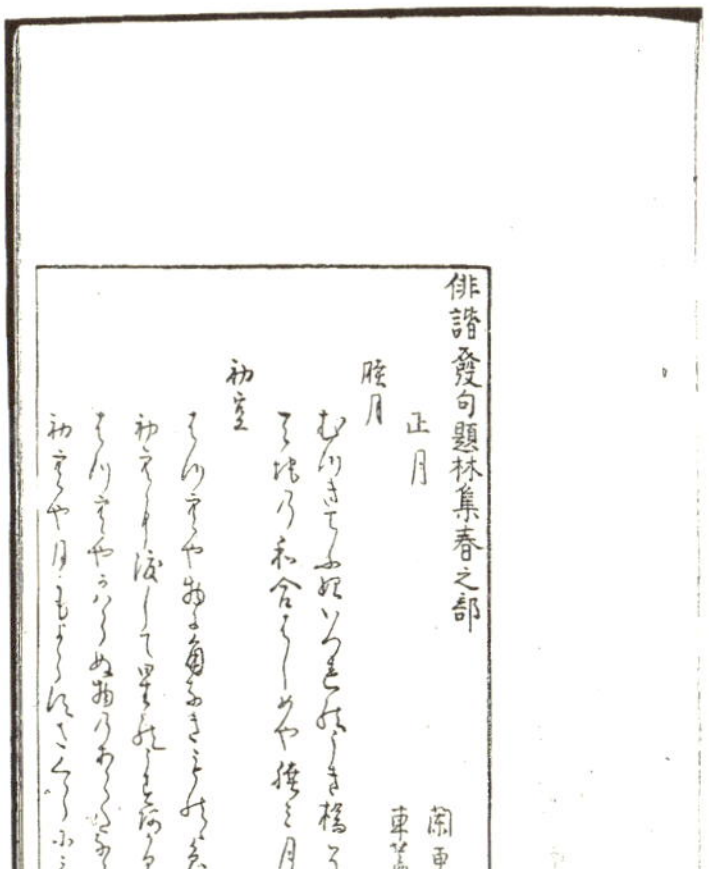

図19 『発句題林集』春の部冒頭部

図18 『発句題林集』春の部表紙

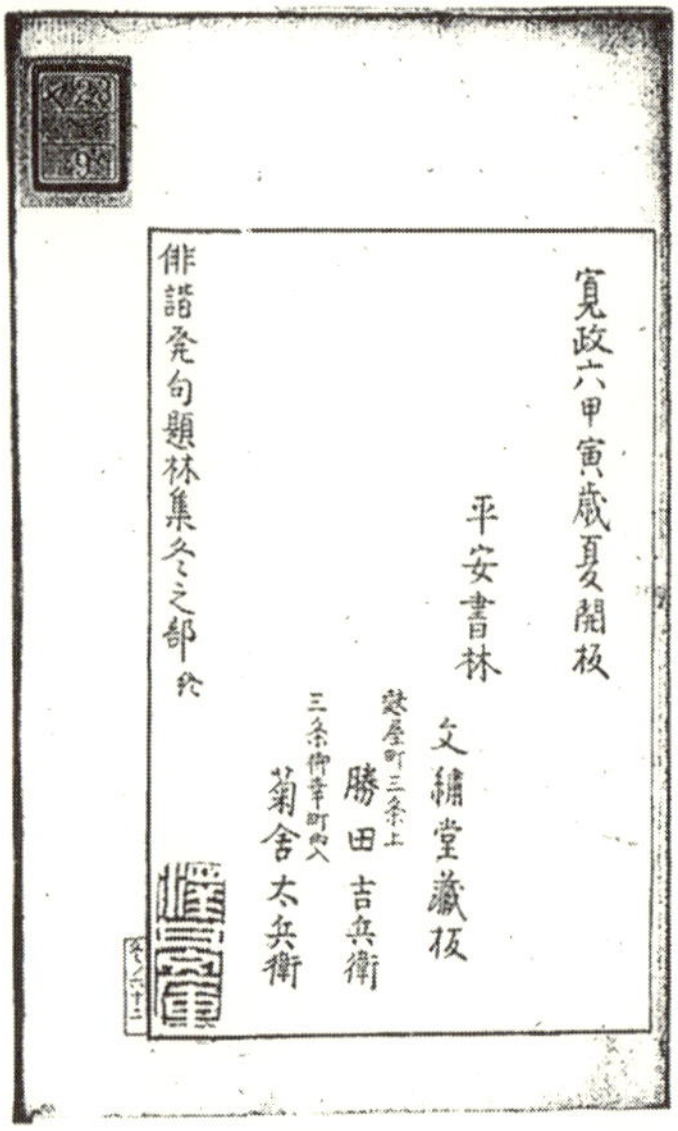

図21　『発句題林集』初版本刊記
（大阪府立大学学術情報センター図書館蔵本）

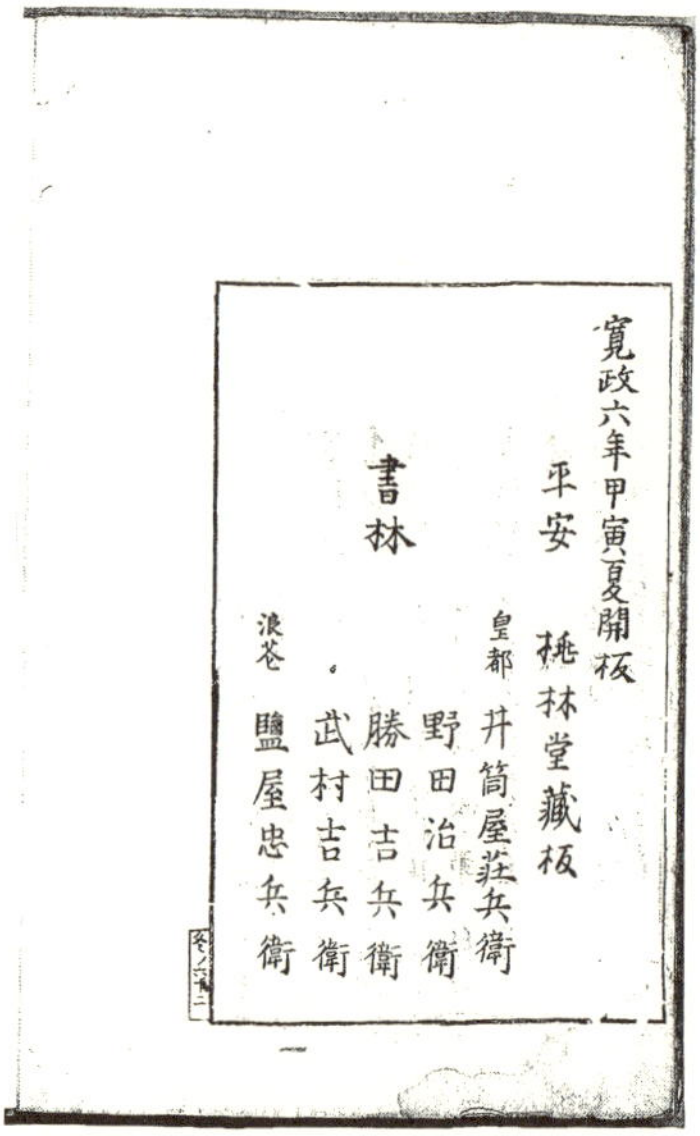

図20　『発句題林集』刊記

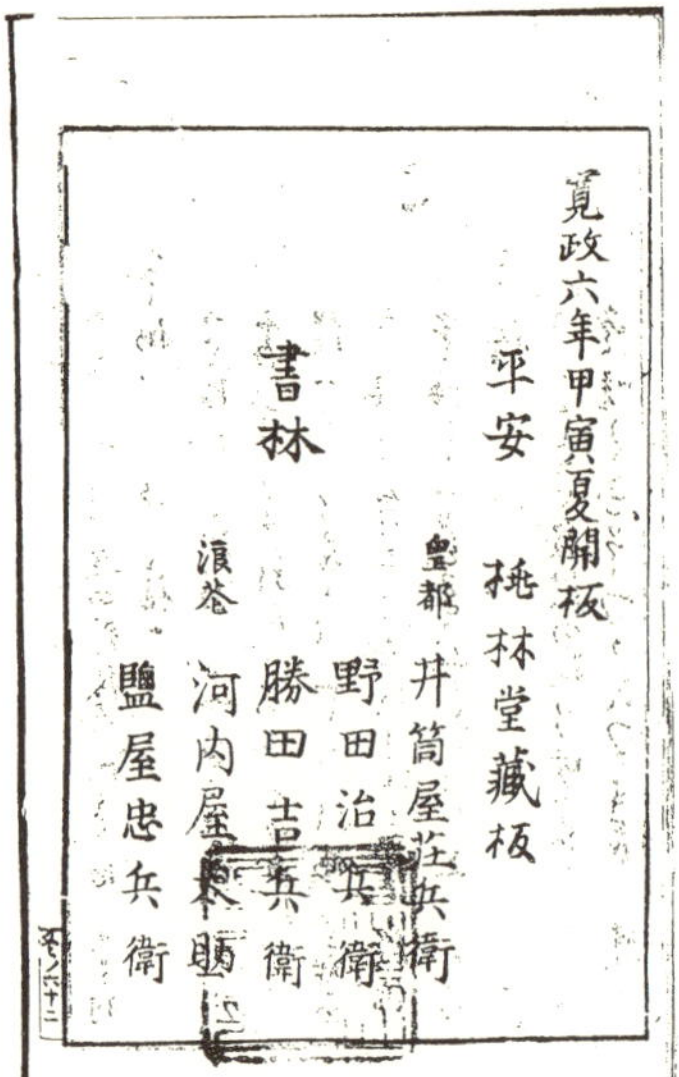

図23　『題林発句集』刊記
（富山県立図書館蔵本）

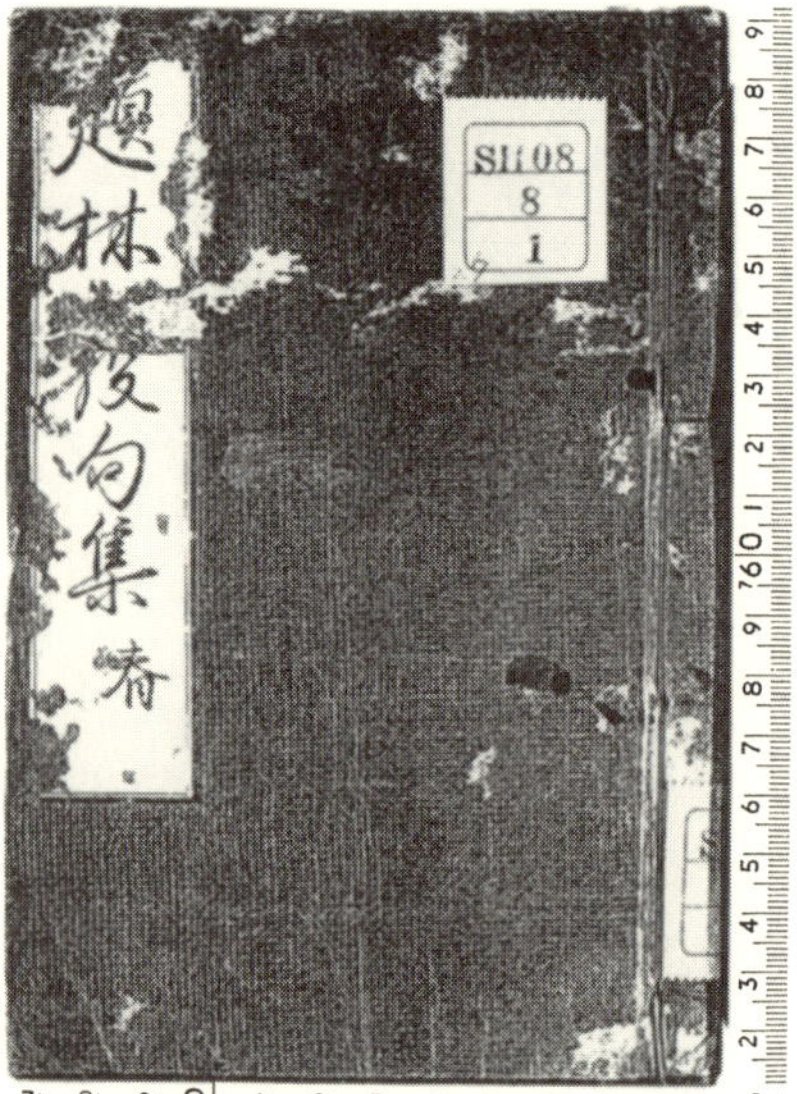

図22　『題林発句集』表紙
（富山県立図書館蔵本）

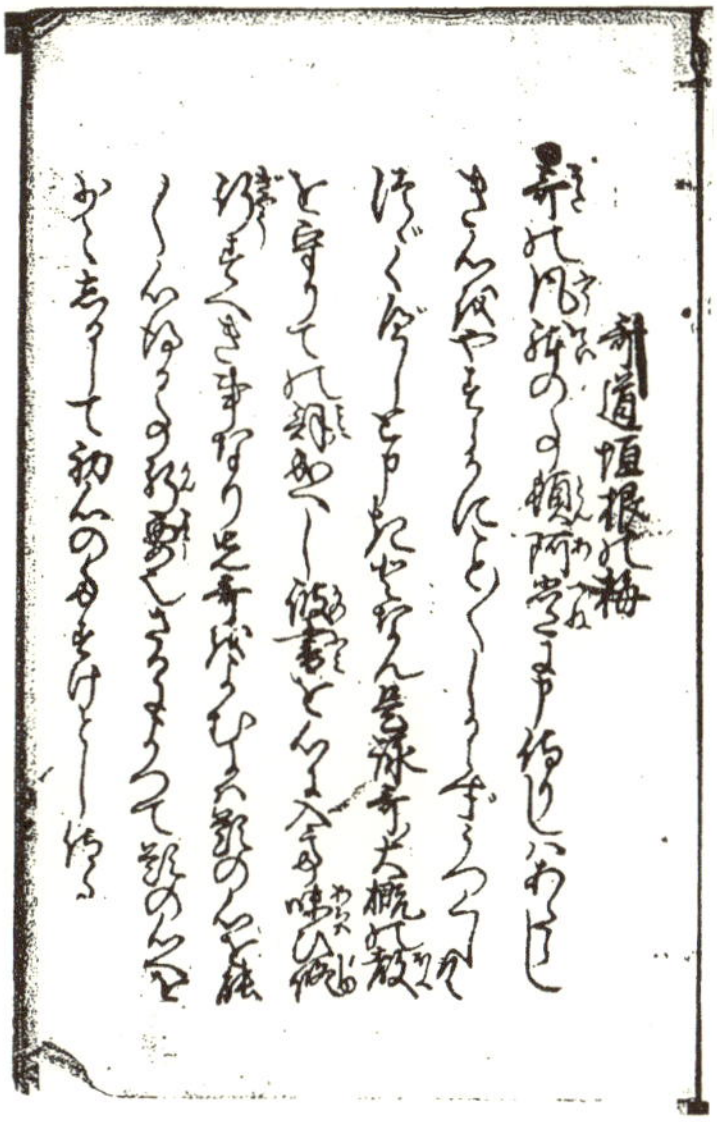

図24 『歌道垣根の梅』本文冒頭部
（名古屋市博物館蔵本）

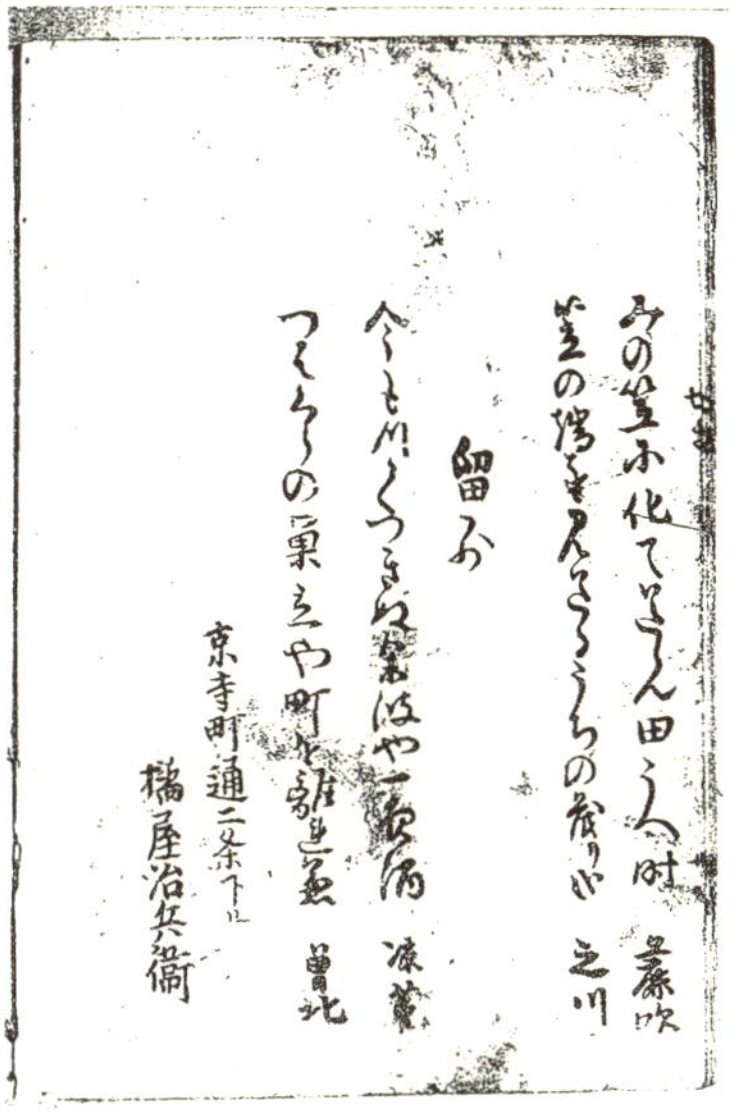

図25 『七さみだれ』終丁刊記部
（東京大学総合図書館所蔵本）

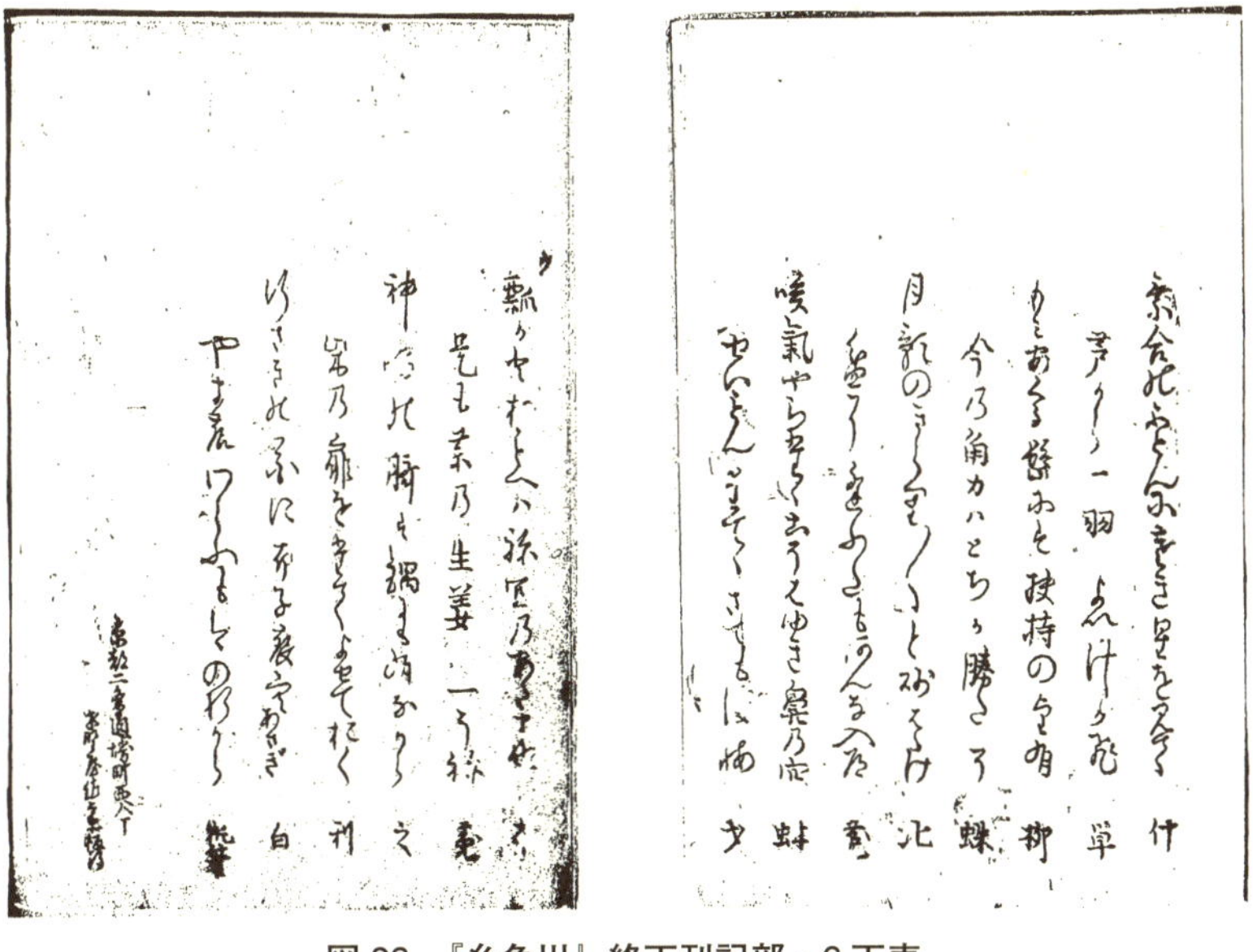

図26 『糸魚川』終丁刊記部・6丁表
（天理大学附属天理図書館蔵本）

2 『奥細道菅菰抄』の板木

はじめに

近世期には夥しい数の版本が出版されたが、その殆どは板木によって印刷されたものである。言うまでもないことであるが、板木が無ければ本を印刷することは出来ない。また、近世期は板木を所持していることイコール版権所有の時代でもあった。そのことは、その本の板木がどの本屋に在ったのかという問題、つまり「板木のありか」を抜きにして版権を云々することは出来ないということを意味している。特に、相版、すなわち共同出版の形をとる本の場合、この視点を欠かすことは出来ない。「板木のありか」は版本だけからでは判らないことが多い。が、たまたま現在に残ってきた板木が伝えてくれる手掛かり、それに版本をはじめ本屋仲間の記録・文書から得られる情報を突き合わせてみると、その様子がかなり詳しく見えて来ることもある。この稿では、『奥細道菅菰抄』の板木一枚を手掛かりに、この問題について考えてみることにしよう。

平成十一年に、京都の印章店西島光正堂に保存されている二百枚ほどの板木の中から『奥細道菅菰抄』(以下『菅

図Ⅰ　『奥細道菅菰抄』（下巻9〜12丁）板木拓本　丈733×幅181×厚さ19粍

図Ⅱ　『万延元年庚申卯月改正文政堂蔵板目録』12丁裏

菰抄』と略称することが多い）の板木が見つかった。図Ⅰがその板木の拓本で、同書下巻の九・十・十一・十二丁を四丁張として板の表裏に収めた一枚である。その後の調査で、氏の手許にある板木は、第二次大戦後に藤井文政堂から流出したものであることも判明している。藤井文政堂に残る板木目録『万延元年庚申卯月改正／文政堂蔵板目録』を見てみると、図Ⅱに示したように「一　細道菅菰抄弐枚」という記録があり、今回出てきたのは、万延元年当時藤井文政堂が所持していた『菅菰抄』の板木二枚のうちの一枚であることが知られる。たった一枚ではあるが、その出現の意義は大きい。何となれば、この板木が出て来たことによって、『菅菰抄』全体の板木の仕立て方の見当がつき、版本及びその他の文書などとの照合により、『菅菰抄』の「板木のありか」を確認することが可能になって来るからである。

1　『奥細道菅菰抄』の版本と板木

先ず、『奥細道菅菰抄』の版本についてあらましを述べておくことにしよう。今回の板木出現を機に、『奥細道菅菰抄』の版本を調べて見たのであるが、その結果、『菅菰抄』には早印本と板木の一部を改刻した後印本が存在することが判明した。管見に入った諸版本を早印・後印に分けて、次に掲げる。なお、『菅菰抄』は、早印・後印とも半紙本で上・下二冊。零本の場合は、〈　〉の中にその旨を断わった。因みに、早印・後印とも、掲載の順序は必ずしも刷りの前後を示すものではない。

早印本　1酒田市立光丘文庫蔵本・2大阪青山短期大学蔵本・3綿屋文庫蔵D本（166・49）・4綿屋文庫蔵C本（166・38）〈上のみ〉・5雲英末雄氏蔵本〈上のみ〉

後印本　1奈良大学蔵A本・2奈良大学蔵B本・3某氏蔵本・4京大潁原文庫蔵本（Hj31）・5綿屋文庫蔵A本（166・36）・6芭蕉文庫蔵A本（芭166・2）・7芭蕉文庫蔵B本（芭166・3）〈上のみ〉・8雲英末雄氏蔵本〈下のみ〉・9洒竹文庫蔵本（洒468）・10大内初夫氏蔵本・11綿屋文庫蔵B本（166・37）・12柿衞文庫蔵本（は164・645）

このうち、原本を見たのは早印5、後印1・2・3・4・6・7・8・12で、早印2は同朋舎の、また後印10は勉誠社文庫の複製影印本とその解題、他は写真・マイクロフィッシュなどによる。以下、簡単に書誌的事項を記せば、表紙は後印本9・10・11・12を除き、砥粉色地に濃緑色の杉菜散らし模様。但し、早印本の杉菜模様は茎・葉に太い細いのめりはりがあるのに比べ、後印本のそれは茎・葉の線が単調。後印本10・11の表紙は、やや趣が異なり砥粉色地に杉菜散らし草花模様表紙で、後印本12は薄茶色布目地小菊紋散らし表紙。後印本9は、マイクロフィッシュによる限り、布目地表紙のように見える。いずれも表紙中央上部に無辺題簽、「奥細道菅菰抄上（下）」。（但し、後印本6の上は後補書題簽。また、後印本12は題簽の位置左肩。）上下巻それぞれ、早印・後印とも、すべて同板である。丁付は板芯にあり、上巻は「細道抄首一〜十三終、細道抄上一〜十八」とあって、内容は「首」の部は一が青嵐山樵序、二・三が応堂上人序、四・五がこの書の編者梨一の叙、六が凡例、七〜十三が俳諧系譜・芭蕉翁伝・引用書目、「上一〜十八」は本文。下巻の丁付は「細道抄下一〜四十一」で、一〜四十丁が本文、四十一丁は蝶夢の跋文（早印本3はこの丁、欠）。以上、上下巻合計七十二丁のうち、後印本で改刻されているのは首九〜十二、上一〜四、上九〜十二、下五〜八、下二十五〜三十六の二十八丁分である。刊記は、上巻のみの零本（早印本4・5、後印本7）及び後印本12を除き、下巻後表紙見返しに貼り付けて、次のようにある。因みに、この刊記、題簽と同様、早印・後印とも全て同板である。

奥の細道菅菰抄附録追而出来
安永七年戊仲秋
江戸　山崎　金兵衛
大坂　河内屋茂兵衛
京都　井筒屋庄兵衛
蕉門書肆
橘屋　治兵衛

後印本12は、この刊記の替わりに、「和漢年表史略・東国鑑・素書・同国字解・懲□録・善隣国宝記・武経開宗・

孫子国字解・八陣図説」の広告末尾に「御書物所／京都三條通堺町／出雲寺松柏堂」と入れる一丁を後表紙見返しに貼る。これ以外に特記すべきことがらとしては、後印本7の後表紙貼り付けの終丁裏隅に、「山サ／藤井」の印が、また後印本12の上巻の同じ位置に「仕入／山佐」の墨印、及び「竹苞落丁改」の朱印があることが上げられる。なお、後印本2の奈良大学蔵B本には元袋が一緒に残っている。『菅菰抄』の袋については報告が無く、また板木の仕立て方を考える際に必要不可欠な資料であるので、図Ⅲとして挙げておく。

以上版本調査の結果、『菅菰抄』の版本には四軒相版のスタイルをとる早印本と、同じ刊記で板木を一部改刻した後印本、それに刊記を改めた出雲寺版の三種があることが判明した。ただし、後印本の中でも後期に属すると思われる12の出雲寺版は、上巻後表紙貼り付けの終丁裏隅の印によれば、おそらく単独版ではなく、山城屋佐兵衛こと藤井文政堂と竹苞楼の二軒も版権に絡んでいたことが想像される。12の刊記を除けば、丁数など内容は三種とも同じである。そこで、今回出現した板木をもとに推測してみると、『菅菰抄』の板木は次のように仕立てられていたと考えられる。囲みに入れたのが今回出現の板木、ゴチックで示したのが後印本で改刻のあった丁である。

上　首一～四、五～八、**九～十二**、十三
　　上**一～四**、五～八、**九～十二**、十三～十六、十七、十八
下　下一～四、**五～八**、九～十二、十三～十六、十七～二十、
　　二十一～二十四、**二十五～二十八**、**二十九～三十二**、
　　三十三～三十六、三十七～四十、四十一、刊記・題簽・袋

板木を仕立てる際、冒頭部から四丁張りとして仕立てて行くのが寛文以来の通例であったことは、「『おくのほそ

図Ⅲ　『奥細道菅菰抄』袋

道』蛤本の謎」（本書第二部2）などに例示した。『菅菰抄』の場合もおそらく例外ではなく、上巻冒頭から四丁張りで仕立てて行き、半端になる首十三、上十七・十八、下四十一の四丁は、それでまとめて板木一枚に収めたに違いない。また、刊記は題簽・袋と組み合わせて一枚に収める（これを近世の本屋・職人は「袋板《ふくろいた》」と称した）のもこれまた古来通例となっており、この場合もそのようにしたと想像するのが自然である。ただしこの板、裏面は未刻のままの「白板」であったと思われる。因みに、題簽・刊記とも早印・後印同板であることからすれば、「袋板」は改刻されなかったわけで、早印本にも図Ⅲと全く同じ袋が添えられていた筈である。以上のように、『菅菰抄』は四丁張の板木十八枚と、裏が白板の袋板一枚、合計十九枚で仕立ててあったと考えてまず間違いなかろう。先にも触れたように、右の表にゴチックで示したのが後印本で改刻のあった丁である。それは、四丁張りの板木として、ちょうど七枚にすっきりと収まる。普通に考えれば、この七枚の板木が何らかの理由で失われたため、それを彫り直して再刻したということになるのだが、ではその背景にどんな出来事を想定すればよいのだろうか。そこには井筒屋・橘屋による板木の分割所有という問題が絡んでいるように思われる。先に示したように、『菅菰抄』の刊記には江戸・大坂・京都の四軒の本屋が名前を並べる。それは後印本の中でも後期に属する12の柿衛文庫蔵本を除き、早印本・後印本を通じて変わることはない。が、江戸の山崎金兵衛と大坂の河内屋茂兵衛はおそらく販売委託先で、版権を所有していたのは京都の井筒屋庄兵衛・橘屋治兵衛の二軒であったと考えてよいと思う。山崎が井筒屋・橘屋の出版物の売り出しを引き受けていたことについては、本書第三部1「小本『俳諧七部集』」に触れたのでそちらを参照していただくとして、この安永七年刊『菅菰抄』でも山崎が売出しを引き受けていたと考えて何ら不自然ではない。一方、大坂の河内屋茂兵衛と橘屋・井筒屋の関係については良く判らない。しかし、河内屋が『菅菰抄』の編集なり出版に関わった形跡は全く認められず、この本屋も単なる販売委託先と見るべきであろう。なお、新訂版『享保以後江戸出版書目』・影印本『江戸本屋出版記録』には『奥細道菅菰抄』を「作者加藤玄順、板元大坂藤屋弥兵衛、売出し山崎金兵衛」と記録する。いま詳細は省略するが、両書を仔細に閲するに、これは次の項目の『傷寒手引草』との混同と断定して間違いない。山崎は、明和三年以来藤屋弥兵衛出版書の売出しを務めることも多く、特にこの安永七年前後は藤屋・山崎の組み合わせが続くこともあって、たまたま両書の売出しが同じ山崎であったため、目移りがして筆写する際に両書を混同したものと判断される。『享保以後江戸出版書目』『江戸本屋出版記録』の『菅菰抄』に関する記録は信用に値せず、江戸本屋仲間へは「作者梨一、板元橘屋治兵衛、売出し山崎金兵衛」として届けられていた筈で、実質的に版権すなわち板木を所有していたのは井筒屋と橘屋であったことは動かない。

では、二つの店は『菅菰抄』の板木十九枚をどのように分割所有していたのか。これについては次のように推測してみたい。『奥細道菅菰抄』の編者梨一との明和の初めに遡る親交から考えて、この書の出版を企画したのは蝶夢以外には有り得ない。蝶夢はその企画を特に親しかった橘屋へ持ちかける。が「奥細道」という名称も内容も、その時既に八十年近いロングセラーとなっていた井筒屋の定番商品である『おくのほそ道』の版権を侵害することになってしまう。そこで、『奥細道菅菰抄』を井筒屋・橘屋の相版とすることで話がまとまり、板木を二軒の店で分割所有したと思われる。どちらが十二枚でどちらが七枚であったかはさておき、その七枚が何らかの理由で失われたので、その分を再刻して出版したのが後印本であると考えてよい。

2　天明の大火と井筒屋の罹災

では、『菅菰抄』の板木七枚が失われたのは何故か。これについては、『菅菰抄』出版の約十年後に京都の町を襲った大火を想定するのが妥当かと思う。これは、天明八年正月晦日に鴨川東岸から出た火が、鴨川を越えて寺町にも飛び、西・北・南と延焼を続けて二条城・御所をも焼き、三日間にわたり燃え続けて市街地の約75％を焼き尽くしたと伝えられる近世期京都における最大規模の大火であった。井筒屋がこの大火で蔵板の全てを失なってしまったのではないかということを初めて指摘されたのは、木村三四吾氏である。すなわち氏は『ビブリア』46号（昭和四十五年十月刊）収録の「『冬の日』初版本考」（のち、木村三四吾著作集Ⅰ『俳書の変遷』に収録）に於いて、

天明八年一月の京都の大火はその市街地の多くを焼亡してしまった。最初は紙屋として、創業以来「京寺町二条通り上ル丁」から他に移ることのなかった井筒屋も、この災火に蔵版のすべてを失ってしまったのではないか。事実、その頃から井筒屋の俳書はほとんど姿を消してしまう。

と述べられ、今にして思えば、京都の出版史を考える上で欠くことの出来ない極めて重大な問題提起をされたのであった。その後、氏の指摘を踏まえて、八亀師勝氏「『葛の松原』の諸本について」（『南山国文論叢』1、昭和五十一年）の考察、鈴木勝忠氏による『葛の松原』『続五論』の諸本調査（『蕉門俳書の総合的基礎研究』、昭和五十七年）があり、『葛の松原』『続五論』には再刻本が存在し、それは天明大火後の覆刻と見るべきことが示され、また、加藤定彦氏も「七部集の書誌」（新日本古典文学大系『芭蕉七部集』、平成二年）に於いて、天明の大火における井筒屋の罹災を前提に七部集の書誌的考察を進めておられる。私も木村氏の指摘を前提に、「『おくのほそ道』板木の一件」（「京古本や往来」82、平成十年）以来、幾つかの拙稿をものしてきたのだが、この問題を考えるのに際し、私を含めて各論者が見落と

して来た重要な資料がある。それは、木村氏の指摘の二年後、昭和四十七年十一月刊の高木蒼梧氏編『義仲寺と蝶夢』に翻刻紹介された、百四十七点に及ぶ蝶夢の書簡である。この書簡群も京都の出版事情を詳しく伝える貴重な資料なのであるが、その中に天明の大火直後と目される二月廿一日付の白輅宛の一通（書簡番号一二〇）がある。その全文を次に示そう。なお、『義仲寺と蝶夢』収録の同書簡翻刻には、原典を読み兼ねたと思しき伏せ字が一箇所あるので、いま原典の『蝶夢上人消息集』（明治大学図書館蔵）に拠り、句読点・濁点は私に付した。以下、この書簡以外の引用は、すべて『義仲寺と蝶夢』の翻刻に拠る。

内裏回禄之事ニ付、御見舞忝存候。野庵ハ無事ニ而致世話居申候。乍併、弟子之僧之寺など皆々致炎上候而、色々致迷惑候。如仰ニ古器・古書悉致焼失候。応仁後之大災ニ而候。書林之事御尋被遣、是ハ家四五ケ所致焼失候得共、土蔵四箇所共無事ニ而、板行残リ申候。井筒屋ハ、猿蓑・炭俵迄焼申候。委事ハ別紙ニ申上候。

二月廿一日　　　　幻阿

白輅様

「回禄」とは、火災に会う・炎上すること。蝶夢存生中の内裏炎上は天明の大火以外には有り得ず、この書簡が天明八年の京都大火の罹災状況を伝えるものであること疑いを容れない。また、蝶夢には他にもこの大火後の京の状況を伝える書簡が数点あるが、「京都もそろ〳〵家並たちかゝり申候」（書簡九）といったものに比べていかにも切迫した文面は、この書簡が大火直後のそれであることを示して余りある。いま詳細には触れないが、『義仲寺と蝶夢』収録の書簡群を通覧するに、蝶夢が「書林」という時は二五・三三・九五書簡のように橘屋治兵衛を意識していることが多く、この場合もそう考えてよい。その橘屋は家作を四、五軒焼失したものの、土蔵は「四箇所とも」無事で、そこに入れてあった「板行」は焼けずに残ったと言う。因みに、蝶夢書簡からこれ以外の「板行」の用例を拾ってみると、「則ち小冊板行に付き」（書簡九一）「何事も時雨集板行の節」（書簡一三一）というように所謂「出版」の意味で使用されている例が十例ほど認められるが、ここはもとよりその意ではない。また、出版物つまり版本が焼けたぐらいであれば、応仁の乱に譬えて言挙げするほどのこともない筈で、その意味でもなかろう。ここで言う「板行」は、菊舎太兵衛がその「俳諧書目録」の中で小本二冊の『蕪村七部集』出版を予告して、「各板行焼失せしを、ふたたび小刻となすもの也」という如く、板木そのものを指すと見なければならない。なお、「四箇所とも」とは「四箇所全て」という意味合いである。それに対し、井筒屋の方は「猿蓑・炭俵まで」とは、井筒屋の他の板木はもとより、蝶夢に言わせれば「蕉風の亀鑑たるべき」『猿蓑』『炭俵』(六二・六四・六九・七六書簡)などの、七部集の板木まで焼けてしまったという意味に他ならない。橘屋・井筒屋に近しい人物の、しかも大火直後の言、信ずるに足る。この蝶夢書簡以外にも状況証拠が幾つかあることは後で取り挙げるが、この書簡を根拠として、橘屋の板木は無事だったのに対し、井筒屋の方は天明の大火で蔵板の全てを失なったと断じてほぼ間違いないと思われる。これは、井筒屋・橘屋両者の命運を大きく左右する出来事であった。京都の某書肆で「火が入ったら本屋はしまいや、と昔は言うたもんです」というお話を伺ったことがあるが、板木イコール版権であった時代のこと、さもありなんと思われる。俳諧書肆として元禄期に栄華を極めた井筒屋が、宝暦ごろから凋落気味となり、替わって橘屋が繁栄して行く傾向の見えること、これもまた既に木村氏の指摘されたところであるが、天明の大火はこの二つの店の盛衰に更に拍車をかけた観がある。それでも井筒屋は、その命運に逆らうかのごとく、大火後に主要俳書を再刻再版し、寛政期はなんとか持ちこたえるのだが、文化三年ごろに諧仙堂こと浦井徳右衛門に版権を譲渡し、店を閉めてしまう。一方、天明の大火による板木焼失を免れた橘屋は、本間正幸氏が「元治元年の版木焼失」(『連歌俳諧研究』101号)で整理されたように、明治期まで生き残って行くことになった。橘屋が明治期まで生き残ることが出来たのは、井筒屋から版権を譲り受けた浦井と組んだことがその理由の一つであるが、天明の大火で蔵板の板木が焼けなかったことも大きな要因であったと思われる。

ところで、井筒屋は寺町二条上ル、橘屋は寺町二条下ル、二つの店は隣接した町内にありながら、何故かくも命運が分かれたのであろうか。その答の手掛かりは、先の蝶夢書簡の「土蔵……無事」と言うあたりにあるのではないかと思う。蝶夢の書簡には他にも「橘屋の蔵」（書簡六〇）という表現も出て来る。京都の古くからの書肆で板木の保管場所についてお話を伺うと、昔から板木を専用の蔵に入れて保管しておられる西村法蔵館のように「板蔵《はんぐら》」という言い方をされる方と、藤井文政堂のように「板小屋《はんごや》」とおっしゃる方がある。天明の大火当時、橘屋が板木を蔵で保管していた事は蝶夢書簡から明らか。井筒屋はどうであったのかは推測するしかない。井筒屋ともあろうものが、蔵ではなく小屋に板木を置いておくだろうかという疑問も生まれるのだが、宝暦以降の凋落振りを鑑みれば、残り少ない蔵板を家の脇の小屋に収めて置いたというような想像もあながち無理とは言えまい。もしそうであったとすると、火が入ればひとたまりもなかったに違いない。なお、同じ天明の大火で罹災した冷泉家の、いま時雨亭叢書と呼ばれている一群の古書籍類が、やはり蔵によって守られたことも思い合わされよう。

話をもとに戻そう。以上見てきたように、天明の大火で橘屋は板木焼失を免れたのに対し、井筒屋はその蔵板の全てを失なったと考えられる。そして、これもまた先に見ておいたように『菅菰抄』の板木は井筒屋と橘屋で分割所有していたと推測される。以上総合すれば、『菅菰抄』の板木十九枚は、大火以前は橘屋に十二枚、井筒屋に七枚という割合で分割所有されていて、井筒屋の店にあった七枚が大火で焼失したため、その分を大火後に彫り直したという結論を導き出すことが出来るのではないか。企画・出版の中心となった橘屋が「袋板」を含めて十二枚、『おくのほそ道』の版権所有者の井筒屋が七枚というのも、考えてみれば、程よい割合と言えよう。今回出現した板木は改刻されなかった分であるから、橘屋の蔵にあって天明の大火を潜り抜けて来たものだったのである。

3　大火後の井筒屋

では、大火後の井筒屋は何を再刻し、何を再刻しなかったのであろうか。それを明白にするためには、まず天明大火以前に井筒屋にどのような蔵板があったかを押さえておく必要がある。その手掛かりとなるのは、第一紙冒頭に「俳諧書籍目録　蕉門俳書所　京都井筒屋庄兵衛／橘屋治兵衛」と題する合同目録である。これについてはかつて木村三四吾氏も取り上げておられるのだが、いま洒竹文庫マイクロフィッシュ（洒竹1762）によれば、同書は全二十九丁。第一丁のみが井筒屋の目録で、以下は橘屋のもの。一丁には「首」、以下橘屋分には概ね「一〜二十九」と丁付けが入る。一丁の井筒屋目録に出る書名を列挙してみると、次のようになる。

春の日・冬の日・ひさご・阿羅野・猿蓑・炭俵・続猿蓑・いつを昔・俳諧埋木・葛の松原・けし合・深川・句兄弟・枯尾花・有磯海・砥なみ山・笈日記・小文庫・韻ふたぎ・陸奥千鳥・泊船集・篇突・梟日記・続五論・西花集・東花集・一幅半・桜山ぶし・宇陀法師・奥の細道・夜話狂・山中集・三疋猿・白陀羅尼・三日歌仙・潮とろみ・新百韻・笈の小文・千鳥掛・東山万句・東山墨直シ・万句四ツの富士・芭蕉句選・同句選拾遺・南無俳諧

さてこの目録、いつごろのものなのであろうか。橘屋の分は順次増補して文化年間にまで及んでいるものの、井筒屋分の一丁についてだけ言えば、これまた木村氏がかつて述べられたように、収録書のうち年代的にもっとも遅いものが宝暦六年の『芭蕉句選拾遺』であるから、およそそのころのものと考えてよかろうと思われる。この目録に出る俳書は、『春の日』『冬の日』といった単行本の七部集をはじめ合計四十四点（「有磯海・砥なみ山」は一点の扱い）に過ぎない。宝暦六年当時の井筒屋の蔵板がこれで全てであったとも思えないが、その顔ぶれから見て、井筒屋の主要商品はほぼ尽くされていると考えてよいであろう。天明八年の大火直前には、この目録掲載書に、『菅菰抄』などの宝暦六年以降の出版書を加えた蔵板が、井筒屋の手許にはあったはずである。そして、それらの板木は天明の大火で灰燼に帰してしまったのだが、大火後の井筒屋にはこれを全て再刻する力はなかったようである。それを窺わせる資料が、藤井文政堂に残る百余通の板木売買文書の中の、次の一通である。

売上一札

一　笈日記
一　市の庵
一　梟日記
一　句兄弟
一　三疋猿
一　陸奥衢
一　山中集
一　一幅半
一　東花集
一　西花集
一　三日歌仙
一　白陀ら尼
一　篇突
一　桜山伏
一　泊舟《ママ》集

一　潮とろミ　　　　　　　相合
一　埋木　　　　　　　　　　　　　河茂
一　いつを昔　　　　　　　　　　京　越治
一　己か光　　　　　　　　　　　　林芳
一　東山万句　　　　　　　　　　　此株
一　気し合
一　宇陀法師
一　東山墨直
〆弐拾三品　焼株

右安政三辰年極月、丸屋善兵衛殿会市ニ而我等買入之内、其許殿へ六軒壱軒前、銀弐両ニ而売渡、代銀慥ニ受取申候。然ル上ハ此株式ニ付、外より故障申者一切無御座候。依而如件。

安政四年巳三月　　　林芳兵衛㊞

山城屋佐兵衛殿

安政四年に林芳兵衛から山城屋佐兵衛、つまり藤井文政堂に、二十三点の蕉門俳書の焼け株の六分の一相当を売り渡したとする内容である。ここに出る二十三点の俳書は、全てもともと井筒屋の蔵板であったもの。また、『市の庵』『己が光』以外の二十一点は、前掲の宝暦六年ごろの目録に出ていたものである。宝暦目録には見えなかった『市の庵』『己が光』の二点は、延享二年五月刊『やまと笠』巻末収録の井筒屋庄兵衛・同宇兵衛の「俳諧書籍目録」には出ており、宝暦目録では省かれていただけで、大火直前にやはり井筒屋の手許にあったのだと思われる。御存知のように、「焼け株」とは「板木は燃えてしまって無いけれども、出版権だけを売り買いする」形態を言う。文政堂文書に出る二十三点が、ばらばらと順番に焼けて安政四年に至ったと考えるのは不自然で、これは天明の大火で焼失したものが再刻されることなく、その後七十六年間に亘って焼け株として売買され、安政四年に及んだと見るのが妥当であろう。因みに、この二十三点の俳書のうち『笈日記』『市の庵』『梟日記』『三疋猿』『東花集』『西花集』『白陀羅尼』『已が光』『東山万句』『東山墨直し』の十点については、先の『蕉門俳書の総合的基礎研究』で各氏により精細な諸本調査が行なわれているが、その報告によれば『市の庵』に被せ彫りの版本が、『東山墨直し』に一部板木を彫り変えた本がある以外、他の八点については異版は見当たらないとのことである。この調査結果も文政堂文書の伝えるところとほぼ符合する。『市の庵』の被せ彫り本、『東山墨直し』の修訂本は天明大火以前のものと見るべく、この文書に出る二十三点の蕉門俳書の現存版本は、全て天明八年以前の刷りであると考えて良いのではないだろうか。

では次に、大火後に井筒屋が再刻したものを見てみることにしよう。その手掛かりとなるのは文化五年再刻の小本『俳諧七部集』初版本の巻末に収録の「諧仙堂蔵板俳諧書籍目録」である。図版については本書第三部1「小本『俳諧七部集』」を御覧いただくとして、この目録には、類題発句集・俳諧てには抄・華実年浪草・芭蕉翁発句集・奥の細道・俳諧七部集・葛の松原・続五論・笈の小文・枯尾花・新百韻・俳諧続七部集と十二点の俳書を掲載する。このうち『俳諧てには抄』は、文化三年ごろに諧仙堂こと浦井徳右衛門が井筒屋から版権を譲り受けたあと編集出版したもので、大火後のことに属する。また『類題発句集』は、もともと安永三年に西村源六・西村市郎右衛門・井筒屋庄兵衛・橘屋治兵衛の四軒連名で出版されたものであるが、実質的な版権所有者は橘屋であって、西村源六は江戸表での売出し、西村市郎右衛門・井筒屋庄兵衛はおそらく七部集との版権の絡みで一枚噛んだに過ぎないと思われる。残存版本も極めて多く、ずいぶんと版を重ねているが、諸版本に当たってみると寛政六年七月井筒屋・橘屋刊の『新類題発句集』と同じ刊記を貼り付けた本なども見受けられるが、それも含めて改刻本は管見の範囲では見当たらない。それはつまり、『類題発句集』の板木は分割所有されることなく橘屋の蔵にあり、天明の大火を免れたことを想像させる出来事である。『華実年浪草』については版本調査が十分でなく、大火を挟んでの事情がよく判らない。以上の三点を除く九点、すなわち『芭蕉翁発句集』『奥の細道』『俳諧七部集』『葛の松原』『続五論』『笈の小文』『枯尾花』『新百韻』『俳諧続七部集』は、天明の大火の後で井筒屋が橘屋の協力を得て再刻し、その後文化三年ごろに浦井に譲り渡したと考えられるものである。以下、そのことを確認してみよう。先ず『おくのほそ道』については、「寛政元歳酉仲秋再板」と刊記を入れ、全面的に板木を改刻した井筒屋・橘屋相版のいわゆる寛政版が存在することは、雲英末雄氏による『元禄版おくのほそ道』（昭和五十五年、勉誠社刊）の諸版本精査以来、衆知のところ。『芭蕉翁発句集』の寛政版は、「『芭蕉翁発句集』の入木」（本書第四部2）以外に取り立てて問題にされたことはないが、やはり「寛政元歳酉七月再板」と刊記を入れる全面改刻の井筒屋・橘屋相版がある。また、少し遅れて『俳諧七部集』もその書名にふさわしく半紙本七冊に仕立て直し、「寛政七年乙卯春三月再刻」として筒井庄兵衛・中川藤四郎・野田治兵衛の相版で再刻されているのもこれまた衆知の事実である。因みに、木村氏「『冬の日』初版本考」によれば、この寛政再刻七部集と同板の単行本『冬の日』（柿衞文庫蔵の「桑畝文庫」押印本）が存在するとのことで、『冬の日』については、大火後に単行本として一時期出版されていたことが知られる。さらに、敢えて「再刻」を謳わず年記も入っていないものの、『葛の松原』『続五論』の両書に全面改刻本があり大火後のそれと見るべきこと、八亀氏及び鈴木氏が指摘済みである。次に『枯尾花』であるが、この書については、今泉準一氏が昭和五十七年桜楓社刊の影印本『枯尾花』で諸版本を調査され、版本に「A群の初版本および初版本と同一版木使用のものと、B群の覆彫りになる再版本」と二種あることを突きとめて、「A群の版木消失によってB群の出現となった」と述べ、「B群の上限の刊行年次は」「安永七年—寛政元年を含むその前後」としておられるのだが、初版本の板木消失はやはり天明の大火に擬すべきであろう。『笈の小文』は、初版とされているⅠ平野屋佐兵衛版、それに次ぐⅡ井筒屋庄兵衛・同宇兵衛版、Ⅲ井筒屋・橘屋版と、それぞれ板木が代わっていることを天理図書館善本叢書『芭蕉紀行文集』（昭和四十七年）解題で、宮本三郎氏が既に指摘しておられるが、ⅡからⅢへの改刻は、これも天明の大火を挿んでのことと考えると納得が行く。残りの一つ『新百韻』も、諸版本を調べてみるとやはり全面改刻版がある。また、『深川』『有磯海・砥なみ山』『芭蕉庵小文庫』『韻塞』『千鳥掛』の五点は、元の半紙本で再刻されることはなかったが、安永三年刊小本『俳諧七部集』の好評に便乗する意図で、『卯辰集』を加えて享和三年に『俳諧続七部集』と題し、小本二冊に仕立て直して出版されることになった。なお以上の改刻版のうち、『葛の松原』『新百韻』は井筒屋単独の再刻だが、他は全て橘屋との相版による再刻である。それは再刻に際し、井筒屋が橘屋の助けを仰がざるを得なかったことを意味している。

以上述べて来た事柄を踏まえて、宝暦六年ごろに井筒屋の手元にあった四十四点の俳書の板木が、天明の大火を挿んでどのような行方を辿ったかを表にして整理してみよう。

○春の日	◎深川	○続五論	●三日歌仙
○冬の日	●句兄弟	●西花集	●潮とろみ
○ひさご	○枯尾花	●東花集	○新百韻
○阿羅野	◎有磯海・砥なみ山	●一幅半	○笈の小文
○猿蓑	●笈日記	●桜山ぶし	◎千鳥掛
○炭俵	◎小文庫	●宇陀法師	●東山万句
○続猿蓑	◎韻ふたぎ	○奥の細道	●東山墨直シ
●いつを昔	●陸奥千鳥	夜話狂	万句四ツの富士
●俳諧埋木	●泊船集	●山中集	芭蕉句選
○葛の松原	●篇突	●三疋猿	同句選拾遺
●けし合	●梟日記	●白陀羅尼	南無俳諧

天明の大火で全て焼失した右の四十四点の俳書の板木は、○の十三点はほぼ寛政期に再刻、◎の五点は享和三年に続七部集として小本に仕立て直して再刻、●の二十一点はその後再刻されることなく、焼け株として売買されて幕末に至った。無印の五点は、焼け株として扱われることも、また再刻されることもなく、焼失したままになったと思われる。安永七年刊の『菅菰抄』はまだこの宝暦目録には登場していないが、『おくのほそ道』の版権との絡みで井筒屋・橘屋の二つの店で分割して所有していたため、結果的に半分ほどの板木を再刻するだけで再版することが出来たのである。

再刻後、『菅菰抄』の板木がどのような行方を辿ったのかは詳しくは判らないが、想定されるのは大火以前と同様に井筒屋・橘屋による分割所有で、おそらく橘屋の持ち分は増えたのではないか。そしてその後、前引の文化五年再刻の小本『俳諧七部集』初版本巻末収録の「諧仙堂蔵板俳諧書籍目録」及び同書後印本収録の増補目録にその名が見えないことからすると、文化三年ごろに井筒屋が諧仙堂に蔵板を譲った折に、『菅菰抄』はその中に含まれていなかったらしい。考えられるのは橘屋による単独所有であるが、それもまた万延元年にはうち二枚が藤井文政堂の蔵板となり、後印本12を拠り所とすれば、同じころ出雲寺・竹苞楼などもその板木の何枚かを分割所有することになったものと思われる。文政堂の持ち分は全十九枚のうちの二枚に過ぎず、単純に割り算をしてみると十軒近い本屋で分割していたのではないかとも推測される。

おわりに

以上、たった一枚残された板木を手掛かりに『菅菰抄』の「板木のありか」を探って来たのであるが、板木がもともとどの店にあったのかを追っかけていると、この『菅菰抄』のように板木の分割所有という問題にぶつかることも少なくはない。天明の大火以前、宝暦目録に見える俳書の板木を井筒屋は全て手許に置き、出版で得られる利益を独占していた。が、一朝ことが起き大火に遭遇したあと、彼の手許には一枚の板木も残らなかったのである。その中で、たまたま『おくのほそ道』との版権の絡みで板木を分割所有していた『菅菰抄』だけは、橘屋所有分が焼失を免れることになった。板木を一つの店で独占していた場合はメリットも大きいが、その分リスクも背負い込むことになる。天明の大火で罹災して井筒屋がおそらく痛感したそのことに、近世の本屋はそれまで果たして気付いていなかったのであろうか。京都の本屋仲間の記録『上組済帳標目』は元禄七年から始まるが、そこには重板（海賊版）処理の便法としてではあるが、既に板木分割のことが出て来る。また、佛光寺に残る寛文六年『釈迦八相物語』の板木は、意図的に丁をばらして仕立てた形跡があり（本書第六部1「佛光寺の板木」参照）、この例など、あるいは分割所有を前提にして板木を仕立てているのではないかという印象さえ受ける。板木を分割所有するのは、一つには版権の問題があること言うまでも無い。が、もう一つ、主に火災によるリスクを分散するという側面もあったのではないだろうか。その考え方は、時代が降るに従って本屋仲間に浸透して行ったような気がする。図Ⅱに一部を紹介した藤井文政堂の板木目録『万延元年庚申卯月改正／文政堂蔵板目録』に記録される各書物の板木枚数が、「細道菅菰抄　弐枚」をはじめ、「三代調類題　壱枚」「悉曇字記　壱枚」「自在用文　三枚」「孝行往来　三枚」というように極めて少ないのも、その一つの表れではないだろうか。そして、本屋仲間をして「メリットは少なくなるが、リスクの分散を優先して板木を分割所有する」という考えを共有せしめるのに決定的な役割を果したのが天明の大火だったのではないだろうかとも思ってみるのだが、それについてはまた稿を改めることにしよう。

＊この稿は平成十七年度日本近世文学会秋季大会（於、奈良女子大学）での研究発表原稿を基に、加筆修正したものである。『蝶夢上人消息集』からの引用を御許しいただいた明治大学図書館、該当書簡の所在を御教示賜

った田中道雄氏、御架蔵の『菅菰抄』版本借覧を許された雲英末雄氏、西島光正堂を紹介して下さった安藤武彦氏に心より御礼を申し上げる次第である。

平成十八年一月二十日　稿

3 『七部解』と『七部木槌』

寛政六年に刊行された『俳諧七部解初篇冬の日』（以下『七部解』と略称）は、『冬の日』の注釈書として出版された最初のもの。この書については既に雲英末雄氏による「翻刻・冬の日句解」（近世文芸研究と評論15号）があり、氏はその解題で「その所説は、強引付会なところが少なく、説くところ大略妥当なものであり、よく諸説を消化している」とその資料的価値を的確に述べておられる。この『七部解』の出版に刺激を受けたかの如く、翌寛政七年には『冬の日俳諧七部木槌』（以下『七部木槌』と略称）が出る。また、出版は少し遅れたものの、文化六年刊『冬の日注解』はその奥書に「寛政八年七月官許」とあり、寛政八年七月の段階で既に出版の準備が整っていたことが知られる。これらの『冬の日』注釈書をめぐる一連の動きの背景としては、安永二年の芭蕉八十回忌から寛政五年百回忌へかけて急激な高まりを見せた芭蕉ブームを考えねばならない。そのブームを煽る役目を果したのが、安永三年刊の小本『俳諧七部集』であった。芭蕉ブームはまた七部集ブームでもあったのである。その余熱は芭蕉百回忌を過ぎてもなお冷めることなく、寛政七年には半紙本『俳諧七部集』が再刻されるに至る。そういった流れの中で、七部集注釈書出版の動きが出て来るのは当然のことであった。

ところで、近世の出版に於てこのように類書が続出する場合、先ず重板（海賊版）を疑ってみる必要がある。そもそも近世の本屋は出版を文化事業また慈善事業として行なっていたわけではない。出版によって得られる利益は、本屋の家族をはじめ彫師・摺師たちの生活をも支えていたはずである。同じ手間暇をかけるのであれば、売れる商品を扱いたいと考えるのが自然の理。良く売れる商品があればそれに便乗しようとするのも人情で、そこに仲間うちで固く禁じられているはずの重板が生まれて来る理由がある。近世の出版研究は、本屋にとって出版物は商品であるという観点から見直す時期に来ていると思う。この稿はその一つの試みとして『七部解』と『七部木槌』をめぐる重板問題について考察しようとするものである。なお、今回は『冬の日注解』にまで及ぶ余裕がないので、それについては稿を改めたい。

先ず『七部解』について、家蔵本により書誌的事項を記そう。小本一冊。縦15.8糎×横11.2糎。薄茶色の元表紙ながら、題簽は無い。角切は若草色。なかみは全部で四十六丁。一丁目が「寛政六寅仲春　木蔭庵」の序文。以下終丁表までが本文で「冬の日句解終」と結び、その裏匡郭内に「花洛書肆　井筒屋庄兵衛／橘屋治兵衛／大和屋吉兵衛」と刊記を入れる。丁付はノドに入って覗くことが出来ない。そこで、家蔵本の綴糸を切ってみると、序文には丁付は無く、以下「冬一〜冬二十二・（ナシ）・冬二十四〜冬四十・（ナシ）・冬四十二〜冬四十五」と入っていることが判明した。この丁付部、全体にかなり大胆に裁断してあり、まともに読めるものの方が少ない。冬二十三・四十一に該当する丁付なしの二丁も、もともとは丁付の数字が入っていたと考えてよかろう。序文の丁も「冬序」などと入っていた可能性はあるが、序文にのみ丁付を入れない例も多く、これは何とも言えない。この家蔵本以外に、竹冷本（竹冷690）・山崎文庫本①（ヤ・23・43）・山崎文庫本②（ヤ・23・23）を複写等によって見ることが出来た。竹冷本は表紙左肩に「俳諧七部解初篇冬の日」の無辺元題簽が残る。山崎本①はその題簽の一部分、存。山崎本②は題簽が剥れた跡に「冬の日句解」と書き込みがある。家蔵本を含め四本とも同板であるが、山崎本②は刊記部の井筒屋の名前の前へ「村上勘兵衛」と入木した後刷本である。前引の雲英氏稿の底本も、この後刷本とのこと。

さて、本蔭庵車蓋の序文によれば、この書は七部集中の連句の解し難きを師の闌更に嘆いたところ、諸家の聞書・諸説を踏まえた注釈を与えられたので、同じ志の人々のために出版に及んだものだと言う。初版の版元は三軒。うち井筒屋はこの当時の七部集の版権所有者で、『七部解』を扱うのは当然である。ただ、彼は天明八年の京大火で罹災し所蔵の板木を全て焼失したらしく、急速に力を失いつつあった。その井筒屋を支えつつ勢力を伸して行ったのが橘屋で、この書の刊記部に井筒屋と並んで彼の名が出るのもまた当然である。また橘屋にはかつて『花の故事』（宝暦十三年）『有の儘』（明和六年）といった闌更の著書を扱った実績があることも見逃せない。もう一人の大和屋吉兵衛は姓は勝田氏。闌更が北浦墨島に遊んだ折の記念集『ひぐらしぶえ』（寛政四年）の出版を引き受けたことがあり、そんな絡みで名を連ねたものであろう。いずれにせよ大和屋が占める版権の割合は大したものではなく、残りを井筒屋・橘屋で折半したと見るのが妥当な所と思われる。ちなみに記せば、「寛政六年甲寅夏開板」の刊記を持つ車蓋輯・闌更閲の『発句題林集』（奈良大学蔵、半紙本五冊）の版元が「皇都　井筒屋荘兵衛／野田治兵衛／勝田吉兵衛／武村吉兵衛／浪花鹽屋忠兵衛」となっており、この『七部解』と重なる。以上のように、この『七部解』は版権を所有するにふさわしい版元からの出版物で、そこには何ら不審はない。

では次に、『七部木槌』を見てみることにしよう。こちらは複写等によって、竹冷本（竹冷693）・洒竹本（洒竹1108）・山崎文庫本（ヤ・23・15）を見た。原本を見ていないので表紙の色はわからない。が、原寸複写の山崎文庫本によれば寸法は縦16.9糎×横12.2糎。『七部解』と同様小本ながら、やや大きめ。やはり一冊本である。三本とも同板であるが、原本で言うと34丁表、『七部集総索引』の番号で言えば125番句に一箇所入木がある。次頁図版右が竹冷本、左が洒竹本。正体不明の字を「懲」と訂正（正しくは「徽」）する。洒竹本の方が入木たること明らか。山崎本も洒竹本と同

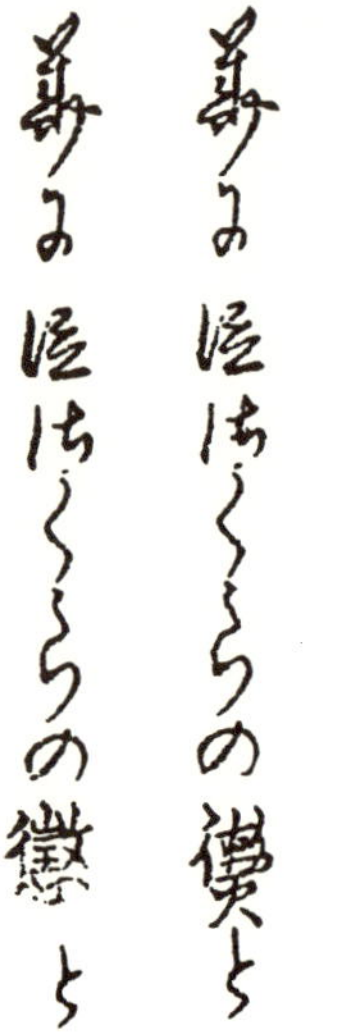

（東京大学総合図書館蔵本）

じである。これによって、竹冷本が初版で山崎本・洒竹本は後刷であることがわかる。竹冷本は表紙左肩に双辺題簽、「冬之日俳諧七部木槌　全」。山崎本も左肩に無辺の「冬の日俳諧七部木槌」の題簽があるが、竹冷本とは書体が全く異なる。どちらも複写によったためいまひとつ不分明ながら、元題簽のように見える。洒竹本は「俳諧木槌」と墨書きの後補題簽を貼る。『七部木槌』のなかみは、「寛政乙卯夏旦月　虬戸菴素綾編」とする序文二丁に、本文が四十七丁。丁付は序文二丁には無く、本文は板芯下部に「一〜四十七終」と入れる。四十七丁表終行に「冬の日句解終」と結び、裏は余白。刊記は後表紙見返しに貼付して、「春の日句解近刻」と予告したあと「寛政乙卯仲冬／東都小石川白壁町衡山堂」と記す。この刊記、竹冷本・山崎本に共通、洒竹本には無い。ちなみに『改訂増補近世書林板元総覧』によれば、衡山堂は小林長兵衛のことで、文化元年には江戸南組に属したとの由。その前の享和元年には江戸本屋仲間の割印を受けて細井平洲の『つれづれぶみ』を出版しており、出版点数は少ないものの、れっきとした本屋であったらしい。

ではこの『七部木槌』、従来どのような資料的評価を受けて来たのであろうか。昭和七年刊改造社版俳句講座六巻『俳書解説篇』では「その所説は、前述の闌更の『俳諧七部解』の説を踏襲したもので、感服すべき点に乏しい」とする。以後の評価も基本的に変わりはないが、「踏襲した」というあたりが、「そのままとっているところが多い」（俳諧大辞典）「ほとんどそっくりとり入れた」（前引雲英氏稿）「よるところが多く」（俳文学大辞典）というように、少しづつニュアンスが異なる。が、右のうち事実に近いのは俳諧大辞典と雲英氏の評である。例をあげて具体的に見てみることにしよう。次に引くのは『七部解』の一部、句頭の番号は『七部集総索引』のそれである。なお、読み易いように濁点・句読点を補う。

14　霧に舟引人はちんばか　野水
柳よりひき舟の趣向出して、舟引人はちんばのやうに見ゆるとなり。宮川、余情に見え侍る。

15　たそがれを横に詠る月細し　杜国
舟引ながら、黄昏の月、横顔にして見出すさまなるべし。

16　隣さかしき町におり居る　重五
たそがれの月横に詠るといふより、せばき町のさまを御所おりの人と見替たるならん。隣あたりへもいまだ馴染ず、夕さびしく空詠して彳姿、近所の人も御所おりの折目高なれば、咄も合はず、たがひに遠慮勝に見え侍らん。

この三句の注を『七部木槌』で見てみると、15は一字一句違わずそのまま転用。14は「みゆるとなり。」を「見ゆれば
なり」と、二文字だけを改変。16は一行目の「横に」「せばき町のさまを」の二箇所、合計十文字を省略して、他はそのまま使用している。14の改変、16の省略、いずれにも全体の文意を損なわないようにという配慮がある。これはほんの一例だが、全体を眺めてみるとどうなるのかを表にしてみよう。表Ⅰは、15の句と同様に注の文章が全く同じ句を拾い出してみたもの。追加とあるのは巻末の表六句のこと、句はすべて『総索引』の番号で示した。

表Ⅰ

	注の文章が全く同じ句	計
歌仙一	11 15	2
二	44 45 48 49 50 51 53 55 56 60 64 69	12
三	75 78 79 83 90 92 94 95 96 102 104 107	12
四	112 129 132 134 137 138 139 142 143 144	10
五	147 154 158	3
追加		0

表Ⅰ最下段の合計は39句、全186句のうち約21％、つまり『七部

表Ⅱ

	10字以内の改変（**ゴチ**は一字だけ）	計
歌仙一	12 14 16 20 21 **22** 24	7
二	42 **46** 47 **52** 54 **57** 58 61 **62** 63 65 67 68	13
三	73 74 77 80 81 **82** **85** **87** 88 89 91 98 99	
	101 **103** 105 106 108	18
四	109 **111** 113 114 116 **117** 118 **119** 120 121 **122** 123 **124**	
	131 135 **141**	16
五	149 150 151 **152** 153 155 156 157 159 160 161 162 163	
	165 **166** 167 168 171 172 173 175 176 **177** 178 179 180	26
追加	**181** **184** 185 186	4

表Ⅲ

	歌仙一	二	三	四	五	追加
Ⅰ	2	12	12	10	3	0
Ⅱ	7	13	18	16	26	4
計	9	25	30	26	29	4

木槌』は五句に一句の割合で『七部解』の注釈をそっくりそのまま転用していることになる。次に、14・16のようにほんの一部だけを変えて転用した例を調べてみる。「ほんの一部」の基準を仮に十字以内として調べてみたのが表Ⅱである。うち、ゴチックの句は一字だけを変えている例。この表Ⅱからもやはり少なからぬ数字が出て来る。Ⅰ・Ⅱを合わせたのが表Ⅲで、合計してみると123句に及ぶ。すなわち、『七部木槌』は全186句のうち約66%を『七部解』の注釈を殆どそのまま使っている、という結果が出て来る。『七部木槌』の種本が『七部解』であったことは疑うべくもない。

では、『七部木槌』は注釈書として全く取るに足りない書物なのかと言うと、必ずしもそうでもない。今までは『七部解』からの転用を取り上げてきたのだが、逆に注釈内容が殆ど重ならない句も全体で17句ある。これまた他書からの転用の可能性も否めないが、次のような修正にも注意を払う必要があろう。

・歌仙一の発句前書、『七部解』は「……狂歌の才士、此国にきたれることを……」と誤る。『七部木槌』では、「たどりし」と訂正。

・127番句の注釈末尾の『本草』からの引用文に『七部解』は返り点・送り仮名を省くが、『七部木槌』ではこれを入れる。

・133番句の注で『七部解』は『撰集抄』の江口の遊女の話を引用するが、文が途中で切れて全体の文意が通らない。『七部木槌』は切れた後半部を補っている。

『七部木槌』のこれらの修正には、編者素綾のそれなりの見識が感じられる。先の125番句の入木も、誤字を正す意識に出たものであった。また、14・16番句のように全体の文意を損わず一部を改変するわざも、『七部解』の注釈を良く読んで理解していなければ出来ないことである。素綾が序文に「古きを尋あたらしきを探、拙き身を懲して、古集の端々千がひとつを句解し」と苦労の程を陳述するのもあながち嘘とは言えないし、「自説と思われるものの中には、首綮にあたるものがある」（俳諧大辞典）という評価もあることも故無しとしない。が、『七部解』が研究資料として役に立つかどうかと言うことと、重板の問題は区別して考える必要がある。編者のつもりと本屋の思惑は自ずと異なるのである。小本という書型で丁数もほぼ同じ、紛しい書名、それにこれだけの内容重複があれば、当時の出版の常識から言って『七部木槌』は立派な重板である。それを『七部解』を出した京の版元が見逃すはずは無かった。京都書林仲間の記録『上組済帳標目』の「寛政八年辰五月ヨリ九月マデ」の部に、次の書き留めがある。

　一、俳諧小《マヽ》槌冬の日ノ部小本、江戸表出版。野治其外相合より指構口上書、大坂行事へ差下候事。

「木槌」を「小槌」と書き誤まるが、ここに言う「俳諧小槌冬の日ノ部」が『冬の日俳諧七部木槌』を指すことは間違いなかろう。それが江戸表で出版されたので、野治こと野田治兵衛と其他の相版元から異議申し立ての口上書が出て、周知のため大坂の本屋行事へもその口上書を送った、というのが文意である。これは、『七部木槌』を『七部解』の重板と見咎めての抗議に他ならない。「指構口上書」は当然江戸の本屋仲間へも届けられたはずだが、この一件がどのように落着したのかは『済帳』にも記されていない。が、どうやら京の版元は、重板事件が起きた場合の原則通り板木・摺本没収ということで事を収めたようである。そのように考える理由は次の本の存在による。洒竹文庫に『冬の日句解』と題する一本（洒竹3266）がある。これまた複写によったため不分明な点もあるが、左肩に無辺の「冬の日句解」の元題簽を貼り、内容は『七部木槌』そのままで、四十七丁裏の余白であったところに「寛政九巳正月　書林村上勘兵衛／野田治兵衛」と刊記を入れる。なお、松宇文庫にも題簽の失われた同じ刊記の一本（評130の1）がある。念のために『七部木槌』と照合してみたが、素綾序・本文とも同一の板木による刷りで、刊記部以外に新たな入木等も一切無い。この二本の存在は、京の野田ら『七部解』の版元の差構えにより『七部木槌』の板木・摺本が没収されたことを教えてくれると共に、野田らが重板本をそっくりそのまま使って『冬の日句解』という新商品を売り出していたことを示している。この新商品で井筒屋・大和屋が外れ、村上が加わった理由はよくわからない。が、前者については、『七部解』がもともと野田主導の本であったと考えると納得が行くような気がする。『済帳』に「野田其外相合」と野田を立てた形で記録されていることも、それを暗示するかの如くである。村上の件はよくわからないが、想像をたくましくすれば重板見咎め・板木没収に際し、何か手柄があったのかも知れない。いずれにせよ、『七部解』後刷本に於て新たに村上の名が入ったのは、新商品『冬の日句解』の版権との絡みからであろう。かくして野田は、正板の『七部解』と重板を改題した新商品『冬の日句解』を並行して売り出すことになった。このあたりのところ、現代の感覚ではいかにもわかりにくい。が、近世の本屋としては特にこだわりは無かったこと、本書第三部1「小本『俳諧七部集』」に述べたので、そちらを参照されたい。このような現象も、本屋にとって出版物は商品であるという観点に立って、はじめて理解できるのではないかと思う。

なお、『七部木槌』の重板一件の後、編者素綾には『風羅袖日記』（寛政十一年）『俳諧千里独歩』（同十二年）の著書がある。うち『風羅袖日記』は、萩原恭男氏の『芭蕉句集の研究』に蝶夢編『芭蕉翁発句集』（安永三年刊）と重厚編『もとの水』（天明七年刊）の二書によって成ったとの論証があり、これもまた重板の謗りは免れそうもない。この件について京の版元の対応は不明ながら、寛政十一年に本屋名を入れずに出版された『風羅袖日記』が、文化元年に『芭蕉袖日記』と改題され「素綾作　板元売出し松本平助」として江戸本屋仲間の割印を受けている（『享保以後江戸出版書目』）ことからすれば、その間に何らかの差し構えがあったことは充分に想像出来る。いずれにせよ、『風羅袖日記』の出版は『七部木槌』が見咎められてからわずか三年後、素綾にはかつて重板事件に関わったという罪の意識は無いかに見える。先にも述べたように、編者のつもりと本屋の思惑は自ずと異なる。そこにまた一つ、重板を考える際のやっかいな問題が潜んでいるような気がする。

平成十五年六月三十日　稿

4　『冬の日注解』の板木

『冬の日注解』の板木については平成十二年十月に記者発表を行い、新聞各紙の記事に概略は紹介済みであるが、その折には意を尽くせなかったことも含め、ここ数年間の板木再調査及び版本との照合の過程で新たに浮かび上がってきた同書の出版に関わる問題について整理しておきたい。

1　『冬の日注解』の版本

先ずは管見に入った版本について触れておこう。『冬の日注解』の版本は、文化六年の年記の入ったⅠ文化六年版と、年記の無いⅡ刊年不明版の概ね二種に分けられる。

Ⅰ　文化六年版

①奈良大学図書館蔵本（911・3／ｋｏ41）

半紙本一冊。縦224×横157粍。薄縹色の元表紙。綴糸は白で、はずれかかっているが、元糸と見受けられる。表紙中央上部に無辺白地元題簽「冬の日注解　乾」を貼り、「乾」を見せ消ちにして、右側に「全」と墨書きする。乾・坤二冊の合冊本（章末図1）。なお、題簽の下にもう一枚の題簽が貼ってあり、一部を剥がして覗いてみると、どうやら同じ板の「冬の日注解　乾」の題簽であるらしい。それが「坤」であれば合冊の際の操作ということになるが、「乾」を二枚重ね貼りとした理由不明。丁付は版芯下部にある。乾巻は、寛政八年丙辰初冬玉屑観応序二丁（丁付なし）、編者升六の自序「序一・序二」、凡例「序三」、本文「上一～上三十五」。坤巻は本文「下一～下二十、二十一～二十四、下二十五～下三十八」で、「二十一～二十四」の四丁は「下」を落とす。刊記は下三十八裏に、「冬日解　小本一冊既刻／闌更説　車蓋著」という広告に並べ「寛政八辰七月官許／文化六巳正月発兌／蕉門俳諧書林／三条寺町西　菊舎太兵衛梓」とある（章末図2）。その後に「菊舎太兵衛蔵」の「蕉門俳諧書目録」三丁半を添付する。ただし、この目録は中本用のそれ。収録書目は、七部拾遺・四部録（未刻）・格外弁・三草紙・芭蕉談・冬の日注解・かけはし・道の便・梅翁宗因発句集・世説・芭蕉翁消息集・去来文・麻かり・一夜四歌仙・同続・蕉門中興六家集・四季詞寄袖たたみ・四季詞寄糸車・蕪村七部集・同文集（未刻）・玉藻集・樗良集・樗良拾遺・百家仙・八仙歌・若葉集・伊丹風流・今風流・桃しろみ・俳題正名・俳諧新式・俳諧一枚起請・蕉門一夜口授・季寄手勝手の三十四点。中に文化六年一月刊行の蕪村七部集が見え、また「同文集」を未刻として載せる。蕪村翁文集の刊行は文化十三年春のこと。従ってこの「蕉門俳諧書目録」は概ね文化六年一月以降十三年以前のものと考えてよく、時期的には『冬の日注解』の刊記にほぼ見合うということになる。

②洒竹文庫蔵本（洒竹3277）＊マイクロフィッシュによる

半紙本二冊。表紙中央上部に無辺白地元題簽、「冬の日注解　乾」「冬の日注解　坤」。乾巻の題簽は奈良大本と同板。内容は、乾・坤とも奈良大本と同じで、同板。下三十八ウに奈良大本と同じ刊記。ただし、「蕉門俳諧書目録」は無い。

③綿屋文庫蔵A本（わ・201・37）＊マイクロフィッシュによる

半紙本一冊、乾坤合冊。フィッシュでは元表紙と見える。布目地。左肩に無辺元題簽、「冬の日注解　乾坤」。「坤」の部分は書き入れか。奈良大本と同板。内容も乾・坤とも奈良大本と同じで、同板。下三十八ウに奈良大本と同じ刊記。「蕉門俳諧書目録」は無い。

④綿屋文庫蔵B本（わ・201・38）＊マイクロフィッシュによる

半紙本二冊。フィッシュでは元表紙と見える。布目地。中央上部に無辺元題簽、乾・坤とも同じで「冬の日注解」。奈良大本とは異板。内容は乾・坤とも奈良大本と同じで、同板。下三十八ウに奈良大本と同じ刊記。「蕉門俳諧書目録」は無い。

⑤中大図本＊国文学研究資料館提供の写真による

半紙本二冊、元表紙らしく見える。坤巻、題簽欠。乾巻、表紙中央上部に無辺元題簽。「冬の日注解　乾」。②の洒竹文庫蔵本に同板。下三十八ウに奈良大本と同じ刊記。「蕉門俳諧書目録」は無い。

⑥京大潁原本＊国文学研究資料館提供の写真による

半紙本二冊、元表紙らしく見える。どちらも表紙中央上部に無辺元題簽。「冬の日注解　乾」「冬の日注解　坤」。乾坤とも②洒竹文庫蔵本に同板。下三十八ウに奈良大本と同じ刊記。「蕉門俳諧書目録」は無い。

Ⅱ　刊年不明版

これは、i巻末に諸名家の句集を添えるものと、iiそれが無いものの二種に分けられる。

i　諸名家句集添付本

⑦竹冷文庫本（竹冷704）＊マイクロフィッシュによる

半紙本二冊。乾巻、題簽欠。坤巻、表紙中央上部に無辺元題簽「冬の日注解　坤」。②の洒竹文庫本と同板らし。本文は、乾巻は奈良大本と同じで同板。坤巻も三十八丁表までは奈良大本と同じで同板。但し、三十八丁ウは余白で刊記なし。余白部右下に墨の汚れあり。巻末六丁（丁付一・二・三・三・四・五）に「日記を撰て諸名家の句をこゝに加ふ」として、闌更以下諸家の発句百三十六章を収録。刊記は後表紙に貼り付け「蕉門俳諧書林／京三条通寺町西江入ル／菊舎太兵衛」とある。

⑧麗澤大田中本＊国文学研究資料館提供の写真による

半紙本二冊、元表紙らしく見える。どちらも表紙中央上部に無辺元題簽。「冬の日注解　乾」、「冬の日注解　坤」。乾坤とも②の洒竹文庫蔵本に同板。下三十八ウに刊記なく、余白。右下に墨の汚れ（章末図7参照）。⑦の竹冷文庫本と同様に、巻末六丁に闌更以下諸家の発句百三十六章を収録。刊記は後表紙に貼り付け「蕉門俳諧書林／京三条通寺町西江入ル／菊舎太兵衛」とある。刊記部、⑦の竹冷文庫本と同板。

ii　諸名家句集無添付本

⑨青森県図工藤本＊国文学研究資料館提供の写真による

半紙本二冊、布目地元表紙。どちらも表紙中央上部に無辺元題簽。「冬の日注解　乾」、「冬の日注解　坤」。乾坤とも②の洒竹文庫蔵本に同板。下三十八ウに刊記なく、余白。右下に墨の汚れ。巻末に①の奈良大学図書館蔵本と同じ広告あり。

⑩今治市河野美本＊国文学研究資料館提供の写真による

半紙本二冊、元表紙らしく見える。どちらも表紙中央上部に無辺元題簽。「冬の日注解　乾」、「冬の日注解　坤」。乾坤とも②の洒竹文庫蔵本に同板。下三十八ウに刊記なく、余白。右下に墨の汚れ。巻末に①の奈良大学図書館蔵本と同じ広告あり。ただし、「俳題正名」以下、未刻。後表紙見返しに「蕉門俳諧書林　京三條通寺町西江入ル町　菊舎太兵衛梓」。この刊記部、⑦の竹冷文庫本とは異板。

⑪松宇文庫本＊国文学研究資料館提供の写真による

半紙本二冊。被せ表紙のため、原本表紙の様子不明。下三十八ウに刊記なし。右下に墨の汚れ。その余白部に文化六年版の刊記を墨書きし、「他本此奥書アルノミニテ本文ニ変リタルコト無シ」とする。その後に、半紙本サイズの菊舎の「俳諧書目録」一丁を添える。収録書目は、芭蕉翁消息集・宗因発句集・四部録・道はし・指要・三部集・冬の日注解・季寄袖畳・（新）五子稿・蕉門中興六家集・半化坊発句集　同後篇・芭蕉新巻・点印論・格外弁・蕉翁七部拾遺　同後篇・玉藻集・樗良句集・五筑房発句集・樗良七部集・去来文・三草紙・一夜四歌仙・力杖・続一夜四歌仙・俳諧世説・発句類葉集の二十八点。うち、蕉翁七部拾遺（俳諧七部拾遺）が享和二年九月刊であるから、この目録はそれ以降のもの。刊記は後表紙に貼り付け「蕉門俳諧書林／京三条通寺町西江入ル／菊舎太兵衛」とある。この刊記部、⑦の竹冷文庫本と同板。

右のうち、⑤中大図本・⑥京大潁原本・⑧麗澤大田中本・⑨青森県図工藤本・⑩今治市河野美本・⑪松宇文庫本については本文の照合が出来ていないので断定は憚られるが、①奈良大学図書館蔵本・②洒竹文庫蔵本・③綿屋文庫蔵A本・④綿屋文庫蔵B本・⑦竹冷文庫本の範囲で言えば、本文は同板と見なされる。以上のように管見によれば、『冬の日注解』には①〜⑥の文化六年版と⑦〜⑪の刊年不明版がある。どちらが先行するかが実は問題になるのだが、それについては後で触れる。

2　『冬の日注解』の板木

現存板木は、上巻の二十九〜三十二を収める四丁張りの一枚。概寸は幅180×丈670×厚さ18粍。章末図版の図3が二十九・三十を収める板木の表面、図4が三十一・三十二を収める裏面。図5は表面の拓本複写で、図6が裏面のそれ。通常の板木に見られる反り止めの処置が施されておらず、左右側面にそれぞれ「冬日注カイ」と墨で書入れがある。戦後に藤井文政堂から流出した板木約五百枚を平成十年頃に大書堂経由で奈良大学へ引き取った折に、やはり大書堂から入ったものであるが、文政堂旧蔵であったのかどうかはっきりしない。板木・拓本と版本の該当の丁を照合してみると、欠刻部等一致し、間違いなく元の板木である。

この板木が出てきたことにより、『冬の日注解』の板木の仕立て方が判明する。文化六年版に沿って見てみよう。この板に上巻29~32丁を収めていることからすると、上1~28は同様に四丁張りで七枚。上33・34・35は一丁分が余白となる三丁張りの一枚。下巻の21~24は丁付部の「下」を落としているが、これは同一の板であったと見て間違いない。その前後は1~20で五枚、25~36で三枚。下37・38の二丁と玉屑序二丁、自序二丁、凡例一丁で計七丁。これを二枚の板に収めて、その余白一丁分かもしくは上巻末尾の板の余白一丁分に題簽を入れたと考えてよかろう。仮に袋があったとするとそれを彫る余裕もあり、四丁張りで合計二十枚という計算になる。

3 刊記の不審

板木と版本を照合する過程で、大きな問題として浮かび上がって来たのが刊記のことである。先に諸本の項で取り上げた①~⑥は、刊記部に「寛政八辰七月官許／文化六巳正月発兌」とある。玉屑の序文が「寛政八年丙辰初冬」であるので、七月に官許を得た上で十月頃には序文も用意し出版の段取りは整っていたはずである。それが、十三年後の文化六年までずれこんでしまったのは何故であろうか。そこにはおそらく『冬の日』の版権問題が絡んでいる。安永三年十一月の小本『俳諧七部集』刊行の段階で七部集の版権は、『春の日』は西村市郎右衛門に、『冬の日』以下の六集は井筒屋庄兵衛に属していた。この小本『俳諧七部集』は版権所有者である井筒屋・西村に断わりなく江戸の富田新兵衛が勝手に出してしまい、出入りを経て相版に落ち着いたものであること、その板木は江戸に留め置かれて富田と共に相版元として名を連ねる山崎金兵衛が管理していたと思われることなど本書第三部1「小本『俳諧七部集』」に詳述した。その後、井筒屋は天明の京都大火で罹災し、蔵板を全て焼失。『冬の日』以下、半紙本七部集の板木も失ってしまう。天明五年頃に京都出版界から消息を絶つ西村の『春の日』の板木の行方は知れぬが、大火後の『春の日』の扱いから見て、その版権は大火時には井筒屋へ動いていたと考えて不自然ではない。この半紙本七部集は、寛政七年三月に至って筒井庄兵衛・中川藤四郎・野田治兵衛の三軒相版として再刻再版されることになるのだか、その刊行を挟んで『冬の日』の注釈書を巡る重類版の一件があった。これについても本書第五部3「『七部解』と『七部木槌』」に詳述したところであるが、いまその要点を記せば次のようになる。書誌等詳細についてはそちらを参照されたい。

井筒屋庄兵衛・橘屋治兵衛・大和屋吉兵衛の三軒相版で『俳諧七部解初篇冬の日』（以下『七部解』と略称）が出たのは同書に「寛政六寅仲春　木蔭庵」の序文があるので、寛政六年二月頃のこと。これに村上勘兵衛を加えた四軒版もある。ところが、翌七年十一月に東都の衡山堂小林長兵衛が『冬の日俳諧七部木槌』（以下『七部木槌』と略称）を出す。両書照合してみると、『七部木槌』の注は70％近くが『七部解』によっていることが分かる。『七部木槌』には『七部解』の誤りを修正する意識も見られはするものの、小本という書型・紛らわしい書名・内容の重複からこれは明らかな重板で、『七部解』の版元がそれを見逃すはずはなかった。『上組済帳標目』（以下『済帳』と略す）の「寛政八年辰五月ヨリ九月マデ」の部に次のようにある。

一、俳諧小槌《ママ》冬の日ノ部小本、江戸表出版。野治其外相合より指構口上書、大坂行事へ差下候事。

そして、この一件は板木・摺本没収という重板事件の原則通りことが運んだらしく、野田は衡山堂から取り上げた

『七部木槌』の板木をそのまま使って、寛政九年正月に村上勘兵衛との相版で「冬の日句解」と新たに題し、出版している。菊舎が『冬の日注解』の「官許」を得たという「寛政八年七月」はこの差し構えの真最中で、井筒屋・橘屋らが菊舎の企画に気がつかなかったとは思われない。のみならず、菊舎は別件差し構えの当事者でもあった。それは『発句題林集』に関わる差し構えである。詳細はやはり「『笈の小文』の板木」（本書第五部1）に譲るが、寛政六年夏に菊舎が勝田吉兵衛との相版で出した『発句題林集』は、板木が中本仕様であるにも関わらず半紙本仕立てとし、かつ春・夏・秋・冬・雑の五冊本の冬の冊に刊記を入れるという異例の構成をとる。『済帳』によれば、この書については、寛政七年から十年にかけて大坂・京・江戸の本屋から三件の差し構えがあり、寛政八年には書名の勝手な改変と「丁数願写本ト相違」している故を以って、一時「売買差留」の処分も受けている。そして、『済帳』には記録されていないが、幾つかの差し構えを吸収する形で書名を変更し最終的に相版の中本に落ち着いた『題林発句集』の刊記部書肆名「皇都／井筒屋荘兵衛・野田治兵衛・勝田吉兵衛、浪花／河内屋太助・塩屋忠兵衛」から、井筒屋と橘屋が『発句題林集』を『類題発句集』（安永三年刊）『新類題発句集』（寛政五年刊）の類版と見做し差し構えを起したと推定されること、前章に述べた通りである。因みに、最終版では主版元の勝田吉兵衛の名前が残り、菊舎の名前は出てこない。『発句題林集』の紛らわしさを菊舎がどの程度自覚していたかは判らないが、いかがわしい書物に関わったことは事実で、それがまた『冬の日注解』が「官許」を得た時期と重なるのである。かような状況下でいくら「官許」を得たとはいえ、『冬の日注解』の刊行がすんなり運ぶわけがない。井筒屋・橘屋がその企画を見咎め、差し構えに及んだことは十分に考えられる。そして、『冬の日注解』の刊行がずれ込んだもう一つの理由は、井筒屋から諧仙堂浦井徳右衛門への版権譲渡である。文化再刻版の小本『俳諧七部集』の目録によれば、浦井は遅くとも文化五年十一月には『俳諧七部集』『おくのほそ道』など井筒屋旧蔵の芭蕉関係の主要な書物の板木を蔵板するに至っていたことは明らかだが、その時期は文化三年頃まで溯る可能性があること、これもまた「小本『俳諧七部集』」（本書第三部1）に述べた。菊舎が『冬の日注解』に関して井筒屋・橘屋と調整を進めているうちに、井筒屋の版権が浦井に動き、さらに調整を重ねて文化六年正月に刊行の運びとなったのであろう。なお、『冬の日注解』刊記部広告に見える「冬日解　小本一冊既刻／闌更説　車蓋著」は、先述の『俳諧七部解初篇冬の日』をさす。この書の文化六年当時の版権所有者は橘屋と浦井だった筈で、その販売が菊舎にも任されているという事実は、『冬の日注解』が橘屋・浦井と調整済みで刊行されたことを裏付けている。

『冬の日注解』出版に関わる不審はもう一つある。それは、先に諸本の項で触れた⑦〜⑪の刊年不明版の存在である。問題は文化六年版とどちらが先行するかであるが、①〜⑥で寛政七年に官許を得たことを殊更に示し文化六年という明確な年記を入れた刊記を、後でわざわざ年次不明とするとは考えにくい。また、原本に拠っていないため印象の域を出ないが、①奈良大学図書館蔵本と⑦竹冷文庫本の本文を照合するに、⑦の方が板面の荒れが少ないような感じがする。それはつまり、刊年不明版の摺刷が文化六年版に先行することを思わせる。そこで、次の痕跡に注目してみたい。図7は⑧麗澤大田中本の下三十八丁ウである。ここに①〜⑥に見られる文化六年の刊記はなく余白のまま残してある。注目すべきは右下の墨の汚れで、大きさにばらつきはあるものの、⑦竹冷文庫本・⑨青森県図工藤本・⑩今治市河野美本・⑪松宇文庫本の同じ箇所に同様の墨の汚れが認められる。これは明らかに浚えていない板面に墨が付いて汚れたものである。図8は『相法窺管』（板木分類番号N379）の巻三の三十丁、図9は巻四の二十一丁の板木（分類番号同上）の鏡面図版である。何れも丁の表で巻が終り、裏が余白の扱いとなっている。かように本文を囲む匡郭がある場合は匡郭を彫り出し余白部を浚えておくのが普通だが、この場合は手間を惜しんだものかあるいは該当箇所が節っぽいのを嫌ったためか、匡郭部に線は入れてあるものの、浚えずに残してある。板木からも分かるように、この面には摺刷に際して墨を刷かない。が、刷毛が板木の浚えていない部分にはみ出すこともあるわけで、『冬の日注解』⑦〜⑪本の下巻三十八丁ウ右下に認められる墨の汚れはその痕跡に違いあるまい。それはつまり、⑦〜⑪の本が摺刷された時には下巻三十八丁裏には何も彫られていなかったということを意味する。このことからも、⑦〜⑪の刊年不明版の摺刷は文化六年版に先行すると言えそうな気がする。すると、菊舎は文化六年に浦井・橋屋との調整に至るまでに『冬の日注解』を勝手に出している、ということになる。そこで、Ⅱ-iとして分類した広告を持たない諸名家句集添付本⑦竹冷文庫本と⑧麗澤大田中本に注目してみよう。巻末の諸名家発句六丁はいかにも付け足しという感じを免れないが、これはやはり付け足しだったのではないだろうか。つまり、菊舎が重類版として抗議を受けた時に、「この書は単なる『冬の日』の注釈書ではない」という言い訳をするための措置だったと考えてみてはどうか。が、そのような姑息な手立てが通用するはずもなく、結果的には差し構えとなり、文化六年版に落ち着いて諸名家発句六丁は省かれるに至ったという事情が推測される。すると分からなくなるのは、文化六年版に先行するはずのⅡ-ii⑨青森県図工藤本・⑩今治市河野美本・⑪松宇文庫本の三本に、諸名家発句六丁がなく、替りに享和・文化期の目録が添えられていることである。が、これは、文化六年版に落ち着いた後で、先行販売した残部を文化六年の刊記を入れた本と併行して菊舎が捌いていたと考えると、分かるような気がする。

平成二十五年八月五日　稿

図1・2・7

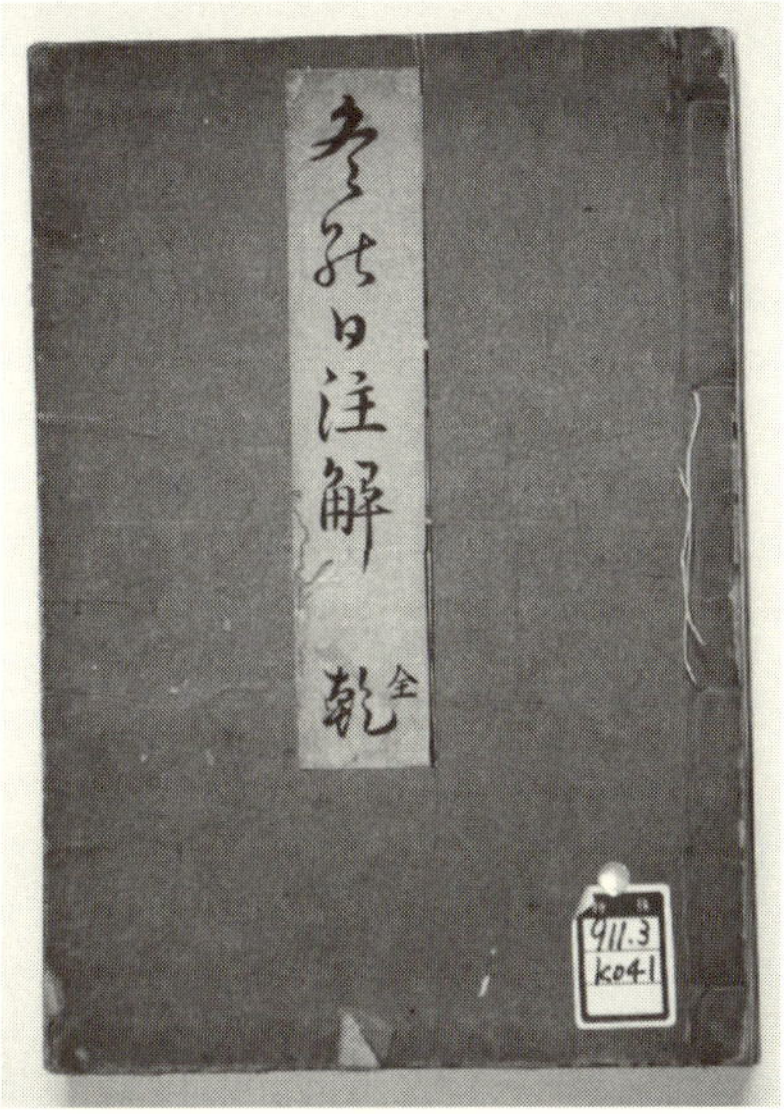

図1　文化6年版　表紙

図7　無刊記版　下38ウ
（麗澤大学図書館蔵本）

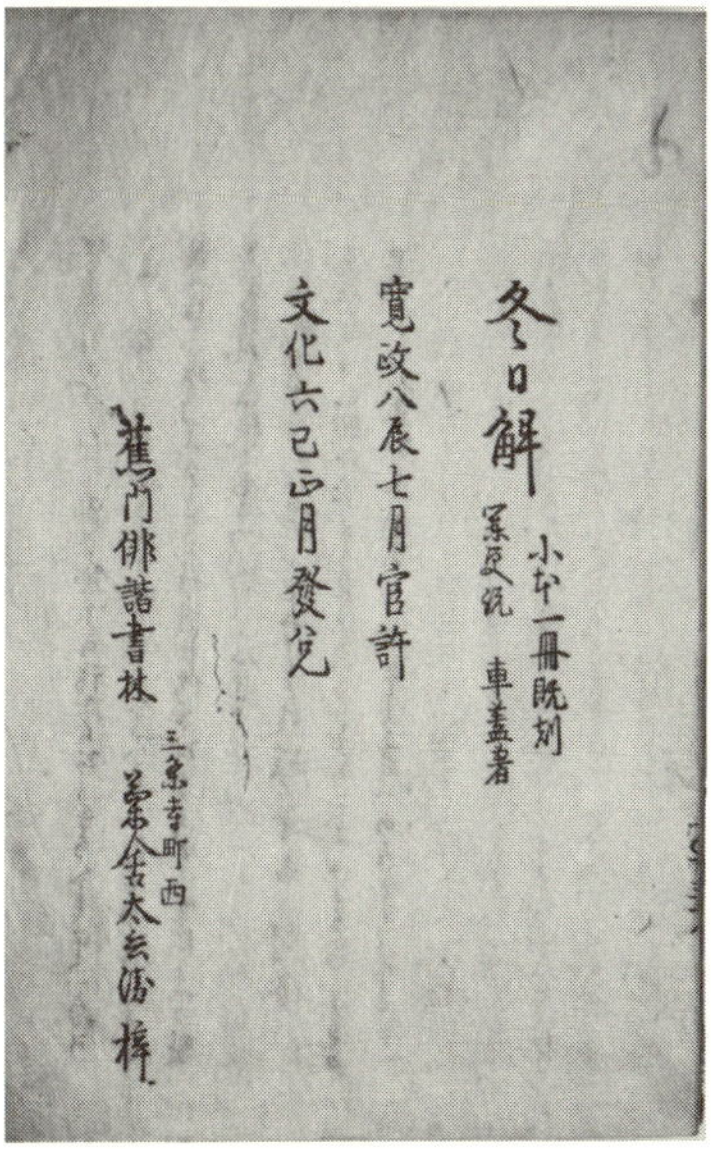

図2　文化6年版　下38ウ

図3『冬の日注解』板木　上30丁・29丁

図4『冬の日注解』板木　上32丁・31丁

図3・4・5・6

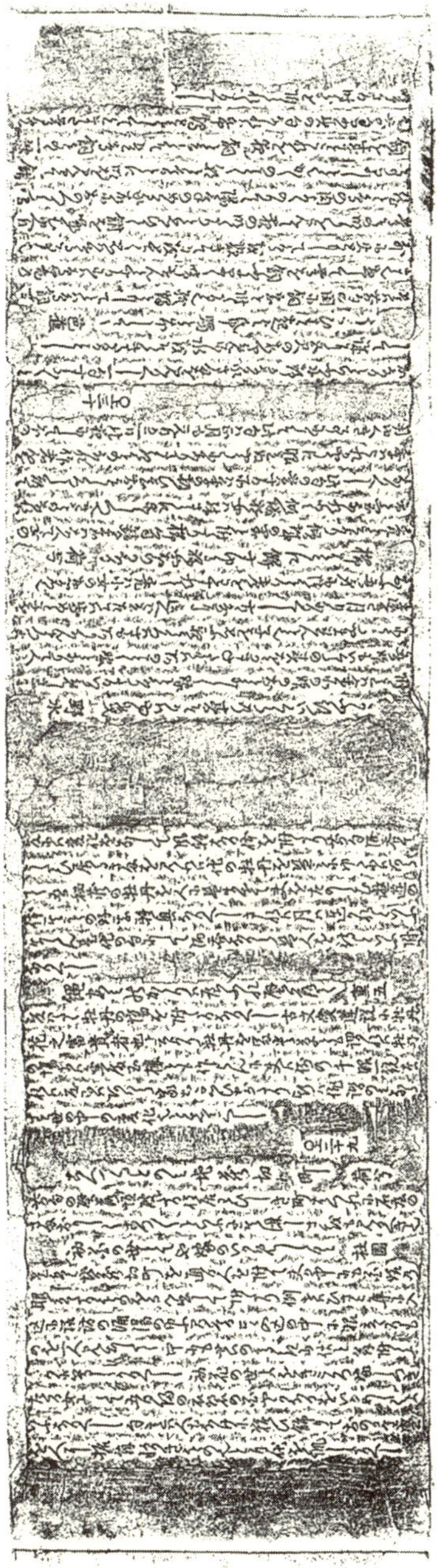

図5　同上拓本複写　上30丁・29丁

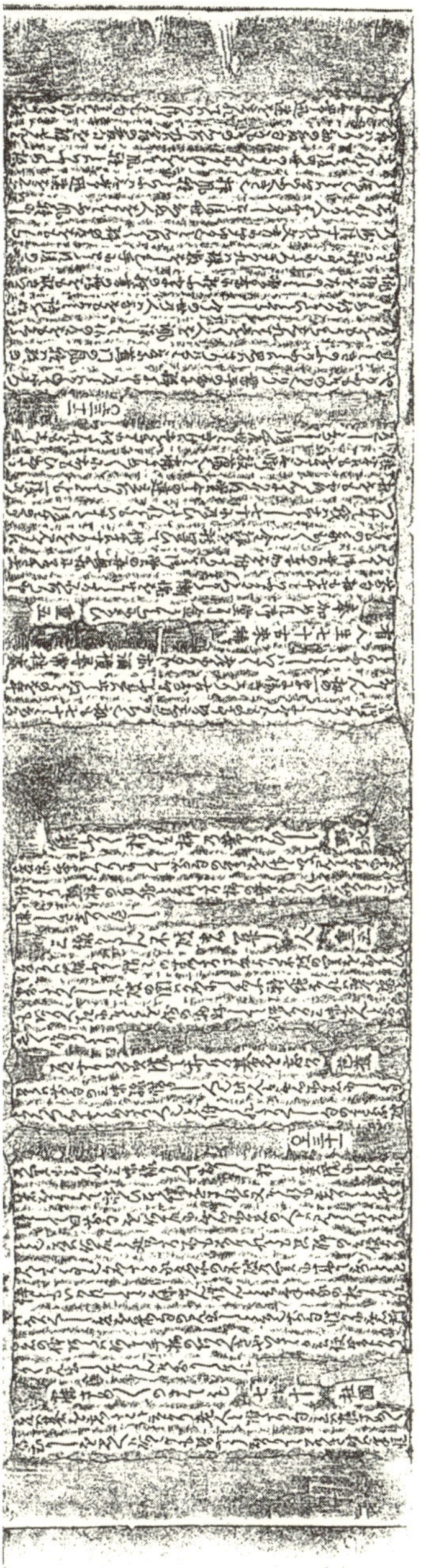

図6　同上拓本複写　上32丁・31丁

図8 『相法窺管』板木　巻3の30丁

図9 同上　巻4の21丁

5 竹苞楼の板木
―狂詩集・狂文集を中心に―

はじめに

現在も京都寺町姉小路上ルに店を構える竹苞楼（現、竹苞書楼）は、代々佐々木惣四郎（佐々貴・鵤鶡・娑々岐とも、また銭屋とも）を名乗る寛延四年の創業になる古書肆である。同店に保存されていた板木約二千五百枚を、奈良大学へ搬入し整理・調査を開始したのは、平成十六年四月のこと。七代目御当主佐々木英雄氏との最初の約束では、数年かけて整理をし、目録を作成して板木のデータを採ったあと御返しする予定であったのだが、同年十二月に氏から一括譲渡の御相談があり、膨大な量の板木は、十七年六月、奈良大学の蔵に帰することになった。その板木、大略分類したところによれば、漢詩文集・伝記・随筆・和歌集・雑俳書・狂詩狂文集・有職故実書・辞典・茶道書・紀行文・歌集注釈書・四書五経・画集・史書・狂歌集・滑稽本・書道手本・本草・仏書・印譜・篆刻書・硯譜等々、ジャンルは多岐に亘る。このうち、比較的著名なものを列記してみると、『謝茂秦詩集』（龍草廬選、宝暦十二年刊）、この稿で取り上げる『太平楽府』（畠中観斎著、明和六年刊）以下の狂詩集・狂文集、『茶経詳説』（大典顕常著、安永三年刊）、『毛詩品物図攷』（岡元鳳著、天明五年刊）、『清風瑣言』（上田秋成著、寛政六年刊）、『山家集抄』（釈固浄著、寛政七年刊）、『好古小録』（藤貞幹著、寛政七年刊）、『好古日録』（藤貞幹著、寛政九年刊）、『春葉集』（上田秋成版下、荷田信郷編、寛政十年刊）、『閑田文草』（伴蒿蹊著、享和三年刊）、『花競二巻噺』（浪花一九著、文化十一年刊）、『百首異見』（香川景樹著、文政六年刊）、『古今和歌集正義』（香川景樹著、天保六年刊）、『名家略伝』（山崎美成著、天保十二年刊）、『百家琦行伝』（八島五岳著、弘化三年刊）などがあり、それ以外にも、竹苞楼創業以前に彫られたことが明白な『公事言葉考』（延宝九年刊）、『懐風藻』（天和四年刊）、『東見記』（貞享三年刊）、『十八羅漢図讃』（貞享四年刊）、『菅家文集』（元禄十三年刊）に混じって、年代は今のところ確定できないものの『倭名類聚抄』（二種類あり）、『続日本後紀』など元禄以前と目される古い板木も、かなりの枚数が残っている。これら創業以前の古い板木は、京都の本屋としては後発に属する竹苞楼が、生き残りのために売れ筋の古い板木を他の店から積極的に買い入れて営業活動を行なっていたことを示す史料と言える。また、そういった「まともな」板木の他に、未刻の板木や彫りさしの板木、再利用するために刻面を削ってそのままになっている板木、新規商品売り出しの際に店頭に貼り出す「摺看板」印刷用の板木、それに板木反り止めのために両端にはめ込む枠（所謂「食《は》み」）など、近世出版工房の実態を如実に伝える史料も少なからずあり、さながら近世の本屋が一軒丸ごとタイムスリップして来たかの如き観がある。近世の出版研究は、これまでの出版物をベースにしたそれから、板木をも視野に入れた研究へと動いて行くべきと筆者は思量するが、その意味で竹苞楼旧蔵の板木の調査・研究が今後の近世出版研究に資するところは少なくないと思われる。これらの板木は全揃いのもの・不揃いのものの様々で、今後版本と照合し、近世出版現場の多様な情報を収集して行く必要があるのだが、何分にも膨大な量で、ことは容易ではない。そこでこの稿では、後発書肆竹苞楼が商売の一つの柱とした狂詩集・狂文集のそれについて、取り敢えず調査の結果を報告しておくことにしよう。

竹苞楼が出版・再版に関わった狂詩集・狂文集は次の十五点である。このうち『前戯録』『吹寄蒙求』『忠臣蔵人物評論』の三点は狂文集、他は狂詩集で、相合版の場合は＊に相版元を記した。なお、『精物楽府』『狂詩馬鹿集』は所謂「求板」で、これについては後に詳述する。

太平楽府	畠中観斎著	明和六年八月序・跋	＊京都丸屋善六
前戯録	河村先生著	明和七年三月刊	
茄子腐藁	可々子著	明和七年八月刊	＊大坂藤屋弥兵衛
勢多唐巴詩	畠中観斎著	明和八年八月刊	
毛護夢先生紀行	海道雲飛助著	明和八年八月刊	
諷題三咏	鏡間私牽幕著	明和八年八月刊	
吹寄蒙求	畠中観斎著	安永二年四月刊	
銅脈先生太平遺響	畠中観斎著	安永七年秋刊	
忠臣蔵人物評論	畠中観斎著	天明元年六月刊	
銅脈先生狂詩画譜	畠中観斎著	天明六年春刊	
二大家風雅	観斎・南畝著	寛政二年七月刊	
太平遺響二編	畠中観斎著	寛政十一年序	
精物楽府【求板】	悟了軒泥坊著	寛政十三年序	
続太平楽府	愚仏著	文政三年序	＊京都堺屋伊兵衛
狂詩馬鹿集【求板】	兆載坊著	文政十年夏刊	

次々頁の別表に示したものが右の狂詩集・狂文集の残存板木の一覧である。この狂詩集・狂文集の板木に限らない

が、保存処理が施されないまま百年以上の長期に亘って放置されていたため、汚損・虫損の目立つものが多く、板木の状態は全体的に芳しくない。極端な例を挙げてみると、『太平遺響二編』0000番などは触ると崩壊するようなありさまで、『毛護夢先生紀行』2199番収録の五丁の刻面は白蟻によって食み尽くされて、数文字しか残らない。が、中には『勢多唐巴詩』のように汚損・虫損も殆どなく、板木が揃って残った幸運な例もある。竹苞楼が出版・再版に関わった狂詩集・狂文集は、『太平楽府』Bも含めると、合計十六点。手許に収集した該書版本及び浅川征一郎氏著『狂詩書目』（平成十一年、青裳堂刊）の解題と照合してみると、うち、板木が全揃いで残っていると考えられるもの七点、一枚だけが失われたもの五点。全体で見ると、この十六点の狂詩集・狂文集の印刷に必要であった板木は合計98枚で、残存板木が79.5枚、残存率約81％ということになる。仮に痛みが激しくても、版本との照合により板木元姿の推察は可能で、これだけの板木を救えたことを、先ずは慶びとしたい。

1　板木により判明する事実

ところで、狂詩集の書誌学的研究で遥かな高みを示しておられるのは前述の浅川氏著『狂詩書目』である。今回の板木調査を機に、筆者も狂詩集・狂文集の版本を鋭意収集し、国文学研究資料館から複写等も取り寄せ、また平成十七年五月に奈良大学へ寄贈された故宮田正信博士旧蔵書の中に七十点近い狂詩集・狂文集が含まれていた（以下論中で宮田本と言う）こともあって、かなりの数に当たったつもりであるが、書誌的事項に関しては浅川氏の著書に付け加えるようなことは殆どない。が、板木が出て来たことにより、版本からは判らなかったことも少し見えて来たので、先ずはその幾つかについて簡単に報告する。なお、以下論中で取り上げる狂詩・狂文集は国文学研究資料館提供の複写に拠るものが少なくないが、それらの所蔵先については資料館マイクロデジタル資料和古書所蔵目録の略称に

狂詩集・狂文集　残存板木一覧

＊4桁の数字は板木の整理番号。その右に示したのが、その板に収められている丁で、右端が板木の寸法（丈×幅×厚み、単位粍）である。失われて残らない板木については、残存板木から収録の丁を推測して「欠」として示した。『茄子腐藁』『勢多唐巴詩』『二大家風雅』には、もともと板木に紐で結び付けられていた「木札（印刻、朱ざし）」が残っており、それぞれ表裏の内容を注記した。なお、「紐穴」としたのは、その板に木札を結びつけるための穴があけてあることを示す。

太平楽府 A（全7枚のうち、1枚欠）

欠	袋・題簽、序1・2	
1898	序1・4、2・3	527×140×20
1846	巻一1・4、2・3	531×138×18
1101	巻一5・巻二8、巻二6・7	530×146×18
1123	巻二9・巻三16、巻三10・15	532×143×16
1156	巻三11・14、12・13	532×137×18
1063	巻三17・18、跋1・2（刊記）	530×140×20

太平楽府 B（7枚全揃い）

1058	袋・題簽（2枚）、序1・2	454×150×18
1046	序1・2、3・4	456×150×20
1055	巻一1・2、3・4	456×150×20
1057	巻一5・巻二6、巻二7・8	455×151×18
1050	巻二9・巻三10、巻三11・12	460×151×18
1916	巻三13・14、15・16	455×150×19
1056	巻三17・18、跋1・2（刊記）	460×149×19

前戯録（全7枚のうち、1枚欠）

欠	題簽・袋・刊記	
1078	跋1・序2、序3・跋3	550×154×20
1082	1・4、2・3	550×154×19
1079	5・6、7・8	548×156×19
1070	9・10、11・12	550×153×20
1064	13・14、15・16	552×155×20
1065	序乙・跋2、17・18	550×153×19

茄子腐藁（5枚全揃い）

＊木札表に「茄子腐藁」、裏に「五牧《ママ》袋外」。

1083	袋・題簽・跋3（刊記）、跋1・2	532×153×19
1051	序1・2、序3・13	532×154×19
1084	1・2、3・4	534×154×18
1080	5・6、7・8	528×154×17
1052	9・12、10・11　＊紐穴	535×155×18

勢多唐巴詩（6枚全揃い）

＊木札表に「勢多唐巴詩」、裏に「六牧《ママ》扉袋外」。

1500	口絵・袋・刊記、題簽（2枚）・序5	548×144×17
1060	序1・序2、序3・序4	550×148×19
1075	序首・序尾、跋(2丁)　＊紐穴	547×144×18
1097	巻一1・3、巻二7・巻三12	548×144×19
1059	巻一2・4、巻一5・巻二6	546×147×18
1045	巻二8・巻三9、巻三10・11	548×147×19

毛護夢先生紀行（全5枚のうち、2.5枚欠）

＊元は4丁張りか。③④で1枚、⑤⑥で1枚、⑦⑧で1枚、①⑨で1枚、②⑪で1枚、合計5枚あったか。半分の2.5枚欠。

①欠	題簽・袋	
②欠	序首・序尾	
③欠	1・2	
④2197	3・4	204×153×18
⑤2199	5・6	203×140×19
⑥欠	7・8	
⑦2207	9・10	206×148×17
⑧2203	11・12	205×150×16
⑨2204	13・14	206×140×19
⑩欠	15	
⑪欠	跋1・跋2	

諷題三咏（全5枚のうち、1枚欠）

＊元は4丁張りか。①②で1枚、③④で1枚、⑤⑥で1枚、⑦⑧で1枚、⑨は「弘安禮節」と組み合わせて1枚。合計5枚あったか。うち、4枚残存。

①2194	題簽・刊記、跋	206×149×15
②2193	叙1、叙2	207×146×18
③欠	（巻上1、2）	
④2195	巻上3、4	207×146×17
⑤2198	巻中5、6	205×147×17
⑥2196	巻中7、8	207×144×15
⑦2191	巻下9、10	204×152×18

⑧欠 （巻下 11、12）
⑨2317 袋・「広安禮節」題簽、罫紙 200×144×18

吹寄蒙求（6 枚全揃い）

1845 袋・題簽（2 枚）・序 3、序 1・序 2 545×150×20
1850 序 1・2、序 3・標題上 545×142×20
1175 巻上 1・2、3・4 549×138×20
1849 巻上 5・7、6・8 550×144×21
1843 巻上 9・11、12・15 550×142×21
1848 巻上 13・14、10・16（刊記） 548×139×19

銅脈先生太平遺響（全 7 枚のうち、4 枚欠か）

1180 序 1・2、3・4 ＊紐穴 550×146×19
1902 巻一乙・2、3・4 547×148×19
欠 巻一 5・6・7・8 ←推測
欠 巻二 1・2・3・5 ←推測
1119 巻三 1・2、3・巻二 4 550×148×20
欠 巻三 4・5・序 1・2 ←推測
欠 跋 1・2・3・題簽・袋 ←推測

忠臣蔵人物評論（全 6 枚のうち、2 枚欠）

欠 題簽・袋
1172 序 1・序 2、3・4 576×160×20
欠 5・6・7・8
1173 9・10、11・12 572×163×17
1170 13・14、15・16 575×161×18
1171 17・18、19・20 終（刊記） 574×158×20

銅脈先生狂詩画譜（6 枚全揃い）

＊2318 と 1141 の切り口、合致。もと 6 丁張り 1 枚。
2318 題簽（2 枚）・広告（刊記）、23 260×150×19
1141 袋・見返し、24・18 471×149×19
1074 1・2・3（目録）、序 1・序 2・3 732×150×18
1073 6・9・21、7・5・8 735×148×18
1072 10・11・12、13・14・15 730×150×19
1076 16・4・22、19・17・20 736×149×18

二大家風雅（全 6 枚のうち、1 枚欠）

＊木札表に「二大風雅」、裏に「六牧《ママ》袋外」。
1124 序 1・発端 1、序 2・発端 2 515×142×20
1847 1・2、3・4 ＊紐穴 520×144×20
1896 5・6、7・8 520×142×20
1176 9・10、11・12 520×144×18
1844 14・15、13・16 522×142×19
欠 17・18、題簽（2 枚か）・袋

太平遺響二編（全 7 枚のうち、1 枚欠）

欠 題簽・袋
0000 序 1・序 2、巻三 14・15 ←この板、汚損 531×142×19
1049 巻一 1・2、3・4 534×144×20
1121 巻一 5・巻二 2、巻二 1・巻三 1 ＊紐穴 527×142×20
1162 巻三 3・4、2・5 532×143×18
1897 巻三 6・7、8・9 532×145×19
1110 巻三 11・12、10・13 533×145×19

精物楽府〈青物詩選〉（7 枚全揃い）

1855 14（跋 1）・袋（栄耀寝言）・題簽削除痕、15（跋 2）・題簽（栄耀寝言上・下）・刊記 636×167×19
1091 序 1・下 13、序 2・上 3 643×165×17
1054 上 15・5、4・6 の 10 638×161×20
1092 上 11・13、12・14 639×164×18
1043 下 1・4、2・3 ＊紐穴 630×162×18
1093 下 5・8、6・7 637×170×17
1856 下 9・10、11・12 636×164×19

続太平楽府（全 8 枚のうち、5 枚欠か）

＊板木の両端、截断。
1914 序 1・序 4、序 2・序 3 435×140×18
欠 序 5・1、2・3 ←推測
欠 4・5、6・7 ←推測
1927 8・11、9・10 429×140×18
欠 12・13、14・15 ←推測
1903 16・19、17・18 429×140×20
欠 20・21、22・袋・題簽 ←推測
欠 序 1・序 2、跋 1・跋 2 ←推測

狂詩馬鹿集（3 枚全揃い。但し、うち 2 枚虫損。）

＊袋板、もともと無し？
1163 題簽・刊記・跋、11・12 548×150×18
00A 序 1・序 2・1、2・3・4 656＋α×145×17
00B 5・6・7、8・9・10 652＋α×147×20

従うことが多い。また、図版は章末に一括して掲載する。

1　題簽のこと

竹苞楼旧蔵の狂詩・狂文集の板木には、題簽が二枚並べて彫ってあるものが散見する。『太平楽府』B・『勢多唐巴詩』(図Ⅰ下段参照)・『吹寄蒙求』・『銅脈先生狂詩画譜』(図Ⅲ参照)がそれである。売れ行きが見込めると本屋が判断した書物の場合、摺り手間を少しでも省くために複数枚の題簽を並べて彫っておく例がけっこうあることは、『おくのほそ道』蛤本の謎」(本書第二部2)でも図版を添えて示したところである。私を含め出版研究に携わる者は、版本の書誌調査を行う折に「題簽が少し違うから同じ時に摺られたのではない」と考えがちであるが、かような板木を見ていると、題簽に小異あるを以って別時印刷とする従来の書誌学的常識は通用しないということになる。因みに、『勢多唐巴詩』を例にとって確認をしておけば、家蔵本①・②・浄照坊本・大喜多勘学本・『未翻刻狂詩十一種』底本は図版の二枚並びの左の方で、抱谷文庫本・上田市立図書館花月文庫本(以下、花月本と略称)・宮田本①・②は右の方で摺られたものである。なお、題簽の板木は残念ながら失われているが、諸版本を調べてみると、小異の題簽が二種認められるものとして『二大家風雅』『銅脈先生太平遺響』『忠臣蔵人物評論』が上げられる。この三点も、板木には題簽が二枚用意されていたと考えて間違いなかろう。『茄子腐藁』(図Ⅳ参照)『諷題三咏』は題簽の板木が残り、題簽は一種一枚のみで、管見の版本は全てこれに一致している。『前戯録』『毛護夢先生紀行』『太平遺響二編』は題簽の板木は失われているが、管見の版本の題簽、全て一種同板である。

2　袋・見返し

近世の出版物は、袋入りで販売されることが少なからずある。その袋は当然のことながら板木にも用意されていて、近世の本屋は袋が彫り付けてある板のことを「袋板《ふくろいた》」と呼んでいるのであるが、袋が見返しとして転用されている場合もまま見受けられる。また、袋と見返しの両方を板木に彫るケースもある。この袋と見返しの問題は、従来の出版研究でもきちんと整理されているとは言い難い面もあるので、そのあたりの事情をこの一連の板木で見ておくことにしよう。

『茄子腐藁』の板木は五枚全揃いで、前掲一覧表の解説で触れたように、もともと板木に紐で結び付けられていた木札（陰刻、朱ざし）が残っており、札の表には書名が、裏には「五牧《ママ》袋外」と入れてある。言うところは「袋板他も含めて板木は全部で五枚ある」の意味。従って、図Ⅳに示した1083番の板木に題簽と並べて彫ってあるのは、間違いなく袋なのである。版本を調べてみると、宮田本・抱谷文庫本には袋も見返しの印刷も無いが、浅川氏編『未翻刻狂詩九種』の底本に、この板木で印刷した見返しがある。これは袋を見返しに転用したケースと見るべきである。なお、袋中央部の「茄子腐藁」の部分が入木であることも板木から判明する。

『諷題三咏』は、元は四丁張の板木であったものが二丁張に截断されて残っている。元姿で言えば、四丁張五枚のうち四枚が残存し、そのうちに袋板（2317番）も含まれている。これは『狂詩書目』紹介本に袋があり、もともと袋のつもりで板木を仕立てたことは明白。なお、宮田本、袋・見返し無し。

『二大家風雅』にも木札が残っており、裏に「六牧《ママ》袋外」とある。残存板木は五枚で、「17・18丁・題簽（2枚か）・袋」が収めてあったと思われる袋板が失われている。版本を調べてみると、花月本に竹苞楼の朱印を捺した袋が残る。大喜多勘学本にも同板の見返しがあり、魁星印及び竹苞楼の朱印を捺す。『狂詩書目』口絵底本にも同板の見返しがある。家蔵本・宮田本・奈良大学蔵本には、袋・見返しとも無い。袋板が失われているので断定は憚られるものの、『茄子腐藁』の例に照らして、これもまた、元は袋として仕立てたものを見返しに転用した例と見てよい。

『吹寄蒙求』には木札が残らない。が、諸版本と対校するに、残存板木六枚で全部揃っていると断定して間違いない。1845番が袋板。家蔵本・蓬左文庫本・大喜多勘学本・宮田本、いずれも袋・見返しとも無し。近世文学未刊本叢書『狂詩狂文集』収録底本に、この板木で摺った見返しがあるが、これも袋の転用。

袋板の残らないものについて触れておけば、『忠臣蔵人物評論』は花月本に、『太平遺響二編』は奈良大学蔵本にそれぞれ袋が残り、『前戯録』『毛護夢先生紀行』『銅脈先生太平遺響』『続太平楽府』については袋の存在は確認出来ないが、それぞれ見返しを持つ版本が確認できる。

次に、袋と見返しの両方が用意されている例を見ておく。

『勢多唐巴詩』は、板木六枚全揃い。木札も残り、裏に「六牧《ママ》扉袋外」とある。袋と蕪村画の扉絵、それに刊記・題簽（2枚）・序五丁を収める該当の板木（1500番）が、図Ⅰに示したそれ。上段左が扉絵、中央が袋である。『狂詩書目』該書解説に魁星印絡みで袋のことに触れるが、未見とする。家蔵本①・②・浄照坊本・抱谷文庫本・花月本・大喜多勘学本・宮田本①・宮田本②・『未翻刻狂詩十一種』の底本、何れも袋無し。今回の板木出現で、袋の様子がはじめて明らかになった。蕪村の扉絵を添えるのは、浄照坊本・抱谷文庫本・花月本・大喜多勘学本・宮田本①・『未翻刻狂詩十一種』の底本。管見の範囲内では、袋を見返しに転用した本は見当たらない。狂詩集としては特殊な扉絵があったため、袋が見返しに転用されることがなかったのだと思われる。

『銅脈先生狂詩画譜』も、板木六枚全揃い。図Ⅱの1141番の板木に並べて彫ってある右側が袋、左が見返しと思われる。『狂詩書目』紹介本のうち、早印本には袋を見返しに、『未翻刻狂詩十一種』底本の後印本（序文末の印二種差し替え・本文ルビ十四余箇所補刻）には見返し用のそれを見返しに貼る。大喜多勘学本・花月本・宮田本には、袋・見返しとも無し。奈良大学蔵本は、袋は無く、見返し用の見返しあり。

以上二点、袋を添え見返しのある本は報告されていないが、板木により完備した姿を知ることが可能となった。

3　版元・元書名

板木が出て来たことにより、今まで不明であったもとの版元・もとの書名が判明する例が二つある。

『狂詩馬鹿集』は、四丁張一枚と六丁張二枚の板木計三枚が揃いで残存し、かなり虫損はあるものの、版本と照合することにより板木の元姿推察が可能である。奈良大学蔵本によって、版本の書誌を記す。藍色表紙、中本一冊。左肩に双辺白地元題簽「狂／詩　馬鹿集　全」。全十五丁。序文二丁（丁付、版芯「序一、序二」）・本文十二丁（丁付、一～十二）・跋文一丁（丁付なし）。刊記なし。ただし、後表紙見返し隅に「竹苞楼／製本記」の朱印。『狂詩書目』紹介本も、右に同じ。該書につき『狂詩書目』解説では、版本に刊記がないため、「丁亥立春」の一詩あるを以って文政十年刊とし、「京都板であろう。良本未見、初印は竹苞楼ではあるまい。」と推測しておられるが、その通りであった。図Ⅴの板木1163番に、題簽と並んで「文政十年亥初夏発兌／書肆　醒井五条下ル二丁目／丁子屋庄兵衛」と刊記が彫られていて、もともと丁子屋で仕立てられた板木であったことが判明する。なお、板木の「文政十年」の「十」の部分、拓本の図版では分かりにくいが、入木である。板木のこの刊記部分に虫損が無かったのは、幸運の一語に尽きる。なお、該書、袋の有無不明。

『精物楽府』（『青物詩選』改題本）は板木七枚が残存する。『狂詩書目』紹介の『青物詩選』の書誌を記す。薄青表紙、中本、上下二巻一冊。序文二丁、丁付版芯「一」「二」。本文二十八丁、丁付版芯「寝言上　三～十五」「寝言下一～十五丁」。刊記「享和三年歳在癸亥冬　書林　京都御幸町御池上菱屋孫兵衛／江戸通石町十軒店西村宗七／大坂心斎橋博（博）労町柏原屋庄兵衛／紀州若山新通三丁目綛田屋平右衛門」。管見に拠れば、表紙の色は不明ながら、石川県立図書館李花亭文庫本（以下、李花亭本と略す）がこれと同じ体裁。ただし、元題簽・刊記欠。『狂詩書目』該書解説に次のようにある。「序・巻頭・跋の『青物詩選』という書名にはいずれも埋木による改刻の形跡があり、また柱記題は「寝言」とあるから、元は別の書名であったか」。これも、浅川氏の御指摘通りで、板木の序・巻頭・跋の「青物詩選」という書名部分は全て入木である。また、元の書名が板木により判明する。図Ⅵの板木1855番の表面に、袋が「泥坊上人著／栄耀寝言／青藜堂」と、その裏面（図Ⅶ）には題簽が「栄耀寝言　上（下）」と彫られていて、元書名が『栄耀寝言』であったことが判明する。なお、図Ⅶに題簽と並べて彫られている刊記は『狂詩書目』紹介本とは異なり、年記は入れずに「書肆　京都御幸町御池上ル菱屋孫兵衛／大坂心斎橋唐物町河内屋多助／紀州若山新通三丁目加勢田屋平右衛門」とある。板木に彫られている袋の青藜堂とは『改訂増補近世書林板元総覧』によれば、綛田屋平右衛門のこと。したがって、『青物詩選』は、もともと『栄耀寝言』という書名で、和歌山の綛田屋平右衛門を主版元として京都の菱屋・大坂の河内屋相版で出版され、その後、同じ三軒から『青物詩選』と改題再版されたことが知られる。因みに『栄耀寝言』は、『国書総目録』等に未載。なお、『狂詩書目』解説ではこの板木と同じ刊記のある本を後印本とされるが、むしろ逆で、板木と同じ刊記を持つ三軒版が早印本で、前述の四軒版を後印本と考えるべきだと思う。四軒版の年記が享和三年冬であるから、早印本はそれよりも早く、序文の記された寛政十二年冬もしくは翌年春頃ではないだろうか。

　この『青物詩選』の求板改題本が竹苞楼刊の『精物楽府』である。これについて、『狂詩書目』では次のように解説しておられる。

　青表紙、題簽「精物楽府」（単枠）、見返し「胴脈先生著／青物楽府／書肆　長才房」（単枠有罫3行）。奥付なし。裏表紙に『勢多唐巴詩』他の蔵版書目半丁貼付。柱刻を削り丁付のみ残すが、上下入れ替わった丁と四丁の飛び丁がある。即ち上巻四～十一丁は下巻のもの、下巻四～十一丁は上巻のもので、下巻の「六」を「六ノ十」と改刻、飛び丁とする。四丁分の版木が失われたための細工であろう。

　管見によれば、竹苞楼求板以前に、右のように改刻した三軒版の『青物詩選』がある。大阪女子大本がそれで、表紙の色は不明。左肩に双辺「青物詩選　全」の元題簽があるが、書体は狂詩書目紹介の四軒版とはかなり異なる。柱刻を削り丁付のみ残し、同様の乱丁（一部に小異）がある。裏表紙の蔵版書目は無い。浅川氏が言われる如く四丁張りの板木下巻七〜十丁の欠を補い、かつは改題書名と柱刻との不整合を解消しようとした商策に出たものであろうが、結果、上・下巻の区別がつかなくなり、乱丁をも生んだのである。この大阪女子大本、刊記は板木のそれと同じであるから、これらの改刻処置は早印三軒版の手許で行なわれた筈である。竹苞楼はそれをそのまま求板し、『精物楽府』と改題したに過ぎなかったのである。なお、『狂詩書目』紹介本と同じ題簽を持つものに宮田本がある。青表紙で、見返し・刊記・蔵版書目を欠く。

2 『太平楽府』の板木

さて、この一群の板木の中でとりわけ注目すべきは、『太平楽府』の板木が二組残っているということである。筆者はここ十年ほどの間に、竹苞楼旧蔵分も含めて、近世京都で商業出版に使用された板木を七千枚ほど見て来たのであるが、他にこのような例は見当たらなかった。そもそも近世の本屋が同一書の板木を二組作ることは、基本的に有り得ない。また、佛光寺蔵『撰集抄』（慶安三年版）『因果物語』（平仮名十二行本、天和〜元禄頃刊）の板木が初刻時から明治期まで、二百年以上に亘って使用され続けて来たという顕著な事例からも明らかなように、火災などによって元の板木が失われるという事態でも生じない限り、板木を彫り直すこともしない。では、『太平楽府』の板木は何故竹苞楼に二組残っていたのか。これについては所謂「重板」、つまり海賊版の問題を想定すべきであろう。水田紀久氏によって昭和五十年に『若竹集』と題し翻刻された『竹苞楼大秘録』を紐解いてみると、『太平楽府』重板の一件が記録されている。詳細については後述するが、いまその要点のみを記すとつぎのようになる。

明和六年六月　『太平楽府』を丸屋善六との相合で趣向・出版。

同　八年四月　『太平楽府』を単独で再刻。
同　八年冬　『太平楽府』海賊版を田中屋半兵衛が出版。
同　九年十月　竹苞楼と田中屋半兵衛が、正版・海賊版の板木をそれぞれ一部預かりとして和談。
安永四年三月　預かりの板木、一枚を残し、それぞれへ戻す。
同　六年十月　田中屋半兵衛死去に伴い、預かり板木一枚と海賊版の板木を竹苞楼が全て引き取り。

かように、『竹苞楼大秘録』に拠れば、安永六年十月の段階で竹苞楼は『太平楽府』の板木二組を所持していたことになる。ごく単順に考えれば、残存の板木二組はその時のそれ、ということになろう。

では、どちらが正版でどちらが海賊版なのか。結論から言えば、Aが明和八年四月に再刻された正版の板木、Bが海賊版のそれと判断して間違いないかと思う。その根拠の一つは、後述するように、板木Aで摺った本の幾つかに図Ⅲの板木右側で印刷した竹苞楼蔵版目録、またそれとは別の竹苞楼の広告が添えられていることが上げられる。板木Bによる印刷本には、管見の範囲ではその事実はない。板木Bが竹苞楼の工房で作られたとは考えにくい根拠は他にもある。前掲一覧表からも分かるように、板木Bは、序・本文・跋ときれいに丁の順番に仕立てられている。が、竹苞楼の狂詩集・狂文集の板木には、わざと丁の順番をずらしたり飛ばしたりして作る傾向が認められる。例えば『前戯録』の場合は1078に跋1・序2・序3・跋3を、1065に序乙（1）・跋2・本文17・18を、という具合に、である。『勢多唐巴詩』1097・1059、『吹寄蒙求』1843・1848、『銅脈先生太平遺響』1119、『銅脈先生狂詩画譜』1073・1076、『太平遺響二編』1121も同様。かように、板木を仕立てる際にわざと丁をずらしたり飛ばしたりするやりかたが寛文以来あること、本書第二部2「『おくのほそ道』蛤本の謎」第六部1「佛光寺の板木」に触れたところ。何故そのようなやり方をするのかは良く判らないが、一連の板木のなかに『太平楽府』Bを置いてみる時、竹苞楼彫製の板木としては違和感がある。『太平楽府』Aの1123も、丁を飛ばして仕立てられていることなども考え併せると、板木Aが正版の、Bが海賊版のそれと判断して間違いない。なお、竹苞楼には、現在もAの板木で印刷された明治摺りと思しき版本が、表紙を掛けていない状態のものも含めて、20部ほど残っている。これもまた板木Aが正版のそれであることを傍証する事実ではあろう。海賊版の板木を没収した場合、正規版元はそれを割る・削るなどして使用出来ないようにするのが通例。が、この場合、田中屋半兵衛死去後板木Bを引き取った竹苞楼は、初刻本出版後二年も経たぬうちに再刻しなければならなかった経緯も踏まえ、再刻正版Aの板木が万一失われた時の予備として板木Bを保存しておくことを考えたのではないか。そのように考えると、板木Bが板木Aと共に残ってきた訳が分かるような気がする。なお、冒頭に挙げた残存板木一覧表からも分かるように、Bの板木はAよりも丈が七糎ほど短い。その一例を図Ⅷに上下対照して示す。御覧いただければ一目瞭然であるが、板木Bの方は板木の両端を刻面ぎりぎりに截断してあるためである。同様な例が『続太平楽府』の板木にも見られ、『毛護夢先生紀行』『諷題三咏』の板木はそれをさらに二丁張りに截断した形で残る。何時かの時点で、板木の再利用を考えた処置と思われる。

3　『太平楽府』重板の一件

では二組の『太平楽府』の板木を手掛かりとして、重板の問題にもう少し立ち入って見てみることにしよう。先にも触れたように、これについては『竹苞楼大秘録』に詳細な記録がある。以下、仮番号を付し関係箇所を抄出する。

【記録①】

一、明和六年丑六月廿一日ニ趣向、作畠中政五郎
　　太平楽府　　丸屋善六殿相合
一、三拾弐匁　　右写本料金一両　二ツ割

一、六分五厘　小本形紙并卦引代　二ツ割
一、壱分　板下紙并卦引代　二ツ割
一、四分三厘　畠中政五郎へ
古梅園真書一対
代二ツ割
一、九匁弐分
袋　六如殿序四丁
本文十八丁板下代
二ツ割
岡貢書一丁ニ付八分ツ、
一、四拾壱匁六分
袋彫次壱匁五分　板木ヤ源兵衛殿
序六丁跋二丁次卅三匁
本文四丁ニ付次十四匁
代二ツ割
一、壱匁弐厘　文成星画并彫代　二ツ割
一、五分　長才房石印刻料　二ツ割
一、八匁弐分五厘　五分九厘ツ、晋上本拾四郎　二ツ割
但、七部　畠中政五郎殿へ　二ツ割也
壱部　近藤斎宮殿へ
壱部　安田理右衛門殿へ
壱部　松岡定庵殿へ
壱部　戒儆殿へ
壱部　仲間行事へ

壱部　法光寺へ
壱部　藤叔蔵殿へ
〆　十四部
惣合　正ミ九拾三匁七部五厘

【記録②】

明和八年卯四月八日趣向
太平楽府　再刻
一、壱匁弐分八厘　板下本　壱部
一、八拾弐匁八分七厘　惣彫賃
〆　正ミ八拾四匁壱分五厘
右元銀辰七月摺前迄ニ入

【記録③】（後の書入れと見られる箇所をゴチックで示す）

太平楽府　和談済方之事
一、明和八年卯冬、田中ヤ半兵衛殿方ニ板行出来ニ付、甚困入対談之折無之処、明和九年辰十月廿三日ニ半兵衛殿見へ、勢州山形屋伝右衛門殿ト相合ニ論娯交と申者板行出来ニ付、則山形屋之留板預呉候段相頼ニ見へ、無別意承知預り申候、此折右楽府之義、此方より改而参、始終之様子直対談之上、御互ニ無別意和談済申候、則
此方板木　自一四至　自九十六至
〆十弐丁　板木三枚　田半江渡ス
内九より十六丁迄〆八丁

板木安永四未三月十三日ニ受取

田半板木明朝序四丁自五八至　十七八跋二丁

〆十弐丁　板木三枚　此方ニ預

内五より八迄十七八跋弐丁〆八丁

板木安永四未三月十三日戻ス

右之通ニ、板木三枚宛相互ニ取渡シ致、已来摺候節者、銘々持板ニ而摺り可申事、勿論已来ハ、板賃壱部ニ付丸ニ而弐分五厘ヲ相互ニ定候事、預り板木摺手間共売直壱匁替より、急度無相違売申間舗事、右之趣直ニ対談之上、治定如此候、已上、

明和九年壬辰十月廿三日

【記録④】

田中屋半兵衛殿方

太平楽府　一件之事

一、太平楽府義、明和九年辰十月廿三日ニ相対之通ニ、是迄相互ニ致来候処、半兵衛殿死去被致、跡目無相続ニ付、半兵衛殿持板木此方より申遣候留板共、引取呉候様ニ秋田ヤ伊兵衛殿見へ御願、勿論料物ニも不及、唯一通ニ而引受呉と之義承知仕、則右之板木不残留板共十月ニ受取申候、右ニ候へ共、為挨拶金壱歩板木代旁々ニ秋田ヤ伊兵衛殿へ持参仕、田半殿へ相渡シ被呉候段頼置候、依之何之出入も無之相済申候事、

安永六年酉ノ十月十七日

右の【記録①】から【記録④】までを要約してみると、次のようになる。

○明和六年六月、丸屋善六との相合で『太平楽府』趣向。序・跋が八月であることから考えると、同年八月ごろ刊行

か。

○明和八年四月、再刻を趣向。再刻の理由は不明。ただし、板木があれば再刻はしないはずで、何らかの理由で初刻の板木が失われたと考えられる。丸屋善六との相合かどうかもはっきりしないが、【記録②】には①に頻出する費用を折半した意味の「二ツ割」という文言がなく、また③④に丸屋の名が出ないところから考えて、再刻は単独版であったか。

○明和八年冬、田中屋半兵衛方から『太平楽府』が出て、対談の折がなく困っていたが、九年十月に半兵衛がやって来て、勢州の山形屋伝右衛門との相合で『論娯交』を出したので、山形屋の留板を預かって欲しいと頼んだので預かった。この折に、『太平楽府』の件でこちらから改めて出向き、対談の上、和談した。因みに、田中屋半兵衛は『近世書林板元総覧』によれば、「文行堂」と名乗り、「京寺町三条下ル」に店を構え、『伊勢物語』(元禄十四)『世間侍婢気質』(明和八)『和荘兵衛』(安永八)などを出し、大坂大乗坊蔵版本の発兌元。竹苞楼と目と鼻の先にある店が海賊版を出したのである。

○和談の内容は、それぞれが所持する『太平楽府』の板木各七枚のうち三枚ずつを相手方預けとするというもの。残存板木と【記録③】をつき合わせてみると、この段階での両店所持の板木は次のようになる。なお、頭の数字は板木の整理番号、ゴチックで示したものが竹苞楼正版の板木である。

《竹苞楼所持》

欠　**袋・題簽、序1・2**
1898　**序1・4、2・3**
1046　序1・2、3・4
1101　**巻一5・巻二8、巻二6・7**

1057　巻一5・巻二6、巻二7・8
1063　**巻三17・18、跋1・2（刊記）**
1056　巻三17・18、跋1・2（刊記）

《田中屋半兵衛所持》

1058　袋・題簽（2枚）、序1・2
1055　巻一1・2、3・4
1846　**巻一1・4、2・3**
1050　巻二9・巻三10、巻三11・12
1123　**巻二9・巻三16、巻三10・15**
1916　巻三13・14、15・16
1156　**巻三11・14、12・13**

この取替えにより、どちらの店も手持ちの板木だけでは完本をこしらえることが出来なくなった。

○それに伴い、次の約定が交わされる。

1　以後、摺るときは「銘々持板にて」摺ること。

2　そのためには相手方に自店の「持板」を使わせてもらわねばならないので、板賃（板の使用料）を壱部に付き「丸にて弐分五厘」とすること。

3　「預り板木摺手間共、売直壱匁替」以上で売らないこと。なおこの売値については、竹苞楼『蔵板記』に『太平楽府』「九分」とあるのが参考となる。

○その後、安永四未三月十三日に板木二枚八丁分を、それぞれの手許へ戻すことになった。理由は不明であるが、煩瑣な手間を省こうとしたか。結果、両店の所持板木は次のようになった。

《竹苞楼所持》

1898 **欠　袋・題簽、序1・2**

1046 序1・2、3・4

1101 **巻一5・巻二8、巻二6・7**

1123 **巻二9・巻三16、巻三10・15**

1156 **巻三11・14、12・13**

1063 **巻三17・18、跋1・2（刊記）**

《田中屋半兵衛所持》

1058 袋・題簽（2枚）、序1・2

1055 巻一1・2、3・4

1846 **巻一1・4、2・3**

1057 巻一5・巻二6、巻二7・8

1050 巻二9・巻三10、巻三11・12

1916 巻三13・14、15・16

1056 巻三17・18、跋1・2（刊記）

この処置により、囲みに入れた二枚がそれぞれにとって「留板」の扱いとなる。

○その後、半兵衛死去（年月日不明）。「跡目相続無きに付き」、秋田屋伊兵衛の取り持ちで、半兵衛所持分の『太平楽府』海賊版の板木一切と竹苞楼方から預けておいた留板一枚を、「料物」なしで安永六年十月に受け取り、「挨拶のため金壱歩」を田半方へ渡してくれるよう秋田屋に預ける。全て片がついたのが、安永六年十月十七日のことであった。この時点で、竹苞楼は『太平楽府』正版と海賊版の二組の板木を所持することになったのである。

4 『太平楽府』の版本

以上、残存板木と『竹苞楼大秘録』をつき合わせることにより、竹苞楼に『太平楽府』の板木が二組伝わって来た経緯は大略明らかになったと思う。ところで、浅川氏は『狂詩書目』の『太平楽府』解説で、「大別して①初刻本、②再刻本、③三刻本の三種がある。②③は①を元に全冊を彫り直したもので、相互に小異があるので注意を要する。」としておられる。『竹苞楼大秘録』の記録に照らして、初刻本・再刻本の存在については疑う余地は無く、従来の書誌学的立場に立てば、それ以外の異板を三刻本と考えることは極めて自然であった。が、再刻本のそれと思われる板木が竹苞楼に保存されて来たという事実を踏まえる時、「三刻本」という考え方は成り立ち得ないのではないか。再刻本の板木があるのに、わざわざ三刻の板木を彫製する必要は全く無いからである。そこには『竹苞楼大秘録』にも記録されている海賊版の問題を想定しなければならない。明和四年の『寝惚先生文集』と共に狂詩集・狂文集大流行の火付け役となった『太平楽府』の後世への影響については、岩波『日本古典文学大辞典』の該書解説で、浅川氏が「版元の竹苞楼は永くこの版木を蔵して刷り出し大いに流布、その後世への影響は、本書の翌年に出た忠実な模作『茄子腐藁』から、後続狂詩家の銅脈によせる作や敬意、詩題の類似、果ては愚仏の『続太平楽府』（文政三年）や『明治太平楽府』と題する明治十三年の狂詩書まで、深く長いと言わねばならない。」と述べておられるが、小本『俳諧七部集』にその一典型が見られるように（本書第三部1「小本『俳諧七部集』」、第三部2「小本『俳諧七部集』の重板」

参照）、人気商品に海賊版はつきもので、近世の出版物で版種が多いものについては、先ずそのことを疑ってかかる必要がある。

管見によれば、『太平楽府』には板木の異なる版本が四種ある。いま仮にこれをD・A・B・C本として、そのあたりの区別をしてみることにしよう。なお参考のため、四種の版本の明朝体の序文（業寂僧都序）一丁と本文一丁を図Ⅸ・図Ⅹとして掲載しておく。図版の典拠は、D本が近世文学未刊本叢書『狂詩狂文篇』の影印、A本が奈良大蔵本④、B本が奈良大蔵本②、C本が奈良大蔵本①である。

D　初刻本　丸屋善六・竹苞楼相版の初刻本と考えられるもの。

近世文学未刊本叢書『狂詩狂文篇』影印収録本・岐阜市立図書館本・『狂詩書目』口絵紹介本（底本は浅川氏蔵本①）がこれにあたる。『狂詩狂文篇』の影印・解題に拠り、『狂詩書目』の解題を参考にして、初刻本の書誌を記す。

中本一冊。表紙の色は不明。（浅川氏蔵本①は、淡青色）。双辺題簽「太平楽府」。見返し、単枠有罫三行に「銅脈先生／太平楽府／書肆　長才房蔵[印]（陽刻朱印「長才／房記」）」。狐の嫁入り図の朱の魁星印あり。内容は、応昭子序二丁・業寂僧都序（明和己丑八月）四丁・本文十八丁・跋文二丁（明和己丑八月、桑津貧楽）からなり、跋二丁裏に刊記「多和井茂内著／書林　只見屋調助／大井屋佐平次」を入れる。丁付はそれぞれ版芯に「序一、序二、序一～四、巻一　一～五、巻二　六～九、巻三　十～十八、一、二」とある。このD本、以下に触れるA・B・C本に比べ、刻線に「太い細い」のめりはりがあって、字体がもっともしっかりしていること、加えてA・B本の祖本と考えられること、魁星印があることなどから、初刻本と判断して良い。この本の板木は、明和八年四月八日に再刻本が趣向された時点で失われていたはず。出版期間は一年半余で、残存版本が少ないのも頷ける。

A　再刻本　板木Aによる印刷本。

明和八年の再刻時より、竹苞楼先代の在世中まで二百年余に亘り出版が重ねられたと考えられ、したがって伝本も多い。管見に入ったものに次の諸本がある。奈良大蔵本③・奈良大蔵本④・宮田本②・大喜多勘学本・蓬左文庫本①（分類番号、尾23—3）・抱谷文庫本・李花亭本・浅川氏蔵本②・③。

奈良大蔵本④によって、書誌を記す。薄藍色表紙、中本一冊。双辺白地元題簽、「太平楽府」。袋・見返し無し。内容は、丁付・序・本文・跋・刊記とも、前述初刻本に同じ。巻末に、「太平楽府」以下、「当世心筋立」までの十四点の竹苞楼蔵版目録一丁を添える。この十四点のうち、最も後に出たのは文政三年の『続太平楽府』であるから、奈良大蔵本④はそれ以降の出版。なお、この目録は、もともと『銅脈先生狂詩画譜』の巻末に添えるべく仕立てられたもので、その後板木を截断して一部に入木をして修正、『太平楽府』その他の後印本にも転用されたものである（図Ⅲ参照）。大喜多勘学本・蓬左文庫本①は、表紙の色は不明乍ら、目録を含め奈良大蔵本④に同じ体裁。ただし、蓬左文庫本①は後補書題簽。浅川本②は、枯葉色表紙に白地双辺題簽。表紙見返しに「文久三癸亥載孟夏／張陽現散人」の書き入れが、後表紙見返しに竹苞楼銭屋惣四郎の『唐宋三十六家史論奇鈔』（嘉永二年刊『唐宋名家歴代史論奇鈔』か）の広告がある。奈良大蔵本③は、筆者が竹苞楼から直接購入した明治摺と思われる本。藍色表紙で、双辺黄色地元題簽、「太平楽府」。初刻本の見返しと同体裁（ただし、枠が双辺）の袋を添える。袋には、初刻本見返しと同一印文異顆の陽刻朱印「長才／房記」がある。この本には、目録の一丁は無い。宮田本②・浅川本③は、奈良大蔵本③と同体裁で、やはり袋がある。抱谷文庫本・李花亭本、表紙・題簽の地色は不明乍ら、奈良大蔵本③と同体裁で、袋は無い。なお、題簽は後補の蓬左文庫本①を除き、全て一種同板と見受けられる。

ところでこのA本、再刻の折に元になったのはDの初刻本だったはずである。いま両書を照合してみると、A本に再刻の際の誤脱が目立つ。図Ⅸ・図Ⅹの範囲で指摘してみると、明朝序一オ3「瀟‐瀟」・オ4「知‐音」・ウ6「快‐楽」、本文一オ7「御‐礼」・ウ1「筋‐違」・ウ1「線‐香」・ウ2「気‐蹙」・ウ7「借‐銭」・ウ7「道‐楽」の音訓読符号が落ちている。同様の音訓読符号の誤脱が、右を含め全部で22箇所、その他ルビの誤り2箇所・本文の誤字1箇所、合計25箇所に誤りがある。なお、この25箇所のうち、音訓読符号の誤脱20箇所とルビの誤り1箇所が巻一の一〜四丁、つまり板木1846に集中していることに取り敢えず注意しておきたい。その一方で、D本の誤りを修正した箇所も少なくはない。明朝序一ウ6「空゜シ」の○を補う（ただし、淺川氏藏本①には○あり）、本文一ウ2「棒《ボウ》ヲ」の左下に返り点「一」を補うなどがそれで、音訓読符号・返り点の補訂、送り仮名・ルビの補訂、本文誤字の訂正が、右を含め、合計18箇所認められる。数としては誤りの方が多く、一見杜撰な印象を受けるが、これについては次のような事実にも注目する必要がある。A本の板木を仔細に見てみると、実に微細な入木が施してあることに気が付く。図版の範囲で言えば、明朝序一オ5「知リ」「雨ノ」の送り仮名、ウ4「在《ザイ》」の「ザ」の濁点部分、ウ5「杓《シャク》ノ」のルビ「ク」・送り仮名の「ノ」、本文一オ6「雷《カミ》-霆《ナリ》」のルビ「ナ」、オ7「無シ」の送り仮名「シ」、「遁-込」の訓読符号、本文一ウ1「様《サマ》ニ」のルビ「サ」、「手ニ」「按シ」の送り仮名、ウ2「申ス」左下の返り点「二」、「念-佛」の音読符号、ウ3「汗《アセ》」のルビ「ア」、ウ5「遥ニ」の送り仮名「ニ」、ウ6「随-求」の音読符号、以上全て入木である。これらを含め、D本で見落とされていた音訓読符号・返り点・送り仮名・ルビ・ルビの濁点を65箇所にわたって入木で補訂してある。それはA本が校正段階でかなり綿密にチェックされたことを意味しており、この一組の板木が正規版元竹苞楼の工房で彫製された何よりの証拠となろう。次に取り上げるB本の板木にはかような入木は一切認められない。なお、これらの入木のうち28箇所が、やはり巻一の一〜四丁、つまり板木1846に集中している。先の誤脱箇所も同じ板木に集中していたが、それは1846の板木を扱った職人の技量の問題であったのかもしれない。もしこの板が大過なく仕上げられていれば、全体としては修正箇所の方が多くなり、再刻本は初刻本より善本となったはずである。

B　海賊版Ⅰ　板木Bによる印刷本。

明和八年頃から安永六年十月冬頃までの六年程の間、田中屋半兵衛の店で摺られた本。奈良大蔵本②・奈良大蔵本

⑤・宮田本①・東京芸術大学附属図書館脇本文庫本・淺川本④がこれに該当する。宮田本①は、薄縹色表紙。双辺黄土色地元題簽、「太平楽府」。板木Bの1058番には題簽が二枚並べて彫ってあるが、うち一枚と一致する。初刻本と同形式の単枠有罫三行に「銅脈先生／太平楽府／書肆　長才房蔵」とする見返しがあるが、再刻本の袋にも見られた「長才／房記」の朱印は無い。なお、この見返し、Bの1058番に彫りさしのものは認められるが、対応する板木が見当たらない。内容は初刻本と同じで、再刻本Aの多くに見られる竹苞楼の蔵板目録・広告はもとより添えていない。奈良大蔵本②も薄縹色表紙。題簽、欠。見返しなし。目録・広告も無し。奈良大蔵本⑤は、再刻本奈良大蔵本④と同様の薄藍色表紙。双辺白地元題簽、「□□（剥落）楽府」。こちらの題簽は、二枚並びのもう一枚と対応するように思われる。見返し・目録・広告無し。芸大脇本本は表紙の色不明。無辺書題簽で「太平楽府」。見返し・目録・広告無し。

　さて、このB本、基本的にはD本に拠っているが、A本をも参照している節がある。それは、A本がD本を元に再刻をした折の誤脱箇所がB本には認められず、またA本で修正した箇所13のうちB本は11箇所を踏襲しているからである。またB本独自の修正も2箇所ある。うち1箇所は、明朝序三ウ1「膚」の送り仮名で、D本・A本・C本いずれも「膚《ハダヘ》リ」と誤るが、B本では「膚《ハダヘ》ノ」と改める。もう1箇所は本文十三ウ7「叩」のルビ・送り仮名で、D本「タ゛テ」と誤り、A本は「タ、ヒテ」と修正意識を見せるが、B本はこれを「タ、ケトモ」とする。文意からすると、これはB本が正しい。かようにB本は一見校訂本文を作っているようにも見えるのだが、一方では誤りも大変多い。本文一オ6「輾《キシ》リ」のルビ「シ」、オ7「冷《スサマシキ》ヲ」のルビ「キ」を落としているのを始めとして、ルビの誤り・送り仮名の誤り・音訓読符号の脱落・本文の誤字などが合計42箇所ある。その誤りの多さは、B本が基本的には海賊版であったことと無関係ではなかろう。

　なお、このB本については一つの不審がある。それは、奈良大蔵本②と同体裁で元題簽を欠く浅川本④で、この本には、D初刻本と同板の見返しがある。魁星印・「長才／房記」印も同類。これをどのように考えたら良いかということが疑問として残るが、田中屋半兵衛が竹苞楼に摺り置きの見返しを譲り受けて転用したのではないかと、今のところ推測しておきたい。

C　海賊版Ⅱ　再刻本Aを元にした海賊版。

D・A・B本に較べ、刻線が極端に細い。太い細いのめりはりをつけて彫る、その手間を省いた形跡が歴然としている。版元・出版時期・出版地、不明。管見に入ったものに奈良大蔵本①・蓬左文庫本②（分類番号、尾23―2）がある。奈良大蔵本①は薄茶色表紙。双辺白地元題簽、「太平楽府」。内容は再刻本に同じ。見返し・広告なし。蓬左文庫本②は表紙の色・題簽の地色、不明。双辺元題簽、「太平楽府」。題簽・本文とも奈良大蔵本①と同板。

C本がA本を元に作られている根拠としては、明朝序一丁・本文一丁を始め、A本の誤脱・修正箇所をそのまま踏襲していることを上げるだけで十分であろう。B本に較べても、杜撰箇所が極めて多い。図版の範囲で言えば、明朝序一オ2「喟‐然」の音読符号脱。オ4「荒レテ」の送り仮名「レ」脱。オ5「覚」左下の返り点「三」を「二」と誤る。ウ1「妖‐物」、本文一オ7「遁‐込」、一ウ4「悠―然」、ウ6「随‐求」の音訓読符号、ウ6「莫ク」のレ点、脱。以上のような音訓読符号・返り点の脱落が、全体で72箇所に及ぶ。その数は、うっかり落としたというよりも、邪魔くさがって省いたという印象を与える。さらに、明朝序一オ2「鳴《ア》」のルビを「鳴《フ》」と誤り、オ6「過ルヿヲ」の送り仮名を不自然に誤刻し、ウ4「郷《ゴ》ハ」のルビ「ゴ」を落とすなど、ルビ・送り仮名の誤脱が全体で48箇所ある。加えて、ウ4「在」「者」「勝」「這」ウ5「主」、いずれも字体が不自然。これが全体で6箇所ある。いずれも仕事の杜撰さを示す事柄で、典型的な海賊版といえる。

なお、前引『狂詩書目』の『太平楽府』解題と浅川氏から借覧した該書版本を照合させていただくと、氏はB本を再刻本と、A本を三刻本と判定しておられるように見受けられるのだが、残存板木をもとに考えると実際はその逆であることを、今後に誤解を残さぬため、指摘しておきたい。

以上、竹苞楼に伝わってきた狂詩集・狂文集の板木をベースに、その出版に関する幾つかの問題を見て来た。従来の研究に少しでも新しい事実を付け加えることが出来たとすれば、それは全て浅川氏のおかげである。氏の『狂詩書目』が無ければ、私は板木を引きずって右往左往し、空しく消日していたに違いない。氏の学恩に甚深の謝意を表する次第である。

平成十八年八月三十一日　稿

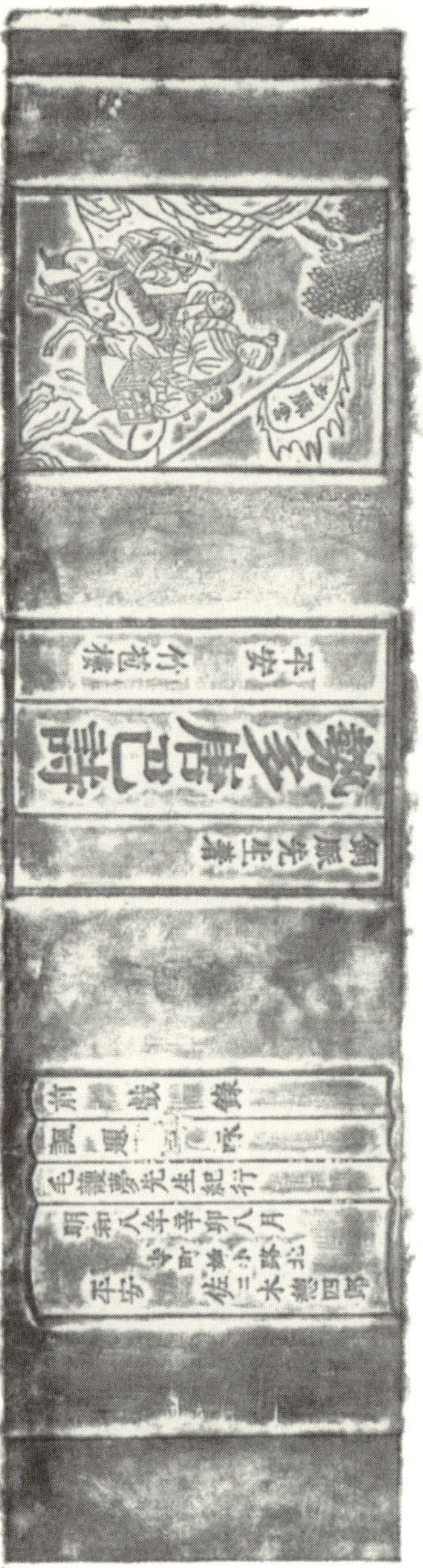

図I 『勢多唐巴詩』板木（1500番）表 拓本

同上 裏 拓本

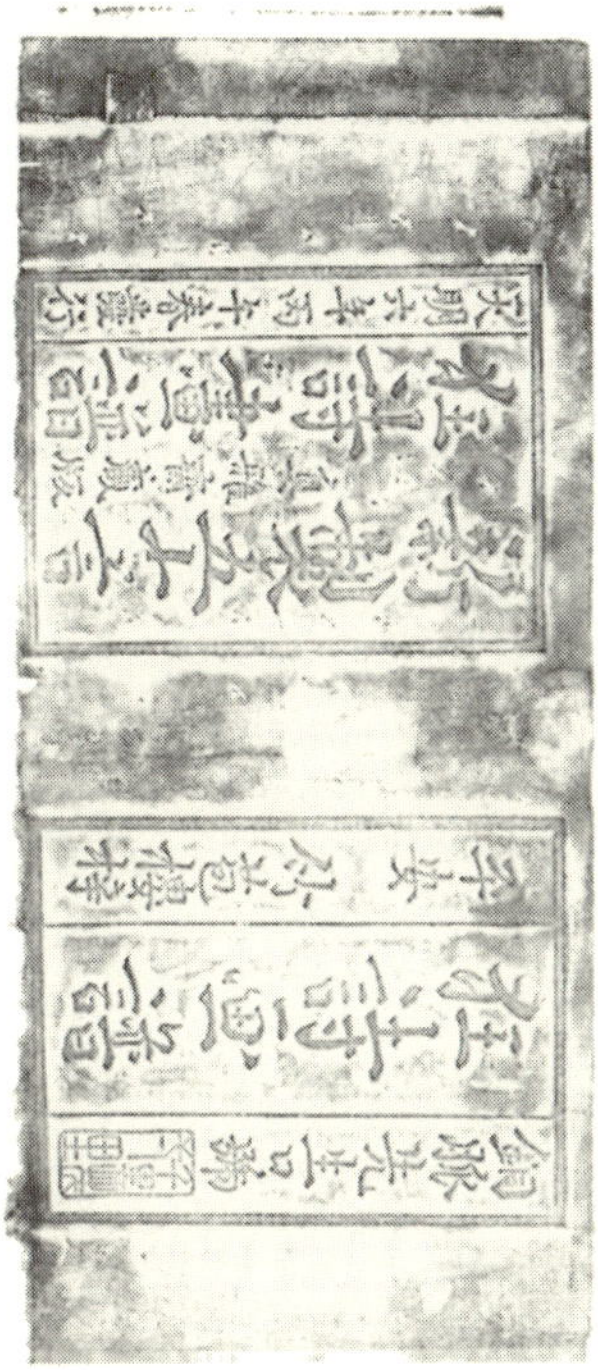

図Ⅱ　『銅脈先生狂詩画譜』板木（1141番）表　拓本

図Ⅲ　同　左　板木（2318番）表　拓本

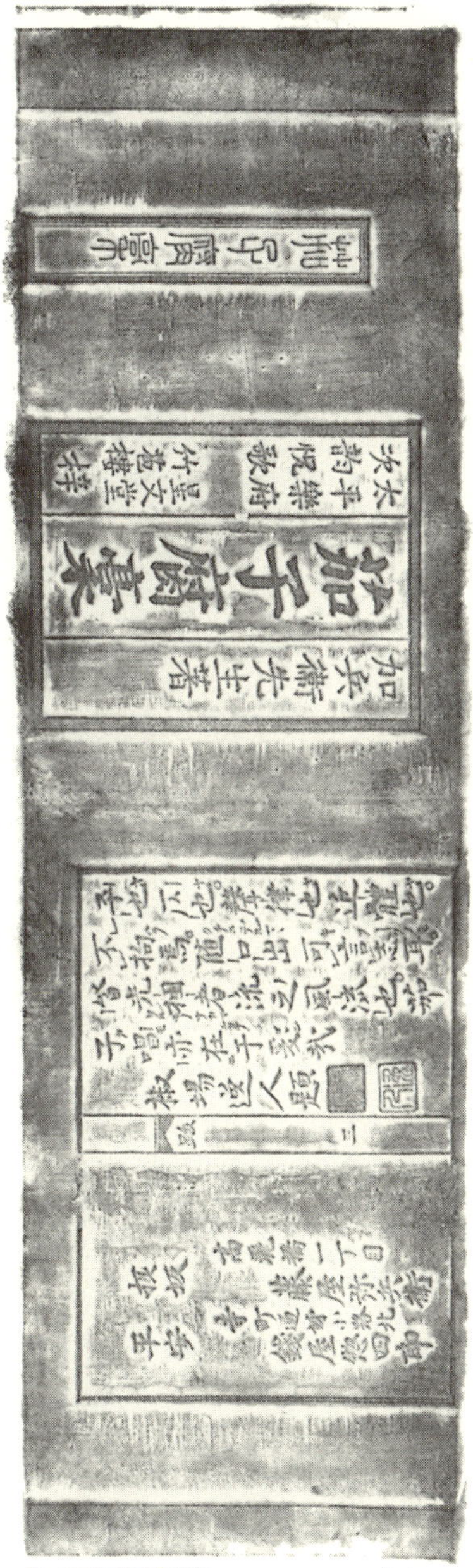

図Ⅳ　『茄子腐藁』板木（1083番）表　拓本

図Ⅴ　『狂詩馬鹿集』板木（1163番）裏　拓本

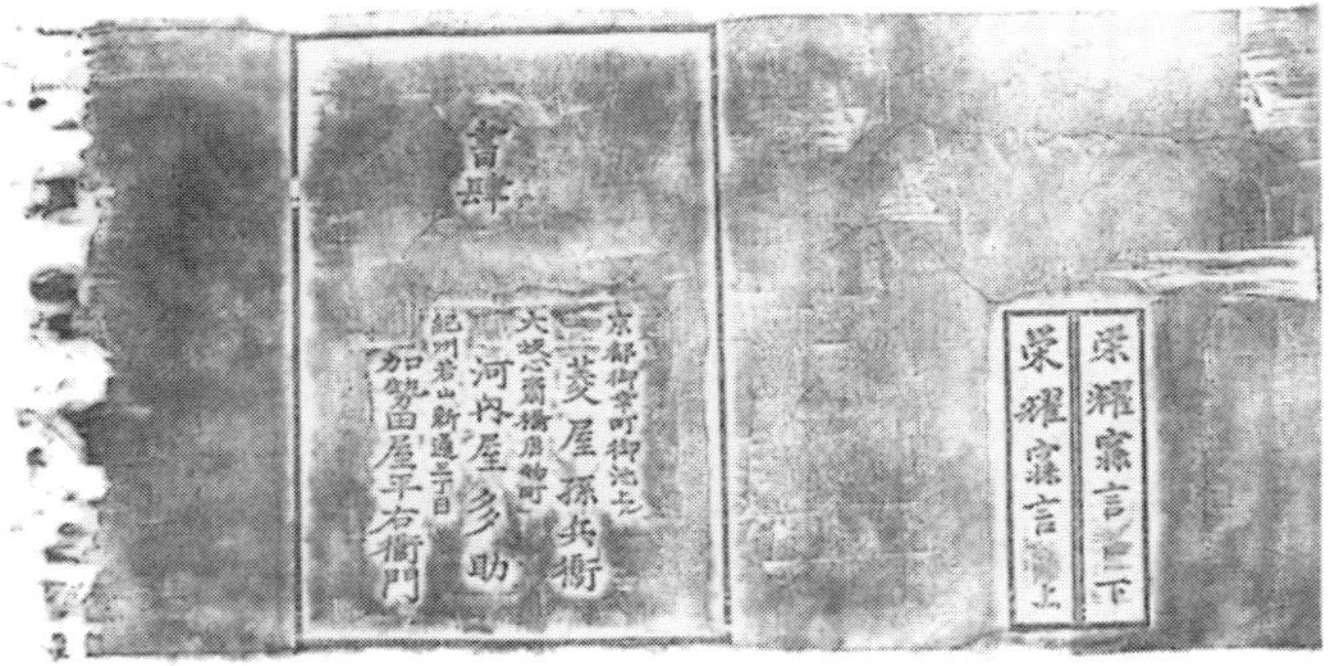

図Ⅵ　『精物楽府』板木（1855番）表　拓本〈部分〉

図Ⅶ　同　左　裏　拓本〈部分〉

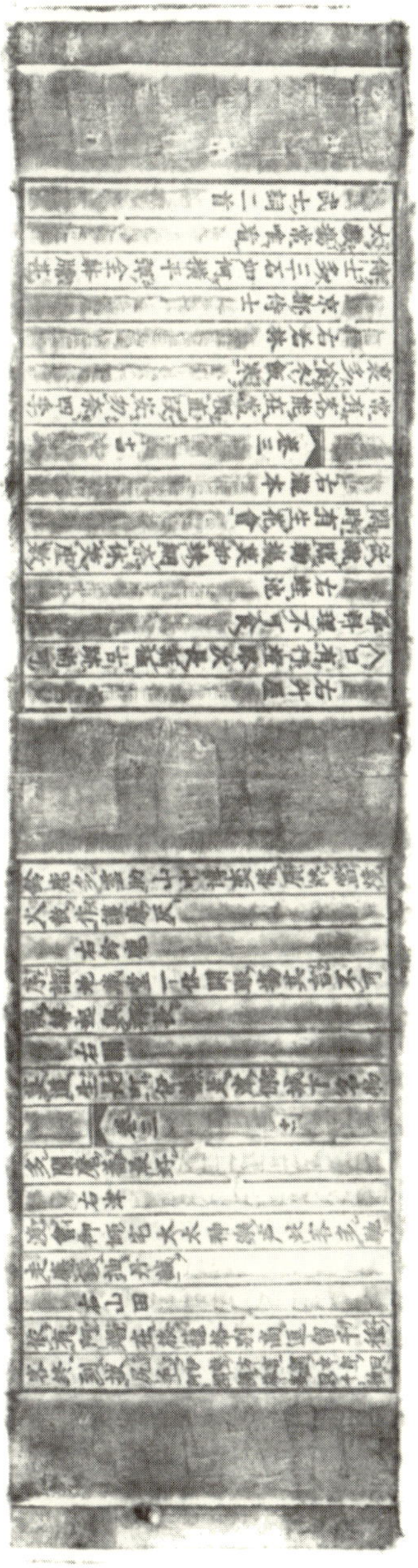

図Ⅷ『太平楽府』A 板木（1156番）表 拓本

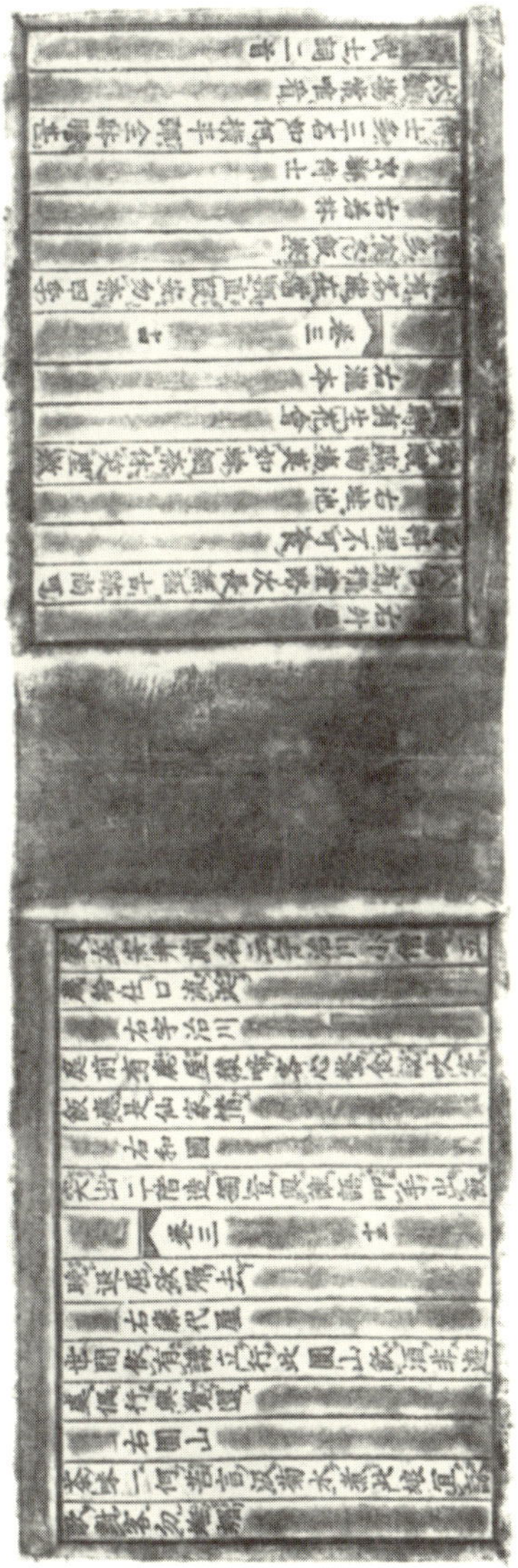

『太平楽府』B 板木（1916番）表 拓本

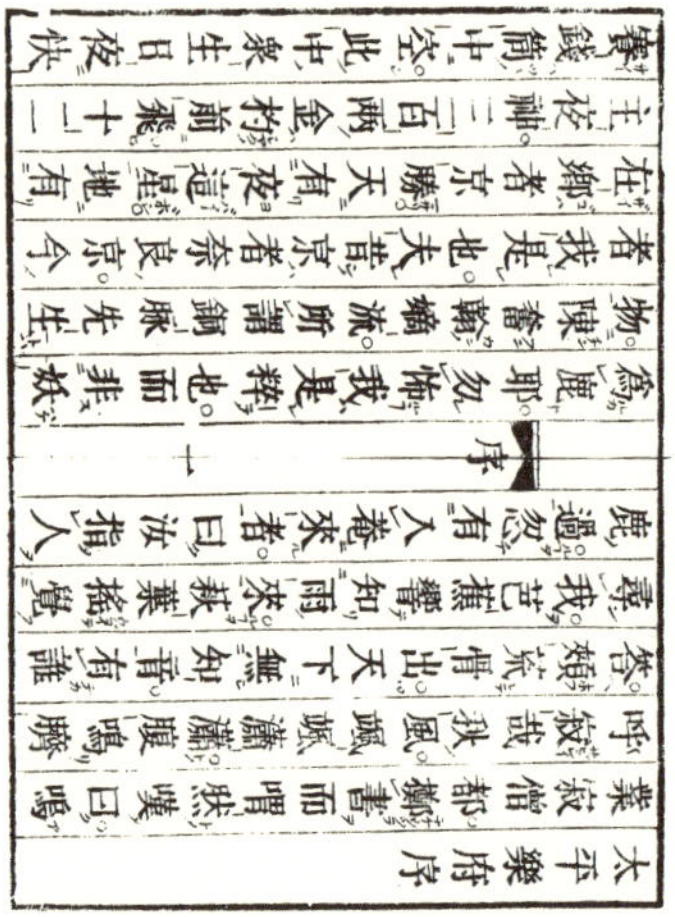

B本

D本

C本

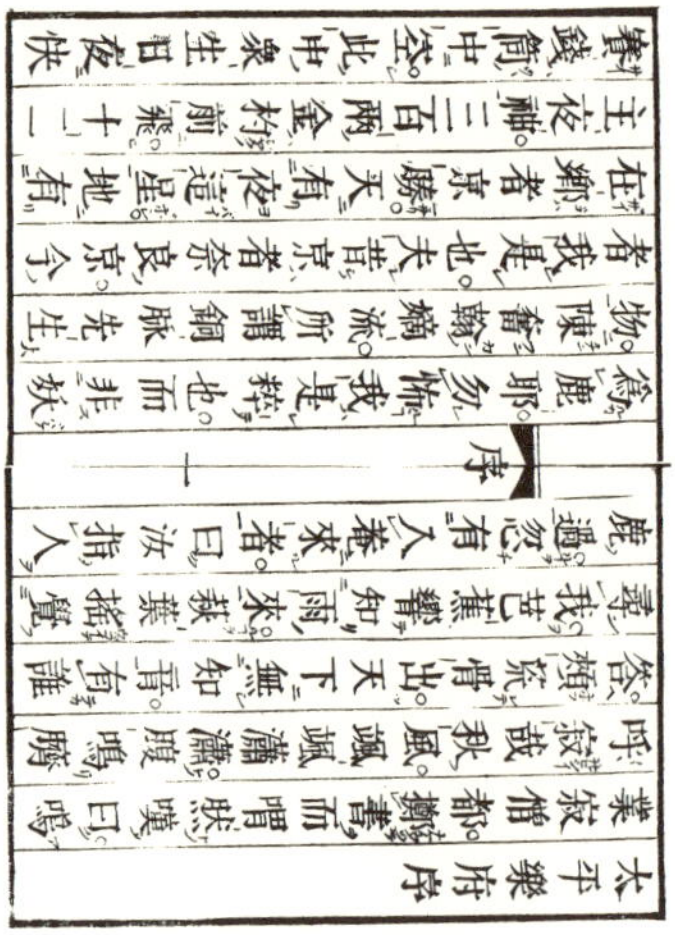

A本

図Ⅸ　『太平楽府』序文

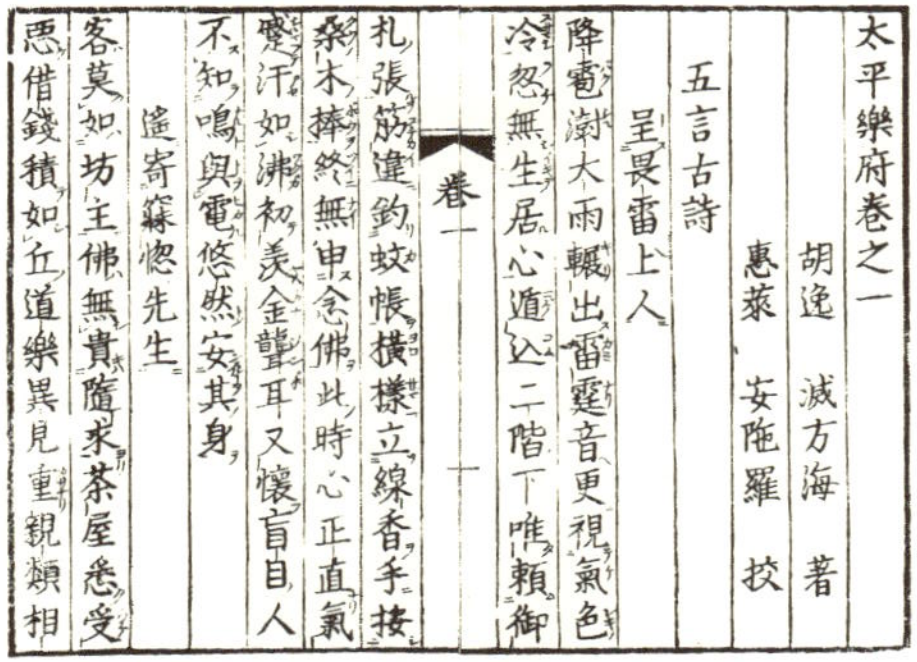
太平樂府卷之一
胡逸　滅方海　著
惠荻　安陁羅　挍
五言古詩
呈畏雷上人
降雹澍太雨轟出霹靂音更視氣色冷忽無生居心遁込二階下唯頼御
卷一
札張筋違鈎蚊帳横撲立線香手按桑木棒終無申念佛此時心正直氣㪅汗如沸初羡金聾耳又懐盲目人不知鳴與電悠然安其身
遙寄寐惚先生
客莫如坊主佛無貴隨求茶屋悉受悪借錢積如丘道樂異見重親類相

B本

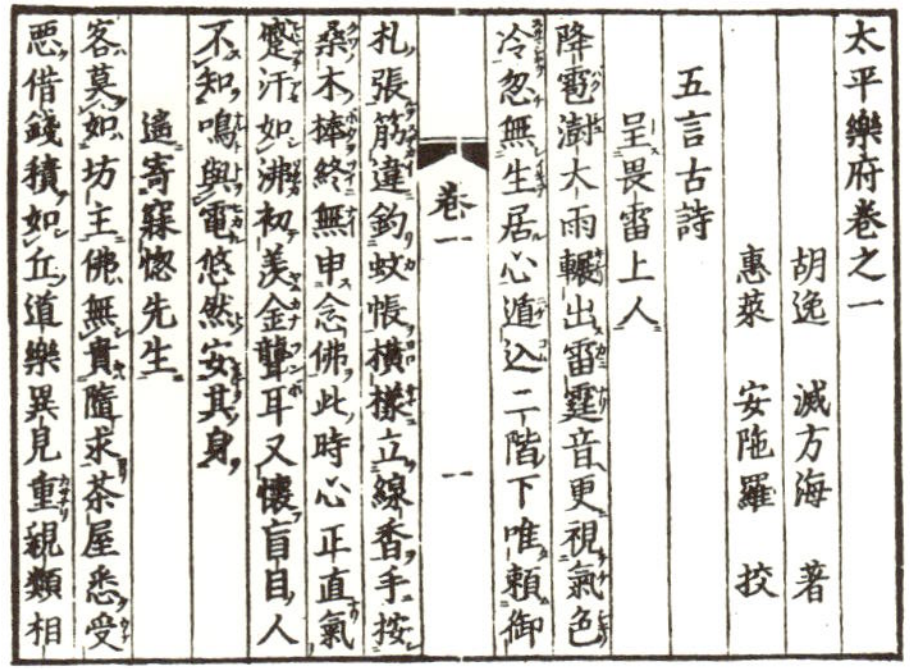
太平樂府卷之一
胡逸　滅方海　著
惠荻　安陁羅　挍
五言古詩
呈畏雷上人
降雹澍太雨轟出霹靂音更視氣色冷忽無生居心遁込二階下唯頼御
卷一
札張筋違鈎蚊帳横撲立線香手按桑木棒終無申念佛此時心正直氣㪅汗如沸初羡金聾耳又懐盲目人不知鳴與電悠然安其身
遙寄寐惚先生
客莫如坊主佛無貴隨求茶屋悉受悪借錢積如丘道樂異見重親類相

D本

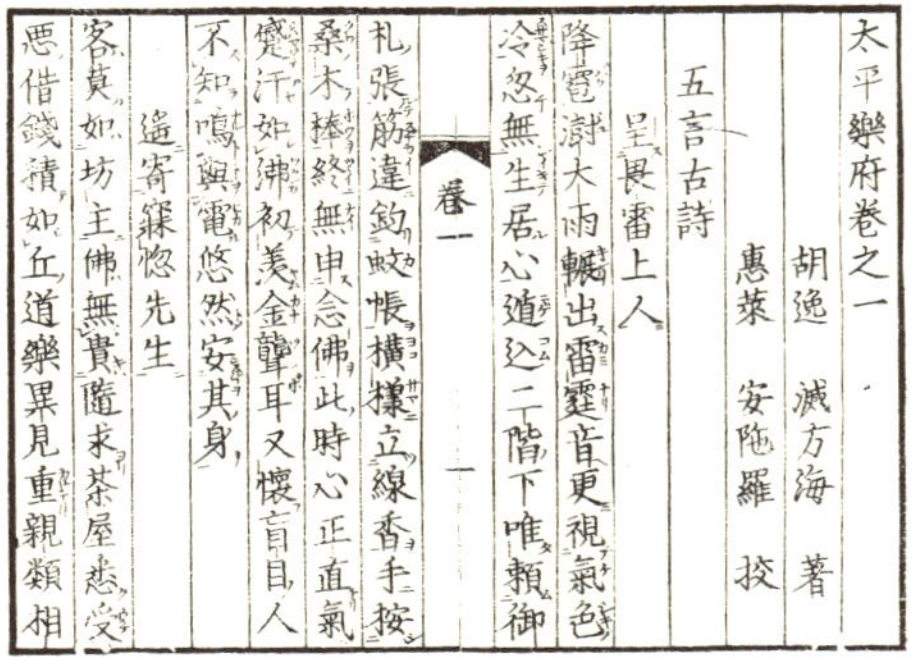
太平樂府卷之一
胡逸　滅方海　著
惠荻　安陁羅　挍
五言古詩
呈畏雷上人
降雹澍太雨轟出霹靂音更視氣色冷忽無生居心遁込二階下唯頼御
卷一
札張筋違鈎蚊帳横撲立線香手按桑木棒終無申念佛此時心正直氣㪅汗如沸初羡金聾耳又懐盲目人不知鳴與電悠然安其身
遙寄寐惚先生
客莫如坊主佛無貴隨求茶屋悉受悪借錢積如丘道樂異見重親類相

C本

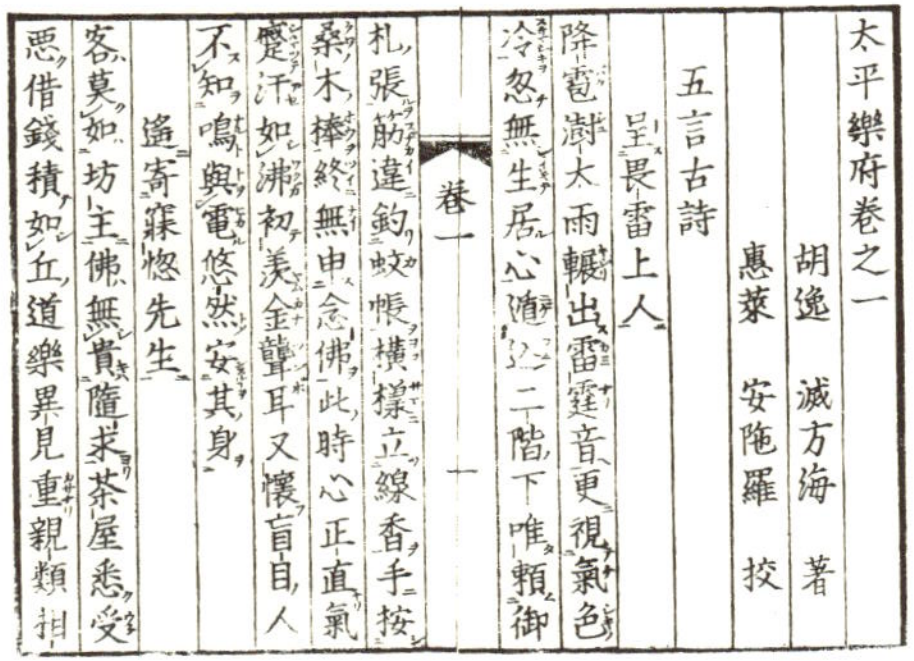
太平樂府卷之一
胡逸　滅方海　著
惠荻　安陁羅　挍
五言古詩
呈畏雷上人
降雹澍太雨轟出霹靂音更視氣色冷忽無生居心遁込二階下唯頼御
卷一
札張筋違鈎蚊帳横撲立線香手按桑木棒終無申念佛此時心正直氣㪅汗如沸初羡金聾耳又懐盲目人不知鳴與電悠然安其身
遙寄寐惚先生
客莫如坊主佛無貴隨求茶屋悉受悪借錢積如丘道樂異見重親類相

A本

図X　『太平楽府』本文

6　板木の分割所有

はじめに

平成十七年六月、京都の竹苞楼から奈良大学へ一括譲渡された約二千五百枚の板木については、十八年十月に奈良大学で開催された俳文学会第58回全国大会に合わせて「出版の現場から―竹苞楼旧蔵狂詩・狂文集の板木を中心に―」と題して展示史料目録を作成すると共に本学通信教育部棟展示室（現博物館展示室）で四十日に及ぶ展示を行ないその一部を一般公開し、その後も具体的な調査結果については、「竹苞書楼の板木―狂詩集・狂文集を中心に―」（本書第五部5）「『山家集抄』の入木」（本書第四部4）などで発表して来た。また、十九年春には立命館大学アートリサーチセンターとの共同研究で、板木のデータベース化の話が持ち上がり、竹苞楼旧蔵のものをはじめ、藤井文政堂旧蔵で十年ほど前にやはり本学の蔵に帰した約五百枚、それに現在本学へ寄託されている文政堂現蔵の約五百枚、さらに十九年秋に大阪の中尾松泉堂から引き取った高野版の板木約四百枚、また本学所蔵の浮世絵復刻版の板木約五百枚、その他のものも含め合計五千枚ほどの板木の基礎データ約六万コマの撮影を二十年三月に完了することが出来た。その基礎データの編集作業は現在立命館大学アートリサーチセンターで進められており、私の手許で固めつつある目録と併せ、遠からぬ日にネットでの公開を予定している。

さて、十八年の秋に展示を行なった折の会期末近く、文政堂の六代目当主藤井佐兵衛氏と連れ立って見学に来られた竹苞楼七代目佐々木惣四郎氏から「こんなものも出て来ました」として託された資料がある。それが、『蔵板員数』『蔵板仕入簿』『板木分配帳』『竹苞楼蔵板員数帳』の四点である。何れも竹苞楼の蔵板に関する記録でそれぞれに資料的価値は高いが、とりわけ興味を惹くのが『蔵板員数』である。その理由は、この書には相合版（共同出版）として板木を分割所有した際の板木の「分けかた」が極めて具体的に記されているからである。この相合版の問題については、すでに宗政五十緒氏が『近世京都出版文化の研究』（昭和五十七年、同朋舎刊）「吉野屋仁兵衛」の項で、

> 吉野屋の持つ板権はその多くは他店との共同所有、すなわち相合板である。その率をいうと、相合板、対、吉野屋単独板、の比は、七八、対二二、である。大凡、二割強が吉野屋の単独出版であり、八割強が相合板である。（中略）この相合による板権の共同所有、共同出版、ということは、今日の図書出版がほとんど一社単独出版の形態をとっているから、近世の出版を特徴づける一つの現象であるといってよい。吉野屋の例に見られるように、この店の出版書の約八割が相合板であるという、量的には相合板の形態が主で、単独版が従、というのが、とりわけ近世末期の現象であったのである。

と述べ、近世後期は相合版が主流となることを指摘しておられるが、それはとりもなおさず板木の分割所有が当たり前になっていたことを意味する。筆者は板木を触るようになってから益々その印象を強めるに至り、「『奥細道菅菰抄』の板木」（本書第五部2）などでそのことに触れてきた。相合版の問題については平成二十一年度中に青裳堂の日本書誌学大系96として出版の段取りを調えつつある『藤井文政堂板木売買文書』に詳述する予定で、ここでは詳しくは触れないが、近世後期の京都出版界にあっては板木の分割所有が常態化していたと断定して間違いない。その大き

な理由としては火災などによる板木の消失に備えてのリスクの分散が考えられること、「『奥細道菅菰抄』の板木」に述べた如くである。問題はその「分けかた」で、これについては纏まった論考あるのを未だ聞かない。が、まったく手掛かりが無かったわけでもなく、たとえば昭和五十年に水田紀久氏により『若竹集』と題して翻刻紹介された『竹苞楼大秘録』には、『都名所手引案内』『拾遺集小本』『謝茂秦詩集』『陸羽茶経』『国字医叢』『習医先入』『太平楽府』『千金方薬注』『四文神銭』『狂歌鳩の杖』などの諸書について、相合版とした場合、板木をどのように分けていたのかが具体的に記録されている。『国字医叢』の例を挙げてみよう。同書は、竹苞楼と小川多左衛門の相合版で、軒前は三軒の二軒前（全体の3分の2）が竹苞楼、三軒の一軒前（3分の1）が小川で、板木の分け方は次のようになっている。

	竹苞楼	小川
序巻	五〜八	一〜四、九、十、十一
一巻	一〜廿	廿一
二巻	一〜廿	廿一
三巻	一〜十六	十七、十八、十九
四巻		一〜廿三
五巻	一〜廿、廿五	廿一〜廿四、廿六
袋・外題		

漢数字はその巻の丁数である。四巻は小川の占有というかたちになるが、他の巻は出来るだけ二つの店でばらして持ち、一つの店の持分だけではその巻が揃わないようにするというやり方をとっていることは明白。『太平楽府』の正規版・重版（海賊版）をめぐる板木分割についても同様の意図が読み取れること、前引の「竹苞書楼の板木―狂詩

集・狂文集を中心に―」に詳述した通りである。なお、『竹苞楼大秘録』によれば、この板木の「分けかた」を近世の本屋は「板前」（板木割、とも）と称していたことがわかる。かように相合版の場合の「板前」は、記録だけからも大略見当を付けることが可能なのであるが、実際の板木がどのように仕立てられていたのかは分からない。この『国字医叢』の例も四丁張りであることは間違いなかろうが、小川持分の序巻九～十一、三巻十七～十九、それに五巻二十六といった半端の丁が四丁張りの板にどのように収められたのかは推測するしかない。が、幸いなことに、いま筆者の手許には板前を詳しく記した竹苞楼の『蔵板員数』と、それに対応する膨大な板木がある。これらを版本と照合すれば、近世の京都の本屋が板木をどのように分割所有していたか、そしてその分けかたはどのような考えに基づくものなのかがリアルに浮びあかってくる筈である。その有様を具体例に沿って見てみることにしよう。

その前に、竹苞楼蔵の四点の蔵板資料について、概略を記しておく。

『蔵板員数』

横本一冊。寸法、縦150×横216粍。渋茶色表紙。前表紙に「蔵板員数」、後表紙に「竹苞楼」と墨書。全二百四丁。所々に余白を残し、その数三十二丁半。従って、墨付は百七十一丁半となる。詳細な解題及び全文の翻刻は、先に触れた『藤井文政堂板木売買文書』に併載の予定で、紙数の都合もありこの稿では省くが、元々は万延元年に六十一才で没することになる竹苞楼三代春蔭が嘉永・安政頃に調製したものと思しく、四代春明（明治十四年五十九才没）、五代春吉（昭和二十六年七十三才没）と引き継がれ、昭和二十三年一月に至るまで折々に書き込みをして来ている。記されているのは、書名と板木枚数、相合か単独所有か、そして相合の場合は所持分の板木の板前、丁数、それに後日の板木移動などである。収録書目は全三百七十二点に及ぶ。図版Ⅰ・Ⅱ参照。

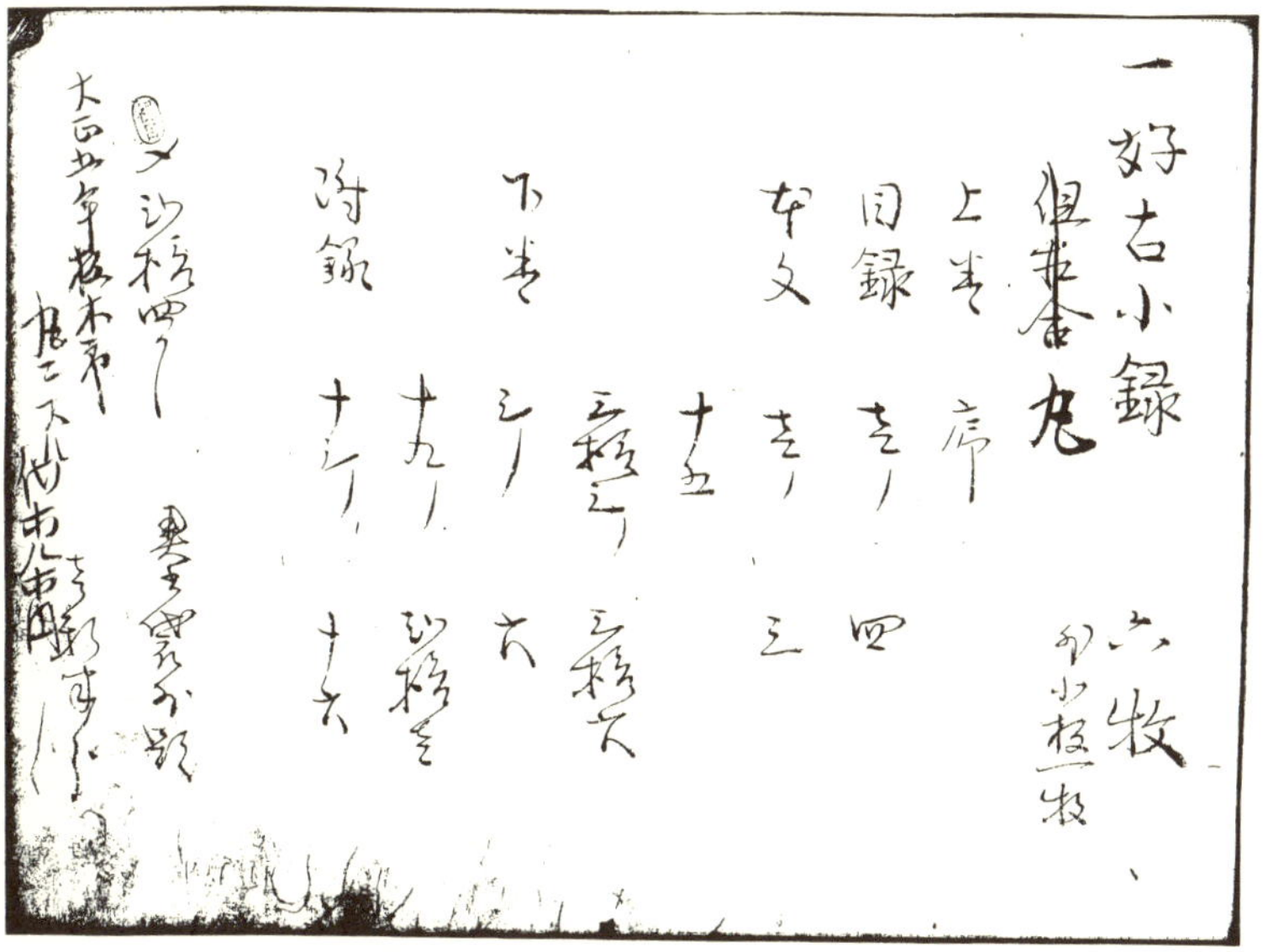

図Ⅰ　『蔵板員数』「好古小録」

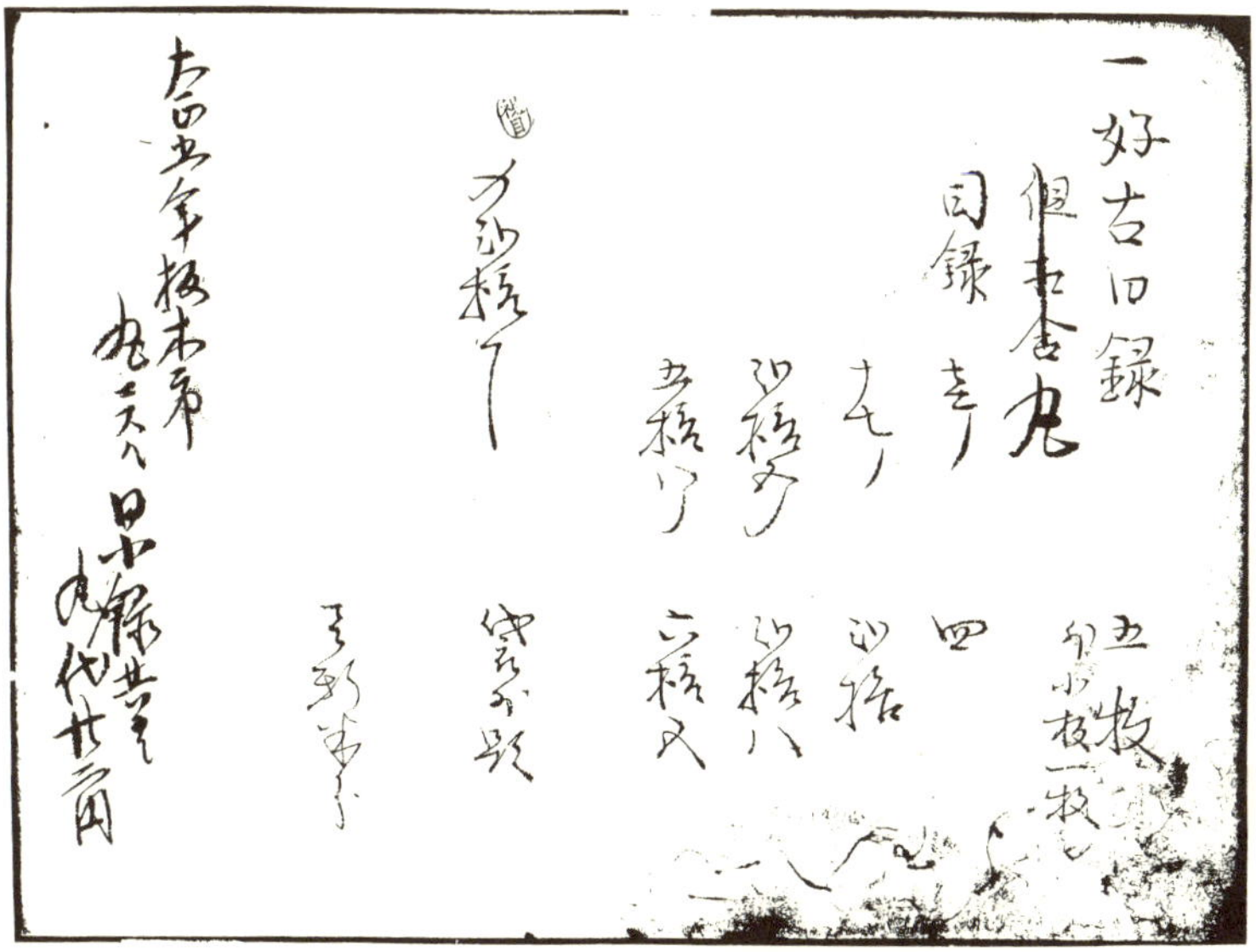

図Ⅱ　『蔵板員数』「好古日録」

『蔵板仕入簿』

半紙本一冊。縦230×横161粍。山吹色地に亀甲花形模様の空押し表紙。前表紙中央に「蔵板仕入簿」、後表紙に「竹苞楼」と墨書。専用箋に、書名、冊数、丁数、紙・表紙・摺り賃など諸費用、相合先、軒前、板賃などを記入。全百九十一丁。内、余白は計十八丁半。この専用箋には一丁につき二点が書き込めるようになっており、合計三百四十五点が記入してある。これもまた『蔵板員数』と同じ頃に三代春蔭によって調製され、四代春明・五代春吉が折々に書入れをして来たと見られるもので、昭和二十年三月までの書き込みがある。なお本書見返しに「明治十六年一月より改正蔵版仕入帳用也」とあり、春明の代に改正版が目論まれたらしいが、その後もこの元版に書き込みがあるところからすると、改正版は結局使われなかったらしい。後で触れるように、『蔵板員数』には「相合」とだけ記されているものが、こちらで具体的にその相合先が分かるケースがある。図版Ⅲ・Ⅳ参照。

『板木分配帳』

大本一冊。縦247×横195粍。薄茶色横刷毛目地表紙、紗綾形模様の空押しあり。表紙中央に大きく「板木分配帳」と墨書きし、左右に小さく「明治七年」「戊三月辰」と書く。後表紙に「竹苞楼蔵」と大書。全三十六丁。「南側之部第壹号（〜第八号）」「東側之部　第壹号（〜第廿八号）」「北之部　第壹号（〜第四号）」「西壹号」「土間之部」などと分け、三百九十三点の書名・板木枚数を記入する。板木の収納場所の記録である。年代の書き込みを調べてみると、明治二十三年から大正九年までに限られており、表紙にあるように明治七年に四代春明によって調製され、五代春吉の手許で使用されてきたものであることが分かる。

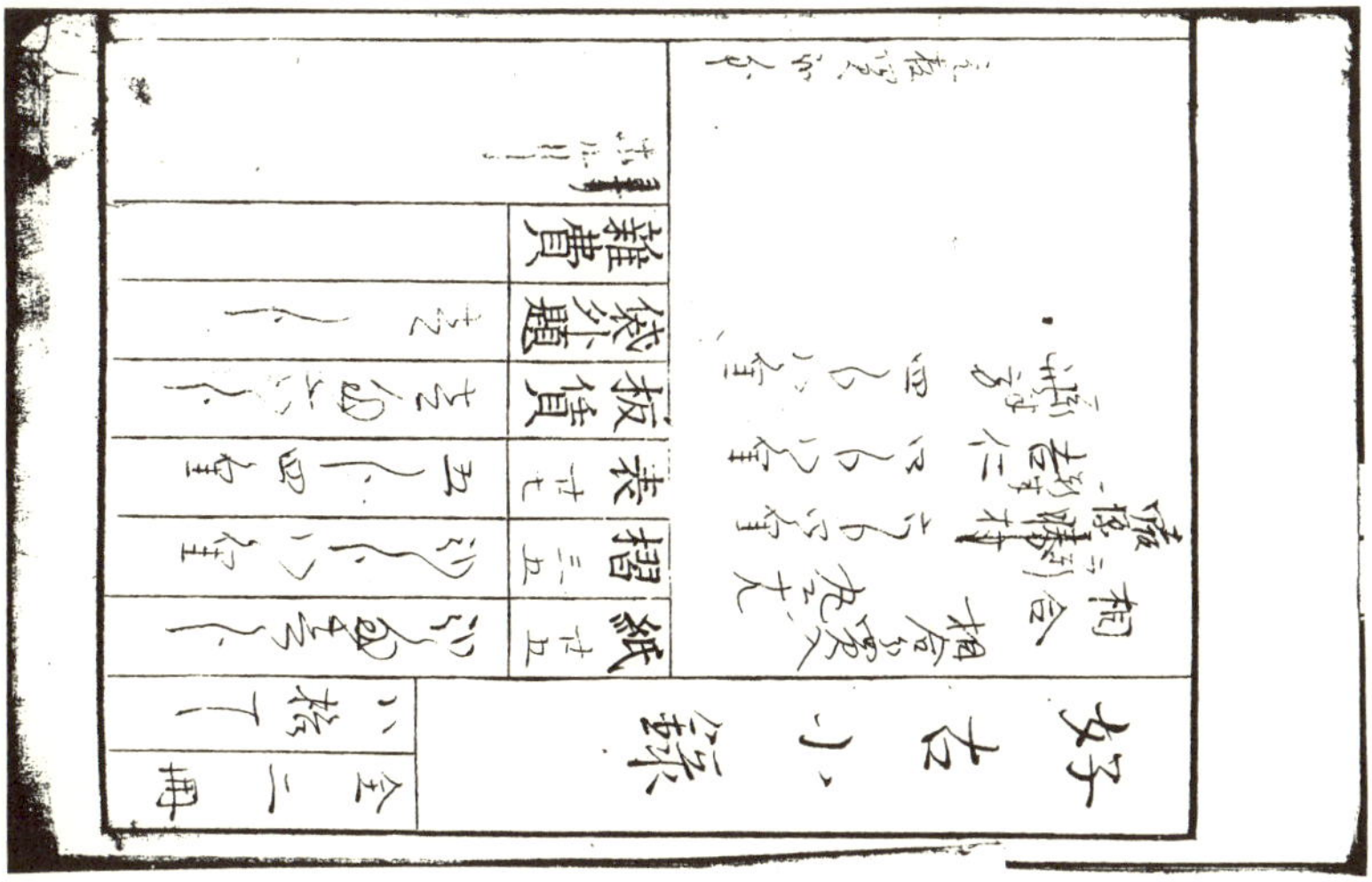

図III 『蔵板仕入簿』「好古小録」

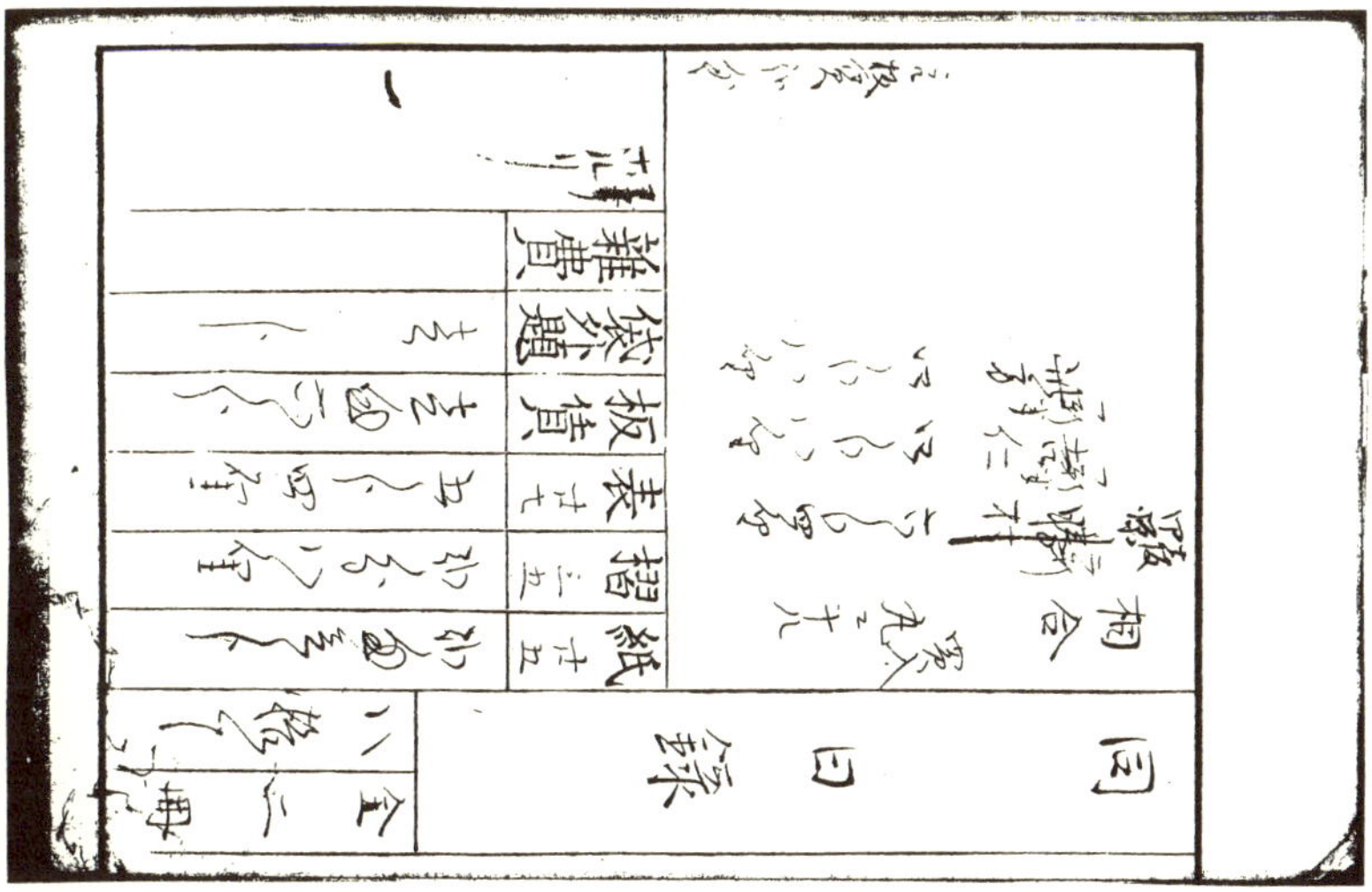

図IV 『蔵板仕入簿』「好古日録」

『竹苞楼蔵板員数帳』

大本一冊。縦256×横186粍。薄茶色横刷毛目表紙。左肩に双辺白地題簽「昭和八年改正／竹苞楼蔵板員数帳」と墨書き。第一丁冒頭部に「蔵板員数帳　昭和八年／七月調査」とあり。本文は鳥の子の上質紙。全三十三丁、うち墨付き二十丁。『板木分配帳』と同様、「北第壹号（～八号）」「西第壹号（～六号）」「東第壹号（～三号）」と分けて、百十五点の書名・板木枚数を記録する。年代の書き込みは昭和九年から二十三年三月まで。五代春吉が『板木分配帳』をもとに再整理を企てたもののようであるが、『板木分配帳』に比べて収録点数が極端に少ないことから分かるように、結局は『板木分配帳』を主に使用して、こちらは途中でそのまま放置されたかの如き感がある。

それでは次に、『蔵板員数』の記録と現存している板木、それに手許に用意出来た版本を照合し、『蔵板仕入簿』も参照しながら、「板前」の実態を見てみることにしよう。以下、◎照合に使用した版本（全て奈良大学蔵本）、▽『蔵板員数』の記録（算用数字は該当の丁数）、そして解説の順で論を進める。

1　好古小録

◎照合底本

大本二冊。浅縹色布目地表紙。左肩に双辺白地縦長元題簽「好古小録　金石／書画　乾」「好古小録　雑考　坤」。藤貞幹著。寛政六年六月橘経亮序。刊記は後表紙見返しに「寛政七年乙卯九月刊行　平安書肆　林伊兵衛／小川多左衛門／西田荘兵衛／北村荘助／鶉鶉物四郎」とある。因みに、鶉鶉物四郎が竹苞楼。底本は初版と思われる。乾巻は序文一丁、目録四丁、本文が三十六丁。坤巻は目録二丁、本文二十一丁、付録の図版が十六丁という内容。序文は丁付がないが、以下は版芯下部にあり、次の通りである。
乾巻（序）、上目一～上目四、上一～上三十六
坤巻　下目一・下目二、下一～下二十一、附一～附十六

▽蔵板員数63オ

一　好古小録　六枚
　　外小板一枚

〔但相合〕**丸**
上巻　序
目録　壹ノ　四
本文　壹ノ　三
　　十五
　　三拾三ノ三拾六
下巻　三ノ　六
　　十九ノ　弐拾壹
附録　十三ノ　十六
〆弐拾四丁　奥書袋外題
　　壹軒半分

大正五年板木市
丸ニスル　代ホルホ円

『蔵板員数』の該当部を図版Ⅰに出してあるので参照されたい。ゴチックは後の書き込み、〔 〕で示したのはそれに伴う墨消し箇所である。また「目録　壹ノ四」などとあるのは、「目録の一丁から四丁まで」の意。板木は四丁張りとするのが基本で、これで「目録の一丁から四丁まで収めた板が一枚ある」ことを示している。「奥書袋外題」の「奥書」とは、他の例も含めて板木・版本と照合するに、跋文ではなく「刊記」のことである。以下、『蔵板員数』の記述はこれに準じて読んでいただきたい。さてこの記述は、『蔵板員数』調製時に『好古小録』の板木が記入分の「六枚」と他に「小板一枚」(「切板」とも。二丁張りの板)が一枚、計七枚が竹苞楼にあって、それは相合であること、その軒前は「一軒半」であること、そして大正五年の板木市で残りの分を買い取り「丸板」となったことを伝えている。代金の「ホルホ」は符牒であろうが、次に取り上げる『好古日録』の記録により、代金は二点合わせて二十二円であったことが判明する。なお、図版Ⅲに示したように、『蔵板仕入簿』には相合先・軒前を「勝村　二軒、吉仁　一軒半、此方(竹苞楼)一軒半」と記し、勝村を消して「大坂　河源」としている。吉仁は吉野屋大谷仁兵衛のこと。底本版本の刊記にあるように、この書、もとは京都の五軒相合版。軒前の合計が五軒となっているのも頷けるところであるが、初版時の寛政七年以降板木が売買されて、版権が林・小川・西田・北村・竹苞楼→勝村・吉仁・竹苞楼→大坂河源・吉仁・竹苞楼と動き、その過程で軒前にも変化があって、大正五年に最終的にすべて竹苞楼の所有となったのである。ちなみに、『好古小録』には、見返しに「無仏斎先生著/好古小録/京都大谷津逮堂蔵」と入れる明治摺りと思しき吉仁版の一本もある。

さて、『好古小録』の板木は全揃い二十一枚であったと思われるうちの十九枚が残っている。次の表1を参照されたい。これだけ残っていると、失われた二枚の板木の収録丁は容易に推測が出来る。通し番号14・21番に「欠」として示したのが失われた二枚。『蔵板員数』の記録と照合すると、1・2・10・12・16・20・21番の七枚がもと竹苞楼所持分。塗りつぶしにした残りの十四枚が、吉仁と大坂河源の店にあった分であるが、この二つの店が十四枚をどのように分けていたかは不明とするしかない。が、この『好古小録』の板木の板前は、上・下（乾・坤）両巻とも一つの店だけでは完備出来ないように分けてあり、「出来るだけばらして」という意図がはっきりと見て取れよう。そのことと関連し、通し番号16の板木にも注目してみたい。この板には下巻末尾の19・20・21の三丁と、上巻の15丁が収めてある。一方5番の板には上巻の12・14・13・16丁を収録。因みに上巻の15丁は14丁から16丁へ続く普通の本文であって、特に内容的に変わった丁ではない。このように丁を意図的に飛ばして板木を仕立てる例が少なからず見受けられることは、「『山家集抄』の入木」（本書第四部4）「佛光寺の板木」（本書第六部1）などでも触れているところ。この『好古小録』の場合も、単純に考えれば、上15丁は上14丁に続けて収めればよさそうなところなのに、何故このような仕立て方をするのであろうか。それはおそらく、「出来るだけばらして」という板前と無関係ではない。たとえばこの『好古小録』の板木を、上巻は甲が、下巻は乙がと言う様に二つの店で分けて持った場合、15丁が飛んでい

表１　好古小録　板木一覧

	板木番号	巻	収録丁数
1	571	上	序文、目1、目2、目3
2	1023	上	目4、1、2、3
3	488	上	4、5、6、7
4	498	上	8、9、10、11
5	33	上	12、14、13、16
6	515	上	17、18、19、20
7	791	上	21、23、22、24
8	574	上	25、28、26、27
9	459	上	29、31、30、32
10	483	上	33、36、34、35、
11	106	下	1、目1、2、目2
12	413	下	3、4、5、6
13	495	下	7、10、8、9
14	欠	下	11、12、13、14
15	522	下	15、16、17、18
16	1000	下	19、20、21
		上	15
17	984	付	1、2、3、4
18	381	付	5、8、6、7
19	962	付	9、10、11、12
20	484	付	13、15、14、16
21	欠		刊記・袋・外題（小板）

れば甲の店は勝手に上巻だけを出すことが不可能となる。中抜きで丁を飛ばしておけば、その丁が所謂「止め板」的役割を果たすのである。それはつまり、中抜きの丁飛ばしという板木の仕立て方は、分割所有をする際に「出来るだけばらして」板木を分けるという発想と同じところから出ているということになろう。

2　好古日録

◎照合底本

大本二冊。浅縹色布目地表紙。左肩に双辺白地縦長元題簽「好古日録　本」「好古日録　末」。藤貞幹著。寛政八年正月藤原資同序。刊記は後表紙見返しに「集古図　全二冊　嗣出／寛政九年丁巳四月印行　京兆書肆　林伊兵衛／小川多左衛門／西田荘兵衛／北村荘助／鵜鶘惣四郎」とある。この刊記部、現存板木に一致し、底本は初版本と考えて間違いない。序文は丁付がないが、以下は版芯下部にあり、次の通りである。

本巻　（序）、目一〜目四、一〜三十七

末巻　三十八〜七十終

▽蔵板員数63ウ

一　好古日録　五枚

外小板一枚

〔但相合〕　**丸**

目録　壹ノ　四

十七ノ　弐拾

弐拾五ノ弐拾八
五拾八ノ六拾五
〆弐拾丁　袋外題
壹軒半分

大正五年板木市
丸ニスル　日小録共にて
丸代廿二円

『蔵板員数』の該当部については図版Ⅱ参照。底本刊記の版元五軒、また図版Ⅳに示した『蔵板仕入簿』に記録する相合先・軒前も先の『好古小録』に全く同じで、『好古小録』と同様の版権移動があり、大正五年に『好古小録』と共に竹苞楼の丸株所有となったことが分かる。「津逮堂蔵版（この部分白字刷り）／京都市三条通御幸町角／吉野屋大谷仁兵衛」の刊記を持つ明治摺り吉仁版の一本があることも同じ。表2が『好古日録』の板木一覧。2・7・9・17・18・20番の六枚がもと竹苞楼所持分であるが、20番の「袋・外題」を収めた小板一枚が失われている。塗りつぶしにした残りの十四枚が、吉仁と大坂河源の店にあった分である。板木をばらして所持していたこと明白。また、やはり特殊な丁とは言えない33丁を、中抜きで1番の板に飛ばして仕立ててあることが注目される。

表2　好古日録　板木一覧

	板木番号	収　録　丁　数
1	930	序、刊記
		33、70 終
2	466	目 1、2、3、4
3	640	1、2、3、4
4	796	5、6、7、8
5	482	9、12、10、11
6	961	13、16、14、15
7	1011	17、18、19、20
8	463	21、22、23、24
9	497	25、26、27、28
10	50	29、31、30、32
11	794	34、35、36、37
12	396	38、41、39、40
13	460	42、45、43、44
14	530	46、49、47、48
15	465	50、51、52、53
16	1017	54、56、55、57
17	487	58、59、60、61
18	237	62、63、64、65
19	334	66、67、68、69
20	欠	袋、外題（小板）

3　禁秘御鈔階梯

◎照合底本

大本三冊。明治摺り。薄茶色刷毛目表紙。左肩に黄土色地無辺元題簽。「禁秘御鈔階梯　上（中、下）」。滋野井公麗著。安永五年二月九日藤原公麗跋。刊記は後表紙見返しに「皇都／寺町本能寺前／銭屋惣四郎」とあるが、これは明治摺りのそれ。表3の通し番号42の板木579に「京都二条通富小路東江入北側／滋野井家御蔵板　書林吉田四郎右衛門」とあるのがもとの刊記。丁付は版芯下部にあり、次の通り。

上　一（目録）、二〜五十一
中　一（目録）、二〜六十一
下　一・二（目録）、三〜百三、百四・百五終（跋）

▽蔵板員数23ウ〜24オ

一　禁秘楷梯　　廿八枚
　　　外ニ小板一枚
　但　丸〔相合〕
　　中巻　五ノ　八
　　　拾三ノ　貳拾
　　　二拾五ノ二拾八
　　　三拾三　三拾四

三拾七ノ四拾
四拾三　四拾四
四拾五ノ五拾二
五拾三ノ六拾
下巻　壹ノ　八
九ノ　拾六
拾七ノ　二拾四
二拾五ノ三拾二
三拾三ノ四拾
又四丁張十四枚
四拾一ノ四拾四
弐丁張廿六枚
四拾九ノ五拾六
五拾七ノ六拾
七拾三ノ七拾六
八拾一ノ八拾八
九拾三ノ九拾六
百三
外題
丸
〆百拾三丁　〔半〕株
又百四丁　今弐百十七丁

万延二年酉十二月松半分買入ニ付
丸株ニ成

この書、安永五年当初は滋野井家の蔵板で吉田四郎右衛門の単独版であったが、その後竹苞楼と松半の半々持ちとなり、万延二年に竹苞楼が松半の持分を買い取り、丸株となったのである。ちなみに『蔵板仕入簿』にもこの『蔵板員数』と全く同じ記述がある。なお、松半については不明。『改定増補近世書林板元総覧』によれば江戸に「松崎半造」がいるが、それとは別人であろう。この『禁秘御鈔階梯』の板木は六十九枚全てが現存。表3がその一覧である。塗りつぶしで示したのが松半の持分。その板前を見てみると、1～26番の二丁張りの上巻は松半が占有するかたちになるが、中・下巻は二つの店でばらして持っている。その中で注目すべきは35・36番の板で、35番の板は中巻の33・34・43・44丁を、36番の板は35・36・41・42丁を収める。33・34・35・36、また41・42・43・44と纏めればよさそうなものを、敢えてずらして仕立ててある。いずれも中抜きの丁飛ばしで、しかもそれを二つの店で一枚ずつ分けているのである。また、68番の板は下巻の101・102・104・105丁として仕立て、101・102丁に続く本文末尾の103丁は69番の板に題簽と組み合わせて入れてあるが、こちらもやはり二つの店で一枚ずつ分けて持っている。丁飛ばしの板をこのように分けて持つことにより、一つの店だけでは揃わないように配分した中・下巻に、さらに揃いにくい要因が加わることになるのである。

4　茶経

◎照合底本
大本二冊。明治摺り。茶色表紙。左肩に白地双辺元題簽「茶経　上（下）」。灰色縦縞地の見返しがあり、双辺匡郭

表3　禁秘御抄階梯　板木一覧

	板木番号	巻	収録丁数
1	1219	上	1、2
2	1374	上	3、4
3	1216	上	5、6
4	1380	上	7、8
5	1214	上	9、10
6	1382	上	11、12
7	1368	上	13、14
8	1371	上	15、16
9	1370	上	17、18
10	1218	上	19、20
11	1209	上	21、22
12	1335	上	23、24
13	1215	上	25、26
14	1213	上	27、28
15	1379	上	29、30
16	1382	上	31、32
17	1336	上	33、34
18	1372	上	35、36
19	1220	上	37、38
20	1217	上	39、40
21	1210	上	41、42
22	1373	上	43、44
23	1328	上	45、46
24	1378	上	47、48
25	1211	上	49、50
26	1212	上	51 終（裏白板）
27	980	中	1、2、3、4
28	656	中	5、8、6、7
29	799	中	9、10、11、12
30	116	中	13、14、15、16
31	115	中	17、18、19、20
32	114	中	21、22、23、24
33	813	中	25、26、27、28
34	694	中	29、30、31、32
35	447	中	33、34、43、44
36	316	中	35、42、36、41
37	827	中	37、38、39、40
38	283	中	45、48、46、47
39	578	中	49、50、51、52
40	696	中	53、54、55、56
41	701	中	57、58、59、60
42	579	中	61、刊記（裏白板）
43	797	下	1、2、3、4
44	548	下	5、6、7、8
45	676	下	9、12、11、10
46	689	下	13、14、15、16
47	976	下	17、19、18、20
48	607	下	21、22、23、24
49	655	下	25、26、27、28
50	609	下	29、30、31、32
51	759	下	33、34、35、36
52	690	下	37、38、39、40
53	528	下	41、43、42、44
54	654	下	45、46、47、48
55	697	下	49、50、51、52
56	549	下	53、54、55、56
57	608	下	57、58、59、60
58	505	下	61、62、63、64
59	695	下	65、66、67、68
60	688	下	69、70、71、72
61	506	下	73、76、74、75
62	825	下	77、78、79、80
63	687	下	81、82、83、84
64	446	下	85、87、86、88
65	798	下	89、90、91、92
66	826	下	93、94、95、96
67	691	下	97、98、99、100
68	639	下	101、102、104、105 終
69	1369	下	題簽、下 103

内に「茶経／茶具図賛　茶経伝　茶経外集／水弁　茶譜　茶譜外集」と入れる。宝暦八年四月兎道斎序。皮日休序。陳氏師道序。刊記は後表紙見返しに「天保十五年甲辰九月補刻／京都書肆　佐々木惣四郎／辻本仁兵衛」とある。袋が残り、双辺匡郭内に「唐陸鴻漸／茶経／平安書林　竹苞楼／尚書堂」。因みに、陸鴻漸は茶神として仰がれた陸羽の字。尚書堂は辻本仁兵衛である。版芯部の丁付、次の通り。

上巻　茶経序一～三、茶経序一～三、茶経序四・五

　　茶経巻上一～五

　　茶経巻中六～十二

　　茶具十三～廿五、茶具跋二十六

　　茶経下二十七～四十

下巻　茶経伝一・二

　　茶経外集一～二

　　茶経水弁一～五

　　茶譜序、茶譜一～十三、茶譜外集十四～二十一、茶譜後跋

▽蔵板員数66ウ

　一　陸羽茶経　六枚

　　但相合　　**改廿三枚**

　　　上之巻　五

　　　中之巻　六より　八

　　　下之巻　三拾三ノ四拾

茶譜　三ノ　七
外集　十五ノ　弐拾壹
明治十二年大坂いた善市ニ而残り買得
改丸板と成
〆弐拾四丁

『陸羽茶経』については、『竹苞楼大秘録』に小川久・小川源・竹苞楼三軒の相合版として安永二年当時の板前・板賃などの記録がある。その折の竹苞楼の板前は、この『蔵板員数』のそれとは一致しない。また、『蔵板仕入簿』の『茶経』の項には、相合として堺仁・林喜・此方（竹苞楼）の名前を記した後、堺仁・林喜を消して「大坂河喜」「二軒」と書き入れてある。堺仁・林喜の持分二軒前が大坂の河喜へ動いたことを言う。堺仁は、底本の天保十五年補刻版の袋及び刊記に名の見える尚書堂こと辻本仁兵衛である。林喜は、次項の『茶経詳説』にも関わっている林喜兵衛。もう少し諸版本を当たってみないとはっきりしないが、この『茶経』の版権は小川久・小川源・竹苞楼─→堺仁・林喜・竹苞楼─→河喜・竹苞楼と動き、明治十二年に大坂の「いた善」主催の板木市で河喜の持分二軒前を竹苞楼が買い取り「丸板」となったものらしい。『蔵板員数』には「改丸板」「改廿三枚」とするが、次の表4に示したように四丁張りの板木二十二枚であったはずで、「欠」として示した1・22番の二枚が失われ、二十枚が現存。5・12・13・18・21・22番の六枚が、もと竹苞楼の持分。塗りつぶしの十六枚は河喜の所持。茶具の部は結果的に二軒前を持つことになった河喜の占有となったが、他の部はどれも一つの店だけでは仕立てられない板前となっている。7・8番の板は、それぞれ14・17・19・20丁、13・18・15・16丁という中抜きの丁とばし仕立てになっていて、先の『禁秘御鈔階梯』の例に照らせば、河喜へ板木が動く前、つまり堺仁・林喜にあった時にはこの二枚は二つの店で分けていたのではないだろうか。なお、『蔵板員数』に「茶譜　三ノ七」とあるのは、現存板木に従えば「三ノ六」の

表４　茶経　板木一覧

	板木番号	巻	収録丁数	
1	欠			題簽・袋・刊記・(見返し)
2	761	上	兎道斎序	1、2、3
			日休序	1
3	954		日休序	2、3
			師道序	4、5、
4	1020		茶経上	1、2、3、4
5	934		茶経上	5
			茶経中	6、7、8
6	955		茶経中	9、10、11、12
7	760		茶具	14、17、19、20
8	927		茶具	13、18、15、16
9	319		茶具	21、22、23、24
10	922		茶具	25、26
			茶経下	27、28
11	682		茶経下	29、30、31、32
12	803		茶経下	33、34、35、36
13	756		茶経下	37、38、39、40
14	956	下	茶経外集	1、(半丁白板)
			茶経伝	1、2
15	921		水辨	1、2、3、4
16	318		茶譜	序、跋、題簽、袋、刊記
17	795		茶譜	1、2
			茶経外集	2、3
18	730		茶譜	3、4、5、6
19	924		茶譜	7 (刻面削除)、8、9、10
20	932		茶譜	11、12、13 終
			茶譜外集	14
21	967		茶譜外集	15、18、16、17
22	欠		茶譜外集	19、20、21
			水辨	5

間違い。また失われた22番の板には「水弁」の第5丁も入っていたはずである。ちなみに、19番の板に収まる茶譜第7丁は刻面が何故か削除され、底本の天保十五年補刻版では丁が別のものに差し替えられている。この差し替えられた丁の板木は残っていない。

5　**茶経詳説**

◎照合底本

大本二冊。明治摺り。茶色表紙。左肩に白地双辺元題簽。「茶経詳説　上（下）」。灰色縦縞地の見返しがあり、双辺匡郭内に「大典禅師著／茶経詳説／平安書舗　竹苞楼／文暁堂　仝梓」とあり。なお、同じ板木による袋を添える。安永三年正月香海序。刊記は下巻末尾十九丁ウラに「安永三甲午歳二月穀旦　佐々木惣四郎／（空白）喜兵衛」とある。文暁堂は林喜兵衛。丁付は版芯にあり、次の通り。

上巻　序一・序二、附言一～附言六、上一～上七、中一～中九

下巻　下一～下十九

▽蔵板員数70ウ

一　茶経詳説　七枚

切板共　**改十一枚**

但相合

上之巻　五ノ七

中之巻　壹ノ九

下之巻　五ノ拾六

〆弐拾四丁　袋外題

明治十二年大坂いた善市にて残り半分

表5　茶経詳説　板木一覧

	板木番号	巻	収録丁数
1	1319		題簽、袋（切板）
2	788	上	序1、2
		下	19、刊記
3	929	上	付言1、2、3、4
4	502	上	1、2、3、4
5	2030	上	5、6、7
		中	9
6	176	中	1、4、2、3
7	542	中	5、7、6、8
8	848	下	1、2、3、4
9	835	下	5、6、7、8
10	680	下	9、11、10、12
11	911	下	13、15、14、16
12	681	下	17、18
		上	付言5、6

買得　改丸板也

この『茶経詳説』は、『竹苞楼大秘録』によればもと近江屋庄右衛門の企画で、それが『茶経』に差し構えとなったため、『茶経』版元の小川源兵衛・同久兵衛・竹苞楼との四軒相合版として落ち着いたという経緯がある。版行願いは近江屋が出し、安永二年五月九日に許可が下りている。底本の明治摺りの刊記部は、現存板木で見るに、「安永三甲午歳二月穀旦」「佐々木惣四郎」「（空白）喜兵衛」の行、全て入木で、「喜兵衛」の上の空白部も板木該当部分が削除されていることによる。『蔵板仕入簿』には相合先として、「林喜・此方」と記したあと、「林喜」を墨消しして、脇に「菱孫」と入れてさらにそれを消し、「河喜」とする。安永三年の初版本を見るに至っていないが、板木は近庄・小川源・小川久・竹苞楼→林喜・竹苞楼→菱孫・竹苞楼→河喜・竹苞楼と動き、先の『茶経』同様、明治十二年に大坂の「いた善」主催の板木市で河喜の持分二軒前を竹苞楼が買い取り「丸板」となったものである。この板木は、表5に示したように十二枚が全て現存。1・5・6・7・9・10・11番の七枚が竹苞楼所持分、塗りつぶしの五枚が河喜所持分である。中巻は竹苞楼占有となるが、上・下巻は一つの店の持分だけでは完成出来ない板前となっている。また、2番の板には上巻の序1・2丁と下巻19丁それに刊記を、12番の板には下巻17・18丁と上巻の付言5・6丁を収めるが、これは上序1・2・付言5・6、下17・18・19・刊記という組み合わせ方でもよかったはずで、むしろそうするほうが自然である。これもまた、中抜きの丁飛ばし仕立てで、このようにすることによって、仮に上下を二つの店で分けて持った場合でも一店だけでは板木が揃わない仕掛けになっていること、『好古小録』と同じである。

6　百家琦行伝

◎照合底本

手許にあるのは巻一を欠く零本四冊。水色地蔓草模様空押し表紙。左肩に白地双辺元題簽。巻二、題簽剥落。巻三、「百家埼行伝（剥落）」。巻四、「百家埼行伝　四」。巻五、「百家埼行伝　五」。八島五岳著。刊記は後表紙見返しに「天保六乙未年／弘化三丙午年刻成／書肆　江戸　岡田屋嘉七／大坂　河内屋喜兵衛・河内屋茂兵衛・秋田屋太右衛門・伊丹屋善兵衛・秋田屋市兵衛／京　林芳兵衛・菱屋孫兵衛・丸屋善兵衛・銭屋惣四郎」とある。丁付はノドにある。なお、巻一の丁付については、次掲の『蔵板員数』の記述から推測した。

巻一（序一・序二、一ノ目、一〜廿三終）
巻二　百家二ノ目、百家二ノ一〜廿五終
巻三　百家三ノ目、百家三ノ一〜廿四終
巻四　百家四ノ目、百家四ノ一〜廿八終
巻五　百家五ノ目、百家五ノ一〜廿五終

▽蔵板員数98ウ

一　百家奇行伝　四枚
　但相合　此方
　〔川かつ〕

遠藤
三之巻　目録三　壹ノ三
四之巻　目録　壹ノ三
八ノ十一　十二ノ十五

大正五年十一月大坂板木市川かつ分買入
四丁張廿四枚　二丁張一枚
一巻　一より十一　十六より廿三了
二巻　八より十一　廿より廿五了
三巻　四より廿四了
四巻　四より七　十六より廿八了
五巻　一より廿五了
序　一　二
目録　一　五　外題及奥書
代大ホ円リル〆

『蔵板仕入簿』には、相合先・軒前を「ひし孫　壱軒／〇せん　壱軒／林よし　半軒／此方　半軒」と記し、「〇せん」（丸屋善兵衛）を消して「大坂　河源」と入れる。当初書き入れの四軒は、底本とした弘化三年版本の刊記に一致する。軒前の合計が三軒であることからすると、底本に先行する天保六年刊の三軒版初版本も想定されるのであるが、いずれにせよ弘化三年版の刊記部に出る江戸・大坂の六書肆は版権に関わらず、販売委託先であったと見てよい。版権は、初版三軒（菱孫・丸善・竹苞楼か）──→林芳・菱孫・丸善・竹苞楼──→林芳・菱孫・河源・竹苞楼──→

川かつ・遠藤・竹苞楼と動き、大正五年大坂板木市で竹苞楼が「川かつ分買入」という仕儀となったのである。この『百家琦行伝』は残存板木が少ないのであるが、『蔵板員数』に竹苞楼持分と買い入れた「川かつ分」の明細が記録されていて、版本との照合によって川かつ・遠藤・竹苞楼三軒の板前がはっきりと分かる。表6を参照されたい。全部で三十四枚あったはずの板木のうち、十三枚が残る。板木番号の右側に○印で示した14・20・22・23番の四枚が、『蔵板員数』に記録されていたもともとの竹苞楼の持分で、うち現存するのは20・23番の二枚。☆印で示した1〜3・5・6・9・12・13・15〜19・21・24〜34番の二十五枚（うち二丁張り一枚）が大正五年竹苞楼購入の川かつ旧所持分で、うち9・12・13・17〜19・21・25・29・30・34の十一枚が現存。▲印が遠藤所持と考えられるもので、これはもとより残っていないが、4・7・8・10・11の五枚となる。板前を見てみると、巻五は川かつ占有となるが、巻一・二は川かつと遠藤が、また巻三・四は川かつと竹苞楼がそれぞれ二つの店でばらして持つかたちになっていて、五巻以外はいずれも一つの店だけでは揃わない仕組みになっている。19番の板には、中抜きの丁飛ばし（巻二24

表6　百家琦行伝　板木一覧

	板木番号		巻	収録丁数
1	欠	☆	1	目、1〜3
2	欠	☆	1	4〜7
3	欠	☆	1	8〜11
4		▲	1	12〜15
5	欠	☆	1	16〜19
6	欠	☆	1	20〜23終
7		▲	2	目、1〜3
8		▲	2	4〜7
9	383	☆	2	8、9、10、11
10		▲	2	12〜15
11		▲	2	16〜19
12	105	☆	2	20、21、22、23
13	104	☆	2	25終
			3	23、24終
			4	28終
14	欠	○	3	目、1〜3
15	欠	☆	3	4〜7
16	欠	☆	3	8〜11
17	384	☆	3	12、13、14、15
18	865	☆	3	16、17、18、19
19	880	☆	3	21、22、20、
			2	24
20	863	○	4	1、目、2、3
21	1010	☆	4	4、6、5、7
22	欠	○	4	8〜11
23	897	○	4	12、13、14、15
24	欠	☆	4	16〜19
25	867	☆	4	20、21、22、23
26	欠	☆	4	24〜27
27	欠	☆	5	目、1〜3
28	欠	☆	5	4〜7
29	382	☆	5	8、9、10、11
30	87	☆	5	12、13、14、15
31	欠	☆	5	16〜19
32	欠	☆	5	20〜23
33	欠	☆	5	24、25終
			1	序1、2
34	1754	☆		題簽、刊記（2丁張）

丁）があることも留意すべきであろう。

7　秘伝花鏡

◎照合底本

半紙本六冊。明治摺り。空押し網目模様藍色表紙。左肩に双辺白地元題簽「秘伝花鏡　一（～六）」。見返し双辺匡廓外上部に「文政十二丑年補刻」、匡廓内に「西湖陳扶揺彙輯／日本平賀先生校正／秘伝花鏡／皇都書林　津逮堂／文泉堂／花説堂／五車楼　合梓」。康熙戊辰立春後三日葯園丁澎序。康熙戊辰桂月陳淏子序。康熙戊辰花朝張国泰序。刊記は後表紙見返しに「書林　京二条通堺町西へ入町　林芳兵衛」と入る。見返しの津逮堂は吉野屋仁兵衛、文泉堂は林権兵衛また芳兵衛、五車楼は菱屋孫兵衛、花説堂は江戸日本橋の須原屋平助である。

丁付は版芯。

一巻　花鏡序一～五、自序一～六、張序一～五、
　　巻一目次一・二、巻一　一～三十八、
二巻　巻二目次一・二、巻二　一～四十五、
三巻　巻三目次一・二・三、巻三　一～六十一、
　　（花鏡図）一～十二
四巻　巻四目次一・二・三、巻四　一～三十八、
　　（花鏡図）一～十一
五巻　巻五目次一・二・三、巻五　一～五十四、

（花鏡図）一～十三

六巻　巻六目次一・二、　巻六　一～三十七、

（花鏡図）一～六

▽蔵板員数152オ

一　秘伝花鏡　丁総三百四十三丁

代大ヨメ　四丁張　扉外題

廿八枚

序　一より六迄　六丁

同　一　三　四　五　四丁

張序　五丁

一巻　目次共　四十丁

二巻　目次二　一丁

四巻　画　十一丁

同　目次共　四十一丁

五巻　画　十三　一丁

六巻　画　二丁

本文　二丁

明治四十四年八月廿日

五車楼より買

☆三軒ノ一

一部板賃四匁八分
相合
吉仁☆六軒ノ一
林芳☆六軒ノ一☆此分ナシ
☆四丁張十五枚
須平☆此分河合ニ見ゆ
此方
各一匁二分八リ

この『秘伝花鏡』は皇都林権兵衛・林伊兵衛・東都須原屋平助三軒版が初版らしく、もともと竹苞楼は版権に関わりはなかった。が、その後版権が動き、菱孫（三軒ノ一）・吉仁（六軒ノ一）・林芳（六軒ノ一）・須平（三軒ノ一）となっていたものを、明治四十四年に竹苞楼が菱孫（三軒ノ一）分を買い取ったのである。なお、『蔵板員数』の記述のうち、☆で示したのはペンによる書き込みであるが、そこに須平所持分について「此分河合ニ見ゆ」とある。『改定増補近世書林板元総覧』によれば、京都で該当しそうな人物として「京暦板元」の河合孫七郎がいるが、同人物かどうか不明。江戸と上方の相合版の場合、板木をどこに置いておいたかということも問題になって来るのであるが、これは江戸の須平所持の板木が出版の便宜を考えて京都の河合預けとなっていたと読めそうな記事である。それはさておき、『秘伝花鏡』の板木の軒前は三軒前となっていたことは、初版本の版元が三軒であったことに対応している。なお、竹苞楼が菱孫から買った板木枚数を『蔵板員数』では「廿八枚」とするが、次の表7に示したように正しくは三十枚で、それが全て残っている。また、通し番号48の板と照合するに、『蔵板員数』に「六巻　本文二丁」

とあるのは、正しくは六巻37丁と三巻61丁の二丁でなければならない。さて、表7に板木番号が入っているものが現存板木三十枚、つまり、明治四十四年に竹苞楼が買い入れた菱孫旧所持分で、全体の3分の1である。塗りつぶしで示した板木番号が空白となっているものは、吉仁・林芳・須平分で、こちらは全体の3分の2となるはずであるが、板木枚数を割り出してみると五十九枚となり、割合としては妥当な数が出てくる。さて、この『秘伝花鏡』の板前で特徴的なのは、巻毎に分けていることであろう。表から明らかなように、竹苞楼購入の菱孫分は全六巻のうち巻一・四に集中している。これを元に考えると、同じく三軒の一軒前所持の須平が全六巻のうち二巻分を、またそれぞれ六軒の一軒前所持の吉仁・林芳が一巻分ずつ持っていたということになろう。これは今まで見て来た「同じ巻が一つの店に集中しないように」「出来るだけばらして」という板前の原則から甚だしく逸脱するかの如きであるが、

表7　秘伝花鏡　板木一覧

	板木番号	巻	収録丁数	版木枚数
1	845	1	張序1、2、3、4	
2	903	1	自序4、5、2、3	
3	97	1	自序1、6、花鏡序1、5	
4		1	花鏡序2、	1枚
			刊記	
5	350	1	花鏡序3、4	
		6	（図）5、6	
6	631	1	1、2、3、4	
7	801	1	5、6、7、8	
8	843	1	9、10、11、12	
9	834	1	13、14、15、16	
10	844	1	17、18、19、20	
11	219	1	21、22、23、24	
12	854	1	25、26、27、28	
13	830	1	29、30、31、32	
14	737	1	33、34、35、36	
15	302	1	37、38	
			題簽（1・2・3・4・5・6）	
16	216	1	目次1、目次2	
		2	目次2	
		6	目次2	
17		2	目次1	1枚
		3	目次1、2、3	
18〜28		2	1〜44	11枚
29		2	45	1枚
		5	53、54	
		6	37	
30〜44		3	1〜60	15枚
45〜47		3	（図）1〜12	3枚
48	300	4	37、38	
		3	61（蔵板員数に記載もれ）	
		6	37	
49	611		袋（重刻秘傳花鏡）	
		4	目次、1、2、3	
50	215	4	1、2、3、4	

	板木番号	巻	収録丁数	版木枚数
51	328	4	5、6、7、8	
52	882	4	9、10、11、12	
53	829	4	13、14、15、16	
54	802	4	17、18、19、20	
55	851	4	21、22、23、24	
56	883	4	25、27、28、29	
57	86	4	26、30、31、32	
58	849	4	33、34、35、36	
59	351	4	（図）1、2、3、4	
60	387	4	（図）5、6、張序5	
61	433	4	（図）7、8、裏白板	
62	349	4	（図）9、10、11	
		5	（図）13	
63		5	目次1、2、3	1枚
		6	目次1	
64〜76		5	1〜52	13枚
77〜79		5	（図）1〜12	3枚
80〜88		6	1〜36	9枚
89		6	（図）1〜4	1枚

実はここでも丁飛ばしが有効に働く。たとえば16番の板である。この板には巻一の目次1・2丁と巻二及び巻六の目次2丁を収めているのであるが、ここには明らかに巻二・巻六の目次2丁めを飛ばしておこうという意図がある。巻二・巻六の目次1丁がどこにあったかは推測するしかない（仮に17・63番として示した）が、16番の板が竹苞楼にあるため、巻二また巻六を持っている某書肆は単独でその巻を揃えることが出来ない。逆に竹苞楼は、仮に4番として推測した板に「花鏡序2丁」が飛んでいるため、巻一をやはり単独で揃えられない。5番の板も同様の効果を持つ。なおもう一つ、48番の板にも注目してみたい。この板は巻四の37・38丁・巻三の61丁・巻六の37丁を収録。いずれも丁数が四で割り切れず半端になる巻の終丁を纏めた板で、無駄を出さないことを旨とする板木の仕立て方としてごく普通に見られるケースで、中抜きの丁飛ばしとは成立の事情が異なるのであるが、この場合、結果的に48番の板が巻三・巻六を持っている某書肆にとっては止め板的な役割を果たしていることになり、「出来るだけばらして」という板前に極めて有効に働いていることに気付く。

8　謝茂秦詩集

◎照合底本

縦長大本三冊。茶色地表紙。左肩に双辺白地元題簽。一巻は欠。二巻「（剥落）茂秦詩集　二」。三巻「（剥落）茂秦詩集（剥落）」。見返し双辺匡郭内に「艸盧先生選定／謝茂秦詩集／皇都書林　竹苞楼・興文閣　仝編」と入れる。宝暦十年龍公美序。宝暦十一年平信美跋。刊記は三巻の後表紙見返しに「四溟山人全集　嗣出／宝暦十二壬午年二月／平安書肆　佐佐木惣四郎／小川源兵衛」とある。見返し部に出る興文閣は小川源兵衛のこと。丁付版芯。

一巻　序一～六、巻之一　一～十、巻之二　一～十九

二巻　巻之三　一～二十六

三巻　巻之四　一～九、巻之五　一～十一、跋

▽蔵板員数40オ

一　謝茂秦詩集　廿七枚

外ニ小板一枚

但丸板

〆百〇六丁　奥書袋外題

『蔵板仕入簿』にも「全三冊、百六丁」として相合先を記さないが、『竹苞楼大秘録』によれば『謝茂秦詩集』はもともと小川源兵衛との半々持ちの相合版で、同書には出版経費の詳細な記録もある。また、そこに貼付された二枚の付箋（仮①②として示す）に

①謝茂秦詩集
序余り数多ニ付、近来ハ草盧ノ序斗ニ而則、
草盧序六丁、一ノ巻、二ノ巻、三ノ巻、四ノ巻、五ノ巻、跋不残、
②謝茂秦詩集
草盧序六丁、一ト二ト巻　一冊
三ノ巻　　一冊
四ト五ト巻　一冊
但、平倍《ママ》美跋斗、尤、扉奥書共ニ八十四丁ニ也、
右、日本ノ斗ニ而、唐ノ跋加入之事無用ニ被存、此度より序跋共日本斗也、

とある。序・跋の多きを煩瑣として、何時からかは不明だが「此度より」（②）照合底本の形に落ち着いたものらしい。なお、国文学研究資料館のマイクロデジタル資料和古書所蔵目録のデータによれば、省かれた序は趙王枕易道人以下四名分、跋は張□徴以下二名分である。『竹苞楼大秘録』には「小川源兵衛殿、四丁張十四枚」「此方ニ、四丁張十二枚　三丁張一枚有　外ニ袋外題板」として竹苞楼の板前を次のように記す。

序五六、十四より廿二迄、
一ノ巻　一より四迄、九十
二ノ巻　五より八迄、十七、十八、十九迄
三ノ巻　一より四迄、廿五、廿六迄
四ノ巻　五より九迄
五ノ巻　五より十一迄

跋　一より八迄　袋　外題　奥書

以上、諸資料と現存板木から一覧表を作成してみると表8のようになる。板前は、竹苞楼分が1・3〜8・10・12・15・16・23・25〜28番の十六枚、塗りつぶしで示した小川源分が2・9・11・13・14・17〜22・24番の十二枚となる。『竹苞楼大秘録』記録の板木所持枚数は逆である。「欠」として示した板は残らないが、小川源所持分が竹苞楼に伝わったことから考えると、いつの時期かに竹苞楼が買い取り、丸株としたのであろう。板前を見てみると、各巻ともいずれも一つの店だけでは揃えられないようになっていることが分かる。また、3・4番の板は中抜きの丁飛ばし仕立てにしてある。

表8　謝茂秦詩集　板木一覧

	板木番号	巻	収録丁数
1	1883		題簽、袋（裏白板）
2	145	序	1、2、3、4
3	146	序	5、6、14、15
4	174	序	7、8、9、跋
5	欠	序	10〜13
6	欠	序	16〜19
7	142		刊記
		序	20、21、22
8	278	1	1、2、3、4
9	欠	1	5〜8
10	277	1	9、10
		3	25、26
11	480	2	1、2、3、4
12	205	2	5、6、7、8
13	683	2	9、10、11、12
14	359	2	13、14、15、16
15	欠	2	17〜19（3丁張り）
16	418	3	1、2、3、4
17	166	3	5、6、7、8
18	欠	3	9〜12
19	1281	3	13、14、15、16
20	欠	3	17〜20
21	684	3	21、22、23、24
22	207	4	1、2、3、4
23	欠	4	5〜8
24	欠	5	1〜4
25	欠	5	5〜8
26	欠	5	9〜11
		4	9
27	欠	跋	1〜4
28	287	跋	5、6、7、8

なお、今回、右以外の次の九点についても照合を行なった。分数表示の分母は版本・現存板木・『蔵板員数』から割り出した全体の板木枚数、分子は現存板木枚数である。

倭名類聚鈔　元和三年序　渋川清右衛門刊　11／60

公事根源集釈	元禄七年跋　村上勘兵衛刊	13／33
胡元瑞詩藪	貞享三年武村新兵衛刊	22／79
清風瑣言	寛政六年鵜鶘惣四郎他刊	6／14
閑田文草	享和三年銭屋惣四郎他刊	6／54
閑田次筆	文化三年銭屋惣四郎他刊	4／43
梅窓筆記	文化三年婆々岐惣四郎他刊	10／20
獅子巌和歌集類題	文化十三年吉田四郎衛門刊	10／17
百首異見	文政六年河南儀兵衛他刊	65／68

紙数の都合もあり、右の九点の詳細については省略せざるを得ないが、いずれもその板前は「同じ巻が一つの店に集中しないように」「出来るだけばらして」という原則通りになっている。また、『閑田文草』には中抜きの丁飛ばし仕立ての板が一枚あったことが『蔵板員数』の記録から確認出来、『公事根源集釈』には丁飛ばしの板木が一枚現存する。なお、右のうち、『清風瑣言』を説明の便宜上現存板木六枚としたが、正確に言えば二丁張り十二枚。これは大正四年に竹苞楼の手許に無かった分を彫り足したもので、もとの板ではない。

おわりに

以上見てきたように、近世後期の京都出版界にあっては、相合版の出版物の板木を何軒かで分割所有する場合、その板前は「同じ巻が一つの店に集中しないように」「出来るだけばらして」とするという原則があったことが一応は確認出来たのではないかと思う。また、もともと板木を仕立てる際に、分割所有するということを前提に、中抜きの丁飛ばし仕立ての板を作っておくことも行なわれていた例も幾つか確認することが出来た。後者の丁飛ばしの板については、本書第六部1「佛光寺の板木」・2「慶安三年版『撰集抄』の板木」で取り上げる慶安三年版『撰集抄』・寛文八年刊『釈迦八相物語』・天和〜元禄頃刊の平仮名十二行本『因果物語』などに既にその事実がある。慶安三年版『撰集抄』の場合は、板木彫刻前後に急遽行なわれた巻の再編という問題が絡んでいるため見分けが難しい面もあるが、丁飛ばしが近世初期から既にあったことはどうやら言えそうである。近世初期出版書の板前については『蔵板員数』のような記録が出て来なければ確認が難しいが、中抜きの丁飛ばし仕立ての板木が存在するという事実が、同様の発想に基づく板前もあったのではないかということを想定させる。

いずれにせよ、板前も丁飛ばしも、分割所有をした場合に一つの店で勝手なことが出来ないように、という発想から出たもの。京都に限らず近世期の本屋仲間の記録を見ていると、組合の仕事の殆どは重類版（海賊版）対応ではなかったかとさえ思われるのだが、そのような時代なればこそ、板木の仕立て方にも板前にもそれなりの工夫が必要だったのである。

平成二十年八月晦日　稿

7　『四鳴蝉』の板木

京都の浄土真宗佛光寺派総本山佛光寺に三千枚を超す大量の板木が保存されており、その中にもともと佛光寺とは何の関係も無かったと思われる御伽草子・仮名草子などの板木が含まれていること、とりわけ注目すべきものとして仮名草子『因果物語』（平仮名十二行本）の板木が題簽を含めて全て残っていることなどは、平成十五年十月に新聞などを通じて発表したところである。また、これらの御伽草子（『ほうまん長者』『しゃかの御本地』）・仮名草子（『釈迦八相物語』『因果物語』）については『日本古書通信』第895号収録の拙稿に「佛光寺の板木」（本書第六部1）としてその概略を紹介した。その後、慶安三年版『撰集抄』の板木も、題簽を除き九巻全丁分が残っていることも確認出来、こちらは平成十六年九月に新聞発表した。『日本古書通信』の拙稿にも記したことであるが、佛光寺の板木で厄介なのは、もともと寺の蔵版であったのではないかと考えられる内典の板木と、明治・大正期に近世の出版機構が崩壊したあと、近隣の本屋から運びこまれたと思われる町版の板木が混じっていることである。それらの板木については、初版及び後刷の版本・本屋仲間の記録・文書などを照らし合わせて、版権すなわち板木の移動を追跡し、板木が最終的に佛光寺に収まった経緯を明らかにして行く必要がある。筆者は今、慶安三年版『撰集抄』、西川祐信絵本数種などにつきその追跡作業を進めているのであるが、こちらは未だ報告出来る段階に至っていない。そこでこの稿では、佛光寺に残っていることがとりわけ奇異に思われる狂文集『四鳴蟬』の板木について報告し、その版権すなわち板木の移動について考えてみたいと思う。なお、図版は章末に一括して掲載する。

『四鳴蟬』は「謡曲・歌舞伎・浄瑠璃の一節を元曲の様式を用いて白話訳した」（岩波日本古典文学大辞典「都賀庭鐘」解説）狂文集で、読本創始者として知られる都賀庭鐘の手になる。板木について触れる前に、版本によってその概略と版権の移動をおおまかに押さえておくことにしよう。管見に入った版本は次の通りである。

①　奈良大学蔵本（故宮田正信博士旧蔵本）

半紙本一冊。縦22.9糎、横16糎。砥粉色元表紙。左肩に薄黄色地単辺刷り題簽、「四鳴（剥落）完」とある（図1）。見返しは薄黄色地料紙を用い、匡郭内に「亭亭亭逸人譯／堂堂堂主人訓／四鳴蟬／浪華称觥堂」と刷り、匡郭外上部に「才子刊書」と入れる（図2）。なお、見返し右上に魁星印を、左下には「渋川氏」の陰刻方形朱印を捺す。渋川氏はこの書の版元称觥堂こと渋川清右衛門で、この両印は刊行当時のものである。見返し右下の印は、旧蔵者である「相州波多野氏」の蔵書印。丁付けは版芯下部にあり、○印の下に首一・首二（「明和八辛卯季冬／白亭居士書于堂堂堂」の序文、及び目録）、引一・引二・引三（亭亭亭主人記の「塡詞引」）、以下が本文で丁付けは一～三十一となっていて、一丁表から三十一丁表までの間に、「惜花記」（謡曲『熊野』の訳）、「扇芝記」（謡曲『頼政』の訳）、「移松記」（浄瑠璃『山崎与次兵衛寿の門松』の道行の訳）、「曦鎧記」（浄瑠璃『大塔宮曦鎧』三段目中頃から「身替り音頭」に至る部分の訳）の四作を収め、各話冒頭部の匡郭欄外右または左に「才子刊書一百十七、一百十八、一百十九、一百二十」と入れてある。「才子刊書」が見返しの表示に対応していることは判るが、この番号が何を意味しているかは不明。また、三丁裏・四丁表、十一丁裏・十二丁表、十七丁裏・十八丁表、二十四丁裏・二十五丁表に「桂眉仙かと推定されている」（後出『江戸怪異綺想文芸体系』2の『四鳴蝉』解説）各話に因んだ見開きの挿絵がある。刊記は図3Aに示したように三十一丁裏に「明和八辛卯年十二月／東都通石町十軒店山崎金兵衛／浪速心斎橋筋順慶町渋川清右衛門」と入れる。右下の方形朱印は、やはり旧蔵者波多野氏のもの。なお、江戸怪異綺想文芸体系2『都賀庭鐘・伊丹椿園集』（平成十三年五月、国書刊行会刊）収録の『四鳴蝉』の底本は東京藝術大学付属図書館蔵本であるが、これも奈良大蔵本と同じく渋川・山崎の刊記がある。底本の解題・翻刻によれば、装丁・内容とも奈良大蔵本に同じ。ただし、見返し部の魁星印及び渋川氏の印は東京藝術大学蔵本には無い。

表Ⅰ　『四鳴蝉』の板木

板木整理番号	収録丁数	板木寸法（単位粍、丈×幅×厚さ）
515	1、2、3、4	765 × 200 × 19
514	5、6、7、8	780 × 199 × 18
513	9、10、11、12	780 × 198 × 16
1058	13、14、15、16	777 × 198 × 19
512	20、21、22、23	774 × 200 × 18
1059	24、25、26、27	777 × 196 × 18
1057	28、29、30、31	777 × 200 × 18

②　京都府立資料館蔵本（特・852・1）

原本未見。国文学研究資料館から取り寄せた複写に拠る。題簽の剥落無く完備「四鳴蝉　完」。「四鳴」「完」の書体、奈良大蔵本に同板。内容も、見返し部の魁星印・渋川氏印をはじめ奈良大蔵本に全く同じで、同板。ただし、三十一丁裏の刊記部を「通石町十軒店山崎金兵衛」の部分に入木をして「江戸通本町三丁目西村源六」と改めてある（図3B）。この部分が入木であることは、後で取り上げる板木によって確認できる。なお、『都賀庭鐘・伊丹椿園集』の解題によれば、渋川・西村相版が早稲田大学図書館に、また西村単独版が国立国会図書館にあり、いずれも渋川・山崎相版と同板であることが報告されている。『國書總目録』にはこれ以外に二本を紹介するが、未見。

さて、佛光寺に残っている『四鳴蝉』の板木は、表Ⅰに示した四丁張りの七枚である。参考までに、一丁表の冒頭部（図4）及び四丁表の挿絵部分

（図5）の板木の写真を上げておく。図3C―1が刊記部分の拓本である。「江戸通本町三丁目西村源六」とあるところが入木であるのはこの拓本からも明白。その左にもともと「浪速心斎橋筋順慶町渋川清右衛門」とあったはずのところは削り取られている。前引の国立国会図書館蔵本は、刊記がこの形になってから刷られたものであろう。なお、この板木の刊記部分、図ⅢC―2の板木写真に矢印で示したように、もともと全体が入木である。これも板木を調べていると時折出くわす事例であるが、この『四鳴蝉』の場合は現存版本と照らして見るに、版権の移動に伴う処置ではなく、最初に板木を仕立てる際に施された入木であったと見受けられる。材を板木として仕立てる際に、木の節があって彫りにくい時にかような処置をする例が他にも確認されるが、この場合もおそらくそれであろう。

　現存の板木を版本と比較対照してみると、題簽・見返し、首一・首二、引一・引二・引三、それに本文の十七・十八・十九丁の板木が見当たらない。失われた板木の丁の収め方は、他の板木の例なども参照してみると、題簽・見返しを除く八丁を板二枚に収め、題簽・見返しは他の本のそれと一緒にしてあったのではないかと思う。したがって、三枚ほどの板木が失われていることになる。この『四鳴蝉』のように板木が揃わずに残っているような場合は、分割所有という問題も考慮に入れなければならない。が、この『四鳴蝉』の場合、あとで触れるように板木が何軒かの本屋で分割所有されたと考える状況には無く、また他の例に照らしても分割所有にしては分け方が不自然で、本来揃って動いていたものがある時期に何らかの物理的な理由で失われたと考えてよいかと思われる。なお、現存の板木は奈良大学蔵本・京都府立資料館蔵本と照合するに、不審箇所なく完全に一致する。念のために、図6a・bに二十二丁の板木拓本と版本を対応して挙げておこう。因みにもう一つ付け加えておけば、この『四鳴蝉』の板木は墨の付き方が大層浅い。およそ近世の本屋は、板木を使って印刷をしたあと、板木に付着した墨をきれいに洗い流すということをしていない。その結果、印刷を重ねれば重ねるほど板木の刻面、つまり凹状になっている彫り込みの箇所に墨が堆積して行き、かさぶた状態を呈することになる。そのかさぶたの厚さ、つまり墨付きの度合いも板木が伝えてくれる近世出版現場の重要な情報の一つで、具体的な部数までは分からないものの、その本が「かなり刷られた」とか「そこそこ刷られた」とか「あまり刷られていない」ということを判断する目安となる。二百年以上使用された『撰集抄』『因果物語』などの板木は、凸状に彫られた文字と文字の間が殆ど埋まるほど墨が堆積し、彫り込み部のかさぶたも分厚い。それらに比べると、図4の写真からも判るように、『四鳴蟬』の板木は墨付きの浅さがとりわけ目に付く。それは『四鳴蟬』がそれほど多くは印刷されなかったことを意味している。京都府立資料館蔵本の奥に東陵学人が「……本書は流布すること稀なる珍籍なり」（昭和辛卯初夏記）と言う付箋を添えているが、残存版本の少なさから考えても『四鳴蟬』はあまり多くは印刷されず、出版期間も長期には亘らなかったものと思われる。

それでは、この『四鳴蟬』の板木がなぜ佛光寺に残っていたのであろうか。それについて考えるためにはこの書の版権の移動を、言い換えれば板木の移動を押さえる必要がある。この書の版権は、図3に示したように、

A渋川・山崎版 ⟶ B渋川・西村版 ⟶ C西村単独版

と動いて行ったと考えられる。先ずAからBへの動きを見てみることにしよう。『享保以後大阪出版書籍目録』（以下、『大阪出版目録』と略称する）によれば、この『四鳴蟬』は明和七年十一月に柏原屋（渋川）清右衛門によって出願され、同年十二月二十七日に許可が下りていることが確認出来、彼が版元であることは疑いを容れない。初版刊記に渋川と並んで出る山崎金兵衛は、相版元ではなく江戸での「売出し」委託先であろう。『享保以後江戸出版書目』（以下、『江戸出版書目』と略称する）にその記載が無いのがやや不審ではあるが、いずれにせよ『四鳴蟬』の板木は初版当時すべて柏原屋清右衛門の手許にあった筈である。そしてその後、何らかの事情で「売出し」が山崎金兵衛から西村源六に変更になり、刊記部に入木修正され、Bの形で出版が継続されたと考えるのが自然であろう。この段階でも板木は柏原屋清右衛門の手許を動いていないと思われる。

この「売出し」先変更の経緯について、少し立ち入って考えて見てみることにしよう。調べてみると、初版で「売出し」を委託された山崎よりも、実は西村の方が柏原屋との縁は深い。『江戸出版書目』によれば、西村源六は享保十二年三月から文化十二年二月までの八十八年間に版元・売出しを含めて八百二十五点の出版に関与しているが、柏原屋清右衛門の売出しを務めた例が少なからずある。これを一覧表（表Ⅱ）にしてみよう。なお、佐古慶三氏「浪華書林渋川称觥堂伝」（『上方文化』第五号、昭和三十七年六月）に拠れば、柏原屋清右衛門は宝暦から明和にかけて二回代替わりをしている。分かりやすいように、その事実を表Ⅱに挿入して示した。

表Ⅱ　柏原屋清右衛門・与市・与左衛門版元　西村源六売出し書目

割印の年月	書　名	版　元　名
享保十八年正月	陽腋痘疹良方	柏原・寺田
十八年四月	薬種名寄后集	柏原屋清右衛門ほか二軒
二十年七月	寿福用文書翰墨蔵	柏原屋清右衛門ほか一軒
元文三年十二月	絵本珍口記	柏原屋与市ほか五軒
同　右	聖意無尽蔵	柏原屋清右衛門
寛延元年十二月	長門戊辰聞槎	渋河清右衛門
同　右	和漢唱和付録	渋河与市
二年十二月	運筆麁画	柏原屋清右衛門
同　右	英草紙	柏原屋清右衛門

三年十月	勺鏡	柏原屋清右衛門
三年十二月	絵本画英	柏原屋清右衛門
同　右	貝尽浦乃錦	柏原屋清右衛門
同　右	誹諧五百仙	渋川与市
同　右	和讃披雲録	渋川清右衛門
四年六月	糸のしらへ	柏原屋与市
同　右	女文選料紙箱（再板）	柏原屋清右衛門
宝暦元年十一月	絵本拾葉	柏原屋清右衛門
二年三月	説法百花園	柏原屋与市
二年十一月	早引節用	柏原屋与市
三年三月	傷寒百問	柏原屋清右衛門
同　右	浄土真宗聖教目録	柏原屋清右衛門
同　右	方服図儀	柏原屋与市
四年十一月	養要論	柏原屋清右衛門
五年三月	薬品弁惑	柏原屋清右衛門
五年九月	ゑ本野山艸	柏原屋清右衛門
同　右	古帖揃	柏原屋清右衛門
五年十二月	開巻一笑	柏原屋清右衛門
六年六月	青湾茶話	柏原屋清右衛門

同　右	廿四輩道中記	柏原屋清右衛門
七年三月	増補早引節用集（再板）	渋川与市
宝暦八年八月	柏原屋清右衛門（正常）が没して世継ぎが無いので、弟の与市（有常）が清右衛門を襲名。	
宝暦九年十二月	万福百人一首（再板）	柏原屋清右衛門
同　右	誹諧花得集	柏原屋清右衛門
十年九月	早引節用集	柏原屋与市
十一年六月	周南先生文集	渋川清右衛門
十二年十二月	大谷送法彙景	柏原屋清右衛門
同　右	医道日用綱目	柏原屋清右衛門
十三年三月	万宝百人一首大成（再板）	柏原屋清右衛門
同　右	勧化詠歌奥義抄	渋川清右衛門
同　右	医王耆婆伝	柏原屋清右衛門
同　右	牘記甕記	柏原屋清右衛門
同　右	領解問答	柏原屋清右衛門
同　右	早引節用集（再板）	柏原屋与市
十三年十二月	雅游漫録	柏原屋清右衛門

明和元年閏十二月	浄土真宗亀鑑	柏原屋清右衛門
二年三月	絵本草錦	柏原屋清右衛門
明和二年八月	柏原屋清右衛門（有常）、与左衛門と改名。	
九月	娘婿（方常）、清右衛門を襲名。	
明和二年九月	女文選料紙箱（再板）	柏原屋清右衛門
三年三月	繁野話	柏原屋清右衛門
三年六月	役氏集要	柏原屋清右衛門
四年六月	新刻詩経	柏原屋清右衛門
四年十二月	東行紀行	柏原屋清右衛門
同　右	熙春随筆	柏原屋清右衛門
五年三月	倭百人一首玉柏	柏原屋与市
五年九月	新刻早引節用	柏原屋与左衛門
六年六月	万福塵功記	柏原屋清右衛門
同　右	御文興要	柏原屋清右衛門
同　右	弾誓上人絵詞伝	柏原屋清右衛門
同　右	実悟記拾遺	柏原屋清右衛門
六年九月	早引節用真字付（再板）	柏原屋与左衛門

六年十二月	女用知恵鑑	柏原屋清右衛門
同　右	投壺今格	柏原屋清右衛門
七年十二月	古篆論語	柏原屋清右衛門
同　右	浄土真宗聖教目録	柏原屋清右衛門
同　右	万宝全書（再板）	柏原屋清右衛門
同　右	絵本写宝袋（再板）	柏原屋清右衛門
八年十二月	女大学	柏原屋清右衛門
九年六月	画宝	柏原屋清右衛門
安永元年十二月	女用文章糸車	柏原屋清右衛門
同　右	小部集要	柏原屋清右衛門
三年十二月	女用文章倭錦	柏原屋清右衛門
五年十二月	早引節用集真字付	柏原屋与左衛門
		＊共同売出し山崎金兵衛
六年六月	早引節用集（再板）	柏原屋与左衛門
九年十二月	茶器価録	柏原屋与左衛門
天明二年七月	早引節用（小本再板）	柏原屋与左衛門
同　右	続茶器価録	柏原屋清右衛門
五年三月	女万歳宝文庫	柏原屋清右衛門
六年三月	早引残字節用	柏原屋与左衛門

同　右	肥後孝子伝	柏原屋与左衛門
六年九月	早引真字入（再板）	柏原屋与左衛門
六年十二月	外科重法記（再板）	柏原屋与左衛門
七年三月	古今和歌集打聴	柏原屋与左衛門
八年六月	早引節用集（再板小本）	柏原屋与左衛門
同　右	大全早引節用集	柏原屋与左衛門
寛政元年九月	古今和歌打聞	柏原屋与左衛門
二年十月	早引節用集（再板）	柏原屋与左衛門
三年三月	女大学宝箱（再刻）	柏原屋清右衛門
四年一月	経典余師小学之部	柏原屋清右衛門
五年二月	早引節用集（再板）	柏原屋与左衛門
五年十二月	早引節用集（再刻）	柏原屋与左衛門
同　右	勢語古意	柏原屋与左衛門
六年十月	和漢銭彙	柏原屋清右衛門
七年一月	四書白文	柏原屋与左衛門
七年六月	四書経典余師	柏原屋与左衛門
七年十一月	早引節用集	柏原屋与左衛門
八年五月	早引節用集	柏原屋与左衛門
八年十月	古今和歌集ひなことは	柏原屋与左衛門

同　右	大全早引節用集	柏原屋与左衛門
九年十一月	筆海重法記大成	柏原屋与左衛門
同　右	青蘿発句集	柏原屋与左衛門
同　右	孝経略解	柏原屋与左衛門
十一年五月	早引節用集（再板）	柏原屋与左衛門
十一年九月	女大学宝箱（再板）	柏原屋清右衛門
十二年十月	早引節用集（再板）	柏原屋与左衛門
享和三年閏正月	女大学宝箱（再板）	柏原屋清右衛門
文化元年九月	早引節用集（再板）	柏原屋与左衛門
二年六月	大全早引節用集（再板）	柏原屋与左衛門
三年九月	早引節用集（再板）	柏原屋与左衛門
六年三月	早引節用集（再板）	柏原屋与左衛門
八年八月	大全早引節用集（再板）	柏原屋与左衛門
九年十月	早引節用集（再板）	柏原屋与左衛門
十一年八月	早引節用集（再板）	柏原屋与左衛門

表Ⅱ冒頭の「陽腋痘疹良方」は正しくは「湯腋痘疹良方」で、『江戸出版書目』では柏原としか記さないが、『大坂出版書目』によってそれは清右衛門であることが確認出来る。先にも触れたように、『江戸出版書目』によれば、西村源六が享保十二年三月から文化十二年二月までの間に関与した出版物は八百二十五点であった。うち表Ⅱに示した

ように西村が柏原屋清右衛門・与市・与左衛門の売出しを務めた例は、年代的な偏りなく享保十八年正月から文化十一年八月までの間に計百十点に及ぶ。つまり、西村が関与した出版物のうち約十三%が柏原屋清右衛門・与市・与左衛門版元の書物であったわけで、西村の営業活動に柏原屋が占める割合は決して小さいものではない。これを柏原屋の側から見るとどうなるのか。やはり『江戸出版書目』によれば、柏屋清右衛門・与市・与左衛門の名前で江戸で売り出した出版物の数は合計百六十四点で、うち百十点、つまり全体の約六十七%を西村が扱ったという計算になり、柏原屋にとっても江戸表での売り捌きに西村源六は欠かせぬ存在であったことが知られる。

一方、『四鳴蝉』初版に名を連ねた山崎金兵衛は宝暦八年十二月から文化四年六月までの間に、版元・売り出しを合わせて三百五十七点の出版物に関与した本屋であるが、その山崎と柏原屋清右衛門・与市・与左衛門の関係はどうであったのだろうか。これも表Ⅲとして次に挙げてみる。なお、書名の頭に＊印を付けたものは西村絡みの出版物であるが、これについては後に詳述する。

表Ⅲ　柏原屋与市・与左衛門・清右衛門版元　山崎金兵衛売出し書目

宝暦十二年十二月	絵本勇見山	柏原屋与市
安永二年九月	文論詩論（再板）	柏原屋与左衛門
安永五年九月	易占要略（再板）	柏原屋与左衛門
同　右	高士伝	柏原屋与左衛門
五年十二月	＊早引節用集真字付	柏原屋与左衛門
七年九月	琴組証歌集	柏原屋清右衛門

七年十二月	昼夜重宝記（再板増補）	柏原屋清右衛門
八年九月	難経発揮	柏原屋与左衛門
八年十二月	絵本詠物選	柏原屋与左衛門
九年十二月	＊医道日用綱目（再板）	柏原屋清右衛門
同　右	絵本通宝志（再板）	柏原屋清右衛門
同　右	＊早引節用集真字付（再板）	柏原屋与左衛門
天明四年十二月	＊絵本拾葉二篇	柏原屋与左衛門
五年三月	萩の枝折	柏原屋清右衛門
文化四年六月	＊女大学宝箱	柏原屋清右衛門
同　右	磨光韵鏡余論	柏原屋清右衛門

一見して明らかなように、西村に比べて売出し点数は十六点と極端に少なく、山崎が関与した出版物の五％に満たない。しかも明和八年十二月刊の『四鳴蝉』以前の実績といえば、宝暦十二年与市版元の『絵本勇見山』一点だけである。かように両者の柏原屋との関係を比較してみると、『四鳴蝉』の売出し先が山崎から西村へと動いたのは、むしろ逆ではないかという感じさえして来る。が、ここでもう一軒の本屋に注目してみることにしよう。それは、与左衛門・清右衛門の暖簾内であったと思われる柏原屋佐兵衛である。この本屋については前引の佐古氏論文で、元文期には伝馬町に寛政期には順慶町に店があったことを示した上で、「おそらくは柏原屋清右衛門・同与左衛門の別家ではないかと考えるが」「挙証がつかめない」としておられるのだが、氏の推測は正しかった。この柏原屋佐兵衛が与左衛門・清右衛門の暖簾内らしいことを示す文書が『大坂本屋仲間記録』第八巻収録の「差定帳二番」に出ている。

この文書については本書第三部1「小本『俳諧七部集』」で小本俳諧七部集の出版について考察した折に、『京阪書籍商史』からの引用で触れたことがあるが、いま「差定帳」に拠ってその内容を次に要約してみよう。

該当の文書は、柏原屋与左衛門・村上伊兵衛相合版の『早引節用集』および柏原屋清右衛門版の『女大学』の「重板」（海賊版）が、仙台で作られ江戸表で出回ったので、三人の「惣名代」として柏原屋佐兵衛が江戸へ下り首尾よく相済んだとする四通の文書である。いま、事の起きた順番に、仮に文書①・②・③・④と並び替えて示す。

文書①　安永三年三月付　山崎金兵衛が仙台藩江戸屋敷御留守居役御役所に宛てたもの

・仙台表柳川庄兵衛が出版した『女大学宝箱』と『近道指南節用集』という書物は、大阪の柏原屋清右衛門版の『女大学宝箱』及び柏原屋与左衛門版の『早引節用集』を「其侭之かぶせ彫りニ板行」した「重板」であること。

・『早引節用集』は江戸の前川六左衛門が重板を出したことがあるが、その時は与左衛門が江戸へ下り寺社奉行へ願い出、宝暦十三年十一月に絶版扱いとなり、さらにその後、明和八年二月には信州松本の白木屋与兵衛が同書の重板に及び、その際は私山崎が与兵衛に掛け合い、重板並びに摺り本を取り上げ、また『女大学宝箱』の方は明和六年八月に江戸の常陸屋茂右衛門が重板を出したので「私共」掛け合い重板の板木並びに摺本を取り上げ清右衛門方へ渡したという経緯もあること。その経緯も、両書が「清右衛門・与左衛門両人古来よりの株」であることを示すものであること。

・今回の重板一件につき、早速大坂表の両人へ「右の段、書状を以って申し遣はし候へば」、「両人ともニ罷り下り、御出訴申し上げ」る意向であること。

・「御大家様御名」が出て大事に至らぬうちに、「重板之板木弐品、並びに出来本残らず」「召し上げられ」両人に渡して下さるよう、「私、数年来商売仕入店ニ御座候」故を以って「両人に成代り」、「御願申し上げ候」こと。

文書② 安永三年五月八日付 山崎金兵衛・大坂柏原屋佐兵衛連名で江戸三組御仲間衆中に宛てたもの

・右の一件、「佐兵衛下向」以前に、山崎の願書により仙台藩江戸家老から国家老に伝えられ、仙台町奉行所にて「右重板之弐品」の「板木割り捨て」となり、「売残り本女大学三部、近道指南節用五部」が四月廿九日に江戸屋敷で山崎金兵衛に渡されたこと。

・「売残り之本甚だ不足」の不審を申し上げたところ、「隠シ置き候本」「壱部ニても之無き旨」の「重板人並び町役人共連判」の「請書」も提出されており、仮に流布したとしても「買取り候て」「急度糾明致すべき段、仰せ聞かせ」られたので「金兵衛・佐兵衛両印ニて」五月朔日に「請書」を差し上げたこと。

・右の通り相済んだので、「御仲ケ間御帳面」に記録の上、「右弐品之重板」「御見当りも候はゞ」金兵衛へ御知らせ願いたいこと。

文書③ 安永三年五月朔日付 柏原屋清右衛門・柏原屋与左衛門・代佐兵衛・山崎金兵衛連名で、仙台藩江戸屋敷御留守居役御役所へ提出した文書②の内容の請け書。

文書④ 安永三年六月五日付 柏原屋与左衛門・清右衛門連名で大坂御行司衆中に宛てたもの。

・『女大学宝箱』と『早引節用集』重板の件で、「三月廿日」に「両人代として」「佐兵衛」が「江戸表江下向」したこと。

・「右一件、五月朔日別紙三通之通り、滞り無く相済み」、五月八日に江戸行司へ帳面記載を申し入れ、五月十一日の惣参会で披露して貰ったので、大坂の仲間帳へも記載の上、仲間中へも披露して欲しいこと。京都行司へも知らせて欲しいこと。

以上、この四通の文書によって、柏原屋佐兵衛が柏原屋清右衛門・同与左衛門の暖簾内であったらしいことが判明する。その一方で、文書①に山崎金兵衛が柏原屋清右衛門・同与左衛門「両人」について「私、数年来商売仕入店ニ御座候」と述べていることが注目される。同文書からは、山崎が明和六年に清右衛門版『女大学宝箱』の、また明和八年には与左衛門版『早引節用集』の重板処理に力を尽くしたことも知られるのだが、先の表Ⅱからも判るように、文書①の執筆年次である安永三年三月以前に、山崎が扱った柏原屋清右衛門・同与左衛門関係の出版物は

宝暦十二年十二月	絵本勇見山	柏原屋与市
安永二年九月	文論詩論（再板）	柏原屋与左衛門

の二点しか無い。ここで生じるのが、たったこれだけの実績で「数年来商売仕入店」と言えるだろうか、またこれだけの付き合いで果たして仙台藩江戸屋敷へ乗り込んで大立ち回りを演じる義理があるのか、という疑問である。山崎にそのように言わしめ、また振舞わしめた理由は何か。そこで考えなければならないのが、清右衛門・与左衛門の暖簾内柏原屋佐兵衛との関係である。次に、柏原屋佐兵衛版元の出版物の売出しを山崎金兵衛が務めた例を『江戸出版書目』から拾ってみると、表Ⅳのようになる。なお、参考までに、西村源六が売り出しを努めたものも表Ⅴとして挙げてみる。

表Ⅳ　柏原屋佐兵衛版元　山崎金兵衛売出し書目

明和二年六月	天道録	柏原屋佐兵衛
二年十二月	狂詩選	柏原屋佐兵衛
六年三月	算学定位法	柏原屋佐兵衛

八年十二月	天工開物	柏原屋佐兵衛
安永四年十二月	墨色伝	柏原屋佐兵衛
同　右	養鼠訣	（板元山崎、売出し柏原屋佐兵衛）
六年十二月	頓阿日発句	柏原屋佐兵衛
同　右	元明清書画人名録	柏原屋佐兵衛
九年十二月	卜養狂歌拾遺	柏原屋佐兵衛
天明四年十二月	狂歌藻塩草	柏原屋佐兵衛
五年六月	鬼貫発句集	柏原屋佐兵衛
寛政元年三月	経典余師孝経	柏原屋佐兵衛

表V　柏原屋佐兵衛版元　西村源六売出し書目

明和四年十二月	狂歌鵜の真祢	柏原屋佐兵衛ほか一軒
五年六月	文徴明行書千字文	柏原屋佐兵衛
八年六月	狂歌酒百首	柏原屋佐兵衛
安永九年十二月	雨節東海道	柏原屋佐兵衛
寛政七年六月	小学正文	柏原屋佐兵衛

表Ⅱ・表Ⅲとは対照的で、柏原屋佐兵衛との関係で見れば、西村よりも山崎の方がいくぶんか縁は深い。表Ⅱ・表

Ⅲだけを見ていると、『四鳴蝉』初版の売り出しとして山崎が選ばれたことに違和感があるが、柏原屋佐兵衛が柏原屋清右衛門・同与左衛門の暖簾内であったと考え、強固とは言えないまでも佐兵衛と山崎とのそれなりの縁を思えば、明和八年に清右衛門が出した『四鳴蝉』の売り出しとして山崎が出てきてもそれほど不自然ではないということになろう。先に文書①で見た明和八年二月の『早引節用集』重板の一件での山崎の働きも、『四鳴蝉』売出しを委託される一つの要因となったかもしれない。

さて、では『四鳴蝉』の売出し先が山崎から西村へと変更になったのは何時のことであったろうか。それを考える一つの手掛かりとして、『江戸出版書目』から西村・山崎の相版を拾ってみると、次の表Ⅵのようになる。

表Ⅵ　山崎金兵衛・西村源六相版書目

安永元年十二月	なけ入雪の栞	板元	山崎金兵衛・西村源六
天明八年六月	四書集経	板元願人	山崎金兵衛・西村源六ほか七軒
寛政三年九月	七経孟子考文補遺（焼失之分……此度彫直し）		山崎金兵衛・西村源六ほか六軒
寛政五年九月	插花季枝折	板元願人	山崎金兵衛・西村源六

その数四点と極めて少なく、両者がそれほど親しくはなかったことを示して余りあるが、『四鳴蝉』の一年後の安永元年十二月に『なけ入雪の栞』を相版で出していることは取り敢えず注目してよかろう。もう一つの手掛かりは表Ⅲの中にある。表Ⅲに挙げた山崎売出しの十六点のうち、頭に＊印を付した五点は西村絡みであることは先に断って

おいたが、表Ⅶとしてもう少し詳しく見てみよう。

表Ⅶ　西村源六絡みの山崎金兵衛売出し書目

安永五年十二月　　早引節用集真字付　　柏原屋与左衛門

＊この書、表Ⅱに示したように、共同売出しが西村源六である。

九年十二月　　医道日用綱目（再板）　　柏原屋清右衛門

＊この書、宝暦十二年十二月に「板元柏原屋清右衛門　売出し西村源六」として出る。

九年十二月　　早引節用集真字付（再板）　　柏原屋与左衛門

＊五年十二月に見えるものの再板か。共同売出しの西村外れる。

天明四年十二月　　絵本拾葉二篇　　柏原屋与左衛門

＊宝暦元年十一月に「板元柏原屋清右衛門　売出し西村源六」として出る「絵本拾要（葉）」の続編。

文化四年六月　　女大学宝箱　　柏原屋清右衛門

＊寛政三年三月に「再刻　板元柏原屋清右衛門　売出し西村源六」、同十一年九月に「再板　板元柏原屋清右衛門　売出し西村源六」、享和三年閏正月に「再板　板元柏原屋清右衛門　売出し西村源六」として出る。

表Ⅵと表Ⅶから、西村と山崎が安永期に入って接触を持ったことが知られる。つまり、安永元年十二月に『なけ入雪の栞』を相版で出し、同五年十二月には柏原屋与左衛門版『早引節用集真字付』の売出しを共同で引き受け、その後、与左衛門・清右衛門関係のいくつかの再版ものの売出しを西村が山崎に回したような形跡がある。このような両者の交渉を踏まえ、かつ『四鳴蝉』の板木がさほど長期に亘って使用されたとは思われない状態であることなども考え合せて見ると、『四鳴蝉』の売出し先が山崎から西村へと動いたのは安永に入って間無いころではなかったかと思われる。

それでは、売出しが山崎から西村へと動いた理由は何であったのだろうか。これについても明確なことは判らないが、次のように推測しておきたい。上方ものの売出しを江戸の本屋が引き受ける際に、どのような契約が結ばれたのかは不明であるが、なにがしかの手数料は当然支払われたのであろう。しかも出版経費は上方の板元が負担している筈であるから、単純に考えれば、江戸の本屋は売出しを多く引き受ければ引き受けるだけ利益は増えることになる。つまり極端な言い方をすれば、江戸の小規模の本屋にとって上方ものの扱い量が死活を左右することにもなりかねない。そこに、江戸の本屋どうしが上方ものの売出しに食い込もうとして競い合うという状況は容易に想像されるところである。表Ⅱ・表Ⅲを見る限り、『四鳴蝉』の売出し先としては山崎よりも西村の方がはるかにふさわしい。本来そうあるべきところに、柏原屋佐兵衛との縁を以って山崎が割って入ったのではないだろうか。そしてその後、西村から柏原屋清右衛門への申し出により売出し先の変更が行われた、と考えると一応理解は出来るような気がする。初版段階で西村が売出しを務めた清右衛門・与左衛門版元の出版物の再版を引き継ぐかのような傾向の見える安永期の山崎は、西村のおこぼれに預かっているような印象すら感じられる。安永三年当時、重板を巡ってあれほどの大立ち回りを演じて見せた『女大学宝箱』も、山崎が扱うことを得たのは再刻・再板を重ねた三十三年後の文化四年のこと。そこに、柏原屋との関係では終始西村の後塵を拝さざるを得なかった山崎の立場が象徴されているような気がする。

さて、売出しが西村に変更された後も、板木はやはり板元の柏原屋清右衛門の手許にあったと思われるが、その後、『四鳴蝉』の板木からは版元の柏原屋清右衛門の名前が削られ、西村単独版の形式で出版されることになる。つまり、BからCへの移動である。版本だけを追っていると、西村が版権を買い取って単独版で出したかに見えるのだが、板木が京都の佛光寺に残って来たことを思うと、板木が一度江戸へ動いているとは考えにくい。西村はやはり売出し先のままで、版権は上方で別の本屋に移ったと見るのが自然である。それは何という本屋であったかは今のところ不明とするしかないが、大坂の本屋では無いことは断言出来そうである。何となれば、刊記部の入木箇所はもとの「東都」を残して山崎と西村の名を入れ替えてあるが、それは同じ江戸の西村が山崎から売出しを引き継いだからで、刊記部の入木変更ではよく見られるところ。版元の部分も、もし同じ「浪速」での版権の売り買いであれば、そこは触らなかった筈である。つまり、「浪速」まで削っているということは、版権の移動先が大坂ではなかったことを意味する。また江戸とは考えにくいことも先に触れた。とすれば、あとは京都しか無い。『四鳴蝉』の版権すなわち板木は、浪速の柏原屋清右衛門の手を離れたあと、京都の某書店の蔵するところとなり、理由は不明ながらその某書店の名前を入れぬまま西村単独版の形式で一時出版に使用され、明治・大正期に近世の出版機構が崩壊した後に物理的な理由で佛光寺へ運び込まれて、うち数枚が失われて現在に至ったと、いまのところは考えておきたい。

平成十七年八月二十日　稿

図1　表紙

図2　見返し

図4　1オ冒頭部（部分）

図5　4オ挿絵

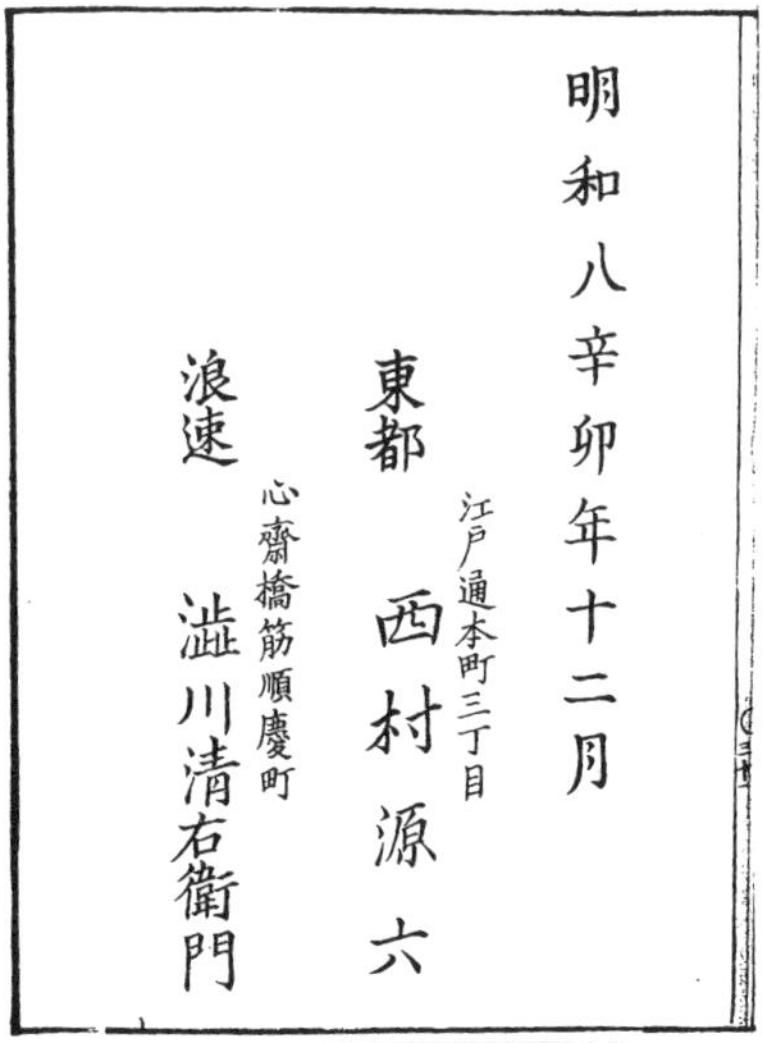

明和八辛卯年十二月
東都　江戸通本町三丁目　西村源六
浪速　心齋橋筋順慶町　澁川清右衛門

図 3B
（京都府立総合資料館蔵本）

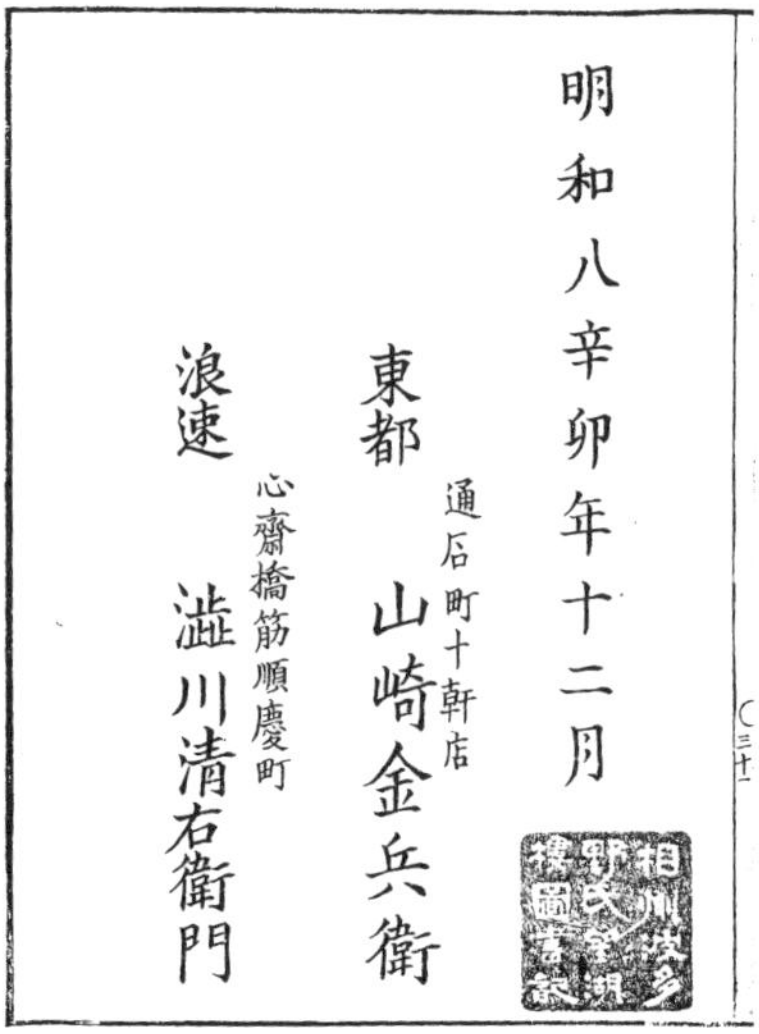

明和八辛卯年十二月
東都　通石町十軒店　山崎金兵衛
浪速　心齋橋筋順慶町　澁川清右衛門

図 3A

明和八辛卯年十二月
東都　江戸通本町三丁目　西村源六

図 3C ― 1

明和八辛卯年十二月
西村源六

図 3C ― 2

図3・6

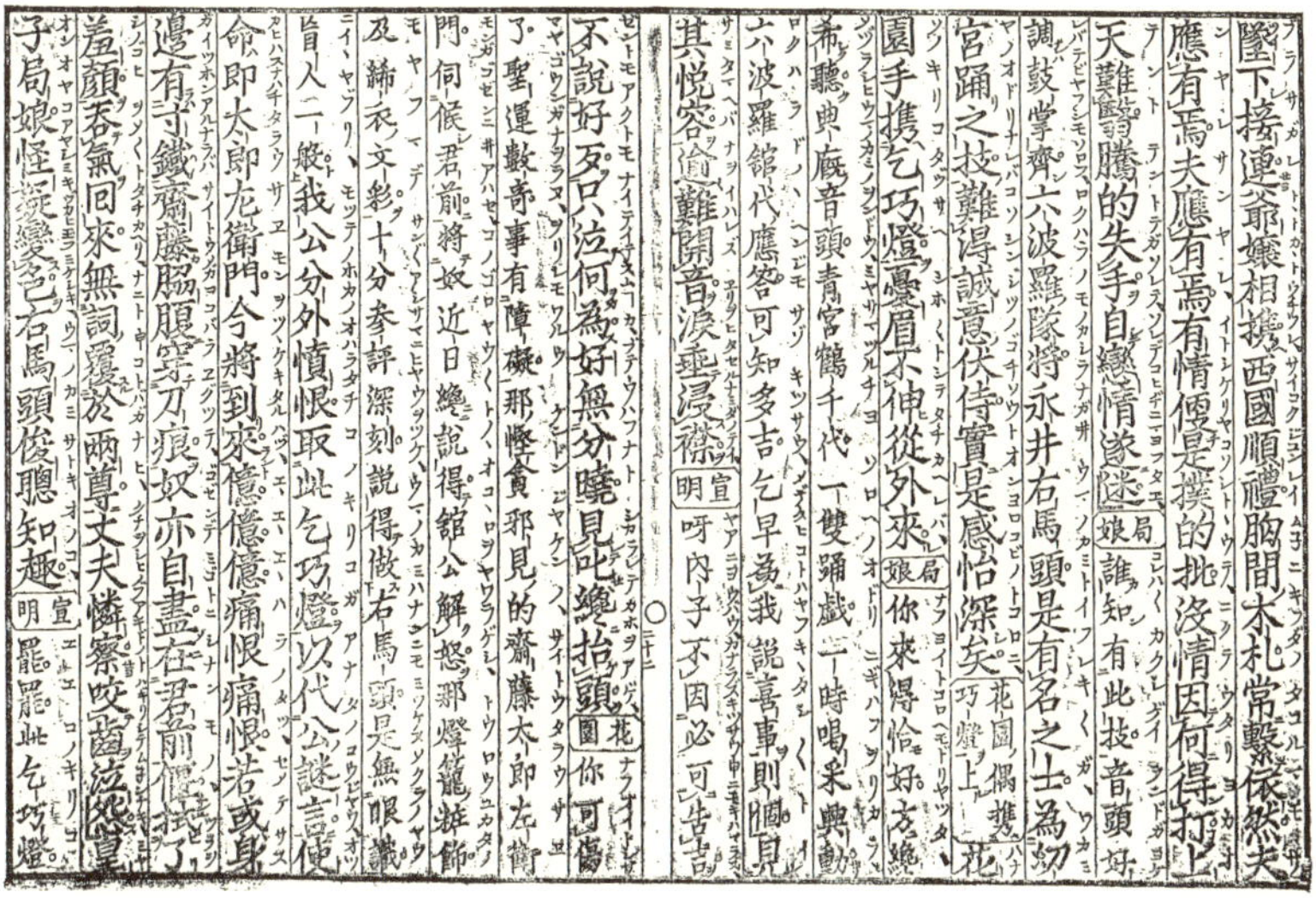

図 6a　板木拓本

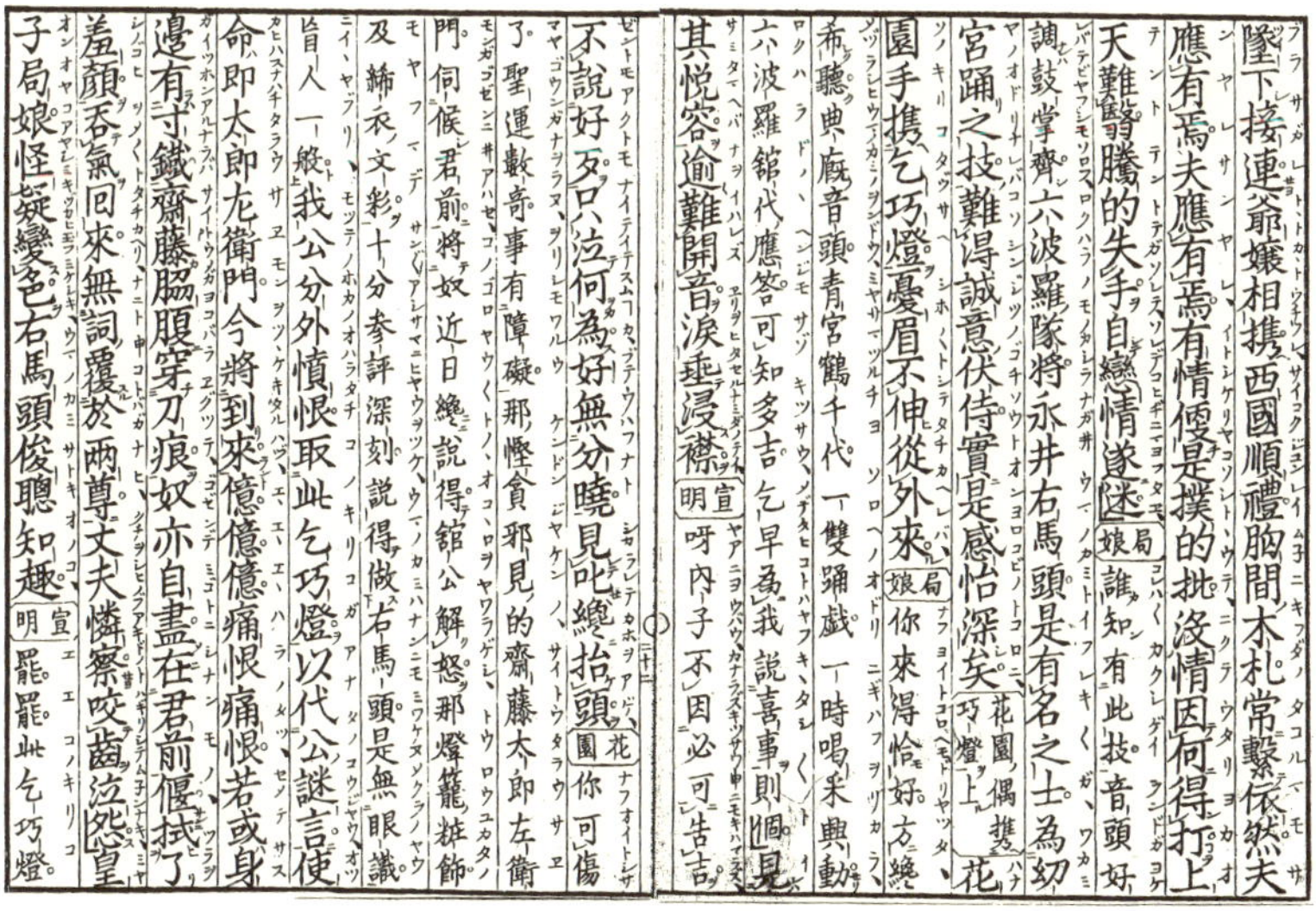

図 6b　版本

第六部●板木は語る

1　佛光寺の板木

京都の佛光寺から御伽草子・仮名草子の板木が出て来たことを、平成十五年十月に新聞等を通じて発表したところ、八木福次郎氏の御目にも留まったらしく、「何か書け」との仰せである。新聞等には報じられることのなかった調査結果の一部を報告し、その責を塞ぎたい。

今回出て来た御伽草子・仮名草子の板木は次の通りである。

○『ほうまん長者』

二丁張の板木が一枚ある。国文学研究資料館からマイクロ焼付写真を取り寄せて調べたところ、元禄十五年版半紙本の1・2丁であることが判明した。本書は目録・刊記を含め全14丁。もともと二丁張の板木七枚で仕立てられ、うち一枚が残ったということになる。

○『しやかの御本地』

四丁張の板木が三枚ある。うちわけは、上1～4丁、下1～4丁、下5～8丁。本書版種多く、十分な調査が出来なかった。上1～4丁が和泉屋庄次郎刊本（三冊本）と一致することのみ確認済み。

○『釈迦八相物語』

四丁張十枚と二丁張二枚の板木がある。うちわけは左の表の通り。なお、表の左側の算用数字は板木の整理番号で、右がその板木に収められている巻数・丁数である。四丁張の十枚は某氏蔵の寛文六年刊本（但し、「浪花書林塩屋平助」と入れる後刷の合冊五冊本）に一致。二丁張の二枚は後の補刻で、寛文版とは一致しない。本書は第一から第八まで全二百六十丁で、四丁張の板木が六十五枚あったはずで、うち十枚が残ったということになる。なお、表から明らかなように、丁付が連続している板は一枚もない。如何なる理由によるものかは不明。

○『因果物語』（平仮名十二行本）

四丁張の板木が二十七枚ある。元題簽を含め、序と本文全百一丁の板木が全て揃う。表にそのうちわけを示す。『釈迦八相』に較べ、丁の割付は整然としているが、1378に収めてしかるべき巻一の3丁を606にとばして入れてある。また、1381には元の六冊本の題簽に並べ、明治期の補刻と思われる合冊本用の題簽が彫ってある。

右のうち、板木が全揃いで残っている平仮名十二行本『因果物語』について、もう少し詳しく触れておこう。古典文庫185『因果物語二』の吉田幸一氏の解題、及び『仮名草子集成四』の朝倉治彦氏の解題等によれば、『因果物語』には、1平仮名十一行本（浅井了意自筆板下）、2片カナ本、3平仮名十二行本、4平仮名十一行本を基にした抄出本の四種がある。1・2・3は上方版、4は江戸版。この中で出版年次がはっきりしているのは「寛文元年十二月助縁開刊」とある片カナ本だけで、1はそれ以前、4は1の後、3も1・2よりは後ということしか分からない。十二行本の出版について、吉田氏は「貞享・元禄頃」と、朝倉氏は「天和以降」と推測しておられる。1・2・4はさておき、十二行本の諸本を両氏の解題等を参考に、次に挙げてみよう。

○無刊記版　　六冊本

○麗沢堂（沢田吉左衛門）版　　合冊二冊本

＊同書肆は寛文期開業、明治まで続く。

○丁子屋九郎右衛門版　合冊三冊本

＊同書肆は寛永期開業、大正まで続く。

○向松堂（著屋宗八）版　合冊二冊本

＊巻末に向松堂の目録一丁半を添える本と、それに加えて後表紙見返しに天保十一年の刊記を入れる本の二種あり。

＊同書肆は明和年間開業、明治十五年以前廃業。

○法文館（菱屋友七郎）版　合冊一冊本

＊同書肆は天保十年開業、昭和まで続く。明治十年頃から法文館を名乗る。

ちなみに、法文館版は、この度の調査に際し佛光寺が新たに買い入れたもので、書肆名を空刷りで入れる明治表紙

○釈迦八相物語　板木

1354	第一	17・20・21　第二　1	
1357	第四	8・11・13・14	
1371	第四	24・26・27・29	
1373	第四	34・37・38・40	
1358	第四	45・47・50　第五　7	
1355	第五目録・第六目録・第六	4・6	
1370	第七	13・17・18・20	
1356	第八	24・26・28・29	
1372	第八	50・51・53・56	
1359	第八	49・54・55・56	
1382	第四	30・33	補刻
1353	第四	49・第七　8	補刻

○因果物語　板木

1378	巻一	序・1・2・4
603		5・6・7・8
608		9の14・15・16・17
1352		18・19・20・21の5
1351		26・27・28・29
606		3・30の終
609	巻二	1・2・3・4
599		5・6・7・8
605		10の20・9・29・30
1343		21・22・23・24
600		25・26・27・28
1381		31終・題簽（1～6）・題簽（全）
604	巻三	1・2・3・4
1348		5・6・7・8
597		9・1123・14・15
1350		1678・19・20・21
607		22・23・24・25
1342	巻四	1・2・3・4
1346		5・6・7・8の13
601		14・15・16終
1345	巻五	1・2・3・4
1377		5の9・10の11・12・13
1344		14・15・16・17終
598	巻六	1・2・3・4
1347		5・6・7・8
1349		9の15・16・17・18
602		19終　巻三　26・27・28終

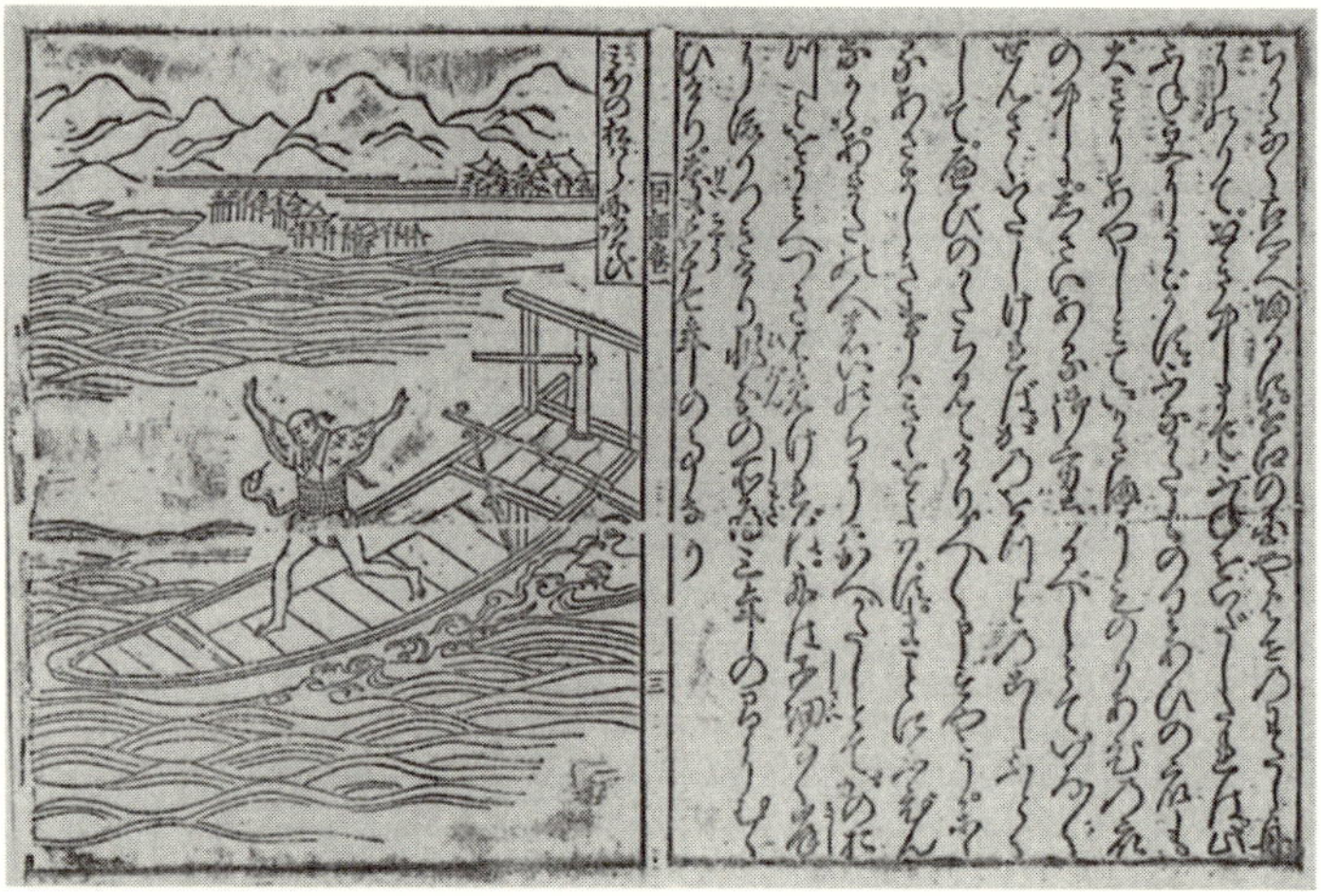

因果物語　板木拓本（巻一の３丁）

をそなえる。三密堂の森下正三郎氏の御見立てによれば、明治二一、三十年頃のものではないかとのこと。合冊用の題簽「新板清書因果物語」を貼付。これらのうち、板木との照合のため筆者が見たのは次の三点である。

○バークレー三井文庫の無刊記版。国文学研究資料館のマイクロ焼付写真による。巻二～六の元題簽が残る。刷りは鮮明で欠刻も少なく、初版に近い早印本と見られる。

○京都大学潁原文庫の向松堂版（目録を添え刊記なし）。資料館焼付写真による。欠刻が目立つ。

○佛光寺新収の法文館版。欠刻・版面の痛みが著しい。

右の三点につき全百一丁を板木拓本と対校し、不審箇所は板木そのものに当たって確認を行なったが、細かな欠刻部に至るまで全て一致した。更に諸本と照合して固めて行く必要はあろうが、十二行本『因果物語』は板木彫刻時から明治中期に至るまで、もとの板木で約二百年にわたり刷りを重ねて来て、その板木が丸ごと佛光寺に残ったと判断してほぼ間違いないと思う。

そこで問題になって来るのが、『因果物語』を含めこれら御伽草子・仮名草子の板木はもともと佛光寺にあったものなのか、それともいつの時代かに寺へ入ったものかということである。佛光寺には同寺第十八世経海の奥書を持つ古活字版『御書』(寛永六年刊)も二点伝わり、早くから出版を行なっていた形跡がある。また、今回調査に着手した板木を概観するに、同寺学頭を務めた信暁の著書『山海里』(文政～安政刊)『四十八願得聞抄』(弘化二年刊)等の明らかに佛光寺蔵版と目される板木が大量にある一方で、狂文『四鳴蝉』(明和八年刊)や天保期の百人一首など、およそ寺には似つかわしくない書物の板木も少なからず混じっていて、全体としては蔵版の内典の板木の中に町版の外典の板木も紛れ込んでいるという印象が強い。

『因果物語』は先の諸本を一覧すると、無刊記本を出した書肆から法文館へと二百年の間に板木が転々とし、最終的に佛光寺へ収まったかのようにも思われるが、板木が丸ごと残っているということがどうも気にかかる。もともと寺の蔵版で、各時代にそれぞれの書肆に販売委託をしていたという可能性も捨て切れない。もし前者であれば、いつ頃どういう経緯で佛光寺に収まったのかということも大きな問題として立ちはだかって来る。いずれにせよ、三千枚を超える板木の全てを調べて書名をつきとめ、それぞれ版本と照合した上で、一つ一つの本の出版の流れを押さえて行くという気の遠くなるような道を辿る以外に、その結論を得る方法はなさそうである。

平成十五年十月二十一日　稿

2　慶安三年版『撰集抄』の板木

はじめに

筆者は、この十数年ほどの間に、近世期に京都で商業出版に使用された板木七千枚余を調査する機会に恵まれた。内訳を大雑把に言えば、藤井文政堂現蔵の五百枚、同店旧蔵の五百枚、戦後文政堂から流出し現在京都市内の幾つかの印章店に保存されている二百五十枚、竹苞楼旧蔵の二千五百枚、浄土真宗佛光寺派総本山佛光寺蔵の三千枚である。このうち、藤井文政堂旧蔵の五百枚と竹苞楼旧蔵の二千五百枚は奈良大学の収蔵するところとなり、それに加えて最近また、大阪の中尾松泉堂の倉庫に半世紀近く眠っていた高野版の板木約四百枚も引き取るに至った。これら大量の板木を調査して来てつくづくと思うのは、そこには近世出版現場の生々しい痕跡が残っている、ということであった。それは、墨の付着状況であったり、丁の収め方であったり、反り止めのスタイルの変遷であったり、板木再利用の有様であったり、入木のやり方であったり、また彫りの職人が刀の試し切りをした疵跡であったりするのだが、それらは近世の本屋や出版に携った職人たちが何を考え何をして来たかを私たちにストレートに語ってくれるもので、従来の出版研究がベースとして来た「版本」からは絶対に見えて来ない情報である。それらの情報を手にして版本に臨んだ時、私たちはまた、近世の出版について新たな視点を持つことが可能となるに違いない。

さて、西行に仮託された仏教説話集『撰集抄』が、芭蕉・秋成に大きな影響を与えたことは衆知の事実である。それ以外にも、近世期の文学・思想に広くかつ長く影響を及ぼしたことについては、安田孝子氏『説話文学の研究』に詳しい。これらの影響は版本によるところが大きいと思われるが、その最初の刊本と言えるものは、享受層が限られていた嵯峨本のそれをさておくとすれば、慶安三年版である。平成十五年、京都の佛光寺蔵の板木調査を行なった際、仮名草子『因果物語』(平仮名十二行本)などと共に、この慶安三年版『撰集抄』の題簽を除く全ての板木が同寺大師堂の回廊下に保存されていることが判明した。板木を調査していると分かってくることなのだが、商業出版に使用された同一書の板木が揃って残る例は実は極めて少ない。それには二つの理由がある。一つは、明治大正期に近世の出版機構が崩壊したあと、薪として燃やしてしまったり、白蟻による虫損で廃棄されたり、木工材として再利用に供されたりした物理的な理由による消失である。もう一つには分割所有の問題がある。宗政五十緒氏が夙に『近世京都出版文化の研究』で指摘されたように、近世後期の京都出版界にあっては同一書の板木をいくつかの店で分割所有することが常態化していた。それは火災などによるリスクを分散するという意味もあったことを筆者も「『奥細道菅菰抄』の板木」(本書第五部2)で触れたことがある。分割所有された板木は売買されなければ基本的にその店から動くことは無いので、その状態のまま近世の出版機構が崩壊してしまえば、板木が揃いで残る確率は殆ど零に近くなるのである。後で触れるようにこの慶安三年版『撰集抄』の場合は、板木が初刻時より分割所有されることなく一つの店に二百五十年の長きに亘って所持されて来たこと、それに佛光寺での保存場所が大師堂の回廊下の奥の方であったことなどが幸いして虫損・消失も免れ、『因果物語』と共に揃いで残るという僥倖に恵まれたのである。『因果物語』ほか仮名草子類については、『日本古書通信』第895号に「佛光寺の板木」(前章参照)としてその概略を紹介しておいた。この稿では慶安三年版『撰集抄』の板木のあらましについて紹介すると共に、板木によって判明した事実を報告しておきたい。

1 『撰集抄』の版本

板木について触れる前に、岩波文庫『撰集抄』の解説、安田孝子氏他著『撰集抄校本篇』などの先行研究、及び管見本などにより、近世期の『撰集抄』版本を整理しておくことにしよう。

その版種としては、Ⅰ慶安三年版、Ⅱ慶安四年版、Ⅲ貞享四年版、Ⅳ文化七年版の四点が挙げられる。

Ⅰ　慶安三年版

大本。紺色表紙が多いが、枯葉色表紙のものもある。題簽が「撰集抄　一（～九）」とある九冊本が早印本と目されるが、五冊に纏めたものが多く残る。第九の終丁裏に「慶安三暦仲秋吉旦／澤田庄左衛門」と刊記が入る。管見の範囲内では、慶応安三年版『撰集抄』は全てこの刊記を持ち、本文も同板。風月堂こと澤田庄左衛門の店は、寛永初め頃から明治末期まで続いたことをも考え併せると、慶安三年初刻時より明治末に至るまでの二百五十年ほどの間、この書の板木は澤田の店から動くことなく、同じ板木で摺刷が続けられたということになる。

Ⅱ　慶安四年版

大本九冊。管見本は紺色表紙。題簽は「清書／新板　撰集抄　一（～九）」とある。巻第九の終丁裏に「慶安四年重陽日／村上平楽寺刊行」と刊記が入る。慶安三年版とは底本を異にすること従来指摘されて来た通りであるが、装丁・版式の類似から見て、三年版を意識しての企画出版であったことは疑いを容れない。題簽に「新板」とあることもその証となろう。四年版の書肆の奥書中に「聚メテ二数本ヲ一加ヘ二校―讎ヲ一鋟ハム二諸梓ニ一」というフレーズがあるが、その「数本」のうち一本は三年版であったはずである。なお、『撰集抄校本篇』によれば、四年版には版元を異にする元文改正版があるとのこと。原本未見ながら、国文学研究資料館調査データベース・マイクロデジタル資料に名古屋大学文学部蔵本として出る京都文台屋次郎兵衛・梅村弥右衛門他刊の一本がこれに該当すると思われる。四年版の版権が他の店に動いていることを示す証となる。

Ⅲ　貞享四年版

岩波文庫『撰集抄』の解説に「巻序・説話題・本文ともに慶安四年刊本にほぼ同じで、同書に拠って刊行されたもの」とある通りだが、板木は新たに彫る。半紙本九冊。題簽は「繪／入　西行撰集抄　一（〜九）」。巻九終丁裏に刊記、「貞享四丁卯暦／仲夏日／摂城書林　河内屋善兵衛」。題簽に「絵入」とあるように、各章に一丁または半丁の挿絵が入るが、この挿絵が西鶴の筆に成ることは瀧田貞治氏の「本朝列仙伝と西行撰集抄の挿絵について」以来、ほぼ定説となっている。全九冊丁数計313丁（含、序・目録）のうち挿絵は計87丁半に及び、大坂の河内屋善兵衛が絵入り本として新趣向を構えたことは明らかである。貞享四年時、京にも大坂にも未だ書林仲間は結成されておらず、売れ筋の書物の海賊版を出すことは容易であったと思われる。この書もおそらく河善が慶安四年版の版元である村上に断り無く出版に及んだのであろう。なお、『近世文学資料類従・西鶴編23』の小川武彦氏の解題によれば、この貞享四年版には刊記を削り、「元禄十四年辛巳十一月吉日　江戸日本橋南二丁目　みすや又右衛門刊」と埋木した求版再刷本がある由。

Ⅳ　文化七年版

半紙本六冊。題簽に「繪入／再刻　西行撰集抄　一之上（一之下、二之上、二之下、三之上、三之下）」とある。刊記は、三之下の後表紙見返しに「浪華　流光斉多賀子健画／文化七年庚午冬十二月再刻成／京都書林　二條衣棚角　風月庄左衛門／東都書林　大伝馬町二丁目　大和屋安兵衛／本白銀町四丁目　同　忠助／浪華書林　心斎橋北詰　芳

田宗三郎／心斎橋通安堂寺町　奥田弥助」と入れる。「巻序・説話題・本文とも、慶安三年刊本とほぼ同じであり、それをもとにした刊行」（岩波文庫解説）。但し、板木は改まる。貞享四年版と同様絵入を謳うが、丁数計（含、序・目録）148丁のうち挿絵は30丁で、絵の占める割合は小さい。この書、版権についてはやや複雑である。詳細については省略するが、『開板御願書扣』第二十四冊（大坂本屋仲間記録第十七巻）『新板願出印形帳』（大坂本屋仲間記録第十四巻）『享保以後江戸出版書目』によれば、この文化七年版の版元は大坂の奥田（加賀屋）弥助なること明らかで、「再板」として開板許可を得たのが文化六年十二月、江戸で大和屋安兵衛を売出しとし割印を受けたのが文化七年十二月廿三日である。ところで、「再板」とは何の「再板」であったのか。寛政二戊年改正『板木総目録株帳』（大坂本屋仲間記録第十二巻）によれば、「同（西行）撰集抄」の「半紙形」九冊本の板木を「尼与（尼屋与兵衛か）、かゞ弥（加賀屋）、丹栄（丹波屋栄蔵か）、京」の相合で所持していたことが記され、さらに文化九壬申歳改正『板木総目録株帳』（大坂本屋仲間記録第十三巻）には、この「半紙形」九冊本が焼株となったため三冊本として「再版」したと読める記録がある。「半紙形」九冊本が焼株となったのは寛政二年から文化六年までの間であったことになるが、ここに言う絵入の「半紙形」九冊本は貞享四年版以外には有り得ず、この文化七年版絵入本は貞享四年版の「再板」として旧版権所有者の一人である奥田弥助が開板したものであったことが分かる。貞享四年版ではなく慶安三年版を底本とした理由についてはよく分からないが、いずれにせよ慶安三年版を用いた結果、当時その版権所有者であった京の風月庄左衛門を版元の一人として加えざるを得なかったであろうことは想像に難くない。因みに、『上組済帳標目』（京都書林仲間記録5）及び『差定帳』（大坂本屋仲間記録第八巻）の文化七年前後を通覧するに、『撰集抄』に関する揉め事は記録されていないことからすると、出版に際して奥田は風月堂と事前に調整済みであったような印象を受ける。なお、この文化七年版には「天保一四年刊や安政三年刊の後刷本」（岩波文庫解説）「無刊記の後刷本」（撰集抄校本篇）がある由だが、未見。また、国文学研究資料館調査データベース・マイクロデジタル資料によれば、風月・奥田の二軒版、江戸・京都・大坂・肥前の十軒版もあるらしいが、未見。

以上のように、近世期の『撰集抄』版本には四種があるのだが、その影響関係から見て、慶安三年版が出ていなければ、慶安四年版・貞享四年版・文化七年版も存在しなかった可能性が高い。その意味で慶安三年版『撰集抄』の出版は極めて大きな出来事であったのであり、その板木が揃って残っているということの意義もまた大きなものがあると言わざるを得ない。

それでは、その板木は、私たちに何を語ってくれるのであろうか。

2　慶安三年版の板木

版本で見るに、慶安三年版の丁数は、第一42丁、第二20丁、第三23丁、第四41丁、第五27丁、第六18丁、第七21丁、第八20丁、第九36丁で、合計248丁となる。先にも触れたように、題簽の板木は失われているが、この248丁を収めた四丁張の板木六十三枚が佛光寺に残る。これまた大量の板木を見ていると分かって来ることなのだが、百年とか二百年とかの長期に亘って摺刷が続けられた板木は墨が厚く付着し、甚だしい場合は字間・行間が殆ど墨で埋まるというような状態を呈するに至るが、この『撰集抄』の板木もその例外ではない。この墨の付着状況ということも、板木が伝える出版現場の情報の一つで、具体的な印刷部数までは分からないものの、「かなり刷っている」「そこそこ刷っている」「あまり刷っていない」という判断の目安となる。学術史料として板木を整理する場合、付着している墨を洗い流したり新しい墨を塗ったりしてはいけないわけは、板木が持っているその情報が消えてしまうからである。慶安三年版『撰集抄』の板木は勿論「かなり刷っている」ことが一見して明らかなのだが、摺刷期間が二百五十年に及ぶことを思えば、それも蓋し当然のこと。そこで問題になるのは、その二百五十年間、彫り直しはなかったかということである。これもまた、板木調査でたびたび出くわす課題で、その答は板木そのものと版本に求めるしかない。揃いの板木のうち何枚かが失われ彫り直したような場合、再刻の板木は初刻の板木とは寸法・厚さ・材質・墨の付着状況などが異なっていて、けっこう判別出来るものなのだが、『撰集抄』の板木六十三枚の中にはそのような違和感を抱かせるものは一枚もない。厄介なのは版本で、これは厳密に言えば現存する全ての版本と板木を照合しなければ彫り直しがあったのかどうかは断言出来ない。慶安三年版『撰集抄』の場合、板木が二百五十年間澤田の店から動いていないこともさらにこの問題を難しくしている。それはつまり、慶安三年版『撰集抄』版本は、初刻時のものも明治刷りも全て刊記が同じであることを意味し、板面の荒れ以外に摺りの前後を決する手掛かりがないからである。筆者は、佛光寺から提供を受けた板木の拓本と、早印と目される『撰集抄』の版本、明らかな後印本など五本を微細に照合して見たのだが、全て同板で、板木彫り直しの形跡は見当たらなかった。断定は憚られるものの、板木の現姿も考え併せると、現存板木六十三枚は全て初刻時のものと判断してよいと思う。

では次に、その六十三枚を一覧表にしてみよう。表から明らかなように概ね巻ごとに丁の順番に仕立てられているが、板木番号1332〔通し番号19〕・1300〔20〕・1306〔35〕・664〔36〕のように、同じ巻のなかでばらつきを見せる例も認められ、また他の巻にまたがるものとして、

1320〔11〕　第一41・42終・白板　＋第四41終
1322〔16〕　第二17・18・19　＋第三2
1324〔17〕　第二20（終）・白板　＋第六2・第八2
1335〔18〕　第三1・19　＋第八19・20
1307〔40〕　第五25・26・27（終）　＋第六3

慶安三年版『撰集抄』板木一覧

	板木番号	収 録 丁 数	寸法（粍）丈×幅×厚さ
1	667	第一目録（削除）・1（序）、3・4	882 × 225 × 21
2	1339	第一 5・8、6・7	883 × 230 × 21
3	670	第一 9・10、11・12	880 × 224 × 23
4	1328	第一 13・14、15・16	880 × 226 × 19
5	1319	第一 17・20、18・19	877 × 223 × 20
6	1292	第一 21・22、23・24	874 × 225 × 20
7	1314	第一 25・26、27・28	859 × 224 × 19
8	1340	第一 29・30、31・32	885 × 224 × 22
9	1299	第一 33・35、34・36	872 × 227 × 18
10	666	第一 37・38、39・40	880 × 227 × 18
11	1320	第一 41・第四 41 終、第一 42 終・白板	879 × 227 × 20
12	1325	第二目録・4、2・3	847 × 220 × 17
13	672	第二 5・6、7・8	852 × 224 × 19
14	1293	第二 9・12、10・11	845 × 220 × 19
15	1337	第二 13・16、14・15	848 × 215 × 20
16	1322	第二 17・第三 2、第二 18・19	850 × 217 × 20
17	1334	第二 20（終）・白板、第六 2・第八 2	870 × 219 × 17
18	1335	第三 1（目録）・19、第八 19・20	849 × 230 × 14
19	1332	第三 3・12、13・14	850 × 222 × 22
20	1300	第三 4・5、10・11	847 × 217 × 20
21	1317	第三 6・7、8・9	845 × 222 × 20
22	1321	第三 15・18、16・17	850 × 224 × 19
23	1330	第三 20・21、22・23 終	846 × 222 × 17
24	1315	第四 1（目録）・2、3・4	858 × 229 × 17
25	668	第四 5・6、7・8	873 × 227 × 22
26	674	第四 9・10、11・12	877 × 225 × 17
27	1301	第四 13・14、15・16	880 × 224 × 17
28	669	第四 17・18、19・20	869 × 228 × 18
29	1310	第四 21・22、23・24	884 × 227 × 18
30	1329	第四 25・26、27・28	877 × 224 × 14
31	1336	第四 29・30、31・32	887 × 229 × 20
32	1295	第四 33・34、35・36	857 × 224 × 18
33	665	第四 37・38、39・40	877 × 232 × 16

34	673	第五 1（目録）・2、3・4	849 × 213 × 19
35	1306	第五 5・6、13・16	857 × 225 × 14
36	664	第五 7・8、14・15	854 × 225 × 17
37	1302	第五 9・10、11・12	847 × 230 × 19
38	1304	第五 17・18、19・20	857 × 230 × 16
39	671	第五 21・22、23・24	855 × 224 × 19
40	1307	第五 25・第六 3、第五 26・27（終）	854 × 230 × 19
41	1316	第六 4・7、5・6	855 × 230 × 17
42	1297	第六 8・9、10・11	855 × 229 × 17
43	1296	第六 12・13、14・15	857 × 225 × 18
44	1326	第六 16・第八 17、第六 17・18（終）	853 × 224 × 21
45	1331	1（目録削除）・第七 2、3・4	850 × 229 × 17
46	1303	第七 5・6、7・8	850 × 229 × 15
47	1341	第七 9・10、11・12	860 × 228 × 14
48	1312	第七 13・第八 3、第七 14・21（終）	852 × 225 × 17
49	1313	第七 15・第八 5、第七 16・第八 4	844 × 233 × 17
50	1369	第七 17・18、19・20	850 × 232 × 21
51	1305	第八 6・7、8・9	850 × 227 × 17
52	1318	第八 10・11、12・13	855 × 228 × 20
53	1294	第八 14・18、15・16	855 × 231 × 17
54	1338	第九目録・2、3・4	851 × 228 × 18
55	1308	第九 5・6、7・8	858 × 228 × 15
56	1298	第九 9・10、11・12	856 × 227 × 18
57	1333	第九 13・14、15・16	852 × 230 × 17
58	1311	第九 17・18、19・20	850 × 219 × 20
59	1324	第九 21・22、23・24	845 × 229 × 21
60	1309	第九 25・26、27・28	858 × 227 × 18
61	1323	第九 29・30、31・32	857 × 228 × 16
62	1327	第九 33・34、35・36（終、刊記）	857 × 227 × 19
63	1291	第一 1（目録）・第八 1（目録）、 第六 1（目録）・第七 1（目録）	871 × 224 × 20

1326〔44〕　第六16・17・18（終）＋第八17
1312〔48〕　第七13・14・21（終）＋第八3
1313〔49〕　第七15・16　　＋第八4・5

の八例が挙げられる。近世の本屋は板木を効率よく使うのが習いで、空いたところに他の巻の半端になった丁を収めるケースはよくある。〔11〕を例にとってみよう。第一は全42丁。これを四丁張で仕立てていくと、板木十一枚が必要で、うち一枚は半面が白板（未使用の板）となる。一方、第四は全41丁で、四丁張で仕立てていくと一丁が浮いてしまう。その浮いた一丁を第一の未使用部分に収めているわけである。他の巻にまたがる八例のうち、最終丁との組み合わせが五例と多いのはそのため。が、この『撰集抄』の場合、第八の全20丁のうち、2・3・4・5・17・19・20の七丁が他の巻と組み合わせてあるのは、やや異例である。また、第六も、2・3丁がそれぞれ第二・第五に飛んでいるのは、不審。このことと関連し注目すべきは、初刻時におそらくたった一度だけ使用され、その後二百五十年間版本の表には登場しなかった刻面があるということである。該当の丁を収める板木は、667〔1〕と1331〔45〕である（図版1。以下、板木図版は鏡面。）。〔1〕には、第一の目録・序・3・4丁を収めるが、目録の丁は刻面の一部分を浚って使用出来ないようにしてある（図版1。以下、板木図版は鏡面。）。また〔45〕は、目録と第七の2・3・4丁を収録するが、こちらも目録の刻面の一部が浚ってある（図版2）。なお、こちらの目録は第何巻のそれであったのかは冒頭部が浚ってしまってあるので、読めない。一方、1291〔63〕には第一・第六・第七・第八の目録だけを収めた板が用意され、摺刷にはこちらが使用された来た。因みに図版の刻面、他に較べていずれも墨の付着状況は極端に薄い。

第一の〔1〕の削除目録と〔63〕収録の目録を対照してみよう。上段が〔1〕、下段が〔63〕である。なお、浚ってあって読めない部分は、□で示した。

図版 1

図版 2

撰集抄第一目録　西行記

□□上人□

□□□□□□□□□発《ほつ》□□

□□□□□□□□

国行《くにゆ》□□□□□

宇津山《うつのや》□□□□

浮世住人《うきよにすむひと》不レ知《しらず》二無□□□□世渡《よをわたる》事

新院御墓讃州《しんゐんのミはかさんしう》□□□□之《あるの》事

行賀僧都《ぎやうがそうづ》□□□□□

一和僧都《いちわそうづの》□

真誉法眼《しんよほうげんの》事　青蓮院宮

播州平野僧発心《ばんしうひらの、そうほつしんの》事

花林院永玄僧正《くわりんゐんのえいげんそうじやうの》事

雲林院説法聞発心男《うんりんゐんのせつほうをき、てほつしんするおとこの》事

慈恵大師白骨首女人《じゑだいしのはつこつかうべによにんニ》授《さづくる》二法華《ほつけを》一事

撰集抄第一目録畢

撰集抄第一目録　西行記

一　増賀上人《そうがしやうにんの》事

二　依《よりて》二祇園御託《ぎをんのごたくニ》一有男発心《あるおとこほつしんの》事

三　有僧印西向歌《あるそういんさいニむかひてうたをよむ》読事

四　国行三位遁世《くにゆきのミとんせいの》事

五　宇津山僧発心《うつのやまそうほつしんの》事

六　浮世住人《うきよにすむひと》不レ知《しらず》二無常《むじやうを》一偽構世渡《いつはりかまへてよをわたる》事

七　新院御墓讃州白峰《しんゐんのミはかさんしうしらミねにこれ》有レ之《あるの》事

八　行賀僧都耳切因縁《ぎやうがそうづミ、をきるいんえんの》事

九　一和僧都《いちわそうづの》事

十　真誉法眼《しんよほうげんの》事　青蓮院宮

撰集第一目録

十一　播州平野僧発心《ばんしうひらの、そうほつしんの》事

十二　花林院永玄僧正《くわりんゐんのゑいげんそうじやうの》事

十三　雲林院説法聞発心男《うんりんゐんのせつほうをき、てほつしんするおとこの》事

十四　慈恵大師白骨首女人《じゑだいしのはつこつかうべによにんニ》授《さづくる》二法華《ほつけを》一事

撰集抄第一目録畢

削除部分・目録の尾題、それに章番号の有無を除き、上下ほぼ一致する。〔1〕で浚ってあって読めない部分は下段と同じ文言があったと考えてよい。ここから推測されるのは、初刻時に〔1〕の板に第一の目録・序・3・4丁を彫り付けたものの、章番号を入れ忘れたため、〔1〕の目録面を使ってもう一度版下を作成し、新たに〔63〕に彫り直した。そして、摺刷に際して間違いが起きないように、〔1〕の目録面を浚ったのではないかということである。

〔45〕の場合はいま少し複雑である。これも上下に対照してみよう。上段が〔45〕、下段は〔63〕に収める第七・第八の目録である。なお、説明の便宜上、〔45〕の目録に原典にはない通し番号を付す。

□□□□□□□　西行記
1　□□□□□□□□□
2　宗順信《そうしゆんしんし》ニ初瀬《はせヲ》一遁《のかる》ニ災□□□
3　大智《たいち》明神《みやうじん》之御事
4　鹿嶋《かしま》大明神之御事
5　敵《かたき》有男《おとこ》山伏笈《おいノ》中入助《たすかる》事
6　山居尼念仏往生《あまねんふつわうしやうノ》事
7　小野《をの、》□□□詩《し》作事
8　都良香《とりやうかう》□□嶋《しま》并朱雀門《しゆしやくもんニテ》詩《し》作事
9　清槙公《せいしんこう》并野相公《やしやうこうノ》事
10　大江相公《しやうこう》并白楽天《はくらくてん》事
□□□□
11　北野《きたの》□□□□事

撰集抄第七目録　西行記
一　山居僧《さんきよノそう》三世不可得《ふかとくノ》観住《くはんぢう》事
二　宗順信《そうしゆんしんし》ニ初瀬《はせヲ》一遁《のかる》ニ災難《さいなん》一事
三　大智《たいち》明神《みやうじん》之御事
四　鹿嶋《かしま》大明神之御事
五　敵《かたき》有男《おとこ》山伏笈《おいノ》中入助《たすかる》事
六　山居尼念仏往生《あまねんふつわうしやうノ》事
七　小野《をの、》篁《たかむら》嵯峨《さがニテ》詩《し》作事
八　都良香竹生嶋《とりやうかうちくふしま》并朱雀門《しゆしやくもんニテ》詩《し》作事
九　清槙公《せいしんこう》并野相公《やしやうこうノ》事
十　大江相公《しやうこう》并白楽天《はくらくてん》事
撰集第七
十一　北野《きたの》大臣之御事

12　直幹《なをもと》□□□□天神勅《ちよく》一有二御優免《ゆうめん》一事
13　公任《きんたう》進《すゝミ》レ□□行平遷流《ゆきひらせんるノ》事
14　為頼《ためより》歎《なけき》□□□□幷高光《たかみつ》歎レ務事
15　公任能《よし》□□性三人名歌《めいかノ》事
16　中務《なかつかさ》□□実方兼《さねかたかね》方忠岑《たゝミね》歌事
17　伊勢《いせ》歌事躬恒《みつね》花山院《くハさんゐん》義孝《よしたか》御歌事
18　遍昭《へんせう》名歌事経信《つねのふ》大納言遇《あふ》二化《け》生《しやうノ》物一事
19　行尊《きやうそん》僧正笙《しやう》之岩屋《いはやノ》名歌事
20　侍従《じしう》大納言成道《なりみち》鞠《まりノ》事
□□□□

十二　直幹《なをもと》流《る》罪《さい》依《よつて》二天神勅《ちよく》一有二御優免《ゆうめん》一事
撰集抄第八目録　西行記
一　公任《きんたう》進《すゝミ》レ位《くらい》幷行平遷流《ゆきひらせんるノ》事
二　為頼《ためより》歎《なけき》二老苦《らうくを》一幷高光《たかみつ》歎レ務事
三　公任能宣《よしのふ》素性《そせい》三人名歌《めいかノ》事
四　中務《なかつかさ》元輔《もとすけ》実方兼《さねかたかね》方忠岑《たゝみね》歌事
五　伊勢《いせ》歌事
六　躬恒《みつね》花山院《くハさんゐん》義孝《よしたか》御歌事
七　遍昭《へんせう》名歌事
八　経信《つねのふ》大納言遇《あふ》二化《け》生《しやうノ》物一事
九　行尊《きやうそん》僧正笙《しやう》之岩屋《いはやノ》名歌事
十　侍従《じしう》大納言成道《なりみち》鞠《まりノ》事
撰集抄第八

章番号を入れ忘れたための彫り直しという事情は基本的に第一の場合とおそらく同じで、〔45〕で浚ってあって読めない部分はやはり下段〔63〕と同じ文言があったと考えてよいであろう。が、注目すべきは、こちらには当初一巻編成の予定であったものを、〔63〕に彫り直すに際し、第七・第八の二巻に分けた形跡が残っているということである。つまり、1～12を第七とし、13～20を第八に配すと共に、もともと一章仕立てであった17・18を、おそらく第七の十二章とのバランスを考えてのことであろうが、それぞれを二章に分けて第八を十章仕立てとしている。〔45〕の目録面は、冒頭部を浚ってしまっているため、初刻時にこれを第何巻にあてるつもりであったのかは分からない。が、第一・第六・第七・第八の四巻のみ目録を〔63〕の板に別に用意したことから考えると、章番号を補ったという問題と併行して、巻の再編が急遽行なわれたかに思われる。その痕跡は実は版本からも拾うことが出来る。各巻の目録題・目録尾題・本文内題・本文尾題を一覧表にして次に示そう。

目録題	目録尾題	本文内題	本文尾題
撰集抄第一目録	撰集抄第一目録畢	撰集抄第一	撰集抄第一終
撰集抄第二目録	撰集抄第二目録畢	撰集抄第二	撰集抄第二終
撰集抄第三目録	撰集抄第三目録畢	撰集抄第三	撰集抄第三終
撰集抄第四目録	撰集抄第四目録畢	撰集抄第四	撰集抄第□終
撰集抄第五目録	〔なし〕	撰集抄第五	〔なし〕
撰集抄第六目録	〔なし〕	撰集抄第六	〔なし〕
撰集抄第七目録	〔なし〕	撰集抄第五	〔なし〕
撰集抄第八目録	〔なし〕	撰集抄第八	〔なし〕
撰集抄第九目録	〔なし〕	撰集抄第九	〔なし〕

第三の本文内題「撰集抄第三」は板木1322〔16〕で見るに、明らかな入木である（図版3）。また、第七の本文内題が「撰集抄第五」とある。第四の本文尾題「撰集抄第□終」に巻数が入っていないということも指摘出来る。これらは、巻の編成替えをしたために残った不整ではないだろうか。このうち特に注目すべきが、第七の本文内題が「撰集抄第五」となっていることである。初刻時に第七・第八を一巻に纏めるつもりであったことは、先に見た板木〔45〕の削除目録面から明白だが、冒頭部を浚ってしまっているため、初刻時にこれを第何巻にあてるつもりであったのか

図版３

は分からなかった。が、第七の本文内題が「撰集抄第五」となっていることからすれば、浚われた冒頭部には「撰集抄第五目録」とあったのではないか。すると、結果的に第九に割り振られた巻は、もともとは第六だったということになる。そこで、再び各巻の丁数に注目してみよう。これも先に触れておいたように、各巻の丁数は、第一42丁、第二20丁、第三23丁、第四41丁、第五27丁、第六18丁、第七21丁、第八20丁、第九36丁となっている。が、考えてみるとこの丁数の割り当てはずいぶんとバランスがよくない。第七・第八は本来一巻仕立てであったはずで、その丁数を足してみると41丁となる。一方で、第一が42丁、第四が41丁、第九が36丁であるから、このあたりを一巻の目安と考えてみると、第二・第三がもと一巻で計43丁、第五・第六ももと一巻で計45丁という推測は十分に成り立つ。つまり、慶安三年版『撰集抄』は、当初六巻として企画されたのだが、急遽巻の編成替えをして、九巻仕立てになったということになろう。先に一覧表で見ておいたように、第八全20丁のうち、2・3・4・5・17・19・20の七丁がばらばらに他の巻と組み合わせてあること、また第六も、2・3丁がそれぞれ第二・第五に飛んでいるのは、おそらくこのことと関係がある。

では、九巻に編成し直したのは何故であったのだろうか。これについては序文中に「……新旧《しんきう》の賢跡《かしこきあと》を。撰求《えらひもとめ》ける事の。ことの葉を書集《かきあつ》め。撰集抄と名付て。座の右に置《おき》て。一筋《すぢ》に知識《ちしき》に頼まんとなり。巻は九品《ほん》の浄土《じやうど》に思宛《おもひつゝ》。十に一をもらし。事は八十随好《ずいかう》に思よそへて。百に廿を残せり。……」とあるのを参照せねばならない。「巻は九品《ほん》の浄土《じやうど》に思宛《おもいつ》。十に一をもらし。」が巻数のことを言っているのは明らかで、六巻仕立てとすると、この序文にいうところと齟齬を来すことになる。章番号を補うために目録を彫り直す際にそのことに気付き、急遽巻の編成替をしたのではないだろうか。なお、同じく序文に「事は八十随好《ずいかう》に思よそへて。百に廿を残せり。」とあるのによれば、章立ては全八十章でなければならないのだが、結果的には百三章仕立てとなっており、こちらは序文のいうところと一致していないし、それを修正しようとした形跡も見られない。

さて、板木〔1〕〔45〕の削除面から明らかなように、第一・第七・第八の目録を彫り直した理由の一つは章番号を入れ忘れたからであった。そのことと関連し注意すべきことに、版本には明白に残る第七の十一丁表の第六章の章番号[六]が、1341〔47〕の板木でみると実は入木であって、現存板木ではそれがはずれて無くなってしまっているということである。これは、本文の章番号が全て入木ではないかという疑念を抱かせるに十分な事実である。他にも版本で見るに、第三の四丁裏「葛木山麓男発心事」の章番号[十一]は本来[二]と、十七丁裏の「中納言顕基事」の章番号[十六]は本来[七]とあるべきところを誤っているのも、その疑念をつのらせる。ではこの[二]と[七]は入木なのか。板木をみれば明白と言いたいところであるが、ことはそれほど単純でない。というのは、先にも触れたように百年単位で摺刷を繰り返した板木は、刻面に墨が厚く付着し、元姿がわかりにくくなっているからである。筆者は現存板木の全ての章番号の部分に目を凝らし、また写真にも撮って確証を得ようと試みたのであるが、番号部分が入木らしく認められる例もあるものの、入木とは思われない番号もあり、結論を得るに至らなかった。墨を洗い流せば判明することは予想されるが、それをすると板木の現状を損ねることになる。本文章番号の一部に明らかな入木があることは板木〔47〕の例から疑うべくもない事実であるが、それが目録の彫り直しと関係するのかしないのかという問題については、残念ながら今のところ封印するしかない。

おわりに

以上見てきたように、慶安三年の初刻時以来、版本の表には登場することなく眠り続けてきた『撰集抄』の削除目録の板木は、三百五十年前に京都の澤田庄左衛門の工房の片隅で密やかに行なわれていたことがらを実に雄弁に物語ってくれているのである。「一目瞭然」という言葉があるが、板木が私たちに伝えてくれる情報はそのような性質のものである。出版研究に新しい視点を導入するために、誰が見ても「一目瞭然」たる板木の情報は広く共有されねばならない。その観点に立ち、現在、高野版のそれも含め、奈良大学蔵の板木及び藤井文政堂現蔵分については、立命館大学アートリサーチセンターとの共同で、目録化・データベース化を進めつつあり、幸いにしてこの春七万コマ近い基礎データの撮影を完了することが出来た。ネット上で何時でもどなたにでも板木を見ていただける日も、それほど遠いことではない。

平成二十年四月五日　稿

3 俳書の板木

はじめに

筆者はこの十数年ほどの間に近世期に京都で商業出版に使用された板木を七千枚ほど見てきたが、意外だったのは俳諧関係のそれが非常に少ないということである。管見に入った板木のうち、書名の判明するものを取り上げみると次のようになる。

安永七年刊　『奥細道菅菰抄』　四丁張一枚
寛政元年再刻『おくのほそ道』　四丁張一枚
寛政元年再刻『芭蕉翁発句集』　四丁張四枚
文化六年刊　『冬の日注解』　四丁張一枚
天保三年刊『俳諧文政発句集』　四丁張四枚
嘉永四・五年刊『俳諧袖珍鈔』　六丁張四枚

弘化三年刊『芽吹柳』（『冠吟福原砂子』の改題本）　二丁張五枚
安政六年刊　『四季類題百詠集』　二丁張十四枚
明治十一年刊『国風冠歌四季母艸』　二丁張二十四枚

このうち、『奥細道菅菰抄』の板木については「『奥細道菅菰抄』の板木」（本書第五部2）に、『おくのほそ道』のそれについては「『おくのほそ道』蛤本の謎」（本書第二部2）などに、『芭蕉翁発句集』については「『芭蕉翁発句集』の入木」（本書第四部2）に詳述したので、そちらを参照されたい。右以外に、書名を確定出来ないものとして、梅室の連句集（二丁張五枚）、幕末期と思われる類題句集三点（二丁張、合二十六枚）、寛政以降と思われる冠付集（二丁張十二枚）・折句集（二丁張十枚）・継句集（二丁張五枚）がある。以上、枚数にして百十六枚。七千枚というのはあくまでも概数に過ぎないが、その中で俳書の板木の占める割合は二％に満たない。俳諧は近世期に最も盛んに行なわれた文芸で、出版件数も多かったはずなのに、なぜこれほど板木の残存率が低いのであろうか。その理由の最たるものは、俳諧という文芸の性格にある。室町中期に連歌の会の余興として生まれた俳諧は、「云捨て」という別称がよく表わしているように、その場限りの慰みであった。その娯楽文芸としての性格を貞徳は「誹諧は面白事ある時、興に乗じていひ出し、人をもよろこばしめ、我もたのしむ道なれば、おさまれる世のこゑとは是をいふべき也。」（『誹諧御傘』序文）と的確に意義付けているが、その性格は近世期を通じて基本的に変わることはなかった。つまり、俳諧は本来特定集団の中でのその場限りの慰みという性格を持っているのである。そしてそれは当然、俳書の特性ともなる。この問題について木村三四吾氏は夙に「『春の日』初版本考」（昭和四十六年三月「ビブリア」47号初出、平成十年一月木村三四吾著作集Ⅰ『俳書の変遷―西鶴と芭蕉』に収録）において、次のように述べておられる。

一度刷られたものの版木を、本屋はどう処置していたのだろうか。浮世草子などの小説類であれば本屋自身の企画で、それについての経済的負担はすべて版元にかかり、版木は財産の一つとして長く蔵版され、必要に応じ随時追刷りされていったが、俳書の大部分、特に撰集などは撰者自費出版の形をとり、その蔵版本でない限り、撰者買上げの契約部数をさえ刷ってしまえば後の版木の管理は本屋の手に移ったもののようである。しかも、本の内容もその場その時限りのものが多く、版元としても何時までも保存しておく筋合の商品であるまい。せいぜい一地方一流一派の作品を収めたに過ぎぬ撰集では、その連中の発表欲を充たすことはあっても、外部からの関心など何程の拡がりを持つものでもなく、ことがすめばそれはそれで仕舞である。（中略）とすれば、原刻本寺田版の『春の日』は初刷何部かが刷られたまま、以降追刷りされるようなことはなかった、ともいえる。したがって、本書のその後の版木が版元からどのような待遇を受けたのか、およその見当はつけられよう。初刷版行後すぐに割られて薪にされてしまったか、あるいは幸いにも版木納屋の片隅にわずかの置場所を与えられていたか、ともかく版元の扱いが丁重であった気遣いはない。

もちろん俳書とは一口に言っても特定集団の撰集には限らずその様態はさまざまで、商品化を意図して書肆が企画するものもあったわけで、木村氏の指摘を全ての俳書に当てはめることは出来ないが、氏の指摘は基本的に正鵠を得ている。そして、「撰者買上げの契約部数を」「刷ってしま」ったあと「すぐに割られて薪にされてしまった」か「版木納屋の片隅にわずかの置場所を与えられていた」以外のありようについて、板木を扱って来た者の立場から補ってみると、再利用ということがらを挙げねばならない。近世期の書肆が一度使った板木を再利用したことは、京都の古書店などでは当たり前のこととして語り継がれているのだが、実際に板木を見ていると、その痕跡が残るものも幾つか見受けられる。章末の図1は竹苞楼旧蔵『春葉集』（荷田春満の家集。荷田信郷編、秋成ら序、信郷跋。寛政十年七月刊）の刊記部分の板木である。左に信郷跋文の末尾、右寄りに刊記を収めるが、跋文と刊記の間および左寄りに刻面を削除した痕跡が残り、再利用の板であることが分かる。また、竹苞楼旧蔵の板木の中には、刻面を削除した状態の板が九枚ほど残っている。図2はその一例。これらは特に意識を持って見なければ、ただの薄汚れた板にしか見えないしろものである。それに、図3のように、刻面を削除したあと彫字用に磨いて再調製した板もあり、再利用が実際に行なわれたことを現物によって、しかもそのプロセスを追って確認することが出来る。恒久的な需要を見込める往来物などの実用書や仏書などに比べ、その場限り的な性格を持つ俳書や、当たり外れの大きい文学関係の板木は再利用に供される割合は高かったということは十分に考えられるが、では俳書の板木が再利用されたという実例はあるのかというと、実証は困難を極める。何故かといえば、再利用されていることが明白な板木も刻面削除の板も再調製の板も、もとは何の本であったかは判らないからである。が、ここにその痕跡を留める稀有な例がある。それは、享保元年刻の『花段綱目』をのちに再刻するに際し、間に合わせに俳書の板木を再利用したのだが、その板木の特殊形態ゆえにもとの俳書の原姿が辛うじて残ったというケースである。

1　『花段綱目』の内容と諸版本

先ずは『花段綱目』の版本から話を始めることにしよう。該書は水野元勝の著書で、園芸専門書としては日本では最初に出版されたもの。国書総目録などによれば、初版は延宝九年の刊で、元禄四年版もあるらしいが、未見。管見に入った諸版本につぎのようなものがある。

奈良大A本

半紙本三冊。縦22.3×横15.8糎。虫害に遭った本を全丁裏打ちして改装。牡丹模様金色縫箔後補表紙。左肩に茶色地双辺元題簽を、やはり裏打ち補修して貼る。「花壇綱目　上（中・下）」。縦15×横3.5糎。丁付、版芯。上巻「綱上　一～廿五終」（改装の際、十九と十八乱丁）、中巻「綱中　一～十五終」、下巻「綱下　一～廿終」。内題「花段綱目巻上」、「花段綱目巻中」、「花段綱目巻下」。尾題「花段綱目巻上終」「花段綱目巻中終」「花段綱目巻下終」。刊記は下廿終ウにあり「水野氏元勝／享保元丙申年菊月吉旦／松井頼母俊益志之」。図5①参照。版元の名はどこにも見えないが、下巻後表紙見返しにそれが入っていたとすれば、改装の際に失われた可能性もある。なお、全丁に単辺匡郭があり、寸法は必ずしも一定ではないが、上一を例に採れば半丁が縦17.2×横13.1糎。内容は、上巻一～四が「花段綱目序（署名なし）」。五オに牡丹の図と和歌「名ばかりはさかでも色をふかみ草花咲ならば何にみてまし」を入れる。五ウ～七ウに「目録春の部」として福寿草・すみれ・りんどうなど、また「夏の部」として紫蘭・琉球百合・木瓜草など草花の名を列記し、八オ以下に各項目についての解説がある。冒頭の福寿草を取り上げてみよう。句読点・濁点は私に補った。なお、該当の上巻八丁を図4①に挙げてある。

福寿草《ふくじゆさう》　●花黄色小輪也。正月初より花咲。元日草トモ朔日草トモ福つく草トモ俗に云。●右養土《やしなふつち》の事　肥土《こへつち》に砂《すな》を少加て能まぜ合ふるひにて用て宜し。●肥《こやし》の事　茶がらを干成程こまかに粉にして、右之土に少宛交る也。●分植《わけうへる》事　二月末より三月節句迄、八月末より九月節句迄、分植也。

中巻は秋・冬・雑の部、下巻は土・肥・異名などを収録する。なお、中・下巻目録末尾半丁には上巻と同様の趣向で、梅・桜の図を入れ和歌が添えてある。

奈良大B本

半紙本三冊。縦22.5×横15.8糎。原装、濃紺表紙。左肩に白地双辺元題簽。中巻は剥落。上下は半分ほど残る。A本とは異板。丁付、上巻「綱上　一〜廿五（「終」なし）」、中巻「綱中　一〜十五（「終」なし）」、下巻「綱下　一〜廿終」。本文も全てA本とは異板であること、図4①②を参照されたい。内題「花段綱目巻上」、「花段綱目巻中」、「花段綱目巻下」。尾題「花段綱目巻上終」「花段綱目巻中終」。下巻の尾題はない。刊記は下廿終ウにあり「水野氏元勝／享保元丙申年菊月吉旦／松井頼母俊益志之／大坂心斎橋筋順慶町／柏原屋与左衛門」。この刊記部もA本とは異板。図5②参照。この刊記部をA本と比べてみるとA本にあった下巻の尾題が省かれているが、それは左端に「大坂心斎橋筋順慶町／柏原屋与左衛門」の二行を余裕を持って入れるための措置であったと考えられる。また、A本の版式を踏襲してこのB本にも全丁に単辺匡郭があるが、上一を例に採れば半丁の横幅は13糎でさほど変わらないが、縦が16.1糎と少し短くなっている。その理由については後述する。

奈良大C本

半紙本三冊。縦22.8×横16.1糎。原装、濃紺表紙。左肩に白地双辺元題簽。各冊半分ほど残る。上・下巻題簽、B本と同板。内容はB本に一致。本文・刊記もB本と同板。図5②はこのC本のそれである。摺りの状態・欠刻はこのC本の方がB本よりややまし。

静岡県図葵本

国文学研究資料館提供の写真による。半紙本、上下二冊。上巻元題簽左肩、一部存。奈良大B・C本と同板。下巻は後補双辺題簽「花壇綱目　巻下」と墨書き。本文・刊記とも奈良大B・C本と同板。刊記も同板。

新城情報牧野本①（か-115-M）

国文学研究資料館提供の写真による。半紙本、上のみ一冊。左肩に元題簽。奈良大B・C本と同板。見返しに袋が貼り付けてあり、柳・桜の図の真ん中に「華壇綱目」と入れる。本文は奈良大B・C本と同板。

新城情報牧野本②（か-106-M）

国文学研究資料館提供の写真による。半紙本、中のみ一冊。題簽、欠。左肩に「花段綱目」と書き入れ。本文は奈良大B・C本と同板で、C本より欠刻目立つ。なお、後表紙見返しに、広告あり。「観音薩捶施無畏之図　唐紙／一枚摺　一幅（解説文あり、略）／念仏行者現生護念之図　一枚摺（解説文あり、略）／書肆　尾州名古屋本町通七丁目　永楽屋東四郎／江戸日本橋通本銀町二丁目　同　出店」。

新城情報牧野本③（こ-138-M）

国文学研究資料館提供の写真による。半紙本、下のみ一冊。左肩に元題簽。奈良大B・C本と同板。本文も奈良大B・C本と同板。C本より欠刻目立つ。刊記部、奈良大B・C本は「大坂心斎橋筋順慶町／柏原屋与左衛門」とあるが、「順慶町／柏原屋与左衛門」の部分を、入木で「唐物町／河内屋太助」と改める。図5③参照。巻末に目録が二丁あり。いまその書目をあげ、国書総目録などにより出版年次を括弧内に示してみると次のようになる。金花夕映（文化6刊）・昔語質屋庫（文化7刊）・新累解脱物語（文化4刊）・絵本忠臣蔵（寛政12刊）・同後篇（文化5刊）・松染／情史秋七種（文化6刊）・月氷奇縁（享和3刊）・絵本夜船譚（文化7刊）・小夜／中山石言遺響（文化2刊）・燕石襍志（文化8刊）・画図西遊譚（西遊日記か、文化8刊）・月宵鄙物語（「前篇全部五冊／後篇近日発兑」とする。前篇は文化5刊、後篇は文政11刊）・小栗外伝（「前編七冊□□発行／後編来ル十一月売弘仕候」とする。初編六冊は文化10刊、二編五冊は文化11刊、三編五冊は文化12刊）。内容から考えて、文化十年頃の目録か。後表紙見返しにも広告あり。「大日本國郡全図　彩色摺／箱入　全二冊（解説文あり、略）／書肆　尾州名古屋本町通七丁目　永楽屋東四郎／江戸日本橋通本銀町二丁目　同　出店」。すると、この牧野本③は、文化十年頃に永楽屋東四郎が扱った本ということになる。

以上のように、管見によれば享保元年の刊記を持つ『花段綱目』には異版二種があることが判明する。刊記部に書肆名の入らない奈良大A本がB本以下に先行することは、A本の方が匡郭が大きいこと、またA本は全体に文字の刻線に太い細いのメリハリがあるのに対し、B本は刻線が細くやや単調であるという彫りなおしの際に見られがちな特徴を有すること、B本は下巻末尾の尾題を省いていることなどから明白であろう。

延宝九年版及び元禄四年版に調査が及んでいないので確かなことは言えないが、A本を扱った某書肆は延宝版もしくは元禄版を基に享保元年に『花段綱目』を再刻（三刻の可能性もあるが、いま仮に再刻としておく）した。その後、その板木が何らかの理由で失われたため、何れかの時期にまた彫り直して（いま仮に三刻本とする）発行したのが大坂順慶町の柏原屋与左衛門だったということになる。そして牧野本③によれば、文化十年ごろまでに『花段綱目』の板木は唐物町の河内屋太助へ動き、その摺本は名古屋の永楽屋東四郎でも扱われたということが分かる。

2　『花段綱目』の板木

この『花段綱目』三刻本の板木が京都の藤井文政堂に残っている。図4③は上巻八丁の板木拓本の複写。拓撮は板木に紙を貼り付けて行なうので刻線がどうしても太めに出てしまうが、図4②と照合していただくと、例えば版芯部の丁付「八」の左側罫線のゆがみの一致などからも同板であることは御確認いただけるかと思う。残存板木と版本を手掛かりに、『花段綱目』の板木一覧表を作成してみると、次のようになる。表の左端は残存板木の仮の通し番号である。また、通し番号2・12・13・22の四枚は、あとで触れるように二枚の板を重ね合わせて二丁張に仕立ててあり、それぞれ一枚づつの状態で採寸した。もともとは二丁張三十一枚揃いであったと考えられる板木のうち、ぬりつぶしで示した八枚が失われていることが分かるが、この八枚の収録丁の欄は飽くまでも推測にすぎない。近世の本屋が板木を仕立てる際に、分割所有を前提にわざと丁の順番をずらして丁を飛ばしておく例が多くあることは「板木の分割所有」（本書第五部6）に詳述したが、『花段綱目』の板木にも2・11・13・14・16・17・21とこれが少なからず

「花段綱目」板木一覧

	板木番号	収録丁	板木寸法　耗 丈×幅×厚さ
1	391	上　1、2	272 × 176 × 18
	欠①	上　3、4	
2	386b	上　5	266 × 176 × 13
	386a	下　15	266 × 178 × 11
	欠②	上　6、7	
3	393	上　8、9	275 × 178 × 18
4	389	上　10、11	272 × 178 × 20
	欠③	上　12、13	
	欠④	上　14、15	
5	388	上　17、18	273 × 178 × 19
6	390	上　19、20	274 × 184 × 20
7	387	上　21、22	274 × 180 × 18
8	392	上　23、24	275 × 183 × 17
	欠⑤	上　25、上　16	
	欠⑥	中　1、2	
9	399	中　4、5	272 × 177 × 19
10	401	中　6、7	268 × 182 × 20
11	397	中　8、15	274 × 176 × 19
12	398	中　11	275 × 179 × 12
	396	中　12	269 × 178 × 14
13	400b	中　9	265 × 179 × 13
	400a	中　13	268 × 179 × 14
14	402	中　10、14	267 × 180 × 21
	欠⑦	下　1、中　3	
15	409	下　2、3	274 × 175 × 20
16	407	下　4、9	272 × 177 × 19
17	406	下　5、8	274 × 178 × 20
18	404	下　6、7	275 × 178 × 20
19	403	下　10、11	267 × 182 × 20
20	405	下　12、13	268 × 180 × 18
21	408	下　14、20終（刊記）	267 × 182 × 18
22	395b	下　16	270 × 175 × 14
	395a	下　17	269 × 172 × 13
23	394	下　18、19	268 × 183 × 18
	欠⑧	題簽、袋	

ある。表では上巻十六丁を欠⑤に、また中巻三丁を欠⑦に仮に入れてみたのだが、これは逆に入っていたことも有り得るし、また別の欠の板に入っていた可能性もある、ということである。また板木が全て残らなかったのは、欠の板がほどよくとびとびに上・中・下と分かれていること、それに欠の分に題簽・袋板を含み、逆に残存板木の中に21の刊記の板があることからすると、文政堂に揃って残っていたものが何らかの理由で失われたのではなく、分割所有の結果であるような印象を受ける。文政堂に残る板木目録『万延元年庚申卯月改正／文政堂蔵板』（拙著『藤井文政堂板木売買文書』に翻刻紹介）には『花段綱目』は出てこないのだが、文化十年以降の然るべき時期に、版権の四分の三ほどが、文政堂へ動いたものと思われる。相合先がどの店であったのかは、手掛かりがなく不明。

さて、この『花段綱目』の板木は形状が極めて特殊である。その特殊性をⅠ群（1・3・4・5〜8・9〜11・14・15〜21・23の十九枚）と、Ⅱ群（2・12・13・22の四枚）の二つに分けて見てみよう。先ずⅠ群である。図6が一般的な半紙本二丁張の板木（『史記論文』巻五十九、三丁）で、図7が『花段綱目』7の板木（巻上21丁）である。図版の縮小率が一定ではないが、寸法は『史記論文』が丈40.7×幅20.5糎、『花段綱目』のほうは表に示したように丈27.4×幅18糎で『史記論文』より丈・幅とも小さい。二丁張のそれに限ることではないが、普通板木には『史記論文』のように刻面の左右に張り出しがあり、端には反り止めを嵌めるための突起が彫りだしてある。また、地の側は板木の幅いっぱいに刻面を収めるが、天の方は、恐らく摺刷の際の力を逃がすために、少し余裕が持たせてあるのが普通である。それに比べ、この『花段綱目』の板木には左右の張り出しが全くなく、天部に余裕は持たせてはあるものの窮屈で、匡郭を含めた刻面が板木の縦横きちきちに収めてある。板木の左右側面を見ると、図8のように鋸で截断した痕跡があり、しかもその部分は墨で真っ黒に汚れていることからすると、この『花段綱目』の板木は張り出しのある板木で作成され後に張り出し部分を截断したのではなく、もともとこのサイズで作られて長い間摺刷に供されて来たと考えてよい。先に諸本の項で、A本に比べてB本は匡郭縦寸が一糎ほど短いことに触れた。A本同様、B本も半紙本で売り出されているので、その点から見れば匡郭の寸法を縮める必要性は全くなかったはずである。では、匡郭の縦寸を縮めた理由は何か。表に示したように『花段綱目』の板の幅は17〜18.4糎であるから、A本の匡郭縦寸17.1糎のままこれらの板に収めることは不可能ではないものの、もしそうすれば天部の余裕を失ってしまうことになる。

これらのことから次のような推測が出来る。A本をもとにB本の板木をこしらえようとした書肆は、ありあわせの板で間に合わせようとした。ところが、その板ではA本の匡郭縦寸が収まらないので少し寸詰まりで版下を作り板木を仕立てたのである。B本で匡郭が短くなったのは書肆の節約意識に基づく物理的な理由によるものであった。

Ⅱ群の四枚の板木はさらに特殊で、図9のように二枚の板を重ね、両端に材をあてて釘で打ちつけるというやりかたで作られている。筆者がこの板木を最初に調査した時、12の板（板木番号396・398）に打ちつけた材が外れていて、たまたまその裏面を確認することが出来、それが俳書の板木であることが判明した。そこで、藤井さんの了解を得た上で、2・13・22の板の両端の打ち付け材を外してみると、やはり裏面は同一書と見られる俳書であった。この板木を仕立てる際に、書肆がありあわせの板で間に合わせようとしたことはⅠ群から明らかであるが、それでも板が足りなかったと見える。そこで、もう使用することの無い手近にあった俳書の板木を引っ張り出して来て、それを再利用したのである。その状態を確認していただくために、2・12・13・22の板の裏面の俳書刻面の写真を図10①〜⑧として示しておこう。なお、刻面が比較的まともに残っている386b・395aの二面については拓本の複写も添えておく。

この俳書のサイズは半紙本で、その板木も前掲「史記論文」ほどの大きさはあったはずである。が、『花段綱目』Ⅰ群の板に寸法をあわせるため、先ずは周辺部が截断され、その結果、俳書板木は二辺あるいは三辺の匡郭部を失うことになる。そして、二丁張りとするべく『花段綱目』側を表に、俳書側を裏にして二枚を重ねる際に、俳書刻面がもとのままではうまくかみ合わないために、刻面は無残なまでに削られ、386b・395a以外は殆ど原姿を留めないという結果になった。この俳書の板木がもともとどういう姿をしていたのか、二丁張りであったのか四丁張りであったのか、それは判らない。が、その俳書の板木を再利用する時に、職人はなぜ両面を使用しなかったのであろうか。表の寸法欄を見ていただくと、Ⅰ群の板木は厚さが概ね20粍ほどあるのに、この八枚は11～14粍しかない。おそらく、この俳書のもとの板木自体が再利用の薄めの板で、それの両面をさらに削って使うことは困難という職人の判断だったのではないだろうか。結果、Ⅱ群の板は極めて特殊な形状を呈することになったのである。なお、両端に材を当てて釘付けしたのはⅠ群に合わせて二丁張としておく意図と、もうひとつは板が薄いため反り止めの効果を期待したものと思われる。

3　俳書の内容

かように『花段綱目』の版元の節約意識が、残るはずのない俳書の板木を残すことになった。それは全てではなく、刻面も無残なまでに削られているが、その内容を凡そ窺い知ることは不可能ではない。比較的まともに残っている386ｂと395ａの刻面を読んでみよう。なお、行替え・濁点は原典のままとし、判読不可の箇所は□で示した。

386ｂ　□□の事有耳以対句に男女□□□□
□□色に有口□あり先は不ㇾ嫌尤誹諧には□□
□□以漢和は対句を鳥に□を付見る
□也時々所々□□□□□□言止漢和両
吟二巻已成弐人四季に満ん事を願ふ
老後急々に□しかたくむかし言捨し独吟

又先年作せし置たる先集より和漢入□
□そ巻取合□□集三百句を
右弐人□□□□管□□□□□人之正
而巳
享保十二丁未歳仲秋逸民北村玄浩書於
□□之乾菴
印（北村／乾菴）

」オ

春

両吟　北村乾菴

愛相《アヒサウ》ラシ児桜ノ咲《エミ》

」ウ

395a

大-盞真《マツ》-平《ヒラ》免《ユル》セ
剃《ソリ》結ひをして三ッわかやぐ
小短う反《ソツ》た刀が見事也
されども旨《ウマ》イ旅の食《クヒ》物
戻リ□乗テレ月ヲ莞《ニツコリ》
登リ舟咽《フネムセ》テレ□ニ□《ハナフサ》

八

」オ

ウ　礫にハあらで幸ィはしけ栗　　可夕
供御の見廻に鳩が焦
仰ハレ堂ヲ身躍-蠕《チヾカマル》　　乾菴
譬《タトへ》バ江戸は日本の臍《ヘソ》
百里たらす来て花の咲桜鯛
痩《ヤセ》て見たいと春も綿抜
上-戸ノ顙《ヒタヒ》ハ温-暖《アタヽカ》　　」ウ

右以外で判読可能な箇所は、図10③386ａの作者名「乾菴」と「瑚仙女」、図10⑤396のやはり作者名「乾菴」と「梅沢　可夕」、図10⑦400ａ左端の「秋　両吟」ぐらいである。が、この書は北村乾菴玄浩が編集した漢和俳諧集で、梅沢可夕と瑚仙女の二人も連衆として加わっていたことが分かる。序文中に「弐人四季に満ん事を願ふ」「右弐人」とあるのはこの二人に相違なかろう。因みに乾菴・可夕・瑚仙女の三名、どのような人物であったのか今のところ手掛かりは得られない。「三百句」を百韻三巻と見て、丁付「八」が残る図10②395ａ左面半丁が七句詰であるから、全巻二十数丁、四丁張りの板木で五・六枚というところであろう。漢和俳諧集は俳書の中でも特殊なもの、まして連衆が三人だけということになれば、摺刷部数はそれほど多かったとは考えられない。また、板木の使用頻度を知る一つの手掛かりとして墨付きがあるが、図10からも明らかなようにこの俳書の板木は墨付きが極めて浅く、その点からも数次にわたって摺られたものとは思われない。それはつまり、この板木は一般の俳書以上に失われる確率が高かったことを意味している。なお、序文に「享保十二丁未歳仲秋」とあるのでその頃に彫られた板木であることは確かで、それは『花段綱目』板木の彫製時をも示唆してくれる。

4 『花段綱目』三刻本の版元

では最後に、この板木を彫製した書肆、つまり『花段綱目』三刻本の版元はどこか、という問題を取り上げておこう。筆者は先に、諸版本の項で三刻本版元は柏原屋与左衛門と述べた。が、そう判断するのに実はいささかのためらいがある。不審の一つは、柏原屋与左衛門の活動時期である。この書肆については、佐古慶三氏が「浪華書林渋川称觥堂」(『上方文化』5号、昭和三十七年六月)に於いて詳しく述べておられる。すなわち、宝暦七年九月十九日に柏原屋清右衛門(正常)が没したあと、世継ぎがいなかったため、弟の与市が同八年八月二十七日柏原屋清右衛門(有常)を名乗り、続いて明和二年八月五日に清右衛門を改め柏原屋与左衛門(有常)となる。それに伴い、同年九月十五日に娘婿(娘は正常の娘か)の方常が柏原屋清右衛門を名乗っている。つまり、書肆柏原屋与左衛門の活動はこの時より始まるわけで、それは大坂本屋仲間記録『開板御願書扣』に柏原屋与左衛門の最初の出版物を明和三年十一月願出の『仏説阿弥陀経』として記録するのと符合する。先に見たように『花段綱目』三刻本の彫製は、再利用に供された書名不詳の漢和俳諧集の板木から、享保十二年をさほど降らない時期と推察されることもその不審を募らせる。そして、筆者に不審を抱かせるもう一つの理由は、刊記部の入木痕である。図5④は、板木21の刊記部を鏡面で示した図版であるが、現姿は書肆名のところの入木が外れている。「大坂心斎橋筋」の部分が残してあるところから見ると、この細工にはおそらく文政堂は関わっていない。単純に考えれば、ここには新城情報牧野本③に見られる「唐物町／河内屋太助」の入木があって、それが外れたと見るのが穏当なところ。が、入木部分の寸法が縦6×横2.8糎であるのに比べ、「唐物町／河内屋太助」の二行は縦5.6×横1.6糎ほど。縦寸は入木部とほぼ見合うものの、横幅がずいぶんと窮屈な感じがする。それは、「唐物町／河内屋太助」の二行を入木するのにこれだけの幅を確保する必要があったのだろうかという疑問を生む。一方、「順慶町／柏原屋与左衛門」の二行は縦5.8×横2糎で、こちらのほうが寸法的には入木痕に見合っている。牧野本③の「唐物町／河内屋太助」の部分は、上部の「大坂心斎橋筋」とは筆跡も異なり、入木であることは一目瞭然。「順慶町／柏原屋与左衛門」の二行は「大坂心斎橋筋」と筆跡も一致し、その点では特に違和感はないのだが、「順慶町／柏原屋与左衛門」の部分の墨色が上部の「大坂心斎橋筋」よりもいくぶんか濃いようにも見え、ここがもともと入木であった可能性も捨て切れない。もしそうであるとすると、『花段綱目』三刻本を彫製したのは柏原屋与左衛門ではなかったということになる。大坂本屋仲間記録及び『享保以後江戸出版書目』などにこの『花段綱目』のことは出てこないのではっきりしたことは分からないのだが、『花段綱目』三刻本は某書肆の手になるもので、それが後に柏原屋与左衛門に移り、その際に刊記部に入木があったのではないかと取り敢えず推測しておきたい。

『花段綱目』三刻に際し新調の板木を惜しんだ某書肆の節約意識、それに延宝九年の初版以来恐らくは幕末に至るまで息長く続いた『花段綱目』の人気が、残るはずのない俳書の板木を部分的にではあるが残してくれた。その無残なまでに削られた刻面は、近世の人々の慰みに供すべく次から次へと目まぐるしく彫刻され、そして泡沫の如く消えて行った俳書の板木の宿命を如実に物語ってくれているかのようである。

平成二十四年八月二十一日　稿

図１　「春葉集」刊記部の板木

図２　刻面削除の板

図３　再調製の板（刻面削除前の入木痕も残る）

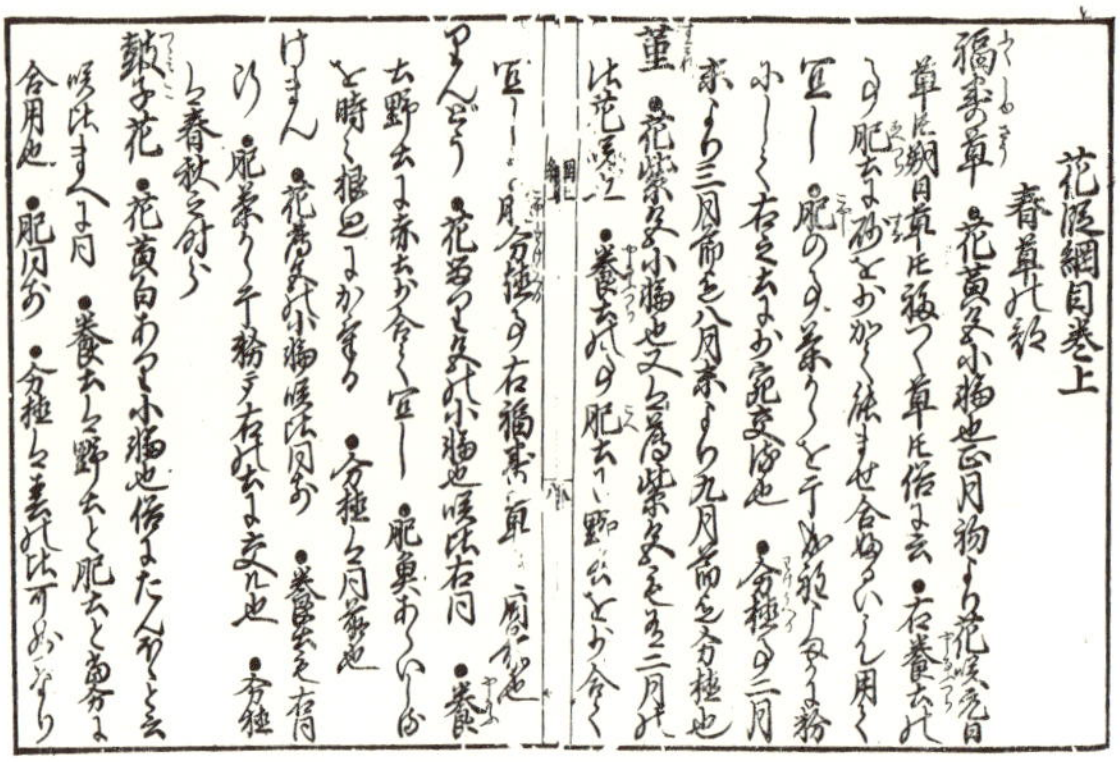

図４①　奈良大Ａ本　上巻８丁

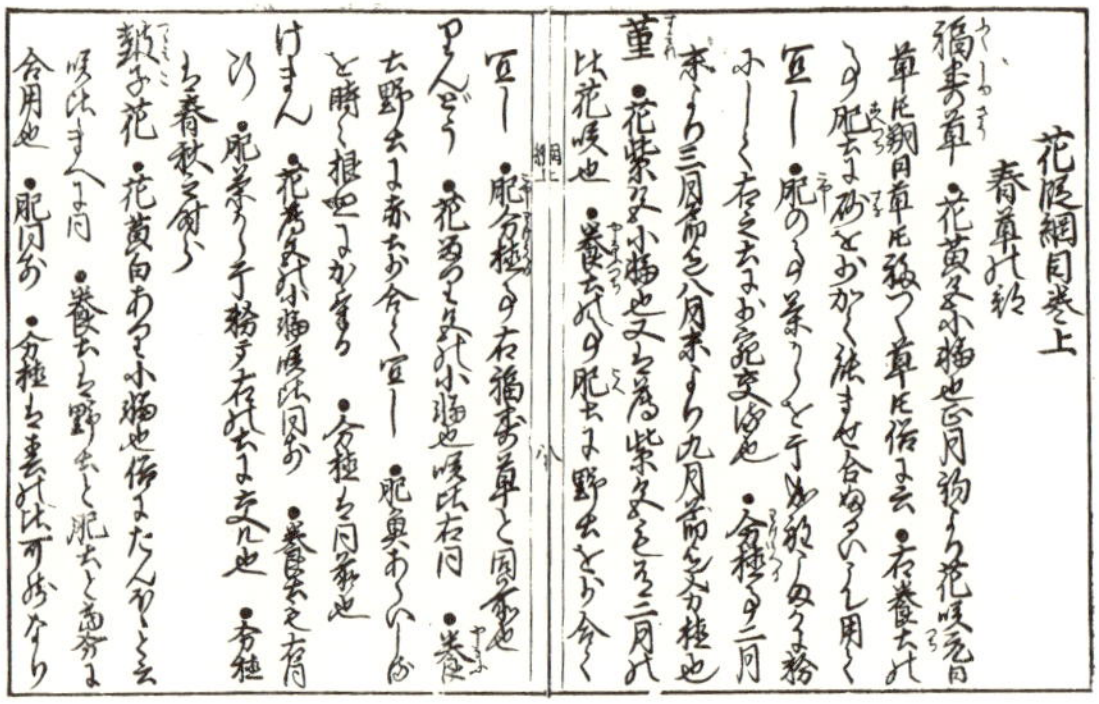

図４②　奈良大Ｂ本　上巻８丁

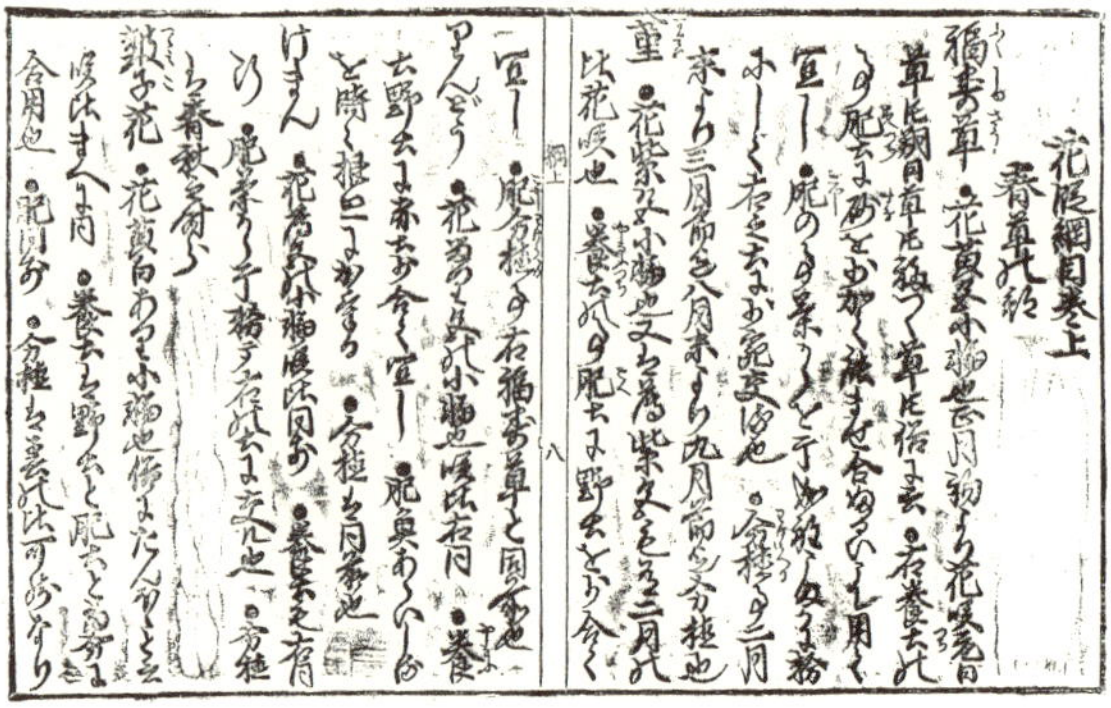

図４③　板木拓本複写

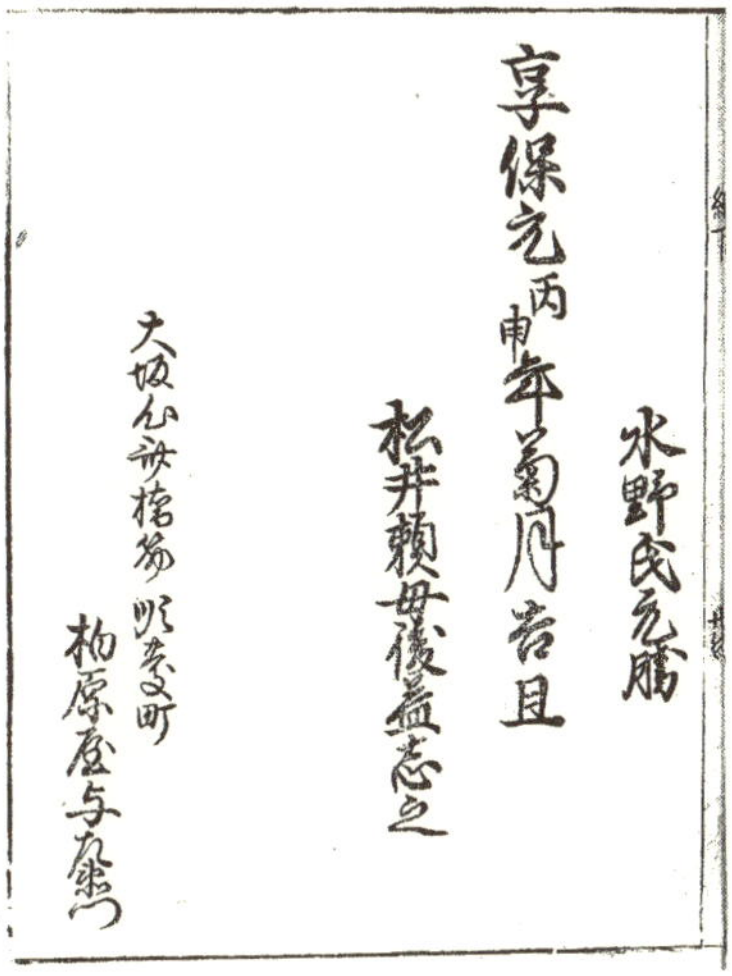

図５②　奈良大Ｂ・Ｃ本刊記

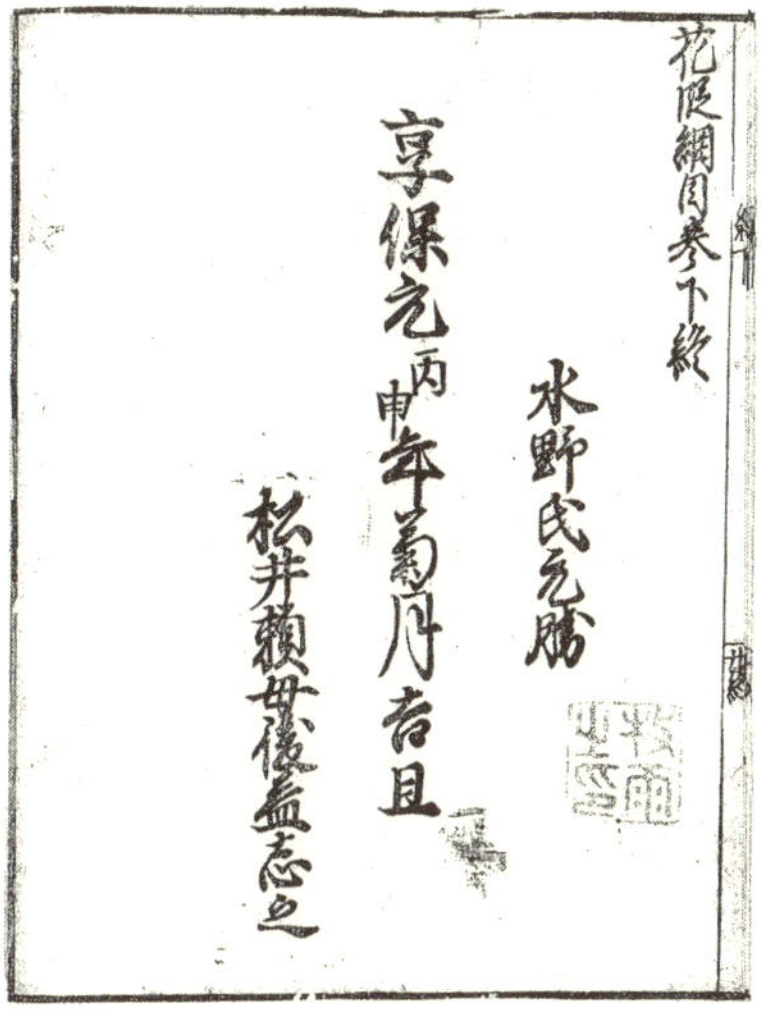

図５①　奈良大Ａ本刊記

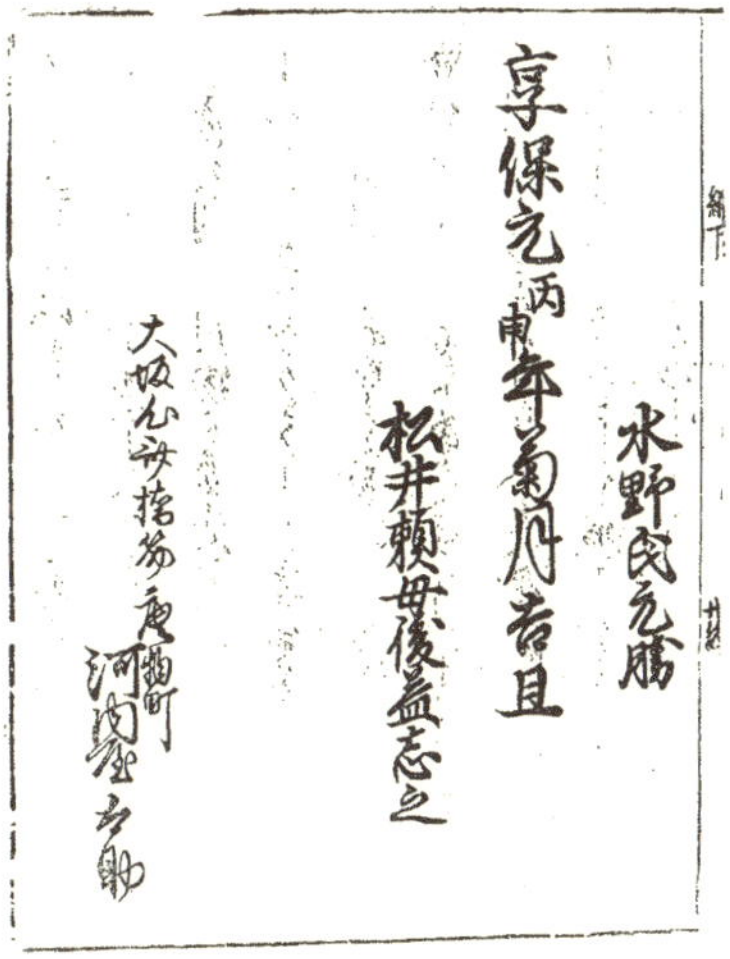

図５③　牧野本③刊記
（新城市図書館牧野文庫蔵本）

図５④　刊記部の板木（鏡面）

図6　「史記論文」板木

図7　「花段綱目」板木

図8　鋸痕と墨付き

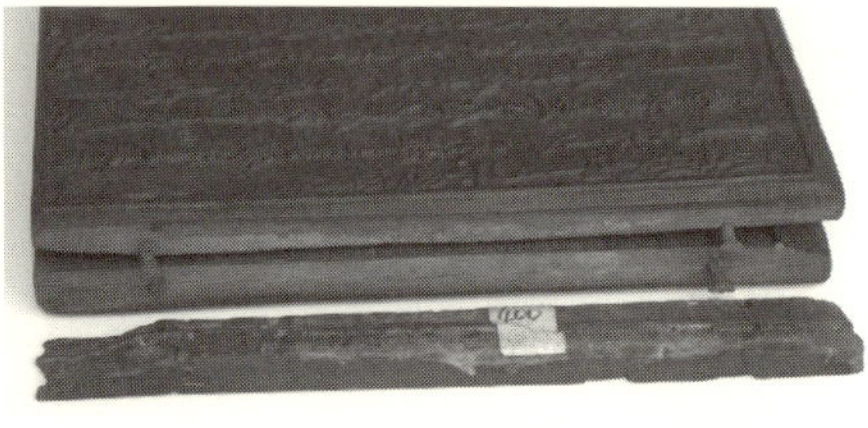

図9　打ち付け材を外した状態

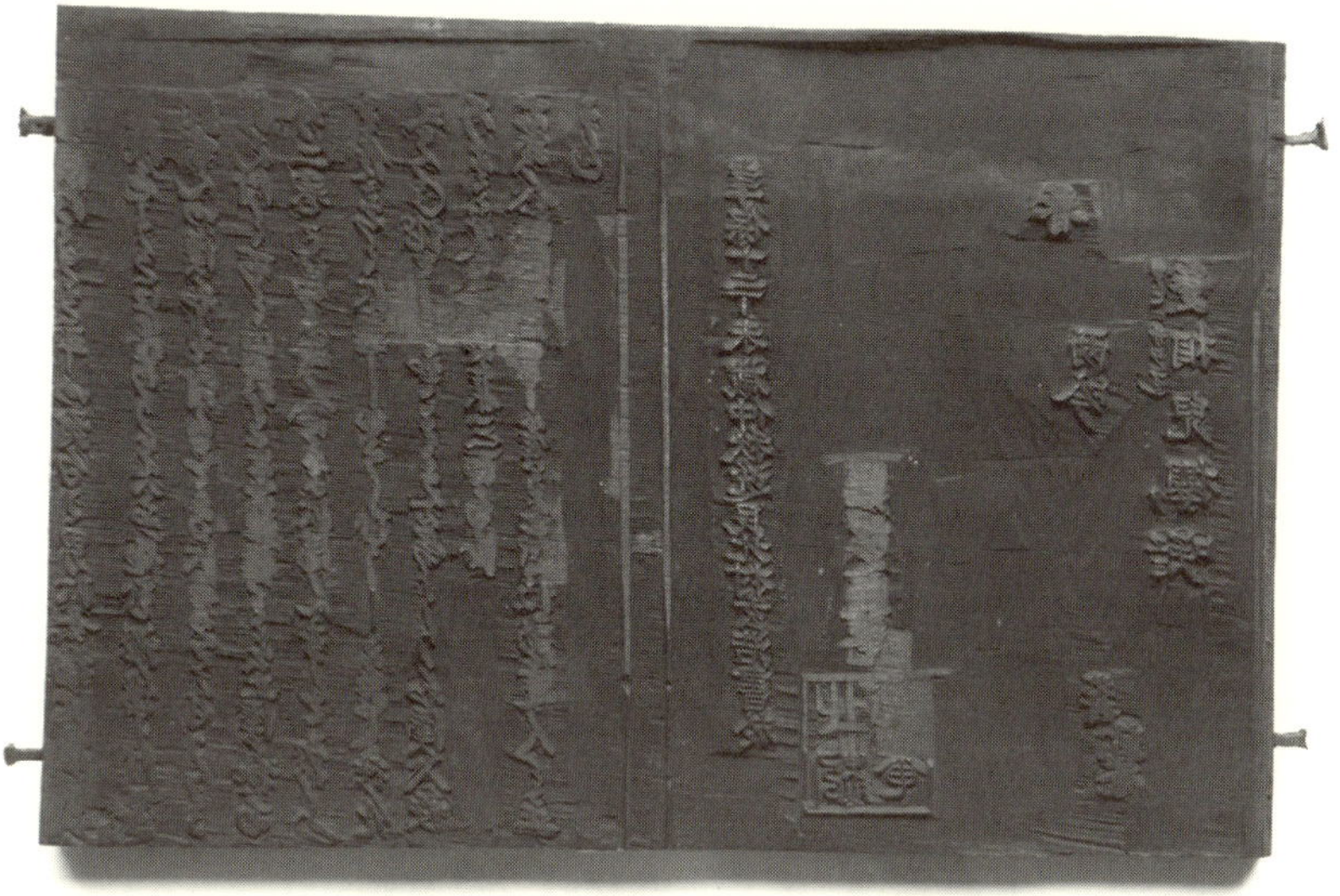

図 10 ① 「花段綱目」386b 板木裏面

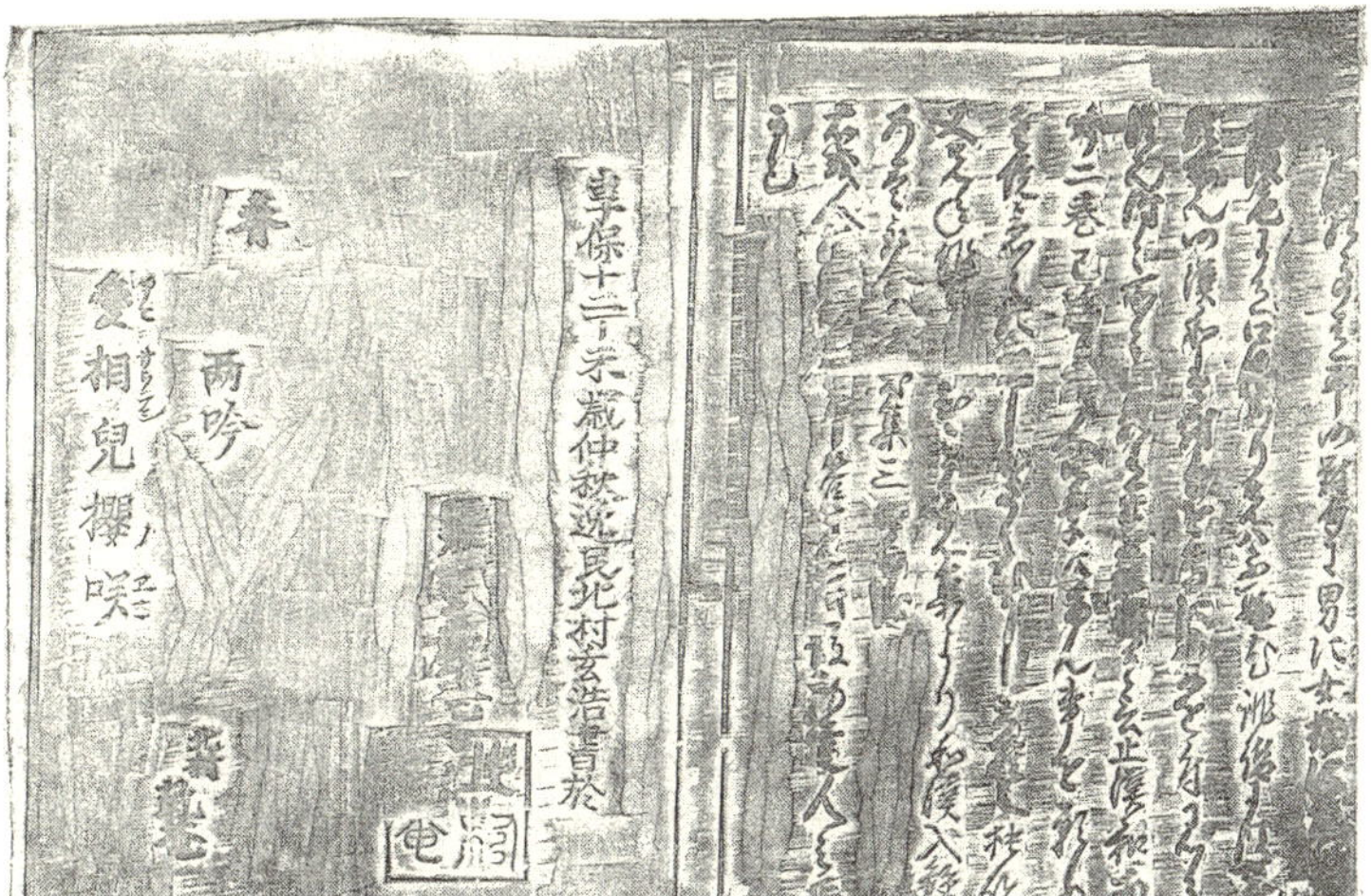

同上 拓本複写

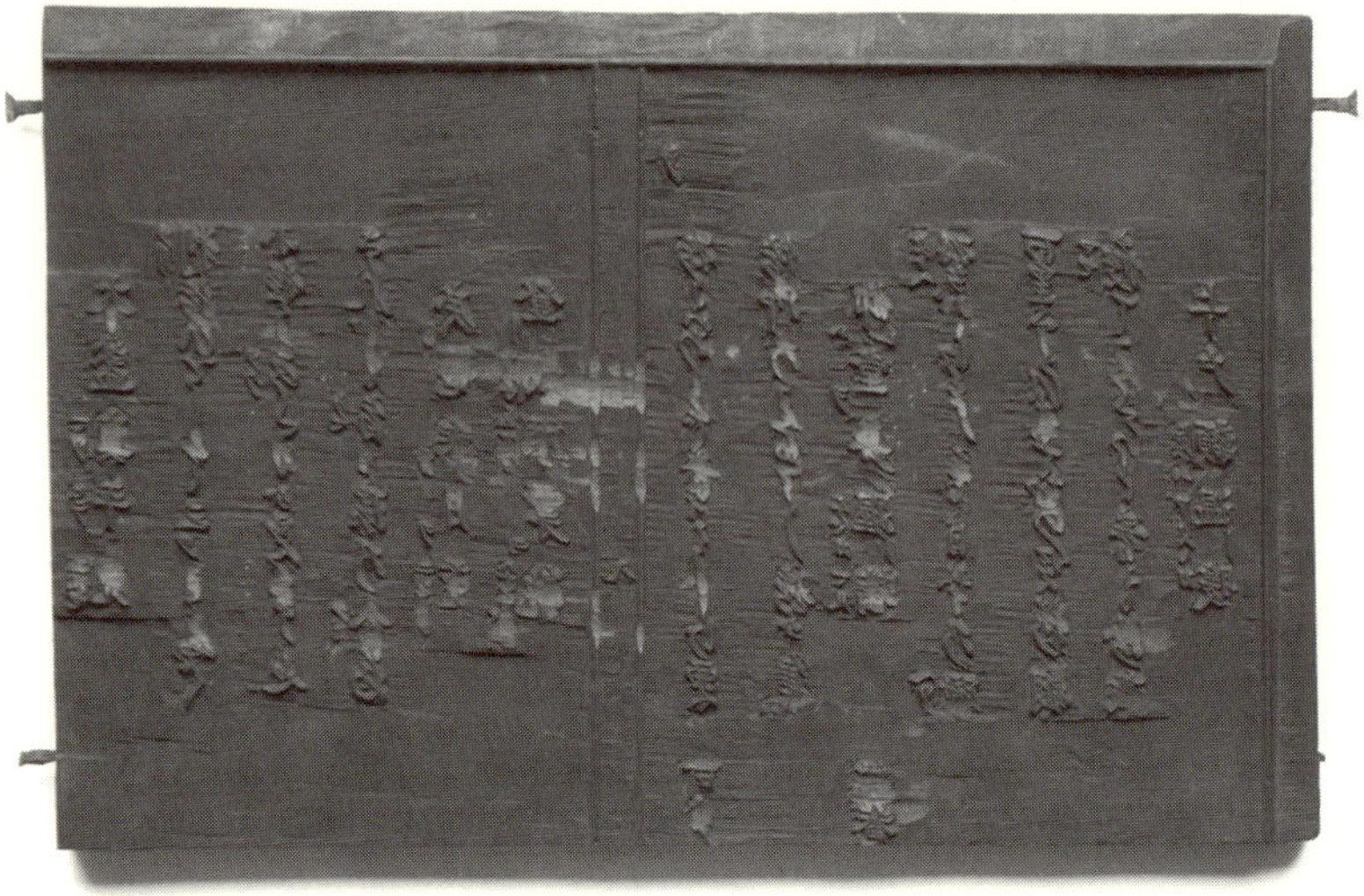

図 10 ②　「花段綱目」395a 板木裏面

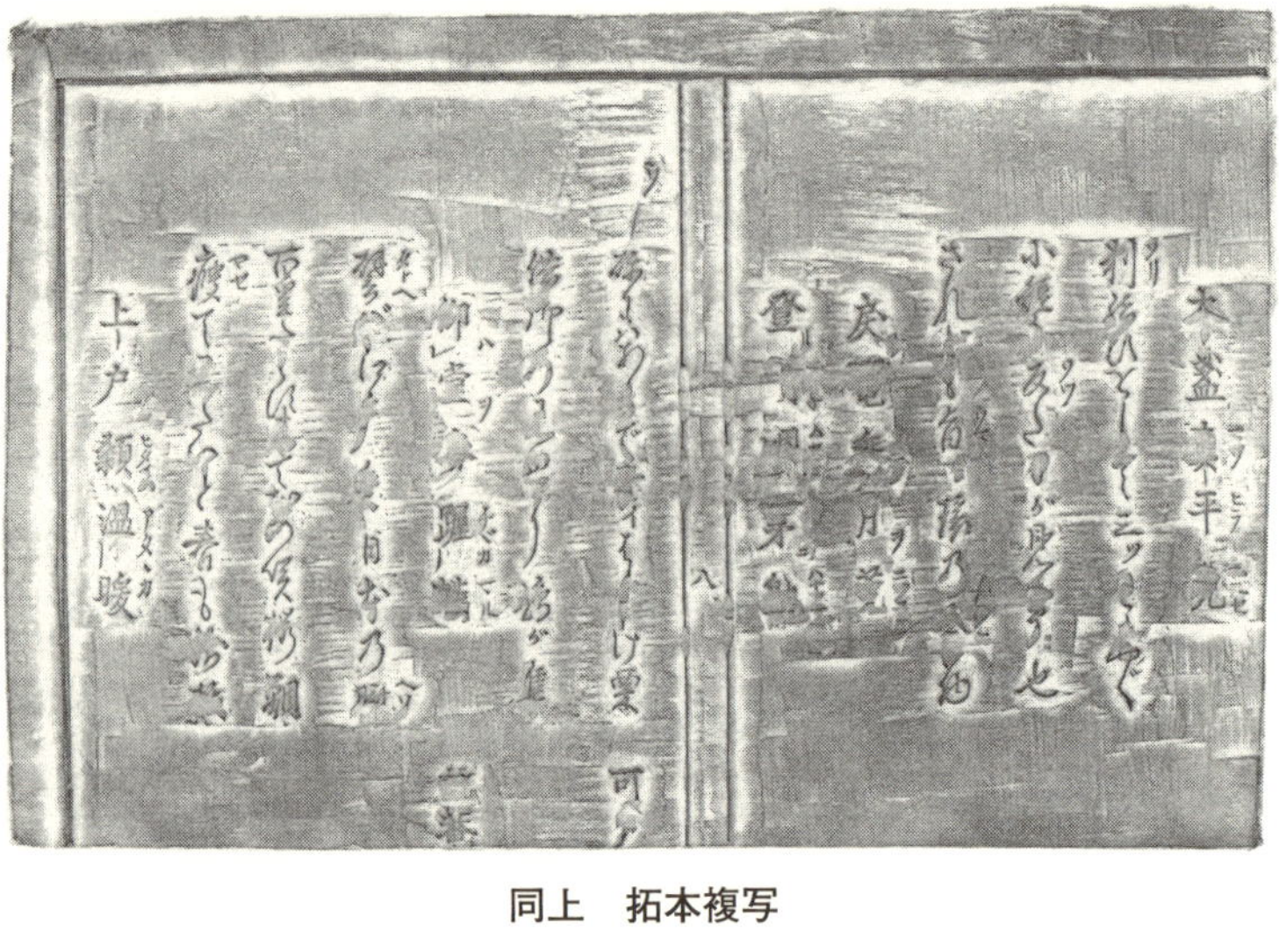

同上　拓本複写

図10③　386a

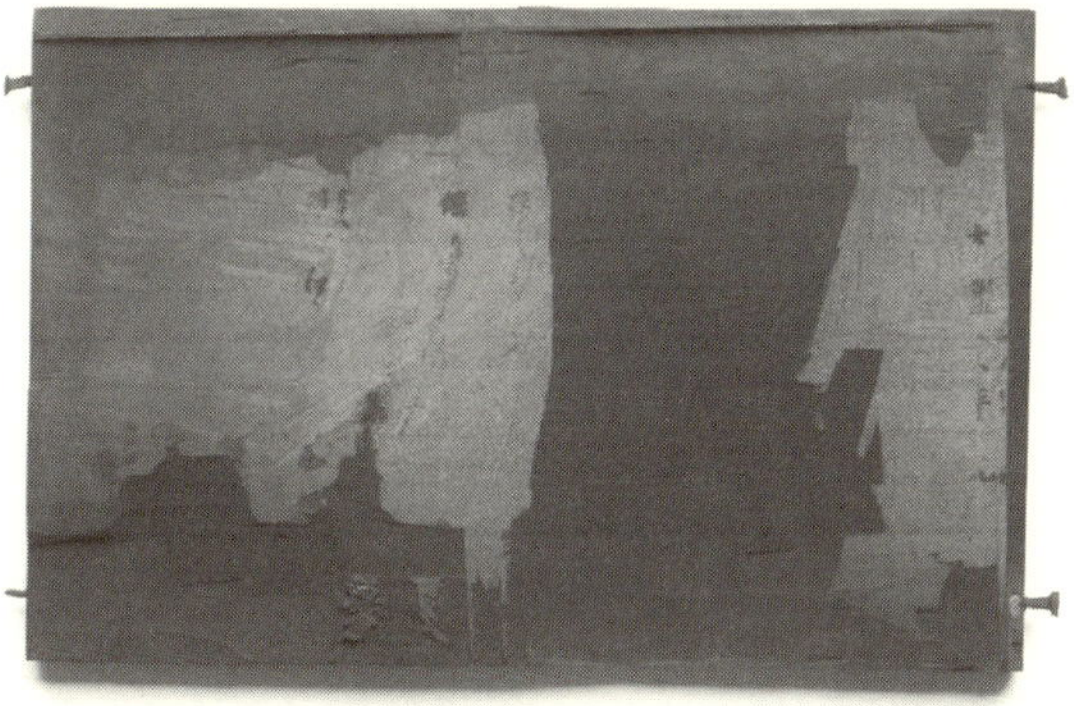

図10④　395b

図10⑤　396

図 10 ⑥　398

図 10 ⑦　400a

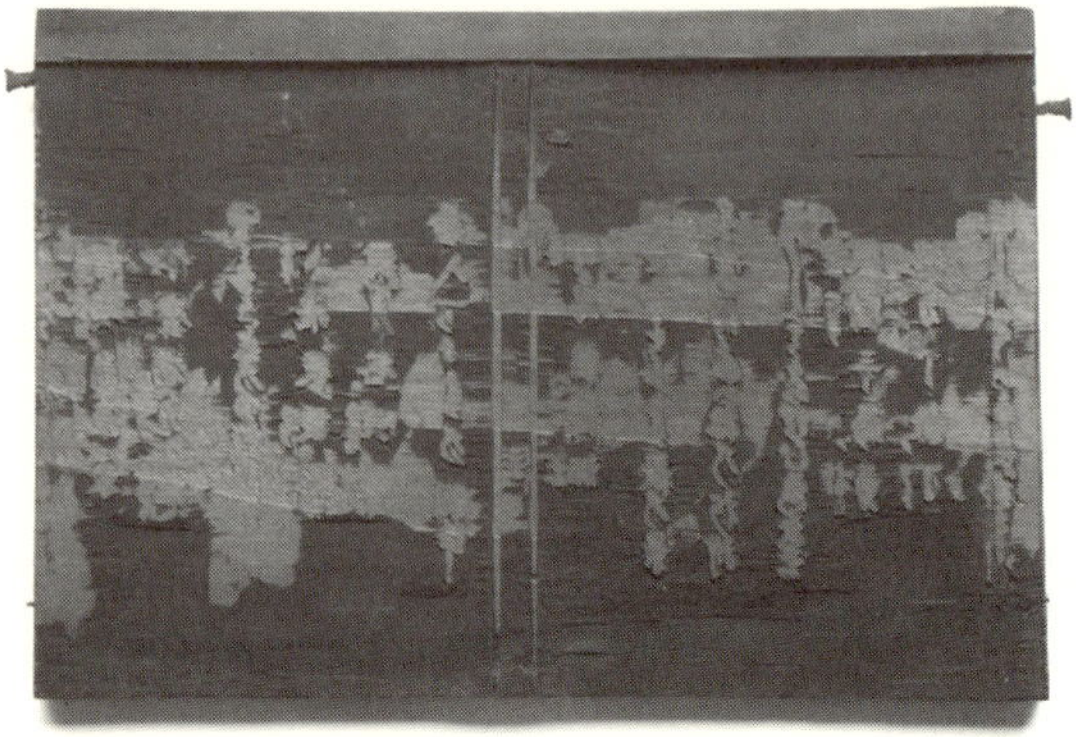

図 10 ⑧　400b

4　一茶等「七評ちらし」の板木

はじめに

平成二十一年十二月にマスコミを通じて発表した「一茶等発句合募句ちらし」の板木について報告しておく。

該当の板木は、奈良大学がここ十数年ほどの間に収集してきた京都の竹苞楼・藤井文政堂旧蔵のものとは全く別に、数年前に京都の古美術店から単品で購入したものである。幾つかのダンボール箱に数十枚の凧絵の板木が無造作につっこんであり、その中から探し出した一枚である。章末の図Ⅰが凧絵を彫った板木の表面、図Ⅱが裏面でこちらにちらしが彫られている。板木は整った長方形ではないが、概寸は縦290×横190×厚さ18粍。表面に彫られている役者絵風の図柄は凧絵にしてはずいぶんと小さい。ちらしに使用された裏面四隅に彫りこみがあり釘穴らしきものが残る。（図Ⅲ拡大図版参照）ことからすると、同様の板木を何枚か組み合わせてそれなりの大きさの凧絵を作成したのだと考えられる。そもそも発句合のそれに限ったことではないが、「ちらし」はその場限りのもので、元来残りにくい性質をもっている。当然その板木も、書肆が商品として長期に亘る販売を目途とする一般的な書物の板木とは異なり、ちらしの印刷が済めば不要となり、廃棄される運命にある。つまり、ちらしの板木は「残す」ことを前提に作られることはないのである。印刷された発句合のちらしは当時の投句者が手元に溜め込んだものが比較的纏まって伝わったような例が時々見受けられるが、ちらしの板木の残存例の報告がないのは偏にそこに起因する。この場合は爪絵の裏面をいわば再利用してちらしを彫ったのであるが、爪絵の板木としてまとめて残されたため、裏面のちらしもたまたま残ったのである。

さて、この板木、ちらしの板木の残存例として貴重な史料でもあるが、ちらしそのものもまだ知られていないもので、その内容を紹介しておきたいと思う。が、その前に、このちらしが伝える発句合興行と密接な内容を持つ『十評発句集』に目を通しておくことにしよう。

1　十評発句集

富山県立図書館志田文庫蔵本によれば、『十評発句集』は半紙本一冊。原本を見ていないので色は不明であるが、国文学研究資料館提供の写真によれば、布目地表紙。表紙中央上部の無辺元題簽に「十評發句集　全」とある。丁付は「一～十九」がノドに入り、終丁は丁付なし。

一丁は冒頭に「十評発句集」と題し、次のような凡例がある。なお、以下の引用文中の句読点・濁点は私に補う。

北越浦佐多聞天奉納寄句四千百余唫の内、抜句一評より二十五吟宛、撰者の坐席前後、其懐紙至来の遅速にまかす。十評共に巻頭巻軸の称美あり。二番より二十四番まで甲乙句位、并の如し。但、通リ点之部は六評より九評まで懐紙の帖順にまかす。五評已下之通リ点は、数多故略之。

享和元年辛酉年仲秋　願主北越塩沢　楓館茂兮

補助　秋月蕣牧之

続けて二丁表冒頭にやはり「十評発句集」と題して、二〜十九丁表に選句を収録。その内訳は次の通りである。

2オ〜　東都松露庵烏明撰　巻頭↓巻軸　二十五句
3ウ〜　浪速八千坊選　（表示無）　二十五句
5オ〜　洛東芭蕉堂蒼虬評　（表示無）　二十五句
6ウ〜　湖南義仲寺重厚選　（表示無）　二十五句
8オ〜　東都春秋庵其堂評　（表示無）　二十五句
9ウ〜　讃州邦子坊博和評　（表示無）　二十五句
11オ〜　東都千鳥庵杜春撰　（表示無）　二十五句
12ウ〜　神都梅月庵坡仄撰　（表示無）　二十五句
14オ〜　浪華不二庵桃居選　（表示無）　二十五句
15ウ〜　花洛一無庵丈左撰　（表示無）　二十五句
17オ〜　六評通点之部　三十二句
19オ〜　七評通点之部　三句
19オ〜　八評之部　三句
19ウ　九評之部　一句

続けて19ウ〜20オに選者十名の「法楽」句を収録し、20ウに「蕉門書林　皇都寺町通二条　橘屋治兵衛」と刊記を入れる。以上を要約するに、この『十評発句集』は、北越塩沢の楓館茂兮が願主となり秋月蕣鈴木牧之の補助を得て、北越浦佐多聞天（現新潟県南魚沼市浦佐吉祥山普光寺の毘沙門堂）奉納を名目に十名の撰者の点を乞い、その結果を享和元年仲秋に披露した冊子であったということになる。凡例によれば寄句は四千百余、それを十名の撰者がそれぞれに目を通して加点、その上位二十五番の勝句が撰者別に掲載してある。なお、冒頭の烏明撰の部には最初の句に「巻頭（特等賞）」の、末尾の句に「巻軸（一等賞）」の表示があるが、八千坊選以下の部にはそれが無い。が、凡例に「十評共に巻頭巻軸の称美あり」とあるので、巻頭・巻軸の表示を省略しただけで、他も全て烏明撰の部に準じて考えればよい。かように撰者が複数に及ぶ場合、同一の句が何人かの撰者に勝句として選ばれることはあり得るわけで、それが凡例及び選句の部に言う「通リ点」の句なのである。つまり「六評通点」とは撰者十名のうち六人によって上位勝番に据えられた句、の意。「七評通点」「八評」「九評」も同様。収録勝句によって、そのことを検証してみよう。後で示す一覧表を見れば分かるように、この発句合で最も多く句が収録されるのは目来田の里竹で合13章。これに次ぐのが牧之の12章である。二人の句を撰者・項目別に次に取り出してみる。

〈里竹〉

烏明撰

2オ　つくぐ〜と山見る秋の夕かな

八千坊選

4オ　さびしさに戸もさゝぬなり秋の暮

4ウ　見るものにうつりて秋の心かな

重厚選

7オ　松明に草の骨すく寒かな

其堂評

8オ　うたゝ寐のうつゝに動く団扇哉

8オ　見るものにうつりて秋の心かな
杜春撰
12オ　帰花咲て寂しき日和かな
坡仄撰
13ウ　淋しさに戸もさゝぬ也秋の暮
丈左撰
16オ　寂しさに戸もさゝぬ也あきの暮
16オ　頓て去ぬ春やしきりに雨の降
六評通点之部
17ウ　見る物にうつりて秋の心かな
18オ　やがて行春やしきりに雨の降
19オ　淋しさに戸もさゝぬ也秋の暮
八評之部
〈牧之〉
烏明撰
2ウ　訳もなふ船乗まわす涼みかな
3オ　后の月霜となるべき光り哉
蒼虬評
5オ　白雲の裾引残す尾花かな

其堂評
8オ　鼓子花や石にしみこむ馬の汗
8ウ　冬枯の軒端に近き野山哉
博和評
10オ　初花やわれに後れて蝶一つ
10ウ　玉棚や秋の哀も此日より
坡仄撰
12ウ　行秋や蔓にすがれる蝉の殻
桃居選
15オ　暮る丶まで日の有山やはつ桜
丈左撰
16ウ　山伏の衣は赤し麦の秋
六評通点之部
18ウ　雨の蝶垣越までの力かな
七評通点之部
19オ　涼しさや灯うごく水のうへ

右の里竹の句のうち「八評之部」に出る「淋しさに戸もさ丶ぬ也秋の暮」は、十人の撰者のうち八人から上位勝番に選ばれたはずであるが、八千坊・坡仄・丈左撰の部に見えるのみで他には見えない。同様に、「六評通点之部」に出る「見る物にうつりて秋の心かな」の句も八千坊・其堂撰の部以外には見えず、「やがて行春やしきりに雨の降」

の句も丈左撰に見えるのみである。これは何故かというと、「通り点」の基準句数と『十評発句集』の掲載句数がずれているからであろう。つまり、『十評発句集』では各撰者上位二十五番までしか掲載されていないのであるが、「通り点」評価が例えば五十番までとか百番までであったと考えるとかような現象が起きることは十分にあり得る。「六評通点之部」「七評通点之部」に出る牧之の二句が十評の部に見えないのも同様の理由による。なお、収録句に徴するに季題は四季の自由題。そこから考えると、この発句合は月並ではなく、臨時の興行であったと見てよい。

さて、次に興行圏である。重複句かつ「通点之部」も含め、『十評発句集』入選作者と入選句数を地域別に一覧表（章末参照）にしてみよう。

この表をもとに作者圏を整理してみると、越後各地が、長岡12名（句数計26句）、六日町11名（38句）、塩沢11名（53句）、見附6名（8句）、柏崎6名（9句）、竹の又5名（16句）、小千谷4名（11句）、目来田3名（15句）、堀之内3名（3句）、小出嶋3名（3句）、上野2名（4句）、黒川2名（2句）、下一日市2名（2句）、関2名（9句）、水沢2名（4句）、下条2名（2句）、山谷2名（4句）、中條2名（4句）、佐梨2名（2句）、出雲崎2名（3句）、仙田1名（4句）、馬場・宮村・繁山が各1名（各2句）、大崎・十日町・仙木・川口・片貝・関山・安養寺・小栗山・反田・千手・泉田・中嶋が各1名（各1句）、所属不明が2名（3句）で、合計103名243句。越後以外に目を転じてみると、武州が忍8名、羽生3名、蕨・鴻の巣・熊谷各2名の17名で合21句。上州が伊勢町5名、沼田2名、八崎・厩橋・荒牧・伊予久・ヒロ沢・硯田各1名の13名で合16句。信州七瀬が2名で合4句。東都が1名で2句。伊勢平治がやはり1名で2句。奥州会津が1名で1句。以上あわせて、34名46句となる。入選作者が合計137名、うち越後が103名であるからその割合は約75％。句数で言うと全289句のうち越後作者が243句で約84％となり、何れから見ても越後中心であることは動かない。なお、そのことに関連して、この興行では東都宗匠として鳥明・其堂・杜春の三名が据えられているが、東都作者は一名のみ。同様に、坡仄の伊勢からも一名のみ。八千坊・桃居の浪花、蒼虬・丈左の京都、重厚の湖南、博和の讃州からは一名も入選していない。それは、この発句合興行のちらしが東都・伊勢・浪花・湖南・讃州辺りへは殆ど配布されなかったことを示している。このこともまた、この興行があくまでも地元中心であったことを示している。

2　一茶等「七評ちらし」

では、話を「一茶等発句合募句ちらし」に戻そう。なおこのちらしが伝える発句合興行は、一茶を含め撰者七名を据えてのそれ。『十評発句集』に倣って、以下の論中で「七評ちらし」と呼ぶことにする。次に句読点・濁点を付して釈文を示す。図Ⅱの板木・図Ⅳの拓本と照合して御覧いただきたい。

助補
悠久山《ナカヲカ》　信州　竒芳
三宇奉納額面　上州　乙人
白山宮《ニイカタ》　乙麿
寄句一万二千吟　浦人
多門天《ウラサ》　雷村
越後　石海
七　評　芭蕉堂蒼虬　呉洋
田川　鴬笠　大黒庵竒淵　北洋

八巣　蕉雨　　八日庵万和

椿丘　太笻　　誹諧字一茶

四季乱題　料三拾八銅

右は一評より百吟跋。但シ景物之儀、巻頭・巻軸ノ御方へ縮上壱反ヅヽ、二番より廿番迄流行七部集、三評通リ吟ノ御方へ発句小鏡・誹諧小鏡、四評通リ吟ノ御方へ芭蕉七部集、五評通リ吟ノ御方へ火浣布名掛物軸、并誹諧十歌集、六評通リ吟ノ御方へ縞紬壱反ヅヽ、七評通リ吟ノ御方へ上田縞壱反ヅヽ、右之通リ御座候。早々御入吟奉希上候。

四方　　　　越後魚沼郡　世話人　守白

御社中諸雅　　上田塩沢駅　　　紫胤

　　　　　　　　　　　願主　白熊

先ずは奉納先であるが、「三宇奉納額面」とある三宇（三寺院）は、次の三箇所。「ナカヲカ悠久山」は、現新潟県長岡市悠久町悠久山公園内にある蒼柴《あおし》神社。ちなみに、板木では図Ⅲに示したように、「悠久《ナカヲカ》」の部分が入木になっているが、これについては後に触れる。「ニイカタ白山宮」は、現新潟市中央区にある新潟総鎮守の白山神社であろう。「ウラサ多門（聞）天」は、前述した『十評発句集』の奉納先でもあった現新潟県南魚沼市浦佐吉祥山普光寺の毘沙門堂。「奉納額面」は「秀逸句」を額に仕立てて奉納すること。ちらし中ほどに「四季乱題」とあるところによれば、この発句合も『十評発句集』と同様に月並ではなく、四季自由題による臨時の催しであったことが分かる。「料三拾八銅」とある点料は、おそらく四句一組のそれであろう。「寄句一万二千吟」は、一万二千を目標に句を集める、意。撰者七名は一茶を含め錚々たる顔ぶれであること、言うまでもない。なお、一茶の庵号「俳諧寺」とあるべきところ、「寺」を「字」と誤る。「一評より百吟跋」とあるから、七名の選者が惣句にそれぞれに点をかけ、勝句百番を選ぶのである。その上位二名「巻頭・巻軸ノ御方へ」は「縮上壱反ヅヽ」が、さらに「二番より廿番迄」へは「流行七部集」が「景物」として与えられる。そして、先に『十評発句集』でも見たように、何人かの選者によって上位百番に重複して選ばれるケースも少なからず出てくるわけで、そちらにはまた別に

三評通リ吟ノ御方へ発句小鏡・誹諧小鏡
四評通リ吟ノ御方へ芭蕉七部集
五評通リ吟ノ御方へ火浣布名掛物軸・并誹諧十歌集
六評通リ吟ノ御方へ縞紬壱反ヅヽ
七評通リ吟ノ御方へ上田縞壱反ヅヽ

というように、景品が用意されている。なお、この景品のうち、「誹諧十歌集」とあるのは「俳諧十家類題集」であろう。「景物」として越後特産の縮織、信州特産の上田縞が見えるのも地方色が現れて興味深い。なお、「火浣布名掛物軸」の「火浣布」は、日本では平賀源内がはじめて作ったといわれる石綿を麻苧に混ぜて織った燃えない布のことであるが、「名掛物軸」の意味を解しかねる。火浣布仕立ての名品の掛け軸の意であろうか。

さて次に、この「七評ちらし」の作成年代はいつか。その一つの手掛かりは景品の中に見える「流行七部集」である。該書は小本二冊で、文政三年九月大阪河内屋源七郎ほか二軒刊。また、七名の撰者のうちもっとも早く没したのが一茶で、それは文政十年十一月十九日のこと。したがって、「七評ちらし」は文政三年九月から同十年十一月までの間に作成されたことになる。では、この「七評ちらし」の発句合興行を企画したのは誰か。ちらしによれば、世話人は越後魚沼郡上田塩沢駅の守白と紫胤である。願主の白熊には所書きが入らないが、おそらく同地塩沢の人であろう。もとよりこの三名が、七名の選者にわたりをつけるほどの力量があったとは思われず、そこにはやはり一茶の介

在を考える必要があろう。ことの詳細は省くが、「七評ちらし」に出る六名の選者は文政三年以前に一茶と直接的な交流があり、とりわけ太笻・鴬笠とは関わりが深い。この六名と一茶の親密度を示すものとして、次のような資料もある。それは矢羽勝幸氏稿「俳人番付からみた一茶」（同氏編『一茶の総合研究』に収録）に俳人番付Eとして図版入りで紹介された故宮田正信博士旧蔵（現奈良大学図書館蔵）の番付である。内容は、中央に「正風俳諧師座定／配団京蒼虬・アフミ閑斎／勧進元　シナノ一茶」と大きく入れ、左右に六段に分けて俳人名を表示する。一般の俳人番付のような大関・関脇・小結・前頭という位付けはないが、左方最上段の前頭上位相当位置に鴬笠・蕉雨が、また右方最上段小結相当位置に万和、続いて奇淵・太笻と並ぶ。かような俳人番付がどのような手続きで作成されるのかは不明な点が多いが、この場合「勧進元」一茶が大きな役割を果たしていることは間違いあるまい。つまり、その位付けには一茶との親疎が反映していると見られ、「七評ちらし」に出る六名が一茶の声がかりで揃ったことを傍証する資料ともなろう。なお、矢羽氏はこの俳人番付について文政五・六年ごろの成立と判断しておられるが、それが「七評ちらし」の興行時期とほぼ重なることも注目しておきたい。次にちらしに「助補」として出る面々であるが、『一茶全集』（信濃毎日新聞社刊）によって一茶の句稿・句文集・選集などに目を通してみると、上州の浦人、越後の石海が文政三年以前に一茶と関わりがあったことが知られる。すなわち、上州の浦人は『菫艸』（文化七年刊）『志多良』（文化十年稿）『あとまつり』（文化十三年刊）『杖の竹』（文化十四年刊）にその句が収録され、『随斎筆記』書入れの文化十三年十二月・文政二年十月のあたりにも一茶は浦人の句を記録していて、文政三年以前からそれなりの交流があったことが知られる。また、「七評ちらし」興行との先後は定かではないが『たねおろし』（文政九年刊）にも浦人の名前は見える。なお『新撰俳諧年表』によれば、浦人は瀾亭と号し天保二年に没したとある。この「七評ちらし」発句合とよりわけ深い関わりを持つと見られるのがもう一人の越後の石海である。石海は『俳文学大辞典』によれば、「本名、杉坂政右衛門。別号、白雲栖。越後国長岡神田町の商人。生没年未詳。文政末ごろ没か。」とある。一茶との関わりで押さえてみると、『あとまつり』(文化十三年刊)「越後」の部に司風改五文・亀穴・路丈・竹里・幽嘯らと共に出たあと、『杖の竹』(文化十四年刊)「ゑちご」の部にその名が見える。『随斎筆記』書入れでは、文政二年三月〜七年正月にかけて越後各地(ヲジヤ・高田・出雲崎・魚沼郡上田・同飯山・長岡・見付)作者の句を多く書き留めるが、その冒頭部文政二年三月のあたりに石海の句が記録されている。これらによって、石海も文政三年以前に一茶とそこそこ親密な交流を持っていたことが知られる。また『たねおろし』(文政九年刊)「三越」の部にもその名は見える。その一茶との関わりもさることながら、越後高田の石海について注目すべきは太笻との関わりであろう。文政七年九月の序を持つ『寂砂子集』は、文政六年七月から七年八月にかけての太笻の信濃・越後・出羽・陸奥行の紀行であるが、六年七月廿九日に柏原の一茶を訪ね五日間滞在したあと、八月廿五日には長岡に石海を訪れており、その折の様子を次のように記す。

信濃川は。千曲川。筑摩川ふたつの流の末にして、越後の国の洪河なり。廿五日、この川をわたりて長岡に着。まづ年頃文音のちなみある杉阪石海を訪ふに、かぎりなく悦び、やがて客舎を儲くるに、むさしの貞秀・越中の千崖も来りあはせて同宿す。それよりしては日々同社の人来とぶらひ、又は。千手。手島。左近。摂多屋。小千谷数村の人の招くにうちまかせて行つ戻りつ、日数も既に百十余日、かき捨し反古ども山をもなしつべし。この遊びに世をも旅をも忘果て、俳仙窟なるべしと戯興ず。(俳書大系13による)

そしてさらに翌七年四月六日には、出羽・陸奥行の帰路に同地を再訪し、翌七日には「石海・霞江・春坡等にともなはれて、悠久山より西片貝の山寺に遊」んだりして、十日間ほど滞在している。太笻の石海との対面はこの折が初めてのように読めるが、「文音のちなみ」は「年頃」あったものらしい。この『寂砂子集』の伝える太笻の高田行は文政六年から七年にかけてのこと、一方「七評ちらし」の発句合興行は文政三年から十年までの間であった。この高田行の折に太笻が「七評ちらし」の奉納先の一つである悠久山を訪ねていることも何やらいわくありげではある。何れにせよ、その先後はにわかには決し難いが、一茶・石海・太笻の三者間に密な交流があったことは「七評ちらし」興行の企画と決して無関係ではあるまい。なお付け加えておけば、『寂砂子集』下巻夏の部には「七評ちらし」の「助補」の一人である上毛乙人の句も収録されている。やはり「助補」に名が見える越後の呉洋・北洋についてであるが、『新潟県史』（通史編5、近世三）によれば呉洋は柏崎の人で長浜氏、北洋は見附の人で渋谷氏とある。一茶関係の資料では、先にも触れた『随斎筆記』書入れの文政七年正月のあたりに北洋の句が記録されるが、「七評ちらし」興行との先後はやはり不明。呉洋の名は一茶関係の資料には見出すことは出来ないが、『十評発句集』に柏崎の所書きで二句入選していることは注目してよかろう。また、一茶の膝元の信州で「助補」を務めた奇芳も一茶の周辺に出て来ないが、この人も『十評発句集』に信州七瀬の所書きで一句入選した実績がある。

かように見てくると、「七評ちらし」発句合興行が企画される経緯がおぼろげながら見えて来るような気がする。往時の『十評発句集』、またその後何回か催されたかも知れぬ同様の興行を念頭に、三寺院への奉納発句合を思いついたのは塩沢の守白・紫胤・白熊の三名であったことは間違いない。そこへ助補として加わったのが『十評発句集』にも参加した経験を持つ柏崎の呉洋・信州の奇芳、それに一茶・太笻と交流のあった高田の石海、一茶旧識の上州の浦人らの面々である。選者についてはおそらく石海あたりから一茶もしくは太笻に相談があり、一茶が鶯笠以下の六名に話を通じて実現の運びとなったと考えて特に違和感はない。

それにしてもこの「七評ちらし」の板木はどこで作られたのであろうか。古美術店のダンボールに詰め込まれていた数十枚の刷絵を全て引き取っておけばその中から何らかの手掛かりが得られたかも知れないと今となっては悔やまれるのだが、願主・世話人が越後塩沢の人であること、それに表面の刷絵も含めて板木の彫りがいかにも素人くさいことを考え合わせて、願主・世話人の周辺で作られたものと取り敢えず判断しておきたい。ちらしの配布範囲については、これも『十評発句集』の例を参考にすれば、鶯笠・蕉雨・太笻の活動圏である江戸、蒼虬の京都、奇淵・万和の大坂あたりには届けられることなく、越後・上州・信州辺を中心に配布されたのではないだろうか。その結果がどのようになったのかは『十評発句集』に該当する入選句披露の冊子または摺物あるいは奉納額などが出てこない限り、何とも言えないが、次項で取り上げる一茶・石海両評奉額句合なども考え併せると、それなりの評判を呼んだのではないかと想像される。そのことと関連してもう一つ押さえておかねばならないのが、入木の問題である。先にも触れたように、「七評ちらし」板木の冒頭部「悠久《ナカヲカ》」の部分が入木になっている（図Ⅲ）。一口に「入木」とは言ってもその様相は実に様々で、例えば板木の該当部分に木の節があってそのままでは彫れない場合などに入木処理をしてこれを凌ぐこともある。この「悠久《ナカヲカ》」の入木もその例と見られなくもないが、もう一つ考えられるのは奉納先の変更である。それはすなわち、「悠久《ナカヲカ》」と入木される前にこの箇所には別の地名・寺社名が入っていた可能性もあるということである。先に筆者はちらしはその場限りのものと述べたが、興行が成功した場合、同じメンバーで奉納先を変えてもう一度ということは十分にあり得る。その場合は板木全体を彫り直す必要はなく、一部に入木処理をすればそれで事が足りるわけで、この「七評ちらし」板木は、二度使用された可能性もあることを指摘しておきたい。

3　一茶・石海両評奉額句合

「七評ちらし」が伝える奉額句合と関連して見ておくべきものに、一茶・石海両評奉額句合がある。『新潟県史』（通史編5、近世三）には「文政十年片貝（小千谷市）の観音寺と浅原神社に掲げた俳額（一茶、石海評）には一万五〇〇〇句の応募があった」と記す。『新潟県史』（資料編11、近世六）に、該当のものと思われる俳額（小千谷市観音寺所蔵）・一茶の点帖（小千谷市山口太一郎氏所蔵）・点が済んだことを伝える一茶書簡・点帖の一部見開きのカラー図版、それに俳額の翻刻を収録する。俳額は、冒頭に「奉納　惣連一万五百章／内秀逸一百吟」として百句を作者名入りで列記し、末尾に願主時幸の追加吟、それに評者一茶の法楽句「苦の娑婆やさくらが咲ばさいたとて」を添え、末尾に「文政丁亥仲秋」と入れる。因みに、この一茶の句は『梅塵本八番日記』に同句形で見え、また『浅黄空』には「大悲奉納」の前書きを添えて収録する。俳額には「惣連一万五百章」とあるので、通史編解説で「一万五〇〇〇句」とするのは誤りかと思われる。また、解説には一茶・石海両評で「片貝の観音寺と浅原神社に掲げた俳額」とあるのだが、資料編図版収録の俳額は一茶選の「秀逸一百吟」だけを記したもので、石海の名はどこにもない。これは図版からは二十冊ほどと見える一茶点帖の一冊目の表紙に「正観世音奉納／花ノ巻壱／一茶先生評」とあるところから推察するに、点帖には「花の巻」に対応する「月の巻」も一組あったはずで、そちらが石海選の部だったのではないか。つまり、この奉額発句合は一茶・石海両評で、両者がそれぞれに一万五百章の寄句に点をかけて、一茶選の「秀逸一百吟」は観音寺に、石海選の秀逸句は浅原神社に奉額されたのではないかと思われる。興行完了年次は、一茶書簡の日付が「八月一日」で、俳額の末尾に「文政丁亥仲秋」とあることから、一茶が没する三ヵ月ほど前の文政十年八月であったことが分かる。「七評ちらし」の興行よりはおそらく後のものであろう。俳額に見えるのは一万五百章から選抜された百句のみであるから投句者の一部に過ぎないのであろうが、その数は時幸を含め八十一名。地域別に整理してみると、観音寺と浅原神社の所在地である片貝を意味すると思われる「当所」が15名（句数計19句）、小千谷6名（11句）、濁沢5名（8句）、長岡（含、長岡千手、千手）4名（7句）、虫亀5名（5句）、塚の山4名（5句）、柏崎3名（3句）、小白倉2名（3句）、五辺・釜ケ島・中田・油フが各2名各2句、上保内・村松が各1名2句、泉新田・水原・会津大田・浦佐・目来田・山宿・村上・加茂・石上・高梨・サカイ・中ノ島・下関・上野・竹沢・加治・見附・法坂・桐沢・飯塚・須原・新潟が各1名各1句、それに所属不明の4名各1句となる。『十評発句集』で最多入選を誇った目来田の里竹、それに『十評発句集』にも入選し「七評ちらし」にも関わった柏崎の呉洋も参加していることは注目してよかろう。この一茶・石海両評奉額句合の存在は「七評ちらし」の興行がそれなりの盛況裡に終り、越後での一茶の評判が最晩年まで衰えなかったことを示すものであろう。

平成二十二年九月一日　稿

表

十評発句集作者圏																	
地域	作者	撰者										通点の部				句数計	地域計
		烏明	八千坊	蒼虬	重厚	其堂	博和	杜春	坡仄	桃居	丈左	6評	7評	8評	9評		
長岡	里明	1					1									2	
長岡	峨山	1														1	
長岡	松竹	2														2	
長岡	暁雪	1					1			1						3	
長岡	松路		1													1	
長岡	柳夕				1						2					3	
長岡	太伝				1			2	1		1					5	
長岡	吐月					1										1	
長岡	喜三						1			2						3	
長岡	文正							1		1		1				3	
長岡	太音								1							1	
長岡	白童									1						1	26
六日町	慮呂	1	1	1			1	1		1			1			7	
六日町	昌宇	1				1	2	1								5	
六日町	松居		2		2	1		1			2			1		9	
六日町	可周			1												1	
六日町	文里			1		1			3	1						6	
六日町	尚古			1	1			1			1					4	
六日町	其及			1												1	
六日町	椿台							1								1	
六日町	宜風									1						1	
六日町	如夢										1					1	
六日町	麦路										2					2	38
塩沢	笄木	1		1												2	
塩沢	牧之	2		1		2	2		1	1	1	1	1			12	
塩沢	青宇	1	2	2	1										1	7	
塩沢	北川	1			1	1				1		1				5	

塩沢	牧水		1	1		1						1			4	
塩沢	芦笙				1			1		1					3	
塩沢	可栄				1	2						2			4	
塩沢	茂兮				1				1		1	1			4	
塩沢	志好					1	1	2	2			2			7	
塩沢	女梅宇						1								1	
塩沢	佳朝									1		1			2	53
見附	其流	1		1								1			3	
見附	文溟				1										1	
見附	梨暁						1								1	
見附	梅天						1								1	
見附	霞柳						1								1	
見附	湖月											1			1	8
柏崎	呉洋		1								1				2	
柏崎	千保			1		1									2	
柏崎	其貞			1	1										2	
柏崎	芦雪				1										1	
柏崎	斗石					1									1	
柏崎	虎雄											1			1	9
竹の又	如竹	1					1					2			4	
竹の又	野草		1						1	1		1	1		5	
竹の又	古村			1		1			1			1			4	
竹の又	柳雨				1		1								2	
竹の又	竹水						1								1	16
小千谷	旭宇		1		1						1				3	
小千谷	仲有		1		1										2	
小千谷	玉芝			1		1	1			1		1			5	
小千谷	里鶴								1						1	11
目来田	里竹	1	2		1	2		1	1		2	2		1	13	
目来田	翁几	1									1				2	

目来田	芦月											1				1	15
堀之内	准龍						1									1	
堀之内	志道						1									1	
堀之内	素嵐									1						1	3
小出嶋	素風		1													1	
小出嶋	素良													1		1	
小出嶋	猪左						1									1	3
上野	龍因	2				1										3	
上野	柳雪					1										1	4
黒川	三峰	1														1	
黒川	藤栄							1								1	2
下一日市	尚水	1														1	
下一日市	謝日			1												1	2
関	野麦		1		1				2	1		1				6	
関	野牛				1		1		1							3	9
水沢	柏青			2												2	
水沢	敬之					1		1								2	4
下条	師乙			1												1	
下条	其雲									1						1	2
山谷	朝雨				2				1							3	
山谷	松里						1									1	4
中條	松声				1											1	
中條	匏舟				1					1		1				3	4
佐梨	梅甫					1										1	
佐梨	雫笠						1									1	2
出雲崎	里仙							1			1					2	
出雲崎	百亀											1				1	3
仙田	二川		1		2						1					4	4
馬場	芦元		2													2	2
宮村	洞暁		1									1				2	2

繁山	柳生		1					1								2	2
大崎	友亍	1														1	1
十日町	霞雪										1					1	1
仙木	雨客		1													1	1
川口	楚練						1									1	1
片貝	孤峰							1								1	1
関山	杜園										1					1	1
安養寺	柳只								1							1	1
小栗山	自徑							1								1	1
反田	松砂									1						1	1
千手	一歩											1				1	1
泉田	似声								1							1	1
中嶋	北季								1							1	1
?	桃渓			1												1	
?	徐涼						1			1						2	3
武州忍	年路	1														1	
武州忍	流之	1														1	
武州忍	巽山							1	1			1				3	
武州忍	図大							1								1	
武州忍	一知								1							1	
武州忍	露時雨									1						1	
武州忍	宗普									1						1	
武州忍	花暁											1				1	
武州蕨	和風	1														1	
武州蕨	承住										1					1	
武鴻の巣	仙風		1													1	
武鴻の巣	篁雨		1													1	
武熊谷	月樵			1		1						1				3	
武熊谷	寿六			1												1	
武州羽生	宋茂							1								1	

武州羽生	亀峰								1							1	
武州羽生	花英									1						1	21
上州伊勢町	一峨		1	1												2	
上州伊勢町	丹霞			1												1	
上州伊勢町	琴霞			1												1	
上州伊勢町	白之					1										1	
上州伊勢町	麦雨									1						1	
上州沼田	桑列					1						1				2	
上州沼田	書郊									1						1	
上州八崎	素亥							1				1				2	
上州厩橋	許友								1							1	
上州荒牧	吟水									1						1	
上州伊予久	鯇思										1					1	
上州ヒロ沢	旬竹										1					1	
上州硯田	一畦											1				1	16
信州七瀬	烏凌		1			1					1					3	
信州七瀬	寄芳								1							1	4
東都	如水							2								2	2
奥州会津	巨石	1														1	1
伊勢平治	嗽之							1			1					2	2

図Ⅰ

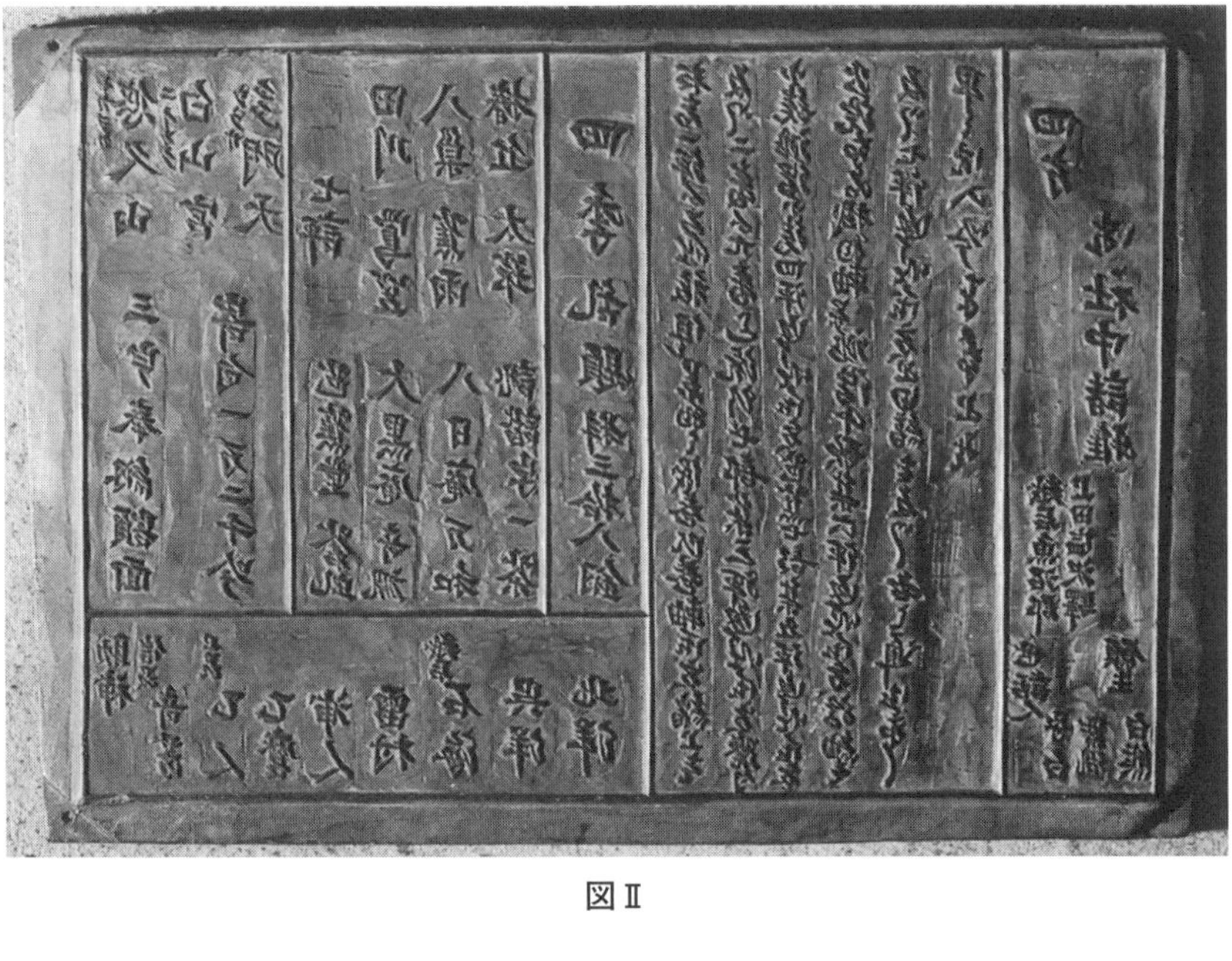

図Ⅱ

悠久山
白山宮
多門天
七評

図Ⅲ

悠久山 三宇奉納額面
白山宮
多門天
寄句二万二千吟
七評
芭蕉堂 蒼虬
田川 鴬笠
大黒庵 奇渢
八巣 蕉雨
八日庵 万和
椿丘 太笻
誹諧寺 一茶
四季乱題 料三拾八銅
四方
社中諸雅
越后魚沼郡 上田塩沢驛 世話人
願主
白熊
助神
奇芳
乙人
乙麿
神人
雷村
石海
呉洋
北洋

図Ⅳ

あとがき

板木を研究対象として意識し始めたのは、平成六・七年ごろに京都の大書堂に大量の浮世絵復刻版が出ているのを見て、図書館収蔵資料として五〇〇枚ほどを一括購入したのがきっかけであったと思う。同じ大書堂の倉庫で一一〇〇枚ほどの書籍の板木に遭遇したのは、平成九年後期に与えられた内地研修期間中のことであった。聞けば、近世期に山城屋佐兵衛と名乗って本屋を営んでいた藤井文政堂から戦後に流出したものとのこと。この板木は内典・外典に分けて、内典の約六〇〇枚は大谷大学に引き受けていただき、外典の約五〇〇枚を奈良大学で引き取ることとなった。その後、文政堂に五〇〇枚ほどの板木が残っていること、また京都の印章店に文政堂から流出した板木が二〇〇枚ほど保存されていることも判明し、併せて大学へ運び込んで調査を行った。これが、平成十年から十三年にかけてのこと。十五年には浄土真宗佛光寺派本山佛光寺からの依頼を受け、三〇〇〇枚を超える収蔵板木の調査に入った。そして、十六年四月に竹苞楼の板木約二五〇〇枚を奈良大学へ搬入して整理・調査を開始。十七年六月には竹苞楼から奈良大学へそれらが全て譲渡されることになる。その後、十九年には大阪の中尾松泉堂の倉庫に半世紀近く眠っていた高野版の板木約五〇〇枚を引き取り、二十三年には京都の美術出版社マリア書房が昭和三十八年に出した「文楽人形版画集」他の板木約六〇〇枚を購入。この間、「当麻曼荼羅」板木・「春日版」板木・「一茶等七評発句合ちらし」の板木なども折々に買い漁り、現在に至っている。最終的に奈良大学の収蔵に帰した板木は五〇〇〇枚ほどに及ぶ。その調査の成果は折々にマスコミ・学会発表・論文などで紹介して来たが、いまその板木関係論文の一覧を発表年代順に示せば次のようになる。

① 板木をめぐって―『芭蕉翁発句集』の入木―　『奈良大学総合研究所所報』9号、平成12年3月

② 京都と古典文学　世界思想社刊『世界遺産学を学ぶ人のために』、平成12年10月

③『おくのほそ道』の板木をめぐって　上野市教育委員会編『歌枕俳枕講座』、平成12年10月
④『おくのほそ道』蛤本の謎　『奈良大学総合研究所所報』9号、平成13年3月
⑤板木二題　『奈良大学総合研究所特別研究成果報告書』、平成14年3月
⑥「芭蕉」という利権（一）　『奈良大学紀要』31号、平成15年3月
⑦七部解と七部木槌　大谷大学『文藝論叢』61号、平成15年9月
⑧佛光寺の板木　『日本古書通信』895号、平成16年2月
⑨「芭蕉」という利権（二）　『奈良大学総合研究所所報』12号、平成16年3月
⑩「芭蕉」という利権（三）　『奈良大学総合研究所所報』13号、平成17年3月
⑪佛光寺の板木—『四鳴蝉』—　『奈良大学総合研究所所報』14号、平成18年3月
⑫板木のありか　『近世文藝』84号、平成18年7月
⑬竹苞書楼の板木—狂詩集・狂文集を中心に—　『奈良大学総合研究所所報』15号、平成19年3月
⑭『山家集抄』の入木　『奈良大学総合研究所所報』16号、平成20年3月
⑮板木は語る—慶安三年版『撰集抄』—　『江戸文学』39号、平成20年11月
⑯板木の分割所有　『奈良大学総合研究所所報』17号、平成21年3月
⑰『笈の小文』の板木　『奈良大学総合研究所所報』18号、平成22年3月
⑱一茶等「七評ちらし」の板木　『奈良大学総合研究所所報』19号、平成23年3月
⑲俳書の板木　『奈良大学総合研究所所報』21号、平成25年3月

『板木は語る』と題したこの著は右の論文を集成したものである。編集に際しては全体の構成を考慮し、各論文の内容により、並べ替え・タイトルの変更を行った。本書の目次と初出誌を対応させてみると、次のようになる。

第六部　板木は語る

初出誌対応番号の無い第四部「入木」の1「梅竹堂会所本の入木撰」は、『奈良大学総合研究所所報』4号（平成8年2月）に掲載したもの。板木を触り始める前の論文であるが、入木また板木の操作に関わる内容であるゆえここに収めた。また、第三部「芭蕉という利権」の1「小本『俳諧七部集』」の末尾に添えた付章「寛政版七部集の配列」は、『俳文学研究』45号（京都俳文学研究会、平成18年3月）初出。第五部4「『冬の日注解』の板木」は今回の書き下ろしである。その他、初出誌番号に沿って些か補足をすれば、②は世界遺産と関係付けて板木の学術的価値について述べたもの。③は平成十一年三月の上野市（現、伊賀市）での講演録である。⑥・⑦・⑨・⑩・⑰は、板木そのものをベースにした論考ではないが、板木を追っかけているうちに浮かび上がってきたテーマを扱ったもの。①から現在までには十四年の時間差が存在し、そこには当然のことながら、執筆当時の情報量の違いが反映している。①〜⑦は、文政堂関連の一二〇〇枚の板木をベースにしてのそれ。⑧以降は佛光寺・竹苞楼の板木五五〇〇枚近くを見てからのもので、執筆時の情報量に圧倒的な差がある。例えば、④で扱った板木の仕立て方については現在であれば数倍の、⑤で取り上げた入木についても数十倍のデータを提供することが可能である。が、いま読み返してみても、論述内容は基本的に間違っていないという確信は揺るがない。それはつまり、それらで論じた内容を傍証するデータが増えることはあっても、大きな修正が求められるような事実は出て来ていないということである。よって、本書を編集するに際し、明らかな誤解・誤植などを一部改めた以外は、ほとんど初出誌のまま掲載することにした。ただ、執筆期間が長期に亘るため、表記の不統一も多くあり、図版も文中挿入・章末一括掲載とばらばらで、読みづらい体裁となったが、それらについては諒とされたい。

収録論文の中でも繰り返したことではあるが、二十年近く板木に関わって来てつくづくと思うのは、そこには近世出版現場の生々しい痕跡が残っている、ということであった。それは、板木の仕立て方であったり、丁の収め方であったり、相版の際の板木の分け方であったり、板木再利用の有様であったり、入木のやり方であったりするのだが、それらは近世の本屋や出版に携った職人たちが何を考え何をして来たかを私たちにストレートに語ってくれるもので、従来の出版研究がベースとして来た「版本」からは絶対に見えて来ない情報である。それらの情報を手にして版本に臨んだ時、私たちはまた、近世の出版について新たな視点を持つことが可能となるに違いない。板木は、他のどのような史料よりも近世出版現場のありさまを雄弁に語ってくれている。本書を『板木は語る』と題した理由はそこにある。この書が金子貴昭氏の先行書『近世出版の板木研究』（平成二十五年二月、法蔵館刊）と共に、出版研究者の間で今までは概念の領域に留まっていた「板木」というものを、少しでも可視化することに役立てばこれに勝る幸いはない。

大書堂の薄暗い倉庫の中で埃・泥をかぶり堆く積み上げられた大量の板木を目にした時の感動、また竹苞楼の板木を大学図書館の地下倉庫へ運び込んだ折の興奮は、いまもって忘れることが出来ない。この書で扱えなかった事項、すなわち論文化に相応しくなかった「墨の付着」「反り止めの変遷」「入木の多様性」「試し切り痕」など、板木が語ってくれる出版現場により密着したことどもについては、引き続き笠間書院から刊行予定の『板木図録』（仮題）で披瀝したいと思っている。

最後になったが、筆者が板木を扱うきっかけを与えていただき、その後も板木の所在調査に多大な御協力を賜った大書堂の中村俊一・正二氏、板木を始め売買文書など出版史料を惜しげもなく御貸与下さった藤井文政堂の藤井佐兵衛氏、御家蔵の板木を一枚残らず奈良大学へ譲渡された竹苞書楼の佐々木惣四郎氏、板木の学術的価値を認識されその整理・調査を思い立たれた佛光寺、データベース化を提案・実現していただいた立命館大学アートリサーチセンター前所長の赤間亮氏とスタッフの皆さん、この著への資料引用・図版掲載を御許しいただいた伊賀市財団法人芭蕉翁顕彰会・大阪府立大学図書館・大谷大学図書館・柿衞文庫・共同通信社・京都新聞社・京都府立総合資料館・雲英春子さん・新城市ふるさと情報館・天理大学附属天理図書館・東京大学総合図書館・富山県立図書館・名古屋市博物館・法蔵館・麗澤大学図書館、それにこの書の出版を引き受けて下さった笠間書院に心より御礼を申し上げたい。また、ひとりひとりのお名前は挙げないが、板木の整理・拓本作成に献身的に関わりながら、ともすればめげそうになる筆者を励まし続けてくれた奈良大学国文学科及び大学院国文学専攻の少なからぬ卒業生・修了生諸君にも謝意を表する次第である。

平成二十五年十二月一日

著者紹介

永井　一彰（ながい　かずあき）

1949年、岐阜県生まれ。滋賀大学教育学部卒。大谷大学大学院文学研究科博士後期課程満期退学。奈良大学名誉教授。博士（文学）。
〔著書〕
『蕪村全集　第2巻　連句』（2001年、講談社、分担執筆）、『藤井文政堂板木売買文書』（日本書誌学大系97、2009年、青裳堂書店）『月並発句合の研究』（2013年、笠間書院、平成26年度文部科学大臣賞受賞）、『誹諧短冊手鑑』（2015年、八木書店）など。なお本書により平成26年度日本出版学会賞を受賞した。

板木は語る

2014年2月28日　初版第1刷発行
2015年8月30日　初版第2刷発行

著　者　永　井　一　彰

装　幀　笠間書院装幀室

発行者　池　田　つ　や　子

発行所　有限会社　笠間書院
〒101-0064　東京都千代田区猿楽町2-2-3
☎03-3295-1331㈹　FAX03-3294-0996
振替00110-1-56002

ISBN978-4-305-70718-5
落丁・乱丁本はお取りかえいたします。
出版目録は上記住所までご請求下さい。
http://kasamashoin.jp

シナノ印刷
（本文用紙：中性紙使用）